Workflow-Management in SAP S/4HANA®

SAP PRESS

SAP PRESS ist eine gemeinschaftliche Initiative von SAP SE und der Rheinwerk Verlag GmbH. Unser Ziel ist es, Ihnen als Anwendern qualifiziertes SAP-Wissen zur Verfügung zu stellen. SAP PRESS vereint das Know-how der SAP und die verlegerische Kompetenz von Rheinwerk. Die Bücher bieten Ihnen Expertenwissen zu technischen wie auch zu betriebswirtschaftlichen SAP-Themen.

Damit Sie nach weiteren Titeln Ihres Interessengebiets nicht lange suchen müssen, haben wir eine kleine Auswahl zusammengestellt.

Florian Pohl et al.
Programmieren auf der SAP BTP
538 Seiten, 2026, geb.
ISBN 978-3-367-10819-0
www.sap-press.de/6104

Fabian Lupa, Sven Treutler
Das neue ABAP-Kochbuch
Praktische Programmierlösungen für Fortgeschrittene
478 Seiten, 2025, geb.
ISBN 978-3-367-10648-6
www.sap-press.de/6050

André Tiebing, Benjamin Kunold, Patrick Jungk
ABAP Cloud
ABAP Environment in SAP BTP und SAP S/4HANA Cloud
606 Seiten, 2., aktualisierte und erweiterte Auflage 2025, geb.
ISBN 978-3-367-10239-6
www.sap-press.de/5921

Stefan Bohlmann et al.
SAP Build
Low-Code-Entwicklung und Automatisierung
565 Seiten, 2024, geb.
ISBN 978-3-367-10153-5
www.sap-press.de/5891

Florian Finauer, Steve Hößler, Marc Lehmann,
Lukas Schwab, Wladimir Zinn

Workflow-Management in SAP S/4HANA®

Rheinwerk
Publishing

Liebe Leserin, lieber Leser,

SAP-Landschaften sind komplex, und wir alle wissen, wie schnell sich Technologien und Anforderungen in der IT-Welt ändern. Genau da setzt SAP PRESS an: mit Büchern, die nicht nur Theorie vermitteln, sondern konkret im Alltag helfen.

In diesem Buch finden Sie direkt umsetzbare Ratschläge, praktische Beispiele und Lösungen für drängende Herausforderungen. Unsere Autor*innen sind Profis, die wissen, wo der Schuh drückt – und wie man Probleme effizient löst. Mit ihrer Erfahrung an Ihrer Seite können Sie Ihre SAP-Projekte gezielter angehen, fundiertere Entscheidungen treffen und die vielen Facetten von SAP besser meistern.

Ob Sie gerade erst beginnen oder schon lange im SAP-Umfeld tätig sind: Wir sind davon überzeugt, dass dieses Buch Ihnen hilfreiche Anleitungen und Tipps an die Hand gibt, um Ihre täglichen Aufgaben und Projekte erfolgreich zu meistern.

Wir freuen uns stets über Lob, aber auch über kritische Anmerkungen, die uns helfen, unsere Bücher zu verbessern. Zögern Sie also nicht, sich bei mir zu melden; Ihr Feedback ist jederzeit willkommen.

Wir wünschen Ihnen viele Aha-Momente und eine erfolgreiche Umsetzung mit diesem Buch!

Ihre Janina Schweitzer
Senior-Lektorin SAP PRESS

janina.schweitzer@rheinwerk-verlag.de
www.rheinwerk-verlag.de
Rheinwerk Verlag • Rheinwerkallee 4 • 53227 Bonn

Auf einen Blick

TEIL I Einführung

TEIL II Klassischer SAP Business Workflow

TEIL III Flexible Workflows

TEIL IV SAP Build Process Automation

Wir hoffen, dass Sie Freude an diesem Buch haben und sich Ihre Erwartungen erfüllen. Falls Sie Anregungen, Wünsche und Kommentare haben, lassen Sie es uns wissen: **service@rheinwerk-verlag.de**.

Informationen zu unserem Verlag und Kontaktmöglichkeiten finden Sie auf unserer Verlagswebsite **www.rheinwerk-verlag.de**. Dort können Sie sich auch umfassend über unser aktuelles Programm informieren und unsere Bücher und E-Books bestellen.

Autoren Florian Finauer, Steve Hößler, Marc Lehmann, Lukas Schwab, Wladimir Zinn
Lektorat Janina Schweitzer
Copy-Editing Annette Lennartz, Bonn
Typografie & Layout Vera Brauner
Satz III-satz, Kiel
Herstellung Nadine Preyl
Covergestaltung Bastian Illerhaus
Coverbild iStock: 1966446714 © Just_Super
Druck Beltz Grafische Betriebe, Bad Langensalza

FSC www.fsc.org MIX Papier | Fördert gute Waldnutzung FSC® C089473

Dieses Buch wurde mit mineralölfreien Farben auf FSC-zertifiziertem Papier aus nachhaltiger Waldwirtschaft gedruckt. Hergestellt in Deutschland.

Bibliografische Information der Deutschen Nationalbibliothek:
Die Deutsche Nationalbibliothek verzeichnet diese Publikation in der Deutschen Nationalbibliografie; detaillierte bibliografische Daten sind im Internet über *http://dnb.dnb.de* abrufbar.

ISBN 978-3-367-11099-5

2., aktualisierte und erweiterte Auflage 2026

Rheinwerk Verlag GmbH • Rheinwerkallee 4 • 53227 Bonn
service@rheinwerk-verlag.de

Inhalt

TEIL II Klassischer SAP Business Workflow

5 Elemente von Workflow-Definitionen 177

6 Klassische Standard-Workflows erweitern 235

TEIL III Flexible Workflows

Einleitung

Wo steht der Workflow heute?

Der Einsatz von Workflows in ERP- und somit in SAP-Systemen wird immer wichtiger. Durch die zunehmende Digitalisierung, Automatisierung und Simplifizierung in Unternehmen, aber auch durch den Einsatz von künstlicher Intelligenz (KI) sind Workflows in SAP S/4HANA in den vergangenen Jahren immer mehr in den Fokus von SAP-Anwenderunternehmen gerückt. In Zukunft werden sie das noch stärker tun. Die Anzahl der im SAP-Standard angebotenen Workflows steigt permanent. Mit SAP S/4HANA werden in vielen Bereichen neue flexible Workflows neben den klassischen Workflows ausgeliefert. Produkte zur Prozessoptimierung, wie *SAP Signavio*, die Workflows als wichtigen Baustein erachten, beschleunigen diesen Trend zusätzlich.

Durch künstliche Intelligenz können Routinetätigkeiten automatisiert und Standardentscheidungen maschinell übernommen werden. Prüf- oder Genehmigungsschritte können zum Teil automatisiert erfolgen. Workflows sind in diesem Kontext notwendig, um Ausnahmen zu steuern. Ihr Push-Prinzip ist unerlässlich, um den Menschen als finalen Entscheider in bestimmten Situationen aktiv zu informieren und den weiteren Ablauf zu steuern. Man spricht in diesem Kontext auch von *Human-in-the-Loop-Automatisierung*, bei der in kritischen Fällen ein Eingriff des Menschen notwendig ist. Workflows werden damit zur Orchestrierungsebene für Prozesse, die mit KI gesteuert werden.

Workflow-Lösungen von SAP

SAP bietet historisch bedingt drei Workflow-Lösungen an:

- **Klassischer SAP Business Workflow**
  Diese SAP-Workflows können ausschließlich im SAP GUI modelliert werden. Es handelt sich hier um ein gut etabliertes und häufig genutztes Framework für die Optimierung von Arbeitsabläufen in Unternehmen. Die Technologie wurde im Laufe der Jahre stetig weiterentwickelt.
- **Flexibler Workflow**
  Basierend auf einigen der klassischen Bausteine von SAP Business Workflow bietet der flexible Workflow die Möglichkeit, Workflows direkt im SAP Fiori Launchpad zu definieren. Flexible Workflows wurden mit SAP S/4HANA eingeführt. Es handelt sich um Workflows, die nicht nur von IT-Expert*innen, sondern auch von den Prozessexpert*innen aus den Fachbereichen konfiguriert werden können.
- **SAP Build Process Automation**
  Die Workflow-Lösung von SAP, die auf der SAP Business Technology Platform (SAP BTP) ausgeführt wird. Mit SAP Build Process Automation bietet

SAP eine neue, cloudbasierte Entwicklungsumgebung, die einen Low-Code-Ansatz verfolgt und die Modellierung und Ausführung von Workflows und Entscheidungen ermöglicht. Darüber hinaus ist *Robotic Process Automation* (RPA) integraler Bestandteil der Lösung und erweitert die klassische Workflow-Funktionalität um eine robotergesteuerte Automatisierung.

Zielsetzung dieses Buches

In diesem Buch werden alle drei Workflow-Lösungen beschrieben und deren jeweilige Einsetzbarkeit erläutert. Wir haben die Kapitel so aufgebaut, dass wir unterschiedliche Zielgruppen erreichen können. Je nach Kapitel ist der Inhalt für Prozessverantwortliche, Fachanwender*innen, IT-Mitarbeitende, Entwickler*innen und Prozessberater*innen relevant.

Aufbau dieses Buches

Das Buch ist in vier Teile gegliedert:

Teil I

In **Teil I**, »Einführung«, bringen wir Ihnen die Grundlagen zur Nutzung und Konzeption von Workflows näher und erläutern die Vorgehensweise für die Einführung neuer Prozesse. Diese können mit den im Buch beschriebenen Technologien im SAP-System abgebildet werden.

Kapitel 1, »Workflows im digitalen Zeitalter«, führt in das Thema Workflows im aktuellen Kontext der Digitalisierung ein. Es erläutert die durch IT-Innovationen getriebene Transformation von Geschäftsabläufen und zeigt, wie sich mithilfe einer Business-Analyse nach der Methode des Business Model Canvas Chancen für das eigene Unternehmen identifizieren und konkrete Geschäftsprozesse ableiten lassen.

Kapitel 2, »Workflows mit SAP«, führt in die Tools ein, die SAP für die Erstellung und Verwaltung von Workflows bereitstellt – von SAP Business Workflows bis hin zu neuen SAP-Fiori-Apps und SAP Build Process Automation.

Teil II

Für SAP-Spezialist*innen erläutern wir in **Teil II**, »Klassischer SAP Business Workflow«, wie Standard-Workflows konfiguriert, eingesetzt und verwaltet werden können. Wir gehen auch darauf ein, wie Sie diese Standard-Workflows erweitern und eigene Workflows mit modernen Mitteln entwickeln können.

In **Kapitel 3**, »Klassische Standard-Workflows konfigurieren«, erläutern wir zunächst, wie Sie vorhandene Standard-Workflows finden und aktivieren können. Dazu benötigten Sie keine Entwicklungskenntnisse. Wir zeigen Ihnen das Grund-Customizing sowie die wesentlichen Workflow-Funktionen und starten einen ersten Test-Workflow. Sie erfahren, wie Sie die Bearbeiterfindung konfigurieren und Workflow-Benachrichtigungen via E-Mail oder im SAP Fiori Launchpad einstellen können.

In **Kapitel 4**, »Workflows einsetzen und verwalten«, stellen wir die Systemvoraussetzungen für den produktiven Einsatz von Workflows dar. Wir erläutern den Umgang mit Workitems und stellen Ihnen Auswertungen und Transaktionen vor, mit denen Sie alle Fragen im laufenden Betrieb eines Workflows beantworten und die eingesetzten Workflows administrieren können.

In den folgenden Kapiteln erhalten Sie detaillierte Erläuterungen zu den Entwicklungsobjekten im Workflow-Umfeld. Anhand praktischer Beispiele lernen Sie die Methodik für die Erweiterung von Standard-Workflows und die Entwicklung eigener Workflows kennen.

Dazu benötigen Sie tiefergehendes Wissen zu den Workflow-Objekten, das wir in **Kapitel 5**, »Elemente von Workflow-Definitionen«, vermitteln. Wir erläutern die technische Grundarchitektur klassischer Workflows und das Zusammenspiel der Komponenten für den Workflow-Eingang (Business Workplace, Meine Inbox), die Workflow-Definition und die Aufgaben, Klassen und Geschäftsobjekte. Sie lernen den Workflow Builder als Entwicklungsumgebung kennen.

Kapitel 6, »Klassische Standard-Workflows erweitern«, zeigt Ihnen die Erweiterungsmöglichkeiten der von SAP ausgelieferten Standard-Workflows. Sie können eigene Startbedingungen definieren oder die Bearbeiterfindung anpassen. Es ist außerdem ohne Weiteres möglich, die Workitem-Texte kundenspezifisch zu definieren. Anhand eines Beispiels zeigen wir Ihnen, wie Sie Erweiterungen am Standard-Workflow vornehmen können. Sie erfahren außerdem, wie Sie die App **Teams und Zuständigkeiten verwalten** und eine BRFplus-Regel für die Bearbeiterfindung nutzen können.

Workflow-Entwicklungen sollten möglichst auf Workflow-Klassen basieren. Wir stellen Ihnen in **Kapitel 7**, »Einen eigenen Workflow auf Basis von Standardobjekten entwickeln«, das hierfür notwendige Interface `IF_WORKFLOW` vor. Wir bauen ein Beispielszenario auf, das auf einem Standardobjekt basiert. Sie erfahren, welche Möglichkeiten Sie für die Ereignisauslösung haben und wo die Unterschiede zwischen Workflow-Klassen und BOR-Objekten als Basis für den Workflow liegen.

In **Kapitel 8**, »Einen eigenen Workflow auf Basis kundeneigener Objekte entwickeln«, entwickeln wir exemplarisch einen eigenen Workflow mit einer Entscheidungsaufgabe. Sie erhalten Informationen zu Attributen von Workflow-Klassen und zur Nutzung funktionaler Methoden im Workflow.

In **Kapitel 9**, »Fehlerbehandlung und -analyse im Rahmen der Workflow-Entwicklung«, widmen wir uns den Ausnahmeklassen, Fehlertypen und dem entsprechenden Systemverhalten. Beispielhaft zeigen wir Ihnen, wie Sie Ausnahmen auslösen und im Workflow über Folgeschritte darauf reagieren können. Außerdem zeigen wir Ihnen, wie Sie bei Fehlersuche und Debugging vorgehen können.

Teil III

In **Teil III**, »Flexible Workflows«, führen wir Sie anhand von konkreten Beispielen an die Möglichkeiten der neuen flexiblen Workflows heran.

In **Kapitel 10**, »Einführung in flexible Workflows«, führen wir Sie in die flexiblen Workflows im Kontext von SAP S/4HANA ein und stellen Ihnen die grundlegenden Funktionen vor. Außerdem erfahren Sie, welche Workflow-Szenarios von SAP standardmäßig ausgeliefert werden.

In **Kapitel 11**, »Flexible Workflows einsetzen«, erfahren Sie, welche Einstellungen im System vorzunehmen sind, damit Sie die flexiblen Workflows nutzen können. Anschließend richten wir einen einfachen, flexiblen Freigabe-Workflow für Bestellungen ein und erklären anhand dieses Beispiels die Möglichkeiten, die Ihnen standardmäßig zur Verfügung stehen. Außerdem zeigen wir Ihnen, wie bestimmte Funktionen erweitert werden können.

In **Kapitel 12**, »Flexible Workflows verwalten«, gehen wir auf die Funktion der Teams und Zuständigkeiten ein und erläutern, wie Sie diese in Kombination mit Ihrem flexiblen Workflow nutzen können. Außerdem stellen wir Ihnen einzelne SAP-Fiori-Apps wie **Meine Inbox**, **Meine Outbox** und **Workflow Administration** vor, die Sie im täglichen Betrieb benötigen werden.

In **Kapitel 13**, »Eigene flexible Workflows entwickeln«, zeigen wir anhand eines Beispiels, wie Sie ein kundeneigenes Szenario entwickeln und anschließend nutzen können. Dies ist für SAP S/4HANA, On-Premise-Version und SAP S/4HANA Cloud Private Edition möglich.

Teil IV

Teil IV, »SAP Build Process Automation«, vermittelt Ihnen eine Übersicht über den Einsatz von Workflows auf der SAP Business Technology Platform (SAP BTP) und zur Nutzung von Workflows und RPA in SAP Build Process Automation.

In **Kapitel 14**, »Workflows in SAP S/4HANA Cloud Public Edition«, geben wir Ihnen einen Überblick über die Möglichkeiten der Nutzung von Workflows speziell in dieser Edition von SAP S/4HANA. Hier sind einige Einschränkungen und Besonderheiten zu beachten.

In **Kapitel 15**, »Workflow-Management mit SAP Build Process Automation«, führen wir Sie in den Workflow-Service der SAP BTP ein. Sie lernen die Unterschiede zwischen SAP Build Process Automation und dem klassischen SAP Business Workflow kennen und erfahren, wie Sie Workflows auf der SAP BTP modellieren und bereitstellen können. Dafür lernen Sie die Arbeit mit dem Process Builder kennen.

Zum Abschluss greifen wir in **Kapitel 16**, »Robotic Process Automation mit SAP Build Process Automation«, das Thema Automatisierung auf. Neben den traditionellen Workflows, die einen Arbeitsfluss abbilden, gibt es neue

Technologien, die Aufgaben selbstständig bearbeiten können. Dies bietet eine Reihe von Vorteilen für Unternehmen. Wir geben Ihnen einen Ausblick auf die zukünftig zu erwartende Entwicklung der Prozess- bzw. Workflow-Automatisierung und zudem Tipps an die Hand, um diese Technologien gewinnbringend einzusetzen.

Technische Voraussetzungen

Basis für Erläuterungen zu den klassischen und flexiblen Workflows in Teil II und III ist ein SAP-S/4HANA-On-Premise-System mit dem Release 2023. Die im Buch beschriebenen Systembeispiele und Einstellungen wurden mit SAP GUI 760 mit dem Theme Belize bzw. dem SAP Fiori Launchpad erstellt. Die Erläuterungen zu SAP Build Process Automation beziehen sich auf den Funktionsstand des Releases Q3 2025.

Informationskästen

In hervorgehobenen Informationskästen finden Sie in diesem Buch Inhalte, die wissenswert und hilfreich sind, aber etwas außerhalb der eigentlichen Erläuterung stehen. Damit Sie die Informationen in den Kästen sofort einordnen können, haben wir die Kästen mit Symbolen gekennzeichnet:

[«] In Kästen, die mit diesem Symbol gekennzeichnet sind, finden Sie Informationen zu *weiterführenden Themen* oder wichtigen Inhalten, die Sie sich merken sollten.

[+] Die mit dem *Tipp-Symbol* gekennzeichneten Kästen geben Ihnen spezielle Empfehlungen, die Ihnen die Arbeit erleichtern können.

[!] Kästen mit dem *Achtung-Symbol* weisen Sie auf typische Probleme oder Fallstricke hin.

Wir danken Ihnen, dass Sie sich für dieses Buch Zeit nehmen. Wir hoffen, Ihnen wichtige Kenntnisse zu vermitteln, die Ihnen als Grundstein dienen können, um Ihre Kompetenz im Workflow-Management weiter auszubauen. Wenn Sie das Buch vollständig lesen, wird es Ihnen leicht gelingen, sich in naher Zukunft weiteres Expertenwissen zum Thema Workflow anzueignen.

Wir wünschen Ihnen herzlich viel Erfolg bei der Umsetzung Ihrer Projekte. Wenn auch nur einige Inhalte aus diesem Buch zu Ihrem Projekterfolg beitragen, hat sich die Arbeit sowohl für Sie als auch für uns gelohnt.

Florian Finauer, **Steve Hößler**,
Marc Lehmann, **Lukas Schwab** und **Wladimir Zinn**

TEIL I

Einführung

Kapitel 1
Workflows im digitalen Zeitalter

Im Kontext der Digitalisierung werden die verschiedensten IT-Trends gehypt. Für Unternehmen und Verantwortliche im IT-Management wird es vor diesem Hintergrund immer schwieriger, die richtigen IT-Entscheidungen zu treffen. In diesem Kapitel erhalten Sie einen Leitfaden zur strategischen Herangehensweise.

Auf der ganzen Welt werden Unternehmen und deren Geschäftsmodelle von der digitalen Transformation ergriffen. Jahrzehntelang gelebte Vorgehensweisen, Prozesse und Produktionszyklen stehen plötzlich disruptiven Technologien gegenüber. Um in diesen Zeiten konkurrenzfähig zu bleiben, müssen etablierte Unternehmen intelligent agieren und ihre bisherigen Arbeitsweisen, Geschäftsprozesse und deren Abwicklung auf sinnvolle und effizienzsteigernde Chancen der Digitalisierung hin prüfen. Die Technologie und ihr zielgerichteter Einsatz rücken als unabdingbare Bestandteile der Wertschöpfungskette in den Fokus eines jeden Unternehmens.

Herausforderungen der Digitalisierung

Dabei erleben viele Unternehmen die Auswahl der richtigen Maßnahmen zur Digitalisierung als eine große Herausforderung. Sie stehen einer Flut von IT-Trends gegenüber, die einerseits eine hohe Erwartungshaltung beim Management und andererseits hohen Druck auf die Verantwortlichen erzeugen. Welche Digitalisierungstrends Unternehmen wirklich voranbringen, hängt von den jeweiligen Unternehmensarchitekturen und den nötigen Prozessschritten in den Wertschöpfungsketten ab. Unternehmen aus der Automobilbranche profitieren beispielsweise von anderen IT-Trends als Unternehmen aus der Chemie-, Dienstleistungs- oder Versicherungsbranche.

Unternehmen als Impulsgeber

Um die richtigen Entscheidungen treffen zu können, ist in diesem Kontext zunächst also eine konkrete Ermittlung der Wertschöpfungs- und Kernprozesse Voraussetzung. Der branchenunabhängige Schlüssel zur Erarbeitung und Umsetzung einer erfolgreichen Digitalisierungsstrategie liegt in den Anforderungen und Transformationsszenarios eben dieser Prozesse. Die Vision und das zukunftsgerichtete Zielbild des Unternehmens müssen hier als zentrale Impulsgeber fungieren.

Ganzheitlicher Ansatz

Wichtig ist vor allem ein ganzheitlicher Blick auf die Unternehmensarchitektur, um richtige Entscheidungen hinsichtlich der Geschäftsabläufe, Workflows, Anwendungen, Datenarchitekturen und der damit zusammenhängenden IT-Services und Technologien treffen zu können. Ein vollumfängliches Bekenntnis zur Digitalisierung und der Einsatz der Unternehmensleitung sowie die aktive Einbindung der Fachabteilungen und Mitarbeitenden sind erfolgskritische Faktoren der Workflow-Gestaltung im digitalen Zeitalter. Digitalisierung ist schließlich mehr als nur IT und immer im Dreiklang aus IT, Business und Mensch zu betrachten.

Dieses Kapitel gibt Ihnen eine Vorgehensweise zur strukturierten Unternehmensanalyse und darauf basierend zur Erarbeitung passender IT- und Workflow-Lösungen an die Hand. In Abschnitt 1.1 beschäftigen wir uns zunächst grundsätzlich mit IT-Trends und deren Einsatzmöglichkeiten in Unternehmen. Abschnitt 1.2 stellt das Vorgehen zur Business-Analyse anhand eines Beispielunternehmens exemplarisch dar. Außerdem stellen wir eine Leitlinie für Prozess-Workshops mit den Fachabteilungen dar, die mit der Bewertung der erarbeiteten Themen abschließt. Zum Abschluss des Kapitels erläutern wir in Abschnitt 1.3 ein allgemeines Vorgehen zur Überführung der neuen Prozesse in Workflows.

1.1 Digitalisierung und IT-Innovationen

In nahezu allen Wirtschaftsbereichen erlebt die Digitalisierung einen enormen Aufschwung. Den größten Nutzen können Unternehmen daraus ziehen, wenn die Transformation zur digitalen Neuausrichtung mit der Generierung und Einbeziehung von IT-Innovationen einhergeht. Die Marktrecherche hinsichtlich neuer IT-Trends sowie die Integration externer Expertise ist für die Entwicklung neuer Ideen und neuer IT-Produkte ebenso wichtig wie die Analyse der Anforderungen der beteiligten und adressierten Stakeholder.

Technologietrends

Eine sehr gute Grundlage zur Analyse neuer IT-Trends bieten beispielsweise die jährlich aktualisierten *10 wichtigsten strategischen Technologietrends* des Marktforschungsunternehmens Gartner. In der Auswertung für das Jahr 2025 werden die zunehmende Wichtigkeit von *künstlicher Intelligenz* (KI) sowie die damit verbundenen Risiken (z. B. bezüglich der Datensicherheit und der Mensch-Maschinen-Interaktion) dargestellt. Gartner ordnet die 10 wichtigsten strategischen Technologietrends drei thematischen Blöcken zu:

- Imperative und Risiken der KI
- neue Grenzen des Computings
- Synergien zwischen Mensch und Maschine

Aus der Umsetzung dieser Trends ergeben sich direkte Konsequenzen für Governance, Compliance, Prozesse und Cyberresilienz der Unternehmen (siehe *https://www.gartner.de/de/artikel/top-technologie-trends-2025*).

Erweiterung menschlicher Fähigkeiten

Grundsätzlich wird in den Technologietrends eine klare Fokussierung der IT-Prozesse auf die Interaktion mit den Menschen und deren jeweiligen geschäftlichen Rollen hervorgehoben. Der Trend *Hyperautomatisierung* aus dem Jahr 2020 legte seinen Fokus beispielsweise auf die Automatisierung von Vorgängen und setzte diese unter Einbezug unterschiedlicher technologischer Werkzeuge wie KI und *Robotic Process Automation* (RPA) um (siehe *https://www.gartner.com/smarterwithgartner/gartner-top-10-strategic-technology-trends-for-2020*).

Steigerung des Arbeitskomforts

Der Schwerpunkt liege in den Bereichen der Prozessautomatisierung von sich wiederholenden Arbeitsschritten, verknüpft mit künstlicher Intelligenz und einer klaren Ausrichtung der IT auf die menschliche Wahrnehmung der digitalen Umgebung. Die Steigerung des Komforts für den Menschen während der Bearbeitung von Arbeitsabläufen in Verbindung mit autonomen Technologien und unter Berücksichtigung entsprechender Sicherheitsmechanismen sei das grundlegende Ziel.

Synergie zwischen Mensch, KI und Security

Bei den Trends des Jahres 2025 liegt der Fokus auf der Unterstützung, Entlastung und Verbesserung von Arbeit durch KI sowie auf der Erweiterung der Synergien zwischen Menschen und Maschinen durch die Erweiterung der physischen Welt auf digitale Weise, etwa durch polyfunktionale Roboter oder kognitive Verbesserungen durch technologische Maßnahmen auf Basis erkannter Gehirnaktivitäten. Folgerichtig liegt ein weiterer Schwerpunkt auf der Erhöhung der Cybersicherheit, dem Management der KI-Lösungen und der entsprechenden Erarbeitung passender Richtlinien zur Einhaltung von Unternehmensvorgaben und Compliance (siehe *https://www.gartner.de/de/artikel/top-technologie-trends-2025*).

Ganzheitliche Betrachtung des Unternehmens

Übertragen auf ein zu konzipierendes Workflow-Konzept bedeutet dies, dass sämtliche Aspekte der Unternehmensumgebung, Geschäftsabläufe, Unternehmenskultur, Stakeholder, IT-Beschaffenheiten und passende IT-Trends einbezogen werden müssen, um einen zukunftsstarken Workflow im Sinne der Digitalisierung zu entwickeln. Schlussendlich ist die Gesamterfahrung von Mitarbeitenden im Unternehmen mit den digitalen Tools, abgebildeten Prozessen, Plattformen und der IT-Infrastruktur ausschlaggebend für die *Digital Employee Experience* (DEX). Abbildung 1.1 stellt dieses Zusammenspiel schematisch dar. Auf der linken Seite wird die Business-Architektur eines Geschäftsmodells angedeutet. Ausgehend von der Vision werden über die abgeleiteten Unternehmensziele die zugehörigen Maßnahmen in der Unternehmensstrategie definiert. Aus den strategischen

Zielen, auf die die Fachabteilungen zuarbeiten, ergeben sich die Anforderungen, Informationen und die rollenbasierte Organisation, die die operative Umsetzung der Geschäftsprozesse und Workflows treiben und Unternehmenstransaktionen durchführen. Das Resultat spiegelt sich in den Unternehmensergebnissen (*Business Outcome*) in Umsätzen und Einnahmen wider.

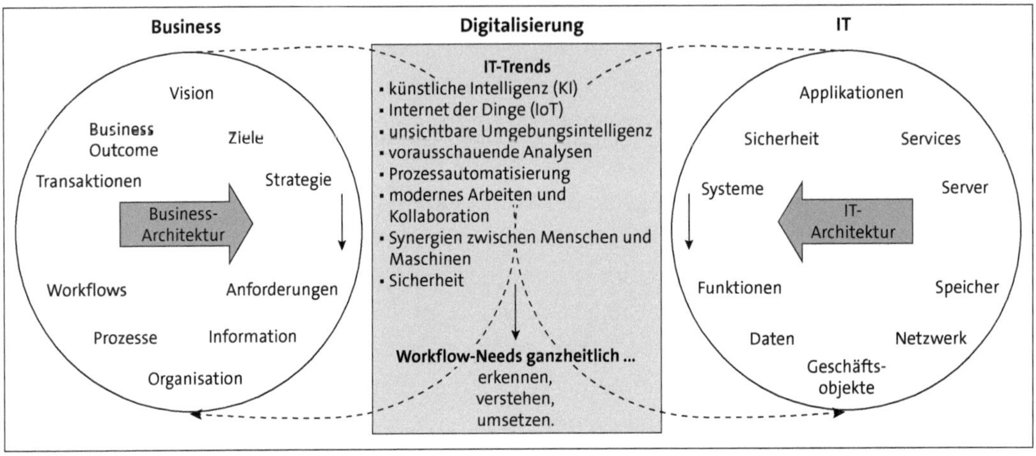

Abbildung 1.1 Ableitung von Workflow-Anforderungen aus den Unternehmenszielen im Einklang mit der IT-Architektur (Quelle: Bechtle IT-Systemhaus)

Daten und Geschäftsobjekte als Herzstück

Auf der rechten Seite von Abbildung 1.1 wird eine traditionelle IT-Architektur mit ihren unterschiedlichen Bestandteilen dargestellt. Diese decken von den Unternehmensanwendungen über die damit verbundenen Systeme und Services vor allem auch die Daten und Geschäftsobjekte ab. Diese Objekte bilden das Herzstück der Unternehmensinformationen und liefern die Ausgangsbasis für mögliche digitale Geschäftsinnovationen sowie potenzielle Automatisierungs- oder KI-Szenarios.

Prüfung von Synergieeffekten

Die ausschlaggebenden Elemente aus dem Business- und IT-Kreislauf werden in der Mitte von Abbildung 1.1 mit potenziellen IT-Trends zusammengeführt und auf mögliche Synergieeffekte hin geprüft. Dieses modellhafte Vorgehen zur Ableitung von Workflow-Anforderungen kann hier fortlaufend aktualisiert und mit neuen IT-Trends angereichert oder von alten Themengebieten befreit werden.

Ausrichtung auf Nutzeranforderungen

Das Ergebnis dieses Entwicklungsprozesses bildet die Basis für neue Workflow-Konzepte. Wichtig ist dabei, dass die tatsächlichen Anforderungen zusammen mit den Fachabteilungen herausgearbeitet und von den IT-Architekt*innen verstanden werden. Für die Umsetzung der neuen Workflow-Konzepte ist im Falle von neuen Funktionsweisen auch eine geführte

Transformation im Rahmen eines Umstiegsprojekts durchzuführen. So kann das Unternehmen ganzheitlich durchdrungen und die neue Funktionsweise von den Mitarbeitenden akzeptiert und nachhaltig verinnerlicht werden. Wichtig ist, dass die neuen IT-Services, Innovationen oder Workflows einen Mehrwert und Nutzen für das Geschäft und die Endanwender*innen generieren. Werden neue IT-Trends ohne vorherige Prüfung der Passgenauigkeit mit den Anforderungen einfach blindlings eingeführt, ergeben sich dadurch meist hohe Aufwände, hohe Kosten und unzufriedene Geschäftsanwender*innen.

Wird diesen Voraussetzungen Sorge getragen, können Workflows durch den Einbezug von IT-Trends zu erheblichen Performancesteigerungen hinsichtlich der Prozesslaufzeiten, zu Produktionssteigerungen und vor allem zu einer deutlich erhöhten Kundenzufriedenheit führen.

1.2 Business-Analyse eines Beispielunternehmens

Vorgehensweise

Über alle Branchen hinweg stehen Unternehmen vor der Herausforderung, mögliche Potenziale der Digitalisierung zu erschließen, diese zielgerichtet umzusetzen und weitestgehend auszuschöpfen. In diesem Abschnitt zeigen wir Ihnen, wie Sie anhand eines beispielhaften Szenarios bei zielorientierter Business-Analyse vorgehen. Das dabei betrachtete Unternehmen ist frei erfunden und dient ausschließlich der Veranschaulichung möglicher Sachverhalte.

Schritte der Analyse

Die Business-Analyse verläuft in den folgenden übergeordneten Schritten:

1. Im ersten Schritt der Analyse erstellen Sie eine modellhafte Übersicht zur Arbeitsweise Ihres Unternehmens und leiten daraus ab, welche Unternehmensbereiche, Aktivitäten und Ressourcen einen besonderen Stellenwert für das Unternehmen und die zu erbringende Wertschöpfung einnehmen.
2. Danach erschließen Sie sich im zweiten Schritt eine Leitlinie für die erforderlichen Prozess-Workshops mit den Fachbereichen. Diese Workshops haben das Ziel, die Arbeitsweise der Fachabteilungen genauer zu untersuchen und wertvolle Erkenntnisse zum aktuellen Ist-Status zu generieren.
3. Im darauffolgenden dritten Schritt analysieren und bewerten Sie die Ergebnisse.
4. Der vierte und letzte Schritt führt uns abschließend in die Entwurfs- und Konzeptphase und bringt Sie somit zur nächsten Aufgabe, der Überführung neuer Prozesse in Workflows.

1.2.1 Exemplarisches Unternehmensszenario

Apfelmus GmbH

Zur Darstellung der Business-Analyse ziehen wir ein frei erfundenes Unternehmen heran. Es handelt sich dabei um ein mittelständisches Unternehmen im Bereich der Lebensmittelindustrie, die *Apfelmus GmbH*. Die Apfelmus GmbH ist ein seit 1949 am Markt aktives, Apfelmus produzierendes Unternehmen. Das Unternehmen hat einen konservativen, festen Kundenstamm und liefert qualitativ hochwertige Produkte aus regionalem Anbau. Dennoch hat das Unternehmen mit dem Konkurrenzdruck am Markt sowie hohem Preisdruck zu kämpfen.

Auftrag zur Optimierung

Der Auftrag der Geschäftsführung an den CIO lautet daher, mögliche Optimierungspotenziale, die sich durch Elemente der Digitalisierung ergeben, zu analysieren und umzusetzen. Für die Produktionsplanung und Warenwirtschaft hat das Unternehmen bereits funktionierende SAP-Prozesse im Einsatz. Unternehmensweit bestehen teilweise allerdings Medien- und Prozessbrüche im Zusammenspiel der unterschiedlichen Fachabteilungen sowie weiteres, noch nicht identifiziertes Optimierungspotenzial.

1.2.2 Vorgehen zur Business-Analyse

Übergreifendes Verständnis generieren

Um ein mögliches Optimierungspotenzial zu erschließen, ist es zunächst einmal nötig, das Unternehmen, seine Unternehmensabläufe und die Zusammenhänge im Unternehmen kennenzulernen. Nur wenn man die Basis, die Unternehmensprozesse und die Besonderheiten des Unternehmens verstanden hat, lässt sich ein Mehrwert durch digitale Bausteine generieren.

Business Model Canvas

Um dieses Verständnis herbeizuführen, verwenden wir eine Beschreibungsform für Geschäftsmodelle, das *Business Model Canvas* (Leinwanddarstellung des Geschäftsmodells, siehe Osterwalder, Pigneur, Business Model Generation, 2011, S. 14 ff.). Diese Form der Darstellung wird als Werkzeug für das strategische Management häufig verwendet, um neue Geschäftsmodelle zu erstellen oder bestehende zu dokumentieren. Die Geschäftsmodelle können dabei visualisiert, auf den Prüfstand gestellt und verändert werden. Der Vorteil dieser Beschreibungsform ist die große Transparenz für alle Beteiligten.

Geschäftsrelevante Bausteine

Erreicht wird dies durch die Betrachtung von neun geschäftsrelevanten Bausteinen und deren Zusammenspiel. Die Bausteine werden im Folgenden aufgelistet:

- *Wert-/Leistungsangebote*, die den Endkund*innen des Unternehmens unterbreitet werden
- *Schlüsselressourcen*, die für die Erstellung der jeweiligen Wert-/Leistungsangebote vom Unternehmen benötigt werden

- *Schlüsselaktivitäten*, die vom Unternehmen für die Erstellung der jeweiligen Wert-/Leistungsangebote durchgeführt werden müssen
- *Schlüsselpartner*, die als externe Partner für die Erstellung der Wert-/Leistungsangebote des jeweiligen Unternehmens einbezogen werden
- *Kosten*, die bei der Erstellung der Wert-/Leistungsangebote im Rahmen der vorangehenden drei Punkte entstehen
- *Kundenbeziehungen*, die zu den einzelnen Kundensegmenten oder Kunden des Unternehmens durch bestimmte Rollen gepflegt werden
- *Kundenkanäle*, die zu den einzelnen Kundensegmenten oder Kunden des Unternehmens ausgestaltet werden
- *Kundensegmente*, die mit den Wert-/Leistungsangeboten versorgt werden
- *Einnahmen*, die durch den Vertrieb der Wert-/Leistungsangebote erwirtschaftet werden

Workshops zur Diskussion und Dokumentation

Die Beschreibung eines Geschäftsmodells mit der Business-Model-Canvas-Methode führen Sie laut Osterwalder und Pigneur am besten in Form von *Workshops* durch. Die teilnehmenden Personen sollten dabei die Möglichkeit haben, intuitiv und frei im Rahmen der Bausteine zu arbeiten. Es bietet sich also beispielsweise an, die Bausteine auf einem Whiteboard zu skizzieren oder auf einem großen Poster auszudrucken und darauf gemeinsam zu arbeiten. Die modellhafte Anordnung der Bausteine in dem Business Model Canvas wird im folgenden Abschnitt anhand der Apfelmus GmbH verdeutlicht.

Auswahl der Workshop-Teilnehmenden

Die Personen, die an den Workshops teilnehmen, sollten interdisziplinär und repräsentativ ausgewählt werden. Zu empfehlen sind Teilnehmende aus elementaren Kernbereichen des Unternehmens. Unserer Erfahrung nach bieten sich für die Workshops zur Analyse des Geschäftsmodells vor allem Vertreter*innen aus der Unternehmensleitung, der Bereichsleitung und den spezifischen Fachabteilungen an, wie z. B. der Produktion, Logistik, Warenwirtschaft, Informationstechnologie und der Unternehmensentwicklung.

Je nach Größe des Unternehmens ist neben einer generalistischen Darstellung des Geschäftsmodells auch eine vertiefende Darstellung der Vorgänge in den Fachabteilungen ratsam, um konkretere Rückschlüsse ziehen zu können. Für die Durchführung der Workshops hat es sich grundsätzlich bewährt, eine externe Moderatorin oder einen Moderator einzubeziehen, die oder der die richtigen, häufig schwierigen Fragen stellt, den Workshop ohne Vorbehalte steuern kann und kritische Themen offen einbringt.

1.2.3 Durchführung der Business-Analyse

Dokumentation essenzieller Vorgänge

Für den ersten Schritt der beispielhaften Analyse berufen wir einen Workshop mit der Unternehmensleitung und den repräsentativen Fachabteilungsleitungen der Apfelmus GmbH ein. In diesem Workshop erstellen wir ein erstes Big Picture des Geschäftsmodells. Dabei wird das Geschäftsmodell der Apfelmus GmbH in eine Darstellung gemäß der Business-Model-Canvas-Methode überführt, die neun Unternehmensbausteine werden genauer betrachtet und die essenziellen Vorgänge und herausgearbeiteten Herausforderungen dokumentiert. Ein mögliches Ergebnis des ersten Workshops ist in Abbildung 1.2 dargestellt.

Abbildung 1.2 Business Model Canvas der Apfelmus GmbH

Das Wertangebot

Das Wertangebot der Apfelmus GmbH gegenüber den Endkund*innen und Verbraucher*innen wird durch qualitativ hochwertiges Apfelmus aus lokalen Äpfeln verkörpert. Der zentrale Dreh- und Angelpunkt der Wertschöpfung ist also das Produktionserzeugnis Apfelmus, das auch daher im Zentrum des Business Model Canvas bildlich dargestellt wird. Interessante Fragen, die man sich bei der Betrachtung des Wertangebots immer stellen sollte, sind:

- Ist das Wertangebot mit seinem Portfolio noch aktuell und auf die Kundenwünsche und Bedürfnisse zugeschnitten?
- Wie hat die Konkurrenz ihr Wertangebot angepasst?
- Welche zukünftigen Anpassungen könnten nötig sein, um die Produkte auch weiterhin erfolgreich auf dem Markt platzieren zu können?

Um das Wertangebot herum sind die in Abschnitt 1.2.2, »Vorgehen zur Business-Analyse«, vorgestellten acht weiteren Bausteine angesiedelt, die in direktem Zusammenhang mit dem Wertangebot stehen. Sie werden im Folgenden jeweils kurz umrissen.

Schlüsselressourcen

Auf der linken Seite neben dem dargestellten Wertangebot werden die Schlüsselressourcen und Schlüsselaktivitäten aufgeführt, die für die Herstellung des Apfelmuses nötig sind. Als Schlüsselressourcen im weiteren Sinne werden Äpfel, Rezepte, Personal, Anlagen zur Obstverarbeitung, Produktionsmaschinen und Abfüllanlagen benötigt. Treten hier während des ersten Workshops bereits Punkte zutage, die auffallend positiv oder negativ zu bewerten sind, sollten diese unbedingt direkt in die Dokumentation mit aufgenommen werden. Diese Erkenntnisse bieten im späteren Verlauf der Analyse die Chance, passende Lösungsszenarios zu erarbeiten. In unserem Beispiel-Workshop äußert die Leiterin des Bereichs Einkauf und Logistik im Workshop, dass eine Überarbeitung des veralteten Prozesses zur Bestellanforderung (Banf) erforderlich sei. Dieses Szenario werden wir daher später genauer betrachten.

Schlüsselaktivitäten

Die Schlüsselaktivitäten für die Herstellung des Produkts gliedern sich grob in Tätigkeiten zur Logistiksteuerung, Apfelverarbeitung (Waschen, Schälen, Entkernen, Schneiden, Musen), Abfüllung des Muses und selbstverständlich den Vertrieb des Sortiments. Gerade im Bereich der Schlüsselaktivitäten ist es wichtig, von vornherein auf etwaige Effizienzbarrieren und Hemmnisse zu achten, um diese später in Prozessoptimierungen überführen zu können. Nehmen wir beispielsweise an, dass im Bereich der Apfelverarbeitung seit Langem ein Optimierungsbedarf hinsichtlich des Waschvorgangs bekannt ist. Für den aktuellen Zustand dieses Prozesses werden im Workshop ein sehr hoher Wasserverbrauch beim Waschen und damit verbundene hohe Kosten erwähnt.

Schlüsselpartner

Da im Normalfall nicht alle Ressourcen und Aktivitäten zur Generierung des Wertangebots vollumfänglich durch das betrachtete Unternehmen selbst erbracht werden, ist auch die Betrachtung der Schlüsselpartner wichtig. Mit welchen Partnern besteht eine langjährige Beziehung, die eventuell ausgebaut werden kann? Wo können Skaleneffekte erreicht oder Preisverhandlungen neu geführt werden? Schlüsselpartner für die Apfelmus GmbH sind die Obstlieferanten, die Dienstleister für die Wartung der Produktionsstraßen und auch die Dienstleister, die mit der Betreuung der IT-Systeme die (Produktions-)Prozesse am Leben halten. Weiterhin sollte man sich die Frage stellen, welche Unternehmensbereiche eventuell günstiger an Partner ausgelagert werden könnten, um Kosten zu sparen und den Fokus auf das eigentliche Kerngeschäft zu legen.

Kostenstruktur

Unterhalb der Schlüsselpartner, -aktivitäten und -ressourcen wird in dem Business Model Canvas die Kostenstruktur dargestellt. Darin werden die Kostenarten erhoben, die bei der Umsetzung der Geschäftsabläufe der Apfelmus GmbH entstehen. Dies können in diesem Zusammenhang beispielsweise Produktionskosten zur Apfelmusherstellung, Personalkosten, Kosten für den Zukauf von Obst oder Verwaltungskosten sein.

Dabei steht die Fokussierung auf die für das Geschäftsmodell wichtigsten Kostenblöcke im Vordergrund, wie z. B. die Produktionskosten für das qualitativ hochwertige Apfelmus. Es gilt, genau zu prüfen, welche Kosten für den Produktionsprozess gerechtfertigt sind und welche Abläufe und Kosten eventuell keiner konkreten Wertschöpfung zuzuordnen sind und daher optimiert werden können.

Dies wären z. B. die bereits erwähnten hohen Kosten für den Waschvorgang der Äpfel. Dieser Vorgang sollte durch eine Standardaktivität ersetzt werden, die möglichst günstig erbracht wird. Grundsätzlich ist anzuraten, dass neben einer reinen Analyse *Total Cost of Ownership* (TCO) für das Unternehmen die jeweils wichtigsten Kostenblöcke für das entsprechende Geschäftsmodell oder die Geschäftsabläufe herausgearbeitet werden. Dabei müssen durchaus strategische Ausrichtungen geklärt werden, wie die Leitfrage, ob die Apfelmus GmbH zukünftig ein kostenorientiertes Geschäftsmodell anstreben sollte, um konkurrenzfähig zu bleiben, oder weiterhin ein wertorientiertes Geschäftsmodell verfolgen möchte, bei dem die Qualität des Apfelmuses im Fokus steht. Weiterhin bietet sich eine Unterteilung der Kosten in fixe und variable Kosten an (siehe Bornemann, Kostenstruktur, 2015). Zudem ist vorstellbar, dass der Leiter für Finanzen und Controlling im Workshop beispielsweise ein fehleranfälliges Vorgehen im Bereich der Rechnungsprüfung erwähnt. Auch dieses Thema eignet sich bestens für eine Liste der offenen Punkte zur digitalen Transformation.

Kundenbeziehungen

Auf der rechten Seite des Business Model Canvas werden die Kundenbeziehungen, Kundenkanäle und Kundensegmente beleuchtet. Die Kundenbeziehungen werden im Falle der Apfelmus GmbH hauptsächlich durch Vertriebsbeauftragte aufgebaut, die mit den Abnehmern in Kontakt treten und dabei Abnahmemengen und Preise verhandeln. Es handelt sich dabei um B2B-Beziehungen (Business-to-Business), die zwischen der Apfelmus GmbH und Lebensmitteleinzelhändlern ausgestaltet werden. Die eigentlichen Konsument*innen des Apfelmuses, die Endverbraucher*innen, haben keinen Kontakt zu den Vertriebsmitarbeitenden der Apfelmus GmbH.

Kundenkanäle

Die Kundenkanäle, die die Apfelmus GmbH unterhält, nutzen hauptsächlich altbekannte Kommunikationsformen wie Telefon- oder E-Mail-Kommunikation. Diese Kanäle werden von den Lebensmitteleinzelhändlern genutzt, um mit dem Vertrieb der Apfelmus GmbH in Kontakt zu bleiben und umgekehrt. Im Workshop wird signalisiert, dass ein definierter Weg für Kundenreklamationen fehlt, was oft zu Schwierigkeiten im After-Sales-Bereich führt. Für die Endverbraucher*innen besteht aktuell keine gesteuerte Möglichkeit, Reklamationen vorzubringen oder Feedback abzugeben.

[+]

Chance zur Erweiterung der Kundensegmente

Unserer Erfahrung nach bieten die kundennahen Bereiche des Business Model Canvas häufig gute Ansatzpunkte, um digitale Prozesse einzuführen oder zumindest bestehende Prozesse auf mögliche Optimierungen hin zu untersuchen. Häufig birgt eine Anpassung der Kundenkanäle und Kundenbeziehungen auch eine Chance zur Erweiterung der Kundensegmente.

Kundensegmente

Die fokussierten Kundensegmente werden am rechten äußeren Rand des Business Model Canvas dargestellt. Im Falle der Apfelmus GmbH werden die Kundensegmente im B2B-Umfeld, wie bereits ausgeführt, durch Lebensmitteleinzelhändler repräsentiert, die die Apfelmusprodukte ihrerseits wiederum an Endverbraucher*innen weiterverkaufen. Die eigentliche Zielgruppe der Apfelmus GmbH ist somit die Endverbraucherin und der Endverbraucher mit den potenziellen Segmenten der Familien und Seniorinnen und Senioren, die bevorzugt Apfelmusprodukte konsumieren. Diese Informationen bieten gerade auch im Hinblick auf die Erweiterung der Kundensegmente wichtige Anhaltspunkte. Wie können neue Kundensegmente erschlossen werden? Wie müsste das Wertangebot angepasst werden, um neue Kundensegmente zu erreichen? Wie könnten neue Kundensegmente gar ohne Anpassung des Wertangebots, beispielsweise durch neue Kundenkanäle, adressiert und gewonnen werden? Dokumentieren Sie solche Gedanken aus den Workshops stets detailliert, um sie für die Entwicklung neuer Ansätze verwenden zu können.

Einnahmequellen

Abschließend werden die Einnahmequellen der Apfelmus GmbH betrachtet. Einnahmen entstehen überall dort, wo Endkund*innen bereit sind, für Apfelmusprodukte zu bezahlen oder weitere damit verknüpfte Leistungen konsumieren. Im Falle der Apfelmus GmbH ist die Haupteinnahmequelle klar der Verkauf des Endprodukts, des Apfelmuses.

Erfahrungsgemäß bietet Ihnen auch dieser Bereich eine gute Grundlage für ein Brainstorming, für welche weiteren Produkte oder Services Endkund*innen zu bezahlen bereit wären. Beispielsweise könnte im Workshop mit den Fachabteilungen erwähnt worden sein, dass Endkund*innen bereits nach Rezeptideen für Apfelmusgerichte fragten. Wie könnte eine Erweiterung des Produktportfolios demnach aussehen? Welche weiteren Services könnte die Apfelmus GmbH hier am Markt anbieten? Wäre beispielsweise ein Rezeptbuch für Apfelmusgerichte ein zusätzlicher Katalysator für das Produkt?

1.2.4 Leitlinie für vertiefende Prozess-Workshops mit den Fachabteilungen

Abgeleitete Szenarios

Aus den Ergebnissen der Business-Analyse der Apfelmus GmbH können wir die drei folgenden relevanten Szenarios für vertiefende *Prozess-Workshops* mit den Fachabteilungen der Apfelmus GmbH ableiten:

- **Szenario aus der Betrachtung der Schlüsselressourcen**
  Im Bereich Einkauf und Logistik besteht ein optimierungswürdiger Prozess zur Bestellanforderung (Banf).
- **Szenario aus der Betrachtung der Schlüsselaktivitäten**
  Im Bereich der Apfelverarbeitung besteht seit Langem ein Optimierungsbedarf hinsichtlich des Waschvorgangs (hoher Wasserverbrauch beim Waschen und daraus resultierend hohe Kosten).
- **Szenario aus der Betrachtung der Kostenstruktur**
  Es gibt einen fehleranfälligen Prozess im Bereich der Rechnungsprüfung.

Workshop-Leitlinie

Die Prozess-Workshops sind nötig, um die genannten Prozesse tiefergehend zu analysieren und mit den Fachabteilungen wichtige Parameter zu diskutieren. In diesem Abschnitt sehen wir uns an, wie solch ein Workshop erfolgreich vorbereitet, durchgeführt und ausgewertet wird. Eine Herangehensweise bietet Ihnen die im Folgenden beschriebene Leitlinie.

Vorbereitung von Workshops

Unserer Erfahrung nach bildet eine gute Vorbereitung eine wichtige Basis für einen erfolgreichen Prozess-Workshop. Machen Sie sich daher im Vorfeld Gedanken darüber, wie Sie den Workshop gestalten wollen und welche Themen wichtig für den Workshop sind:

- Wie lautet das konkrete Thema des Workshops?
- Welche Teilnehmenden und Rollen sind essenziell für den Workshop und dürfen auf keinen Fall fehlen?
- Welche Einstellung und Haltung haben die Teilnehmenden zu dem Thema grundsätzlich?
- Wie sind die Gruppendynamik und Unternehmenskultur strukturiert?
- Welchen Kenntnisstand haben die jeweiligen Mitarbeitenden und wie können Sie den Workshop zielorientiert gestalten?
- Über welchen Zeitraum soll der Workshop angesetzt werden?
- Wie wollen Sie den Workshop steuern und moderieren?
- Wie wird der zu analysierende Prozess im Workshop dargestellt, um gemeinsam über die einzelnen Schritte und Parameter diskutieren zu können?
- Wo wird der Workshop stattfinden und welche Medien stehen vor Ort zur Verfügung?
- Welches Ziel wollen Sie mit dem Workshop erreichen?

Vorhandene Dokumentation einbeziehen

Kommunizieren Sie das Ziel des Workshops unbedingt bereits in der Termineinladung. Für die Vorbereitung des Prozess-Workshops ist es außerdem von großer Bedeutung, dass Sie sich selbst im Vorfeld mit dem entsprechenden Prozess auseinandersetzen. Fragen Sie daher mit genügend zeitlichem Vorlauf die bestehende Prozessdokumentation an, damit Sie sich damit vertraut machen können.

Visuelle Darstellung des Prozesses

Wir haben die Erfahrung gemacht, dass eine visuelle Darstellung des Prozesses im Workshop eine gute Möglichkeit zur aktiven Interaktion mit den Teilnehmenden bietet. Um den Workshop also inhaltlich bestmöglich vorzubereiten, bietet es sich an, die bereits bekannten Prozessschritte auf Papierkarten oder einem digitalen Smartboard zu dokumentieren, um diese später in der Durchführungsphase mit den Workshop-Teilnehmende durchsprechen zu können. Bei sehr komplizierten Abläufen bietet sich auch ein Vorbereitungstermin oder ein Besuch in der Fachabteilung vor dem Workshop an, um ein Gefühl für die Arbeitsweise der Fachabteilung entwickeln zu können.

Durchführung von Workshops

Die Durchführung des Workshops wird grundsätzlich von drei Phasen geprägt:

1. **Beginn des Workshops**

   Zu Beginn des Workshops starten Sie nach einer Vorstellungsrunde grundsätzlich mit einer kurzen Darstellung des Gesamtvorhabens. Dazu gehört die Darstellung des Projektrahmens und des übergeordneten Ziels (meist Digitalisierung oder Prozessverbesserungen) aus der Vogelperspektive. Das Ziel der ersten Phase ist die Generierung eines gemeinsamen (Ziel-)Verständnisses für alle Personen, die am Workshop teilnehmen.

2. **Konkrete Prozessbetrachtung**

   Nach der ersten Phase steigen Sie in die konkrete Prozessbetrachtung ein. In diesem Rahmen wird der Prozess allen Workshop-Teilnehmenden vorgestellt. Dies kann auf unterschiedliche Art und Weise erfolgen, z. B. mithilfe der zuvor vorbereiteten Papierkarten, die an die Wand geklebt werden, oder über digitale Whiteboards.

   Innerhalb dieser Umgebung wird der aktuelle Prozess dann exemplarisch mit den Teilnehmenden durchgegangen. Dabei werden die folgenden Themen adressiert:

   – Welche Schritte werden im Prozess durchlaufen und welche (abteilungsübergreifenden) Schnittstellen bestehen hierbei?
   – Welche Rollen und Fähigkeiten werden für die Prozessdurchführung benötigt?

- Welche unterschiedlichen Rechte werden im Prozess zugeteilt und vergeben?
- Welche Anwendungen werden in den einzelnen Prozessschritten verwendet?
- Welche dieser Anwendungen sind für die Workshop-Teilnehmenden besonders wichtig bzw. von großem Nutzen?
- Welche der Anwendungen verursachen eher Probleme?
- Was im Prozess funktioniert sehr gut?
- Worin begründet sich der (Kunden-)Nutzen, der durch den Prozess erzeugt wird?
- Was im Prozess funktioniert eher schlecht?
- Wo bestehen Medien- oder Prozessbrüche?
- Welche Risiken bestehen im aktuellen Prozess und warum?
- Welche speziellen Erfahrungen haben die Workshop-Teilnehmenden im Prozessdurchlauf gemacht?
- Welche Anforderungen an den Prozess stellen die Workshop-Teilnehmenden?
- Existieren bereits definierte Kennzahlen für das Reporting des Prozesses?
- Wie sollte der Prozess in der Zukunft aussehen? Welche Vision besteht dazu bei den Workshop-Teilnehmenden? Welche neuen Ideen können aufgenommen werden?

Nach dem Durchlaufen des Prozesses bietet es sich an, einen Zeitraum im Workshop einzubauen, in dem Sie die zusammengehörigen Themen in Themenblöcke gruppieren und entsprechend auf dem Whiteboard (analog oder digital) visualisieren. Das Ziel dieser Aufgabe besteht darin, die Themen anschließend priorisieren zu können. Dies können Sie beispielsweise erreichen, indem Sie jedem der Teilnehmenden fünf Klebepunkte geben und darum bitten, diese auf die ihrer Meinung nach wichtigsten Themen zu verteilen. Die Teilnehmenden dürfen dabei frei entscheiden, wie viele ihrer Punkte sie einem Thema zuordnen möchten.

Durch dieses Vorgehen erreichen Sie eine transparente Arbeitsweise im Prozess, aktuelle und zukünftige Anforderungen und das Stimmungsbild der Workshop-Teilnehmenden. Wichtig ist auch, dass Sie potenzielle Stimmungslagen der Workshop-Teilnehmenden aufnehmen und die Ursachen dafür aktiv hinterfragen sowie die Stellen in den Prozessen der Fachabteilungen ausfindig machen, in denen offensichtliche Verbesserungsmöglichkeiten bestehen.

3. **Abschluss des Workshops**
   Der Abschluss des Workshops dient dazu, die gewonnenen Erkenntnisse nochmals zusammenzufassen und die nächsten Schritte zu definieren. In unseren Workshops stellen wir aus den priorisierten Themen meist einen ersten groben Maßnahmenplan zusammen, der am Ende des Workshops mit den Teilnehmenden besprochen wird. Auf diese Weise wird die grundsätzliche Vorgehensweise verabschiedet. Im Nachgang des Workshops bietet es sich dann an, den Workshop in Form einer Microsoft-PowerPoint-Präsentation zusammenzufassen und erste Empfehlungen auf Managementebene zu geben. Die Zusammenfassung sollten Sie den Workshop-Teilnehmenden möglichst zeitnah, spätestens jedoch eine Woche nach dem Workshop zukommen lassen, damit die besprochenen Themen und Erkenntnisse noch aktuell sind.

1.2.5 Analyse und Bewertung der Workshop-Ergebnisse

Ergebnisse auswertbar machen

Für die Auswertung der Workshop-Ergebnisse hat es sich bewährt, die gewonnenen Erkenntnisse zunächst anhand definierter Parameter in eine übergreifende Microsoft-Excel-Liste zu überführen. Fokussiert werden dabei zunächst Themen, bei denen Handlungsbedarf besteht oder ein Nutzen wahrgenommen wird. Folgende Spaltenstruktur der Excel-Liste haben wir dazu aufgebaut:

- Prozess (Prozessname)
- Fachabteilung (Welche Fachabteilung führt den Prozess durch?)
- positive Elemente (Was im Prozess funktioniert sehr gut?)
- Schmerzen/negative Elemente (Was im Prozess funktioniert eher schlecht?)
- Anwendungen/Tools (Welche Anwendungen werden in den einzelnen Prozessschritten verwendet?)
- Nutzen (Welche dieser Anwendungen sind besonders wichtig bzw. von großem Nutzen und warum?)
- Anforderungen (Welche Anforderungen an den Prozess gibt es?)
- Ideen (Wie sollte der Prozess in der Zukunft aussehen? Welche neuen Ideen können bereits aufgenommen werden?)

Die Excel-Liste wird also mit den Ergebnissen aus dem Analyse-Workshop mit den Fachabteilung befüllt. Nach den einzelnen Parametern kann anschließend über die Tabellenfunktionen gefiltert werden. So ist es möglich, Aussagen und Analysen über den dokumentierten Prozess schnell abzurufen.

Erarbeitung von Lösungsbausteinen

Danach ist es ratsam, dass Sie sich im Projektteam zusammenfinden und die gewonnenen Erkenntnisse zunächst intern diskutieren. Zur Unterstützung ziehen Sie die erarbeitete Excel-Liste aus dem Analyse-Workshop heran und arbeiten die jeweiligen Themenbereiche aus.

Über die Spalte der positiven Elemente können sich Prozesselemente herauskristallisieren, die zukünftig weiter gestärkt oder beibehalten werden sollten. Schmerzen und negative Elemente gilt es dagegen konkret zu adressieren. Zudem sollten Sie die Erkenntnisse zu den verwendeten Tools, dem gewonnenen Nutzen und den Anforderungen und zukunftsorientierten Ideen in Ihre Überlegungen einbeziehen.

Das Ziel liegt grundsätzlich in der Ausarbeitung neuer Lösungsbausteine, die die bekannt gewordenen Anforderungen aufnehmen und adressieren sowie Lösungen anvisieren, z. B. in Form von passenden SAP-Workflows. Zu einem Prozess oder Workflow können dabei mehrere Lösungsbausteine erarbeitet werden. Auch diese lassen sich gut in Form einer Excel-Liste festhalten. Diese Excel-Liste können Sie mit der folgenden Spaltenstruktur ausstatten:

- Prozess (Prozessname)
- Fachabteilung (Welche Fachabteilung führt den Prozess durch?)
- Kategorie (Kategorie der nötigen Maßnahme zur Verbesserung, z. B. Digitalisierung, Organisation, Qualität)
- Bausteinname (Name des angedachten Bausteins)
- Baustein bereits vorhanden? (ja/nein)
- Automatisierung (Information über einen vorhandenen, möglichen oder gewünschten Automatisierungsgrad)
- Verbesserungspotenzial (angenommenes Potenzial zur Generierung von Verbesserungen, z. B. Standardisierung)

Gemeinsame Entscheidungsfindung

Die Excel-Liste kann zur Vorbereitung der nachgelagerten Abstimmung mit den Fachabteilungen, zur Integration in die Managementpräsentation und als Vorlage für die Entwicklungsplanung verwendet werden. Gemeinsam mit den Fachabteilungen werden die Ergebnisse bzw. vorgeschlagenen Bausteine zur Prozessverbesserung besprochen und es wird gemeinsam entschieden, welche der Lösungsbausteine weiterverfolgt werden sollen und welche eventuell zurückgestellt werden.

Bausteinbeschreibung

Für die Lösungsbausteine, die in die Entwicklung gehen sollen, wird nun im Rahmen der Entwurfs- und Konzeptphase jeweils eine Bausteinbeschreibung erstellt. Diese Bausteinbeschreibung enthält die Spezifikation für die nötige Entwicklung.

1.3 Überführung neuer Prozesse in Workflows

Um die Überführung neuer Prozesse in Workflows erfolgreich zu gestalten, folgen Sie idealerweise dem in Abbildung 1.3 dargestellten Vorgehen. Dieses Vorgehen bezieht die Ergebnisse aus der Business-Analyse und die daraus generierten Lösungsbausteine bzw. Bausteinbeschreibungen ein. Die dargestellten Schritte 1 bis 5 entsprechen den in Abschnitt 1.2, »Business-Analyse eines Beispielunternehmens«, beschriebenen Elementen und Vorgehensweisen.

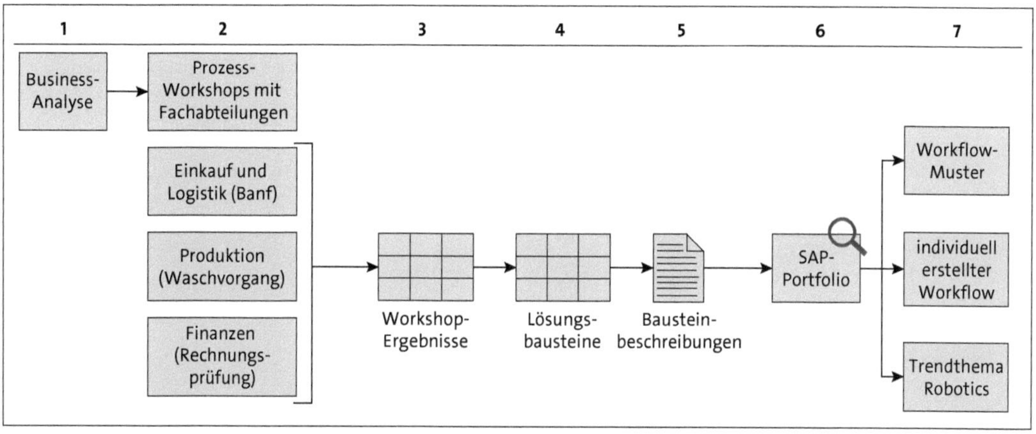

Abbildung 1.3 Überführung neuer Prozesse in Workflows

Prüfung des SAP-Portfolios

Schritt 6 ist der daraufhin erforderliche Arbeitsschritt zur Prüfung des SAP-Portfolios. Im Rahmen dieses Schrittes wird das bereits bestehende SAP-Portfolio daraufhin geprüft, ob sich die Anforderungen des jeweiligen Lösungsbausteins, die in der Bausteinbeschreibung beschrieben sind, damit umsetzen lassen. Im besten und einfachsten Fall stellt SAP bereits ein vorgefertigtes Workflow-Szenario zur Verfügung. In diesem Fall muss der Standard-Workflow nur noch aktiviert, konfiguriert und eingerichtet werden. Wie man ein solches Standard-Workflow-Szenario finden und aktivieren kann, ist in Kapitel 3, »Klassische Standard-Workflows konfigurieren«, beschrieben.

Eigenen Workflow entwickeln

Gibt es noch keinen vordefinierten SAP-Workflow zum entsprechenden Themenbereich, kann es unter Umständen sinnvoll sein, einen eigenen Workflow auf Basis von SAP-Standardtransaktionen und -objekten zu entwickeln. Auch auf Basis kundeneigener Transaktionen und Objekte lässt sich ein solcher Workflow bei Bedarf entwickeln. Das dazu nötige Know-how erhalten Sie ab Kapitel 6, »Klassische Standard-Workflows erweitern«.

Neue Technologien

Ausgefallene Themenbereiche, wie beispielsweise die Verarbeitung von Daten einer Analyse des zum Äpfelwaschen verwendeten Wassers und die davon abgeleitete Steuerung des Wassertauschs beim Waschvorgang der Äpfel der Apfelmus GmbH, erfordern eventuell tiefergehende Recherchen. Hier können neben den traditionellen Workflows neue Technologien, wie z. B. KI in Verbindung mit dem Internet der Dinge (Internet of Things, IoT), zum Einsatz kommen. Das in Abbildung 1.3 dargestellte Beispiel zeigt die Verwendung des Trendthemas »Robotics«. Einen Ausblick darauf und nähere Informationen dazu erhalten Sie in Kapitel 16, »Robotic Process Automation mit SAP Build Process Automation«.

Kapitel 2
Workflows mit SAP

Effiziente Prozesse sind ohne Workflows kaum denkbar. SAP bietet dafür von klassischen bis cloudbasierten Lösungen ein breites Spektrum an Frameworks. Dieses Kapitel gibt einen kompakten Überblick über die Workflow-Konzepte im SAP-Umfeld.

Workflows dienen der strukturierten und automatisierten Abwicklung von Geschäftsprozessen in Unternehmen. Ziel ist es, die richtige Aufgabe zur richtigen Zeit der passenden Ausführungsinstanz zuzuweisen – sei es ein Benutzer, eine Organisationseinheit, ein technischer Prozess oder ein externes System. SAP bietet mit dem klassischen SAP Business Workflow, dem flexiblen Workflow und cloudbasierten Lösungen wie SAP Build Process Automation eine breite Palette an Workflow-Technologien. Dieses Kapitel gibt Ihnen einen Überblick über die Workflow-Konzepte im SAP-Umfeld – von etablierten Verfahren bis hin zu modernen, cloudbasierten Ansätzen.

In diesem Kapitel führen wir Sie in Abschnitt 2.1 zunächst in die Grundlagen von Workflows im SAP-System ein. In Abschnitt 2.2, »SAP-Tools für die Erstellung von Workflows«, erhalten Sie einen Überblick über die Werkzeuge, die SAP zur Workflow-Modellierung bereitstellt. Der Fokus liegt dabei auf dem klassischen *SAP Business Workflow* sowie auf modernen Lösungen wie *SAP Build Process Automation* (ehemals bekannt als SAP Cloud Platform Workflow Management).

Abschnitt 2.3, »Standard-Workflows«, zeigt, welche Geschäftsprozesse sich mit den von SAP ausgelieferten Workflows direkt abbilden lassen. Zum Abschluss bietet Abschnitt 2.4, »Workflow-Management«, einen Einstieg in die organisatorischen und technischen Aspekte der Workflow-Verwaltung.

2.1 Grundlagen von SAP-Workflows

Viele Unternehmensprozesse lassen sich mit den Standard-Workflows abbilden, die SAP im Auslieferungsumfang bereitstellt. Unternehmensspezifische Anforderungen können durch Customizing oder Eigenentwicklungen ergänzt werden. Auch in unserem Beispielunternehmen, der Apfelmus GmbH, lassen sich zahlreiche Abläufe in der Apfelmusherstellung durch Workflows automatisieren. Ein typisches Beispiel ist der operative Einkauf: Hier kann ein Workflow mit dem Anlegen einer Bestellanforderung (Banf) beginnen. Abhängig von Parametern wie dem Betrag oder der Warengruppe wird automatisch ein Freigabe-Workflow angestoßen, der – nach erfolgreichem Abschluss – in die Erstellung einer Bestellung mündet. Abbildung 2.1 zeigt einen solchen Workflow beispielhaft.

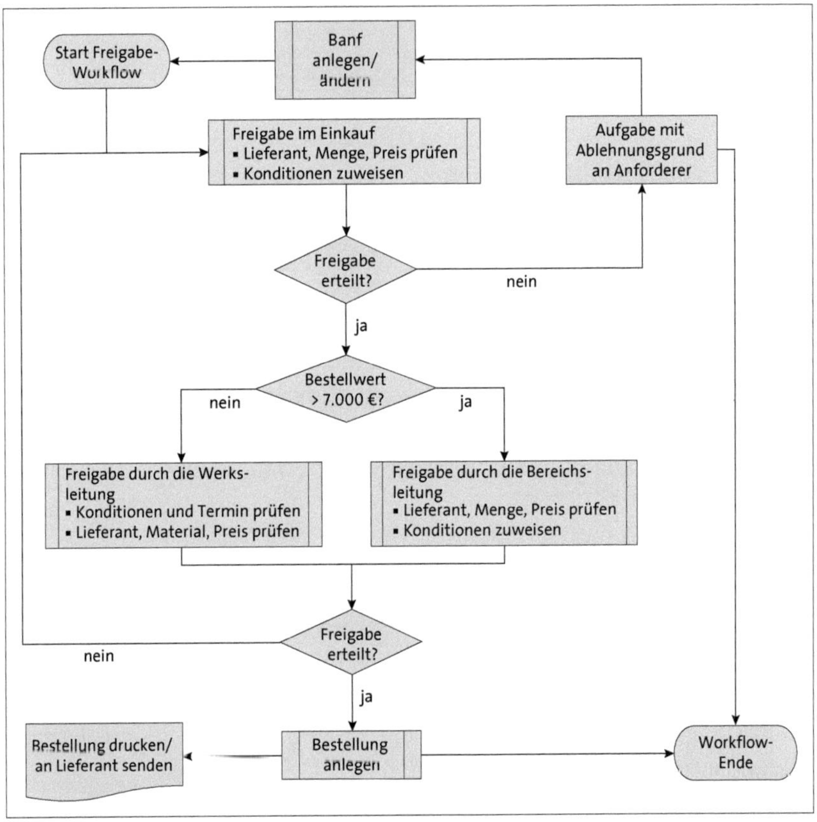

Abbildung 2.1 Beispielszenario einer Banf-Freigabe

Elemente eines Workflows

Jeder Workflow besteht aus einem *Start-* und einem oder mehreren *Endeereignissen*. Dazwischen kommen verschiedene Workflow-Elemente zum Einsatz – insbesondere *Dialog-* und *Hintergrundaufgaben*, aber auch Schleifen, Verzweigungen, Containeroperationen und Variablen.

Dialogaufgaben enthalten Regeln zur *Bearbeiterermittlung*, die entweder statisch (z. B. eine feste Person oder Personengruppe) oder dynamisch (z. B. anhand von Rollen, Organisationseinheiten oder Programmierlogik) definiert sein können. Hintergrundaufgaben führen – abhängig vom Workflow-Kontext – automatisierte Operationen oder Prüfungen aus, die den weiteren Ablauf des Workflows steuern. Zusätzlich können auch *Benachrichtigungen* (z. B. E-Mail-Hinweise) als eigenständige Elemente in einen Workflow integriert werden.

Ein weiterer typischer Anwendungsfall ist die Automatisierung im Bereich von Eingangsrechnungen. Gerade hier gibt es eine Vielzahl unterschiedlicher Szenarien, die zu komplexen Geschäftsprozessen führen können. Bereits die Unterscheidung, ob eine Rechnung mit oder ohne Bestellbezug eingeht, erfordert völlig unterschiedliche Prozessabläufe – von der Prüfung bis hin zur Freigabe und Verbuchung. Abbildung 2.2 zeigt exemplarisch den Ablauf eines Workflows zur Rechnungsprüfung und Genehmigung.

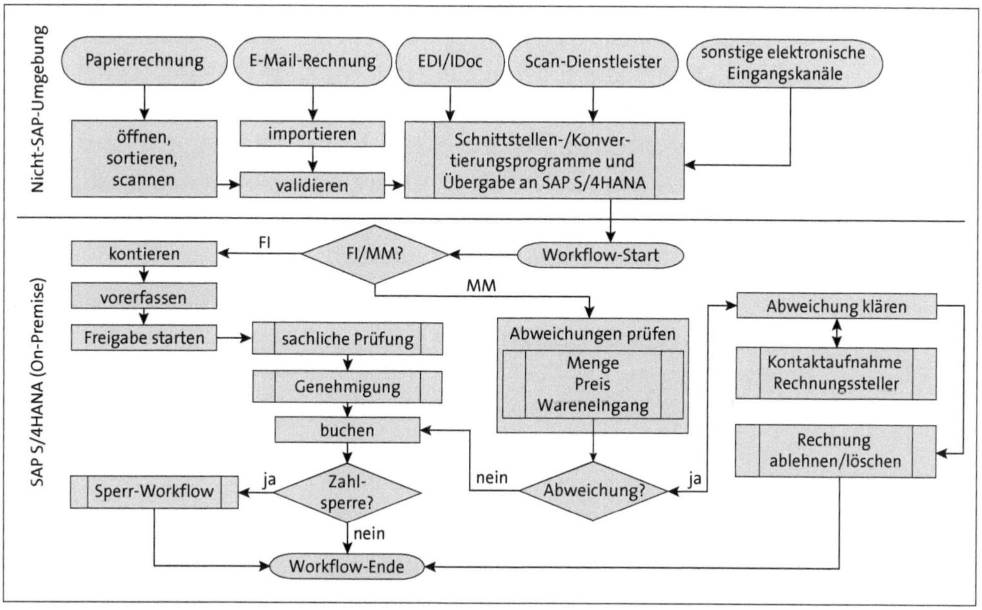

Abbildung 2.2 Beispielszenario eines Rechnungsprüfungs-Workflows

Procure-to-Pay-Prozess

Diese beiden Fallbeispiele zusammen bilden einen sogenannten *Procure-to-Pay-Prozess* (P2P), in dem zahlreiche manuelle Schritte durch Workflows automatisiert werden können.

2.2 SAP-Tools für die Erstellung von Workflows

SAP stellt neben der Workflow-Laufzeitumgebung eine Vielzahl an Entwicklungs-, Analyse- und Administrationstools zur Verfügung, die im Kontext von Workflows eingesetzt werden. In diesem Abschnitt stellen wir die aus unserer Sicht wichtigsten Werkzeuge vor.

Die Auswahl basiert auf unserer praktischen Erfahrung in der täglichen Arbeit mit Workflows – sowohl in der Entwicklung als auch in der Administration.

2.2.1 SAP Business Workflow

SAP Business Workflow bildet das klassische Fundament des Workflow-Managements in SAP S/4HANA, On-Premise-Version bzw. SAP S/4HANA Cloud Private Edition. Das Framework basiert auf einer ABAP-basierten Laufzeitumgebung, die zum Standardumfang eines SAP-S/4HANA-Systems gehört.

Standard- und kundeneigene Workflows

Mit SAP Business Workflow lassen sich verschiedenste Unternehmensprozesse digital abbilden und automatisieren. Für häufige Anwendungsfälle stellt SAP eine Reihe von vordefinierten *Workflow-Szenarios* bereit (siehe Abschnitt 2.3, »Standard-Workflows«). Darüber hinaus können Sie eigene Workflow-Szenarios und Aufgaben entwickeln, um komplexe oder unternehmensspezifische Anforderungen zu erfüllen. Über die Integration von eigenem ABAP-Code lassen sich nahezu alle denkbaren Szenarien modellieren, die innerhalb eines SAP-Systems auftreten können.

Systemübergreifende Integration

In modernen SAP-Systemlandschaften ist es üblich, Workflows über Systemgrenzen hinweg zu verknüpfen – etwa zwischen SAP S/4HANA, Cloud-Anwendungen auf der *SAP Business Technology Platform* (SAP BTP) oder externen Drittsystemen. Dabei stehen verschiedene Technologien zur Verfügung, mit denen Workflows Daten austauschen, Folgeprozesse anstoßen oder auf externe Ereignisse reagieren können.

In modernen SAP-Architekturen werden vor allem folgende Technologien zur Integration von Workflows eingesetzt:

- *OData-* und *REST-Services* zur synchronen Kommunikation
- *SAP Event Mesh* für ereignisbasierte Prozesskopplung auf der SAP BTP
- *SAP Integration Suite* als zentrale Plattform für hybride Integration
- klassische Schnittstellentechnologien wie *Remote Function Call* (RFC), *Business Application Programming Interfaces* (BAPI) oder *Intermediate Documents* (IDocs) in On-Premise-Szenarien

In älteren SAP-Systemen war die sogenannte *WebFlow-XML-Schnittstelle* verfügbar, um Workflows zwischen Systemen zu verknüpfen. Sie ist heute jedoch weitgehend durch moderne Technologien ersetzt worden und spielt in aktuellen Architekturen keine Rolle mehr.

Workflow-Definition mit den Grunddaten

SAP stellt eine Vielzahl von Workflow-Szenarios bereit, die typische Unternehmensabläufe abbilden. Jedes Szenario verfügt über eine eindeutige Kennung (z. B. `wf_req_rel`), eine sprechende Workflow-Bezeichnung (siehe Abbildung 2.6) sowie einen Workitem-Text, der in Ihrem Workflow-Eingang angezeigt wird – etwa im *SAP Business Workplace* (Transaktion SBWP) oder in der SAP-Fiori-App **Meine Inbox**.

SAP Business Workplace und »Meine Inbox«

Der SAP Business Workplace ist in klassischen Systemen der zentrale Einstiegspunkt für alle eingehenden und ausgehenden Aufgaben im Workflow-Kontext. In modernen SAP-Systemen ersetzt die SAP-Fiori-App **Meine Inbox** den SAP Business Workplace. Sie stellt eingehende Aufgaben übersichtlich dar und ermöglicht deren direkte Bearbeitung – unabhängig davon, ob sie klassisch mit SAP Business Workflow oder als flexibler Workflow erstellt wurden.

Workitems

Ein *Workitem* stellt dabei eine konkrete Aufgabeninstanz dar. Jedes Workitem besitzt einen eigenen Kontext und enthält Daten im sogenannten *Workflow-Container*, dem Speicherbereich für alle kontextspezifischen Informationen, die zur Bearbeitung der Aufgabe benötigt werden.

Ereignisse

Workflows werden in der Regel durch *Ereignisse* gestartet. In den Stammdaten eines Workflow-Szenarios wird festgelegt, welches Ereignis (z. B. CREATED oder CHANGED) zum Start des Workflows führen soll. Dieses Ereignis muss sich auf ein Geschäftsobjekt im System beziehen und mit dem Workflow explizit gekoppelt sein, damit es als Startereignis wirksam wird.

Customizing und eigene Workflow-Szenarios

Die von SAP ausgelieferten Workflow-Szenarios können über das Customizing in gewissem Umfang angepasst werden, sofern dies im Standard vorgesehen ist. Reichen diese Möglichkeiten nicht aus, können Sie mit dem *Workflow Builder* eigene Workflow-Szenarios erstellen oder ein bestehendes SAP-Workflow-Szenario in den Kundennamensraum kopieren und dort Ihren Anforderungen entsprechend erweitern.

Im Workflow Builder lassen sich die *Schritttypen* eines Workflows festlegen, beispielsweise *Aktivitäten*, *Bedingungen* oder *Ablaufsteuerungselemente*. Die grafische Modellierung unterstützt sowohl Standard- als auch kundenindividuelle Prozesse.

Der Workflow Builder kann über die Transaktion SWDD gestartet werden oder über den folgenden Pfad im SAP-Menü:

SAP Easy Access • Werkzeuge • Business Workflow • Entwicklung • Definitionswerkzeuge • Workflow Builder • SWDD – Workflow Builder

Aufbau des Workflow Builders

In Abbildung 2.3 ist der Workflow Builder dargestellt. Geöffnet ist hier das SAP-Workflow-Szenario WS00000038 (Workflow für Banf-Freigabe). Die in

Abbildung 2.3 eingerahmten Bereiche haben dabei jeweils die folgende Funktion:

❶ Der **Informationsbereich** enthält die eindeutige Kennung der Workflow-Aufgabe sowie die vierstellige Zahl zur Angabe der Version einer Workflow-Definition.

❷ Im **Navigationsbereich** sind alle Schritte eines Workflow-Szenarios enthalten. Per Doppelklick gelangen Sie in die Details des jeweiligen Workflow-Schrittes. Per Rechtsklick öffnen sich einige Bearbeitungsmöglichkeiten und Sie können den jeweiligen Knoten in der Grafik fokussieren.

❸ Im unteren linken Bereich finden Sie eine Auswahlliste, die Ihnen die folgenden Möglichkeiten bietet:

- **Einfügbare Schritttypen**: Hier finden Sie alle verfügbaren Schritttypen, die Sie in Ihrer Workflow-Definition einsetzen können.
- **Workflow-Container**: Über das Kontextmenü können Sie die Variablen der Workflow-Schnittstelle, sogenannte *Container*, anlegen, anzeigen, ändern oder löschen.
- **Meine Workflows und Aufgaben**: In diesem Bereich können Sie die für Ihren Workflow relevanten Workflow-Aufgaben anzeigen und per Doppelklick in Ihre eigene Workflow-Definition übernehmen.
- **Dokumentvorlagen**: In diesem Bereich können Sie Dokumentvorlagen anlegen und anzeigen.
- **Workflow Wizards**: Wizards können Sie beim Modellieren von Workflows und Workflow-Schritten unterstützen.
- **Teamworking**: Hier können Sie Workflow-Aufgaben nach bestimmten Kriterien suchen. Diese können z. B. sein: **angelegt/geändert von Benutzer, im Release, im Zeitraum.**
- **Workflows dieser Definition (Ausgang)**: Alle vorhandenen Laufzeitinstanzen des aktuellen Workflows werden hier angezeigt.

❹ Der Bereich **Grafische Modellierung** enthält alle Workflow-Schritte des aktuell ausgewählten Workflows. Diese gruppieren sich in die folgenden beiden Hauptkategorien:

- *Geschäftsaktivität*: Aktivität, Webaktivität, E-Mail versenden, Formular, Dokument aus Vorlage, Benutzerentscheidung
- *Interne Ablaufsteuerung*: Bedingung, Warten auf Ereignis, Ereigniserzeuger, Mehrfachbedingung, Containeroperation, Ablaufsteuerung, Loop (Until), Loop (While), paralleler Abschnitt, Ad-hoc-Anker, Block, lokaler Workflow

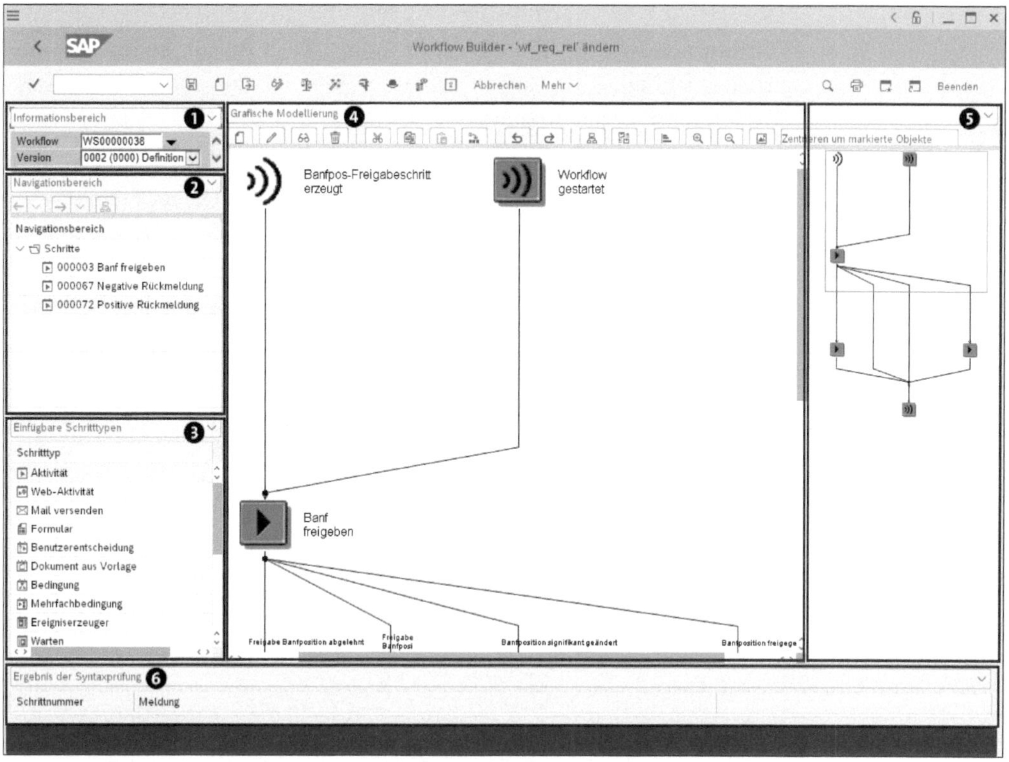

Abbildung 2.3 Transaktion SWDD – Workflow Builder

❺ Im rechten Bereich finden Sie die Übersicht, in der die gesamte Workflow-Definition angezeigt wird.

❻ Im unteren Bereich kann zwischen folgenden Ansichten umgeschaltet werden:

- Nachrichten aus dem **Ergebnis der Syntaxprüfung**
- **Verwendungsnachweis**
- **Suchergebnis**
- **Andere Meldungen**

Business Object Repository

Alle Aktionen, die ein Workflow zur Laufzeit ausführt, beziehen sich auf *Geschäftsobjekte* (engl. *Business Objects*). Sie bilden die technische Grundlage für die Kopplung von Prozessen mit den zugrunde liegenden Geschäftsdaten. Ein Geschäftsobjekt – z. B. eine Bestellanforderung oder eine Eingangsrechnung – stellt seine Funktionen über eine einheitliche Schnittstelle bereit. Die interne Datenstruktur auf der Datenbank bleibt dabei abstrahiert und für den Workflow verborgen.

Die verfügbaren Geschäftsobjekttypen sind im *Business Object Repository* (BOR) hinterlegt. Sie können im *Business Object Builder* angezeigt und bearbeitet werden. Den Zugriff erhalten Sie entweder über die Transaktion SWO1 oder über den folgenden Pfad im SAP-Menü:

SAP Easy Access • Werkzeuge • Business Workflow • Entwicklung • Definitionswerkzeuge • Anwendungsintegration • Business Object Builder

Business Object Builder

Abbildung 2.4 zeigt das Einstiegsfenster des Business Object Builders. Dort stehen Ihnen verschiedene Funktionen zur Verfügung, die sich auf einen Geschäftsobjekttyp beziehen, darunter **Anzeigen**, **Ändern**, **Anlegen** und **Testen**.

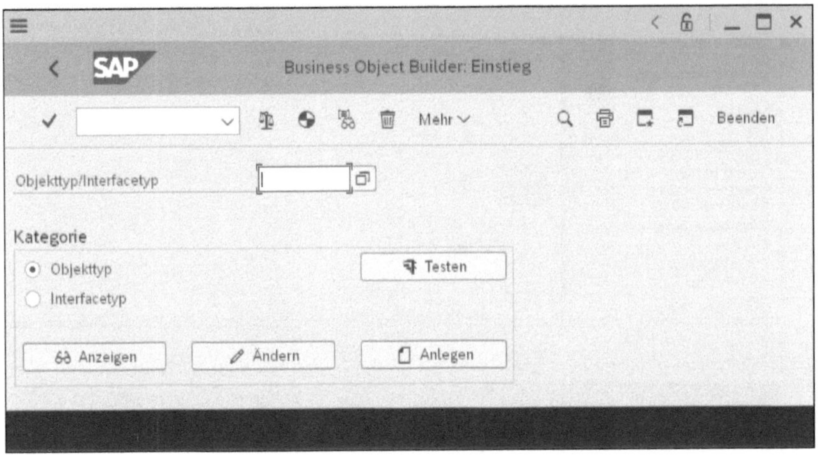

Abbildung 2.4 Transaktion SWO1 – Business Object Builder

Komponenten eines Geschäftsobjekttyps

Ein *Geschäftsobjekttyp* (engl. *Business Object Type*) besteht aus einer klar definierten *Schnittstelle* und lässt sich über seine Schlüsselfelder eindeutig identifizieren. Die zugehörige Programmlogik ist in *Methoden* gekapselt, wodurch eine saubere funktionale Trennung gewährleistet ist.

Geschäftsobjekte können darüber hinaus *Ereignisse* auslösen, z. B. beim Anlegen oder Ändern eines Datensatzes. Solche Ereignisse lassen sich in einem Workflow als Startereignisse verwenden und können dort bestimmte Folgeaktionen auslösen.

Abbildung 2.5 zeigt exemplarisch den Geschäftsobjekttyp BKPF (Buchhaltungsbeleg) mit seinen Methoden, Attributen und Ereignissen. Bezogen auf das Szenario in Abbildung 2.2 handelt es sich bei dem zugrunde liegenden Geschäftsobjekt um eine Rechnung ohne Bestellbezug (FI-Rechnung).

Interfaces

Interfaces sind spezielle Objekttypen, die Attribute, Methoden und Ereignisse definieren. Sie dienen der Wiederverwendung von Standardfunktionen, fördern eine einheitliche Namensgebung und tragen zur Reduzierung von Fehlerquellen bei. Geschäftsobjekttypen können mehrere Interfaces implementieren, um bestehende Funktionen zu übernehmen.

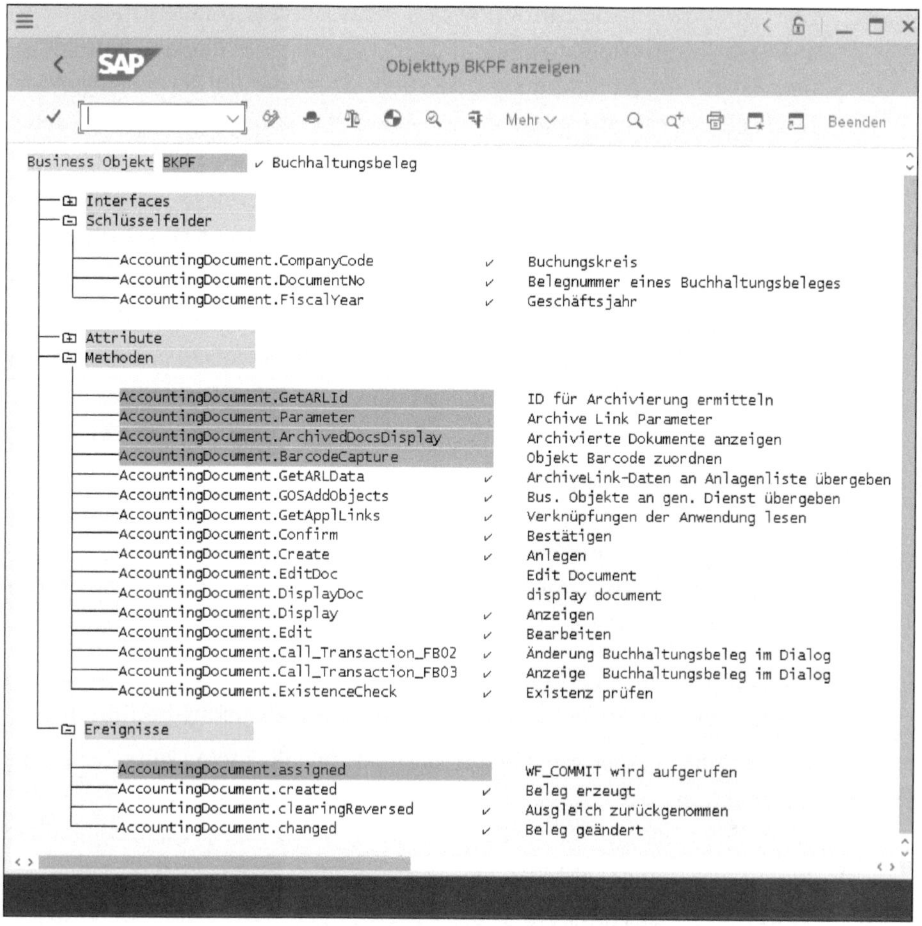

Abbildung 2.5 Business Object Builder – Businessobjekttyp BKPF

Schlüsselfelder und Attribute

In Abbildung 2.5 zeigt sich die enge Verbindung zwischen dem Geschäftsobjekttyp BKPF und der gleichnamigen Tabelle. Die dort definierten *Schlüsselfelder* ermöglichen die eindeutige Identifikation eines Objekts zur Laufzeit – etwa über Belegnummer, Buchungskreis und Geschäftsjahr. *Attribute* repräsentieren die Merkmale eines Objekts und bilden Informationen wie Belegdatum, Buchungsdatum oder Rechnungsnummer ab. Sie sind im BOR als lesbare Eigenschaften definiert und dienen auch der Anzeige im Workflow-Kontext.

Methoden und Ereignisse

Methoden enthalten den Programmcode, der die Bearbeitung eines Objekts ermöglicht, z. B. das Sperren, Freigeben oder Prüfen eines Belegs.

Ereignisse beschreiben bestimmte Zustandsänderungen eines Objekts, z. B. »erstellt«, »geändert« oder »zugewiesen«. Diese können im Workflow als Startereignisse verwendet werden.

Aufgaben im Workflow-Kontext

Die Workflow-Engine ruft Methoden eines Geschäftsobjekts nicht direkt auf. Stattdessen erfolgt der Zugriff über sogenannte *Aufgaben*. Diese Aufgaben stellen die Verbindung zwischen dem Workflow und der jeweiligen Methode eines Geschäftsobjekts her. In einem Workflow sind Aufgaben daher ein zentrales Element – sie definieren, was getan werden soll und wie es mit dem Objekt zusammenhängt.

Aufgabentypen

Für die Implementierung von Workflows unterscheidet SAP zwei Haupttypen von Aufgaben:

- **Standardaufgabe (TS)**
  Eine Standardaufgabe steht in direkter Beziehung zu genau einer Methode eines Geschäftsobjekttyps. Sie bildet typischerweise einen Schritt im Workflow ab. Beispiel: TS00007986 (Genehmigung einer Bestellung).
- **Workflow-Aufgabe (WS)**
  Eine Workflow-Aufgabe repräsentiert das gesamte Workflow-Szenario, also den übergeordneten Geschäftsprozess. Sie wird in der Regel durch ein Startereignis ausgelöst und steuert den Ablauf des Workflows. Beispiel: WS00000038.

Ausführliche Informationen zum Umgang mit Standard- und Workflow-Aufgaben finden Sie in Kapitel 5, »Elemente von Workflow-Definitionen«.

Aufgaben definieren

Die Definition einer Aufgabe erfolgt über die allgemeine Aufgabenpflege (Transaktion PFTC). Abbildung 2.6 zeigt das entsprechende Einstiegsbild. Alternativ erreichen Sie die Aufgabenpflege auch über den folgenden Pfad im SAP-Easy-Access-Menü:

Werkzeuge • Business Workflow • Entwicklung • Definitionswerkzeuge • Aufgaben /Aufgabengruppen

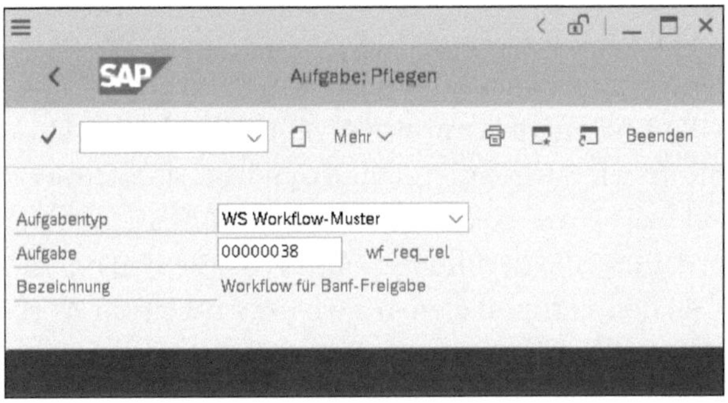

Abbildung 2.6 Transaktion PFTC – allgemeine Aufgabenpflege

Umgang mit Ereignissen

In einem SAP-System werden Workflows in der Regel ereignisgesteuert gestartet. Das bedeutet: Wenn innerhalb einer Anwendung eine bestimmte Aktion stattfindet, etwa das Anlegen oder Ändern eines Geschäftsobjekts, kann ein entsprechendes Ereignis ausgelöst werden. Auf solche Ereignisse reagieren sogenannte *Ereignisverbraucher*, z. B. Workflows, Nachrichten oder andere Prozesse. Welche Verbraucher auf welche Ereignisse reagieren dürfen, wird über die sogenannte *Ereigniskopplung* definiert und konfiguriert.

Beispiel: Änderungsbelege

Ein klassisches Szenario für die ereignisgesteuerte Workflow-Initialisierung ist die Verwendung von Änderungsbelegen. Möchten Sie beispielsweise ein Ereignis auslösen, sobald ein Objekt geändert wurde, lässt sich die Ereigniserzeugung über Änderungsbelege aktivieren – entweder über die Transaktion SWEC oder mithilfe eines entsprechenden Wizards. Den Einstieg in die relevanten Transaktionen finden Sie im SAP-Easy-Access-Menü unter:

SAP Easy Access • Werkzeuge • Business Workflow • Entwicklung • Definitionswerkzeuge • Ereignisse • Änderungsbelege

Die Transaktion SCDO liefert Ihnen eine Übersicht aller vorhandenen Änderungsbeleg-Objektklassen. Über die Transaktion SWED ordnen Sie den Änderungsbeleg dem Workflow- bzw. Geschäftsobjekttyp zu. In der Transaktion SWEC können Sie Eigenschaften von Ereignissen zum Änderungsbeleg festlegen. Über *Feldrestriktionen* kann dabei festgelegt werden, bei welchen Feldänderungen das Ereignis ausgelöst werden kann.

Bedingungseditor für Feldrestriktionen

In Abbildung 2.7 ist der *Bedingungseditor für die Feldrestriktionen* im Modus **Mausorientiert** dargestellt. Diesen Modus können Sie auf **Direkte Texteingabe** umstellen. Im Bedingungseditor definieren Sie die Bedingungen für das Einplanen und Starten von Aktionen. Die in Abbildung 2.7 eingerahmten Bereiche werden nachfolgend erläutert:

❶ Felder, die im jeweiligen *Ereigniscontainer* enthalten sind, werden in einer Liste ausgegeben. Diese können ebenso wie auch Systemfelder in die Bedingungen für die Feldrestriktionen einbezogen werden.

❷ Im Editor für eine **Zusammengesetzte Feldrestriktion** definieren Sie Ihre Bedingung. Im vorliegenden Fall wird geprüft, ob sich die Inhalte der beiden Felder **Anforderer** (EBAN_AFNAM_OLD ungleich EBAN_AFNAM_NEW) oder **Lieferdatum** (EBAN_LFDAT_OLD ungleich EBAN_LFDAT_NEW) daraufhin geprüft, ob sich ihre Inhalte geändert haben.

❸ Links finden Sie mögliche *logische Operationen* und *Verknüpfungen*.

❹ In **Ausdruck 1** bzw. **Ausdruck 2** im Bereich **Zusammengesetzte Feldrestriktionen** können *Konstanten* in die Ausprägung der Bedingung einbezogen werden. Die Operatorrangfolge kann bei zusammengesetzten Bedingungen durch korrektes Setzen von Klammern beeinflusst werden.

❺ Der untere Bereich ist für die Ausgabe von Fehler-, Warn- oder Info-Meldungen vorgesehen.

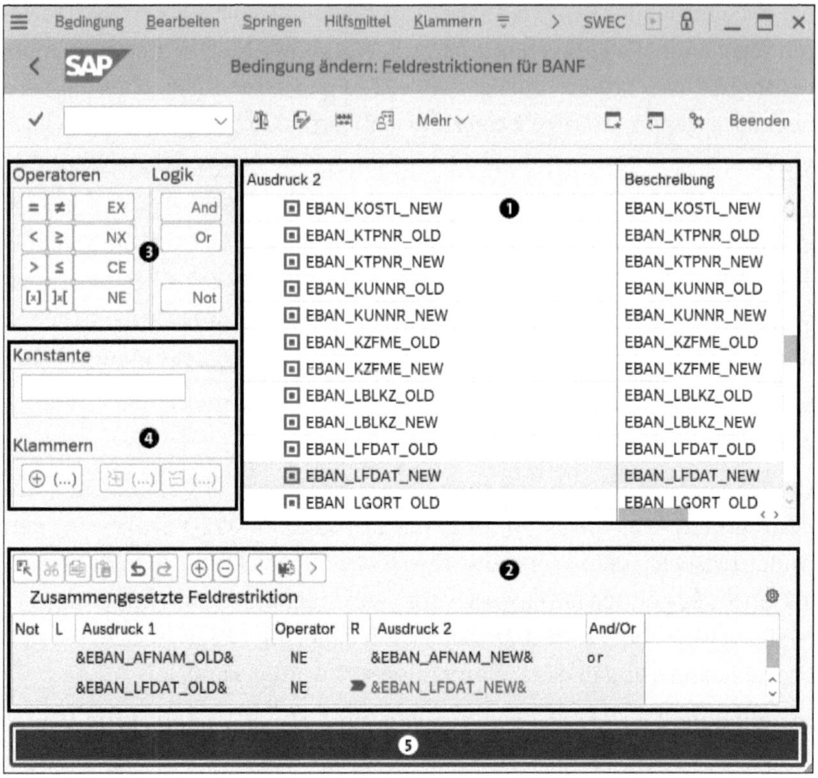

Abbildung 2.7 Transaktion SWEC – Bedingungseditor für die Feldrestriktionen

Nutzen von Wizards

In bestimmten Fällen kann eine dialoggeführte Unterstützung beim Anlegen von Aufgaben oder Workflow-Szenarios sinnvoll sein, insbesondere für Einsteiger*innen oder bei wiederkehrenden Standardprozessen. Mithilfe sogenannter *Wizards* lassen sich sowohl einzelne Schritte als auch komplette Workflow-Szenarios automatisch generieren. Dabei führen benutzerfreundliche Dialoge durch die erforderlichen Eingaben und unterstützen bei der Definition der Ablauflogik. Die Erstellung erfolgt durch das Beantworten gezielter Fragen, aus denen SAP das technische Modell ableitet.

SAP Business Workflow stellt verschiedene Wizards bereit, unter anderem für folgende Anwendungsfälle:

- Modellierung von einfachen Genehmigungsverfahren
- Erstellung von Rundschreiben
- schnelle Initialisierung eines neuen Workflows

Abbildung 2.8 zeigt unten links die Registerkarte **Workflow Wizards** im Workflow Builder, über die der Einstieg in die verfügbaren Assistenten erfolgt.

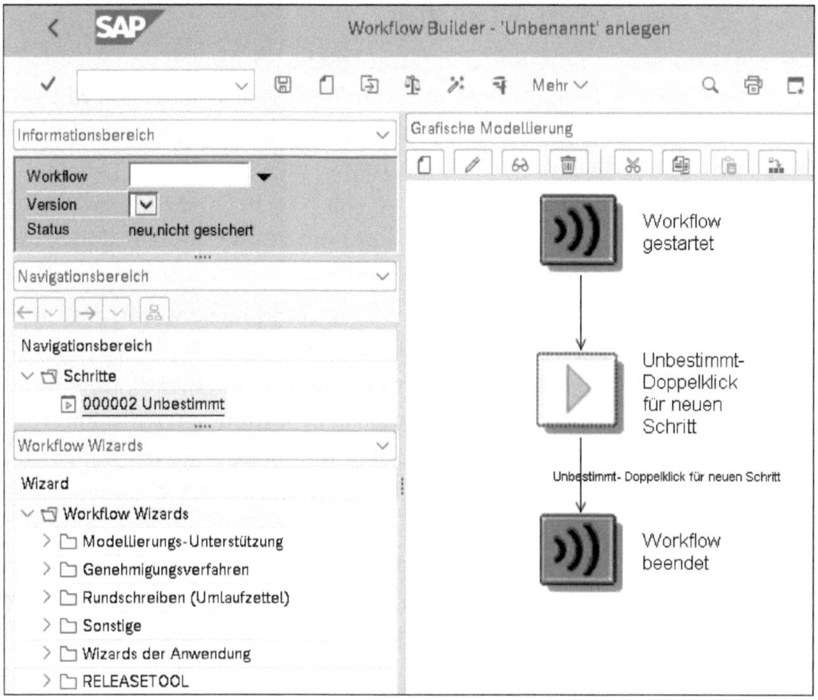

Abbildung 2.8 Registerkarte »Workflow Wizards« im Workflow Builder

[«]

Weiterführende Informationen zu Wizards

Weitere Informationen zur Nutzung der Wizards im Kontext von SAP Business Workflow finden Sie in der SAP-Dokumentation. Verwenden Sie hierzu am besten die Suchfunktion auf der SAP-Help-Seite (*https://help.sap.com*) mit dem Suchbegriff »Workflow Wizards«.

Weitere nützliche Tools

Mit den in diesem Abschnitt vorgestellten Werkzeugen verfügen Sie über ein grundlegendes Toolset, mit dem Sie direkt beginnen können, eigene Workflows zu modellieren und zu implementieren. Darüber hinaus stellt SAP eine Vielzahl weiterer nützlicher Werkzeuge und Hilfsmittel für SAP Business Workflow bereit. Einige davon werden Sie im weiteren Verlauf dieses Buches kennenlernen.

Einen kompakten Überblick über die aus unserer Sicht wichtigsten Transaktionen und Werkzeuge finden Sie zudem in Anhang A, »Wichtige Transaktionen und SAP-Fiori-Apps«.

2.2.2 SAP Build Process Automation

SAP Build Process Automation ist der strategische Nachfolger von *SAP Cloud Platform Workflow Management* und vereint dessen Funktionen mit solchen für Robotic Process Automation (RPA), Formularverarbeitung und die Geschäftsregelmodellierung (Business Rules). Ergebnis ist eine ganzheitliche Automatisierungsplattform, die auf der SAP BTP bereitgestellt wird. SAP Build Process Automation bietet dazu eine moderne Low-Code-/No-Code-Umgebung für die durchgängige Prozessautomatisierung.

SAP BTP

Die SAP BTP ist die zentrale Plattform für Anwendungsentwicklung, Integration, Datenmanagement und Automatisierung von SAP. Sie löst die SAP Cloud Platform in ihrer früheren Form ab. Statt der Neo- und Cloud-Foundry-Laufzeitumgebungen der SAP Cloud Platform steht bei der SAP BTP eine Multi-Environment-Strategie mit Fokus auf *Cloud Foundry*, *Kyma* und *ABAP Environment* im Vordergrund, wobei Cloud Foundry die bevorzugte Umgebung für die Workflow-Entwicklung und SAP Build Process Automation ist. Die Kubernetes-basierte Kyma-Umgebung bietet zusätzliche Flexibilität für Microservices, während das ABAP Environment insbesondere für die Entwicklung kundeneigener Erweiterungen in ABAP genutzt wird. Die Neo-Umgebung ist weitgehend abgekündigt und wird nicht mehr für neue Projekte empfohlen.

SAP Business Application Studio

Die Entwicklungsumgebung *SAP Web IDE* wurde ebenfalls vollständig abgelöst. Für aktuelle Entwicklungen werden stattdessen das *SAP Business Application Studio* oder *SAP Build* empfohlen.

Das SAP Business Application Studio ist die zentrale Entwicklungsumgebung der SAP BTP. Die vollständig webbasierte IDE bietet ein modernes Entwicklungsumfeld, das speziell auf SAP-Technologien abgestimmt ist. Sie unterstützt etwa SAP Fiori, Erweiterungen für SAP S/4HANA, das *SAP Cloud Application Programming Model* (CAP) sowie zahlreiche Backend- und Integrationsszenarien.

Das Herzstück des SAP Business Application Studios bilden sogenannte *Dev Spaces*: isolierte Arbeitsumgebungen, die speziell für bestimmte Geschäftsszenarien vorkonfiguriert sind. Jedes Dev Space enthält die benötigten Tools, Laufzeitumgebungen und Frameworks – etwa für die Entwicklung von SAP-Fiori-Apps, CAP-basierten Services oder mobilen Apps. So erhalten Entwicklerteams ein maßgeschneidertes Set-up mit minimalem Initialaufwand.

[»]

Weiterführende Informationen zum SAP Business Application Studio

Ausführliche Informationen rund um das SAP Business Application Studio finden Sie im SAP Help Portal unter der folgenden URL: *http://s-prs.de/v782603*

Komponenten von SAP Build Process Automation

SAP Build Process Automation ermöglicht es sowohl Entwicklerteams als auch Fachbereichen, Prozesse mithilfe von visuellen Modellierungswerkzeugen schnell zu automatisieren. Die Lösung enthält Komponenten für folgende Aufgaben:

- **Workflow-Automatisierung**
  Modellierung von Prozessabläufen basierend auf Business Process Model and Notation (BPMN) 2.0
- **Formularverarbeitung**
  Erstellung von Benutzeroberflächen mit Low-Code-Formularen
- **RPA-Komponenten**
  Integration von Bots zur Automatisierung manueller Aufgaben
- **Entscheidungslogik**
  Verwaltung von Geschäftsregeln über eine Business Rules Engine

Die Benutzeroberflächen für Aufgaben und Formulare basieren standardmäßig auf *SAP Fiori Elements*, lassen sich aber über die visuelle Formularmodellierung individuell anpassen. SAP Fiori Elements ist ein Framework zur modellgetriebenen Entwicklung von SAP-Fiori-Apps. Anstatt alle Elemente der Benutzeroberfläche (User Interface, kurz UI) manuell zu programmieren, werden UI und Logik automatisch aus OData-Services und Annotationsdefinitionen erzeugt. Dadurch lassen sich konsistente und wartungsarme Anwendungen mit deutlich reduziertem Entwicklungsaufwand erstellen. Technisch erfolgt die Darstellung über SAPUI5-Komponenten im SAP-Fiori-Stil. Über den SAP Store können vordefinierte Prozesspakete, Vorlagen und Bots direkt in den eigenen Subaccount importiert und angepasst werden. Dies beschleunigt die Entwicklung typischer Anwendungsfälle wie Genehmigungen, Bestellungen oder Stammdatenpflege.

Entwicklungs- und Monitoring-Werkzeuge

Die Modellierung erfolgt über ein browserbasiertes Low-Code-Tool innerhalb von SAP Build. Benutzerinteraktionen erfolgen bevorzugt über das *SAP Task Center*, das eine zentrale Aufgabenübersicht über alle angebundenen Systeme hinweg bietet. Alternativ können Aufgaben auch über die SAP-Fiori-App **Meine Inbox** angezeigt werden, insbesondere in SAP-S/4HANA-Umgebungen. Für die Systemadministration bietet SAP Build ein zentrales Dashboard zur Überwachung von Prozessinstanzen, fehlerhaften Workflows, der Auslastung von Agents und vielem mehr.

SAP Build

Mit SAP Build stellt SAP eine moderne Low-Code-/No-Code-Plattform auf der SAP BTP bereit, die die Entwicklung und Automatisierung von Geschäftsprozessen deutlich vereinfacht. Die SAP Build Suite richtet sich sowohl an Citizen Developer als auch an professionelle Entwickler*innen und ermöglicht es, Anwendungen und Workflows ohne tiefgreifende Programmierkenntnisse zu erstellen oder bestehende Lösungen zu erweitern.

Die Suite vereint drei eng miteinander integrierte Komponenten:

- *SAP Build Apps* für die visuelle App-Entwicklung
- *SAP Build Process Automation* für Workflow- und Entscheidungslogik
- *SAP Build Work Zone* zur Integration und Erweiterung von Anwendungen und Prozessen

Durch das Zusammenspiel dieser Umgebungen können Unternehmen schnell skalierbare, durchgängige Lösungen realisieren, die nahtlos mit SAP S/4HANA und anderen Cloud-Services verbunden sind.

Technologischer Unterbau

Die Modellierung der Workflows basiert in SAP Build Process Automation weiterhin auf BPMN 2.0, die Prozessdefinitionen werden in einem JSON-Format (JavaScript Object Notation) gespeichert. Abbildung 2.9 zeigt ein beispielhaftes Prozessmodell in der BPMN-2.0-Notation.

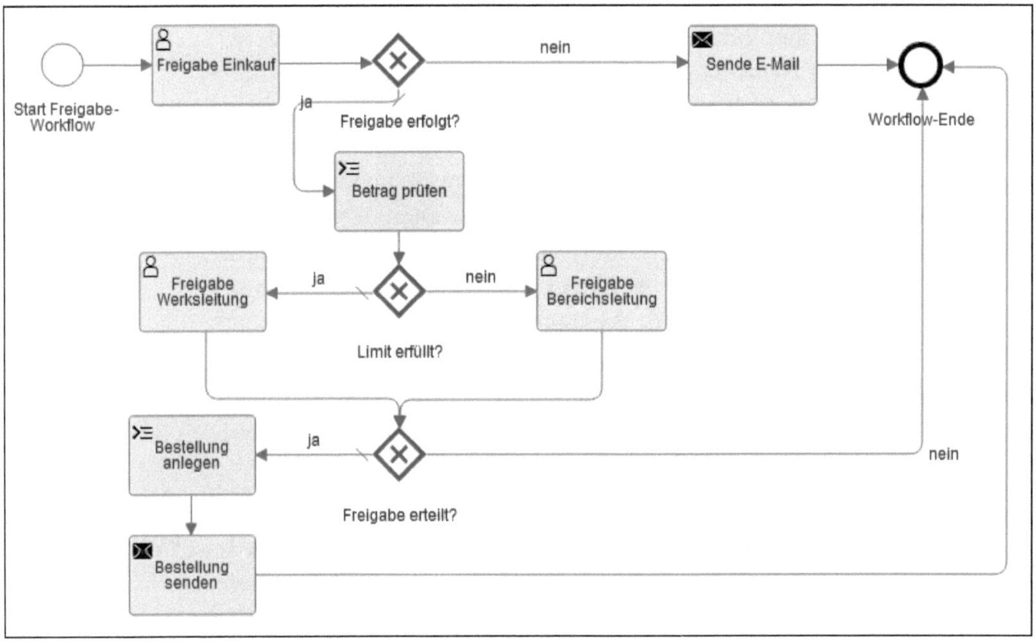

Abbildung 2.9 Beispielhaftes Prozessmodell in der BPMN-2.0-Notation

Weitere Informationen zu BPMN 2.0

Weitere Informationen zur BPMN-2.0-Spezifikation finden Sie auf der offiziellen Website der *Object Management Group* (OMG) unter *https://www.omg.org/spec/BPMN/*.

Citizen Developer

Der Fokus liegt jedoch auf einer vereinfachten Nutzung durch Fachanwender*innen (engl. Business User), ganz im Sinne der von SAP Build verfolgen

Citizen-Developer-Strategie. Die Citizen-Developer-Strategie verfolgt das Ziel, fachliche Anwender*innen ohne tiefgehende Programmierkenntnisse in die Lage zu versetzen, eigene Workflows, Anwendungen oder Automatisierungen mit Low-Code-/No-Code-Werkzeugen selbstständig zu erstellen. Dadurch werden Fachbereiche befähigt, digitale Lösungen schneller umzusetzen, was die IT-Abteilungen entlastet.

Workflow-Modellierung in SAP Build Process Automation

Abbildung 2.10 zeigt einen Workflow in SAP Build Process Automation, der einen einfachen Genehmigungsprozess für Kundenaufträge veranschaulicht. Abhängig von zuvor definierten Bedingungen erfolgt entweder eine automatische Freigabe oder die Weiterleitung an einen Genehmiger oder eine Genehmigerin. Diese Person entscheidet, ob der Auftrag bestätigt oder abgelehnt wird. Im Anschluss erhält der Anforderer oder die Anforderin eine entsprechende Benachrichtigung, womit der Prozess abgeschlossen ist.

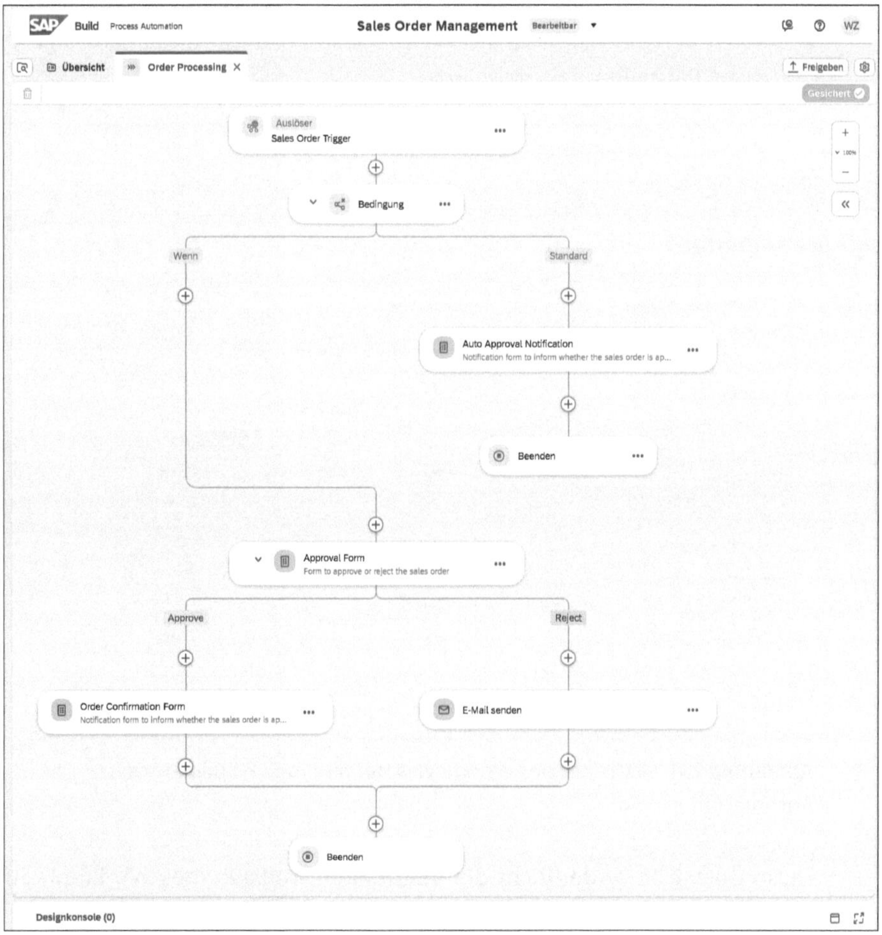

Abbildung 2.10 Beispielhafter Workflow für den Genehmigungsprozess von Kundenaufträgen in SAP Build Process Automation

Artefakte eines Workflows

Abbildung 2.11 zeigt eine Übersicht der in einem Projekt namens **Sales Order Management** erstellten *Artefakte* in SAP Build Process Automation. Artefakte sind die Bausteine eines Workflows und umfassen unterschiedliche Elemente wie Formulare, Benachrichtigungen, Prozesse oder Datentypen. In diesem Beispielprojekt sind folgende Artefakte vorhanden:

- **Approval Form**: Formular, mit dem ein Genehmiger einen Kundenauftrag freigeben oder ablehnen kann.
- **Auto Approval Notification**: Benachrichtigung, die automatisch informiert, wenn ein Auftrag ohne manuelle Prüfung genehmigt wird
- **Order Confirmation Form**: Formular, das den Anforderer oder die Anforderin über die Genehmigung des Kundenauftrags informiert
- **Order Processing**: Der eigentliche Prozess, der die einzelnen Schritte zur Bearbeitung und Genehmigung des Kundenauftrags steuert
- **Sales Order**: Ein Datentyp, der die Grundstruktur für Kundenaufträge in diesem Beispielprojekt definiert.

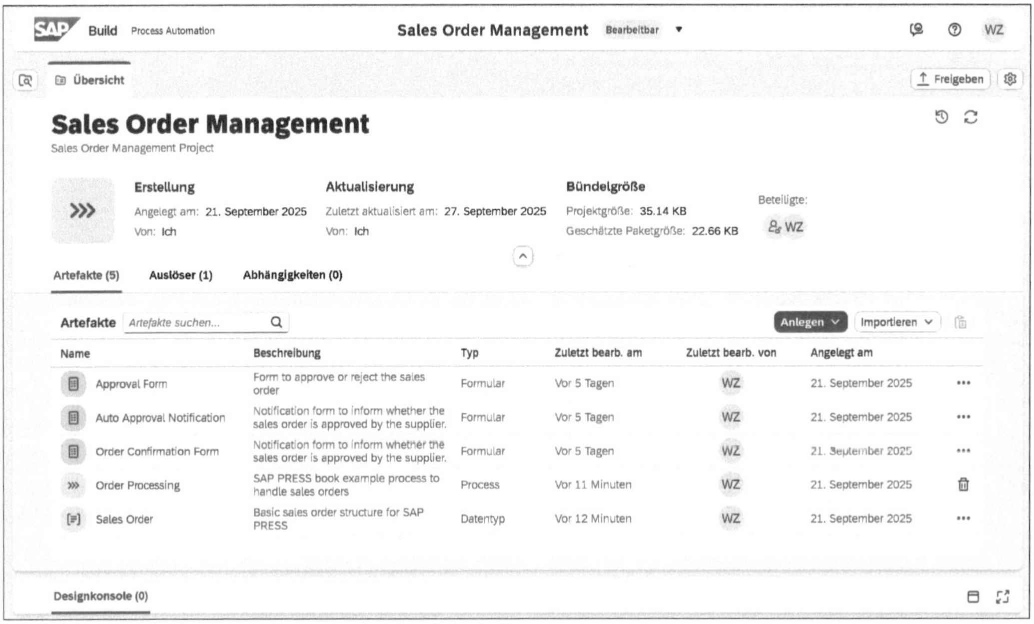

Abbildung 2.11 Übersicht der Workflow-Artefakte in SAP Build Process Automation

Diese Übersicht verdeutlicht den modularen Aufbau eines Workflows in SAP Build Process Automation. Jedes Artefakt übernimmt eine klar abgegrenzte Aufgabe und erst durch das Zusammenspiel aller Artefakte entsteht der vollständige End-to-End-Prozess.

2.2.3 SAP-Fiori-Apps

Mit *SAP Fiori* verfolgt SAP das Ziel, komplexe transaktionale Prozesse in benutzerfreundliche, prozessorientierte Anwendungen zu überführen. Im Mittelpunkt stehen dabei die Bedürfnisse der Anwender*innen und der jeweilige Kontext, in dem eine Aufgabe ausgeführt wird. Dies ermöglicht eine intuitivere und effizientere Interaktion mit SAP-Systemen.

Im Workflow-Umfeld erfolgt der Zugriff auf anstehende Aufgaben in der Regel über das *SAP Fiori Launchpad*, das insbesondere auf mobilen Endgeräten eine einfache, responsive und rollenbasierte Bedienung ermöglicht. Die moderne Benutzeroberfläche ist darauf ausgelegt, Aufgaben schnell zu erfassen und freizugeben – auch unterwegs.

Sowohl vordefinierte als auch kundeneigene SAP-Fiori-Apps lassen sich problemlos in SAP-Workflow-Szenarien integrieren. So können etwa Benutzeraufgaben, Genehmigungen oder Interaktionen mit Formularen direkt in SAP Fiori eingebettet und verarbeitet werden.

SAP-Fiori-Apps für das Workflow-Management

Workflows verwalten

Ein Beispiel dafür ist die Standard-SAP-Fiori-App **Workflows verwalten**. Diese App ist das zentrale Werkzeug zur Konfiguration von flexiblen Workflows in SAP S/4HANA. Anders als bei klassischen Workflows oder den BPMN-basierten Prozessen in SAP Build Process Automation erfolgt die Modellierung hier regelbasiert und geschäftsprozessspezifisch, ohne technisches Vorwissen oder Programmierung vorauszusetzen. Wir greifen diese App in Kapitel 10, »Einführung in flexible Workflows«, erneut auf und zeigen dort ihren konkreten Einsatz im Zusammenhang mit den flexiblen Workflows in SAP S/4HANA.

»Meine Inbox«

Zugriff auf die aus Ihren Workflow-Definitionen resultierenden Aufgaben bietet die SAP-Fiori-App **Meine Inbox** (engl. **My Inbox**). Diese App fungiert als zentraler Eingangskorb für Workflow-Aufgaben und stellt alle zu bearbeitenden Workitems des angemeldeten Benutzers übersichtlich zur Verfügung – rollenbasiert, mobilfähig und eingebettet in die SAP-Fiori-Oberfläche. Eine detaillierte Betrachtung dieser App erfolgt in Abschnitt 3.3, »Workflow-Eingang«, sowie in Abschnitt 12.2, »Die App ›Meine Inbox‹«, wo wir unter anderem auf Konfigurationsmöglichkeiten, Filterfunktionen und Integrationsszenarien eingehen.

Prozess- und Workflow-Instanzen

Die App **Prozess- und Workflow-Instanzen** innerhalb von SAP Build Process Automation dient der Überwachung, Analyse und Fehlerbehandlung laufender oder abgeschlossener Prozesse. Sie ist Teil des integrierten Monitoring-Tools innerhalb der *SAP Build Lobby* und richtet sich sowohl an

Fachanwender*innen als auch an Administrator*innen und Entwickler*innen. Die App ermöglicht es, detaillierte Informationen über alle Prozessinstanzen bereitzustellen, die auf der SAP BTP mit SAP Build Process Automation ausgeführt wurden – inklusive Workflows, Formularen, RPA-Bots und Business Rules. Einen detaillierten Einblick in diese App geben wir in Abschnitt 15.4.1, »Die App ›Prozess- und Workflow-Instanzen‹«.

[»]

SAP Build Lobby

Mit der SAP Build Lobby stellt SAP ein zentrales Cockpit bereit, über das alle Projekte und Artefakte der SAP Build Suite gesteuert werden. Die Lobby bietet einen konsistenten Zugang zu den Komponenten SAP Build Apps, SAP Build Process Automation und SAP Build Work Zone und ermöglicht das Anlegen, Organisieren und Teilen von Projekten in einer gemeinsamen Ansicht. Sie schafft damit Transparenz über alle Entwicklungs- und Automatisierungsprojekte hinweg und erleichtert den Wechsel zwischen den einzelnen SAP-Build-Tools.

SAP Fiori und SAPUI5 – Technologieübersicht

Bei der Entwicklung von Benutzeroberflächen für Workflow-Dialogaufgaben in klassischen SAP-On-Premise-Systemen ergänzt SAP Fiori zunehmend die etablierte *Dynpro-Technologie* und ersetzt sie vielerorts vollständig. Vor allem bei Genehmigungs- und Entscheidungsprozessen kommen bevorzugt *SAP-Fiori-* bzw. *SAPUI5*-Apps zum Einsatz, die eine moderne, geräteunabhängige und rollenbasierte Benutzerführung ermöglichen.

Im weiteren Verlauf dieses Abschnitts geben wir Ihnen daher einen Überblick über die Architektur von SAP Fiori und SAPUI5 sowie deren Zusammenspiel mit anderen Systemkomponenten im Workflow-Umfeld.

Ablauflogik einer SAP-Fiori-App

Die Ablauflogik einer SAP-Fiori-App basiert auf der Interaktion mit dem Backend-System. Der Client – in Form eines HTML5-fähigen Webbrowsers – lädt die Benutzeroberflächen (User Interfaces, kurz UIs) aus der SAPUI5-Bibliothek. Zur Laufzeit ruft die App Daten aus dem Backend-System ab (z. B. via OData-Service) und sendet Benutzeraktionen zurück. Die Ausführung der eigentlichen Geschäftslogik (etwa Genehmigungen, Workflows oder Validierungen) erfolgt dabei vollständig im Backend-System.

SAP-Fiori-Systemlandschaft im Workflow-Kontext

Abbildung 2.12 zeigt eine typische SAP-Fiori-Systemarchitektur im Zusammenspiel von SAP S/4HANA, On-Premise-Version und SAP BTP. Diese Architektur stellt die technische Basis für viele Workflow-Szenarien dar, von klassischen SAP Business Workflows bis hin zu den modernen cloudbasierten Workflows in SAP Build Process Automation. Diese Systemarchitektur weist die folgenden Komponenten auf:

- **Benutzeroberfläche**
  Anwender*innen greifen über HTML5-fähige Browser auf das SAP Fiori Launchpad oder ein mit SAP Build Work Zone erstelltes Portal als Startseite zu. SAP-Fiori-Apps wie **Meine Inbox** oder **Prozess- und Workflow-Instanzen** sind auf diesen Startseiten in moderne, rollenbasierte Oberflächen eingebettet, die sowohl klassische als auch cloudbasierte Workflows unterstützt.
- **SAP Web Dispatcher**
  Der *SAP Web Dispatcher* fungiert als Reverse-Proxy und wird in der Regel in der demilitarisierten Zone (DMZ) der Systemlandschaft platziert. Er bildet den zentralen Einstiegspunkt für externe HTTPS-Anfragen und leitet diese an den entsprechenden Anwendungsserver weiter, etwa den ABAP-Frontend-Server oder SAP Gateway.
- **ABAP-Frontend-Server**
  Der *ABAP-Frontend-Server* stellt alle Komponenten für die Darstellung der SAP-Fiori-Benutzeroberflächen bereit. Dazu zählen insbesondere die SAPUI5-Bibliothek, das SAP Fiori Launchpad sowie die nötige Infrastruktur zur Verwaltung von UI-Komponenten. Gleichzeitig übernimmt er die Rolle des OData-Gateways zur Kommunikation mit dem Backend.
- **SAP Gateway**
  SAP Gateway ermöglicht die Bereitstellung von Backend-Funktionalität in Form von OData-Services. Es verarbeitet HTTPS-Anfragen und übersetzt sie mithilfe von RFC-Verbindungen in Aufrufe der Geschäftslogik im Backend-System. Damit stellt es die Brücke zwischen Benutzeroberfläche und SAP-Geschäftsanwendungen dar.
- **ABAP-Backend**
  Der *ABAP-Backend-Server* (SAP S/4HANA) stellt die zentrale Geschäftslogik sowie die zugehörigen Daten zur Verfügung. Hier sind die Workflows, Benutzer- und Berechtigungsdaten sowie fachliche Anwendungen verankert, auf die SAP-Fiori-Apps zugreifen.
- **SAP BTP und Cloud Connector**
  Moderne Workflow-Szenarien nutzen zusätzlich Komponenten aus der SAP BTP, insbesondere SAP Build Process Automation, SAP Task Center oder SAP Build Work Zone. Über den *Cloud Connector* wird ein sicherer Zugriff auf OData-Services und Backend-Workflows ermöglicht, ohne dass Backend-Systeme direkt exponiert werden müssen.

- **SAP-HANA-Datenbank**
  Die SAP-HANA-Datenbank bildet die Grundlage für das Speichern und Abrufen aller Anwendungsdaten des Backends einschließlich Stamm- und Bewegungsdaten sowie Prozessinformationen – etwa von Workflow-Instanzen, Benutzerentscheidungen oder Aufgabenprotokollen in On-Premise- oder Private-Cloud-Systemen.

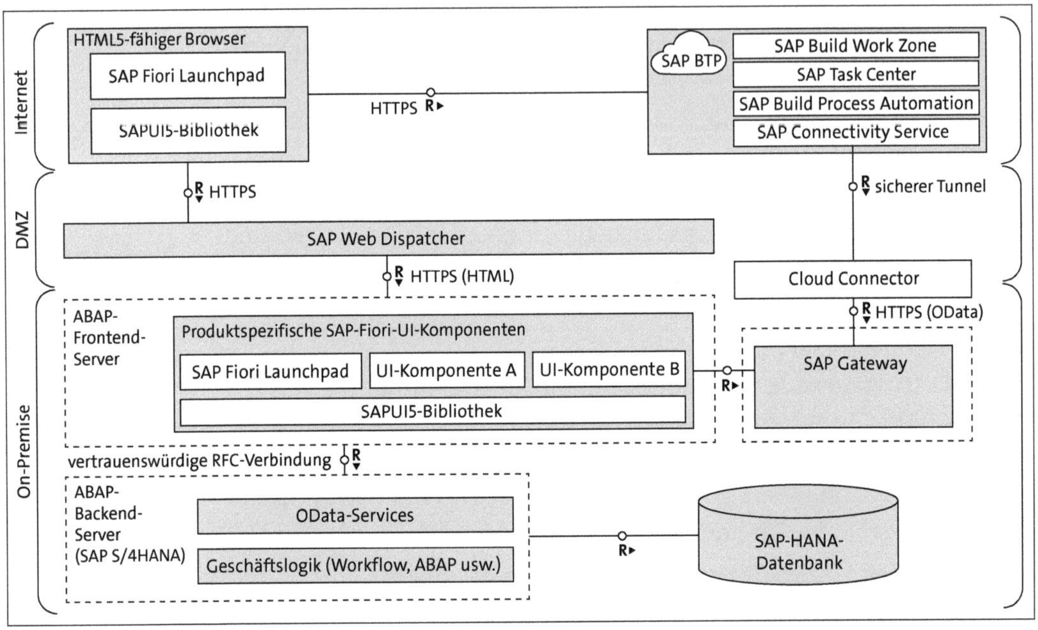

Abbildung 2.12 SAP-Fiori-Systemlandschaft mit Integration in SAP S/4HANA und SAP BTP

SAP Fiori fungiert damit als zentrale Oberfläche für Aufgabenbearbeitung und Workflow-Interaktion – unabhängig davon, ob die Workflows in der Cloud oder On-Premise ausgeführt werden. Diese Architektur ermöglicht durchgängige Benutzererlebnisse für klassische und moderne Workflow-Szenarien.

2.3 Standard-Workflows

Mit der Workflow-Architektur von SAP steht Ihnen ein leistungsfähiges Werkzeug zur Verfügung, um Geschäftsprozesse flexibel und individuell zu automatisieren. Besondere Anforderungen oder unternehmensspezifische Abläufe lassen sich durch eigene Entwicklungen realisieren, die nahtlos in bestehende Workflows eingebunden werden können.

Viele standardisierte Geschäftsszenarien lassen sich jedoch bereits ohne Programmierung mit den bereitgestellten SAP-Standard-Workflows abbilden. Diese vorgefertigten Szenarios aus dem Umfeld von SAP Business Workflow können mithilfe von Customizing-Einstellungen oder durch Einsatz entsprechender Modellierungswerkzeuge schnell in bestehende Prozesse integriert und angepasst werden.

Während der klassische SAP Business Workflow zahlreiche vordefinierte Standard-Workflows bereitstellt, werden im flexiblen Workflow entsprechende Szenarien über vordefinierte Workflow-Vorlagen und Konfigurations-Apps bereitgestellt. In SAP Build Process Automation stehen anstelle fest ausgelieferter Workflows vorkonfigurierte Prozesspakete und Templates im Store von SAP Build Process Automation zur Verfügung, die sich flexibel kundenspezifischen Anforderungen anpassen lassen.

Standard-Workflow-Szenario konfigurieren

Die von SAP bereitgestellten Standard-Workflow-Szenario sind sowohl in älteren SAP-ERP-Releases als auch in SAP S/4HANA (On-Premise und Private Cloud) verfügbar. Wie Sie diese Szenarios im System auffinden, wird in Abschnitt 3.1, »Standard-Workflow-Szenario finden«, ausführlich erläutert.

Grundsätzlich gilt: SAP-Standard-Workflows sollten nicht direkt verändert werden. Stattdessen empfiehlt SAP, Erweiterungen durch Überdefinition der Vorgabewerte im Rahmen der Workflow-Konfiguration vorzunehmen. Für eigene Anpassungen sollte stets eine Kopie des Szenarios in den kundeneigenen Namensraum (z. B. Z-*) angelegt werden.

Die im Workflow verwendeten Dialogaufgaben (Aufgabentyp TS) müssen mit potenziellen Bearbeiter*innen verknüpft werden. Ist eine Aufgabe als generelle Aufgabe gekennzeichnet, erfolgt die Bearbeiterermittlung über die Auflösung einer Regel, die entweder als Funktionsbaustein oder über eine Methode in einer ABAP-Klasse implementiert ist.

Standard-Workflow-Szenarios in SAP S/4HANA

Mit Einführung von SAP S/4HANA wurde das klassische Workflow-Konzept durch den Ansatz des *flexiblen Workflows* ergänzt. Während die technische Basis weiterhin auf SAP Business Workflow beruht, hat sich insbesondere der Modellierungs- und Konfigurationsansatz deutlich verändert. Im Kontext flexibler Workflows spricht man nicht mehr von Workflow-Mustern, sondern von *Workflow-Szenarios*, wenn auch an vielen Stellen im SAP-System historisch bedingt noch *Workflow-Muster* steht. Diese Szenarios sind vorkonfigurierte Prozessvorlagen, die in zahlreichen Geschäftskontexten direkt genutzt werden können. Mit jedem neuen Release von SAP S/4HANA stellt SAP zusätzliche Szenarios bereit, die in der Regel mit minimalem Konfigurationsaufwand einsatzbereit sind. Weitere Informationen zu den flexiblen Workflows und ihrer Nutzung finden Sie in Teil III, »Flexible Workflows«.

Vorgefertigte Inhalte in SAP Build Process Automation

SAP Build Process Automation stellt ebenfalls eine Vielzahl vorkonfigurierter Prozessinhalte bereit, die den Einstieg in die Automatisierung erheblich erleichtern. Diese sogenannten *Templates* oder *SDK-Pakete* (Software Development Kit) beinhalten beispielsweise Workflow-Definitionen, Formularbausteine, Automatisierungsschritte (im Rahmen von RPA) oder KI-basierte Extraktionsdienste und lassen sich direkt im Tool anpassen und erweitern.

Der Zugriff auf diese Inhalte erfolgt direkt über die SAP Build Lobby, genauer über den Menüpunkt **Store**, den Sie in der linken Seitenleiste finden (siehe Abbildung 2.13). Dort können Sie nach Projekttypen, Anbietern oder unterstützten Produkten filtern und passende Inhalte mit wenigen Klicks Ihrer Umgebung hinzufügen. Typische Inhalte sind beispielsweise:

- Genehmigungs-Workflows (z. B. Journal Entry Posting Approval)
- Dokumentenverarbeitung mit KI-gestützter Extraktion (Document Information Extraction SDK)
- Microsoft Office SDKs (für Excel, Word, Outlook, PowerPoint)
- SAP GUI SDK zur Automatisierung klassischer SAP-GUI-Transaktionen
- Google Vision AI SDK zur optischen Zeichenerkennung (Optical Character Regognition, OCR)
- SAP SuccessFactors SDK zur Integration mit Personalprozessen

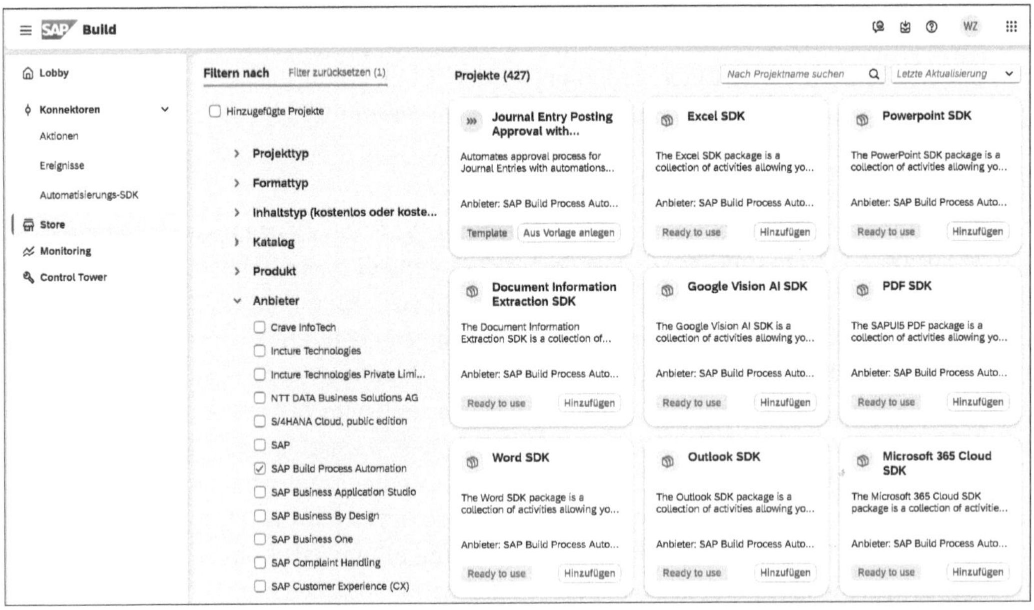

Abbildung 2.13 Zugriff auf vorgefertigte Inhalte in der SAP Build Lobby über den Menüpunkt »Store«

Die Inhalte lassen sich mit einem Klick auf **Hinzufügen** als Vorlage übernehmen oder bestehenden Projekten hinzufügen, um sie eigenen Anforderungen anzupassen. Viele davon sind als kostenfreie Beispiele oder Open Content verfügbar.

2.4 Workflow-Management

Grundlagen des Workflow-Managements

Der Begriff des *Geschäftsprozesses* bildet den zentralen Ausgangspunkt im *Workflow-Management*. Ein Geschäftsprozess ist eine strukturierte Abfolge von Aktivitäten, die üblicherweise bestimmte Eingaben verarbeiten und ein definiertes Ergebnis erzeugen. Geschäftsprozesse sind wiederkehrend, regelbasiert und eignen sich daher ideal für eine teilweise oder vollständige Automatisierung – insbesondere mithilfe moderner Workflow-Management-Systeme.

Workflow-Management-Systeme

Ein *Workflow-Management-System* (WfMS) unterstützt die Modellierung, Ausführung, Steuerung und Überwachung von Workflows in einem Unternehmen. Die Funktionalitäten eines WfMS lassen sich typischerweise zwei Phasen zuordnen:

- **Build-Time (Entwurfs- und Konfigurationsphase)**
  In dieser Phase werden Prozesse definiert, Ablauflogiken modelliert, Bedingungen festgelegt und Rollen oder bearbeitende Personen zugewiesen. Dies erfolgt heute häufig mithilfe grafischer Modellierungswerkzeuge oder von Low-Code-Editoren.
- **Run-Time (Betriebs- oder Ausführungsphase)**
  In der Run-Time werden Workflows instanziiert, ausgeführt und überwacht. Aufgaben werden Benutzer*innen zugewiesen, Fristen überwacht und Statusänderungen protokolliert. Auch Eskalationsmechanismen oder Systemintegrationen laufen in dieser Phase ab.

Neben klassischen Workflow-Engines wie SAP Business Workflow im ABAP-System gewinnen moderne cloudbasierte Engines, wie sie etwa in SAP Build Process Automation verwendet werden, zunehmend an Bedeutung. Diese bieten native Unterstützung für eventgetriebene Architekturen, API-Integration und KI-gestützte Prozessentscheidungen.

Von klassischen Standards zu modernen Plattformen

Die Terminologie und Grundarchitektur vieler Workflow-Systeme basieren historisch auf dem Referenzmodell der *Workflow Management Coalition* (WfMC). Dieses Modell definiert grundlegende Konzepte, Schnittstellen und Komponenten, um eine gewisse Standardisierung und Investitionssicherheit zu gewährleisten. Während diese Konzepte weiterhin als konzeptionelle Basis gelten, setzen moderne Workflow-Plattformen heute auf cloudnative Architekturen, APIs, Events und Servicekompositionen. Im Fokus stehen:

- Low-Code-/No-Code-Entwicklung
- Self-Service-Workflows für Fachabteilungen (Citizen Developer)
- KI-gestützte Automatisierung
- skalierbare, serviceorientierte Architekturen

SAP Build Process Automation vereint dieser Entwicklung folgend Workflow-Modellierung, Formularverarbeitung, Genehmigungen und RPA in einer integrierten, cloudbasierten Umgebung. So lassen sich Prozesse auch ohne tiefgehende Programmierkenntnisse digitalisieren.

Architektur eines SAP-Workflow-Management-Systems

Die Architektur eines WfMS innerhalb von SAP S/4HANA lässt sich auf drei zentrale Ebenen zurückführen:

- **Benutzeroberfläche (Client-Ebene)**
  Die Interaktion mit Workflows erfolgt typischerweise über SAP-Fiori-Apps wie **Meine Inbox** oder **Workflows verwalten**, die sowohl im Desktop-Browser als auch auf mobilen Geräten verwendet werden können.
- **Anwendungslogik**
  Hier befinden sich die implementierten Workflows, Regeln, Aufgaben, Organisationszuordnungen und die Ausführungskontrolle. Diese Logik wird durch das SAP-Workflow-Framework im ABAP-System abgebildet, das sowohl den klassischen SAP Business Workflow als auch die darauf aufbauenden flexiblen Workflows umfasst.
- **Datenhaltung**
  Die Persistierung von Workitems, Workflow-Logs und Zuständen erfolgt in der Datenbankschicht des SAP-Systems. Sie ist eng mit der Anwendungslogik verzahnt.

Abbildung 2.14 veranschaulicht diese drei Ebenen in einer vereinfachten Darstellung der Workflow-Systemarchitektur.

In modernen Architekturen kommen Komponenten wie das SAP Task Center, SAP Event Mesh oder die SAP Integration Suite als zentrale Elemente hinzu. Diese unterstützen die flexible und lose gekoppelte Integration über Systemgrenzen hinweg.

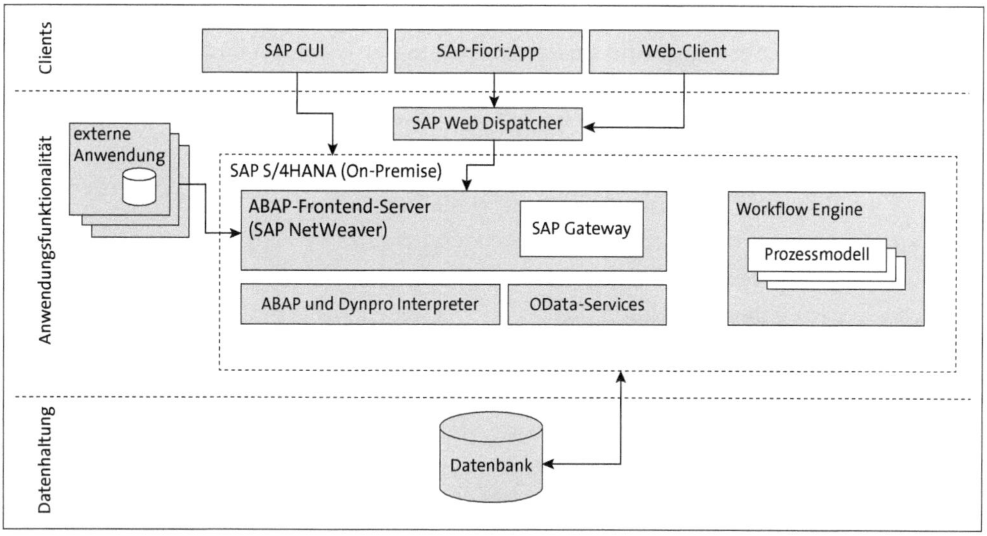

Abbildung 2.14 Architektur des Workflow-Management-Systems in SAP S/4HANA

Komponenten eines SAP-Workflow-Management-Systems

Das Workflow-Management-System (WfMS) von SAP, konkret SAP Business Workflow bzw. der flexible Workflow, umfasst alle notwendigen Komponenten zur Umsetzung des gesamten Workflow-Lebenszyklus:

- *Definitionswerkzeuge* unterstützen die grafische Modellierung von Workflows, Aufgaben, Geschäftsobjekttypen, Rollen sowie die Konfiguration von Ereignissen.
- Eine *Laufzeitumgebung* ist verantwortlich für die Ausführung, Steuerung und Verwaltung von Workflows, Workitems und Ereignissen.
- *Informations- und Monitoring-Systeme* stellen den Anwender*innen unterschiedliche Oberflächen zur Verfügung, z. B. den SAP Business Workplace oder die SAP-Fiori-App **Meine Inbox**, sowie Analyse- und Überwachungsfunktionen für Workflows.

Aufgaben in der Build-Time

Ihre Aufgaben im Workflow-Management während der Build-Time-Phase lassen sich wie folgt gliedern:

1. **Analyse und Modellierung**
   Sie erfassen und strukturieren die Geschäftsprozesse, die Sie mithilfe von Workflows automatisieren möchten.
2. **Organisationsmodell definieren**
   Sie legen die unternehmensspezifische Aufbauorganisation fest, die im Organisationsmanagement mandantenabhängig gepflegt wird. Diese bildet die Basis für die Zuweisung von Aufgaben an bearbeitende Personen.

3. **Identifikation der Geschäftsobjekte**
   Sie ermitteln die am Prozess beteiligten Objekttypen. Sie prüfen dazu im Business Object Repository (BOR), ob passende Objekttypen mit relevanten Attributen und Ereignissen vorhanden sind. Falls dies nicht der Fall ist, definieren Sie eigene Objekttypen.
4. **Aufgaben und Workflows modellieren**
   Sie modellieren den Workflow im Workflow Builder und weisen die Aufgaben den entsprechenden Objekttypen zu. Falls keine geeigneten Aufgaben existieren, definieren Sie eigene und hinterlegen Bearbeitende oder allgemeine Regeln zur Bearbeiterermittlung.
5. **Ereignissteuerung einrichten**
   Sie identifizieren relevante Start- und Steuerungsereignisse. Prüfen Sie dazu, ob diese bereits in den verwendeten Geschäftsobjekttypen verfügbar sind – andernfalls erweitern Sie diese entsprechend.
6. **Test und Integration**
   Nach der Modellierung durchlaufen Sie die Testphasen: Funktions-, Integrations- und User-Acceptance-Tests. Nach erfolgreichem Abschluss erfolgt die Produktivsetzung des Workflows.

Aufgaben in der Run-Time

Nach der Einführung des Workflows beginnt die Betriebsphase. Viele Werkzeuge der Run-Time kommen jedoch auch bereits während der Entwicklung zum Einsatz:

1. **Workflow-Protokollierung**
   Jede Workflow-Instanz erzeugt ein detailliertes Protokoll, das auch nach Abschluss der Instanz zur Fehleranalyse verwendet werden kann. Das Protokoll lässt sich in verschiedenen Sichten anzeigen: grafisch, technisch oder chronologisch.
2. **Fehlerdiagnose**
   Bei fehlerhaft verlaufenden Instanzen unterstützen Analysewerkzeuge die Ursachenfindung. Häufige Probleme sind z.?B. fehlerhafte Bearbeiterzuweisungen.
3. **Tracing-Funktionen**
   Zur technischen Analyse können Workflow-, Komponenten- oder Ereignis-Traces aktiviert werden. Diese erzeugen detaillierte Laufzeitinformationen, sollten aber nur temporär eingeschaltet bleiben, da sie umfangreiche Datenmengen erzeugen und die Performance beeinträchtigen können.

SAP Business Workflow und flexible Workflows kommen vor allem in Genehmigungs- und Freigabeprozessen zum Einsatz, unterstützen aber auch viele andere Abläufe im Rahmen des unternehmensweiten Informations- und Geschäftsflusses. Darüber hinaus lassen sich individuelle, komplexe Szenarien abbilden, sofern technisches Know-how vorhanden ist.

Sowohl in der Build-Time als auch in der Run-Time ist neben Prozessverständnis ein solides technisches Hintergrundwissen erforderlich. Im weiteren Verlauf dieses Buches vertiefen wir daher Schritt für Schritt die Konzepte, Werkzeuge und Methoden des Workflow-Managements für SAP-Systeme mit dem Ziel, Sie für den praktischen Einsatz der WfMS umfassend zu befähigen.

2.5 Workflows in SAP S/4HANA – On-Premise, Private und Public Cloud

Mit SAP S/4HANA verfolgt SAP eine technologisch differenzierte Workflow-Strategie, die sich je nach Bereitstellungsmodell unterscheidet, insbesondere im Hinblick auf die Erweiterbarkeit, Flexibilität und Cloud-Fähigkeit von Workflows.

SAPs System-Bereitstellungsmodelle

Unter einem *Bereitstellungsmodell* versteht SAP die Art und Weise, wie SAP S/4HANA technisch betrieben wird. Es wird dabei zwischen drei Modellen unterschieden:

- **On-Premise**
  SAP S/4HANA, On-Premise-Version wird vollständig im eigenen Rechenzentrum oder bei einem Hosting-Partner betrieben. Kunden haben uneingeschränkten Zugriff auf das Backend, Customizing, ABAP-Entwicklung und Systemarchitektur.
- **Private Cloud**
  SAP S/4HANA Cloud Private Edition läuft in einer dedizierten Cloud-Umgebung (z. B. bei Hyperscalern wie Microsoft Azure oder Google Cloud), ist jedoch kundenspezifisch isoliert. Der Funktionsumfang ist wie beim On-Premise-Modell, wird aber durch SAP oder einen Dienstleister betrieben (SaaS-Modell).
- **Public Cloud**
  SAP S/4HANA Cloud Public Edition wird als vollständig standardisierte, mandantenfähige SaaS-Lösung betrieben – ohne direkten Zugriff auf das Backend oder die ABAP-Schicht. Kundenindividuelle Anpassungen erfolgen ausschließlich über In-App- und Side-by-Side-Erweiterungen. Auch wenn in SAP S/4HANA Cloud Public Edition kein direkter Zugriff auf die ABAP-Schicht besteht, lassen sich über klar definierte Erweiterungs-

punkte auf der SAP BTP leistungsfähige Side-by-Side-Erweiterungen und genehmigungsbasierte Workflows implementieren.

Workflow-Technologien nach Bereitstellungsmodellen

Wie bereits angedeutet, bedingen diese unterschiedlichen Bereitstellungsmodelle unterschiedliche Möglichkeiten zur Workflow-Implementierung, z. B. hinsichtlich der Erweiterbarkeit, der Customizing-Möglichkeiten oder der Integration externer Systeme. Tabelle 2.1 zeigt, welche Workflow-Technologien je nach Bereitstellungsmodell von SAP S/4HANA zur Verfügung stehen und wie diese einzuordnen sind.

Bereitstellungsmodell	Workflow Engine
SAP S/4HANA, On-Premise-Version	▪ SAP Business Workflow (vollständig verfügbar) ▪ flexibler Workflow (für neue Szenarien bevorzugt)
SAP S/4HANA Cloud Private Edition	▪ SAP Business Workflow (vollständig verfügbar) ▪ flexibler Workflow (strategisch empfohlen über die SAP BTP) ▪ SAP Build Process Automation
SAP S/4HANA Cloud Public Edition	▪ flexibler Workflow ▪ SAP Build Process Automation (empfohlen, Fokus auf Standardisierung und Cloud-Erweiterungen)

Tabelle 2.1 Einsatz von Workflow Engines je nach Bereitstellungsmodell

Je nach Systemlandschaft stehen demnach unterschiedliche Workflow-Technologien zur Verfügung. Während On-Premise- und Private-Cloud-Kunden weiterhin von der Flexibilität des klassischen Frameworks profitieren, liegt der Fokus im Public-Cloud-Modell eindeutig auf der Standardisierung und der schnellen Konfiguration über SAP Build Process Automation.

Die in diesem Kapitel vorgestellten Technologien bilden die Grundlage für die Gestaltung moderner Workflows in SAP S/4HANA. In den folgenden Kapiteln werden wir Ihnen die einzelnen Workflow-Varianten – vom klassischen SAP Business Workflow über den flexiblen Workflow bis hin zu SAP Build Process Automation – detailliert vorstellen und anhand praxisnaher Beispiele erläutern.

TEIL II

Klassischer SAP Business Workflow

Kapitel 3
Klassische Standard-Workflows konfigurieren

Bei der Umsetzung einer Workflow-Idee stellt sich oftmals die Frage, ob der betrachtete Geschäftsprozess mit einem SAP-Standard-Workflow optimiert oder unterstützt werden kann und welcher Aufwand und welche Aktivitäten dafür notwendig sind. In diesem Kapitel erfahren Sie, wo die Grenzen von Standard-Workflows liegen und wann Sie darüber hinausgehende Entwicklungen benötigen.

In einigen Prozessen, die mit SAP abgewickelt werden, sind bereits Standard-Workflows vorhanden, die zum Teil direkt eingesetzt werden können. Diese müssen »nur« aktiviert werden. Dabei kann es sich um klassische Workflows oder flexible Workflows handeln bzw. um Workflows, die mit SAP Build Process Automation auf der SAP Business Technology Platform (SAP BTP) zur Verfügung gestellt wurden. Wir beschreiben in diesem Kapitel, wie Sie Ihre Geschäftsabläufe mithilfe klassischer Standard-Workflows unterstützen können und wie Sie diese aktivieren. Wir erklären Ihnen Schritt für Schritt, wie Sie dabei vorgehen, und geben Ihnen Tipps zu den Einstellungen.

[«]

Einsetzbarkeit von klassischen Workflows

Klassische Workflows auf Basis von SAP Business Workflow können in SAP S/4HANA Cloud Private Edition und der On-Premise-Version genutzt werden, nicht aber in SAP S/4HANA Cloud Public Edition. Auch in klassischen Workflows können neuere Konzepte wie das *erweiterte Business Rule Framework* (BRF+) integriert werden. Darauf gehen wir in Abschnitt 6.5.6, »Bearbeiterfindung über eine BRFplus-Regel«, ein.

Informationen dazu, wie Sie flexible Workflows und Workflows auf Basis der SAP BTP konfigurieren, finden Sie in Teil III, »Flexible Workflows«, bzw. Teil IV, »SAP Build Process Automation«.

Aufbau dieses Kapitels

In Abschnitt 3.1 erläutern wir zunächst, mit welchen Möglichkeiten passende Standard-Workflows gefunden werden können. Anschließend lernen Sie in Abschnitt 3.2 das automatische Grund-Customizing für solche Workflows kennen. Auf dieser Basis können Sie Ihren ersten Test-Workflow im Workflow-Eingang sehen und bearbeiten (Abschnitt 3.3). Im nächsten Schritt zeigen wir Ihnen anhand eines Beispiels, wie Sie einen Standard-Workflow entsprechend Ihren Anforderungen selbst aktivieren (Abschnitt 3.4). Sie erhalten in diesem Kontext Informationen zu Ereignissen und zur Typkopplung.

In Abschnitt 3.5 werden Workflow-Szenarios und Standardaufgaben detaillierter erläutert. Sie erfahren außerdem, wie Sie die Bearbeiterfindung konfigurieren können (Abschnitt 3.6), und zuletzt, wie Sie die E-Mail- bzw. SAP-Fiori-Benachrichtigungsmöglichkeiten für neue Workitems nutzen und einstellen können (Abschnitt 3.7).

Nach der Lektüre dieses Kapitels können Sie beurteilen, ob eine eigene Entwicklung notwendig ist, um einen Geschäftsprozess als Workflow umzusetzen, oder ob ein Standard-Workflow unverändert eingesetzt werden kann.

3.1 Standard-Workflow-Szenario finden

Integration von Workflows in den Customizing-Leitfaden

Um einen SAP-Standard-Workflow zu nutzen, müssen Sie zuerst wissen, welche Workflows im System vorhanden sind und wie Sie diese finden können. Da SAP Business Workflow in allen Anwendungen (Logistik, Rechnungswesen, Personal, SAP Supplier Relationship Management – SAP SRM, SAP Customer Relationship Management – SAP CRM etc.) eingesetzt wird, ist die Integration von Workflows in den Customizing-Leitfaden (*Implementation Guide*, kurz IMG) der jeweiligen Anwendungen nicht einheitlich. Teilweise ist die Aktivierung von Workflows in das Customizing der Anwendung integriert, in anderen Fällen muss die Aktivierung über die Workflow-Typkopplung vorgenommen werden. Wir erläutern daher in diesem Abschnitt mehrere Möglichkeiten, wie Sie vorhandene SAP-Standard-Workflows im System finden können. Dazu können Sie die SAP-Hilfe verwenden, den Customizing-Leitfaden oder den Workflow Builder. Außerdem können Sie ein Ereignis-Trace starten, das die genutzten Workflow-Szenarios und ausgelöste Ereignisse aufzeichnet.

Prozessoptimierung mit Workflows

Oft stellt sich in Fach-Workshops oder Prozessdiskussionen schon recht früh die Frage, mit welchem Aufwand eine Workflow-Idee umsetzbar wäre. In anderen Fällen können vorhandene Standard-Workflows Hinweise auf mögliche Prozessoptimierungen geben, die im Unternehmen ebenfalls zum Tragen kommen könnten. Dazu ist vor allem die Kenntnis der vorhandenen Standard-Workflows notwendig.

Einen solchen SAP-Standard-Workflow nutzbar zu machen, kann recht einfach und schnell möglich sein. In manchen Fällen zeigt die Praxis aber auch, dass die Standard-Workflow-Szenarios nicht sofort lauffähig und ohne Erweiterungen nicht nutzbar sind. Es müssen erst bestimmte Voraussetzungen geschaffen und Einstellungen vorgenommen werden. Manche Workflows im Standard sind sogar nur nach Anpassungen lauffähig oder dienen eher als Kopiervorlage.

Sollen Ihre Prozesse also optimiert und eventuell mit Workflows im SAP-System unterstützt werden, sollten Sie sich folgende Fragen stellen:

1. Gibt es für den betrachteten Geschäftsprozess eine Optimierung oder Unterstützung durch einen Standard-Workflow im SAP-System (flexibel/klassisch)?
2. Über welchen Weg kann ich diesen Standard-Workflow finden?
3. Kann dieser Workflow ohne oder mit geringen Anpassungen genutzt werden?

In den folgenden Abschnitten geben wir Ihnen eine Hilfestellung, um diese Fragen für jeden Prozess individuell zu klären.

3.1.1 Suche nach SAP-Workflow-Szenarios in der Anwendungsdokumentation

SAP Help Portal

Eine erste Möglichkeit, Workflow-Szenarios zu finden, die an vielen Stellen im SAP-System historisch bedingt noch *Workflow-Muster* genannt werden, ist die Anwendungsdokumentation des jeweiligen Produkts, z. B. SAP S/4HANA, im *SAP Help Portal*. Hier können Sie sich einen Überblick über die angebotenen Workflow-Szenarios verschaffen.

Abhängig vom SAP-Produkt ist die entsprechende Dokumentation jedoch nicht immer einfach zu finden. Sie können im SAP Help Portal entweder produktspezifisch suchen und/oder produktübergreifend nach einem Stichwort. Bei der produktübergreifenden Suche erhalten Sie meist sehr viele Treffer. Wenn Sie schon einen konkreten Prozess kennen, für den Sie einen Workflow finden wollen, nutzen Sie die erweiterte Suche (**Advanced Search**). Hier ist es möglich, sprachabhängig nach mehreren Stichwörtern zu suchen, nach einem der Wörter oder nach exakten Ausdrücken. Zusätzlich zu Ihrem fachlichen Suchbegriff (z. B. »Rechnungsprüfung«) sollten Sie immer auch das Stichwort »Workflow« verwenden. Wollen Sie sich einen Überblick über die relevanten Workflow-Szenarios verschaffen, sollten Sie die Navigation über die produktspezifische Suche verwenden.

Informationen zu einem Workflow

Wenn Sie die passende Dokumentation zu Ihrem Workflow gefunden haben, erhalten Sie dort Informationen zur technischen Umsetzung, also um welches Workflow-Szenario es sich handelt und was die zugehörigen Aufgaben sind. Außerdem finden Sie Informationen dazu, welche Vorbereitungen Sie treffen müssen, um das Workflow-Szenario einzusetzen, sowie Erläuterungen zum anwenderspezifischen Customizing.

Dokumentation für SAP S/4HANA

Für SAP S/4HANA, On-Premise-Version bzw. SAP S/4HANA Cloud Private Edition finden Sie die Dokumentation der klassischen Workflows beispielsweise über folgenden Weg:

1. Rufen Sie in Ihrem Browser die Seite *https://help.sap.com/* auf.
2. Suchen Sie den Eintrag **Enterprise resource planning** und navigieren Sie dann zum Eintrag **SAP S/4HANA**.
3. Klicken Sie auf den Link **SAP S/4HANA** oder **SAP S/4 HANA cloud Private Edition**.
4. Wechseln Sie neben dem aktuellen Release (**Version 2025 Latest**) zur Sprache **German (Deutsch)**.
5. Wählen Sie auf der sich öffnenden Webseite im oberen Bereich unter **Product Assistance** den entsprechenden Link **Product Assistance** aus. Sie befinden sich nun in der Dokumentation für SAP S/4HANA bzw. für SAP S/4HANA Cloud Private Edition.
6. Wählen Sie in der Grafik **Technologie** aus und dann den Pfad **Technologie • Workflow-Szenario-Beispiele**.

Hier finden Sie die Dokumentationen von Workflow-Szenarios zu einzelnen Anwendungen. Direkt darüber befindet sich ein Link **Workflow**, über den Sie in die generelle Workflow-Dokumentation einsteigen können.

Sie können beispielsweise im Inhaltsverzeichnis zum Eintrag **SD-Vertrieb Workflow-Szenarios** navigieren und erhalten Informationen zu den Einsatzmöglichkeiten und Voraussetzungen, z. B. zum Customizing des Szenarios **Ändern Gruppenkontrakt** (SD-SLS-OA).

[!]

Dokumentation klassischer Workflow-Szenarios

Sobald es Workflow-Szenarios mit flexiblen Workflows gibt, werden die entsprechenden klassischen Workflows hier nicht mehr angezeigt. In älteren Ständen der Dokumentation fand man hier beispielsweise noch die **MM-Materialwirtschaft Workflow-Szenarien**, z. B. den klassischeren Workflow **Freigabe einer Bestellanforderung** (MM-PUR-REQ). Dieses Szenario ist an dieser Stelle nun nicht mehr verfügbar, da es hierfür inzwischen einen flexiblen Workflow gibt.

Suche in der Anwendungsdokumentation

Die Dokumentationen klassischer Workflow-Szenarios sind dann gemeinsam mit denen flexibler Workflow-Szenarios im Kontext der Dokumentationen der Anwendungen für die jeweiligen Geschäftsbereiche (Lines of Business, LOBs) zu finden. Um die Dokumentation der Workflows in MM zu finden, navigieren Sie also beispielsweise im Bereich **Product Assistance** über folgenden Pfad **Geschäftsbereich • Sourcing and Procurement • Weitere Funktionen • Genehmigungs-Workflows** zu den flexiblen Workflows bzw. über den Pfad **Sourcing and Procurement • Weitere Funktionen • Freigabeverfahren • SAP Business Workflow** zu den klassischen Workflow-Szenarios.

Die Suche in der jeweiligen Anwendungsdokumentation ist daher eine gute Option, um Informationen zu Workflows in der SAP-Dokumentation zu finden. Sie sollten sie bevorzugen, da Ihnen hier alle technischen Workflow-Lösungen (klassischer Workflow, flexibler Workflow und Workflows auf Basis der SAP BTP) angeboten werden.

3.1.2 Suche über den Customizing-Leitfaden

Verweis auf Workflow-Anbindung

Das SAP-S/4HANA-System oder das System der klassischen SAP Business Suite (z. B. SAP ERP oder SAP CRM) können Sie im IMG unternehmensspezifisch, also für Ihre spezifischen Bedürfnisse, einstellen. Oftmals finden Sie hier – integriert in die Customizing-Schritte zu einer Anwendung – einen Bereich, der auf mögliche Workflows für den jeweiligen Geschäftsprozess hinweist. Auf einer untergeordneten Ebene haben Sie häufig auch die Möglichkeit, direkt Einstellungen für Workflows vorzunehmen.

Schritte zur Aktivierung

Bevor Sie sich im IMG an die Konfiguration der Workflow-Schritte begeben, müssen Sie grundsätzlich wissen, was Sie für die Aktivierung eines Workflows mindestens tun müssen. Dazu müssen allerdings schon alle Voraussetzungen im Vorhinein geschaffen worden sein (siehe Abschnitt 3.2, »Automatisches Workflow-Customizing«). Im Wesentlichen sind für die Aktivierung folgende zwei Aktivitäten notwendig, die sich auch im Customizing wiederfinden können:

1. **Den Workflow-Schritten Bearbeiter*innen zuordnen**
   Jeden *Dialog-Workflow-Schritt* eines Workflows muss eine Person im System vornehmen. Dieser Schritt wird als *Bearbeiterfindung* bezeichnet.

[«]

Bearbeiterfindung – Bearbeiterzuordnung – Bearbeiterermittlung

Die Bearbeiterfindung umfasst den Gesamtprozess zur Bestimmung des Workitem-Bearbeiters. In diesem Kontext ist die **Bearbeiterzuordnung** die Festlegung, wer grundsätzlich die Workitems bearbeiten darf, während

> die *Bearbeiterermittlung* die konkrete Ermittlung eines Bearbeiters oder einer Bearbeiterin für ein Workitem ist.
>
> Zum Beispiel kann es gewünscht sein, dass Workitems aus dem Bereich Human Resources (HR) nur von Mitgliedern des HR-Teams bearbeitet werden dürfen. Diese Workitems können dann nicht an andere Abteilungen weitergeleitet werden. Die Bearbeiterzuordnung verhindert das. Konkret ermittelt wurde für ein Workitem aber ein bestimmter Mitarbeiter aus dem Bereich HR-Recruiting.

2. **Die auslösenden Ereignisse des Workflows aktivieren**
   Mit dieser Aktivität wird der Workflow angeschaltet. Es kann sich um ein oder mehrere Ereignisse handeln, über die ein Workflow gestartet wird.

Diese beiden Schritte reichen an sich aus, um mit einem Standard-Workflow arbeiten zu können. Details hierzu erfahren Sie in Abschnitt 3.4, »Workflow-Aktivierung«, und Abschnitt 3.6, »Bearbeiterfindung konfigurieren«.

Zusammengefasst können Sie also im IMG zusätzlich zu den Einstellungen, die für die Konfiguration des jeweiligen Prozesses notwendig sind, teilweise auch Workflow-Aktivitäten ausführen, wenn im Standard ein Workflow für den betreffenden Prozess vorgesehen ist. Allerdings sind die Einstellungsmöglichkeiten für Workflows im Customizing der Anwendungen nicht einheitlich. Je nach Anwendung und Workflow gibt es nicht immer die Möglichkeit, die genannten zwei Schritte über IMG-Pfade auszuführen.

Workflow zu einer Komponente

Um dies für eine Komponente zu prüfen, navigieren Sie im IMG zu der Anwendungskomponente, die Sie anpassen möchten. In vielen Fällen werden hier bereits Einstellungen für Workflows angeboten, sodass Sie erste Hinweise auf Workflows in diesem Bereich erhalten. Ausgehend von den Informationen zu den möglichen Workflows können Sie bereits Workflow-spezifische Einstellungen vornehmen.

Beispiel: Banf mit Workflow-Unterstützung

Ein Beispiel aus der Materialwirtschaft ist die Freigabe von Bestellanforderungen (Banfen) mit Workflow-Unterstützung. Oftmals müssen Banfen von verschiedenen Manager*innen freigegeben werden, z. B. abhängig von Freigabecodes, von Wertgrenzen oder Kontierungstypen, wie z. B. Kostenstellen. Hierfür bietet sich eine Workflow-Unterstützung an. Die Nutzung des Workflows für die Freigabe von Banfen ist ein typischer, häufiger Anwendungsfall.

In Abbildung 3.1 sehen Sie den zugehörigen IMG-Pfad für dieses Beispiel. In diesem Fall müssen Sie wissen, dass es im Rahmen des Customizings für die

Freigabeverfahren von Banfen (**Verfahren mit Klassifizierung einrichten**) die Möglichkeit gibt, einen Workflow zu aktivieren. Am Pfad ist dies hier allerdings nicht erkennbar. Sie haben die Möglichkeit, die Bearbeiterfindung des Workflows einzustellen. Die Option, den Workflow auch gleich zu aktivieren (*Typkopplung*), wird in diesem Beispiel im IMG leider nicht angeboten. Sie müssen diese Einstellung über einen anderen Weg vornehmen, der in Abschnitt 3.6, »Bearbeiterfindung konfigurieren«, beschrieben wird.

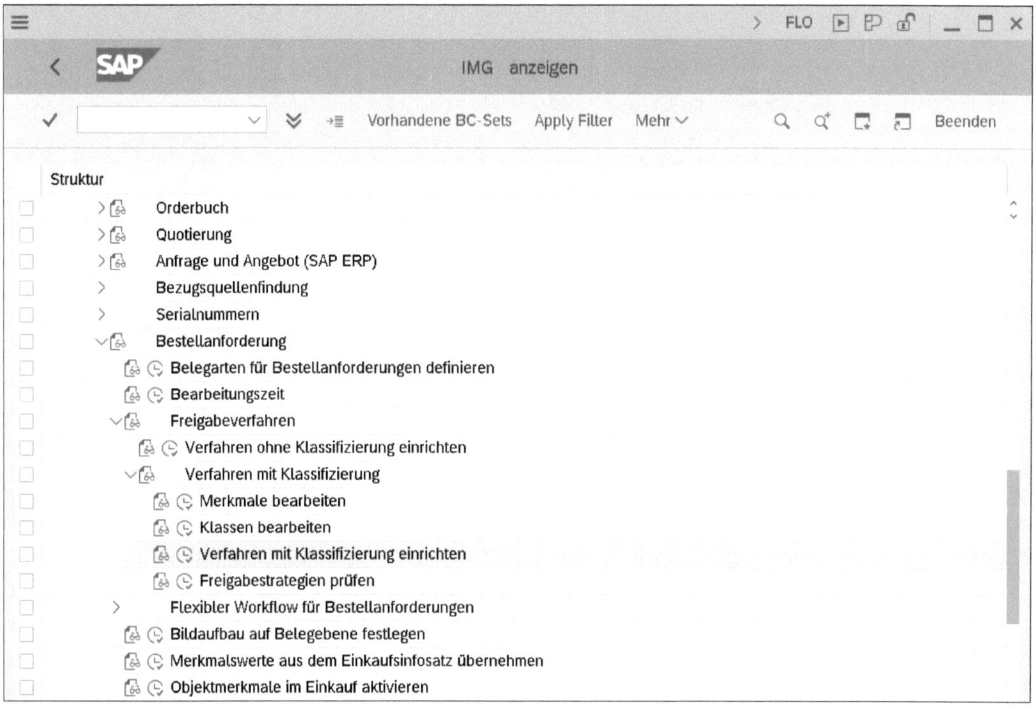

Abbildung 3.1 Beispiel-Workflow mit IMG-Anbindung

Über den IMG-Pfad **Materialwirtschaft • Einkauf • Bestellanforderung • Freigabeverfahren • Verfahren mit Klassifizierung** navigieren Sie zu dem Customizing-Schritt **Verfahren mit Klassifizierung einrichten**, mit dem Sie ein Freigabeverfahren für Banfen einrichten können. Übrigens finden Sie hier unter **Bestellanforderung** auch die alternative Möglichkeit, mit dem flexiblen Workflow für Bestellanforderungen zu arbeiten (siehe Teil III, »Flexible Workflows«).

Im folgenden Fenster (siehe Abbildung 3.2) werden alle Schritte angezeigt, die Sie durchführen müssen, um ein Freigabeverfahren mit Klassifizierung für die Banf einzurichten.

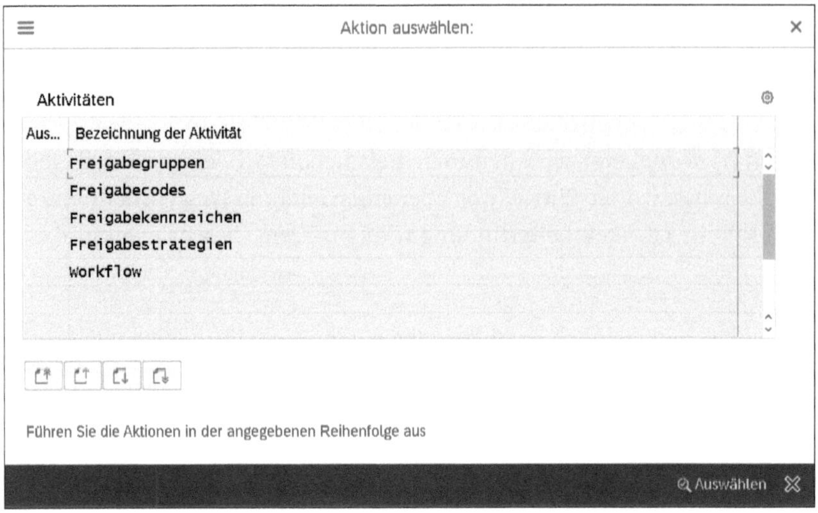

Abbildung 3.2 Aktivitäten zum Customizing des Freigabeverfahrens mit Klassifizierung

Rollenauflösung

Wenn Sie das Freigabeverfahren dem Workflow anschließen wollen, müssen Sie zunächst unter der Aktivität **Freigabecodes** in der Spalte **Workflow** die Rollenzuordnung vornehmen (siehe Abbildung 3.3). Sie können hier also festlegen, ob ein Workflow verwendet werden soll oder nicht. Dazu haben Sie über die Werte in der Spalte **Workflow** die Möglichkeit, die *Rollenauflösung* für die Bearbeiterfindung im Workflow festzulegen. Die Rollenauflösung ist die dynamische Bearbeiterfindung für die Workflow-Aufgabe zur Laufzeit. In diesem Beispiel werden folgende Rollenauflösungen angeboten:

- **1 Rollenzuordnung mit Gruppe, Code und Werk (T16FW)**
  Mit dieser Einstellung benutzen Sie eine Rollenauflösung, die im Standardsystem ausgeliefert wird. Sie müssen dazu die Freigabestelle im Abschnitt **Workflow** zuordnen.
- **2 Rollenzuordnung über Tabelle T16F_PROCESSORS**
  Mit dieser Einstellung nutzen Sie eine Rollenauflösung, die im Standardsystem ausgeliefert wird. Sie müssen dazu die Pflegesicht für die vereinfachten Freigabekriterien (View `V_T16F_CRITERIA`) bzw. die Pflegesicht für die vereinfachte Bearbeiterermittlung bearbeiten (View `V_T16F_PROC`).
- **9 Rollenzuordnung über User-Exit**
  Mit dieser Einstellung nutzen Sie den Customer-Exit M06B0001, um eine eigene Rollenauflösung zu definieren. Hier können Sie also eine eigene Logik für die Ermittlung der Person programmieren, die einen Freigabeschritt bearbeitet.

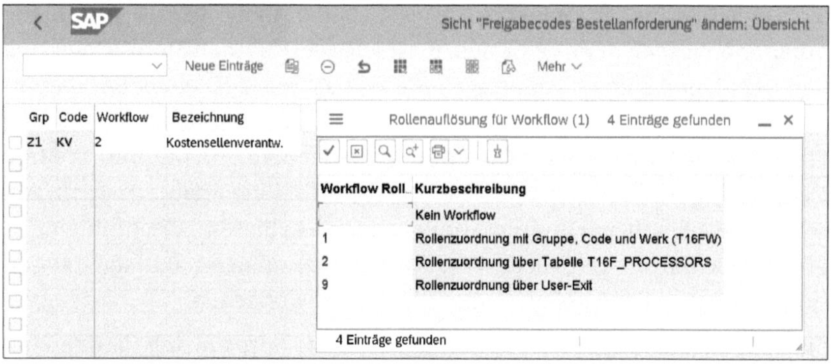

Abbildung 3.3 Beispiel einer Bearbeiterfindung über Workflow-Rollen

Hilfe zu den Einstellungsmöglichkeiten

Informationen zu den Einstellungsmöglichkeiten finden Sie auch über die [F4]-Hilfe für die Spalte **Workflow**.

Haben Sie sich bei der Rollenauflösung für den Wert 1 entschieden, pflegen Sie im Schritt **Workflow** die Zuordnung des Bearbeiters oder der Bearbeiterin für den jeweiligen Freigabecode im Werk (siehe Abbildung 3.4). Der *Bearbeiter* oder die *Bearbeiterin* ist die Anwenderin oder der Anwender, die oder der die Durchführung einer Aufgabe im Workflow vornimmt.

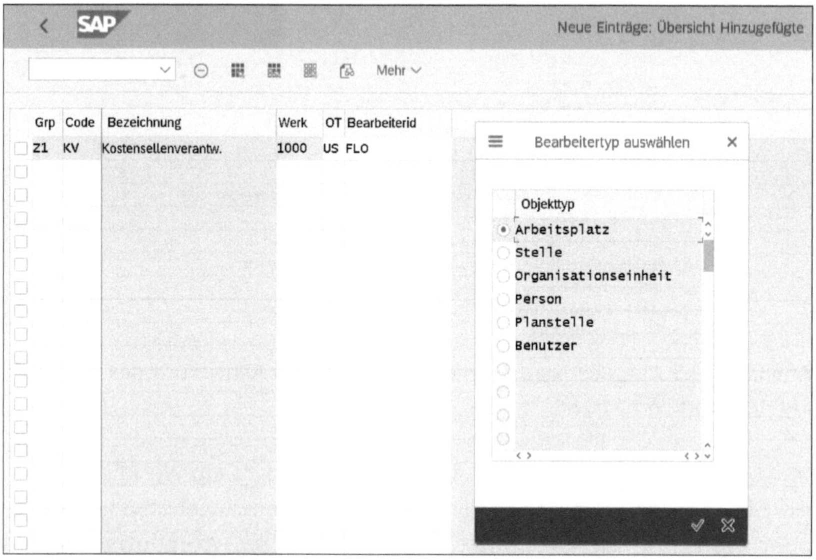

Abbildung 3.4 Customizing Workflow-Bearbeiter zum Freigabeverfahren

Sie haben hier für den **Objekttyp** im gleich benannten Feld bzw. im Feld **Bearbeiterid** verschiedene Optionen. Beispielsweise können Sie als **Objekttyp** den **Benutzer** wählen. Dann tragen Sie als Bearbeiter-ID einen SAP-Benutzernamen (User-ID) ein. In unserem Fall muss der Bearbeiter FLO für den Freigabecode KV im Werk 1000 die Freigabe der Banf durchführen. Weitere Details zu den Objekttypen für die Bearbeiterfindung erläutern wir in Abschnitt 3.6, »Bearbeiterfindung konfigurieren«. In diesem Abschnitt ging es erst einmal darum, geeignete Workflows zu identifizieren und die Integration ins Customizing anhand eines Beispiels zu verstehen.

Sie können jetzt die Bearbeiterfindung über das Customizing für den Freigabe-Workflow vornehmen und kennen eine exemplarische Workflow-Anbindung über das Customizing. Außerdem wissen Sie, dass Sie für diesen Prozess eine Workflow-Unterstützung im Standard zur Verfügung haben. Das angesprochene Objekt *Workflow* kennen Sie aber noch nicht und Sie haben den Workflow auch noch nicht aktiviert.

Beispiel: Lieferantenangebot

Für die Aktivierung des Workflows aus dem Customizing heraus sehen wir uns ein weiteres Beispiel an: den *Lieferantenangebotsprozess*, der ebenfalls der Materialwirtschaft zugeordnet ist (siehe Abbildung 3.5).

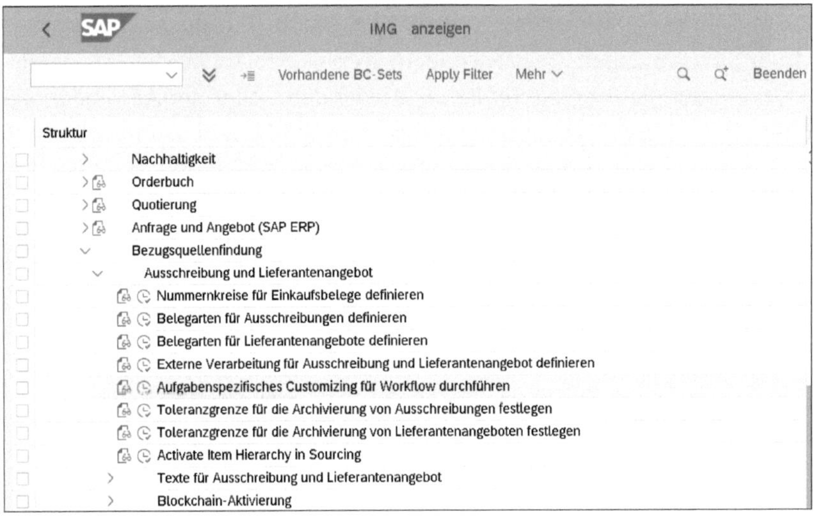

Abbildung 3.5 Aufgabenspezifisches Customizing zur Aktivierung des SAP-Standard-Workflows

Im Lieferantenangebotsprozess wird im SAP-Standard ein Workflow-Szenario zur Genehmigung und Freigabe von Lieferantenangeboten zur Verfügung gestellt. In diesem Fall ist die Aktivierung des Workflows aus dem Customizing heraus möglich (IMG-Pfad **Materialwirtschaft • Einkauf • Bezugsquellenfindung • Ausschreibung und Lieferantenangebot • Aufgabenspezifisches Customizing für Workflow durchführen**).

Ereigniskopplung aktivieren

Abbildung 3.6 zeigt die Übersicht der Customizing-Aktivität nach dem Aufruf des Pfades. Über die Schaltfläche **Ereigniskopplung aktivieren** können Sie die zugehörigen Workflows anschalten.

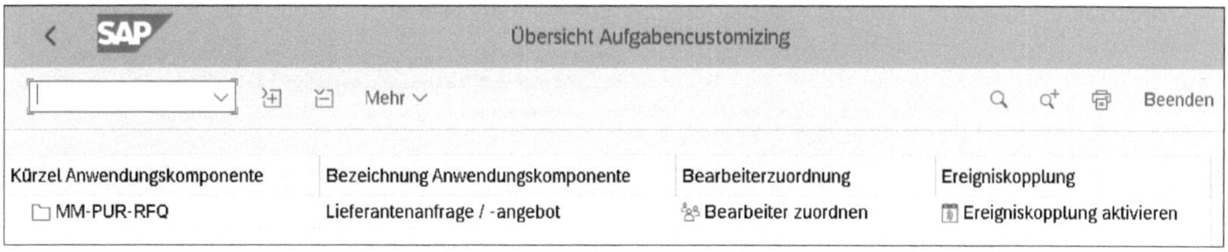

Abbildung 3.6 Aufgabenspezifisches Customizing zur Aktivierung des SAP-Standard-Workflows

Sie gelangen in die Sicht aus Abbildung 3.7. Durch Drücken der Schaltflächen **aktivieren** und **deaktivieren** in der gleichnamigen Spalte lassen sich die Workflows oder Einzelschrittaufgaben anschalten. Aktivieren Sie z. B. das Workflow-Szenario WS00800193 (**Workflow für Lieferantenangebot**).

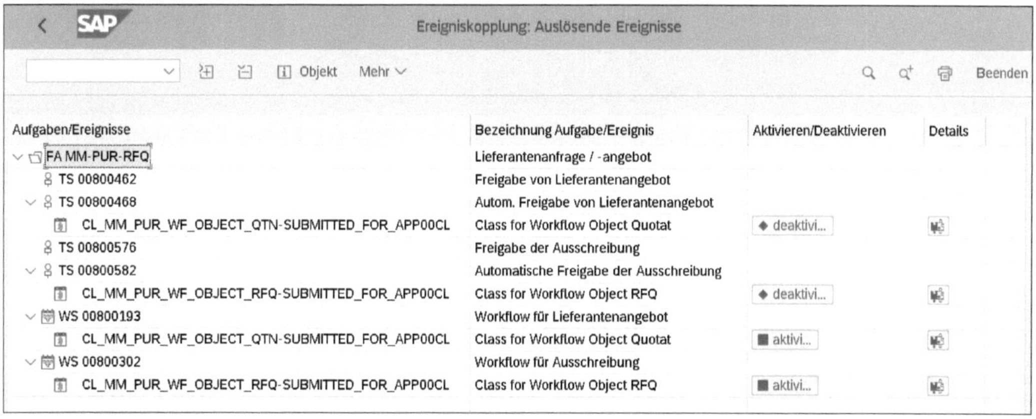

Abbildung 3.7 Ereigniskopplung der Workflows für den Lieferantenangebotsprozess

3.1.3 Suche über den Workflow Builder

Workflow Builder aufrufen

Da es nicht zu jedem Workflow eine Dokumentation im SAP Help Portal gibt und auch nicht jeder Workflow in das Customizing der betreffenden Anwendung integriert ist, sollten Sie weitere Möglichkeiten kennen, um Workflows zu finden. Über den Menüpfad **Werkzeuge • Business Workflow • Entwicklung • Definitionswerkzeuge • Workflow Builder • SWDS – Workflow Builder (Auswahl)** bzw. direkt über den Aufruf der Transaktion SWDS können Sie die Workflow-Auswahl des Workflow Builders aufrufen (siehe Abbildung 3.8).

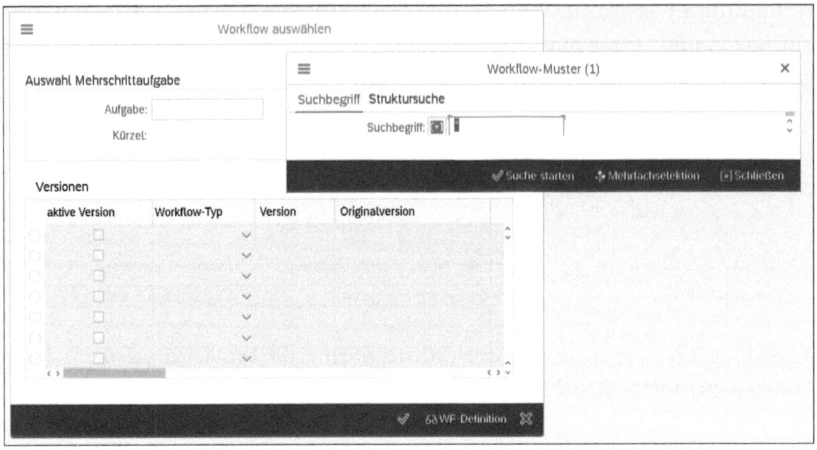

Abbildung 3.8 Workflows über die Workflow-Auswahl suchen

Suchergebnisse über den Workflow Builder

Mit allen Suchen über den Workflow Builder erhalten Sie sowohl flexible Workflows als auch klassische Workflows.

Alternativ können Sie sich die Workflow-Aufgaben über den Menüpfad **Werkzeuge • Business Workflow • Entwicklung • Definitionswerkzeuge • Aufgaben/Aufgabengruppen • PFTC_DIS-Anzeigen** anzeigen lassen. Wählen Sie als **Aufgabentyp** die Option **Workflow-Muster** und nutzen Sie im Feld **Aufgabe** die F4-Hilfe. Ihnen wird dann ein Pop-up-Fenster zur Auswahl von Workflow-Szenarios angezeigt (siehe Abbildung 3.9). Eine Erläuterung zu den verschiedenen Aufgabentypen folgt in Abschnitt 5.4, »Standardaufgaben«.

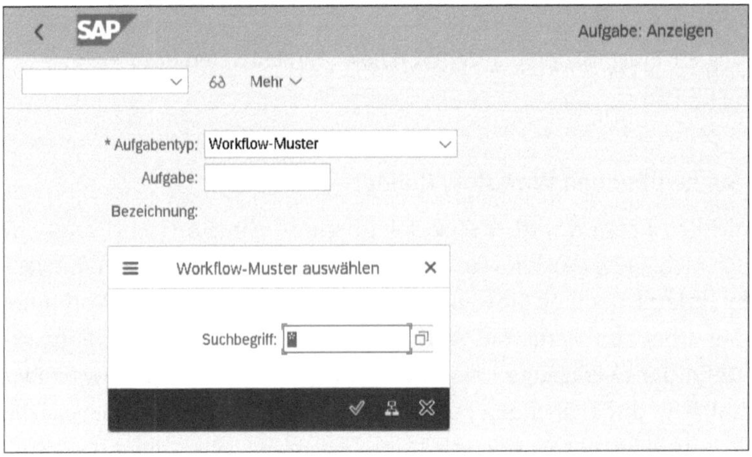

Abbildung 3.9 Suche nach Workflow-Szenario über einen Suchbegriff

Struktursuche

Auf beide Wegen kommen Sie also zu einer ähnlichen Suchhilfe. Sie können nun entweder einen **Suchbegriff** eingeben oder auf die Schaltfläche (**Struktursuche**) klicken. Dort können Sie über die Anwendungskomponenten in die jeweiligen Bereiche navigieren und nach vorhandenen Workflows suchen (siehe Abbildung 3.10). Die Kurztexte der Workflows dienen als Anhaltspunkt.

Abbildung 3.10 Suche nach Workflow-Szenarios über die Struktursuche

Das Workflow-Szenario ist ein dem Workflow zugehöriges Objekt innerhalb des SAP-Systems. In diesem Workflow-Szenario ist der Ablauf eines Workflows technisch beschrieben.

[!]

Workflow-Kategorien beachten

Nicht alle Workflow-Szenarios sind richtig kategorisiert, d. h., es ist nicht sicher, dass der Workflow, den Sie suchen, in der Anwendungskomponente zu finden ist, in der Sie diesen Workflow erwarten. Daher gehen Sie am besten auch noch den Weg über die Eingabe im Feld **Suchbegriff**.

Informationen über den Workflow

Haben Sie einen Workflow gefunden, der Ihren Anforderungen entsprechen könnte, werden Sie weitere Informationen benötigen und den Workflow-Ablauf verstehen müssen. Per Doppelklick oder über die Auswahlfunktion und das grüne Häkchen (✓) springen Sie daher als Nächstes in das entsprechende Workflow-Szenario. Das Workflow-Szenario kann es in mehreren Versionen geben. Verwenden Sie die höchste aktive Version.

Sie befinden sich jetzt im Workflow Builder. Der Workflow Builder ist, wie in Abschnitt 2.2.1, »SAP Business Workflow«, bereits beschrieben, in verschiedene Bereiche unterteilt. Aktuell wollen wir nur das grafische Modell betrachten (siehe Abbildung 3.11). Hier ist der technische Ablauf des Workflow-Prozesses grafisch abgebildet. So wird die Verbindung zwischen Prozessen und Funktionen und den jeweiligen Bearbeiter*innen der Workflow-Aufgaben hergestellt.

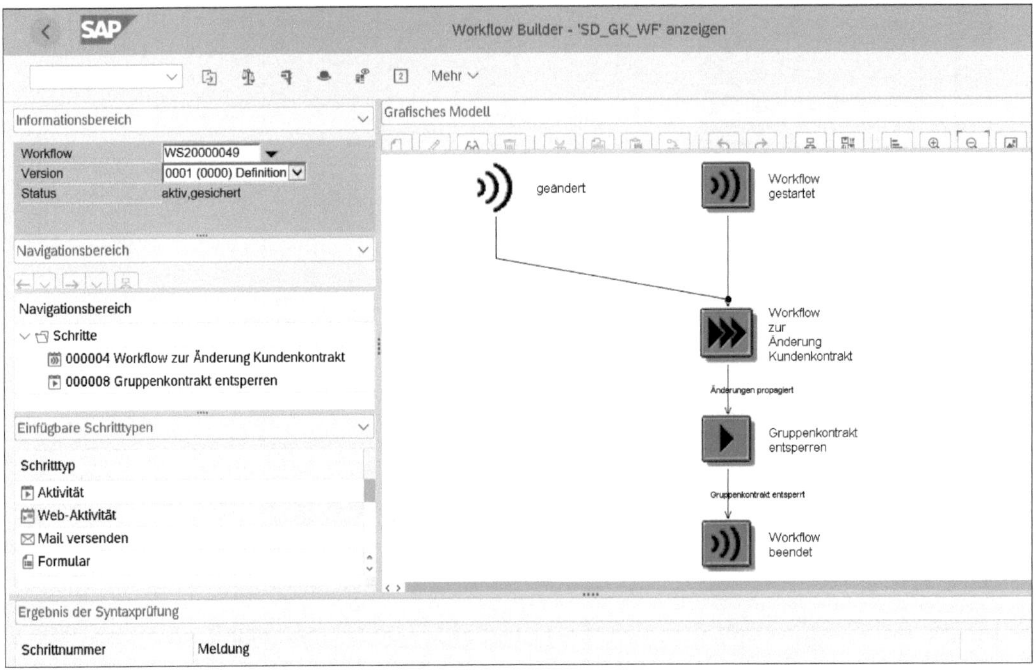

Abbildung 3.11 Grafische Darstellung des Haupt-Workflows

Beschreibung des Workflows

Bevor Sie sich den Ablauf des Workflows näher anschauen, lesen Sie zunächst die Dokumentation bzw. die Beschreibung des Workflows. Hier erhalten Sie oftmals weitere Informationen und können so feststellen, ob der Workflow-Ablauf Ihren Anforderungen entspricht. Beim Einstieg über den Workflow Builder (Transaktion SWDD bzw. SWDS) finden Sie die Beschreibung über den Menüpfad **Springen • Grunddaten • Beschreibung** oder die Schaltfläche (**Grunddaten** bzw. über die Tastenkombination [Strg] + [F8].

Wenn Sie das Workflow-Szenario über die Transaktion PFTC_DIS anzeigen, steigen Sie sofort auf der Registerkarte **Grunddaten** ein und wechseln von dort aus auf die Registerkarte **Beschreibung**. In Abbildung 3.12 sehen Sie eine kurze Beschreibung für den Beispiel-Workflow. In manchen Fällen liegen die Beschreibungen nur auf Englisch vor.

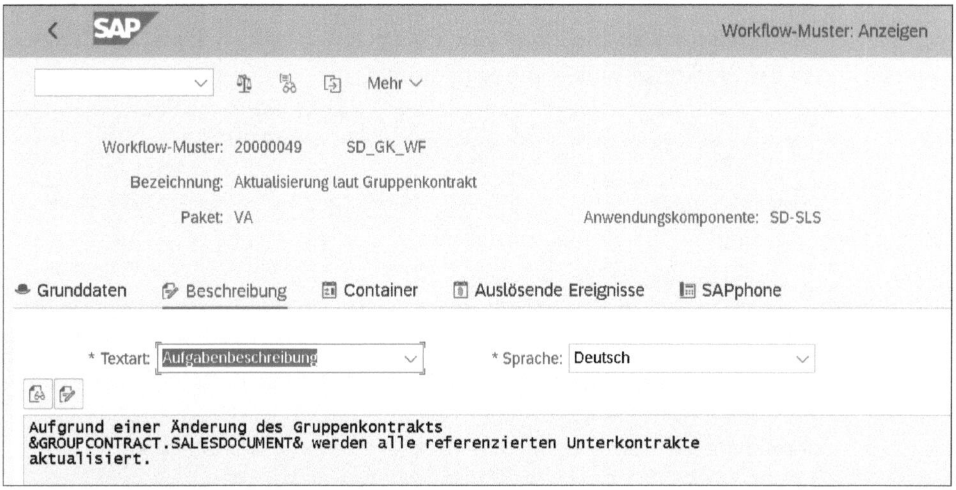

Abbildung 3.12 Workflow-Szenario mit Beschreibung

Prozessablauf des Workflows

Nach dem Lesen der Beschreibung sollten Sie sich an dieser Stelle sorgfältig mit dem Prozessablauf des Workflows vertraut machen. Wechseln Sie hierzu wieder in die grafische Modellansicht (siehe Abbildung 3.11). Das Beispiel zeigt einen Workflow, der durch die Änderung eines Gruppenkontrakts angestoßen wurde. Alle referenzierten Unterkontrakte (Kundenkontrakte) werden aktualisiert. Ein *Gruppenkontrakt* wird im SAP-System z. B. genutzt, wenn ein Unternehmen mit einem seiner Kunden eine Reihe von Wartungsverträgen abgeschlossen hat. Für alle diese Wartungsverträge gelten die gleichen Zahlungsbedingungen. Diese Wartungsverträge werden daher einem Gruppenkontrakt zugeordnet, in dem die Zahlungsbedingungen festgelegt sind. Bei Änderungen der Zahlungsbedingungen im Gruppenkontrakt werden mithilfe des Workflows alle zugeordneten Unterkontrakte automatisch geändert.

Weiterführende Informationen zu den Elementen und Schritttypen

Wollen Sie später Workflows erweitern, benötigen Sie detailliertes Wissen zu den einzelnen grafischen Elementen im Workflow-Modell. Grundsätzlich werden im Workflow Builder verschiedene Schritttypen benutzt. Eine detaillierte Beschreibung der Elemente und Schritttypen finden Sie in Kapitel 5, »Elemente von Workflow-Definitionen«.

Beschreibungen der Schritttypen

Für das Verständnis des Workflow-Ablaufs reichen oftmals schon die Textbeschreibungen der Schritttypen aus, die Sie neben dem Schrittsymbolen in der Grafik sehen. In dem Beispiel in Abbildung 3.11 löst die Änderung eines Feldes im Gruppenkontrakt das Ereignis CHANGED, also »geändert«, aus. Dieses Ereignis dient als Startereignis des Workflows (Symbol). Über einen Doppelklick auf das Startereignis springen Sie in die Registerkarte **Startereignisse** ab, die Ihnen eine Übersicht über die auslösenden Ereignisse des Workflows gibt (siehe Abbildung 3.13).

Abbildung 3.13 Startereignis zum Workflow-Szenario WS20000049

In unserem Beispiel wird beim Ereignis CHANGED zum Geschäftsobjekt BUS2094 (Gruppenkontrakte) das Workflow-Szenario WS20000049 initiiert. Geschäftsobjekte sind eine wichtige Schnittstelle zwischen dem Workflow und den Geschäftsanwendungen in SAP-Komponenten. Für jeden Unterkontrakt, der sich auf den geänderten Gruppenkontrakt bezieht, wird wiederum das Workflow-Szenario WS20000048 als Subworkflow aufgerufen (hier dargestellt mit dem Symbol). Der Subworkflow WS20000048 ändert als erste Aktivität (Symbol) die Kundenkontrakte im Hintergrund.

Subworkflows

Ein *Subworkflow* ist der Aufruf eines weiteren Workflow-Szenarios innerhalb eines bestehenden Workflows. Subworkflows werden häufig eingesetzt, um eine Mehrfachnutzung von Workflows zu ermöglichen.

Bei dem Änderungsvorgang des Kundenkontrakts, der im Hintergrund durch den in Abbildung 3.14 dargestellten Subworkflow erfolgt, spricht man umgangssprachlich auch von einer *dunklen Änderung*. Diese Änderung wird für alle Unterkontrakte durchgeführt. Im Fehlerfall (z. B. wenn ein Unterkontrakt gesperrt ist) erhält der Benutzer oder die Benutzerin, der oder die den Gruppenkontrakt geändert hat, ein Workitem, also eine Aufgabe zur weiteren Bearbeitung, und kann so den Unterkontrakt im Dialog ändern. Als Ergebnis des Workflows sind alle referenzierten Unterkontrakte aktualisiert.

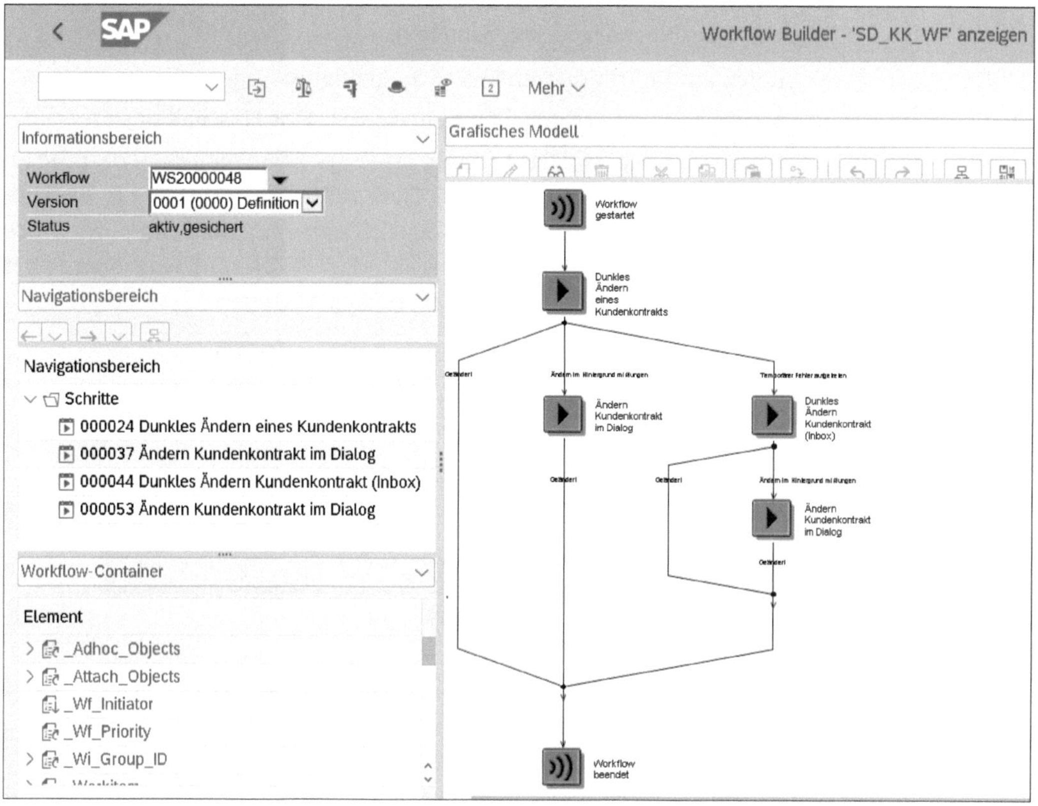

Abbildung 3.14 Grafisches Modell des Subworkflows

3.1.4 Suche mithilfe des Ereignis-Trace

Eine weitere Möglichkeit, um nach passenden Workflow-Szenarios für Ihren Anwendungsfall zu suchen, ist der Weg über das *Ereignis-Trace*. Das Ereignis-Trace erzeugt eine Aufzeichnung aller Ereignisse, die von Workflows ausgelöst werden. Haben Sie also das Ereignis-Trace aktiviert, finden Sie dort alle Workflow-Ereignisse, die im SAP-System im Rahmen Ihrer Bearbeitung in der jeweiligen Anwendung ausgelöst werden. Über die ausgelösten Ereignisse können Sie im Anschluss die Standard-Workflows ermitteln, die diese Ereignisse nutzen, und erhalten so einen Überblick über die Standard-Workflows zu dem ausgeführten Geschäftsprozess. Aktivieren Sie hierfür das Ereignis-Trace und führen Sie dann im System Ihren Geschäftsprozess aus.

Trace aktivieren

Beispielsweise werden im Qualitätsmanagement *Qualitätsmeldungen* angelegt und müssen von verschiedenen Verantwortlichen bearbeitet werden. Um nun herauszufinden, ob es hierzu einen Standard-Workflow gibt, können Sie folgendermaßen vorgehen:

1. Rufen Sie die Transaktion SWELS auf (Ereignis-Trace ein-/ausschalten).
2. Schalten Sie das Ereignis-Trace ein (Schaltfläche **Einschalten**).
3. Standardmäßig wird das Ereignis-Trace nur für 1 Stunde aktiviert. Sie erhalten die Information, dass das Trace zeitlich begrenzt wurde. Sie können diese Einstellung über die Schaltfläche **Einschränkungen für Trace** (siehe Abbildung 3.15) aber anpassen, z. B. den Zeitraum vergrößern oder das Trace nur für Ihre Benutzer-ID erzeugen lassen.

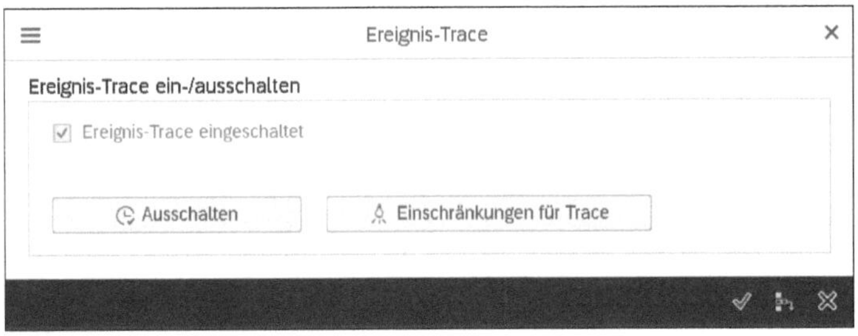

Abbildung 3.15 Aktiviertes Ereignis-Trace

[!]

Ereignis-Trace im Produktivsystem

Im Produktivsystem sollte das Ereignis-Trace nur temporär zur Analyse im Fehlerfall aktiviert werden, um die Systemlast zu minimieren. Im laufenden Betrieb werden schnell sehr viele Ereignisse ausgelöst.

4. Starten Sie nun die entsprechenden Transaktionsbearbeitung (in diesem Beispiel legen Sie also eine Qualitätsmeldung in Transaktion QM01 an) oder nutzen Sie eine entsprechende SAP-Fiori-App für die Anlage einer Qualitätsmeldung.
5. Nun können Sie das Ereignis-Trace analysieren.

[»]

Aufzeichnung von Ereignissen in SAP-Dialoganwendungen

Die Workflow-Ereignisse werden bei SAP-Fiori-Apps oder SAP-Anwendungen anderer Oberflächentechnologien, wie z. B. Web Dynpro oder Business Server Pages (BSP), genauso erzeugt wie bei Transaktionen im SAP GUI. Ebenso verhält sich das System bei der Nutzung von Business Application Programming Interfaces (BAPIs), die in Kundenentwicklungen aufgerufen werden. Werden die Workflow-Ereignisse nicht aufgezeichnet, ist die Implementierung im Hintergrund fehlerhaft.

Ergebnisse analysieren

Im Protokoll des Ereignis-Trace haben Sie eine Übersicht über die Standard-Workflow-Ereignisse, die in Ihrem Geschäftsprozess ausgelöst werden (siehe Abbildung 3.16). Sie finden immer einen **Objekttyp** und ein **Ereignis** mit dem entsprechenden **Datum** und der **Uhrzeit** der Auslösung. Gäbe es einen *Verbraucher*, z. B. einen aktiven Workflow, würden Sie diesen hier in der Spalte **Name des Verbrauchertyps** sehen.

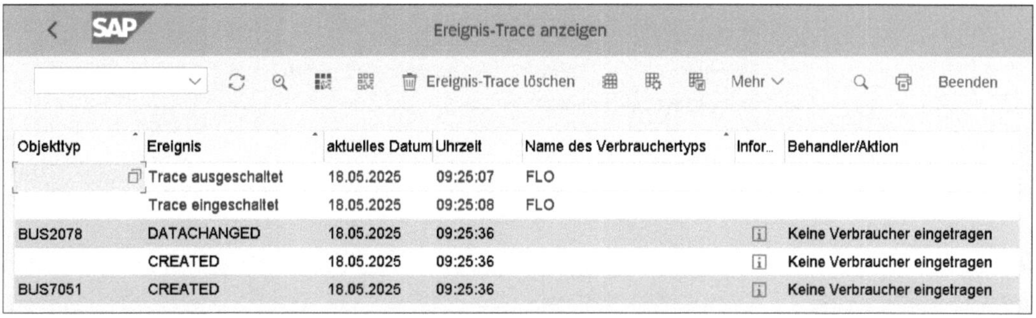

Abbildung 3.16 Ereignis-Trace nach Anlage einer Qualitätsmeldung

Informationen zum Objekttyp

Der *Objekttyp* definiert die verwendeten Daten und Methoden zu einem SAP-Objekt, wie z. B. zu der Meldung. Sie können sich den angegebenen Objekttyp in der Transaktion SWO1 genauer anschauen (siehe Abbildung 3.17). In unserem Fall handelt es sich um die Objekttypen BUS2078 (Qualitätsmeldung) und BUS7051 (allgemeine Meldung). Der Objekttyp kann aber auch eine ABAP-Klasse sein. In diesem Fall können Sie ihn in der Transaktion SE24 aufrufen. Mehr dazu erfahren Sie in Abschnitt 5.5, »BOR-Objekte«, und Abschnitt 5.6, »Klassen«.

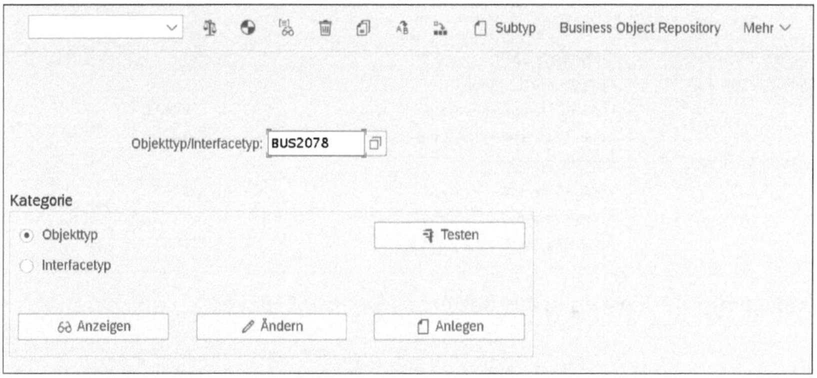

Abbildung 3.17 Business Object Builder (Transaktion SWO1)

Zugehörige Aufgaben finden

Über den *Business Workflow Explorer* (Transaktion SWDM) haben Sie nun die Möglichkeit, die Aufgaben zu einem Objekttyp und zum Ereignis zu finden (siehe Abbildung 3.18). Aufgaben sind Teile eines Workflow-Szenarios.

Über die Aufgaben zu einem Objekttyp können Sie also die Workflow-Szenarios identifizieren.

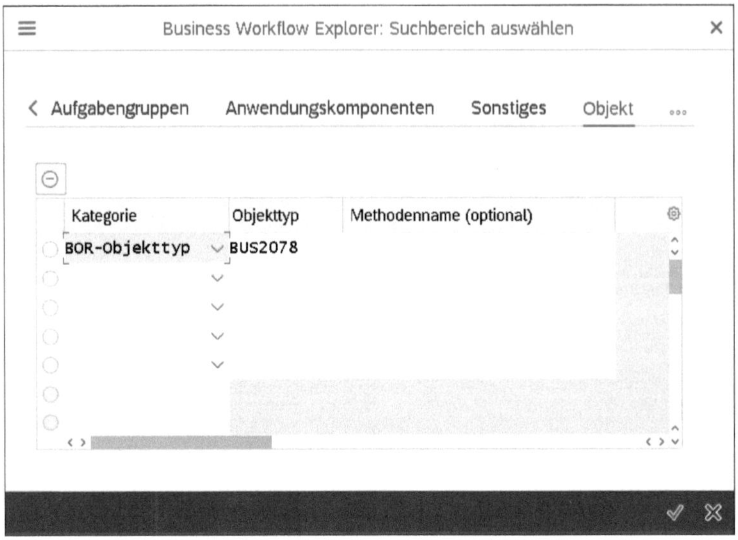

Abbildung 3.18 Suche nach einer Aufgabe über den Objekttyp im Business Workflow Explorer

Beim Einstieg in den Business Workflow Explorer werden Ihnen die zuletzt gewählten Aufgaben angezeigt (siehe Abbildung 3.19).

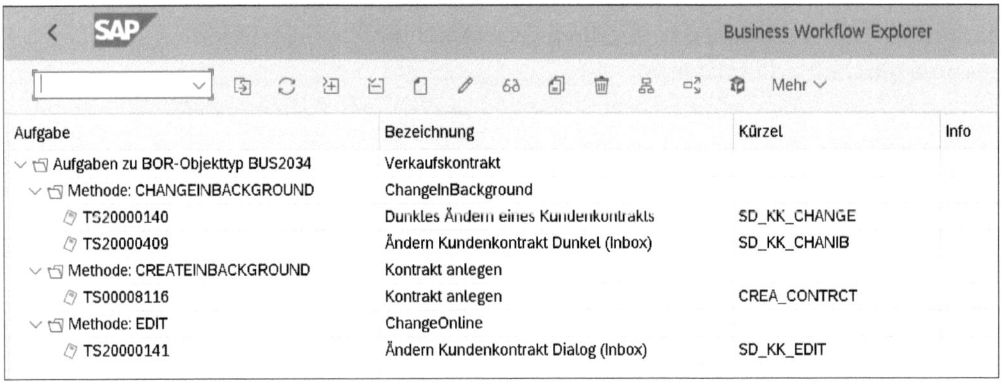

Abbildung 3.19 Einstieg in den Business Workflow Explorer

Nutzen Sie gegebenenfalls die Funktion (**Anderen Suchbereich wählen**). Wechseln Sie hierzu zur Registerkarte **Objekt** und geben Sie das Geschäftsobjekt als Objekttyp ein, in unserem Beispiel »BUS2078«. Die **Kategorie** bleibt **BOR-Objekttyp**. Es könnte, wie bereits erwähnt, auch eine ABAP-Klasse sein.

Übersicht der Aufgaben

Sie finden nun z. B. die Aufgaben (beginnend mit TS*) zum Ändern der Qualitätsmeldung (siehe Abbildung 3.20). Für die relevanten Aufgaben können Sie einen Verwendungsnachweis (Symbol in der Symbolleiste) starten.

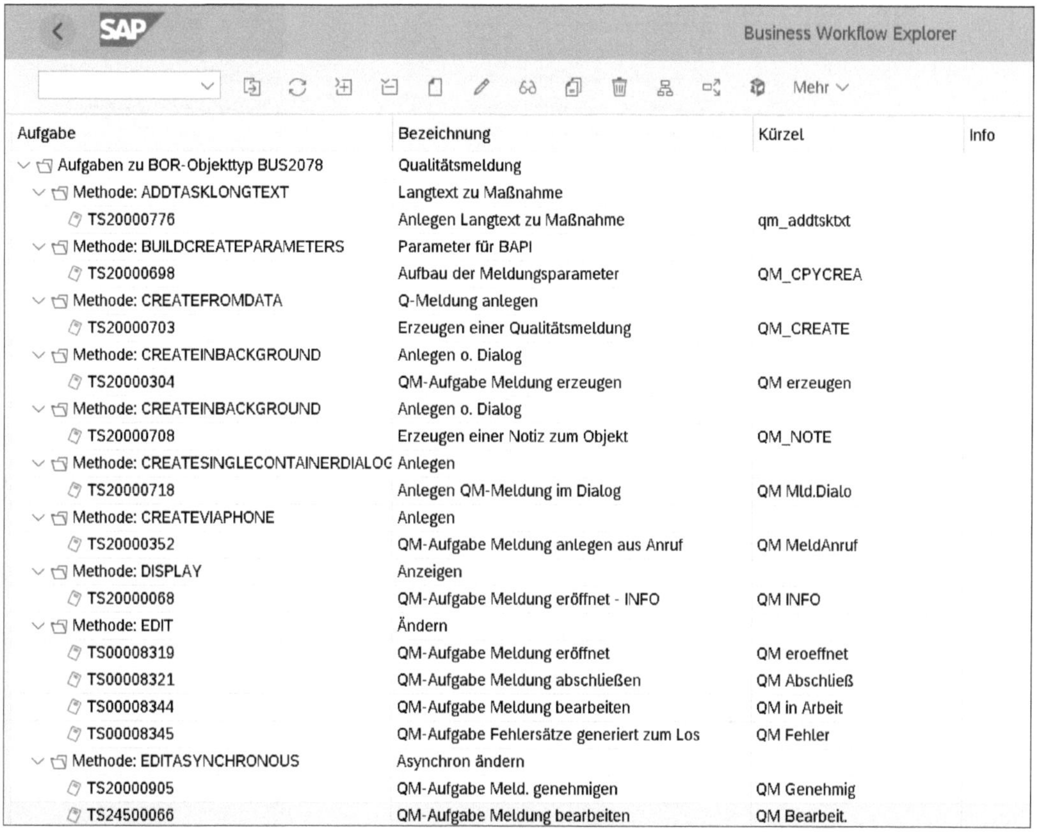

Abbildung 3.20 Suchergebnis zu Objekttyp BUS2078 (Qualitätsmeldung)

Verwendungsnachweis

Auf diese Weise finden Sie die entsprechenden Workflow-Szenarios (beginnend mit WS*, siehe Abbildung 3.21). Wählen Sie immer die Workflow-Szenarios mit der höchsten Versionsnummer und den relevanten Mandanten aus.

Sie wissen nun, wie man ein Workflow-Szenario findet, und haben ein grundlegendes Verständnis davon, wie Sie sich über den Ablauf der gefundenen Workflows informieren können. Ihre Suchergebnisse können sowohl klassische Workflows als auch flexible Workflows sein. Die Details der Workflows und wie Sie diese aktivieren, sind Ihnen aber noch nicht bekannt. Dennoch können Sie bereits beurteilen, ob es für Ihre Workflow-Idee grundsätzlich ein Standard-Workflow-Szenario gibt, das den gewünschten Workflow abbildet, oder ob Sie Erweiterungen benötigen.

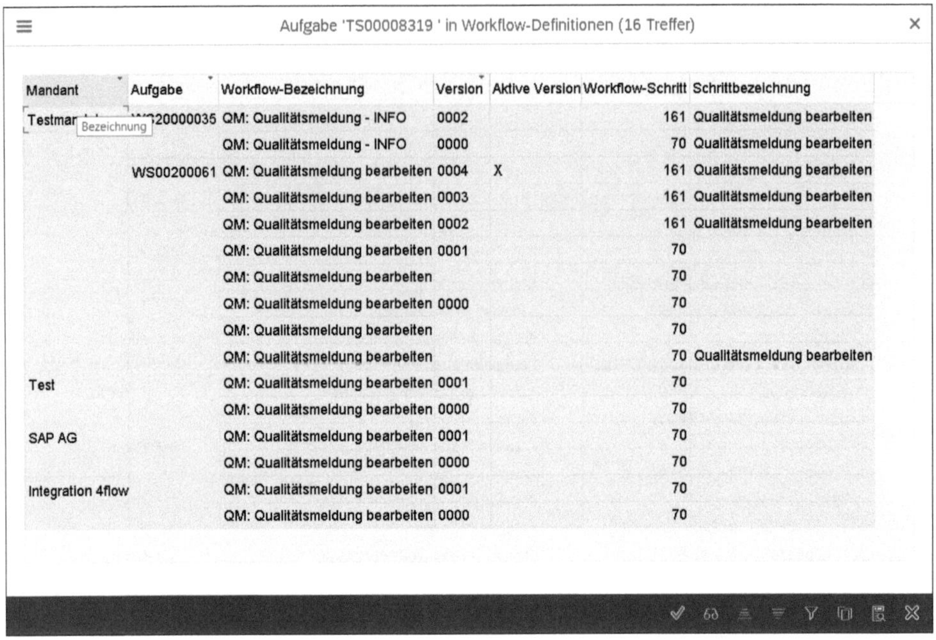

Mandant	Aufgabe	Workflow-Bezeichnung	Version	Aktive Version	Workflow-Schritt	Schrittbezeichnung
Testmar	[illegible]20000035	QM: Qualitätsmeldung - INFO	0002		161	Qualitätsmeldung bearbeiten
		QM: Qualitätsmeldung - INFO	0000		70	Qualitätsmeldung bearbeiten
	WS00200061	QM: Qualitätsmeldung bearbeiten	0004	X	161	Qualitätsmeldung bearbeiten
		QM: Qualitätsmeldung bearbeiten	0003		161	Qualitätsmeldung bearbeiten
		QM: Qualitätsmeldung bearbeiten	0002		161	Qualitätsmeldung bearbeiten
		QM: Qualitätsmeldung bearbeiten	0001		70	
		QM: Qualitätsmeldung bearbeiten			70	
		QM: Qualitätsmeldung bearbeiten	0000		70	
		QM: Qualitätsmeldung bearbeiten			70	
		QM: Qualitätsmeldung bearbeiten			70	Qualitätsmeldung bearbeiten
Test		QM: Qualitätsmeldung bearbeiten	0001		70	
		QM: Qualitätsmeldung bearbeiten	0000		70	
SAP AG		QM: Qualitätsmeldung bearbeiten	0001		70	
		QM: Qualitätsmeldung bearbeiten	0000		70	
Integration 4flow		QM: Qualitätsmeldung bearbeiten	0001		70	
		QM: Qualitätsmeldung bearbeiten	0000		70	

Abbildung 3.21 Business Workflow Explorer – Verwendungsnachweis zu einer Aufgabe

Damit können Sie die Frage, ob der Standard-Workflow ohne oder mit geringen Anpassungen genutzt werden kann, prinzipiell beantworten. Im nächsten Schritt erläutern wir, wie Sie den Workflow aktivieren können und welche Vorrausetzungen dazu im System vorliegen müssen.

3.2 Automatisches Workflow-Customizing

Voraussetzung für die Nutzung von Workflows

Das automatische Workflow-Customizing ist Voraussetzung für jegliche Nutzung von SAP Business Workflow. Sie starten es über die Transaktion SWU3.

Das automatische Workflow-Customizing unterteilt sich in die Aktivitäten **Laufzeitumgebung pflegen**, **Definitionsumgebung pflegen**, **Zusatzeinstellungen und Dienste pflegen** sowie **Aufgaben als generell klassifizieren** (siehe Abbildung 3.22). Sie finden zu jeder Aktivität, die Sie ausführen, per Einfachklick eine ausführliche Dokumentation, mit der Sie sich vertraut machen sollten.

Customizing-Aktivität ausführen

Sie können eine der vier genannten Hauptaktivitäten oder die untergeordneten Aktivitäten einzeln ausführen. Wenn Ihr Cursor z. B. auf der Hauptaktivität **Laufzeitumgebung pflegen** positioniert ist und Sie das automatische Customizing ausführen, werden alle auf der rechten Seite aufgeführten Einzelschritte, die dieser Hauptaktivität untergeordnet sind, automatisch ausgeführt. Wenn Sie eine Aktivität einzeln starten möchten, können Sie dies über die Funktion **Aktivität ausführen** tun. Das grüne Häkchen vor dem jeweiligen Eintrag signalisiert, dass das Customizing abgeschlossen ist (siehe Abbildung 3.22). Ein erneutes Ausführen überschreibt nicht die bestehenden Einträge, sondern führt nur noch die offenen Customizing-Aktivitäten aus.

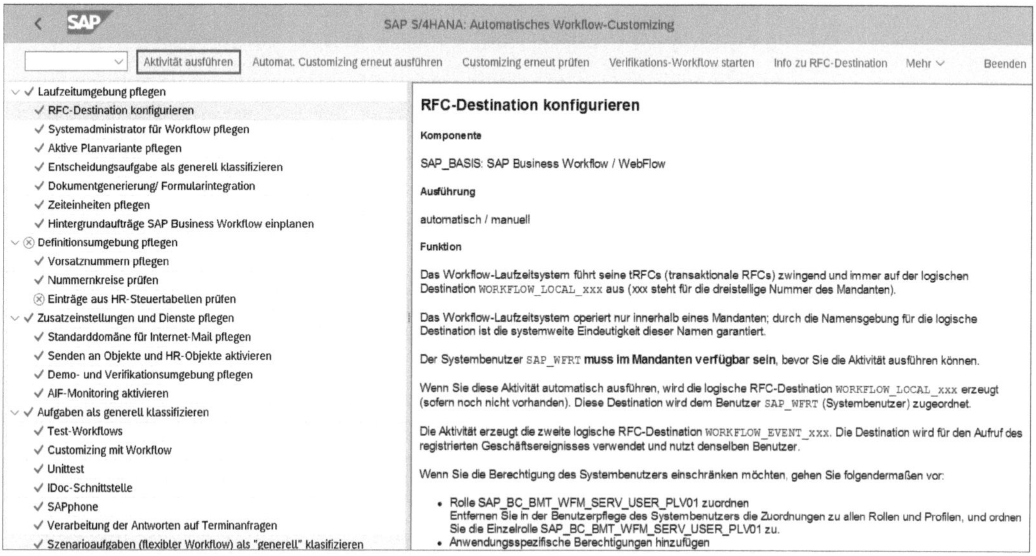

Abbildung 3.22 Automatisches Workflow-Customizing

Aktivitäten des Customizings

Beachten Sie auch folgende Hinweise zu den einzelnen Aktivitäten des automatischen Customizings:

- **Laufzeitumgebung pflegen (RFC-Destination konfigurieren)**

  Die *RFC-Destination* wird benötigt, da das Workflow-Laufzeitsystem *transaktionale Remote Function Calls* (tRFCs) ausführt und diese über die logische Destination WORKFLOW_LOCAL_xxx abgewickelt werden (xxx entspricht der Mandantennummer). Daher finden Sie im Fehlerfall eine Protokolldatei in der Transaktion SM58.

  Bestandteil der Pflege der Laufzeitumgebung ist auch das Einrichten von Hintergrundjobs. Diese werden unter anderem für fehlerhafte Workitems (Sperrfehler) und Terminüberwachungen (Deadlines, Eskalationsmechanismen) benötigt. Der Workflow-Administrator oder die -Administratorin muss festgelegt werden und wird bei einem fehlerhaften Workflow informiert. Je nach Größe Ihres Unternehmens kann es sinnvoll sein, hier nicht einen konkreten Benutzernamen, sondern eine Organisationseinheit oder Planstelle einzutragen. Die Einstellung muss in jedem System vorgenommen werden.

- **Definitionsumgebung pflegen (Vorsatznummern pflegen)**
  Die *Vorsatznummer* (dreistellig) für Aufgaben bzw. Workflow-Szenarios, Aufgabengruppen und Regeln muss in allen Systemen, in denen Workflows entwickelt werden, eindeutig sein. Häufig wird als Vorsatznummer 900 verwendet bzw. als Defaultwert vorgeschlagen. Eine Aufgaben-ID hat immer acht Stellen. Haben Sie z. B. in Ihrer Systemlandschaft mehrere Entwicklungssysteme, von denen Workflows in ein Zielsystem transportiert werden, muss über die Pflege der Vorsatznummern sichergestellt werden, dass die Benennung der Aufgaben nie gleich ist, sodass beim Transport ins Zielsystem die Workflows immer eindeutig sind. Die fünf Stellen nach der Vorsatznummer werden intern vergeben und könnten somit gleich sein.

Verifikations-Workflow

Sie können nach erfolgreichem automatischem Customizing nun die Funktion **Verifikations-Workflow starten** über die Funktionsleiste ausführen, um Ihren ersten Workflow zu testen. Nach dem Starten des Verifikations-Workflows wird ein Workitem erzeugt. Um dieses zu finden und bearbeiten zu können, benötigen Sie eine Anwendung für die Bearbeitung von Workitems (siehe Abschnitt 3.3, »Workflow-Eingang«). Sie haben nun die Grundkonfiguration für die Nutzung von Workflows durchgeführt und können Ihre erste Bearbeitung eines Workflows durchführen.

3.3 Workflow-Eingang

Es gibt im SAP-System historisch bedingt mehrere Anwendungen für die Bearbeitung und Verwaltung von Workitems (*Inboxes*). Die Anwendungen für die Bearbeitung der Workitems unterscheiden sich zum Teil funktional. Sie sind technologisch oft auf komplett unterschiedlicher Basis implementiert worden und repräsentieren auch ein Stück weit die Historie der Inboxes im SAP-Umfeld.

[»]

Workitems

Workitems sind Arbeitsvorräte des Workflows, die von Ihnen oder einer Gruppe von Personen zu bearbeiten sind. Erst nach ihrer Bearbeitung wird der Workflow fortgesetzt.

3.3.1 Übersicht über die Inbox-Anwendungen

Funktionen zur Workflow-Bearbeitung

Die Funktionen sind ebenfalls teilweise unterschiedlich bezeichnet, führen aber zum gleichen Ergebnis. Besonders infolge der Einführung der SAP-Fiori-App *Meine Inbox* wurden bisherige Funktionen umbenannt. Im Folgenden wird die Bezeichnung in dieser App jeweils an zweiter Stelle genannt. Grundsätzlich sind folgende Funktionen verfügbar:

- **Annehmen bzw. Reservieren von Workitems**
  Falls das Workitem einer Bearbeitergruppe zugeordnet wurde, ist dieses durch das Annehmen eines Workitems für alle weiteren Beteiligten nicht mehr sichtbar.
- **Ausführen eines Workitems bzw. Aufgabe öffnen**
  Durch das Ausführen eines Workitems wird z. B. eine Transaktion gestartet oder eine URL einer Anwendung geöffnet, in der die Anwender*innen etwa eine Genehmigung durchführen können. Nach dem Ausführen des Workitems ist der Arbeitsschritt beendet und der Workflow geht zur nächsten Adressatin oder zum nächsten Adressaten weiter.
- **Zurücklegen bzw. Freigeben eines Workitems**
  Durch das Zurücklegen eines Workitems ist dieses für alle weiteren Beteiligten der Gruppe wieder sichtbar.
- **Weiterleiten von Workitems**
  Durch die Weiterleitung können Sie ein Workitem an einen anderen Benutzer oder eine andere Benutzerin weitergeben. Er oder sie muss die entsprechende Berechtigung zur Bearbeitung haben.
- **Wiedervorlage bzw. Anhalten**
  Soll das Workitem nicht sofort bearbeitet werden, kann es auf Wiedervorlage gesetzt werden. Es wird daraufhin bis zum festgelegten Zeitpunkt aus der Inbox entfernt; danach erscheint es wieder automatisch.
- **Ablehnen von Workitems**
  Das Ablehnen von Workitems muss für die Workflow-Aufgabe vorgesehen sein.
- **Anlagen an Workitems hinzufügen**
  In vielen Fällen kann es sinnvoll sein, dem Workitem Anlagen anzuhängen, um zusätzliche Informationen für die Bearbeitung im Rahmen des Workflows mitgeben zu können. Anlagen können Dateien sein (z. B. Microsoft-Word-Dokumente), eine URL oder ein Geschäftsobjekt. Es können nur selbst erstellte Anlagen wieder entfernt werden.
- **Workflow-Protokolle**
  Sie können sich eine Übersicht darüber verschaffen, wer welche Schritte des Workflows bereits ausgeführt hat und welche Arbeitsschritte als Nächstes auszuführen sind.

- **Ausgang**
  Der Ausgang bietet eine Übersicht über die Workitems, die von Ihnen bearbeitet wurden (mit ausgeführten Aufgaben).
- **Vertreter-Verwaltung**
  Ein oder mehrere Personen können als *Vertretung* benannt und aktiviert werden. Diese übernehmen Ihre Workitems in Ihrem Urlaub oder bei Krankheit.

Inbox-Anwendungen

In Tabelle 3.1 finden Sie eine Übersicht der von SAP zur Verfügung gestellten Inbox-Anwendungen mit der jeweils verwendeten Technologie. Wir geben außerdem jeweils an, ob die Möglichkeit besteht, Workitems unterschiedlicher SAP-Systeme zu bearbeiten. Schließlich enthält die Tabelle Informationen zu Aufruf und Funktionsumfang (Vollumfang oder Teilumfang) sowie zur mobilen Nutzungsmöglichkeit der jeweiligen Anwendung.

Name der Anwendung	Voraussetzung/Technologie	Workitems für mehrere SAP-Systeme	Transaktion/Aufruf	Funktionsumfang/mobile Nutzung
Business Workplace	SAP GUI/ABAP	nein	SBWP	voll, geräteabhängig (nicht mobil nutzbar)
Business-Workflow-Arbeitsplatz (Work Center)	SAP Business Client (Web Dynpro, URL)	nein	Service `swf_workplace` über URL	voll, geräteabhängig (nicht mobil nutzbar)
Universal Worklist (UWL)	SAP Enterprise Portal, URL	ja	–	voll, geräteabhängig (nicht mobil nutzbar)
Meine Inbox (bzw. das Vorprodukt *Unified Inbox*)	SAPUI5-App (URL)	ja	über das SAP Fiori Launchpad	Teilumfang, geräteunabhängig (mobil nutzbar)
Nicht-SAP-Produkte mit Integration in SAP Business Workflow	z. B. Microsoft Outlook, Lotus Notes	ja	–	Teilumfang

Tabelle 3.1 Überblick der Workflow-Inbox-Anwendungen für SAP-Systeme

Die UWL stellt eine zentrale Aufgabenliste dar, die Inboxes von mehreren SAP-Systemen und sogar Nicht-SAP-Systemen vereinen kann. Die Nutzung von SAP Enterprise Portal ist hier Voraussetzung. Aufgrund der Produktstrategie von SAP im Zusammenhang mit SAP S/4HANA und der damit verbundenen Re-Integration der verschiedenen SAP-Produkte in ein System (dem *digitalen Kern*) ist die Notwendigkeit für eine solche zentrale Aufgabenliste in Zukunft weniger groß. Außerdem ist es auch möglich, die App **Meine Inbox** so zu konfigurieren, dass Workitems mehrerer Systeme bearbeitet werden können. Für die Beispiele in diesem Buch nutzen wir daher entweder den Business Workplace oder die App **Meine Inbox**.

Nachdem Sie den Verifikations-Workflow gestartet haben (siehe Abschnitt 3.2, »Automatisches Workflow-Customizing«), finden Sie ein entsprechendes Workitem sowohl im Business Workplace (Transaktion SBWP) als auch im Business-Workflow-Arbeitsplatz (Work Center) bei Nutzung des SAP Business Clients und in der App **Meine Inbox**. In Abbildung 3.23 ist das Workitem zum Verifikations-Workflow im Business Workplace zu sehen.

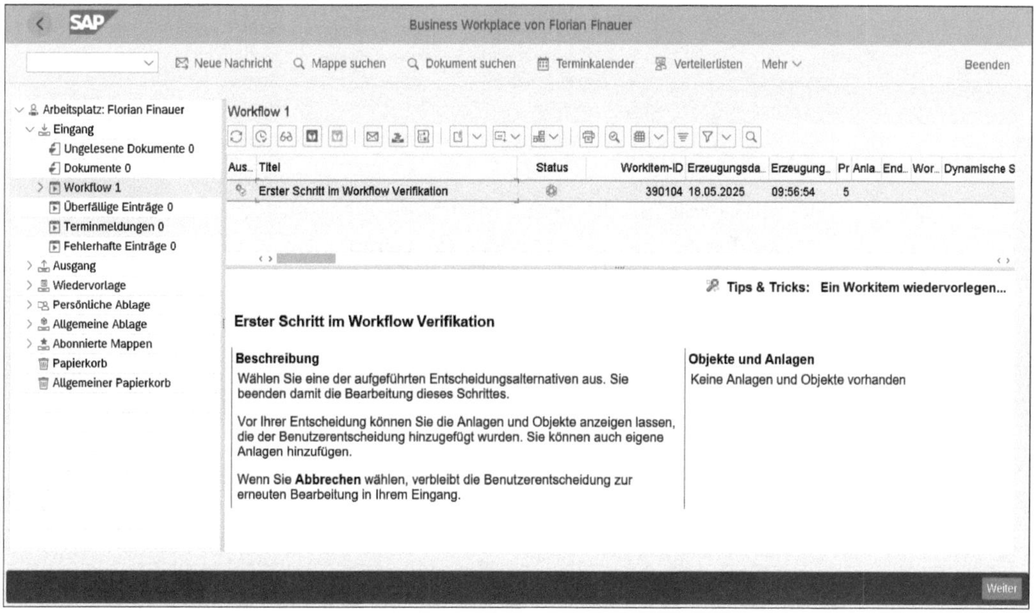

Abbildung 3.23 Verifikations-Workflow im Business Workplace

3.3.2 Konfiguration der App »Meine Inbox«

App »Meine Inbox« einrichten

Damit Sie Ihr Workitem auch in der App **Meine Inbox** sehen können, sind abhängig von Ihrem Releasestand einige Vorarbeiten zu leisten. Falls Sie bereits ein SAP-S/4HANA-System haben, reichen folgende Schritte aus:

1. Aktivieren Sie den Service `CA_FIORI_INBOX` in der Transaktion SICF (SICF-Pflege des HTTP-Service-Baumes, siehe Abbildung 3.24). Über die Angabe des Filters »CA_FIORI_INBOX« im Feld **Servicename** gelangen Sie zum entsprechenden Service.

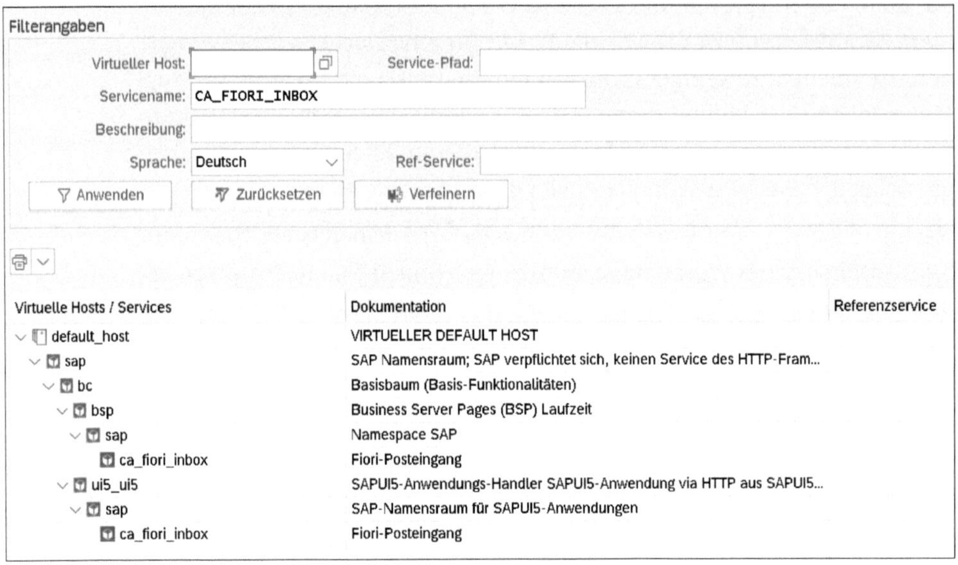

Abbildung 3.24 Aktivierung der App »Meine Inbox« in Transaktion SICF

2. Klicken Sie mit der rechte Maustaste auf den Knoten **ca_fiori_inbox** und wählen Sie die Option **Service aktivieren**.
3. Ordnen Sie Ihrem Benutzer in der Benutzerpflege (Transaktion SU01) die Rolle `SAP_FND_BCR_MANAGER_T` zu (siehe Abbildung 3.25).

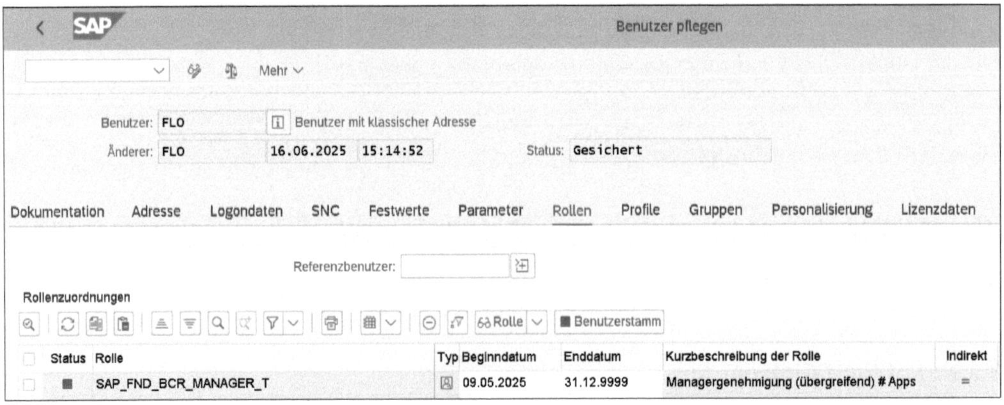

Abbildung 3.25 Rollenzuordnung zu einem Benutzer der App »Meine Inbox«

Aufruf im SAP Fiori Launchpad

Im Anschluss daran können Sie die App im SAP Fiori Launchpad (Transaktion /UI2/FLP) sehen (siehe Abbildung 3.26). Um sie aufzurufen, klicken Sie auf die Kachel **Meine Inbox**. Ihre Inbox sollte einen Eintrag, das Workitem aus dem Verifikations-Workflow, enthalten.

Abbildung 3.26 Kachel zum Aufruf der App »Meine Inbox« im SAP Fiori Launchpad

Wenn Sie noch nicht mit einem SAP-S/4HANA-System arbeiten, kann die App in vielen Fällen ebenfalls bereits installiert werden. Entsprechende Informationen über die Voraussetzungen und notwendigen Konfigurationseinstellungen finden Sie im SAP Help Portal.

Weiterführende Informationen zur App »Meine Inbox«

Viele sehr hilfreiche Informationen zur App »Meine Inbox« finden Sie im **Support Content** der SAP Community (*https://help.sap.com/docs/SUPPORT_CONTENT?mt=de-DE*) über den Suchbegriff »Meine Inbox«. Diese Seite ist z. B. nützlich, wenn Sie die App systemübergreifend nutzen oder auf einem nicht SAP-HANA-basierten System (z. B. der SAP Business Suite) aktivieren möchten.

3.3.3 Funktionen der App »Meine Inbox«

Anzeige der Workflow-Aufgaben

Öffnen Sie die App **Meine Inbox**, werden Ihnen Ihre Workflow-Aufgaben angezeigt, in diesem Fall das Workitem zum gestarteten Verifikations-Workflow (siehe Abbildung 3.27).

Folgende zusätzliche Funktionen sind in der App **Meine Inbox** verfügbar, die es in den anderen Workflow-Eingangsanwendungen nicht gibt:

- **Eigene Aktionen einfügen**
  Es können eigene Schaltflächen eingefügt werden, z. B. zum Genehmigen oder Ablehnen. Diese Erweiterung der App ist über das Customizing möglich.

- **Kommentarfunktion**
  Sie können direkt zu einem Workitem einen Kommentar eingeben, also Informationen hinterlegen, die für weitere Beteiligte im Prozess relevant sind.
- **Volltextsuche**
  Sie können in den Beschreibungen der Workitems nach bestimmten Begriffen suchen.
- **Mehrfachauswahl**
  Durch die Mehrfachauswahl und Abarbeitung mehrerer Workitems sind z. B. Massengenehmigungen möglich.

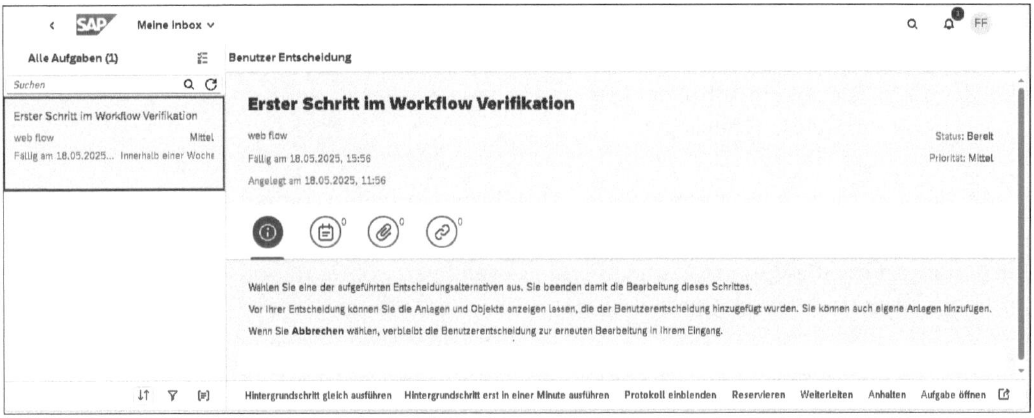

Abbildung 3.27 Verifikations-Workflow in der App »Meine Inbox«

Sie wissen nun, wie Sie vorhandene SAP-Standard-Workflow-Szenarios finden können, wie Workflows im System grundsätzlich lauffähig gemacht werden (automatisches Customizing), haben einen ersten Verifikations-Workflow gestartet und können das entsprechende Workitem im Business Workplace bzw. in der App **Meine Inbox** bearbeiten. Ebenso haben Sie sich mit den Grundfunktionen der Eingangsboxen vertraut gemacht.

3.4 Workflow-Aktivierung

Ziel dieses Abschnitts ist es, einen Standard-Workflow lauffähig zu machen und diesen zu aktivieren. Dazu werden die entsprechenden Startereignisse direkt vom Workflow Builder aus oder über das Customizing der Anwendung aktiv gesetzt. Alternativ kann die Aktivierung auch über die Ereignistypkopplung vorgenommen werden.

3.4.1 Ereignisse

Zusammenspiel von Ereignissen und Workflows

In Abschnitt 3.1.4, »Suche mithilfe des Ereignis-Trace«, haben wir uns bereits mit dem Ereignis-Trace beschäftigt. Ereignisse werden in den SAP-Anwendungen erzeugt, um mit der Workflow-Engine zu kommunizieren. Ereignisse können alle Arten von Zustandsänderungen sein, die das zugehörige Geschäftsobjekt (oder die Instanz einer ABAP-Klasse) annehmen kann. Im Beispiel in Abschnitt 3.1.4 wurde durch die Anlage der Meldung das Ereignis CREATED (BUS2078) ausgelöst.

Über die Ereignisse können auch Daten von einer Anwendung an einen Workflow übergeben werden. Daneben können Sie auch eigene Ereignisse anlegen und diese auslösen. Mehr dazu erfahren Sie in Abschnitt 5.5, »BOR-Objekte«, und Abschnitt 5.6, »Klassen«.

Ereignisse können dafür sorgen, dass ein Workitem wieder aus der Inbox verschwindet, wenn die zugehörige Aktion direkt in der Anwendung vorgenommen wurde. Wenn Sie z. B. eine Banf genehmigen müssen und Ihnen hierzu ein Workitem in Ihrer Inbox angezeigt wird, können Sie die Freigabe auch direkt über die Transaktion ME54N (Bestellanforderung freigeben) vornehmen, ohne das Workitem direkt in der Inbox zu bearbeiten. Das Workitem verschwindet dann wieder aus Ihrer Eingangsbox, da das Ereignis RELEASESTEPCREATED (Freigabeschritt erzeugt) durch die Freigabe aus der Transaktion erzeugt wurde.

Genau dieses Verhalten wird auch von den Anwender*innen erwartet. Diese Integration mit der Anwendung über Ereignisse ist ein Erfolgsfaktor von SAP Business Workflow. Dieser Mechanismus sollte daher auch bei der Erweiterung oder Eigenentwicklung von SAP-Workflows genutzt werden.

Startereignisse

Startereignisse, auch *auslösende Ereignisse* genannt, sind die Ereignisse, die dazu führen, dass ein Workflow gestartet wird. Ein Workflow kann mehrere Startereignisse haben.

In dem Beispiel zur Qualitätsmeldung BUS2078 (siehe Abschnitt 3.1.4, »Suche mithilfe des Ereignis-Trace«) haben Sie z. B. das Workflow-Szenario WS00200061 (QM: Qualitätsmeldung bearbeiten) gefunden. In der grafischen Darstellung im Workflow Builder (Transaktion SWDD) sehen Sie die Startereignisse (Symbol ») **Qualitätsmeldung aktiviert** und **Qualitätsmeldung angelegt** (siehe Abbildung 3.28).

Über einen Klick auf das Hutsymbol (**Grunddaten**) in der Symbolleiste des Workflow Builders navigieren Sie zu den **Grunddaten**. Über die entsprechende Registerkarte gelangen Sie in die Detailsicht der **Startereignisse** (siehe Abbildung 3.29).

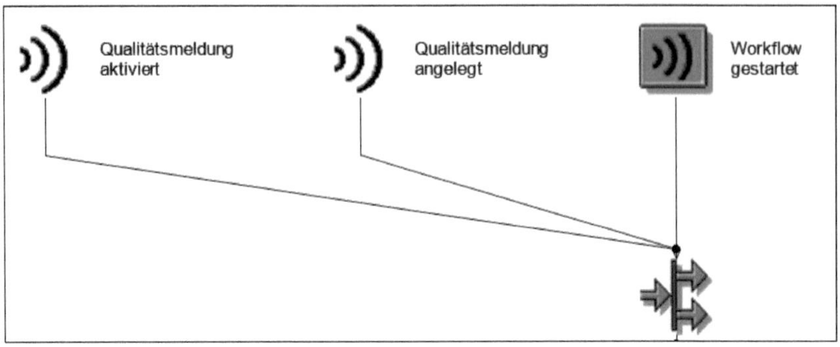

Abbildung 3.28 Grafische Darstellung der Startereignisse im Workflow-Szenario WS00200061

Startereignis aktivieren

Damit ein Workflow startet, muss das Startereignis aktiv sein. Ob das Ereignis aktiv ist, erkennen Sie an den Symbolen für aktiv (■) und inaktiv (◆) in der Spalte **Aktiv**. Sie haben mehrere Möglichkeiten, das Ereignis zu aktivieren. An dieser Stelle können Sie das Startereignis durch einen Klick auf das Symbol aktivieren, Sie benötigen dazu einen Customizing-Transportauftrag.

Abbildung 3.29 Startereignisse zu dem Workflow-Szenario WS00200061 (Detailsicht)

In einigen Fällen können Sie die Aktivierung auch über das allgemeine Customizing der entsprechenden Anwendung vornehmen. In diesen Fällen navigieren Sie über den IMG-Pfad (z. B. **Qualitätsmanagement • Qualitätsmeldung • Meldungsbearbeitung • Workflow Muster aktivieren**) und wählen die Schaltfläche **Ereigniskopplung aktivieren**. Daraufhin sehen Sie Workflow-Szenarien und deren Startereignisse, die Sie über den Button **Details** aktivieren können (siehe Abbildung 3.30).

Allerdings ist unser Beispiel-Workflow-Szenario WS00200061 hier nicht aufgeführt, sodass Sie die Typkopplung, also die Aktivierung des Startereignisses zum Workflow-Szenario, manuell durchführen müssen.

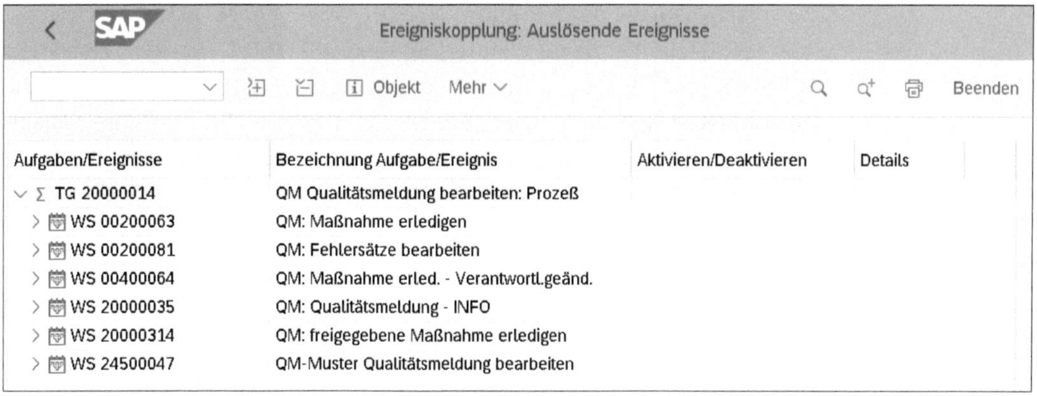

Abbildung 3.30 Startereignisse über das Customizing der Anwendung aktivieren

3.4.2 Typkopplung

Ereignistyp-kopplung

Über den Workflow Builder bzw. über das Customizing der Anwendung konnten Sie den Workflow gegebenenfalls bereits aktivieren. Es gibt aber noch eine weitere Möglichkeit hierzu. Über die Transaktion SWETYPV oder SWE2 (SWETYPV-Typkopplungen) finden Sie die Ereignistypkopplungen. Wenn Sie die Aktivierung des Workflows bereits über das IMG-Customizing oder über den Workflow Builder vorgenommen haben, finden Sie hier die entsprechenden Einträge mit einem Häkchen in der Spalte **Typkopplung** (siehe Abbildung 3.31). Haben Sie einen Workflow noch nicht aktiviert, ist der Eintrag vorhanden, das Häkchen aber nicht gesetzt.

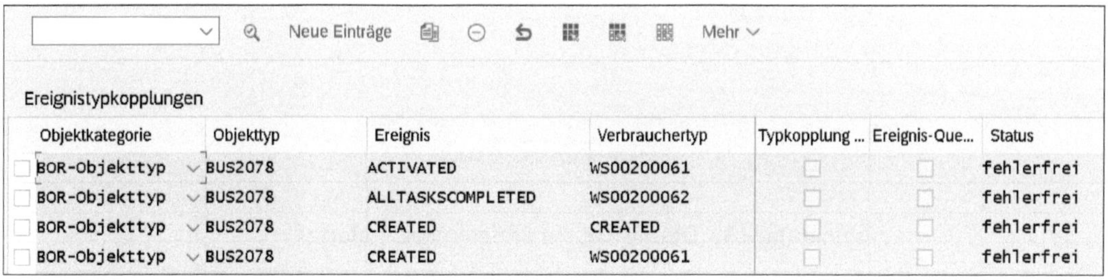

Abbildung 3.31 Ereignistypkopplung für BUS2078

Neue Einträge werden durch das System für alle konfigurierten Startereignisse vorgenommen. Das bedeutet, wenn Sie eigene Workflows entwickeln und Startereignisse definieren, finden Sie auch diese Einträge in der Transaktion. Die Einträge entstehen also, wenn Sie im Workflow Builder Startereignisse zuordnen.

Typkopplungen bearbeiten

Sie können in der Transaktion aber auch einen komplett neuen Eintrag vornehmen oder die vorhandenen Typkopplungen hier ändern. In unserem

Beispiel wollen wir das Workflow-Szenario WS00200061 aktivieren und benötigen dazu die beiden Startereignisse ACTIVATED für den Objekttyp BUS2078 und CREATED für den Objekttyp BUS2078. Über die Schaltfläche **Positionieren** und die Eingabe der Objektkategorie »BO« und des Objekttyps »BUS2078« gelangen Sie zu den entsprechenden Einträgen, die Sie in Abbildung 3.31 sehen.

Per Doppelklick auf einen Eintrag springen Sie in die Detailsicht. Hier können Sie das Startereignis für den Workflow aktivieren. Markieren Sie dazu die Option **Kopplung aktiviert** (siehe Abbildung 3.32).

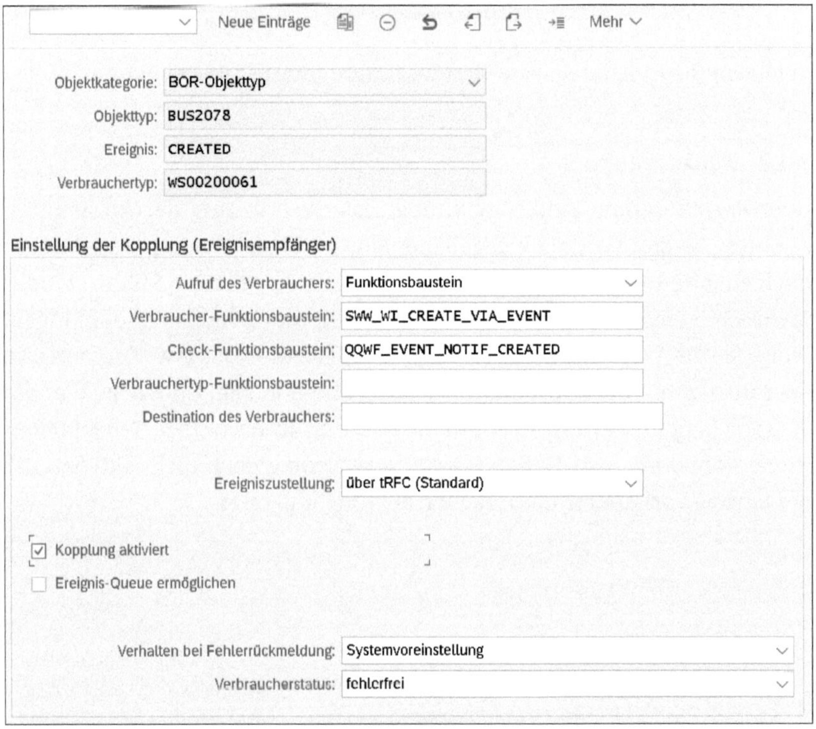

Abbildung 3.32 Detailsicht der Ereignistypkopplung

Verbraucher- und Check-Funktionsbaustein

Es gibt hier weitere Einstellungsmöglichkeiten. Der **Verbraucher-Funktionsbaustein** und der **Check-Funktionsbaustein** werden bei der Nutzung von Ereignissen im Umfeld von SAP Business Workflows selbstständig vom System eingetragen. Es handelt sich um Standardfunktionsbausteine, die nicht geändert werden sollten. Der **Verbraucher-Funktionsbaustein** SWW_WI_CREATE_VIA_EVENT erzeugt ein Workitem aufgrund eines Ereignisses und startet somit den Workflow technisch.

Für fortgeschrittene Entwickler*innen kann die Nutzung der Ereignistypkopplung mit einem eigenen Verbraucher-Funktionsbaustein zur Abarbeitung von Hintergrundprozessen ein legitimer Umsetzungsweg für bestimmte Anforderungen sein, die nur den Workflow-Mechanismus nutzen, um die eigene Entwicklung zu platzieren. Der **Verbrauchertyp-Funktionsbaustein** wird in der Regel für SAP Business Workflow nicht benötigt.

Mit dem **Check-Funktionsbaustein** kann verhindert werden, dass beim Eintreffen eines Ereignisses eine Kopplung ausgelöst wird. Wenn Sie hier einen kundenspezifischen Baustein einsetzen, können Sie den Start des Workflows individuell eingrenzen (mehr dazu in Abschnitt 6.1.3, »Bedingtes Starten eines Workflows über den Check-Funktionsbaustein«).

Ereigniszustellung

Für die **Ereigniszustellung** können Sie alternativ zu der Einstellung **über tRFC (Standard)** auch die *Ereignis-Queue* nutzen. In diesem Fall wählen Sie die Einstellung **(immer) über die Queue**. Setzen Sie abhängig davon auch das Kennzeichen **Ereignis-Queue ermöglichen.**

Ereignis-Queue

Die Nutzung der Ereignis-Queue kann die Systemperformance verbessern, falls in Ihrem System sehr viele Workflows aktiv sind. Wenn das Kennzeichen **Ereignis-Queue ermöglichen** gesetzt ist, erfolgt der Start des Ereignisverbrauchers (also des Workflows oder einer Aktivität im Workflow) über die Ereignis-Queue. Wird dieses Kennzeichen nicht gesetzt oder ist die Ereignis-Queue nicht aktiv, wird der Verbraucher sofort gestartet.

Die Abarbeitung der Ereignis-Queue erfolgt periodisch durch einen Hintergrundjob. Dadurch kann das System entlastet werden, falls sehr viele Ereignisse ausgelöst werden. Allerdings erfolgt dann eine Verzögerung beim Aufruf der Verbraucher.

Außerdem kann die Ereignis-Queue ein Hilfsmittel sein, um fehlerhafte Ereignisse zu korrigieren. In Spezialfällen, in denen ein Objekt bei der Verarbeitung des Ereignisses noch gesperrt ist, würde der Workflow oder eine direkte Objektverarbeitung bei Nutzung der Ereignis-Queue ohne Workflow durch ein automatisches Reprocessing des fehlerhaften Ereignisses durch die Ereignis-Queue wiederverarbeitet werden. In den meisten Fälle benötigen Sie die Ereignis-Queue jedoch nicht. Entscheiden Sie darüber abhängig von Ihrem Anwendungsfall.

[+]

Weitere Einstellungsmöglichkeiten für die Ereignis-Queue

Über die Queue-Verwaltung in der Transaktion SWEADM können Sie weitere Einstellungen vornehmen und mithilfe des Ereignis-Browsers in der Transaktion SWEQBROWSER erhalten Sie einen Überblick über die Verarbeitung und den Zustand der Ereignisse, die über die Ereignis-Queue erzeugt wurden.

3.5 Workflow-Szenarios und Standardaufgaben verwenden

Im vorangegangenen Abschnitt haben Sie den SAP-Standard-Workflow WS00200061 aktiviert, indem Sie die Typkopplung für das Ereignis CREATED gesetzt haben.

Workflow starten

Testen Sie nun, ob dieser Workflow erfolgreich startet. Dazu aktivieren Sie zunächst das Ereignis-Trace (siehe Abschnitt 3.1.4, »Suche mithilfe des Ereignis-Trace«). Legen Sie dann über die Transaktion QM01 eine beliebige QM-Meldung an (siehe Abbildung 3.33). Machen Sie nur die notwendigsten Angaben. Es geht erst einmal nur darum, dass Sie die Meldung abspeichern können. Wählen Sie im Feld **Meldungsart** den Wert **Q1** aus.

Voraussetzung hierfür ist das entsprechende Customizing. Sie können für dieses Beispiel vom System ausgelieferte Meldungsarten verwenden. Alternativ zur Nutzung der Transaktion können Sie die SAP-Fiori-App für die Qualitätsmeldung nutzen (**Quality Notification**, siehe auch die Informationen dazu in der SAP Fiori Apps Reference Library unter: *http://s-prs.de/v1109900*

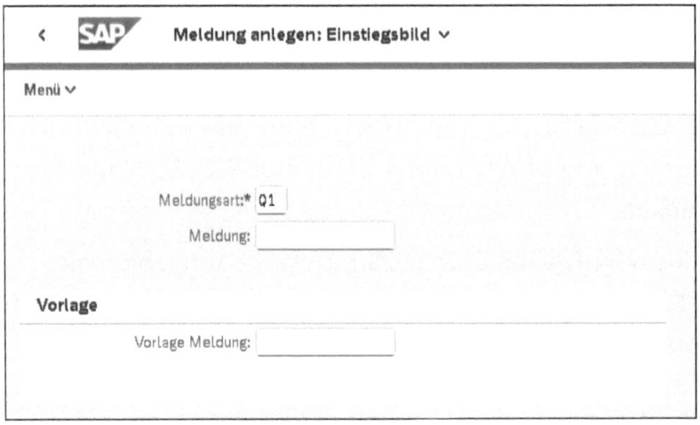

Abbildung 3.33 Qualitätsmeldung anlegen

Für die Meldungsart Q1 reicht es aus, die Pflichtpartner **Auftraggeber** und **Koordinator** einzugeben (siehe Abbildung 3.34). Über **Mehr • Springen • Partner** gelangen Sie zur entsprechenden Partnerübersicht (Geschäftspartner und andere Rollen). Durch das Speichern wird das Ereignis CREATED ausgelöst.

Überprüfung im Ereignis-Trace

Nach dem Speichern der Qualitätsmeldung finden Sie im Ereignis-Trace (Transaktion SWELS) einen Eintrag mit einem aktiven Verbraucher für das Ereignis CREATED, in diesem Beispiel das Workflow-Szenario WS00200061. In der Spalte **Information** ist ein grünes Symbol (■, **Aktion: Verbraucher korrekt gestartet**) zu sehen, das Ihnen signalisiert, dass der Workflow erfolgreich gestartet wurde.

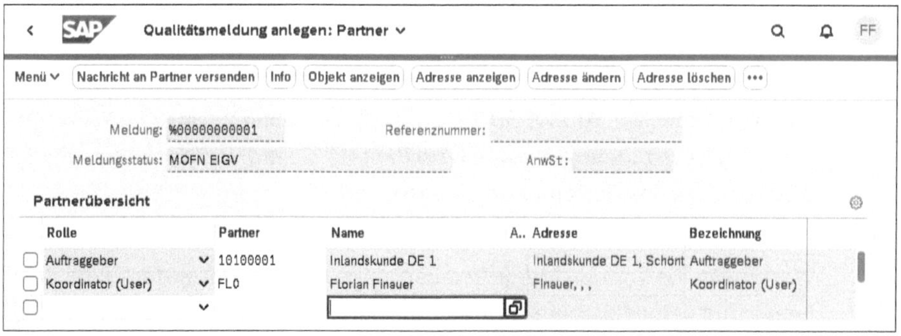

Abbildung 3.34 Pflichtpartner für die Qualitätsmeldung definieren

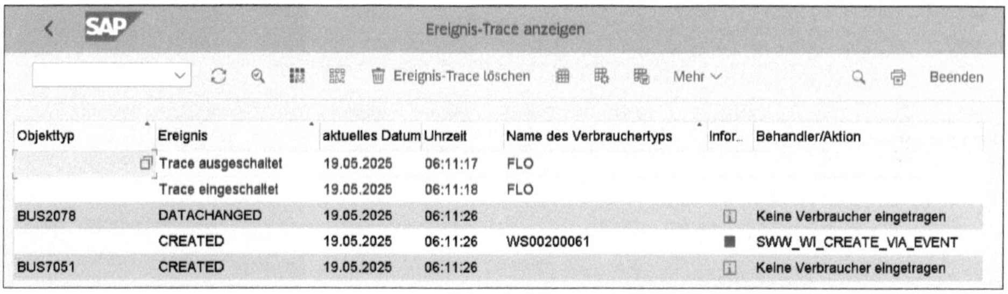

Abbildung 3.35 Ereignis-Trace mit aktivem Verbraucher WS00200061

Über einen Doppelklick auf diese Zeile springen Sie in die Details zum erzeugten Workflow ab, wo Sie die Ereignisinformationen finden (siehe Abbildung 3.36).

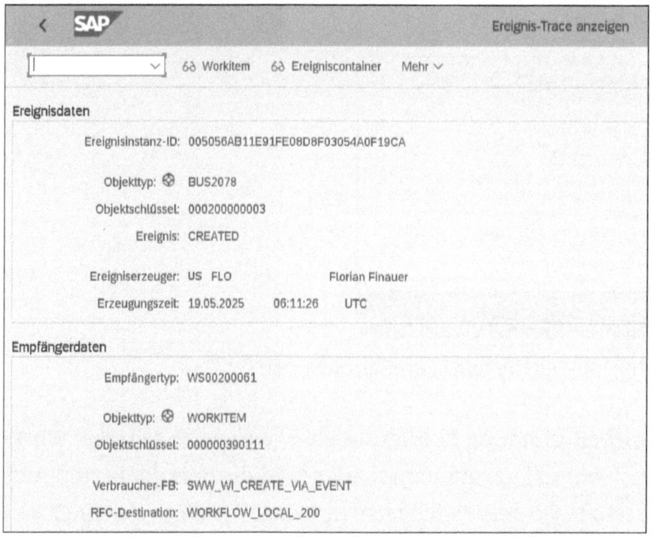

Abbildung 3.36 Details zum Ereignis mit aktivem Verbraucher

Workitem-ID

Sie sehen im Abschnitt **Ereignisdaten** den Zeitpunkt der Ereigniserzeugung sowie den **Objekttyp** und den **Objektschlüssel** (in unserem Fall die Meldungsnummer 000200000003). Unter den **Empfängerdaten** finden Sie das Workflow-Szenario WS00200061 und den Objektyp `WORKITEM`. Der **Objektschlüssel** ist die sogenannte *Workitem-ID*. Über diese Workitem-ID wird die Workflow-Instanz eindeutig identifiziert.

Über die Schaltfläche **Workitem** gelangen Sie in das Workflow-Protokoll des Workflows. Sie können hier feststellen, dass dem Workflow noch kein Bearbeiter und keine Bearbeiterin zugewiesen ist (siehe Abbildung 3.37).

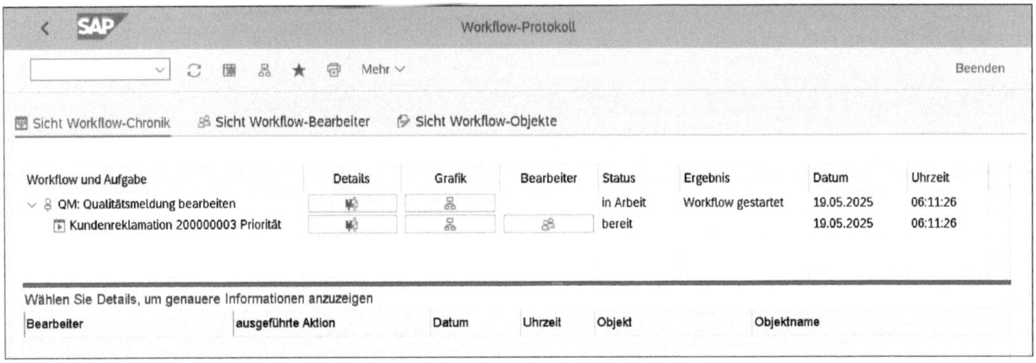

Abbildung 3.37 Workflow-Protokoll für die Anlage der Qualitätsmeldung

Klicken Sie auf das Symbol [Symbol] (**Bearbeiter**) in der Spalte **Bearbeiter**. Es öffnet sich das Pop-up-Fenster aus Abbildung 3.38. Wählen Sie hier den **Bearbeiter**. Sie erhalten die Meldung, dass für diese Aufgabe keine Bearbeiter*innen gefunden wurden.

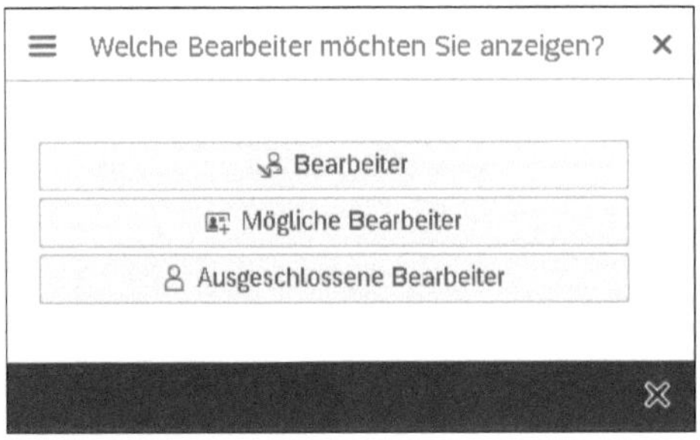

Abbildung 3.38 Pop-up-Fenster zur Bearbeiterauswahl

Aufgabentypen

Bevor Sie die Bearbeiterfindung konfigurieren, müssen Sie sich das Workflow-Szenario noch einmal genauer anschauen und die dort genutzten Aufgabentypen verstehen. Grundsätzlich besteht jeder Workflow aus einer Reihe von Workflow-Schritten mit bestimmten Schritttypen, die zur Ausführung von Aktivitäten oder zur Steuerung des Workflows genutzt werden. Dabei können Daten von einem Schritt an den nächsten übergeben werden. Werden Dialogaufgaben innerhalb der Aktivitäten genutzt, benötigen diese zusätzlich die Festlegung eines Bearbeiters.

Schritttypen und Aktivitäten

Der in Abbildung 3.39 dargestellte Workflow wird verwendet, um die verantwortliche Person oder Abteilung darüber zu benachrichtigen, dass eine Qualitätsmeldung im System angelegt wurde. Die Qualitätsmeldung muss den Status **offen** haben. Die Struktur des Workflows weist einen parallelen Abschnitt (Symbol) auf, der aus einer *Aktivität* (Symbol) und vier *Warteschritten* (Symbol) besteht.

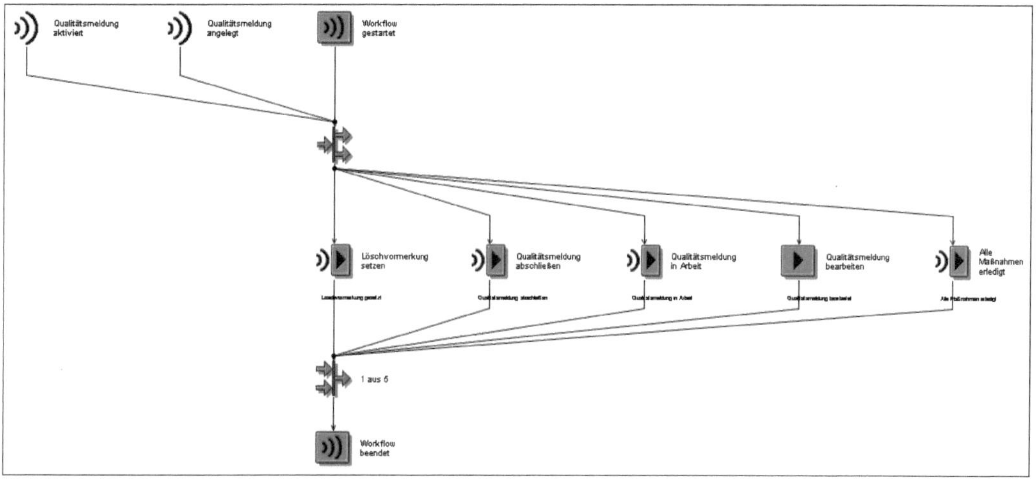

Abbildung 3.39 Grafisches Modell des Workflows zur Qualitätsmeldung WS00200061 im Workflow Builder

In Abbildung 3.40 sehen Sie denselben Workflow zusätzlich im Prozessmodell als *ereignisgesteuerte Prozesskette* (EPK) modelliert, eine grafische Modellierungssprache für Geschäftsprozesse. Hier wurden zusätzlich die Warteschritte besonders gekennzeichnet.

Eine Aktivität ist hier der Schritt »Qualitätsmeldung bearbeiten«, Warteschritte sind »Löschvormerkung setzen«, »Qualitätsmeldung abschließen«, »Qualitätsmeldung in Arbeit« und »alle Maßnahmen erledigt«. Die Struktur des Workflows ist so definiert, dass das System nur einen der fünf Zweige durchlaufen muss. Der Workflow wird z. B. beendet, wenn die Qualitätsmeldung abgeschlossen oder in den Status **in Arbeit** gesetzt wird. Technisch umgesetzt wird dies durch den Schritttyp **Warten auf Ereignis** (). Der Workflow wird beendet, sobald dieses Ereignis eingetroffen ist.

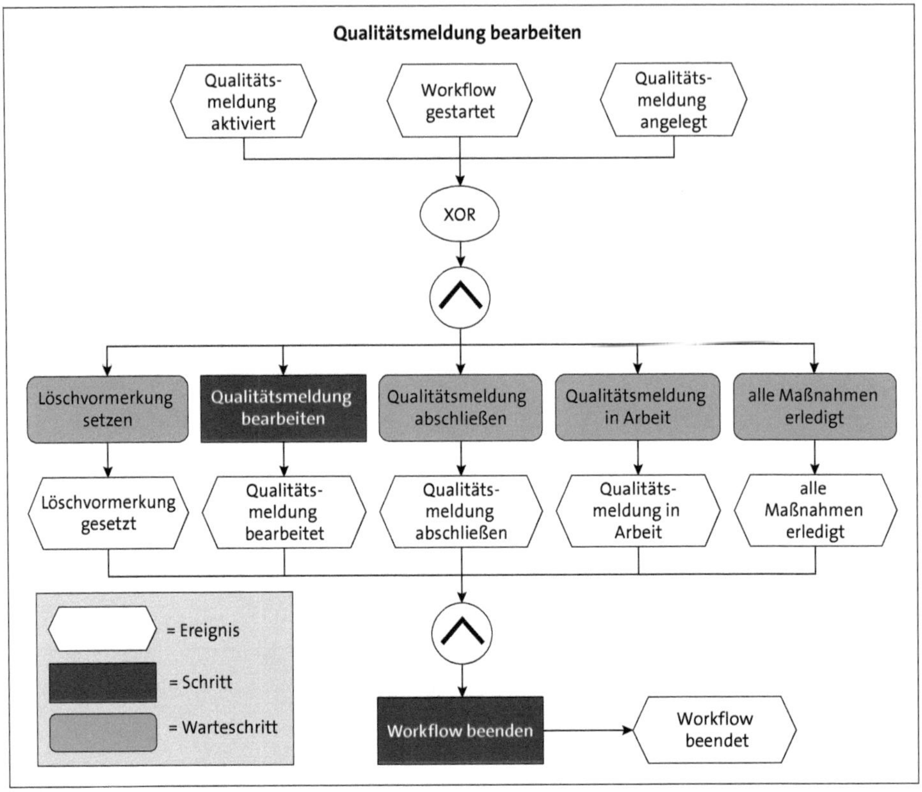

Abbildung 3.40 Ablauf des Workflows WS00200061 im Prozessmodell

Standardaufgabe

Zusätzlich zu den vier Warte-Ereignissen wird in diesem Workflow eine Aktivität (▶) genutzt. Dieser Aktivität ist eine *Standardaufgabe* hinterlegt. Sie ist Bestandteil der Workflow-Definition. Die Standardaufgabe stellt eine Einzelschrittaufgabe des Workflows dar. Sie kann im Hintergrund ausgeführt werden oder von einem Dialogbearbeiter bzw. einer Dialogbearbeiterin. Es handelt sich um eine Tätigkeit, die innerhalb einer Workflow-Definition oder eigenständig (als Einzelschritt) ausgeführt werden kann. Diese Tätigkeit kann z. B. die Ausführung einer Transaktion im System oder in einer SAP-Fiori-App sein. In diesem Beispiel umfasst die Tätigkeit die Bearbeitung der Qualitätsmeldung und den Aufruf der Transaktion QM02 (Qualitätsmeldung bearbeiten).

Über einen Doppelklick auf die Aktivität **Qualitätsmeldung bearbeiten** (▶) springen Sie in die Detailsicht der Aktivität (siehe Abbildung 3.41).

Hier erkennen Sie, dass der Aktivität 000161 (Qualitätsmeldung bearbeiten) die Aufgabe TS00008319 hinterlegt ist. Klicken Sie doppelt auf diese Aufgabe, um zu der Detailsicht der Aufgabe in Abbildung 3.42 zu gelangen.

Abbildung 3.41 Details zur Workflow-Aktivität »Qualitätsmeldung bearbeiten«

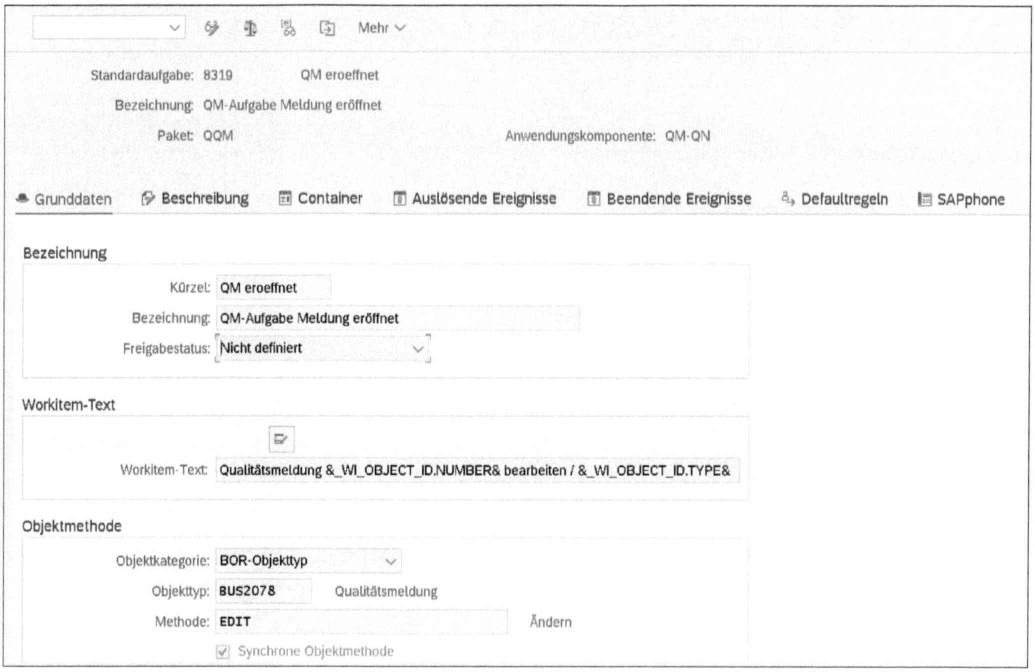

Abbildung 3.42 Standardaufgabe 8319 (TS00008319) – Meldung eröffnet

Workitem-Text

An dieser Stelle wollen wir Ihnen ein Verständnis für die wichtigsten Elemente der Standardaufgabe vermitteln und davon, wie die Bearbeiterfindung funktioniert. Der **Workitem-Text** ist der Titel, mit dem das Workitem in der App **Meine Inbox**, im Business Workplace oder in Reports angezeigt wird, ähnlich einem E-Mail-Betreff. Der Text kann Variablen enthalten, die zur Laufzeit aufgelöst werden. In diesem Beispiel sind die Meldungsnummer &_WI_OBJECT_ID.NUMBER& und die Meldungsart &_WI_OBJECT_ID.TYPE& variable Teile des Workitem-Textes.

Im Abschnitt **Objektmethode** finden Sie das Geschäftsobjekt BUS2078 (Qualitätsmeldung) mit der Methode EDIT. Das Geschäftsobjekt kennen Sie bereits aus Abschnitt 3.1.4, »Suche mithilfe des Ereignis-Trace«. Mit der Standardaufgabe kann also eine Qualitätsmeldung bearbeitet bzw. editiert werden.

Workitem-Beschreibung

Auf der Registerkarte **Beschreibung** (siehe Abbildung 3.43) ist es möglich, den Anwender*innen, die die Workflow-Aufgabe bearbeiten, weitere Informationen zu dem Workitem mitzugeben.

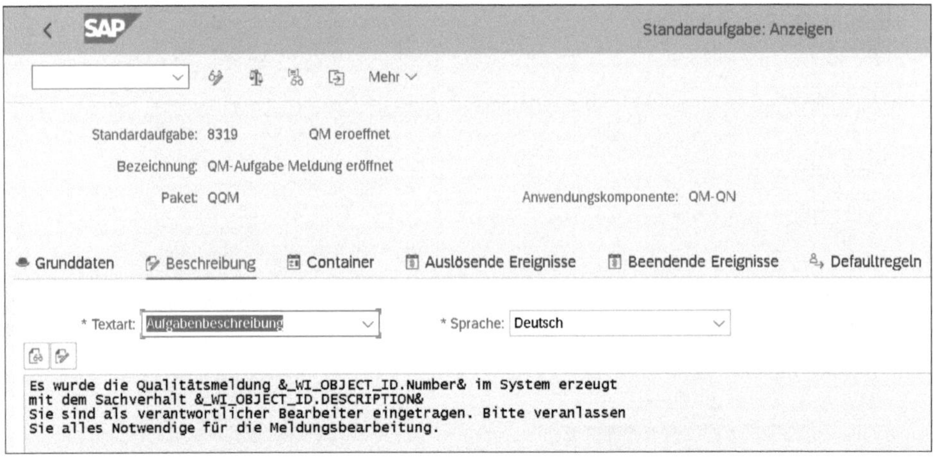

Abbildung 3.43 Beschreibung zur Standardaufgabe TS00008319

Defaultregel

Wichtig kann noch die Registerkarte **Defaultregeln** sein. Die Defaultregel kommt immer dann zur Anwendung, wenn in der Schrittdefinition, also in der Aktivität, kein Bearbeiter bzw. keine Bearbeiterin hinterlegt ist. In unserem Beispiel ist allerdings keine Defaultregel hinterlegt (siehe Abbildung 3.44). Erkennbar ist dies daran, dass in der Spalte **Regel** keine Nummer eingetragen ist (00000000).

Weitere Details zur Standardaufgabe erläutern wir in Kapitel 5, »Elemente von Workflow-Definitionen«, da diese für die Entwicklung von Workflows relevant sind.

Bearbeiterfindung

Über das Zurück-Symbol (<) gelangen Sie wieder zurück zur Aktivität in Abbildung 3.41. Wir erläutern nun, wie die verantwortlichen Bearbeiter*innen über das Workflow-Szenario ermittelt werden, da unser Workflow aktuell ja ohne Bearbeiter*innen gestartet wurde.

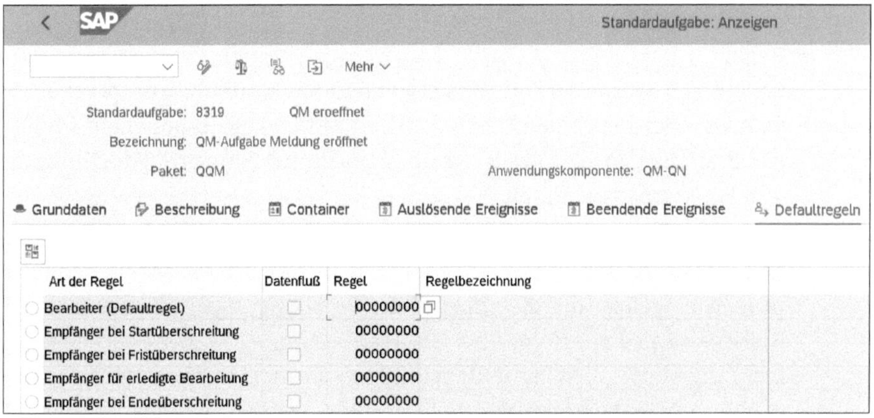

Abbildung 3.44 Defaultregel zur Standardaufgabe TS00008319

Zuallererst sieht man unter den **Eigenschaften der Aufgabe**, dass es sich um eine Dialogaufgabe handelt, da als Symbol neben der Eigenschaft **Hintergrundverarbeitung** eine graue Raute (◆) angezeigt wird. Ebenso ist die **Bearbeiterzuordnung** noch unvollständig, da hier ebenfalls eine graue Raute als Symbol zu finden ist. Im Abschnitt **Bearbeiter** ist die **Regel** 00000172 hinterlegt. Um den Bearbeiter einer Aktivität zu finden, gibt es mehrere Möglichkeiten. Die Findung über eine Regel ist hier nur eine Option. Weitere Optionen können Sie über die Dropdown-Liste im Abschnitt **Bearbeiter** auswählen, die Sie in Abbildung 3.45 sehen.

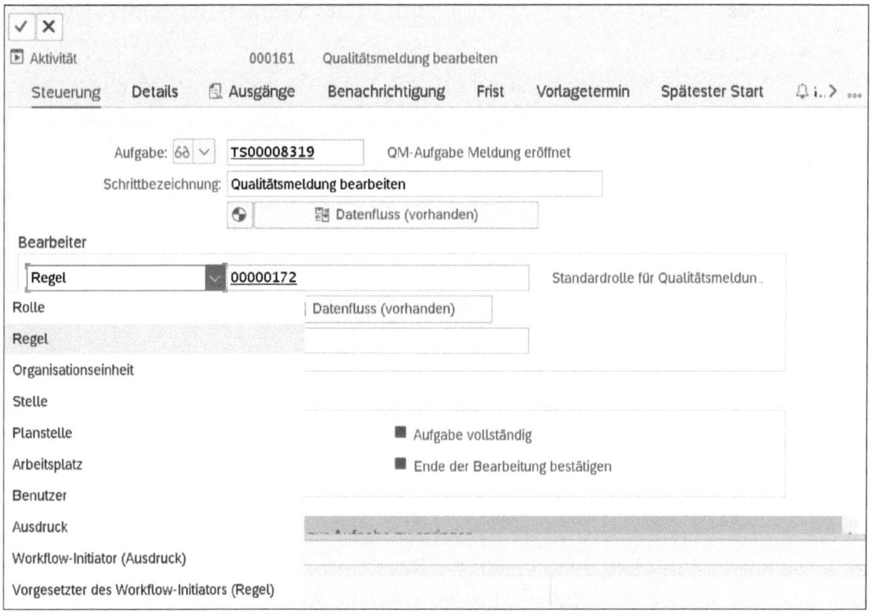

Abbildung 3.45 Optionen zur Bearbeiterfindung für eine Aktivität

Bearbeitertypen

Folgende Bearbeitertypen sind möglich:

- **Regel**
  Regeln zur Bearbeiterfindung verwenden Sie, wenn Sie komplexe Auswahlkriterien benötigen, die durch die anderen Regeltypen nicht abbildbar sind. Die Umsetzung erfolgt über eine Entwicklung und die Nutzung von Funktionsbausteinen.
- **Rolle**
  Über diese statische Zuordnung werden als mögliche Bearbeiter alle Benutzer festgelegt, die die angegebene Berechtigungsrolle besitzen. Die Rollenverwaltung erfolgt über die Transaktion PFCG. Die Bearbeiterzuordnung über Rollen kann für Workflows sinnvoll sein, bei denen spezielle Berechtigungsrollen für die Workflow-Bearbeitung vorhanden sind oder angelegt wurden.
- **Organisationsobjekt (Organisationseinheit, Stelle, Planstelle, Arbeitsplatz)**
  Über die Auswahl eines der Organisationsobjekte kann auf das Unternehmensorganisationsmodell referenziert werden. Wenn Sie Ihr Unternehmen im HR-Organisationsmodell des SAP-Systems abgebildet haben, kann diese Option zur Bearbeiterfindung sinnvoll sein. Sie können aber auch ein eigenes Organisationsmodell für den Workflow aufbauen. Gerade für selbst entwickelte Workflows ist dies häufig sinnvoll.
- **Benutzer**
  Hier kann eine Benutzer-ID hinterlegt sein. Ein direktes Hinterlegen eines SAP-Benutzers wird jedoch nur in Ausnahmefällen sinnvoll sein.
- **Ausdruck**
  Über einen Ausdruck kann auf eine Variable im Workflow zugegriffen werden. So kann der Inhalt dynamisch im Workflow ermittelt werden.
- **Workflow-Initiator**
  Bei dieser Einstellung wird das Workitem dem Benutzer oder der Benutzerin zugewiesen, der oder die den Workflow gestartet hat. Wenn Ereignisse zum Starten von Workflows verwendet werden, ist der Workflow-Initiator oder die -Initiatorin die Person, die mit ihrer Aktion das Ereignis auslöste.
- **Vorgesetzter des Workflow-Initiators**
  Bei dieser Einstellung wird der oder die Vorgesetzte des Workflow-Initiators bzw. der -Initiatorin aus dem HR-Organisationsmodell ermittelt. Die Leiterplanstelle muss hierzu vorhanden und mit einer Person besetzt sein.

Beschreibung der Regel aufrufen

Sie können per Doppelklick auf die Regelnummer in die Regel abspringen. Dies kann an dieser Stelle sinnvoll sein, da es zu der Regel eine Beschreibung gibt, anhand derer Sie verstehen können, wie die Bearbeiterfindung funktioniert (siehe Abbildung 3.46). Dies ist wichtig, damit Sie die richtigen Einstellungen für die von Ihnen gewünschte Bearbeiterzuordnung vornehmen können.

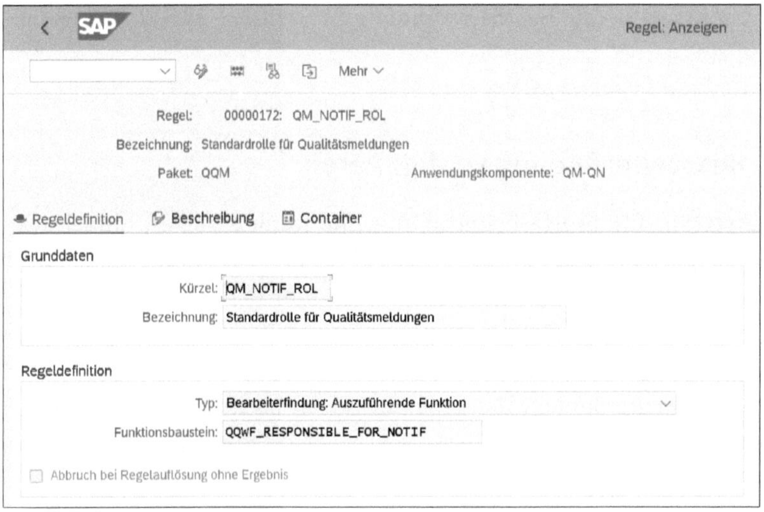

Abbildung 3.46 Definition der Regel 172, QM_NOTIF_ROL

In unserem Beispiel finden Sie hier auf der Registerkarte **Beschreibung** eine sehr ausführliche Regelbeschreibung (siehe Abbildung 3.47).

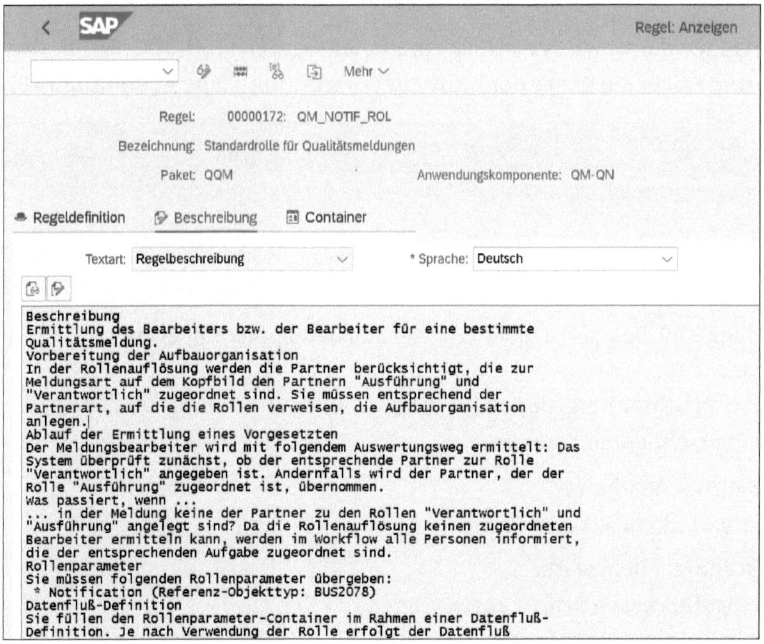

Abbildung 3.47 Beschreibung der Regel 172, QM_NOTIF_ROL

Über die Transaktion PFAC_DIS können Sie die Regel auch direkt aufrufen.

Sie haben nun die verschiedenen Möglichkeiten der Bearbeiterfindung kennengelernt, die in Workflows genutzt werden können. Im nächsten Schritt müssen Sie die Bearbeiterfindung für den Beispiel-Workflow einrichten.

3.6 Bearbeiterfindung konfigurieren

Bearbeiterzuordnung

Voraussetzung für die Bearbeiterfindung und somit die Ermittlung des Bearbeiters oder der Bearbeiterin ist, dass die Bearbeiterzuordnung gepflegt ist. In unserem Beispiel-Workflow ist dies noch nicht der Fall, in der Aktivität (siehe Abbildung 3.41) war das graue Rauten-Symbol ◆ neben der Eigenschaft **Bearbeiterzuordnung** zu sehen. Klicken Sie hier auf das Symbol 品 (**Bearbeiterzuordnung f. Aufgabe**) neben der Eigenschaft **Bearbeiterzuordnung** (siehe Abbildung 3.48).

Abbildung 3.48 Eigenschaften der Aufgabe (sichtbar in der Aktivität)

Sie gelangen damit wieder zurück zur Standardaufgabe (TS00008319), aber in diesem Fall in die Pflege der Bearbeiterzuordnung (siehe Abbildung 3.49).

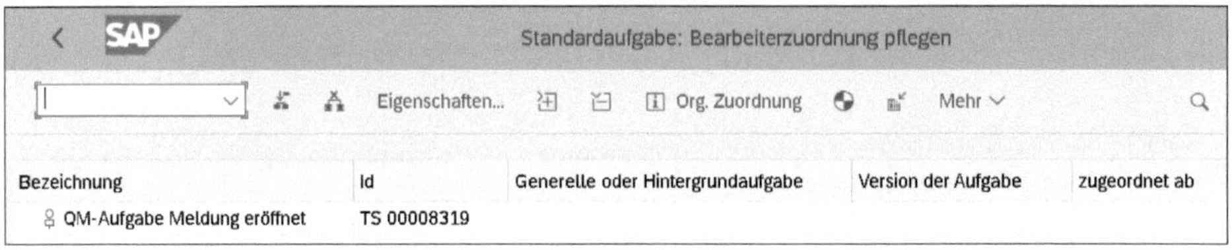

Abbildung 3.49 Bearbeiterzuordnung der Standardaufgabe pflegen

Bearbeitergruppen

Es gibt drei Bearbeitergruppen für die Bearbeiterzuordnung, die sich gegenseitig überschneiden können:

- **Möglicher Bearbeiter**
  Wer darf die Arbeit ausführen?
- **Zuständiger Bearbeiter**
  Wer ist für diesen Schritt zuständig?
- **Ausgeschlossener Bearbeiter**
  Wer darf diesen Schritt nicht ausführen?

Die ausgewählten bzw. ermittelten Bearbeiter*innen werden durch die Auswertung dieser drei Gruppen bestimmt. Sie sind diejenigen Anwender*innen, die das Workitem zur Bearbeitung erhalten und in ihren Inboxes finden. Diese Anwender*innen können das Workitem aber auch an andere mögliche Bearbeiter*innen weiterleiten.

Klicken Sie auf das Symbol (**Bearbeiterzuordnung anlegen**) in der Symbolleiste. Sie können nun den **Bearbeitertyp auswählen** (siehe Abbildung 3.50). Die verschiedenen zur Auswahl stehenden Typen haben wir in Abschnitt 3.5, »Workflow-Szenarios und Standardaufgaben verwenden«, beschrieben. Wie bei der Aktivität können Sie Organisationsobjekte, Rollen oder Benutzer auswählen.

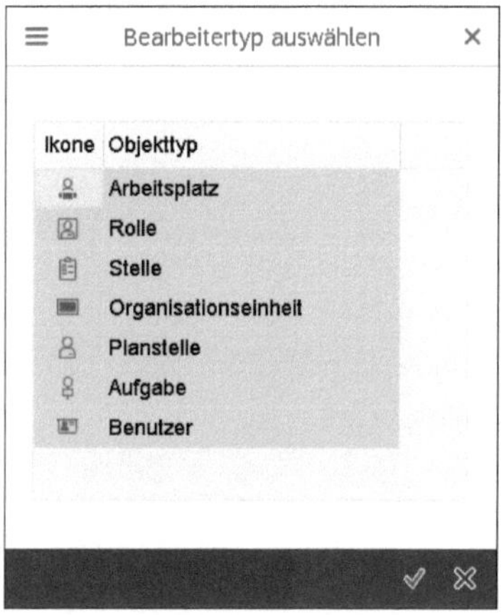

Abbildung 3.50 Bearbeitertypen für die Bearbeiterzuordnung

Organisationsmodell einrichten

In unserem Beispiel wollen wir also Organisationseinheiten bestimmen, die die Bearbeitung eines Workitems aus unserem Workflow vornehmen können. Wenn in Ihrem Unternehmen kein Organisationsmodell vorhanden ist, das genutzt werden kann, können Sie dieses für den Beispiel-Workflow einrichten:

1. Rufen Sie dazu die Transaktion PPOCE auf (siehe Abbildung 3.51).
2. Über das **Anlegen**-Symbol () in der Symbolleiste können Sie Organisationseinheiten und Planstellen anlegen und hierarchisch anordnen. Für unser Beispiel legen Sie die Organisation **Apfelmus GmbH** mit der Reklamationsabteilung und der Planstelle »Sachbearbeitung Reklamation« an.
3. Dieser Planstelle ordnen Sie den Benutzer »Max Mustermann« über das Symbol (**Zuordnen**) zu.

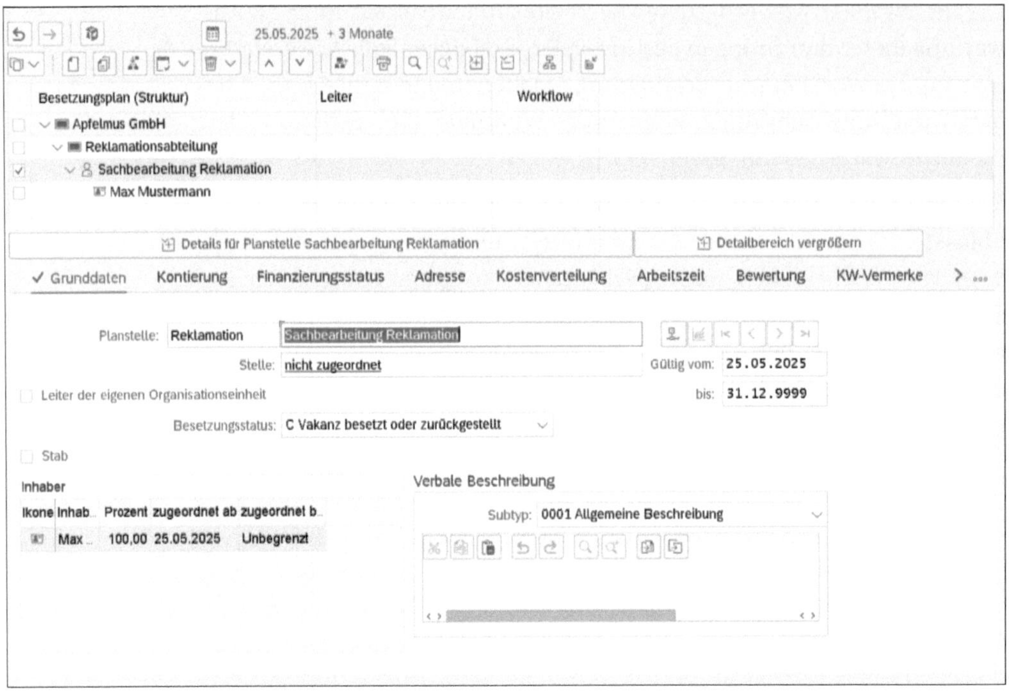

Abbildung 3.51 Organisationsmodell der Apfelmus GmbH für die Reklamationsabwicklung

Eigene Organisationseinheit

Kommen wir zurück zur Bearbeiterzuordnung unseres Workflows und zur Bearbeiterzuordnung der Standardaufgabe TS00008319. Wählen Sie als **Bearbeitertyp** die Option **Organisationseinheit** aus (siehe Abbildung 3.50) und geben Sie als Suchbegriff in dem sich nun öffnenden Pop-up-Fenster »Reklamation*« (bzw. die Benennung einer Organisationseinheit in Ihrem Organisationsmodell) ein. In unserem Beispiel finden Sie so die zuvor angelegte Reklamationsabteilung. Sie können auch weitere Abteilungen hinzufügen. Abbildung 3.52 zeigt die neu angelegte Bearbeiterzuordnung der Standardaufgabe.

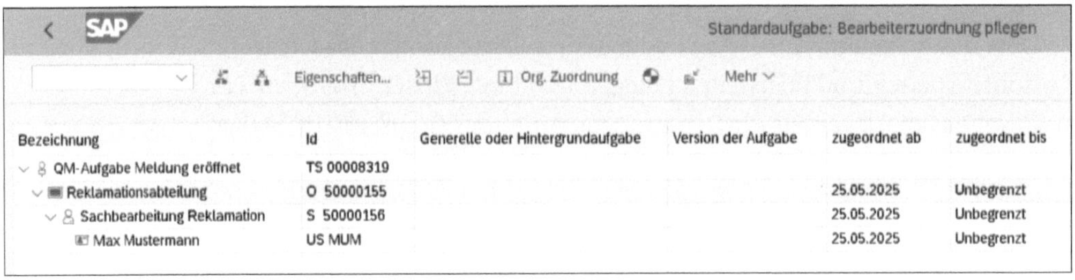

Abbildung 3.52 Bearbeiterzuordnung für die Standardaufgabe mit der Reklamationsabteilung

Generelle Aufgaben

In manchen Fällen kann es sinnvoll sein, die Aufgabe als *generelle Aufgabe* zu definieren. Dann können alle Benutzer*innen des SAP-Systems diese Aufgabe ausführen. Diese Einstellung hat zur Folge, dass alle Benutzerkonten im System mögliche Workitem-Benutzer wären, was aber nicht heißt, dass diese auch die Meldung bearbeiten dürfen. Dazu bräuchten sie die entsprechende Berechtigung für die Meldungsbearbeitung. Ihnen kann dann zwar das Workitem in der Inbox zugewiesen werden, sie können aber keine Aktivität ausführen.

Um eine Aufgabe als generell zu klassifizieren, klicken Sie auf die Schaltfläche **Eigenschaften** in der Symbolleiste. Im sich öffnenden Fenster wählen Sie die Option **Generelle Aufgabe** (siehe Abbildung 3.53). Für unser Beispiel brechen Sie an dieser Stelle die Verarbeitung ab (⊠, **Abbrechen**), da wir die Organisationseinheit als möglichen Bearbeiter festgelegt haben.

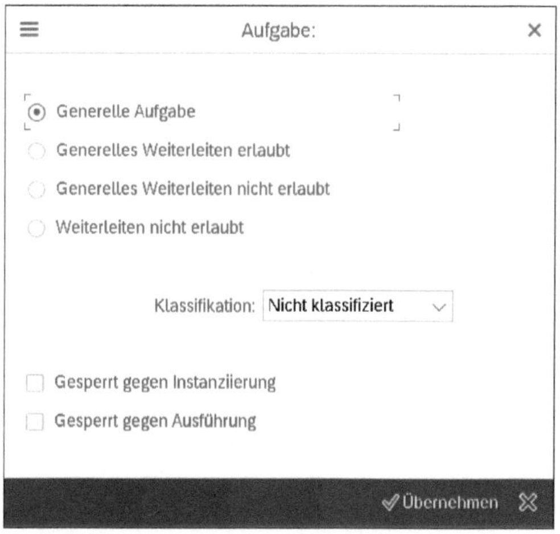

Abbildung 3.53 Standardaufgabe als generelle Aufgabe definieren

Für die Standardaufgabe TS00008319 sind nun die möglichen Bearbeiter*innen festgelegt. Wenn Sie jetzt zurück in den Workflow und die Aktivität gehen (<), ist die Bearbeiterzuordnung vollständig, das grüne Symbol (■, **aktiv**) zeigt den aktiven Status (siehe Abbildung 3.54).

Partner zuordnen

Legen Sie nun mit der App **Meldung anlegen** oder über die Transaktion QM01 wie in Abschnitt 3.5, »Workflow-Szenarios und Standardaufgaben verwenden«, erneut eine Qualitätsmeldung an und achten Sie darauf, dass das Ereignis-Trace aktiv ist (siehe Abschnitt 3.1.4, »Suche mithilfe des Ereignis-Trace«). In der Partnerübersicht ordnen Sie als Verantwortlichen den Benutzer **Max Mustermann** zu (siehe Abbildung 3.55). Es muss sich hier um einen Benutzernamen handeln, den Sie auch im Organisationsmodell der Reklamationsabteilung zugeordnet haben (siehe Abbildung 3.52).

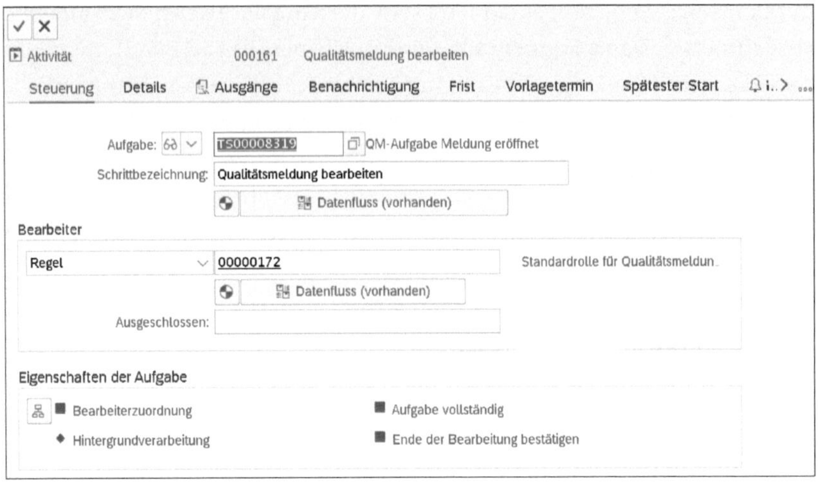

Abbildung 3.54 Aktivität mit aktiver Bearbeiterzuordnung

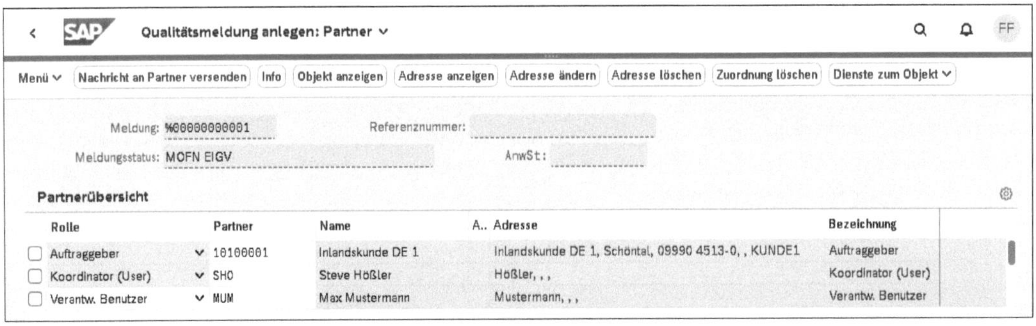

Abbildung 3.55 Qualitätsmeldung anlegen mit Partner »Verantw. Benutzer«

Ereignis-Trace Das Ergebnis des Ereignis-Trace sieht jetzt so aus wie in Abbildung 3.56.

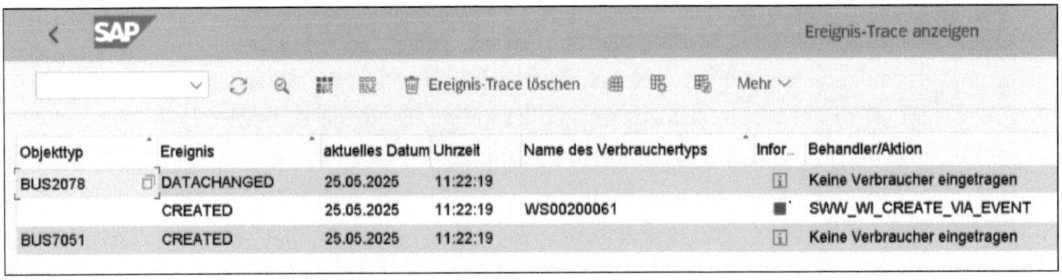

Abbildung 3.56 Ereignis-Trace nach erfolgter Bearbeiterzuordnung

Workflow-Protokoll Klicken Sie doppelt auf das Workflow-Szenario WS00200061 und anschließend auf die Schaltfläche **Workitem**. Sie gelangen in das Workflow-Protokoll, in dem Sie sehen, dass dem Workflow nun auch ein Bearbeiter zugewiesen wurde (siehe Abbildung 3.57).

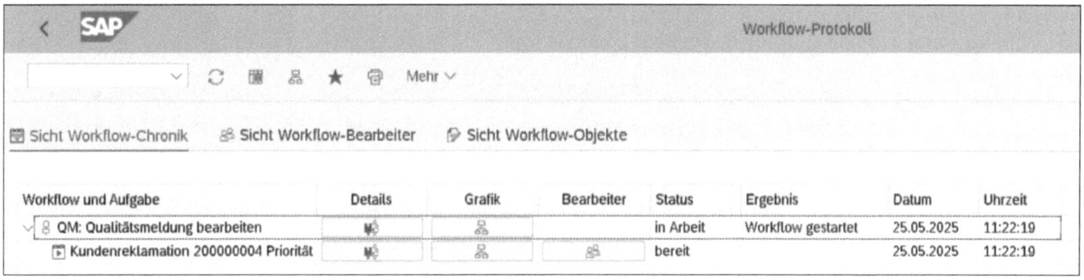

Abbildung 3.57 Workflow-Protokoll zum Qualitätsmeldungs-Workflow

Klicken Sie auf das Symbol (**Bearbeiter**) in der Spalte **Bearbeiter** und wählen Sie dann die Option **Bearbeiter**. Auch hier sehen Sie nun den ermittelten Bearbeiter für das Workitem (siehe Abbildung 3.58).

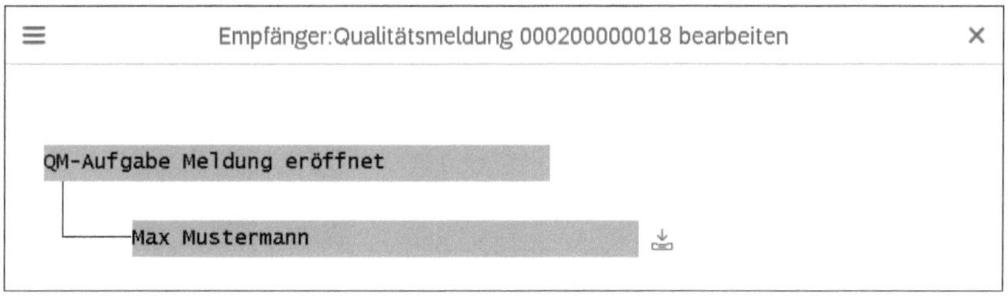

Abbildung 3.58 Aktueller Bearbeiter des Workitems

Sie haben in diesem Abschnitt die Bearbeiterfindung anhand eines Beispiels konfiguriert und können über das Ereignis-Trace und die entsprechenden Protokolle nachvollziehen, wer der aktuelle Bearbeiter oder die aktuelle Bearbeiterin eines Workflows ist. Damit haben Sie Ihren ersten Standard-Workflow aktiviert und die zugehörige Bearbeiterkonfiguration vorgenommen. Den Bearbeiter*innen werden die Workitems in der Inbox angezeigt und sie können die Workflow-Bearbeitung vornehmen. Im nächsten Abschnitt beschäftigen wir uns mit einer erweiterten Möglichkeit der Benachrichtigung über neue Workitems.

3.7 Workflow-Benachrichtigungen per E-Mail einstellen

In vielen Anwendungsfällen sind Anwender*innen an der Workflow-Bearbeitung beteiligt, die nicht permanent im SAP-System agieren (z. B. Manager*innen, die für die Genehmigung von Bestellungen zuständig sind). Darüber hinaus wird die Workflow-Inbox von den am Workflow Beteiligten nicht immer regelmäßig auf neue Workitems hin geprüft.

Benachrichtigungen per E-Mail

Zentrale Benachrichtigungsmethoden im Geschäftsumfeld sind hingegen E-Mails über einen entsprechenden E-Mail-Client (z. B. Microsoft Outlook, Lotus Notes etc.). SAP Business Workflow bietet hier eine komfortable Möglichkeit, Benachrichtigungen zu Workitems zu konfigurieren, sodass die Anwender*innen z. B. per E-Mail über neue Workitems informiert werden. Der Vorteil ist, dass die Erzeugung der Benachrichtigung nicht im Workflow implementiert werden muss, sondern zentral an einer Stelle konfiguriert und eingeplant werden kann.

Verfahren zur Benachrichtigung

Grundsätzlich gibt es zwei Möglichkeiten, die Benachrichtigungen zu aktivieren: ein einfaches Verfahren mit dem Report `RSWUWFML2` und ein erweitertes Verfahren. Die erweiterte Benachrichtigung ist eine Weiterentwicklung des einfachen Verfahrens auf Basis des Reports `RSWUWFML2`. Tabelle 3.2 vergleicht die beiden Möglichkeiten:

Funktion	Einfache Benachrichtigung	Erweiterte Benachrichtigung
aufgabenspezifische Steuerung	Der Report ist aufgabenspezifisch einplanbar, aber es sind gegebenenfalls mehrere Einplanungen notwendig.	Eine zentrale Konfiguration ist aufgabenspezifisch möglich, dazu ist nur ein Job notwendig.
kundeneigene Texte für die Benachrichtigung	ja, aber eingeschränkt (z. B. können im Text keine Container-Variablen angezeigt werden)	erweiterte Möglichkeiten für individuelle Texte zur Benachrichtigung
Texte bei Sammelnachricht	keine Details zu den einzelnen Workitems	Die Details der einzelnen Workitems werden blockweise dargestellt.
Nachrichtenformat	nur Text	auch HTML möglich
Format	nur E-Mail	E-Mail oder SMS
Sprache der Nachricht	in der Sprache des Jobbenutzers des Reports	in der Kommunikationssprache des Benutzers, der die Nachricht erhält
einzuplanender Report	`RSWUWFML2`	`SWN_SELSEN`

Tabelle 3.2 Einfache und erweiterte Benachrichtigungsaktivierung im Vergleich

Einfache Benachrichtigung

Mithilfe des Reports RSWUWFML2 können Sie auf einfache Weise E-Mail-Benachrichtigungen für neue Workitems erstellen. Die Einschränkungen dieser Variante im Vergleich zur erweiterten Benachrichtigung finden Sie in Tabelle 3.2. Der Report RSWUWFML2 sollte als Job eingeplant werden.

Von der erhaltenen E-Mail aus können die Anwender*innen (wenn gewünscht) über eine ausführbare Anlage direkt in den Workflow-Eingang springen. Bei Einzelnachrichten (eine Benachrichtigung pro Workitem) ist es auch möglich, über die Anlage direkt in die Workitem-Anzeige bzw. die Workitem-Ausführung zu gelangen.

Erweiterte Benachrichtigungen

In den meisten Fällen ist es jedoch empfehlenswert, die erweiterte Benachrichtigung zu nutzen. Die Anwender*innen können mithilfe der erweiterten Benachrichtigung per E-Mail oder SMS über neue Workitems informiert werden. Sie haben vielfältige Möglichkeiten, die Benachrichtigungen zu steuern und einzustellen. So können sie folgende Einstellungen für die Benachrichtigungen festlegen:

- Welche Workitems sind für die Benachrichtigung relevant (alle Workitems oder bestimmte Einzelschrittaufgaben)?
- Wann soll die Benachrichtigung erfolgen (z. B. periodisch stündlich)?
- Wer soll die Benachrichtigung erhalten?
- Festlegung des Typs der Benachrichtigung (HTML-E-Mail, Text-E-Mail oder SMS)
- Sollen pro E-Mail-Nachricht eine oder mehrere Benachrichtigungen zu den Workitems versendet werden?

In der Transaktion SWNADMIN (eine browserbasierte BSP-Anwendung) oder der Transaktion SWNCONFIG (eine SAP-GUI-Anwendung) können Sie die entsprechenden Einstellungen vornehmen.

Voraussetzungen für Transaktion SWNADMIN

Für die Nutzung der erweiterten Benachrichtigung über die browserbasierte BSP-Transaktion SWNADMIN gelten folgende Voraussetzungen:

- Der E-Mail-Versand (SAP Connect oder Business Communication Services) muss eingerichtet sein.
- Der SAP NetWeaver Application Server (AS) muss für BSP-Anwendungen konfiguriert sein.
- Sie müssen über die notwendigen Berechtigungen für die Transaktion SWNCONFIG verfügen.
- Die Services swn_config, swn_message1 und swn_wiexecute (Pfad: **default_host/sap/bc/bsp/sap**) müssen in der Transaktion SICF (Pflege des HTTP-Service-Baumes) aktiviert worden sein (siehe Abbildung 3.59).

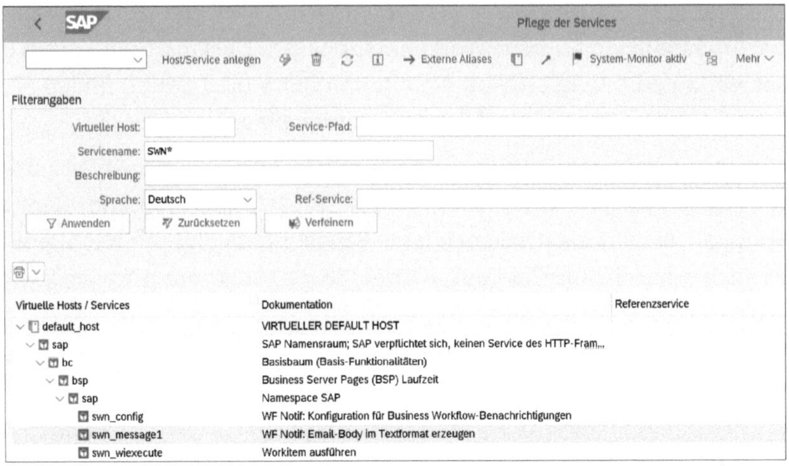

Abbildung 3.59 Aktivierung der Services für die erweiterte Workflow-Benachrichtigung in Transaktion SICF

- Die BSP-Services müssen ebenfalls in der Transaktion SICF aktiviert worden sein. Falls diese noch fehlen, erhalten Sie beim Einstieg in die Transaktion SWNADMIN entsprechende Hinweise auf die freizuschaltenden ICF-Knoten (Internet Communication Framework).

Workitem-Bearbeitung über Shortcuts

Wenn die zu bearbeitenden Workitems direkt über Shortcuts aus der Nachricht heraus ausgeführt oder angezeigt werden sollen, müssen Sie außerdem die Shortcut-Services (Pfad: **default_host/sap/public/bc/workflow** bzw. **default_host/sap/bc/workflow**) aktivieren (siehe Abbildung 3.60).

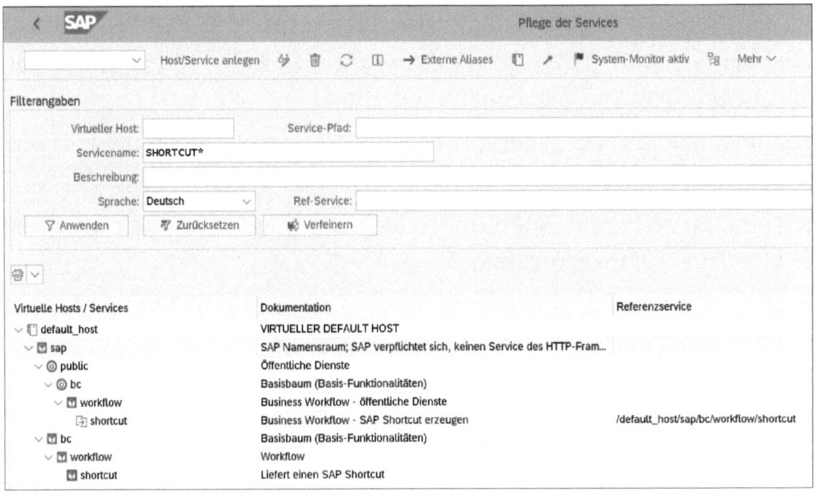

Abbildung 3.60 Aktivierung der Shortcut-Services für die erweiterte Workflow-Benachrichtigung in der Transaktion SICF

Erweiterte Benachrichtigung konfigurieren

Wir zeigen Ihnen die Konfiguration der erweiterten Benachrichtigung im Folgenden anhand der Transaktion SWNADMIN. Rufen Sie diese auf. Die vorzunehmenden Einstellungen unterteilen sich in vier Blöcke (siehe Abbildung 3.61):

- Kategorie
- Selektion
- Abonnement
- allgemeine Einstellungen

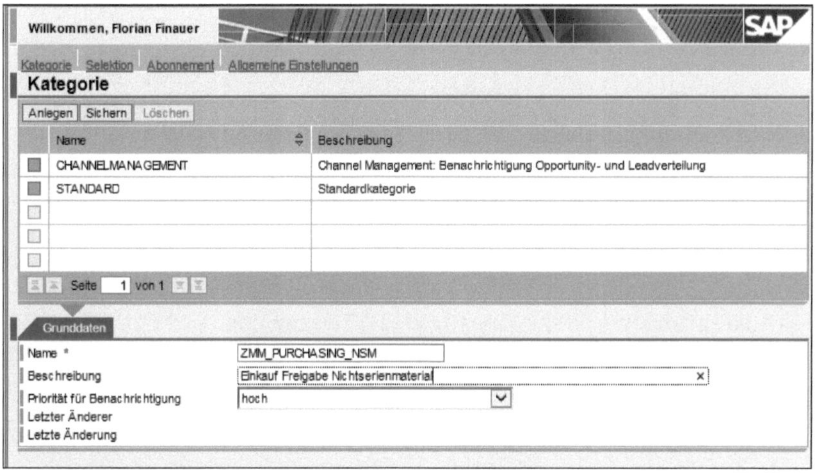

Abbildung 3.61 Einstieg in die Transaktion SWNADMIN

Kategorie

Die Einstellungen für die erweiterte Benachrichtigung nehmen Sie immer basierend auf einer *Kategorie* vor. Die Kategorie dient als Klammer für die weiteren Einstellungen auf den Registerkarten **Selektion**, **Abonnement** und **Allgemeine Einstellungen**. Anhand der Kategorie können Sie z. B. für Workitems bestimmter Aufgaben unterschiedliche Abonnements definieren. In unserem Beispiel definieren wir eine Kategorie `ZMM_PURCHASING_NSM` für den Einkauf und die Freigabe von Nichtserienmaterial.

Selektion

Auf der Registerkarte **Selektion** definieren Sie, für welche Workitems die Benachrichtigung erfolgen und wann diese Selektion ausgeführt werden soll. Außerdem legen Sie fest, welcher Kategorie die selektierten Workitems zugeordnet werden. Prüfen Sie in Ihrem Workflow-Szenario im Workflow Builder, für welche Standardaufgaben mit Bearbeiterzuordnung (keine Hintergrundaufgaben) Sie eine Benachrichtigung definieren möchten, und tragen Sie diese ermittelten Standardaufgaben hier ein.

Wir definieren zwei Zeitpläne für die Selektion der festgelegten Standardaufgaben:

- für die Selektion aller Workitems (üblicherweise einmal täglich)
- für die Selektion der neuen bzw. geänderten Workitems (üblicherweise periodisch, z. B. alle 15 Minuten)

Selektion und Zustellung werden von dem Report SWN_SELSEN ausgeführt, den Sie dazu einplanen müssen. Die beiden Schritte sind voneinander entkoppelt.

Abonnement

Auf der Registerkarte **Abonnement** legen Sie fest, wer wann Benachrichtigungen zu Workitems einer bestimmten Kategorie erhält. Sie können an dieser Stelle auch den Aufbau der Nachricht anhand folgender Einstellungen festlegen:

- Typ der Nachricht (E-Mail oder SMS)
- Zustellungsart (z. B. als HTML-Nachricht)
- Nachrichtengranularität, also ob und wie die Anwender*innen über mehrere Workitems in einer Sammelnachricht benachrichtigt werden sollen (eine Nachricht pro Kategorie, eine Nachricht mit mehreren Workitems oder eine Nachricht pro Workitem)
- weitere Einstellungen für den Aufbau der Nachricht (Workitem-Anzeige/-Ausführung, Workflow-Eingang als HTTP-Link über SAP GUI for HTML, SAP GUI for Windows oder SAP GUI starten)
- Zeitplan der Zustellung (Anders als bei den Einstellungen zum Zeitplan im Rahmen der Selektion geht es hier um den Zeitplan der Zustellung. Sie haben die Möglichkeit, spezifische Zeitpläne für unterschiedliche Wochentage und Zeiten anzulegen und entsprechende Abonnements zu definieren. Sie bestimmen ebenso das Intervall der Zustellung.)

[+]

Links zum Absprung in die Workitem-Bearbeitung

In der E-Mail-Nachricht können Links zum direkten Absprung in das Workitem eingerichtet werden. Dies ist gerade für Anwender*innen, die sich selten im SAP-System bewegen, sehr komfortabel.

[+]

Nutzung der Zeitplanung

Mit der Zeitplanung der Zustellung könnten Sie z. B. den Zustellungszeitpunkt auf Basis der Kerngeschäftszeiten an Freitagen auf einen Zeitraum von 7 Uhr bis 15 Uhr festlegen, für alle anderen Wochentage auf einen Zeitraum von 7 Uhr bis 18 Uhr.

Allgemeine Einstellungen

In den allgemeinen Einstellungen können Sie die Standardtexte für die Nachrichten und den Nachrichtenbetreff auswählen und dabei auch eigene Texte verwenden. Die Pflege der Standardtexte erfolgt über die Dokumentenpflege (Transaktion SE61) bzw. die Nachrichtenpflege (Transaktion SE91) und nicht über Standardtexte (Transaktion SO10), wie man vermuten würde.

Aufbau einer Nachricht

Die Texte für den Nachrichteninhalt (*Rumpf*) werden in der Dokumentenklasse Dialog (DT) abgelegt, die Texte für den Nachrichtenbetreff als Nachrichten (Dokumentenklasse NA). Eigene Texte können Sie in den allgemeinen Einstellungen eintragen. Die in Tabelle 3.3 definierte Konvention für die Benennung und Herkunft der Nachrichtentexte ist hierbei einzuhalten.

Element	Nachrichtenbetreff	Nachrichteninhalt
Benennung des Nachrichtentextes	`NA<cls><nnn>`	`DT<kürzel>`
Beispiel	`NASWN087`	`DTSWN_MSG_GOTO_INBOX`
Transaktion zur Herkunft	SE91 (Nachrichtenpflege)	SE61(Dokumentpflege)

Tabelle 3.3 Konvention für die Benennung und Herkunft der Nachricht

Die mit <> markierten Platzhalter stehen hier für die folgenden Variablen:

- <cls> = Name der Klasse
- <nnn> = dreistellige Nummer des Textes
- <kürzel> = Kürzel des Textes

Sie können auf dieser Registerkarte noch weitere Einstellungen vornehmen, wie z. B. eine URL für den Aufruf eines alternativen Workflow-Eingangstools hinterlegen (z. B. die URL zum Aufruf der App **Meine Inbox** oder Host-Teile der URLs, die auf die Workflow-Eingänge im SAP GUI for HTML oder Web Dynpro verweisen).

Report SWN_SELSEN ausführen

Durch Ausführung des Reports `SWN_SELSEN` werden nun die Benachrichtigungen mit den vorgenommenen Selektionen ausgeführt. Sie finden dazu im Job-Log (Transaktion SM37) ein statistisches Protokoll zur Ausführung des Reports, wenn Sie diesen im Hintergrund einplanen. Beachten Sie, dass der Job mindestens in der Periode des Abonnements eingeplant werden muss. Das heißt, wenn Sie z. B. stündliche Benachrichtigungen erhalten wollen (wie im Abonnement gepflegt), muss der Job mindestens stündlich eingeplant sein. Außerdem finden Sie Details zur Ausführung im Applikations-Log (Transaktion SLG1). Suchen Sie hier nach dem Objekt »WF« und dem Unterobjekt »NOTIFICATIONS«. In der Transaktion SCOT (SAPconnect-Administration bzw. Business Communication Administration) können Sie die versendeten E-Mails unter **Administration • Ausgehende Sendeaufträge** finden. Alternativ ist das direkt über die Transaktion SOST (SAPconnect-Sendeaufträge) möglich. In Abbildung 3.62 ist beispielhaft eine entsprechende Benachrichtigungs-E-Mail dargestellt.

Abbildung 3.62 Beispiel für einen Benachrichtigungs-E-Mail-Versand

Transaktion SWNCONFIG

Alternativ zur browserbasierten Transaktion SWNADMIN können Sie alle beschriebenen Einstellungen auch über die Transaktion SWNCONFIG vornehmen, die Sie in Abbildung 3.63 sehen.

Einschränkung des Empfängerkreises

Hier haben Sie neben den beschriebenen Einstellungen darüber hinaus noch die Möglichkeit, einen Handler zum Filtern von Benachrichtigungen einzurichten. Navigieren Sie dazu über die Dialogstruktur auf der linken Seite in die **Abonnementgrunddaten**. Hier können Sie den Empfängerkreis programmgesteuert weiter einschränken. Dazu müssen Sie im Feld **Abonnement** eine ABAP-Klasse eintragen, die von der Klasse `CL_SWN_SUBSCRIPTION` abgeleitet sein muss. Als **Empfängerart** wählen Sie die Einstellung **Empfängerermittlung durch Handler (CUS)**.

Legen Sie anschließend in der Transaktion SE24 eine kundeneigene Klasse an und wählen Sie als Oberklasse die Klasse `CL_SWN_SUBSCRIPTION` (siehe Abbildung 3.64). In der Methode `IF_SWN_SUBSCRIPTION~FILTER_NOTIFICATIONS` der Klasse `CL_SWN_SUBSCRIPTION` finden Sie ein Beispiel für die Implementierung der Einschränkung des Empfängerkreises. Benachrichtigungen, die in dieser Methode als gelöscht gekennzeichnet werden, werden nicht versendet.

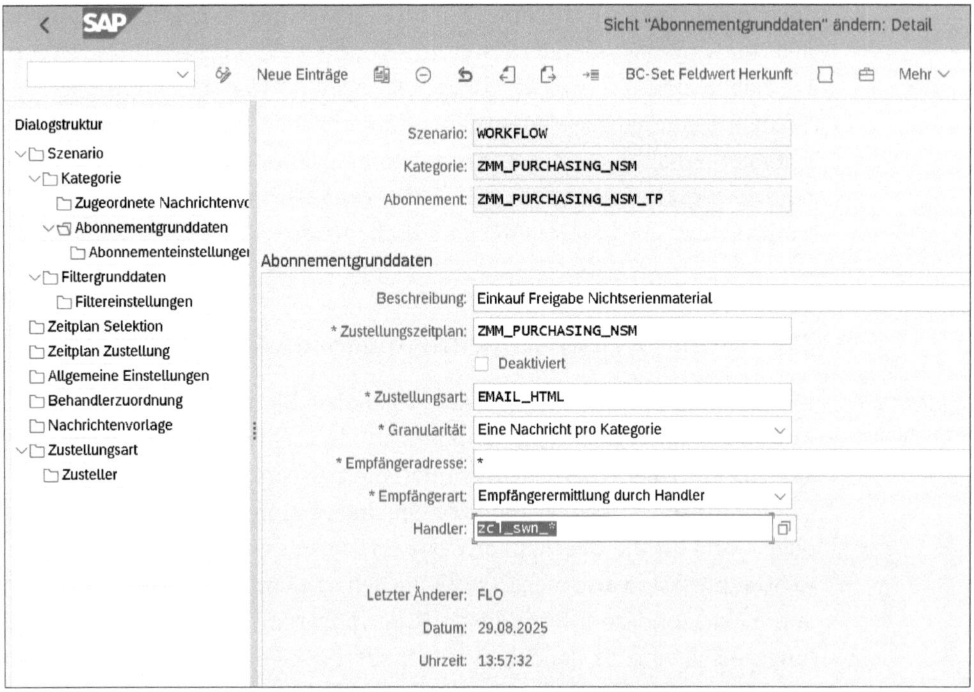

Abbildung 3.63 Transaktion SWNCONFIG mit den Abonnementgrunddaten

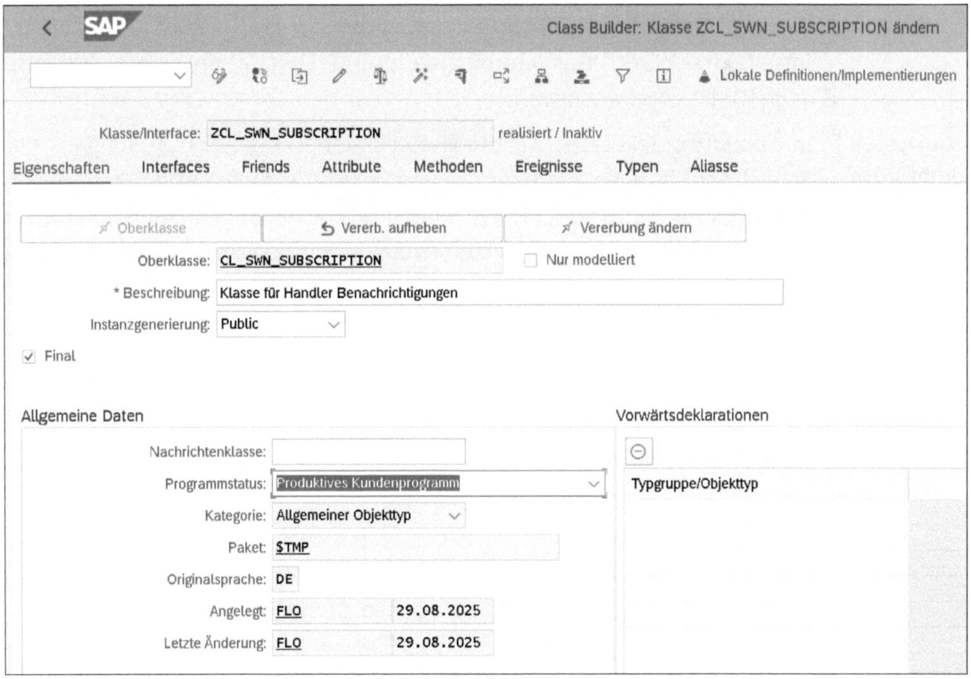

Abbildung 3.64 Handler-Klasse zum Filtern von Benachrichtigungen

Sie haben in diesem Abschnitt gelernt, wie Workflow-Benachrichtigungen über die vereinfachte oder erweiterte Konfiguration eingerichtet werden. Wir haben erläutert, welche Voraussetzungen notwendig sind und welche Einstellungsmöglichkeiten Sie dabei konkret haben. Als Ergebnis Ihrer Festlegungen erhalten die Anwender*innen E-Mail-Benachrichtigungen zu ihren SAP-Workitems, was besonders für Anwender*innen sehr hilfreich sein kann, die das SAP-System nur sporadisch nutzen.

3.8 Workflow-Benachrichtigungen in SAP Fiori einstellen

SAP-Fiori-Benachrichtigungen

Mit Nutzung des SAP Fiori Launchpads haben Sie weitere Möglichkeiten, Anwender*innen über neue Workitems zu benachrichtigen. Dabei werden *SAP-Fiori-Benachrichtigungen* genutzt, die aus verschiedenen Anwendungen heraus angestoßen werden können und relevante Benachrichtigungen oder Alerts für die Geschäftsprozesse in Echtzeit erzeugen. Diese Benachrichtigungen sind also nicht nur für die Benachrichtigung neuer Workflows einsetzbar, sondern informieren z. B. auch über kritische Vorfälle wie Zahlungsausfälle etc. Es handelt sich hier um *Push-Benachrichtigungen*, d. h., Sie müssen Ihr Launchpad nicht aktualisieren, um zu prüfen, ob Sie neue Benachrichtigungen erhalten haben. Im folgenden Abschnitt beschreiben wir diese Technik ausschließlich, um die Anwender*innen über neue Workitems zu informieren. Wichtig ist, dass die SAP-Fiori-Benachrichtigungen für alle drei Workflow-Technologien im SAP-Umfeld einsetzbar sind, also auch für klassische Workflows.

Anzeige von Benachrichtigungen

In Abbildung 3.65 sehen Sie die Startseite eines SAP Fiori Launchpads mit Benachrichtigungen, die über das Symbol (**Benachrichtigungen**) neben den Initialen des angemeldeten Benutzers oder der angemeldeten Benutzerin in der Shell-Leiste aufgerufen werden können. Die rote Zahl neben dem Symbol gibt die Anzahl der neuen Benachrichtigungen an.

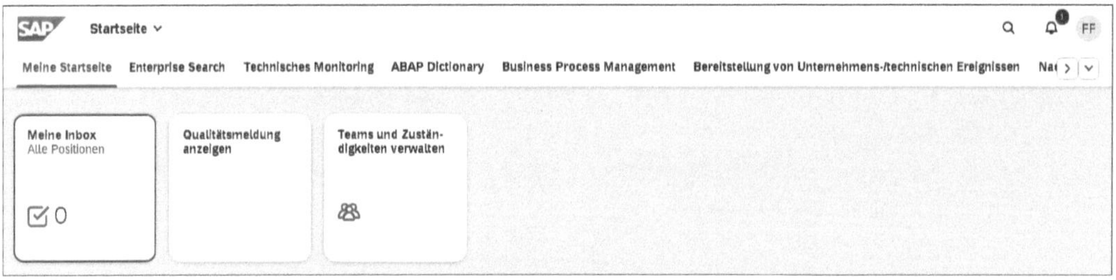

Abbildung 3.65 Neue Benachrichtigungen im SAP Fiori Launchpad

Wenn Sie auf das Icon klicken, erhalten Sie wichtige Informationen zu den Benachrichtigungen. In Abbildung 3.66 wird z. B. darüber informiert, dass der Verifikations-Workflow gestartet wurde.

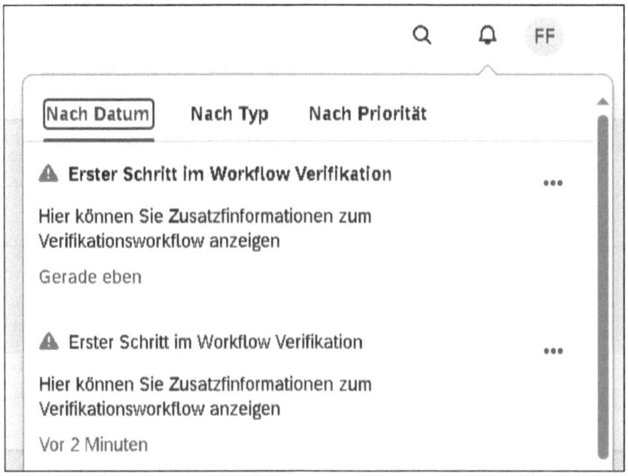

Abbildung 3.66 Texte zu den Benachrichtigungen anzeigen

Die Benachrichtigungstexte können Sie für jeden Workflow selbst konfigurieren. Weitere Informationen hierzu finden Sie am Ende dieses Kapitels.

[+]

Zusätzliche E-Mail-Benachrichtigung

Für bestimmte Benachrichtigungen können zusätzlich E-Mails versendet werden (als Alternative zur E-Mail-Benachrichtigung, wie sie in Abschnitt 3.7, »Workflow-Benachrichtigungen per E-Mail einstellen«, beschrieben ist). Diese Möglichkeit finden Sie vor allem bei flexiblen Workflows. Bei den klassischen Workflows können Sie ohne eine eigene Entwicklung im Moment nur die SAP-Fiori-Benachrichtigungen erzeugen.

3.8.1 SAP-Fiori-Benachrichtigungen konfigurieren

Voraussetzungen für SAP-Fiori-Benachrichtigungen

Um SAP-Fiori-Benachrichtigungen nutzen zu können, müssen Sie folgende Einstellungen vornehmen:

1. Sie müssen aus den PFCG-Vorlagen die entsprechenden Berechtigungsrollen anlegen und diese den Benutzer*innen zuweisen.
2. Sie müssen den SICF-Service `odata4` in der Transaktion SICF (Pflege des HTTP-Service-Baumes) aktivieren.

3. Anschließend muss der OData-V4-Service /IWNGW/NOTIFICATION_SRV über die Transaktion /N/IWFND/V4_ADMIN publiziert werden.
4. Ferner ist eine Konfiguration des Benachrichtigung-Channel-Hubs erforderlich.
5. Sie müssen einen Notification Provider registrieren und aktivieren.
6. Sie müssen ein Notification Icon im SAP Fiori Launchpad aktivieren.
7. Schließlich müssen Sie die Benachrichtigungen für klassische Workflows einstellen.

Wie Sie bei den einzelnen Schritten im Detail vorgehen, beschreiben wir im Folgenden.

Berechtigungsrollen anlegen

Um die erforderlichen Berechtigungsrollen in der Transaktion PFCG anzulegen, können Sie Vorlagen für die Entwickler*innen, Administrator*innen, Endanwender*innen und Provider User nutzen. *Provider User* sind die technischen SAP-Benutzer, mit denen das Backend-System Benachrichtigungen an das Frontend-System (hier das SAP Fiori Launchpad) überträgt (Rolle /IWNGW/RT_USER_PRODU). Diese können Sie bei Bedarf erweitern und anschließend den Benutzer*innen zuordnen. Tabelle 3.4 listet die bereitgestellten Rollenvorlagen auf.

Vorlage	Text zur Vorlage
/IWNGW/RT_BEP_ADM	Rollenvorlage für Benachrichtigungskanal-Backend-Administrator
/IWNGW/RT_HUB_ADM	Rollenvorlage für Notification-Channel-Hub-Administrator
/IWNGW/RT_HUB_CL_ADM	Rollenvorlage für Administration von SAP-Cloud-Benachrichtigungen
/IWNGW/RT_NP_DEV	Rollenvorlage für Benachrichtigungskanalentwickler
/IWNGW/RT_USER_CONSU	Rollenvorlage für Notification-Channel-Konsumentenbenutzer
/IWNGW/RT_USER_PRODU	Rollenvorlage für Notification-Channel-Produzentenbenutzer

Tabelle 3.4 Rollenvorlagen für SAP-Fiori-Benachrichtigungen

Über die Transaktion PFCG können Sie auf Basis dieser Vorlagen nun konkrete Rollen anlegen (z. B. Z_PUSH_NOTIFICATION):

1. Klicken Sie dazu auf die Schaltfläche **Einzelrolle**.
2. Auf der Registerkarte **Berechtigungen** wählen Sie als Nächstes die Schaltfläche (**Berechtigungsdaten ändern**).
3. Mit einem Klick auf **Vorlage übernehmen** wählen Sie eine der in Tabelle 3.4 aufgelisteten Rollenvorlagen aus, z. B. /IWNGW/RT_USER_CONSU.
4. Klicken Sie dann auf die Schaltfläche (**Generieren**). Daraufhin wird das Profil generiert und Sie können auf der Registerkarte **Benutzer** die SAP-Benutzerkonten zuordnen.

SICF-Service aktivieren

Der SICF-Service odata4 (Pfad **default_host/sap/opu/odata4**) muss anschließend über die Transaktion SICF (Pflege des HTTP-Service-Baumes) aktiviert werden, falls dies noch nicht geschehen ist (siehe Abbildung 3.67). Klicken Sie dazu mit der rechten Maustaste in der Spalte **Virtuelle Hosts / Services** auf den Service und wählen Sie im Kontextmenü den Eintrag **Service aktivieren**.

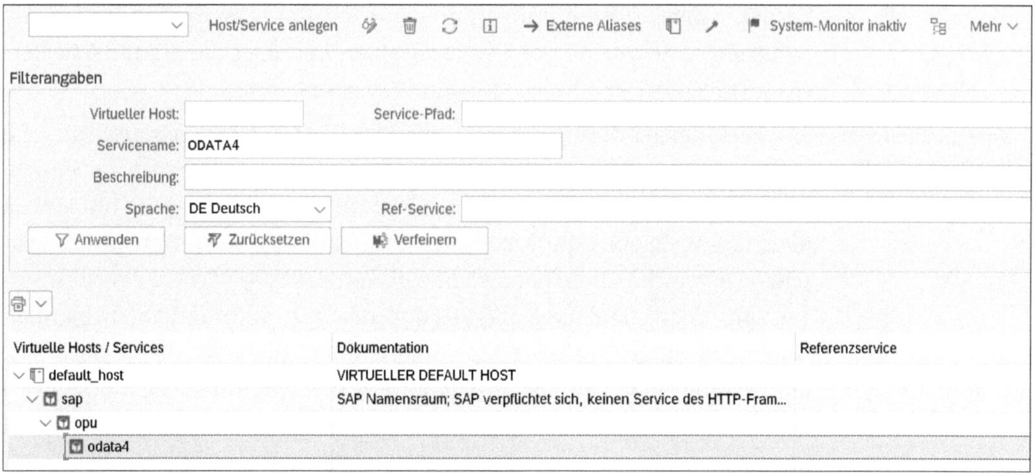

Abbildung 3.67 Aktivierung SICF-Service »odata4«

OData-Service publizieren

Der OData-Service /IWNGW/NOTIFICATION_SRV wird benötigt, um die Nachricht anzulegen und alle zugehörigen Aufgaben auszuführen (siehe auch Abschnitt 10.3.6, »Gateway-Service registrieren«). Um ihn zu veröffentlichen, öffnen Sie die Transaktion /N/IWFND/V4_ADMIN (SAP-Gateway-Service-Publizierung) oder den IMG-Pfad **ABAP Platform • Notification Channel • Notification Channel Hub • Konfiguration • Notification OData-Service veröffentlichen**. Wählen Sie hier die Servicegruppen-ID /IWNGW/NOTIFICATION und klicken Sie auf die Schaltfläche **Servicegruppen publizieren** (siehe Abbildung 3.68).

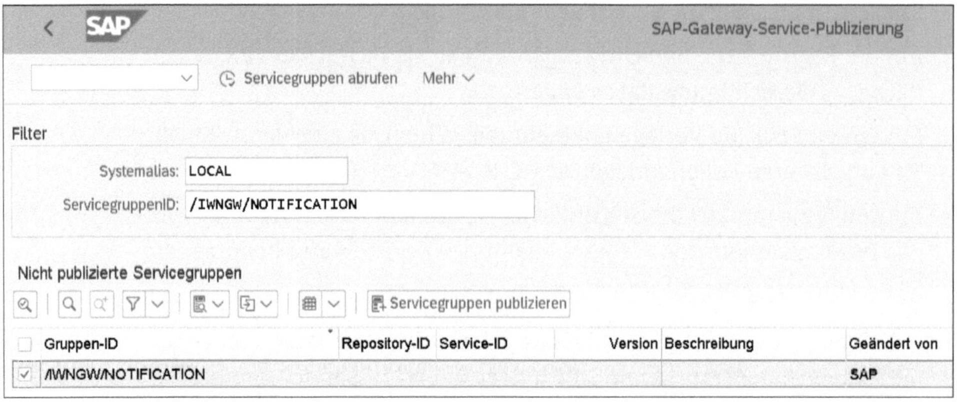

Abbildung 3.68 SAP-Gateway-Service /IWNGW/NOTIFICATION publizieren

Geben Sie anschließend eine Beschreibung, z. B. »Benachrichtigung Gateway OData« ein und weisen Sie einen Customizing-Transportauftrag zu. Zurück in der Service-Administration von SAP Gateway können Sie den neu publizierten Service in der Liste auswählen und über die Schaltfläche **Servicetest** testen. Der Statuscode sollte 200 lauten (grün).

Konfiguration des Benachrichtigungs-Channel-Hubs

SAP-Fiori-Benachrichtigungen verwenden *ABAP Push Channels*, um die Nachrichten als Push-Nachrichten an das SAP Fiori Launchpad zu senden. Das empfohlene Vorgehen ist, eine *WebSocket*-Verbindung zu nutzen, da über das WebSocket-Protokoll eine bidirektionale Kommunikation zwischen Server und Client hergestellt wird. Es pusht die Nachrichten vom Server zum Client. Für die Konfiguration des dazu erforderlichen Channel-Hubs sind einige Einstellungen vorzunehmen. Diese wurden je nach Systemzustand jedoch gegebenenfalls bereits vorgenommen. Sie müssen von Ihnen daher nur geprüft und gegebenenfalls ergänzt werden.

Websocket-Endpunkt verwalten

Rufen Sie dazu den IMG-Pfad **ABAP Platform • Notification Channel • Notification Channel Hub • Konfiguration • Verbindungseinstellungen • Websocket-Endpunkt verwalten** auf. Klicken Sie mit der rechten Maustaste auf den Service `notification_push_apc` und wählen Sie im Kontextmenü den Eintrag **Service aktivieren**, um diesen Service in Betrieb zu nehmen (siehe Abbildung 3.69).

Rufen Sie nun den IMG-Pfad **ABAP Platform • Notification Channel • Notification Channel Hub • Administration • Push Channel-Einstellungen • Push Channel aktivieren und pflegen** auf. Nehmen Sie hier die Einstellungen so vor, wie in Abbildung 3.70 zu sehen. Es ist ein Eintrag mit der **Push channel ID** `SAP_WEBSOCKET`, einer **Push channel Sequence number** 10 und dem gesetzten Kennzeichen **Is Active** notwendig. Damit ist der veröffentlichte Push-Channel `SAP_WEBSOCKET` aktiviert.

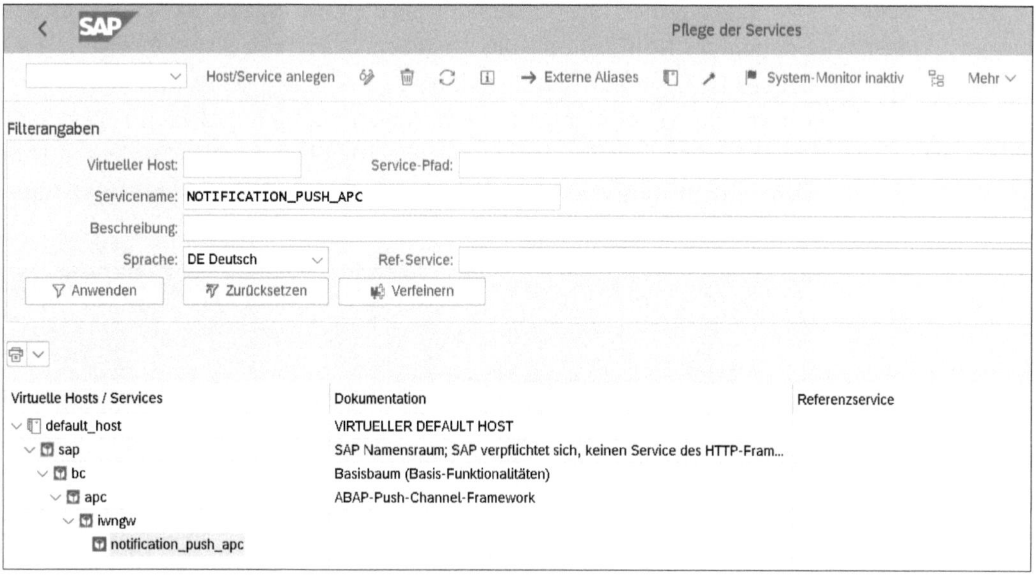

Abbildung 3.69 Aktivierung des Service NOTIFICATION_PUSH_APC

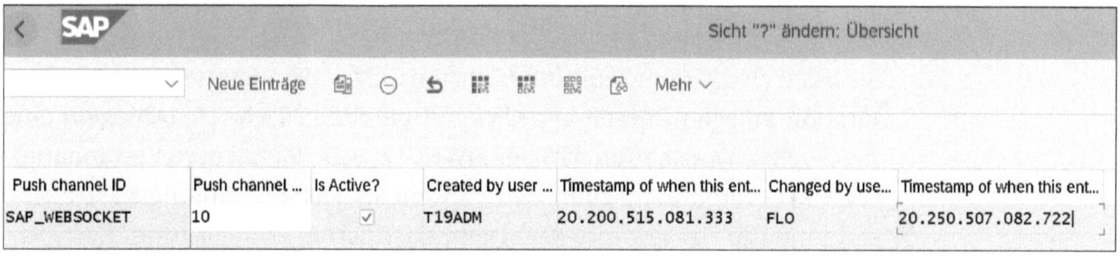

Abbildung 3.70 Push-Channel SAP_WEBSOCKET aktivieren

Backend-Systemalias eingeben

Als Nächstes rufen Sie den IMG-Pfad **ABAP Platform • Notification Channel • Notification Channel Provider Enablement • Konfiguration • Verbindungseinstellungen • Backend-Systemalias eingeben** auf. Tragen Sie hier im Feld **SAP Origin des Backend (Alias)** »LOCAL« ein (siehe Abbildung 3.71). Damit erzeugen Sie einen Systemalias, der auf das Backend-System zeigt.

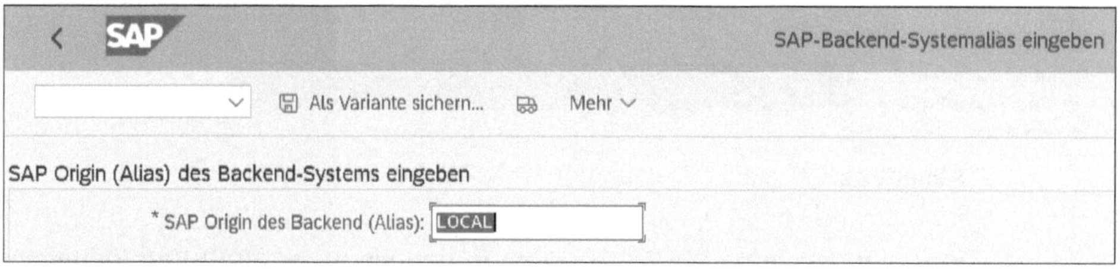

Abbildung 3.71 Backend-Systemalias LOCAL

RFC-Destination eingeben

Über den gleichen IMG-Pfad finden Sie die Customizing-Aktivität **RFC-Destination des Notification Hubs eingeben**. Nutzen Sie SAP-Gateway im Embedded Deployment, betreiben ihn also auf dem gleichen Applikationsserver wie ihr SAP-S/4HANA-System, tragen Sie hier »NONE« im Feld **RFC-Dest. des SAP-Gateway-Hubs** ein (siehe Abbildung 3.72. Beim Central Hub Deployment wäre hier entsprechend die RFC-Destination Ihres SAP-Gateway-Hubs einzugeben.

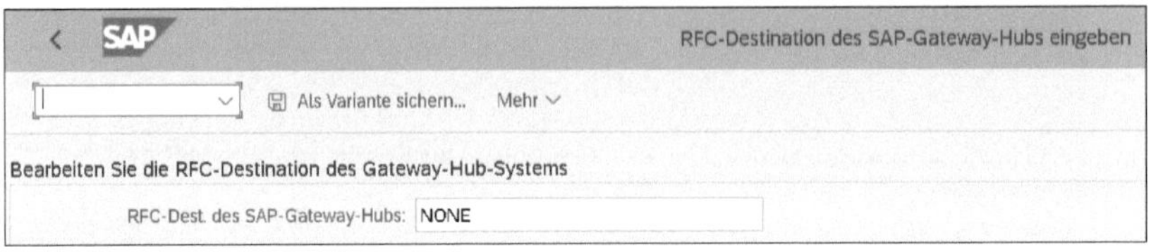

Abbildung 3.72 RFC-Destination NONE des Benachrichtigungs-Hubs

bgRFC-Destination anlegen

Für die zuverlässige Übermittlung von Informationen an ein Hub-System verwenden Benachrichtigungs-Channel Ausgangs-Queues. Für die Ausgangs-Queues wird die *bgRFC-Technologie* (Background Remote Function Call) verwendet. Dazu müssen Sie eine RFC-Verbindung für die Ausgangs-Queue erstellen und diese entsprechend registrieren.

Sie legen also in der wiederum nächsten Customizing-Aktivität **bgRFC-Destination anlegen** über einen Klick auf die Schaltfläche (**Anlegen**) eine neue bgRFC-Destination namens »IWNGW_BGRFC« mit dem Verbindungstyp **3 RFC-Verbindung zum ABAP-System** an (siehe Abbildung 3.73). bgRFC steht hier für Background-RFC. Diese Destination ermöglicht es, Nachrichten aus dem Backend an das SAP Fiori Launchpad zu liefern.

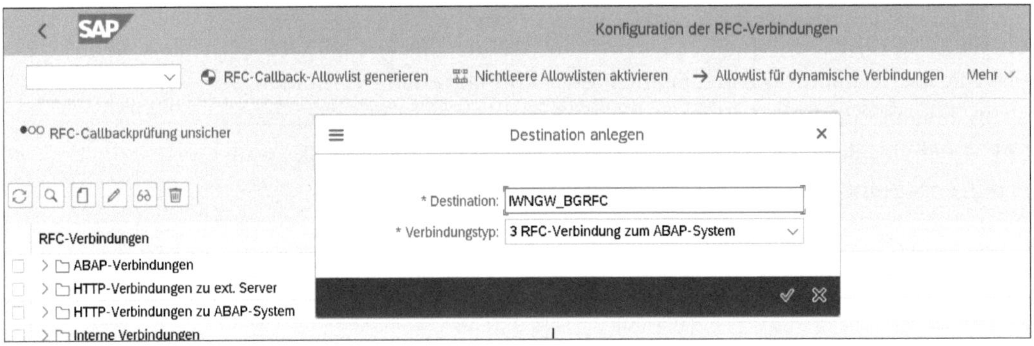

Abbildung 3.73 bgRFC-Destination IWNGW_BGRFC anlegen

Ihre neu angelegte RFC-Verbindung finden Sie unter **ABAP-Verbindungen**. Markieren Sie die RFC-Destination **IWNGW_BGRFC** und verzweigen Sie über die Schaltfläche (**Ändern**) in die RFC-Destination. Passen Sie auf der Registerkarte **Spezielle Optionen** das Übertragungsprotokoll an. Wählen Sie hier die Einstellungen **C klassische Serialisierung** und **kein Outbound bgRFC**. Zur Überprüfung führen Sie im Anschluss einen Verbindungstest aus.

RFC-Destination registrieren

Navigieren Sie im IMG-Pfad nun zur folgenden Customizing-Aktivität **RFC-Destination für Hintergrundverarbeitung registrieren**. Wählen Sie hier die Registerkarte **Inbound Dest. pflegen** und erzeugen Sie über die Schaltfläche ▢ (**Anlegen**) eine neue Destination »IWNGW_BEP_OUT_BGRFC« mit dem Queue-Präfix Q (siehe Abbildung 3.74), die die RFC-Destination `IWNGW_BGRFC` für die Ausgangs-Queue registriert.

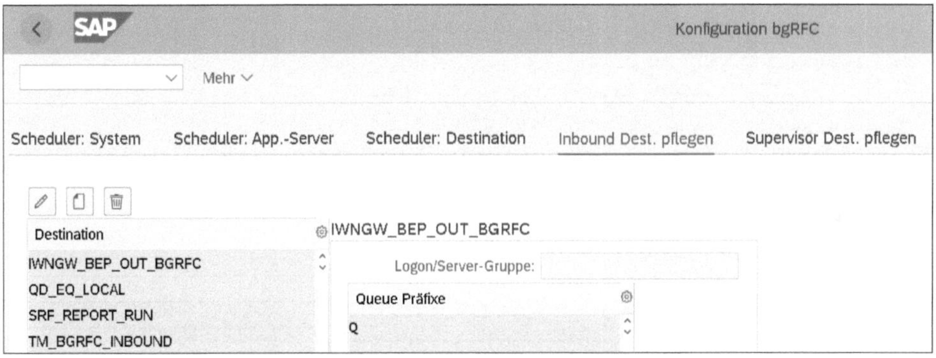

Abbildung 3.74 bgRFC-Destination IWNGW_BEP_OUT_BGRFC anlegen

bgRFC-Supervisor-Destination anlegen

Auf gleicher Ebene im IMG-Pfad finden Sie die Customizing-Aktivität **bgRFC-Supervisor Destination anlegen**, die Sie alternativ auch über Transaktion die SBGRFCCONF aufrufen können. Der genannte bgRFC funktioniert nur, wenn eine Supervisor-Destination definiert ist. Mit dieser Aktivität können Sie eine Supervisor-Destination erstellen Wählen Sie hier die Registerkarte **Supervisor Dest. pflegen** und erzeugen Sie – falls noch nicht vorhanden – über die Schaltfläche ▢ (**Anlegen**) eine neue Destination mit dem Namen »BGRFC_SUPERVISOR«. Markieren Sie dabei die Option **Benutzer anlegen** und geben Sie als Benutzernamen »BGRFC_SUPER« vor (siehe Abbildung 3.75). Der hinterlegte Benutzer benötigt die Berechtigungsrolle `SAP_BC_BGRFC_SUPERVISOR`. Für die angelegte Destination dürfen im Nachgang kein Load-Balancing, keine Systemnummer und kein Server mehr eingetragen werden.

Notification Provider registrieren und aktivieren

Nun prüfen Sie über den IMG-Pfad **ABAP Platform • Notification Channel • Notification Channel Provider Enablement • Administration • Notification-Provider-Einstellung • Notification Provider registrieren**, ob die Notification Provider `/IWNGW/DEMO` bzw. `/IWNGW/DEMO_EXT` für Demobenachrichtigungen und `SAP_BUSINESS_WORKFLOW` für die Benachrichtigungen von neuen Workitems registriert sind. In der Regel ist dies bereits voreingestellt. Falls dies nicht der Fall ist oder Sie eine eigene Provider-Klasse verwenden wollen, müssen Sie diese über die Schaltfläche [] (**Anlegen**) anlegen.

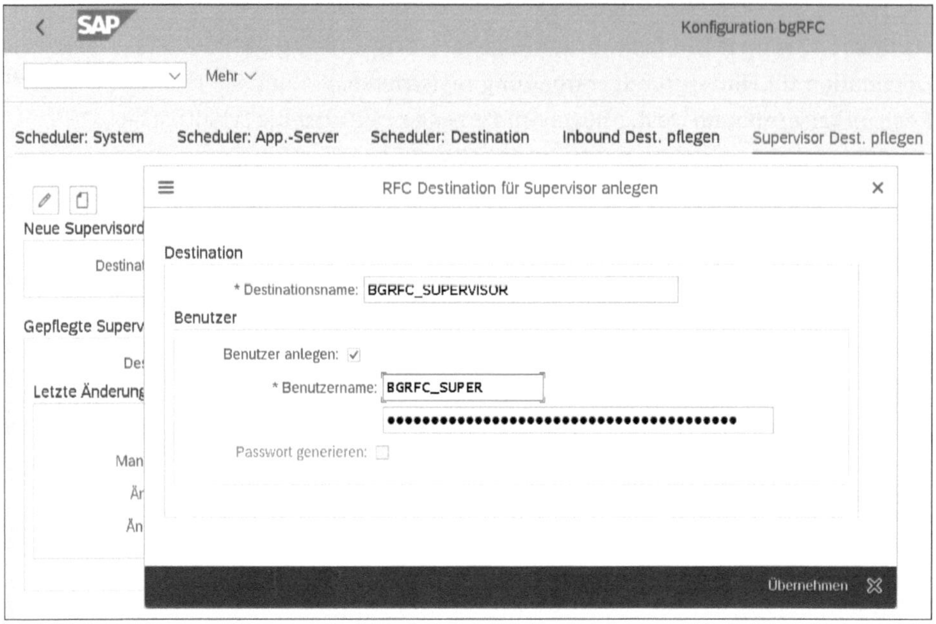

Abbildung 3.75 Destination BGRFC_SUPERVISOR

Provider-Klasse

Die Provider-Klasse sorgt auch dafür, dass zusätzlich zu den Benachrichtigungen über das SAP Fiori Launchpad auch solche per E-Mail versendet werden. Für den Provider SAP_BUSINESS_WORKFLOW, den wir für klassische Workflows nutzen, wird die Klasse CL_SWF_PUSH_NOTIF_PROVIDER verwendet. Standardmäßig setzt diese in der Methode GET_NOTIFICATION_TYPE den Parameter is_email_enbld nicht auf den Wert abap_true, sodass keine zusätzlichen E-Mails versendet werden können. In der Klasse /IWNGW/CL_DEMO_NOTIF_PRO_EXT hingegen, die der Demo-Provider /IWNGW/DEMO_EXT nutzt, findet sich dieses Coding und damit die Möglichkeit, E-Mails zu versenden. Für viele Provider, die in flexiblen Workflows genutzt werden, werden ebenfalls Klassen verwendet, die den E-Mail-Versand ermöglichen.

Navigieren Sie IMG-Pfad nun zur nächsten Customizing-Aktivität **Notification Provider verwalten**. Prüfen Sie hier, ob aktive Einträge zu den Notification Providern /IWNGW/DEMO bzw. /IWNGW/DEMO_EXT und SAP_BUSINESS_WORKFLOW vorhanden sind.

Notification Icon aktivieren

Damit das Benachrichtigungs-Icon im SAP Fiori Launchpad sichtbar wird, muss die Rolle Z_PUSH_NOTIFICATION, die Sie im ersten Schritt zur Konfiguration der SAP-Fiori-Benachrichtigungen angelegt hatten, dem Launchpad-Katalog zugeordnet werden. Rufen Sie also wieder die Transaktion PFCG auf und wählen Sie Ihre Rolle Z_PUSH_NOTIFICATION. Über das Icon (**ändern**) können Sie die Rolle bearbeiten. Auf der Registerkarte **Menü** öffnen Sie dazu das Dropdown-Menü **Transaktion** () und wählen die Option **SAP Fiori Launchpad • Launchpad-Katalog** (siehe Abbildung 3.77). Wählen Sie in der folgenden Sicht /UI2/CONFIG_NOTIFICATION als Katalog-ID aus. Damit ist dieser Katalog nun der Rolle Z_PUSH_NOTIFICATION zugeordnet.

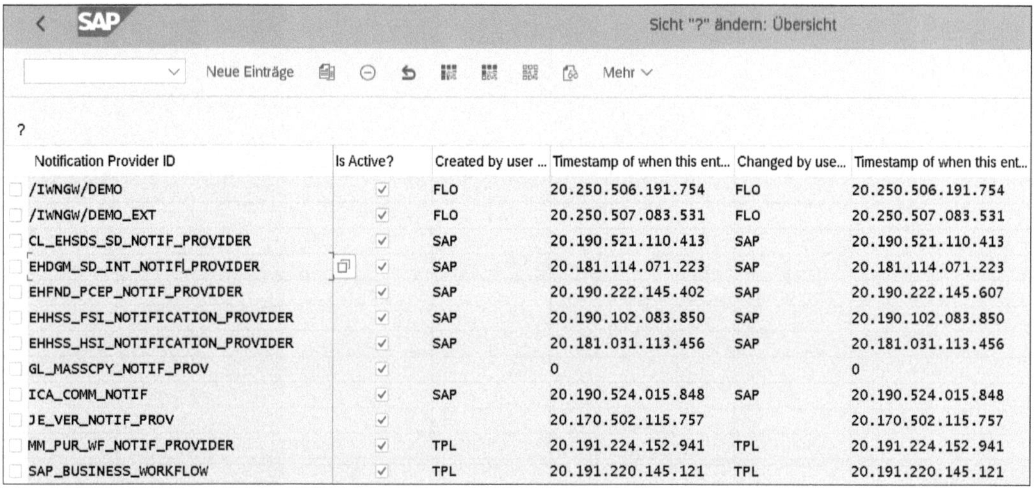

Abbildung 3.76 Übersicht der Notification Provider IDs

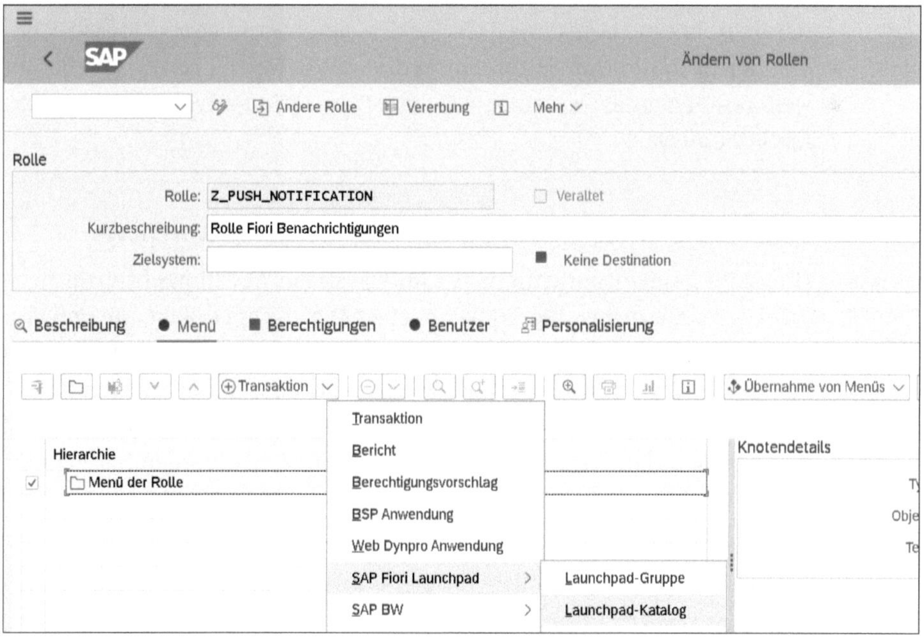

Abbildung 3.77 Rolle dem Launchpad-Katalog zuordnen

Benachrichtigungen testen

Sie können nun über die Transaktion /N/IWNGW/BEP_DEMO testen, ob SAP-Fiori-Benachrichtigungen erzeugt werden. Nutzen Sie dazu als Provider-ID /IWNGW/DEMO bzw. /IWNGW/DEMO_EXT (letztere mit der Möglichkeit, zusätzlich E-Mails zu versenden). Als Empfänger können Sie Ihre Benutzer-ID hinterlegen (siehe Abbildung 3.78).

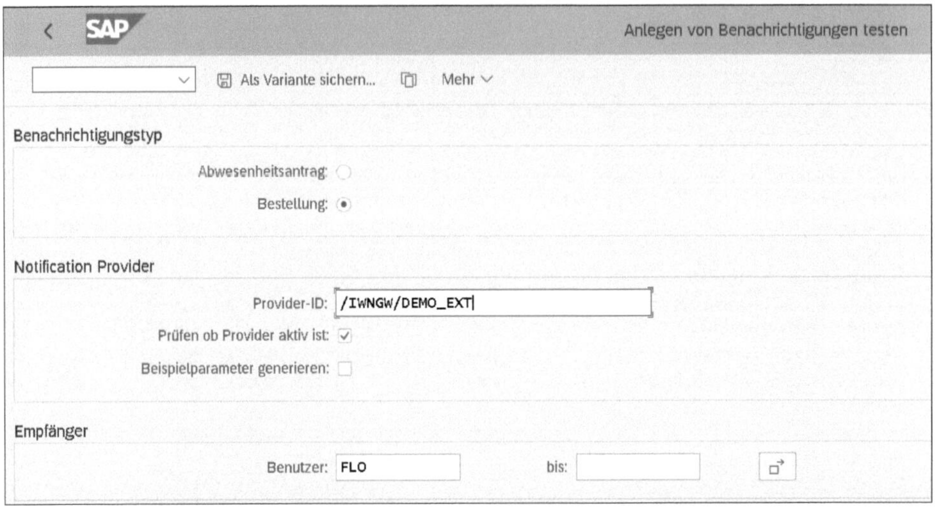

Abbildung 3.78 Demotransaktion zum Testen der SAP-Fiori-Benachrichtigung

Wenn alles richtig eingestellt ist, erhalten Sie direkt eine Demobenachrichtigung in Ihrem Launchpad. Falls Sie Schwierigkeiten haben, initialisieren Sie den Cache mithilfe der Transaktion /IWNGW/H_CLEAR_CACHE. Zur weiteren Fehleranalyse nutzen Sie die Transaktion /IWFND/ERROR_LOG für SAP Gateway.

3.8.2 SAP-Fiori-Benachrichtigungen für klassische Workflows

Benachrichtigungen für klassische Workflows

Um SAP-Fiori-Benachrichtigungen für klassische Workflows bzw. für neue Workitems zu solchen Workflows einzustellen, reicht es nicht, nur den Provider zu registrieren und zu aktivieren, sondern es muss zusätzlich für den konkreten Workflow eingestellt werden, ob eine Benachrichtigung gewünscht ist. Dazu nutzen Sie die Transaktion SWF_PUSH_NOTIF1. Bei den flexiblen Standard-Workflows sind die Einträge schon vorhanden. Falls Sie eigene flexible Workflows entwickeln, müssten Sie auch hier die entsprechenden Einträge vornehmen.

Im folgenden Beispiel wollen wir die SAP-Fiori-Benachrichtigung für den Workflow WS00200061 zur Qualitätsmeldung aus Abschnitt 3.6, »Bearbeiterfindung konfigurieren«, aktivieren:

1. Starten Sie die Transaktion SWF_PUSH_NOTIF1 (siehe Abbildung 3.79). Wichtig ist, dass das Icon neben der Schaltfläche **Provider** grün ist ■ (**Provider ist aktiv**), da sonst die im vorangegangenen Abschnitt beschriebenen Voraussetzungen nicht erfüllt sind (z. B. der Provider `SAP_BUSINESS_WORKFLOW` nicht registriert oder aktiv ist).

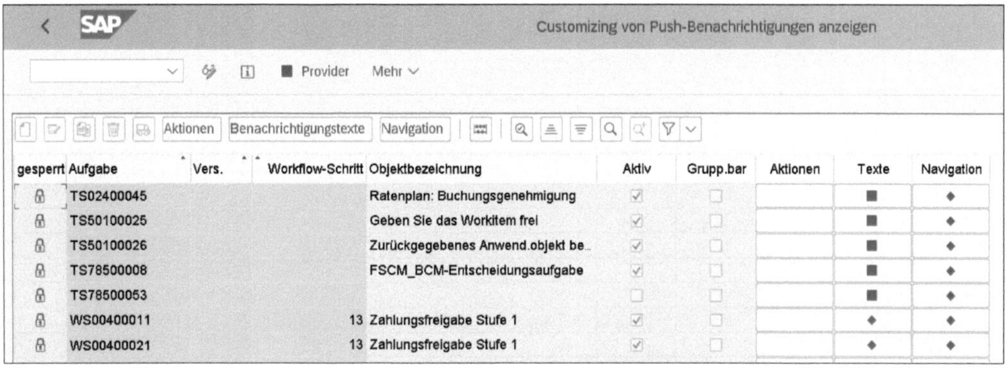

Abbildung 3.79 SWF_PUSH_NOTIF1 Benachrichtigung für Workflow aktivieren

2. Wechseln Sie in den Änderungsmodus und legen Sie über die Schaltfläche ☐ (**Anlegen**) eine neue Benachrichtigung an. Sie können dazu das Workflow-Szenario WS00200061 verwenden oder die Dialog-Standardaufgabe TS00008319 aus diesem Szenario. Gibt man das Szenario an, muss der entsprechende Schritt in diesem Szenario ausgewählt werden ([F4]-Hilfe nutzen). Dieser Schritt entfällt bei der Angabe der Standardaufgabe. In unserem Beispiel haben wir uns dazu entschieden, das Szenario mit dem Schritt 161 einzutragen (siehe Abbildung 3.80).

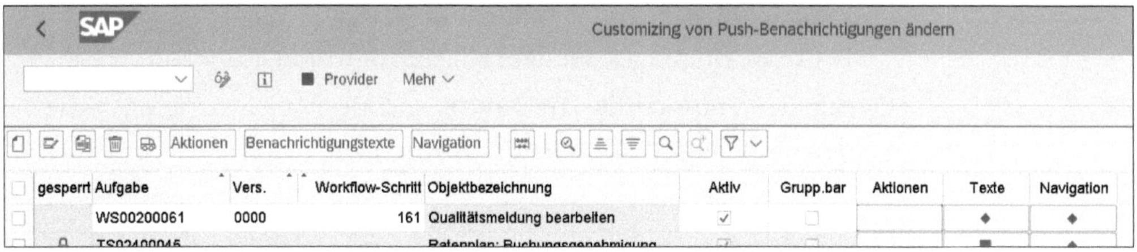

Abbildung 3.80 Benachrichtigung für Workflow-Szenario WS00200061 anlegen

Fehlermeldungen beim Speichern

Häufig kommt es aufgrund fehlerhafter bereits existierender Einträge zu einer Fehlermeldung beim Versuch, zu speichern (z. B. »Knotenkennung ungültig«). Diese fehlerhaften Einträge müssen Sie bereinigen.

3. Über das Icon [◆] (**Keine Texte gepflegt**) können Sie die Benachrichtigungstexte in der Spalte **Texte** anpassen. In unserem Beispiel haben wir den Text im Block **Benachrichtigungsuntertitel (Zusatzinformationen)** ergänzt (siehe Abbildung 3.81).

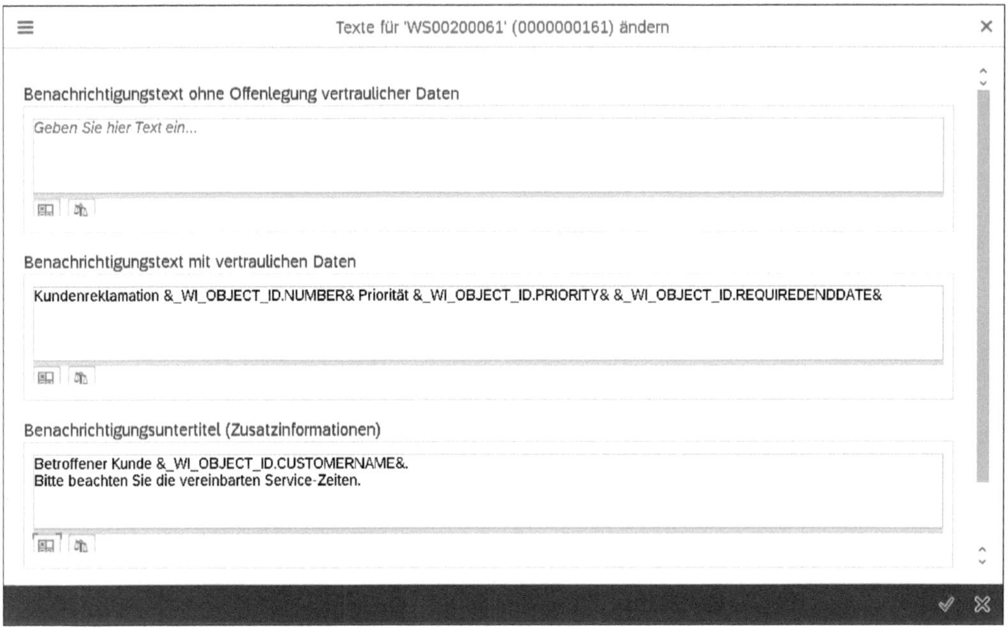

Abbildung 3.81 Spezifischen Text für Workflow-Benachrichtigung pflegen

4. Bevor Sie die Benachrichtigung über ein neues Workitem zur Qualitätsmeldung ausprobieren, stellen Sie sicher, dass im automatischen Workflow-Customizing (siehe Abschnitt 3.2, »Automatisches Workflow-Customizing«) der Job `SAP_WORKFLOW_PUSH_NOTIFICATION` (SAP-Fiori Push-Benachrichtigungen senden) eingeplant wurde.
5. Mit der Transaktion /IWNGW/H_CLEAR_CACHE bereinigen Sie noch den Cache und starten dann den Workflow.

3.8.3 SAP-Fiori-Benachrichtigungen zum Workflow testen

SAP-Fiori-Benachrichtigung testen

Sie können Ihren Workflow nun ablaufen lassen und testen somit, ob es entsprechende SAP-Fiori-Benachrichtigungen gibt. In unserem Beispiel zum Meldungs-Workflow WS00200061 finden Sie nach dem Test eine neue Benachrichtigung in Ihrem Launchpad (zusätzlich zu dem neuen Eintrag in der Inbox, siehe Abbildung 3.82).

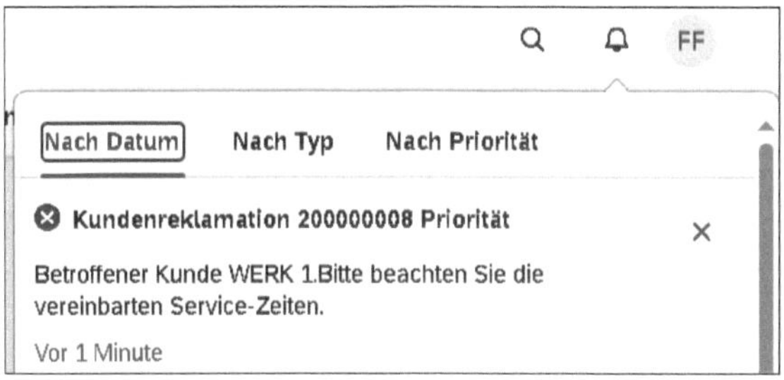

Abbildung 3.82 Neue Benachrichtigung zu Workflow WS00200061

Sichtbar ist auch der Benachrichtigungstext, den Sie explizit gepflegt hatten. Beachten Sie, dass es je nach Einstellung des Jobs `SAP_WORKFLOW_PUSH_NOTIFICATION` einige Minuten dauern kann, bis die Benachrichtigung zugestellt wird.

Workflow-Protokoll

Im Workflow-Protokoll erhalten Sie ebenfalls eine Information über die erfolgte Push-Benachrichtigung (siehe Abbildung 3.83).

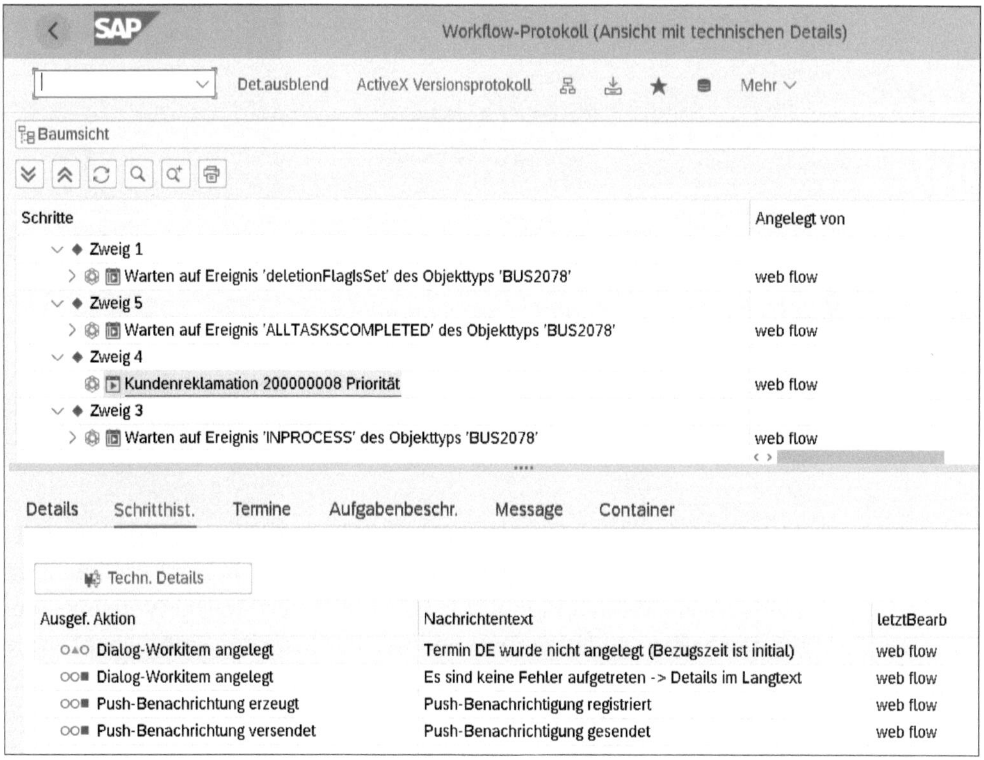

Abbildung 3.83 Workflow-Protokoll mit Push-Benachrichtigung

Benachrichtigungen aktivieren/ deaktivieren

Ob Sie Benachrichtigungen im SAP Fiori Launchpad erhalten möchten, können Sie individuell festlegen, indem Sie oben rechts auf Ihr Benutzerkürzel klicken und **Einstellungen • Benachrichtigungen** wählen. Sie können die Benachrichtigung also aktivieren bzw. deaktivieren. Gleiches gilt für den zusätzlichen E-Mail-Versand, sofern für diesen Workflow technisch möglich. In den Einstellungen finden Sie alle Workflows, für die Sie Benachrichtigungen erhalten und die in der Transaktion SWF_PUSH_NOTIF1 gepflegt sind (siehe Abbildung 3.84).

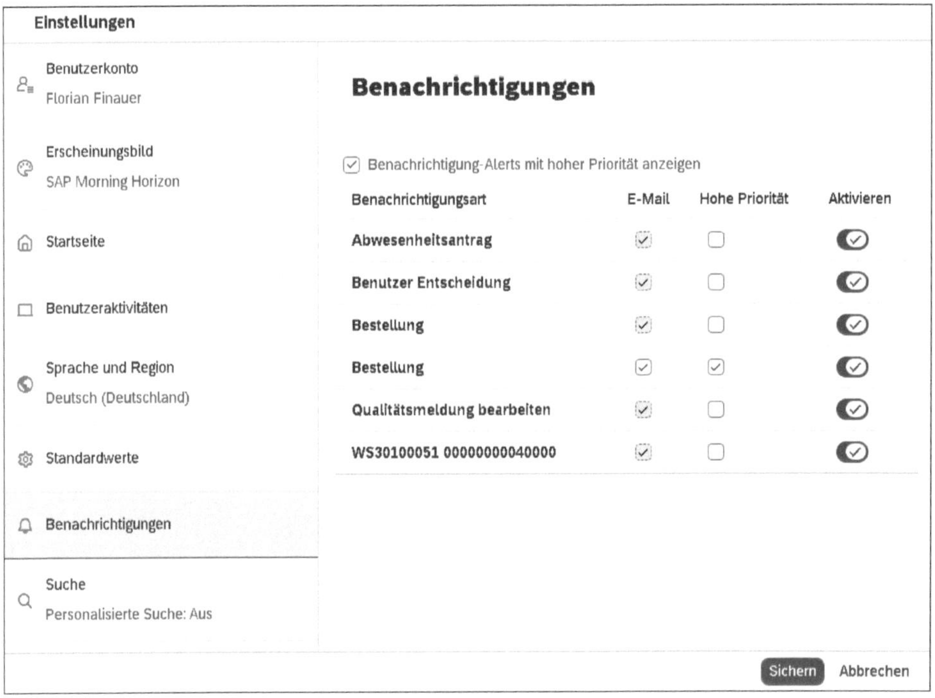

Abbildung 3.84 Einstellung der benutzerspezifischen Benachrichtigung im Launchpad

Sie haben in diesem Abschnitt die notwendigen Einstellungen für SAP-Fiori-Benachrichtigungen, gegebenenfalls mit zusätzlichen E-Mail-Benachrichtigungen, kennengelernt. Wir haben erläutert, welche Voraussetzungen geschaffen werden müssen und welche Einstellungsmöglichkeiten Sie dabei konkret haben. Als Ergebnis erhalten die Anwender*innen zu ihren SAP-Workitems Benachrichtigungen im SAP Fiori Launchpad sowie gegebenenfalls E-Mail-Benachrichtigungen als Ergänzung oder Alternative zu den klassischen E-Mail-Benachrichtigungen, wie sie in Abschnitt 3.7, »Workflow-Benachrichtigungen per E-Mail einstellen«, beschrieben wurden.

Kapitel 4
Workflows einsetzen und verwalten

Im produktiven Einsatz eines Workflows müssen Sie jederzeit in der Lage sein, Aussagen zu Status und Fortschritt sowie dem aktuellen Bearbeiter bzw. der aktuellen Bearbeiterin eines Workitems zu treffen. In gewissen Fällen kann es darüber hinaus notwendig sein, in den Ablauf des Workflows einzugreifen. In diesem Kapitel erhalten Sie die wesentlichen Informationen zum Betrieb eines Workflows.

In diesem Kapitel erhalten Sie Information dazu, wie Sie Ihre aktivierten Workflows im Tagesgeschäft einsetzen und verwalten. Die hier gezeigten Werkzeuge können für klassische und flexible Workflows in SAP S/4HANA, On-Premise-Version oder SAP S/4HANA Cloud Private Edition eingesetzt werden. Zuerst erläutern wir in Abschnitt 4.1, welche Systemvoraussetzungen im Zielsystem geschaffen werden müssen, um einen Workflow zu betreiben. Im Anschluss daran erklären wir in Abschnitt 4.2, »Betrieb von Workflows«, welche Informationen zu Workitems elementar sind und wie diese zusammenhängen. In diesem Zusammenhang gehen wir auf die Workitem-Typen und Workitem-Status ein. Sie sind für die Analyse und das Verständnis von produktiv genutzten Workflows essenziell.

In Abschnitt 4.3, »Eingesetzte Workflows analysieren«, erfahren Sie, wie Sie Workitems abhängig von der Instanz eines Objekts, wie z. B. einer Meldungsnummer bei der Reklamationsabwicklung, ermitteln können, um sie zu analysieren. Dies ist auch abhängig von einem Zeitintervall möglich. Sie erhalten einen Überblick über Reports für die Administration von Workflows und wir zeigen Ihnen, wie Sie im Fehlerfall eingreifen können.

4.1 Systemvoraussetzungen

Wenn Sie einen aktivierten Workflow produktiv einsetzen oder in einem Qualitätssicherungssystem testen möchten, reicht es nicht aus, die Einstellungen aus dem Entwicklungssystem zu transportieren. Einige Einstellungen sind nicht transportierbar und müssen manuell in jedem System durchgeführt werden. Dazu gehören das automatische Customizing für den Workflow, die Konfiguration der Bearbeiter*innen (das heißt die Bearbeiterzuordnung zur Standardaufgabe) sowie gegebenenfalls die Aufbauorganisation, die Sie für den Workflow angelegt haben, bzw. die Zuordnung der Benutzer zu den Organisationseinheiten. Außerdem gehen wir auf die Aktivierung der SICF-Services für die Workflow-Eingänge und die Workflow-Benachrichtigung ein.

4.1.1 Automatisches Customizing

Customizing im Qualitätssicherungs-/Produktivsystem

In Abschnitt 3.2, »Automatisches Workflow-Customizing«, haben Sie bereits Informationen zum Grund-Customizing von Workflows erhalten. Dieses automatische Customizing ist für jedes Zielsystem durchzuführen; es kann nicht transportiert werden. Bevor Sie also einen im Entwicklungssystem aktivierten Workflow in ein Folgesystem transportieren, muss das automatische Customizing in diesem System ebenfalls durchgeführt werden. Ein Schritt ist dabei die Festlegung der Workflow-Administratorin oder des -Administrators. Im Entwicklungssystem übernimmt diese Rolle oft eine Person aus dem Workflow-Entwicklungsteam oder die Entwicklungsleiterin bzw. der Entwicklungsleiter. Wenn Sie die Workflow-Administratorin oder den Workflow-Administrator für das Produktivsystem festlegen, ist es wichtig, eine verantwortliche Person aus der IT zu bestimmen, die sowohl fachlich mit den eingesetzten Workflows vertraut ist als auch technisches Know-how und Workflow-Kenntnisse besitzt.

Generelle haben Workflow-Administrator*innen die Aufgabe, sicherzustellen, dass Workflows ausgeführt und transportierte Workflows aktiviert werden. Ebenso überwachen sie die Workflow Engine. Im Fehlerfall erhalten sie eine Benachrichtigung über das fehlerhafte Workitem und sind somit dafür verantwortlich, die Fehlerbehebung anzustoßen sowie für den aktuellen Fall eine entsprechende Maßnahme zu ergreifen. Sie können z. B. das Workitem manuell einer Bearbeiterin oder einem Bearbeiter zuordnen oder es weiterleiten. Im Normalfall ist der Aufwand, der dabei für die Workflow-Administration entsteht, sehr gering.

4.1.2 Weitere Systemvoraussetzungen

Bearbeiterzuordnung

In Abschnitt 3.6 haben Sie die Bearbeiterfindung konfiguriert und die Bearbeiterzuordnung zu einer Aufgabe vorgenommen. Die Bearbeiterfindung wird ebenfalls nicht automatisch transportiert, da die möglichen Bearbeiter*innen und Organisationseinheiten in den Vorsystemen gegebenenfalls nicht vorhanden sein können. Viele Benutzer mit ihren User-IDs sowie die HCM-Organisationseinheiten gibt es nur im Produktivsystem. Die HCM-

Organisationseinheiten werden sowohl in SAP ERP HCM als auch in SAP HCM for SAP S/4HANA eingesetzt. In SAP SuccessFactors gibt es ähnliche Konstrukte, wie z. B. Department, Division etc.

Transaktion RE_RHMOVE30

Mit der Transaktion RE_RHMOVE30 (Datenübertragung) können Sie jedoch die Bearbeiterzuordnung transportieren. Das ist aber nur in Fällen sinnvoll, in denen Sie die betreffende Aufgabe als generelle Aufgabe klassifiziert haben. Falls Sie in der Bearbeiterfindung auf die Objekte des Organisationsmanagements zugreifen (z. B. im Coding), ist bei einem solchen Transport sichergestellt, dass die Objekte in allen Systemen die gleichen IDs haben. Dies ist oft hilfreich. Bei einer manuellen Anlage der Organisationsobjekte sind die IDs in der Regel nicht identisch.

Organisationsmodell

Ebenso müssen Sie in den Zielsystemen abhängig von Ihrem Workflow-Szenario und der Bearbeiterfindung eine *Aufbauorganisation* (d. h. ein Organisationsmodell) gegebenenfalls manuell anlegen und die Benutzer zuordnen (siehe Abschnitt 3.6, »Bearbeiterfindung konfigurieren«). Die Aufbauorganisation an sich könnte zwar ebenfalls über die Transaktion RE_RHMOVE30 transportiert werden. Dies ist aber nur dann sinnvoll, wenn es sich um eine Aufbauorganisation handelt, die explizit für den Workflow angelegt worden ist, also nicht um ein HCM-Organisationsmodell.

Aktivierung von Services

Bei Nutzung der App **Meine Inbox** ist es notwendig, die entsprechenden SICF-Services in der Transaktion SICF (Pflege des HTTP-Service-Baumes) zu aktivieren (siehe Abschnitt 3.3, »Workflow-Eingang«). Dies muss ebenfalls in jedem Zielsystem vorgenommen werden.

Ebenso sind die notwendigen Einstellungen zur erweiterten Benachrichtigung (siehe Abschnitt 3.7, »Workflow-Benachrichtigungen per E-Mail einstellen«) in allen Folgesystemen durchzuführen, wenn dies gewünscht ist. Dazu müssen ebenfalls die SICF-Services aktiviert werden.

4.2 Betrieb von Workflows

Erfolgsfaktoren für Workflows

Workflows erfolgreich produktiv zu betreiben gelingt immer dann, wenn der Workflow-Ablauf nicht zu komplex ist und die beteiligten Personen immer klar erkennen können, wer gerade welche Aktivitäten durchzuführen hat. Dies ist insbesondere bei selbst entwickelten Workflows sehr wichtig. In der Praxis sind unserer Erfahrung nach viele Workflow-Projekte gescheitert, wenn die Abläufe im Workflow Builder sowohl fachlich als auch technisch zu umfangreich und zu komplex waren. In diesem Fall sind die Wartbarkeit und die Akzeptanz des Workflows durch die Anwender*innen in der Regel nicht optimal.

Für eine erfolgreiche Produktivsetzung eines Workflows ist es darüber hinaus wichtig, die eingesetzten Workflows gerade zu Beginn genau zu überwachen. Nach einiger Zeit ist dies nicht mehr erforderlich. Als Basis für alle Analysen und Auswertungen zu Workflows sollten Sie das Workitem sowie die Workitem-Typen und die möglichen Status und Statusübergänge näher betrachten. Diese Aspekte sind für die Analyse wichtig, wozu wir Ihnen in diesem Abschnitt das erforderliche Know-how vermitteln. Relevante Daten finden Sie in den in Abschnitt 4.3, »Eingesetzte Workflows analysieren«, beschriebenen Auswertungen und Analysetools.

4.2.1 Workitems und Workitem-Status

Workitems werden verwendet, um die einzelnen Schritte eines Workflows auszuführen. In Kapitel 3, »Klassische Standard-Workflows konfigurieren«, haben wir uns mit Dialog-Workitems beschäftigt, also Workitems, die von Anwender*innen bearbeitet werden. Es gibt aber weitere Arten von Workitems, die in *Workitem-Typen* kategorisiert werden und jeweils eine bestimmte Art der Ausführung eines Workitems abbilden. Abhängig vom Typ eines Workitems sind bestimmte Status und Statusübergänge zulässig.

Mögliche Status

Im Folgenden sehen wir uns die möglichen Status eines Workitems an. Tabelle 4.1 listet alle möglichen Status auf. Abhängig von diesen Status ist das Workitem für die Anwender*innen in der Inbox sichtbar oder nicht.

Workitem-Status	Beschreibung	Sichtbar im Workflow-Eingang
in Vorbereitung (CHECKED)	Workitem ist erzeugt, aber die Start-Bedingung ist noch nicht erfüllt.	nein
wartend (WAITING)	Workitem ist erzeugt, aber der Vorlagetermin ist noch nicht erreicht, oder das Workitem steht auf Wiedervorlage.	nein, nur in der Workflow-Wiedervorlage
bereit (READY)	Workitem kann ausgeführt werden.	ja
angenommen/ reserviert (SELECTED)	Workitem wurde von einer oder einem seiner Empfänger*innen angenommen. Gibt es mehrere Empfänger*innen, ist dieses Workitem für diese Personen nicht mehr sichtbar, es wird nur noch in dem Workflow-Eingang des tatsächlichen Bearbeiters angezeigt.	ja, aber nur bei einem Benutzer/ einer Benutzerin

Tabelle 4.1 Workitem-Status und Sichtbarkeit in der Inbox

Workitem-Status	Beschreibung	Sichtbar im Workflow-Eingang
in Arbeit (STARTED)	▪ Workitem wird aktuell durch eine Anwenderin oder einen Anwender bearbeitet oder im Hintergrund ausgeführt. ▪ Workitem wartet auf ein beendendes Ereignis. ▪ Die Ausführung durch den aktuellen Bearbeiter wurde abgebrochen. ▪ Die Ausführung wurde durch eine temporäre Ausnahme beendet. Datenbankänderungen wurden in diesem Status noch nicht vorgenommen.	▪ ja bei Dialog-Workitems ▪ nein bei Hintergrund-Workitems
ausgeführt (COMMITTED)	▪ Workitem wurde ausgeführt, es ist aber eine explizite Bestätigung notwendig. ▪ nur für Workitems, für die eine Endebestätigung erforderlich ist ▪ Das Workitem kann mehrfach ausgeführt werden, bis es auf erledigt gesetzt wird.	ja
beendet (COMPLETED)	Workitem ist abgeschlossen.	nein
logisch gelöscht (CANCELLED)	Workitem ist aufgrund der Ablauflogik nicht mehr relevant: ▪ Abbruch bei paralleler Verarbeitung (Alle nicht mehr notwendigen Zweige erhalten diesen Status.) ▪ Abbruch aufgrund der Schritttyp-Ablaufsteuerung (Workitem abbrechen etc.) ▪ manueller Eingriff der Workflow-Administration	nein
fehlerhaft (ERROR)	Fehler bei der Ausführung des Workitems	nein

Tabelle 4.1 Workitem-Status und Sichtbarkeit in der Inbox (Forts.)

[»]

Workitem-Status bei flexiblen Workflows

Flexible Workflows (siehe Teil III des Buches) basieren technisch weiterhin auf dem klassischen Workflow-Framework (SAP Business Workflow), daher finden Sie auch hier die in Tabelle 4.1 genannten Workitem-Status.

4.2.2 Workitem-Typen

Nachdem Sie jetzt die Workitem-Status kennen, sehen wir uns die Workitem-Typen an. Grundsätzlich unterscheidet man zwischen Workitem-Typen, die in den Eingangsboxen der Anwender*innen sichtbar sind, und nicht angezeigten Workitem-Typen, also technischen Workitems, die aber für die Analyse von Workflows relevant sind.

Schritttypen und Workitem-Typen

Die verschiedenen Typen sollten Sie kennen, damit Sie aktive Workflows besser verstehen und bewerten können. Weitere Details zu den verschiedenen Workitem-Typen erfahren Sie in Abschnitt 5.3, in dem wir die Schritttypen im Workflow Builder beschreiben. Jeder Schritttyp erzeugt implizit zur Laufzeit ein Workitem eines bestimmten Typs.

Workitem-Typen in der Inbox

In Tabelle 4.2 finden Sie eine Beschreibung zu jedem Workitem-Typ sowie die jeweils zulässigen Status für in der Inbox sichtbare Workitems.

Workitem-Typ	Kürzel	Beschreibung	Mögliche Status
Dialog-Workitem	W	Repräsentiert eine Einzelschrittaufgabe, die einen Benutzerdialog erfordert.	▪ in Vorbereitung ▪ wartend ▪ bereit ▪ angenommen ▪ in Arbeit ▪ ausgeführt ▪ beendet ▪ logisch gelöscht ▪ fehlerhaft
Terminüberschreitungs-Workitem	D	Workitem zur Benachrichtigung bei einer Terminüberschreitung (Deadline-Workitem)	▪ bereit ▪ in Arbeit ▪ beendet

Tabelle 4.2 In den Eingangsboxen sichtbare Workitem-Typen und deren mögliche Status

Workitem-Typ	Kürzel	Beschreibung	Mögliche Status
Arbeitsvorrats-Workitem	A	Wird für Arbeitsvorräte genutzt, also für Listen von Objekten, die gemeinsam abgearbeitet werden sollen.	■ **wartend** ■ **bereit** ■ **angenommen** ■ **in Arbeit** ■ **beendet** ■ **logisch gelöscht** ■ **fehlerhaft**

Tabelle 4.2 In den Eingangsboxen sichtbare Workitem-Typen und deren mögliche Status (Forts.)

Technische Workitem-Typen

In Tabelle 4.3 sind die in der Inbox der Anwender*innen nicht sichtbaren Workitem-Typen und deren zulässige Status beschrieben.

Workitem-Typ	Kürzel	Beschreibung	Mögliche Status
Workflow-Workitem	F	Laufzeitpräsentation eines Workflows; repräsentiert einen einzelnen Workflow oder Subworkflow. Stellt somit das übergeordnete Workitem für alle im Workflow entstehenden Workitems dar. Der Status eines Workflow-Workitems betrifft immer den gesamten Workflow; es werden dabei auch mögliche Subworkflows berücksichtigt.	■ **wartend** ■ **bereit** ■ **in Arbeit** ■ **beendet** ■ **logisch gelöscht** ■ **fehlerhaft**
Block- Workitem	X	Laufzeitpräsentation eines Blocks; wird bei Ausführung eines Blocks erzeugt, z. B. wird bei dynamischer Parallelverarbeitung für jeden Bearbeiter ein Block-Workitem erzeugt (siehe Abschnitt 5.3, »Schritttypen«).	■ **wartend** ■ **bereit** ■ **in Arbeit** ■ **beendet** ■ **logisch gelöscht** ■ **fehlerhaft**

Tabelle 4.3 In den Eingangsboxen nicht sichtbare Workitem-Typen und deren Status

Workitem-Typ	Kürzel	Beschreibung	Mögliche Status
Hintergrund-Workitem	B	Einzelschritt im Workflow (Aktivität), der im Hintergrund ohne Benutzerdialog ausgeführt wird	▪ in Vorbereitung ▪ wartend ▪ bereit ▪ in Arbeit ▪ beendet ▪ logisch gelöscht ▪ fehlerhaft
Warteschritt-Workitem	E	Repräsentiert einen Warteschritt im Workflow.	▪ in Arbeit ▪ beendet ▪ logisch gelöscht
Web-Workitem	R	Laufzeitrepräsentation einer Webaktivität; eine Webaktivität wird genutzt, um ein XML-Dokument an ein anderes System zu versenden.	▪ in Vorbereitung ▪ wartend ▪ bereit ▪ in Arbeit ▪ beendet ▪ logisch gelöscht ▪ fehlerhaft
Container-Anker	C	Sonderentwicklung im EDI-Umfeld (Electronic Data Interchange), wird in der Regel nicht benötigt.	–

Tabelle 4.3 In den Eingangsboxen nicht sichtbare Workitem-Typen und deren Status (Forts.)

In allen Analysewerkzeugen und Auswertungen des Workflows, die in den folgenden Abschnitten beschrieben werden, werden immer auch die Workitem-Typen angezeigt. Diese helfen Ihnen bei der Interpretation der Auswertungen und im Fehlerfall.

4.3 Eingesetzte Workflows analysieren

Sie haben im System verschiedene Möglichkeiten, um Workflows auszuwerten, also die für einen Prozess eingesetzten Workflows zu finden und zu analysieren. Oftmals müssen Sie in der Lage sein, Aussagen zum Workflow-Fortschritt zu treffen, und dazu nachvollziehen können, wo im Prozess sich der Workflow gerade befindet. Die hierfür angebotenen Analysewerkzeuge können Sie als Transaktionen im SAP GUI ausführen oder als »fiorisierte« Transaktionen im SAP Fiori Launchpad (d. h., die funktional klassischen

Transaktionen werden hier im SAP-Fiori-Design bereitgestellt). Im Umfeld des flexiblen Workflows gibt es hier auch einige weitere SAP-Fiori-Apps, die Sie nutzen können und die in Teil III des Buches erläutert werden.

Fragestellungen

Prinzipiell gibt es mehrere Fragestellungen, mit denen Sie im laufenden Betrieb häufig konfrontiert werden:

- Wie ist der Fortschritt des Workflows zu einem Objekt, also z. B. zu einer bestimmten Meldungsnummer, einer Materialnummer oder einer Bestellanforderung?
- Welche Workitems existieren im System bzw. sind in einem bestimmten Zeitintervall erzeugt worden?
- Wer ist die aktuelle Bearbeiterin oder der aktuelle Bearbeiter des Workitems?

Wie Sie die Antworten auf diese Fragen herausfinden können, zeigen wir Ihnen in den folgenden Abschnitten.

4.3.1 Auswertungen zu Workflows

In einigen Fällen nehmen Sie Auswertungen zu Workflows basierend auf einem Objekt vor, wie z. B. der Nummer der Meldung, die mit einem Workflow bearbeitet wird. Dabei möchten Sie vielleicht auch die laufenden Workflows für ein bestimmtes Zeitintervall ermitteln können. Ein anderer Anwendungsfall ist die Frage nach der Häufigkeit der Ausführung von Workflows zu einem bestimmten Objekt, wie z. B. der Meldung. Sind Sie für die Administration verantwortlich, müssen Sie Workitems ohne Bearbeiterzuordnung oder solche, bei denen das zugeordnete Benutzerkonto gelöscht wurde, analysieren und gegebenenfalls weiterleiten können. Neben diesen Gründen kann es viele weitere geben, aus denen Sie in die Workitem-Bearbeitung eingreifen müssen. Wie Sie dabei vorgehen, erfahren Sie in den folgenden Abschnitten.

Workflows zu einem Objekt finden

Workflow zu einem Objekt

In Transaktion SWI6 (Workflow zu Objekt) können Sie sich den Workflow zu einem Objekt anschauen. Nehmen wir beispielsweise an, Sie möchten den Fortschritt des Workflows zur Meldungsnummer 000200000012 aus Kapitel 3, »Klassische Standard-Workflows konfigurieren«, ermitteln. Geben Sie in diesem Fall auf der Startseite der Transaktion SWI6 als **Objekttyp** »BUS2078« ein und wählen Sie als **Objekttypkategorie** die Option **BO BOR-Objekttyp** (Geschäftsobjekt). Als **Schlüssel** verwenden Sie die Meldungsnummer 000200000012. Wählen Sie diese über die Funktion **Objektschlüssel eingeben** aus (siehe Abbildung 4.1).

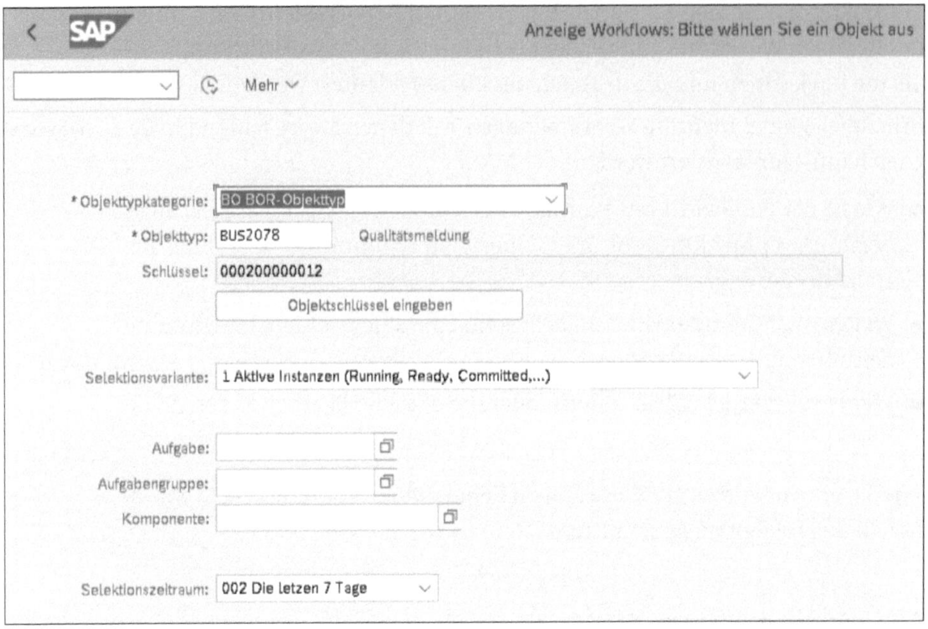

Abbildung 4.1 Einstieg in Transaktion SWI6 (Workflow zu einem Objekt)

Nachdem Sie die Auswertung ausgeführt haben (, **Ausführen**), können Sie aus dem Ergebnis der Ausführung direkt in die Meldung mit der Nummer 000200000012 abspringen. Klicken Sie dazu auf den Link unter **Bisher angesprochene Informationsobjekte** (siehe Abbildung 4.2). Im Rahmen der technischen Analyse können Sie über das Symbol (**Workflow-Protokoll anzeigen**) auch direkt zum Workflow-Protokoll verzweigen.

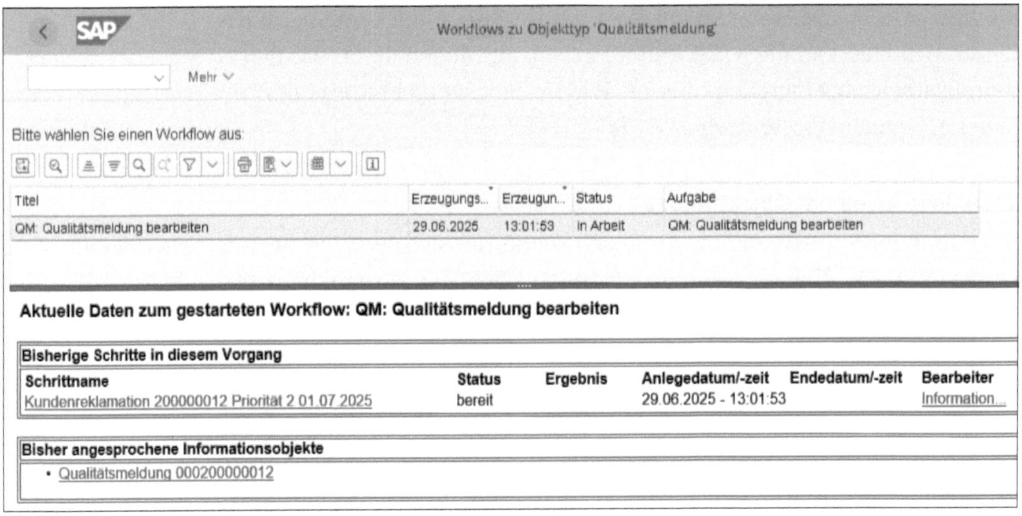

Abbildung 4.2 Beispiel-Workflow zum Objekt (Transaktion SWI6)

Aufruf über die generischen Objektdienste

In die Standardanwendungen des SAP-Systems sind oftmals die *generischen Objektdienste* integriert. Diese verweisen auf die Workflows zum betreffenden Objekt. Alternativ zu dem Weg über Transaktion SW16 können Sie sich die Workflows zu einem Objekt daher über die generischen Objektdienste anzeigen lassen. Im Fall der Meldung 000200000012 finden Sie die integrierten generischen Objektdienste in der Transaktion QM02 (Meldung ändern: Kundenreklamation) oben links (, siehe Abbildung 4.3).

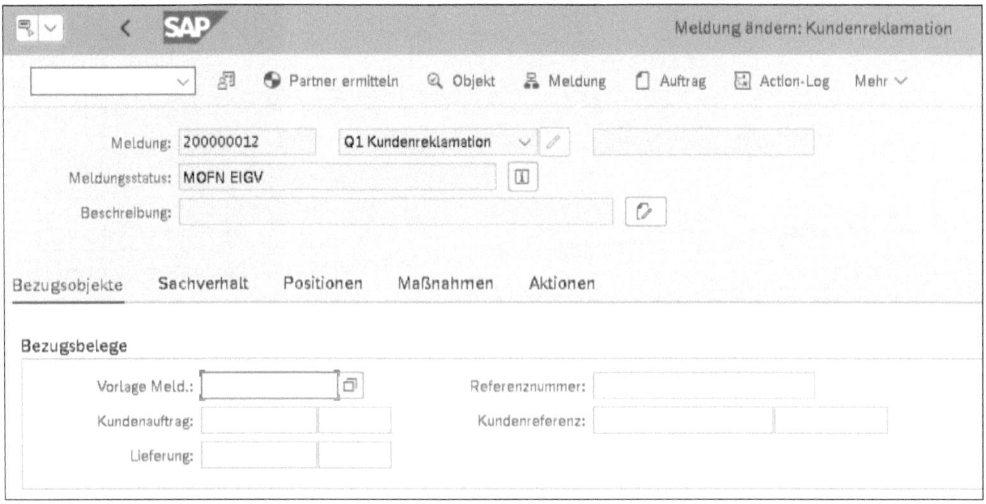

Abbildung 4.3 Meldung mit generischen Objektdiensten

Im Falle der Nutzung der »fiorisierten« Transaktion (eine native SAP-Fiori-App zur Qualitätsmeldung gibt es aktuell noch nicht) finden Sie rechts oben die Schaltfläche **Dienste zum Objekt** (siehe Abbildung 4.4).

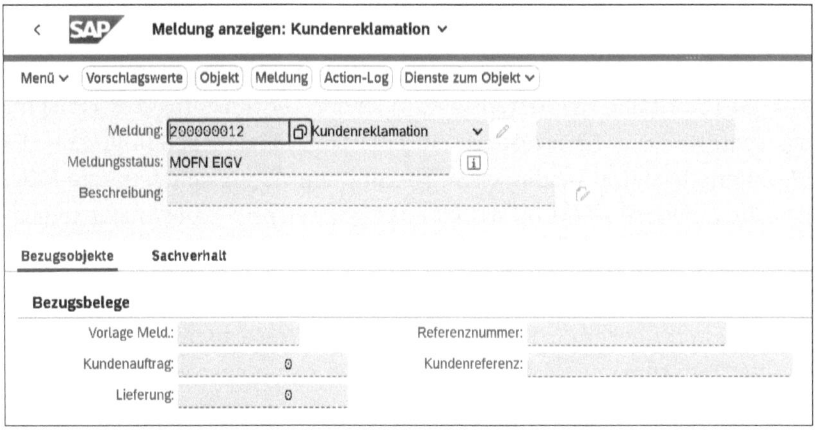

Abbildung 4.4 Meldung mit generischen Objektdiensten (»fiorisierte« Transaktion)

Klicken Sie auf das Pfeilsymbol, um das Dropdown-Menü zu öffnen. Hier finden Sie den Menüpunkt **Workflow** (siehe Abbildung 4.5). Über den Pfad **Workflow • Workflow-Übersicht** gelangen Sie ebenfalls zur Workflow-Übersicht aus Abbildung 4.2.

Abbildung 4.5 Generische Objektdienste – Workflow (»fiorisierte« Transaktion)

Die generischen Objektdienste werden häufig auch in SAP-Fiori-Apps genutzt.

Workitem zu einem Zeitintervall finden

Transaktion SWI1 (gegebenenfalls »fiorisiert«)

In Transaktion SWI1 (Workitem-Selektion) finden Sie die ausgeführten Workflows und Workitems zu einem bestimmten Zeitintervall. Neben dem Zeitintervall können Sie die selektierten Workitems noch anhand weiterer Parameter einschränken oder explizit ein Workflow-Szenario bzw. eine Standardaufgabe angeben, für die Workflow-Ausführungen gefunden werden sollen. Sie können die Selektion auch auf bestimme Workflow-Typen bzw. die Priorität des Workitems und/oder den Terminstatus (z. B. »Frist für das späteste Ende ist erreicht«) einschränken (siehe Abbildung 4.6). Die Workitem-Selektion ist die wichtigste und am häufigsten genutzte Möglichkeit, um Workflows und Workitems zu finden und in die Analyse einzusteigen.

In unserem Beispiel sind uns das **Erstellungsdatum** und die **Erzeugungszeit** des Workitems bekannt, daher tragen wir diese Werte im Abschnitt **Selektion über Zeitraum** ein. Nachdem Sie die Parameter eingetragen und den Report ausgeführt haben, erhalten Sie alle Workitems, die in diesem Zeitraum erzeugt wurden. In unserem Beispiel zur Reklamationsabwicklung finden wir das Workitem zur Meldung 000200000012 (siehe Abbildung 4.7).

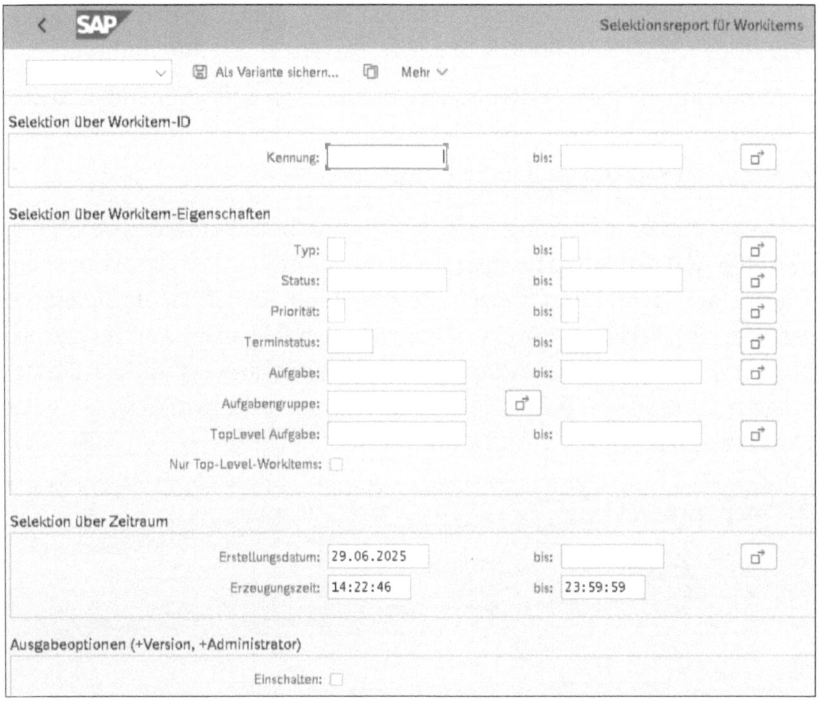

Abbildung 4.6 Workitem-Selektion

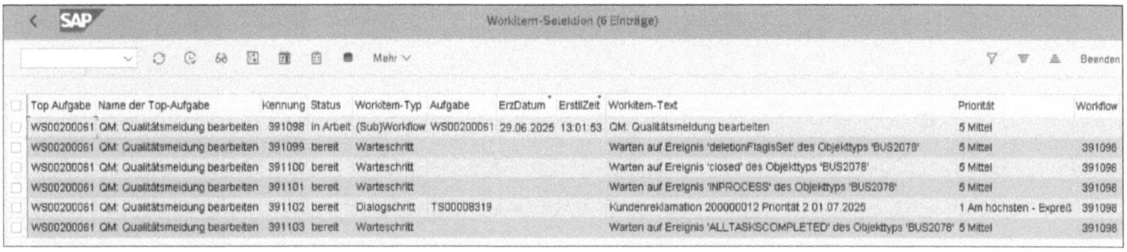

Abbildung 4.7 Ergebnis der Workitem-Selektion

In der ersten Zeile der Ergebnisausgabe ist das übergeordnete Workflow-Workitem (Typ F) zu finden. Dieses bildet die Klammer um alle Workitem-Typen des gleichen Workflows zur Meldung 000200000012, die ebenfalls angezeigt werden. In diesem Fall sind das mehrere Warteschritt-Workitems (Typ E) und ein Dialog-Workitem (Typ W).

Workitem-Häufigkeit

Workitems pro Aufgabe

Wenn Sie eine Aussage zur Häufigkeit von Workitems treffen möchten, also die Anzahl an initiierten Workflows innerhalb eines Zeitraumes ermitteln möchten, ist das über die Transaktion SWI2_FREQ (Workitems pro Aufgabe) möglich. Sie können hier folgende Auswertungen durchführen:

- Anzahl an Dialog-Workitems, die von den Anwender*innen bearbeitet wurden
- Anzahl an Workflows innerhalb eines Zeitintervalls

Wenn Sie diese Auswertung für einen spezifischen Workflow vornehmen möchten und den **Aufgabenfilter** im unteren Abschnitt des Selektionsbildschirms der Transaktion nutzen, müssen Sie die Standardaufgabe eintragen oder den Workflow-Typ (Sub-)Workflow ebenfalls auswerten. Im Beispiel unserer Reklamationsabwicklung wäre die Standardaufgabe die Dialog-Aufgabe TS00008319 (siehe Abbildung 4.8). Der (Sub-)Workflow wäre das Workflow-Szenario WS00200061.

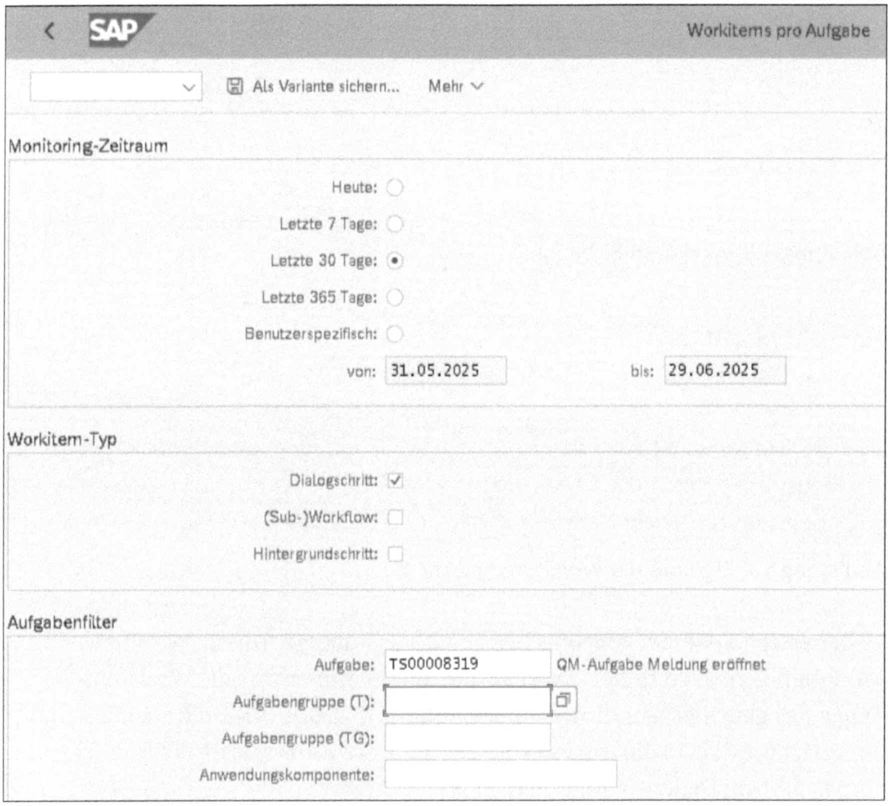

Abbildung 4.8 Einstiegsseite der Transaktion SWI2_FREQ (Workitems pro Aufgabe)

In Abbildung 4.9 sehen Sie das Ergebnis nach Ausführung der Transaktion. Im gewählten Zeitraum wurden acht Dialog-Workitems zur Meldungsbearbeitung erzeugt.

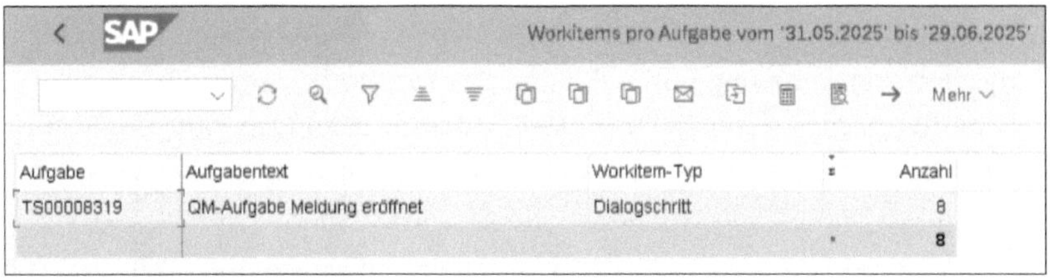

Abbildung 4.9 Ergebnis für die Meldungsbearbeitung

Workitems ohne bzw. mit gelöschten Bearbeiterkonten

Probleme bei der Bearbeiterfindung

Workitems ohne bzw. mit gelöschten Bearbeiterkonten sind die häufigsten Fälle, in denen die Administration im laufenden Betrieb in den Prozess eingreifen muss. Die Bearbeiterfindung ist bei verschiedenen Workflows sehr unterschiedlich und ihr Ergebnis oftmals abhängig von der Qualität der Stammdatenpflege. Ist die Bearbeiterfindung eines Workflows beispielsweise so konfiguriert, dass die oder der Kostenstellenverantwortliche eines Workitems aus dem Kostenstellenstammsatz ermittelt wird, muss der entsprechende Benutzer auch richtig und vollständig in den Stammdaten gepflegt werden.

Basiert die Bearbeiterfindung auf einem Organisationsmodell, muss dieses ebenfalls aktuell sein. Es kann sich auf das unternehmensweite HCM-Organisationsmodell oder auf ein eigenes, für den spezifischen Workflow konzipiertes Modell beziehen (siehe Abschnitt 3.6, »Bearbeiterfindung konfigurieren«). Verlässt eine Mitarbeiterin oder ein Mitarbeiter das Unternehmen, müssen die Nachfolgerin oder der Nachfolger rechtzeitig im Organisationsmodell gepflegt werden. Bleibt die frühzeitige Aktualisierung der Stammdaten aus, kann dies zu Workitems mit gelöschten Benutzern führen.

Ins Leere laufende Bearbeiterzuordnung vermeiden

Es kann also im Produktiveinsatz von Workflows vorkommen, dass Workitems ohne die für die Bearbeitung zugeordneten Benutzerkonten vorhanden sind. Berücksichtigen Sie diese Tatsache am besten bereits in der Konzeption des Workflows, indem Sie z. B. eine Prüfung in der Anwendung implementieren, die den Workflow-Prozess nicht starten lässt, wenn die Bearbeiterfindung nicht erfolgreich ist. So minimieren Sie die Anzahl der nicht ausführbaren Workitems und damit auch die Eingriffe des Workflow-Administrationsteams. Sorgen Sie außerdem dafür, dass die Stammdaten zum richtigen Zeitpunkt gepflegt werden.

[+]

Prüfung implementieren

Im Beispiel der oder des Kostenstellenverantwortlichen, die/der im Kostenstellenstammsatz hinterlegt werden muss und für die Freigabe einer

Bestellanforderung verantwortlich ist, wäre eine Prüfung beim Speichern der Bestellanforderung optimal. Kann das System keine für die Freigabe verantwortliche Person im Kostenstellenstammsatz finden, kann das Speichern der Bestellanforderung mit einer Entwicklung unterbunden werden.

Reports zur Auswertung

Mit den Reports **Workitems ohne Bearbeiter** (Transaktion SWI2_ADM1) bzw. **Workitems mit gelöschten Usern** (Transaktion SWI2_ADM2) können die problematischen Workitems ermittelt werden. Im Selektionsbildschirm beider Reports stehen Ihnen wiederum die Aufgabenfilter zur Verfügung, bei Workitems mit gelöschten Agenten (Bearbeiter- bzw. Benutzerkonten) ist allerdings kein Monitoring-Zeitraum wählbar. Abbildung 4.10 zeigt den Selektionsbildschirm der Transaktion SWI2_ADM1. Geben Sie hier einen Zeitraum an, für den Sie die Workflow-Ausführung untersuchen möchten. Im **Aufgabenfilter** können Sie ähnlich wie bei der Analyse der Workflow-Häufigkeit wieder nach einer bestimmten Standardaufgabe oder einem Workflow-Szenario selektieren.

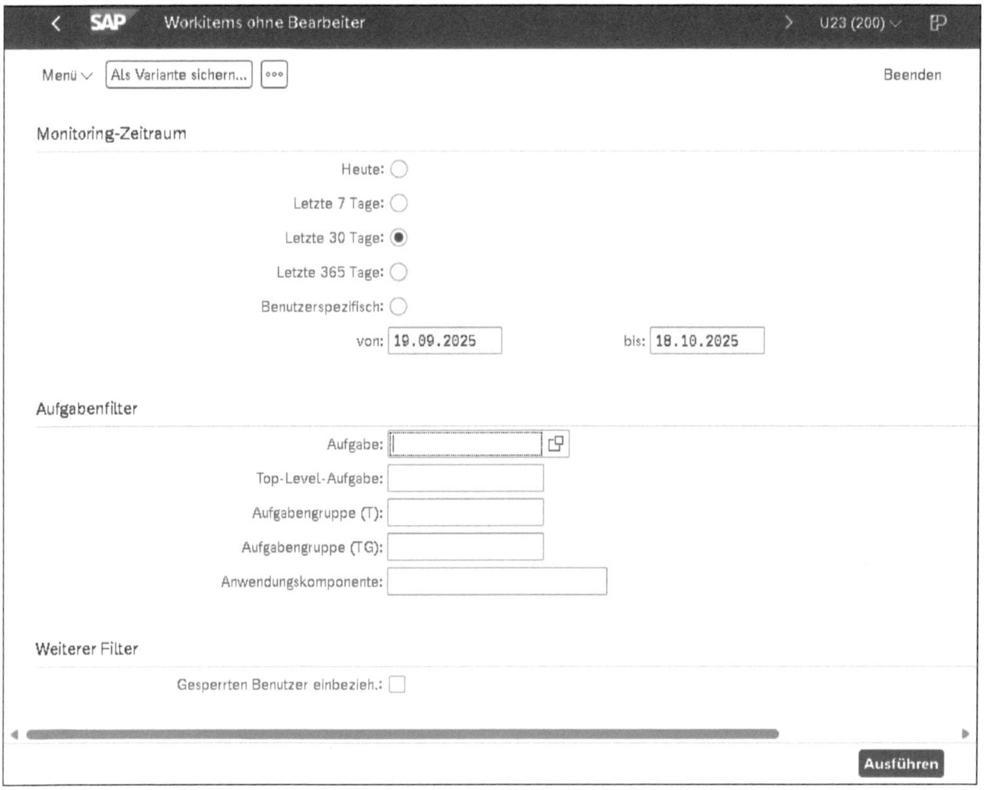

Abbildung 4.10 Report »Workitems ohne Bearbeiter« (»fiorisiert«)

Abbildung 4.11 zeigt das Ergebnis des Reports. Sie haben hier über die Funktion (**Agenten zuordnen**) direkt die Möglichkeit, eine neue Bearbeiterzuordnung vorzunehmen (z. B. die oder den Kostenstellenverantwortlichen zuzuordnen, die/der zum Zeitpunkt der Workitem-Erzeugung im Kostenstellenstammsatz gefehlt hat).

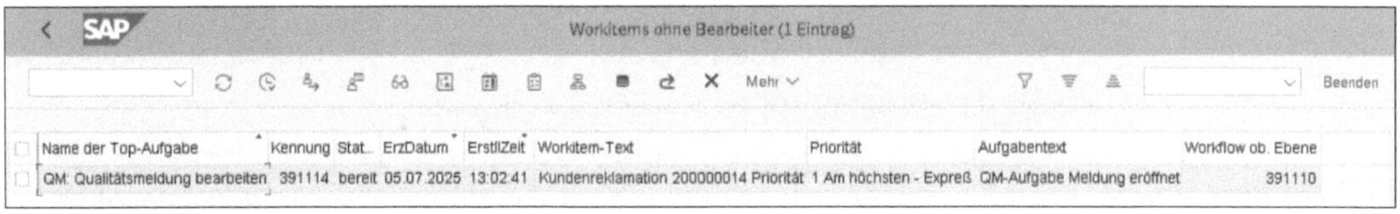

Abbildung 4.11 Ergebnis des Reports »Workitems ohne Bearbeiter«

Weitere Administrationsfunktionen

Workitems ohne Bearbeiterprüfung ausführen

Neben den vorgestellten Reports können Sie auch einen speziellen Administrations-Report nutzen (Transaktion SWIA). Darüber können Sie die relevanten Workitems ohne Bearbeiterprüfung ausführen und administrieren. Selektieren Sie zunächst die ausgeführten Workitems über den in Abbildung 4.12 gezeigten Selektionsbildschirm.

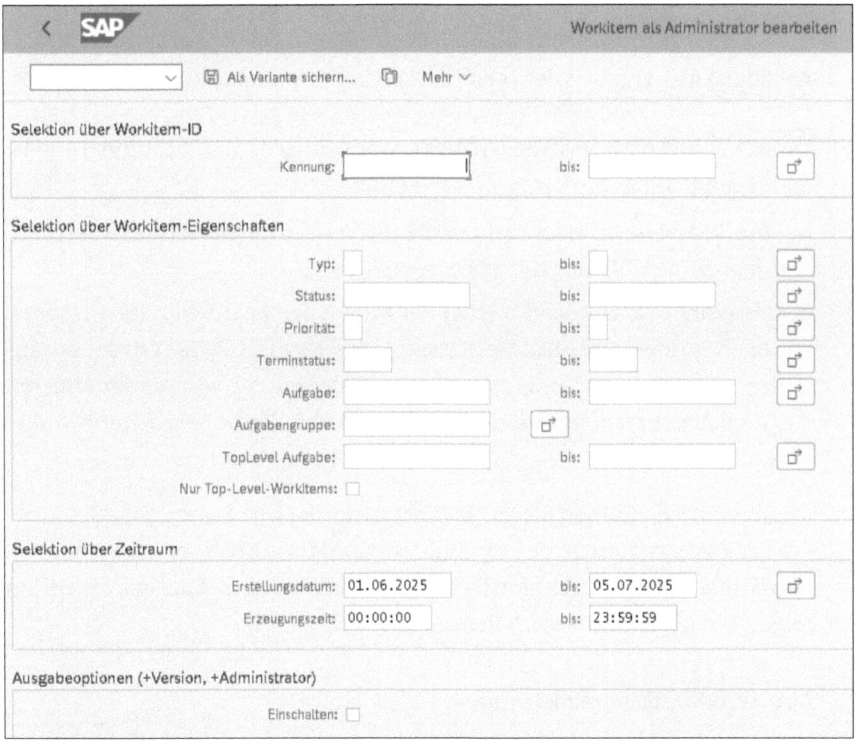

Abbildung 4.12 Startseite der Transaktion SWIA (Workitems als Administrator bearbeiten)

Abbildung 4.13 zeigt ein exemplarisches Ergebnis des Reports. Über die Schaltfläche **Ohne Prüfung** können Sie den Workflow hier ohne Bearbeiterprüfung ausführen. Daneben stehen Ihnen hier noch weitere administrationsspezifische Funktionen zur Verfügung, um den Workflow-Prozess fortzuführen bzw. abzubrechen. Sie können unter anderem den Workflow nach einem Fehler fortsetzen (↻) sowie einen Workflow abbrechen (✕), manuell beenden oder manuell ersetzen und somit ein reserviertes Workitem wieder der ganzen Gruppe zur Verfügung stellen.

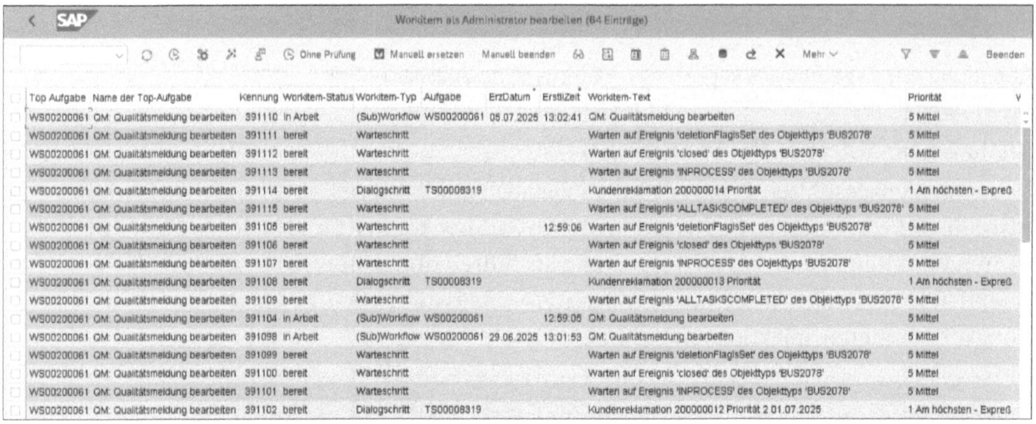

Abbildung 4.13 Ergebnis des Reports »Workitem als Administrator bearbeiten«

Anwendungsfälle für den Administrationsreport

Typische Anwendungsfälle, in denen ein Eingriff des Administrationsteams notwendig sein kann, sind folgende:

- Eine Bearbeiterin oder ein Bearbeiter verfügt nicht über die Berechtigung zur Ausführung des Workitems.
- Das Workitem wurde von einer der möglichen bearbeitenden Personen angenommen und nicht weiterbearbeitet. Da diese Person zwischenzeitlich z. B. erkrankte, muss die weitere Bearbeitung von einem anderen möglichen Bearbeiter bzw. einer anderen möglichen Bearbeiterin vorgenommen werden.

Im zweiten Fall können Sie das Workitem zurücklegen. Dazu markieren Sie das Dialog-Workitem in der Ergebnisliste und springen über das Symbol (**Workitem anzeigen (Administration)**) in die Workitem-Anzeige, die wir im folgenden Abschnitt beschreiben.

App »Workflow-Administration«

Alternativ oder ergänzend zu den bisher beschriebenen Administrationsfunktionen bietet SAP S/4HANA in allen Bereitstellungsmodellen die neue

App **Workflow-Administration** an (siehe Abbildung 4.14). Diese finden Sie über den App-Finder im SAP Fiori Launchpad. In dieser App stehen Ihnen einige der in den vorangegangenen Abschnitten vorgestellten Administrationsfunktionen zur Verfügung, aber noch nicht alle. Aktuell sind dies lediglich die Funktionen, die Sie als Aktivitäten in Abbildung 4.14 sehen (**Workflows neu starten/abbrechen/fortsetzen**, Aufgaben mit ungültiger Benutzerzuordnung suchen, **Dialog-Workitem weiterleiten**, **Bearbeiterfindung wiederholen**). Weitergehende Eingriffe, z. B. **Container ändern**, müssen Sie weiterhin über die Transaktion SWIA vornehmen (siehe Abbildung 4.17). Technisch handelt es sich bei dieser App um die »fiorisierte« Transaktion SWI_ADM_CLOUD.

Abbildung 4.14 App »Workflow-Administration«

Workitem weiterleiten

Eine in der Praxis sehr nützliche Funktion dieser App ist die Funktion **Dialog-Workitem weiterleiten**. Hier können Sie eine Benutzer-ID angeben, die Workitems aktuell nicht bearbeiten kann, da die Person z. B. erkrankt ist. So könnten alle eingehenden Workitems für diese Person gemeinsam an eine andere Person weitergeleitet werden.

[!]

Eingeschränkte Funktionalität für klassische Workflows

Beachten Sie, dass diese App eigentlich für flexible Workflows konzipiert wurde, weshalb nicht alle Funktionen für klassische Workflows zur Verfügung stehen. Beispielsweise finden Sie beim Einstieg über die Aktivität **Workflows neu starten** nur flexible Workflows.

4.3.2 Analyse eines laufenden Workflows

Workitem-Anzeige und -Protokoll

Um eingesetzte Workflows näher analysieren zu können und diese auszuwerten, haben wir uns im vorangegangenen Abschnitt einige wichtige Reports angeschaut. Werden detailliertere Informationen eines Workflows benötigt, sind die *Workitem-Anzeige* und das *Workflow-Protokoll* die Werkzeuge der Wahl. In der Workitem-Anzeige sind die Details zu einer Aufgabe aufrufbar. Im Gegensatz dazu liefert das Workflow-Protokoll einen Überblick über den kompletten Workflow-Ablauf. Von allen Stellen aus, in denen Sie Workitems im System finden können, können Sie in die Workitem-Anzeige abspringen. Dies gilt auch für die Auswertungsreports zu Workflows (siehe Abschnitt 4.3.1).

Sicht anpassen

Sowohl für die Workitem-Anzeige als auch für das Workflow-Protokoll gibt es unterschiedliche Sichten, die in den Benutzerparametern eingestellt werden können. Im Business Workplace können Sie die Sicht zur Workitem-Anzeige und zum Workflow-Protokoll unter **Mehr • Einstellungen • Workflow-Einstellungen • Persönliche Einstellungen • Sichten** ändern. Standardeinstellung ist die Benutzersicht. Es können weitere technische Sichten eingestellt werden, in denen Sie erweiterte Analysemöglichkeiten haben.

[»]

Sichten in der App »Meine Inbox«

In der App **Meine Inbox**, in der es ebenfalls ein Workflow-Protokoll gibt, werden standardmäßig nur Workitem-relevante Aktionen, also Informationen, die für die Endanwender*innen zur Bearbeitung relevant sind, angezeigt. Es ist keine technische Sicht möglich.

Workitem-Anzeige

Benutzersicht

Wenn Sie im Selektionsreport für Workitems eine Zeile markieren (siehe Abbildung 4.7), z. B. die des Dialog-Workitems (die fünfte Zeile in unserem Beispiel), und auf das Symbol (**Workitem anzeigen**) klicken, gelangen Sie in die Workitem-Anzeige. Abbildung 4.15 zeigt die voreingestellte Benutzersicht.

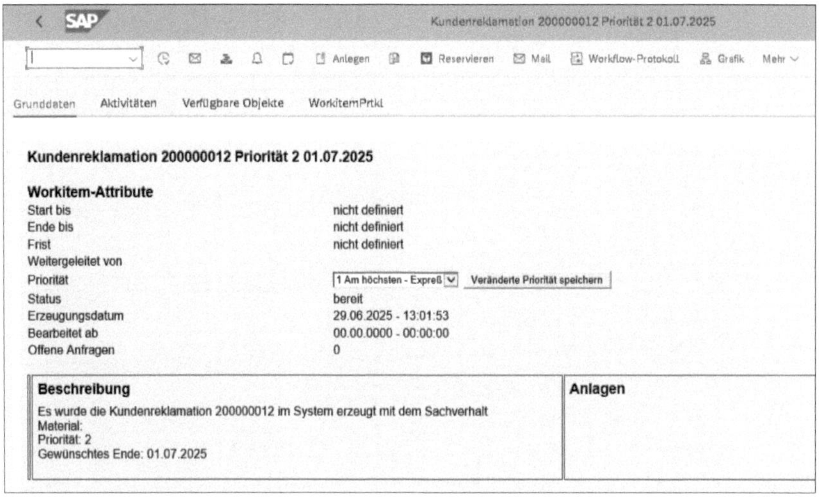

Abbildung 4.15 Benutzersicht der Workitem-Anzeige

Sie finden hier detaillierte Informationen zum Workitem, den **Status**, eine **Beschreibung**, die **Priorität** sowie Details zu Terminen, Bearbeiter*innen und Anlagen. Im Fehlerfall erhalten Sie eine entsprechende Fehlermeldung, die ebenfalls in der Workitem-Anzeige ausgegeben wird.

Technische Sicht

Zur Administration haben Sie in der technischen Sicht (siehe Abbildung 4.16) weitere Möglichkeiten, um das Workitem z. B. im Fehlerfall anzupassen.

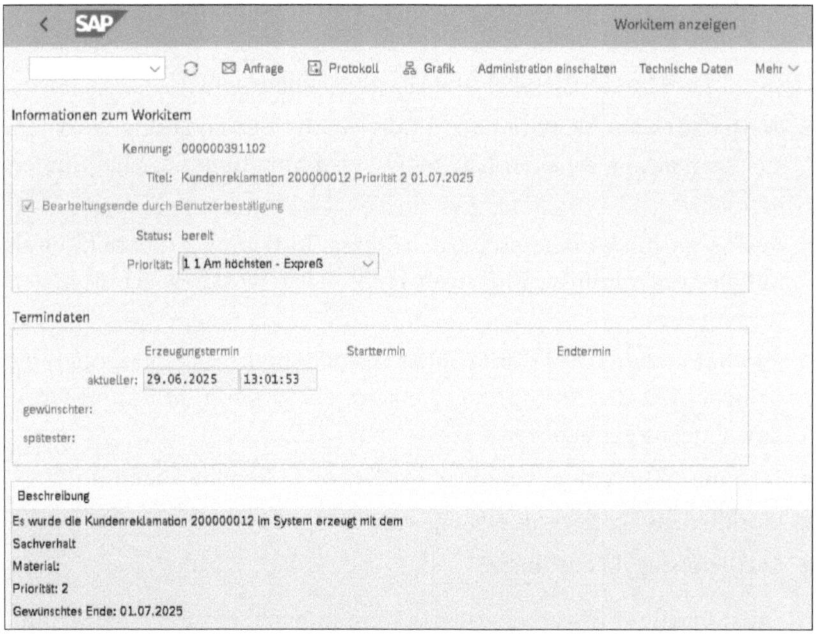

Abbildung 4.16 Technische Sicht der Workitem-Anzeige

Über die Schaltfläche **Administration einschalten** werden Services für die Administration und den Support eingeblendet (siehe Abbildung 4.17).

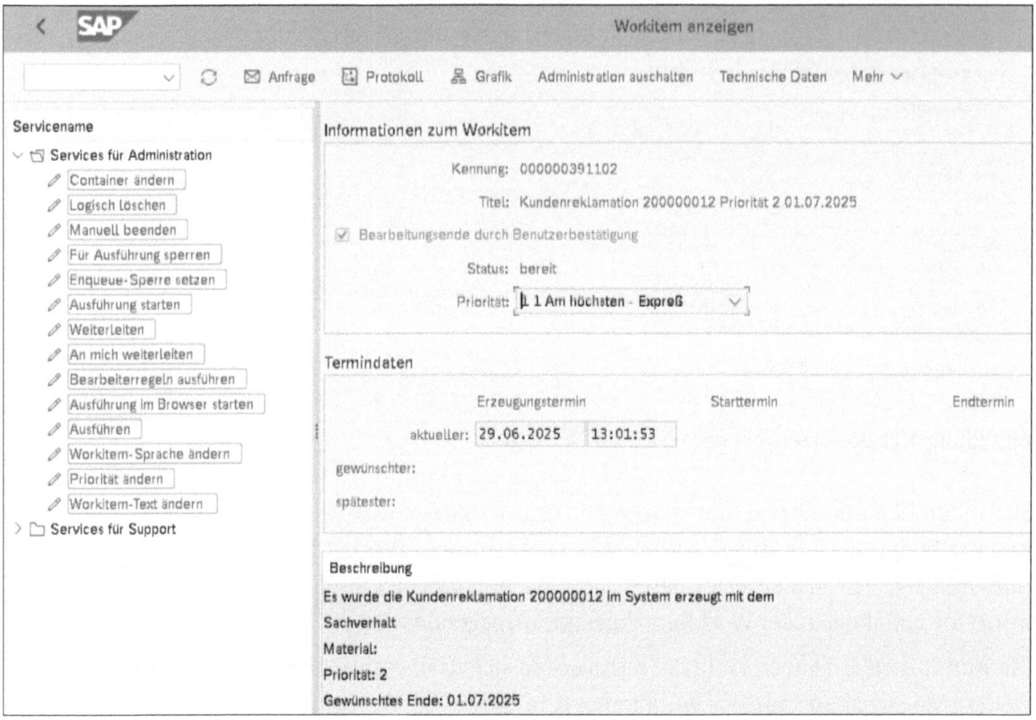

Abbildung 4.17 Workitem-Anzeige mit Administrationsfunktionen

Wichtige Funktionen für die Administration sind folgende:

- **Weiterleiten** von Workitems (z. B. falls jemand, der das Dialog-Workitem zur Bearbeitung erhalten hat, keine Vertretung hinterlegt hat und erkrankt ist)
- **Ausführen** von Workitems, um den Prozess fortfahren zu können (Sie als Mitglied des Administrationsteams führen den Workflow-Schritt in Vertretung aus.)
- **Priorität ändern** (Die Priorität eines Dialog-Workitems repräsentiert die Dringlichkeit der Ausführung. Sie kann als Sortierkriterium im Workflow-Eingang genutzt werden.)
- Termine ändern (nur über die Schaltfläche [**Termine ändern**])
- Workitem auf den Status **Erledigt** setzen
- **Bearbeiterregeln ausführen**

Die Ausführung von Bearbeiterregeln kann sinnvoll sein, wenn die Stammdatenpflege für die Bearbeiterfindung zum Zeitpunkt der Workitem-Erzeugung nicht vollständig war, aber jetzt aktualisiert wurde. Durch das Ausführen der Bearbeiterregeln können die möglichen Bearbeiter*innen im erneuten Durchlauf erfolgreich ermittelt werden.

Workflow-Container anzeigen

Für Analysen hilfreich ist außerdem die Möglichkeit, über **Mehr • Zusätze • Container** den *Workflow-Container* anzuzeigen. Der Workflow-Container enthält die variablen Inhalte des Workflows, also die laufzeitspezifischen Daten (siehe Abbildung 4.18).

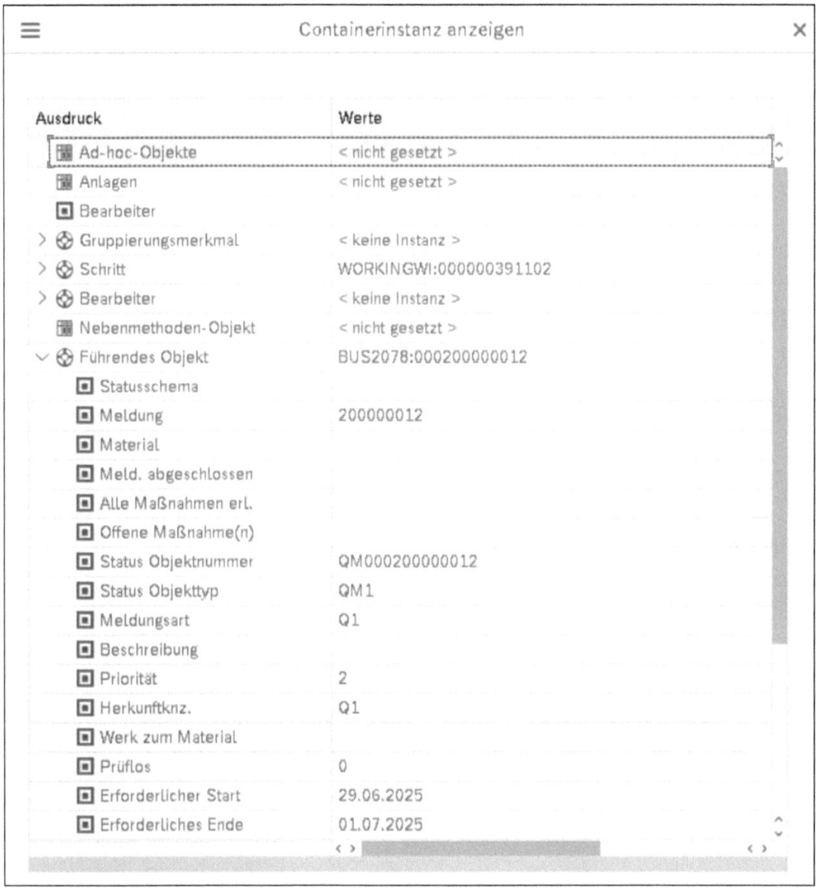

Abbildung 4.18 Workflow-Container zum Workflow WS00200061 der Meldung 000200000012

Für die Analyse des Workflows sind diese Daten relevant, da darauf basierend z. B. die Bearbeiterfindung durchgeführt wird. Ebenso sind diese Daten für jegliche Fehleranalysen im Rahmen einer Workflow-Entwicklung hilfreich. In unserem Beispiel ist die Variable `_WI_Object_ID` die Instanz des Geschäftsobjekts oder der verwendeten Klasse des Workflows (in diesem Beispiel BUS2078).

Workflow-Protokoll

Sichten

Das Workflow-Protokoll ist das wichtigste Analysemittel im Kontext von SAP-Workflows. Hier können alle Informationen, die während der Ausführung eines Workflows (also einer Workflow-Instanz) entstehen, analysiert werden. Wie bei der Workitem-Anzeige gibt es auch hier verschiedene Sichten:

- Benutzersicht
- Benutzersicht (klassisch)
- technische Sicht (Baum)
- Zusammenfassung (HTML)
- technische Sicht (klassisch)
- technische Sicht (chronologisch)

Sie können sich Ihre bevorzugte Sicht in Ihren Workflow-Einstellungen vorbelegen, wie im Abschnitt »Workitem-Anzeige« beschrieben, aber auch zwischen den Sichten wechseln. Wir beschreiben im Folgendem nicht alle Sichten, da sich die Informationen ähneln.

Benutzersicht

In der Benutzersicht (siehe Abbildung 4.19) werden nicht zu allen Schritttypen Daten angezeigt. Dies ist nur in den technischen Sichten möglich. Die Registerkarte **Sicht Workflow-Chronik** zeigt alle Schritte des Workflows, die bisher bearbeitet wurden oder zur Bearbeitung anstehen (auch Subworkflows), in hierarchischer Darstellung.

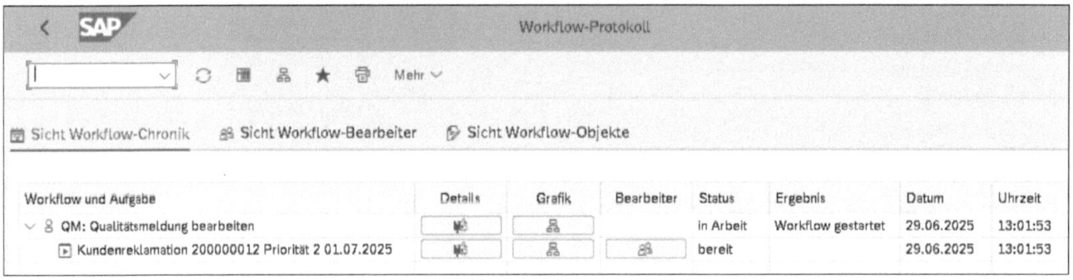

Abbildung 4.19 Workflow-Chronik in der Benutzersicht des Workflow-Protokolls

Auf der Registerkarte **Sicht Workflow-Bearbeiter** wird dargestellt, welche Benutzer welche Workitems wann bearbeitet haben und welche Objekte betroffen waren (siehe Abbildung 4.20). Hier sehen Sie auch, ob eine SAP-Fiori-Push-Benachrichtigung (siehe Abschnitt 3.8, »Workflow-Benachrichtigungen in SAP Fiori einstellen«) ausgelöst worden ist.

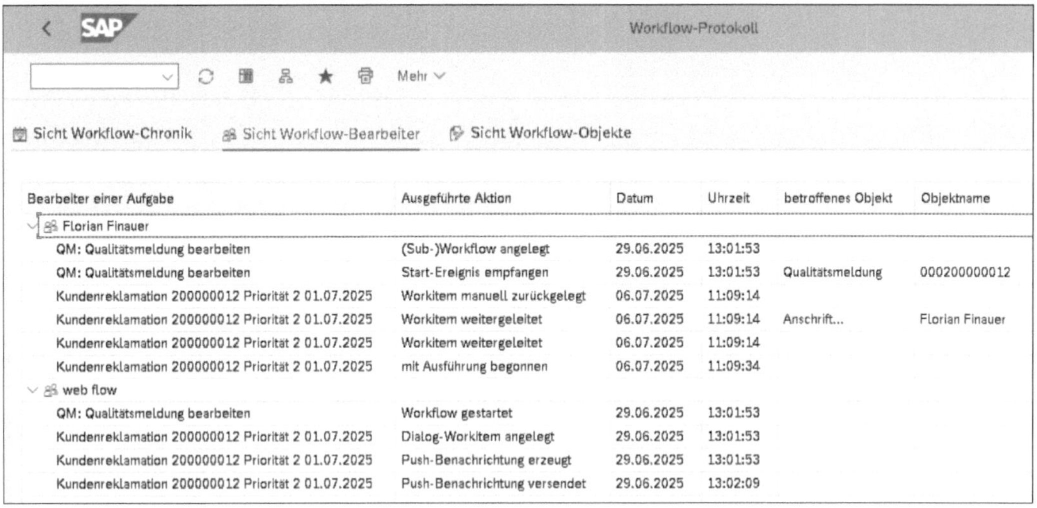

Abbildung 4.20 Registerkarte »Sicht Workflow-Bearbeiter« in der Benutzersicht des Workflow-Protokolls

Auf der Registerkarte **Sicht Workflow-Objekte** finden Sie die Objekte, die im Workflow genutzt werden. Es werden auch Anlagen und Objekte aufgelistet, die hinzugefügt wurden (siehe Abbildung 4.21).

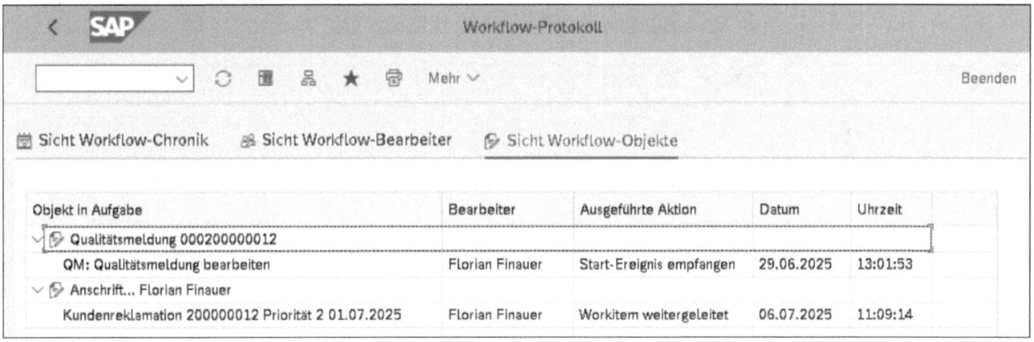

Abbildung 4.21 Registerkarte »Sicht Workflow-Objekte« in der Benutzersicht des Workflow-Protokolls

Technische Sicht

Für weitergehende Analysen können Sie in die technische Sicht (▦, **Liste mit technischen Details**) des Workflow-Protokolls abspringen. Sie haben hier verschiedene Anzeigevarianten: **Details**, **Schritthist.**, **Aufgabenbeschr.**, **Message** und **Container** (siehe Abbildung 4.22).

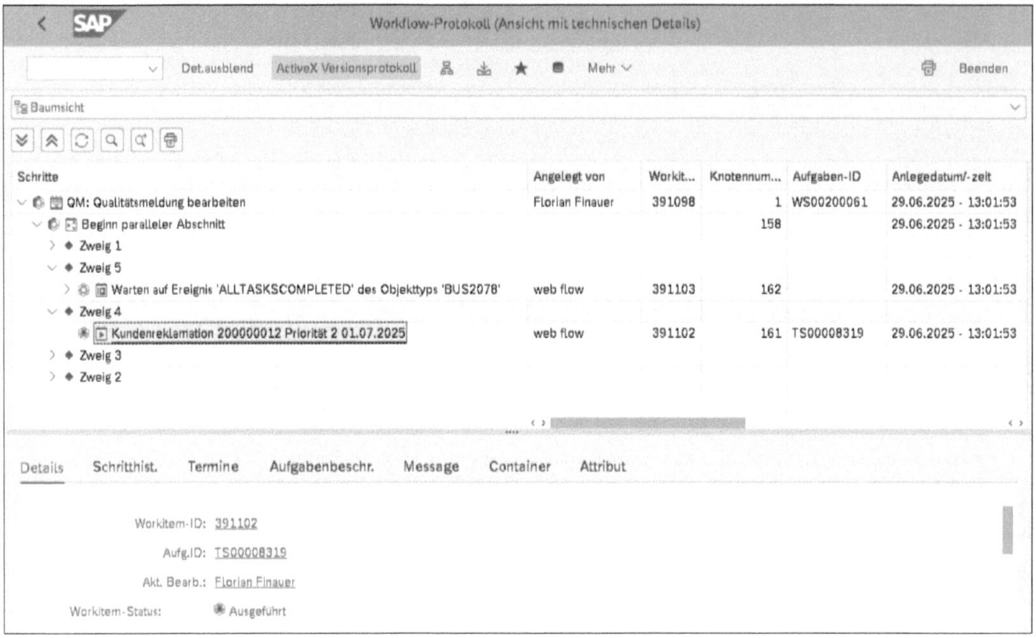

Abbildung 4.22 Technische Sicht des Workflow-Protokolls

Wichtig im Fehlerfall ist vor allem die Schritthistorie, in der die Fehlermeldungen zu finden sind (siehe Abbildung 4.23).

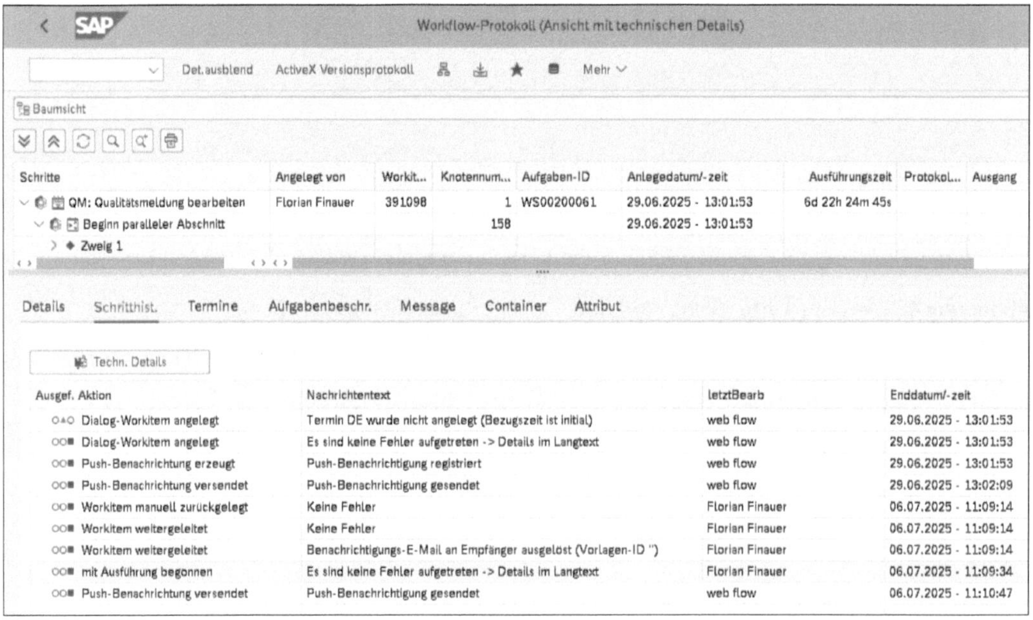

Abbildung 4.23 Schritthistorie in der technischen Sicht des Workflow-Protokolls

Detailliertere technische Sicht

Wenn Sie in Ihren Workflow-Einstellungen die Sicht **technische Sicht (klassisch)** gewählt haben, ist die Ansicht wiederum etwas umfangreicher (siehe Abbildung 4.24).

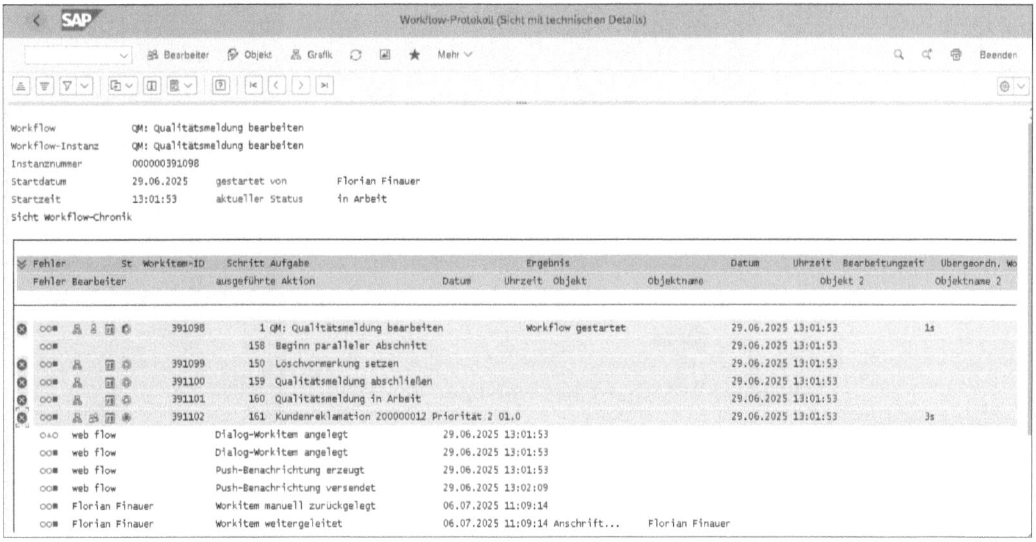

Abbildung 4.24 Workflow-Protokoll (Sicht mit technischen Details)

Hier erhalten Sie komprimiert alle Informationen zu den einzelnen Schritten. Sie können in dieser Ansicht ebenfalls auf technische Details des jeweiligen Schrittes, z. B. zur Workitem-ID 391102, wie die Containerelemente (**Container zeigen**) und deren Inhalte zur Laufzeit zugreifen. Außerdem können Sie Mitarbeiterdaten (**Bearbeiter zeigen**) und Workflow-Daten (**Workflow zeigen**) einsehen. Auf einen Blick sind hier somit die meisten Analysemöglichkeiten verfügbar, die Sie gerade bei selbst entwickelten Workflows auch nutzen sollten. Erfahrene Administrator*innen nutzen in der Regel eine der beiden technischen Sichten.

Grafisches Workflow-Protokoll

Eine weitere Möglichkeit, den Workflow zu analysieren, ist das grafische Workflow-Protokoll (siehe Abbildung 4.25), in das Sie über die Schaltfläche **Grafik** abspringen können.

Hier wird visualisiert, welchen Weg die Workflow-Instanz auf Basis des technischen Workflow-Szenarios im Workflow Builder genommen hat. Dies zu interpretieren, gelingt vor allem dann, wenn der Ablauf des Workflow-Szenarios genau bekannt ist und verstanden wurde.

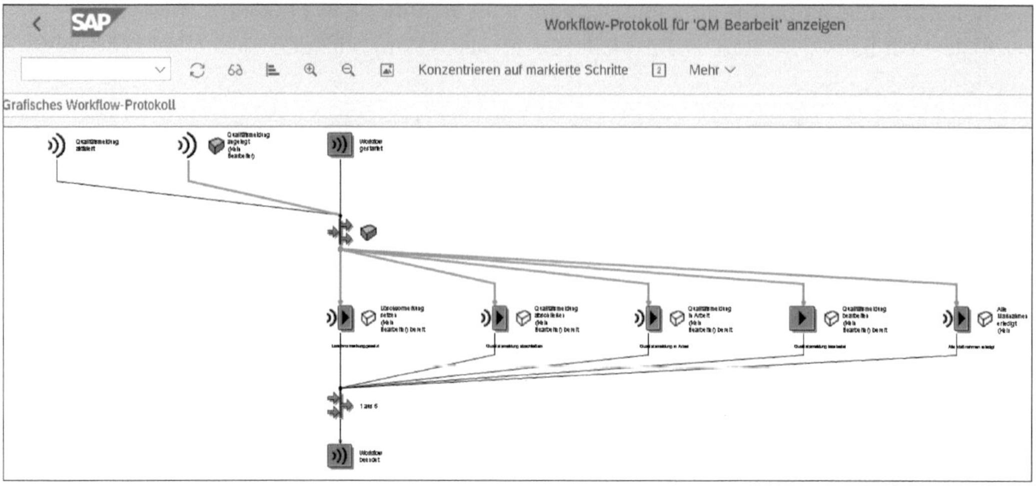

Abbildung 4.25 Grafisches Workflow-Protokoll

Kapitel 5
Elemente von Workflow-Definitionen

Voraussetzungen für die klassische Workflow-Entwicklung im SAP-System sind ABAP-Know-how und Kenntnisse der workflow-spezifischen Entwicklungsobjekte, die Sie im Workflow Builder nutzen und mit Objekten aus der ABAP-Entwicklung kombinieren. In diesem Kapitel erhalten Sie alle wichtigen Informationen zu diesen Entwicklungsobjekten.

In einigen Anwendungsfällen reicht es nicht aus, einen Standard-Workflow zu aktivieren. Sind die Prozessanforderungen umfassender, besteht häufig die Notwendigkeit, einen Standard-Workflow zu erweitern oder einen komplett eigenen Workflow zu implementieren. In diesem und den folgenden Kapiteln erhalten Sie die wesentlichen Informationen zu den hierzu benötigten Entwicklungsobjekten und -werkzeugen.

Ausgehend von der Grundarchitektur eines Workflows mit einer Übersicht der Hauptkomponenten in Abschnitt 5.1 stellen wir in Abschnitt 5.2 den Workflow Builder als zentrales Werkzeug bei der Workflow-Entwicklung detaillierter vor. Im nächsten Abschnitt 5.3 erläutern wir Ihnen die Schritttypen als Objekte des Workflow Builders. Einen ersten Einblick in die Schritttypen haben Sie bereits in Abschnitt 3.5, »Workflow-Szenarios und Standardaufgaben verwenden«, erhalten.

Darauf aufbauend beschreiben wir in Abschnitt 5.4, Abschnitt 5.5 und Abschnitt 5.6 Standardaufgaben, BOR-Objekte und Klassen mit deren Methoden. Eine Einführung in die Container der beschriebenen Objekte in Abschnitt 5.7 und in den Mechanismus der Datenflüsse zwischen diesen Containern in Abschnitt 5.8 schließt dieses Kapitel ab. Nach dem Durcharbeiten dieses Kapitels haben Sie fundierte Kenntnisse zu den wichtigsten Entwicklungsobjekten im klassischen SAP-Workflow.

[«]

Elemente flexibler Workflows

Flexible Workflows nutzen zum Teil die gleichen Elemente bzw. Entwicklungsobjekte in reduziertem Umfang bzw. mit anderen Mechanismen. Daher ist es auch für die Erweiterung und Entwicklung flexibler Workflows wichtig, die in diesem Kapitel beschriebenen Objekte klassischer Workflows zu kennen.

5.1 Grundarchitektur eines Workflows

Für die Workflow-Entwicklung ist es wichtig, die Grundarchitektur der klassischen Workflows mit ihren Hauptkomponenten zu verstehen. Einige der Objekte haben Sie bereits in den vorangegangenen Kapiteln kennengelernt. In Abbildung 5.1 veranschaulichen wir das Zusammenspiel der Objekte.

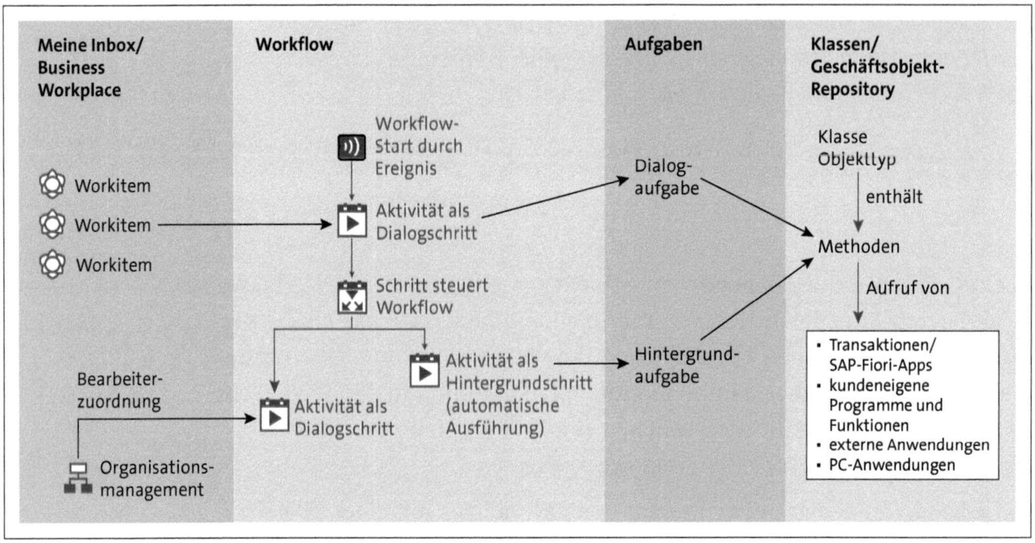

Abbildung 5.1 Technische Architektur eines Workflows

Komponenten

Grundsätzlich sind hier die folgenden Komponenten relevant:

- **Meine Inbox/Business Workplace**
  Von den Eingangsboxen können die ausführbaren Workitems durch die Benutzer*innen bearbeitet werden.
- **Workflow-Definition**
  Um einen Workflow nutzen zu können, muss eine entsprechende Workflow-Definition im Workflow Builder erstellt werden (siehe Abschnitt 5.2, »Workflow-Definition im Workflow Builder«). In der Workflow-Definition werden Schritte festgelegt, die zur Laufzeit ausgeführt werden.
- **Schritte**
  Die Schritte steuern den Workflow entweder direkt (z. B. über den Schritttyp Bedingung) oder sie enthalten eine Referenz auf eine Aufgabe.
- **Aufgaben**
  Aufgaben (oder auch Standardaufgaben, siehe Abschnitt 5.4, »Standardaufgaben«) sind betriebswirtschaftliche Tätigkeiten, die sich auf Methoden einer Klasse oder eines Geschäftsobjekts beziehen.

- **Klassen/Geschäftsobjekte**
  Eine Klasse (siehe Abschnitt 5.6, »Klassen«) bzw. ein Geschäftsobjekt bzw. Business-Objekt im *Business Object Repository* (BOR, siehe Abschnitt 5.5, »BOR-Objekte«) stellt die Datenbasis für den Workflow dar. Wenn ein Workflow beispielsweise konzipiert wird, um eine Qualitätsmeldung zu bearbeiten, wäre eine Klasse oder ein Objekttyp »Qualitätsmeldung« relevant. Diese Klasse bzw. dieser Objekttyp enthalten die relevanten Methoden für Funktionen rund um das Objekt, wie z. B. für das Bearbeiten, Anlegen, Suchen oder Löschen eines Objekts dieses Objekttyps.

  Eine Methode kann zur Laufzeit automatisch im Hintergrund (bei einer Hintergrundaufgabe) ausgeführt werden oder durch einen Benutzer/eine Benutzerin im Falle einer Dialogaufgabe. So können beispielsweise Transaktionen, SAP-Fiori-Apps oder kundeneigene Funktionen etc. ausgeführt werden.

  Ebenso wie die Methoden beinhalten die Klassen bzw. Objekttypen auch die Ereignisse, die für den Workflow relevant sind (z. B. das auslösende Ereignis »Meldung angelegt«) und die Attribute (z. B. die Meldungsnummer).
- **Organisationsmanagement**
  Das Organisationmanagement stellt eine Abbildung der Aufbauorganisation dar. Für die Bearbeiterzuordnung wird oftmals auf Organisationseinheiten zugegriffen, um den Verantwortlichen für das Workitem zu ermitteln.

  Für den Workflow kann es sinnvoll sein, eine Organisationseinheit nur für den Workflow-Anwendungsfall aufzubauen.

5.2 Workflow-Definition im Workflow Builder

In Kapitel 3, »Klassische Standard-Workflows konfigurieren«, haben Sie im Rahmen der Suche nach Standard-Workflows bereits mit dem Workflow Builder gearbeitet. Er ist das zentrale Werkzeug zur Erstellung klassischer SAP-Workflows. Beachten Sie, dass für flexible Workflows in SAP S/4HANA und auf der SAP Business Technology Platform (SAP BTP) jeweils ein eigener Workflow-Editor existiert (siehe Kapitel 10, »Einführung in flexible Workflows«, und Kapitel 15, »Workflow-Management mit SAP Build Process Automation«).

Aufruf des Workflow Builders

Der Einstieg in den Workflow Builder erfolgt über die Transaktion SWDB bzw. SWDD für das Ändern eines Workflows. Im Workflow Builder designen Sie den technischen Prozessablauf, die einzelnen Schritte des Workflows und die Datenflüsse zwischen den Schritten. Die für den Workflow erforderlichen Daten werden in einem Workflow-Container gespeichert. Die Elemente des Workflow-Containers sind wie Variablen, die im Workflow-Ablauf genutzt werden.

Workflow-Aktivitäten werden innerhalb von Aufgaben durchgeführt. Eine Aufgabe kann mehrfach in verschiedenen Workflow-Schritten genutzt werden. Sie besitzt einen *Aufgabencontainer*, der alle Daten enthält, die für diese Aufgabe benötigt werden.

Der Workflow Builder ist in verschiedene Bereiche eingeteilt, die Sie in Abschnitt 2.2.1, »SAP Business Workflow«, kennengelernt haben. In den folgenden Abschnitten sehen wir uns die Funktionen dieser Bereiche genauer an.

5.2.1 Informations- und Navigationsbereich

Informationsbereich

Im **Informationsbereich** wird der **Workflow** angezeigt, also die technische ID des Workflow-Szenarios (Workflow-Musters), der immer das Kürzel WS vorangestellt ist. Handelt es sich um einen kundeneigenen Workflow, wird die Vorsatznummer aus dem automatischen Customizing (siehe Abschnitt 3.2, »Automatisches Workflow-Customizing«) vorangestellt. Standardmäßig ist das »900«, die IDs von Kunden-Workflow-Szenarios beginnen also mit »WS900*«. In Abbildung 5.2 lautet die vollständige ID WS90000004. Sie sehen den **Status** des Workflow-Szenarios und die **Version**, die Sie wählen können (über die Wertehilfe). Im System werden mehrere Versionen des Workflows verwaltet, aber es gibt immer nur eine aktive Version.

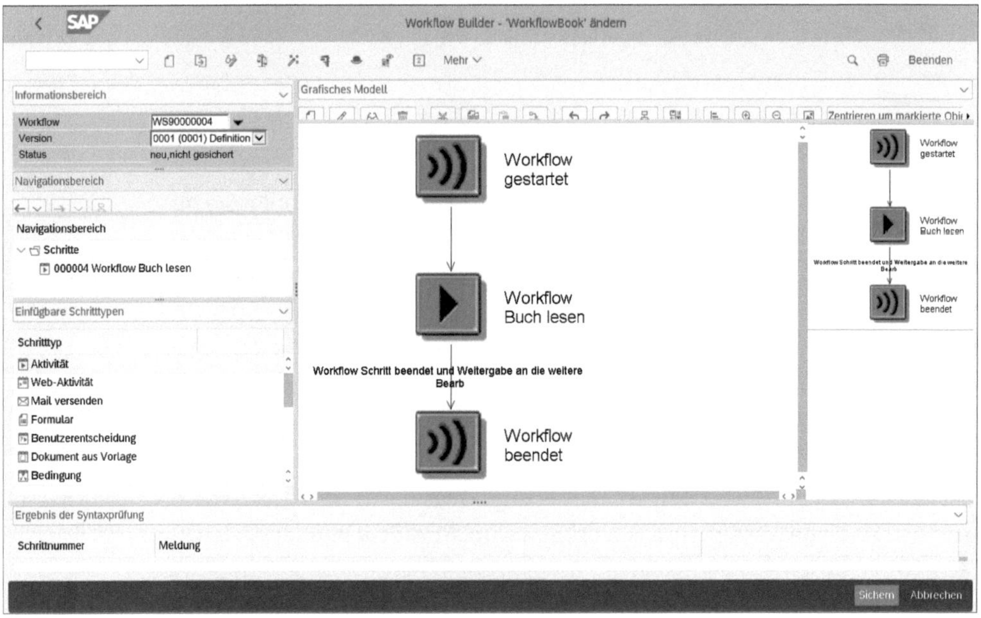

Abbildung 5.2 Workflow Builder – Übersicht

[«]

Version bei der Aktualisierung von Workflows

Ein laufender Workflow basiert immer auf der zu seinem Startzeitpunkt aktiven Version. Wenn also eine neuere Version des Workflows produktiv zum Einsatz kommt und aktiviert wird, wird der laufende Workflow noch auf Basis der alten Version zu Ende geführt.

Ändern Sie jedoch Methoden aus Klassen, die für den Workflow genutzt werden, werden diese sofort in der neueren Version aktiv. Das heißt, es kann sein, dass der alte Workflow mit den neuen Methoden weiterläuft. Beachten Sie dies bei Änderungen an produktiven Workflows.

Neue Version erstellen

Sie können über den Menüpfad **Mehr • Workflow • Version ziehen** eine neue Version erstellen. Die Änderung beeinflusst einen eventuell laufenden produktiven Workflow, sodass dieser nicht mehr funktioniert. Es ist also notwendig, dass dieser Workflow in der alten Version zu Ende läuft.

Beim Transport einer Workflow-Definition wird nur die aktive Version transferiert. Die bestehende Workflow-Definition im Zielsystem wird mit der gleichen Versionsnummer überschrieben, aber nur, wenn keine laufenden Workflows vorhanden sind. Sind laufende Workflows vorhanden, speichert das System die transportierte und aktive Version unter einer neuen freien Versionsnummer.

Navigationsbereich

Im Navigationsbereich werden alle Schritte des Workflows aufgelistet. Sie können über den jeweiligen Hyperlink direkt in die Schrittdefinition (z. B. die Aktivität) springen. Die angezeigte Schrittnummer (in diesem Beispiel 000004) entspricht der Nummer im technischen Protokoll.

5.2.2 Einfügbare Schritttypen und andere Inhalte

Einfügbare Schritttypen

Im Bereich **Einfügbare Schritttypen** können Sie über das Dropdown-Menü (⌄) auch zu anderen Objekten bzw. Inhalten wechseln, die Sie in dieser Ansicht einfügen bzw. nutzen können (siehe Abbildung 5.3). Diese alternativen Inhalte stellen wir im Folgenden kurz vor.

In der Defaulteinstellung steigen Sie mit der Option **Einfügbare Schritttypen** in die Modellierung eines Workflows ein (siehe Abbildung 5.4). Sie können die verfügbaren Schritttypen per Drag and Drop in das grafische Modell ziehen und erzeugen so einen Schritt im Workflow-Ablauf. Die einzelnen Schritttypen werden in Abschnitt 5.3, »Schritttypen«, erläutert.

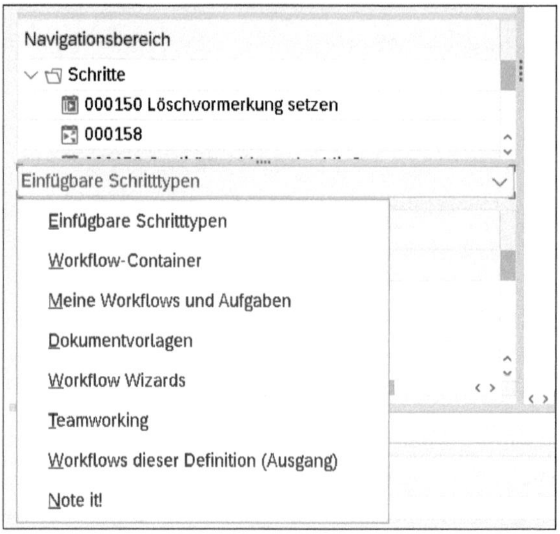

Abbildung 5.3 Ansichtsoptionen im Bereich »Einfügbare Schritttypen«

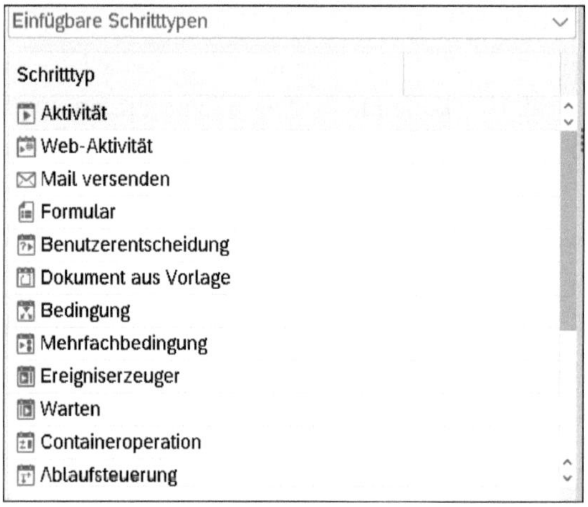

Abbildung 5.4 Sicht »Einfügbare Schritttypen« (Ausschnitt)

Workflow-Container

Wählen Sie die Ansichtsoption **Workflow-Container** in Abbildung 5.3 aus, sehen Sie alle Workflow-Containerelemente, die im Standard verfügbar sind (siehe Abbildung 5.5). Der **Workflow-Container** ist ein globaler Speicher zur Übergabe von Daten zwischen Workflow-Schritten. Per Doppelklick können Sie eigene Containerelemente anlegen. Weitere Informationen hierzu erhalten Sie in Abschnitt 5.7, »Container«.

Meine Workflows und Aufgaben

Unter **Meine Workflows und Aufgaben** finden Sie die zuletzt von Ihnen bearbeiteten Workflows und Standardaufgaben (siehe Abbildung 5.6).

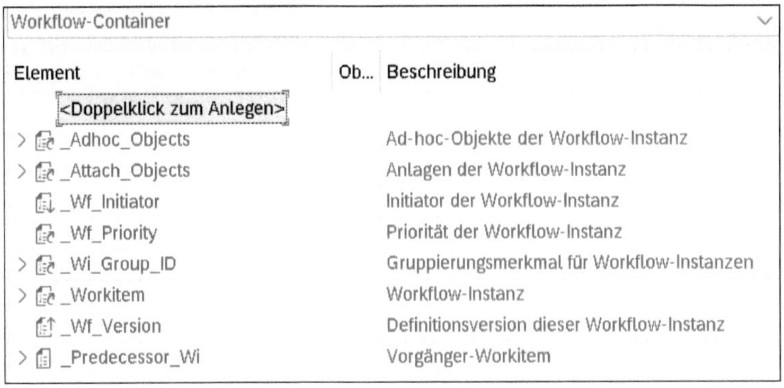

Abbildung 5.5 Ansichtsoption »Workflow-Container«

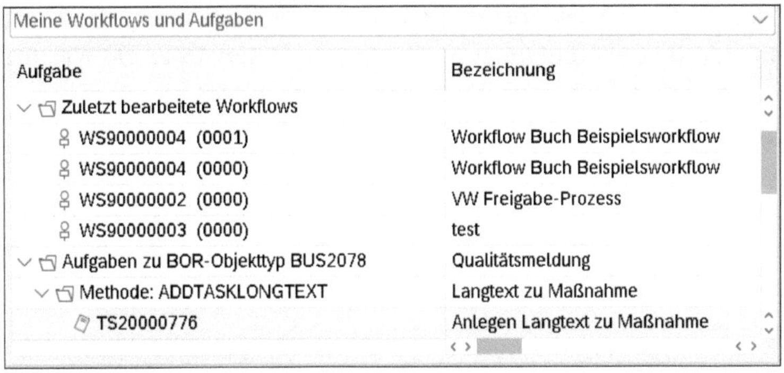

Abbildung 5.6 Ansichtsoption »Meine Workflows und Aufgaben«

Dokumentvorlagen

Dokumentvorlagen können genutzt und angelegt werden, wenn über einen Workflow Dokumente mithilfe einer entsprechenden PC-Anwendung (z. B. Microsoft Word) angelegt werden sollen, an deren Erstellung mehrere Anwender*innen beteiligt sind. Die Anwendung muss dabei lokal bei allen Workflow-Nutzer*innen installiert sein. Das erstellte Dokument wird zentral im *Knowledge Provider* des SAP-Systems gespeichert.

Im Workflow-Ablauf wird der Bearbeiterin oder dem Bearbeiter bei Ausführung des zugehörigen Workitems das erstellte Dokument angezeigt und sie oder er kann die Bearbeitung des Dokuments durchführen. Es handelt sich hier also um eine Aktivität im Workflow, die nicht unbedingt mit der SAP-Anwendung zu tun haben muss. Es kann aber sinnvoll sein, diesen Workflow-Schritt in einen Workflow, der auch SAP-Objekte beinhaltet, zu integrieren, um den Prozess vollständig über den Workflow abwickeln zu können.

Dokumentvorlage anlegen

Eine neue Dokumentvorlage kann per Doppelklick angelegt werden (siehe Abbildung 5.7).

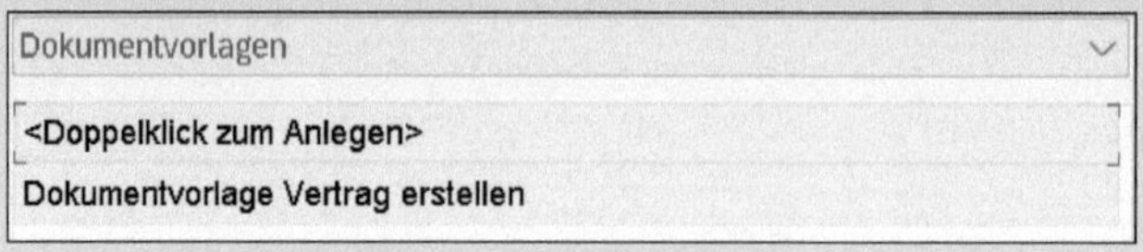

Abbildung 5.7 Dokumentvorlage anlegen

Workflow Wizards

Unter der Ansichtsoption **Workflow Wizards** (siehe Abbildung 5.8) finden Sie alle Wizards, die Sie nutzen können, um ein Workflow-Szenario anzulegen. Es werden Frameworks für typische Workflow-Anwendungsfälle, wie z. B. hierarchische Genehmigungsverfahren, angeboten. Über die Wizards können Sie sich Teile einer Workflow-Definition vom System erstellen lassen. Sie werden dabei angeleitet und entsprechend unterstützt. Unter Umständen müssen Sie das Ergebnis nachbearbeiten. Wenn Sie einen Wizard auswählen und per Drag and Drop in das grafische Modell ziehen, erhalten Sie im ersten Schritt sofort weitere Informationen sowie eine Kurzdokumentation zu Ihrer Wizard-Auswahl.

Abbildung 5.8 Ansichtsoption »Workflow Wizards«

Mit der Ansichtsoption **Teamworking** können Sie Workflow-Schritte des aktuellen Workflow-Szenarios anhand diverser Kriterien suchen (siehe Abbildung 5.9). Dies ist hilfreich, wenn an der Entwicklung einer Workflow-Definition zu einem Workflow-Szenario mehrere Personen beteiligt sind. Gruppierungsmerkmale eines Schrittes definieren Sie auf der Registerkarte **Eigenschaften** der Schrittdefinition. Im Rahmen des Teamworkings können alle Beteiligten so alle Elemente suchen, die Ihrem Gruppierungsmerkmal entsprechen.

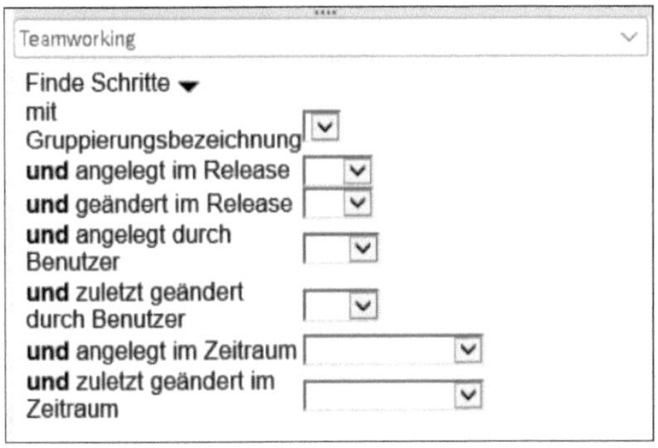

Abbildung 5.9 Ansichtsoption »Teamworking«

Workflows der aktuellen Version (Ausgang)

Wählen Sie die Sicht **Workflows der aktuellen Version (Ausgang)**, erhalten Sie eine Übersicht aller Workflows, die seit dem Selektionszeitraum (standardmäßig seit dem letzten Monat) in der aktuellen Version des Workflow-Szenarios ausgeführt wurden (siehe Abbildung 5.10). Hiermit können Sie also schnell ohne Ausführung der entsprechenden Reports sehen, welche Workflows ausgeführt wurden. Da diese Information primär für produktive Workflows wichtig ist und der Workflow Builder im Produktivsystem eher selten benötigt und genutzt wird, ist diese Ansichtsoption an dieser Stelle von sekundärer Bedeutung.

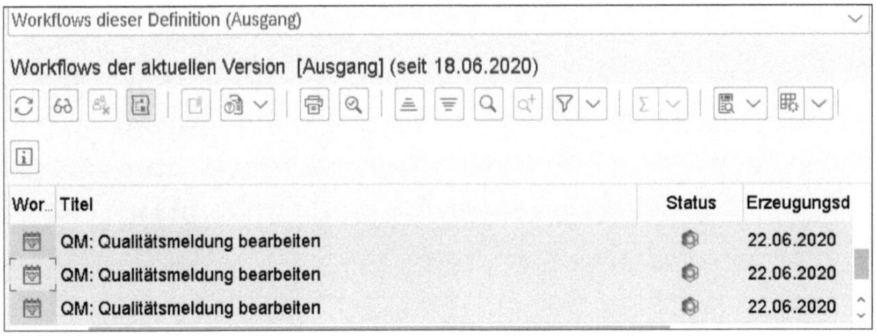

Abbildung 5.10 Ansichtsoption »Workflows der aktuellen Version (Ausgang)«

Note it!

Die Ansichtsoption **Note it!** (siehe Abbildung 5.11) bietet Ihnen die Möglichkeit, Notizen zu machen und zusätzliche Dokumentation zu hinterlegen. Die fachliche Beschreibung sollten Sie aber in der Aufgabenbeschreibung des Workflow-Szenarios eintragen (Kopfdaten des Workflow-Szenarios).

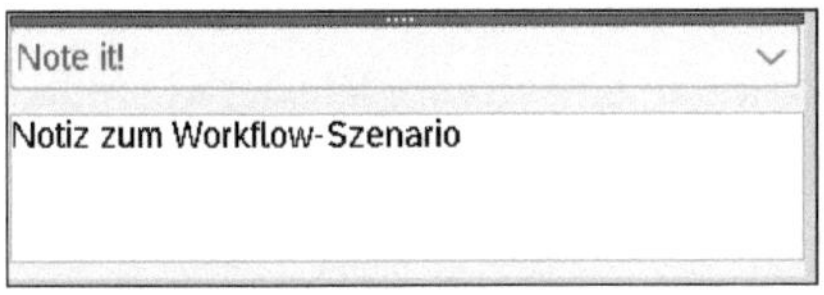

Abbildung 5.11 Ansichtsoption »Note it!«

5.2.3 Grafisches Modell

Das grafische Modell stellt den technischen Workflow-Ablauf dar und ist Ihr zentrales Entwicklungsobjekt im Workflow-Umfeld, da hier alle Objekte zusammengeführt werden. Das grafische Modell ist in der Regel keine 1:1-Abbildung des fachlichen Workflows. Zu abstrakte Abbildungen des fachlichen Workflows im grafischen Modell sind aber hinsichtlich der Wartung schwierig. Wie in der Softwareentwicklung üblich, sollten Schleifen und Rekursionen genutzt werden, um die Grafik nicht zu komplex werden zu lassen. Ein grafisches Modell muss immer noch lesbar sein und sollte nicht zu viele Schritte beinhalten. Wägen Sie daher stets ab, ob Rekursionen möglich sind oder ein Subworkflow oder lokaler Workflow genutzt werden könnte.

Workflow anlegen

Beim Einstieg in den Workflow Builder wird immer das zuletzt genutzte Workflow-Szenario angezeigt. Wollen Sie einen neuen Workflow anlegen, klicken Sie in der Menüleiste auf [icon] (**Neuen Workflow anlegen**). Das grafische Modell wird dann zunächst mit einem unbestimmten Schritttyp angezeigt (siehe Abbildung 5.12).

Abbildung 5.12 Grafisches Modell im Workflow Builder

Symbolleiste

Das Symbol [icon] (**Workflow gestartet**) symbolisiert den Workflow-Start bzw. das Workflow-Ende in der Workflow-Definition. Direkt über der Grafik befindet sich die Symbolleiste zur Modellierung. Die Funktionen in dieser Symbolleiste helfen Ihnen bei der Modellierung und der Entwicklung des Workflows. Machen Sie sich mit den verschiedenen Symbolen über die Tooltips vertraut. Nähere Informationen hierzu erhalten Sie im weiteren Verlauf dieses Kapitels, wenn wir einzelne Funktionen einsetzen. Viele der Modellierungsfunktionen sind selbsterklärend, z. B. das Löschen von markierten Schritten oder das Ausschneiden, Einsetzen und Kopieren eines Blocks.

Test-Workflow zum E-Mail-Versand

Um Ihnen den Umgang mit dem Workflow Builder und dem grafischen Modell näherzubringen, legen wir einen Test-Workflow an, der eine E-Mail versenden soll:

1. Über einen Doppelklick auf den standardmäßig eingefügten unbestimmten Schritttyp oder über einen einfachen Klick auf die Schaltfläche (**Schritt anlegen**) in der Symbolleiste zur Modellierung (siehe Abbildung 5.12) können Sie einen neuen Schritt anlegen.
2. Wählen Sie den Schritttyp **Mail versenden**. Sie gelangen in den Anlagedialog in Abbildung 5.13.

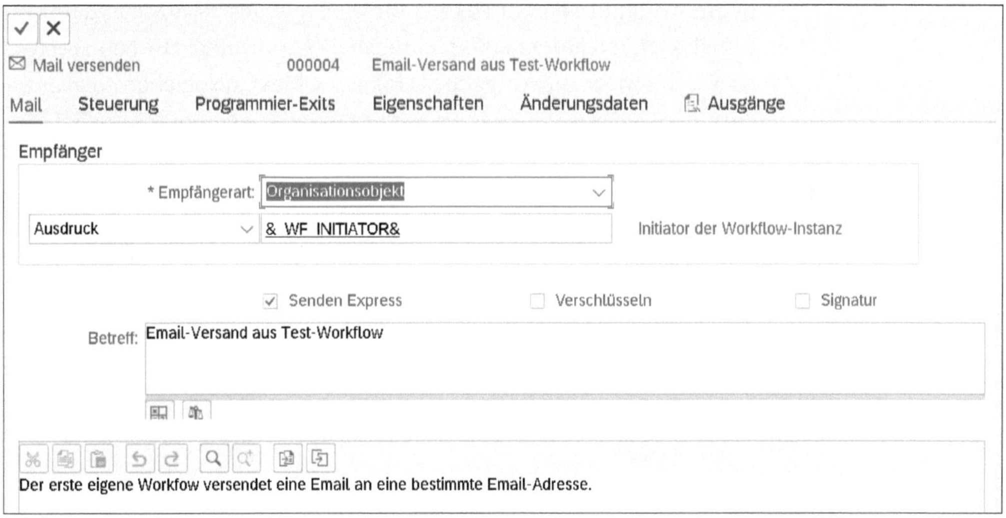

Abbildung 5.13 Schritttyp »Mail versenden« anlegen

Wählen Sie als **Empfängerart** die Option **Workflow-Initiator**. Im Feld **Ausdruck** wird daraufhin automatisch `&WF_INITIATOR&` eingesetzt und die Empfängerart wird auf **Organisationsobjekt** geändert. Wundern Sie sich also nicht, wenn die gerade von Ihnen ausgewählte Empfängerart **Workflow-Initiator** wieder vom System ersetzt wird. `&WF_INITIATOR&` ist immer der Benutzer oder die Benutzerin, der oder die den Workflow startet oder das Ereignis zum Starten auslöst.

3. Ergänzen Sie Texte für den **Betreff** der E-Mail und den E-Mail-Inhalt.
4. Durch einen Klick auf das grüne Häkchen (**übernehmen und zurück**) schließen Sie die Definition des Schritttyps **Mail versenden** ab. Sie werden direkt aufgefordert, ein Kürzel und einen Namen für die neue Aufgabe zu vergeben, die mit diesem Schritttyp verknüpft wird (siehe Abbildung 5.14).

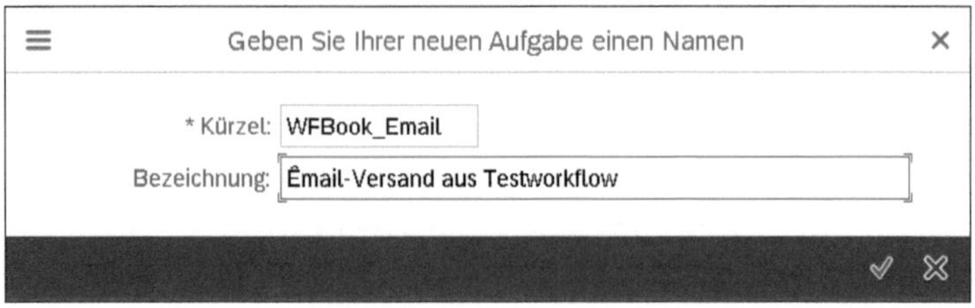

Abbildung 5.14 Neue Aufgabe für den E-Mail-Versand

5. Technisch wird eine Standardaufgabe angelegt. Sie müssen diese Aufgabe im Anschluss einem Paket zuordnen, genauso wie Sie andere ABAP-Entwicklungen einem Entwicklungspaket zuordnen. Für den Test-Workflow können Sie die Aufgabe als lokales Objekt abspeichern (Paket `$TMP`). Sie gelangen zurück in das grafische Modell (siehe Abbildung 5.15).

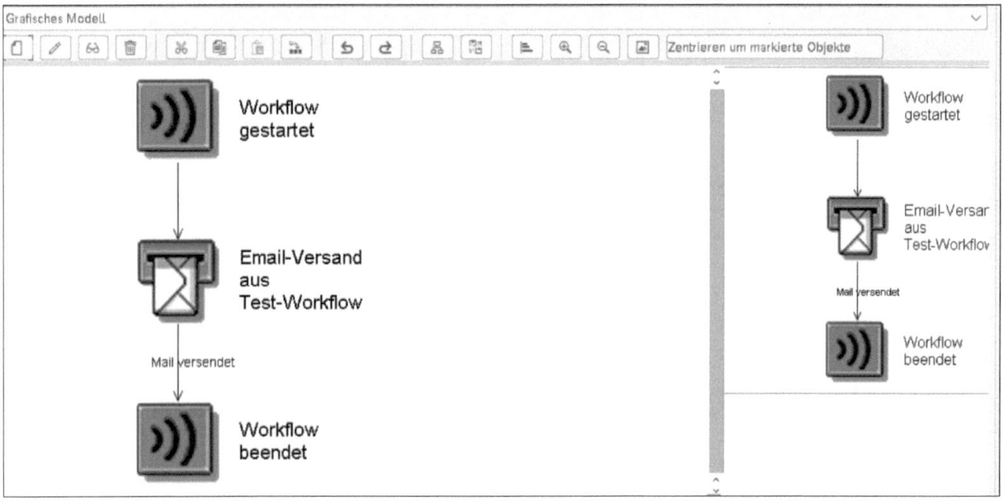

Abbildung 5.15 Grafisches Modell mit dem neuen Schritttyp für den E-Mail-Versand

6. Testen Sie nun den Workflow, indem Sie auf die Schaltfläche (**Testen**) klicken. Sie erhalten die Möglichkeit, Eingabedaten anzugeben (siehe Abbildung 5.16). Dies ist in diesem einfachen Beispiel jedoch nicht notwendig. Für Workflows mit Bezug zu einem SAP-Objekt, wie z. B. der Meldung, könnten Sie hier eine Meldungsnummer eingeben.
7. Fahren Sie mit einem Klick auf die Schaltfläche (**Ausführen**) fort. Sie erhalten in der Statusleiste eine Information, dass die Aufgabe (gemeint ist der Workflow) mit der entsprechenden Workitem-ID gestartet wurde (siehe Abbildung 5.17).

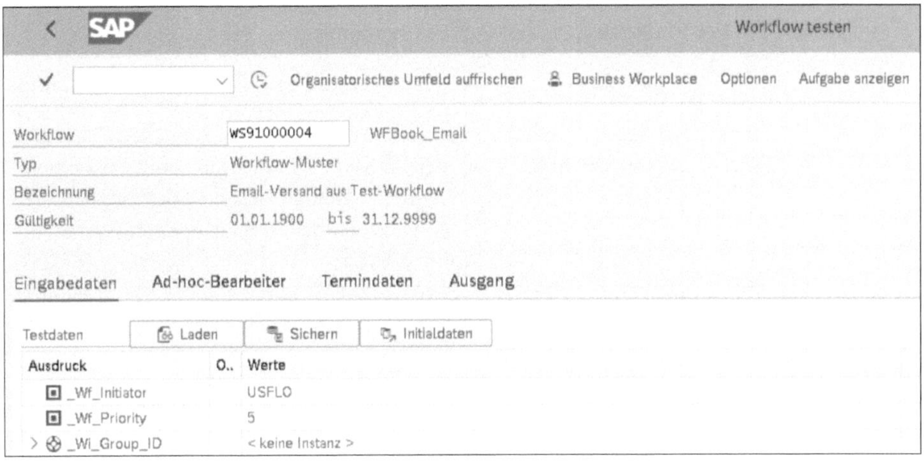

Abbildung 5.16 Workflow testen – Eingabedaten

Abbildung 5.17 Workflow gestartet

8. Sie finden nun in Ihrem Business Workplace eine entsprechende E-Mail des SAP-Systems.

SAP-Office-E-Mails

Mit *SAP Office*, also vom SAP-System, erzeugte E-Mails werden nicht in der App **Meine Inbox** dargestellt (siehe SAP-Hinweis 2520673). In den meisten Fällen werden E-Mails aber sowieso an entsprechende E-Mail-Clients (Microsoft Outlook, Lotus Notes etc.) versendet.

5.3 Schritttypen

Nachdem Sie den Workflow Builder besser kennengelernt haben, beschäftigen wir uns nun genauer mit den Schritttypen, die Sie zur Workflow-Entwicklung benötigen. Es ist wichtig, alle Schritttypen zu kennen, um alle Modellierungs- und Entwicklungsmöglichkeiten nutzen zu können.

Verfügbare Schritttypen

Wie bereits beschrieben, steuern die Schritte den Workflow direkt oder über eine Referenz zu einer Aufgabe. Tabelle 5.1 gibt einen Überblick über die Schritttypen.

Symbol	Schritttyp	Beschreibung
	**Aktivität**	Ausführung einer Aufgabe (Einzelschrittaufgabe oder Mehrschrittaufgabe)
	**Web-Aktivität**	Versenden eines XML-Dokuments aus dem Workflow heraus. Hiermit ist es möglich, z. B. einen Workflow in einem anderen System zu integrieren.
	**Mail versenden**	Ausführung des E-Mail-Versands mit den gepflegten Texten
	**Formular**	Es wird ein Formular angezeigt, bearbeitet oder genehmigt (basierend auf einem strukturbasierten Containerelement). Aus diesem strukturbasierten Containerelement wird technisch ein Dynpro generiert.
	**Benutzerentscheidung**	Der Ablauf des Workflows wird entsprechend der Entscheidung des aktuellen Bearbeiters oder der aktuellen Bearbeiterin gesteuert.
	**Dokument aus Vorlage**	Es wird ein Dokument aus einer Dokumentvorlage erzeugt.
	**Bedingung**	Vergleichbar mit einer `IF`-Anweisung in der Softwareentwicklung wird nach Auswertung der Bedingung ein Zweig durchlaufen.
	**Mehrfachbedingung**	Nach Auswertung der Bedingungen wird ein Zweig durchlaufen (vergleichbar mit der `CASE`-Anweisung).
	**Ereigniserzeuger**	Es wird ein Ereignis erzeugt.
	**Warten**	Das System wartet auf ein Ereignis oder auf die Erfüllung einer Bedingung.
	**Containeroperation**	Elemente des Workflow-Containers können mit elementaren Rechenoperationen (Addieren, Subtrahieren, Multiplizieren, Dividieren) bzw. Wertzuweisungen geändert werden.
	**Ablaufsteuerung**	Workitems des akuellen Workflows können beeinflusst werden (Workitem abbrechen oder obsolet setzen).

Tabelle 5.1 Mögliche Schritttypen

Symbol	Schritttyp	Beschreibung
	**Schleife (UNTIL)**	wiederholter Durchlauf einer Folge von Workflow-Schritten, bis eine definierte Abbruchbedingung erfüllt ist (Entspricht der Anweisung DO ENDO mit einer Abbruchbedingung.)
	**Paralleler Abschnitt**	Workflow-Schritte finden in parallelen Zweigen statt. Es kann die Anzahl der zu durchlaufenden notwendigen Zweige festgelegt werden oder eine Bedingung, wann die parallelen Zweige finalisiert sind.
	**Unbestimmt**	Schritttyp ohne Funktion
	**Ad-hoc-Anker**	In diesem Schritt werden mehrere Workflows (Workflow-Szenarios) hinterlegt, die ein berechtigter Benutzer oder eine berechtigte Benutzerin zur Laufzeit auswählen kann.
	**Block**	Über einen Block können gemeinsame Schritte modelliert werden.
	**Lokaler Workflow**	Lokale Workflows werden durch Ereignisse ausgelöst. Sie können je nach Ablauf mehrfach oder gar nicht ausgeführt werden und stellen einen vom Workflow unabhängigen Block dar. Diese sind oft hilfreich, um die technische Komplexität des Haupt-Workflows zu reduzieren.

Tabelle 5.1 Mögliche Schritttypen (Forts.)

In den folgenden Abschnitten erfahren Sie weitere Details zu den wichtigsten Schritttypen **Aktivität**, **Formular**, **Bedingung**, **Warten**, **Paralleler Abschnitt** und **Schleife**.

5.3.1 Aktivität

Aktivität ist der wichtigste Schritttyp. Er wird benötigt, wenn eine Aufgabe zur Laufzeit ausgeführt werden soll. Diese Aufgabe kann eine *Einzelschrittaufgabe* (Standardaufgabe) sein oder eine *Mehrschrittaufgabe*, also wiederum ein Workflow (als Subworkflow).

Beim Anlegen einer Aktivität stehen Ihnen diverse Registerkarten zur Verfügung (siehe Abbildung 5.18), die wir im Folgenden kurz vorstellen.

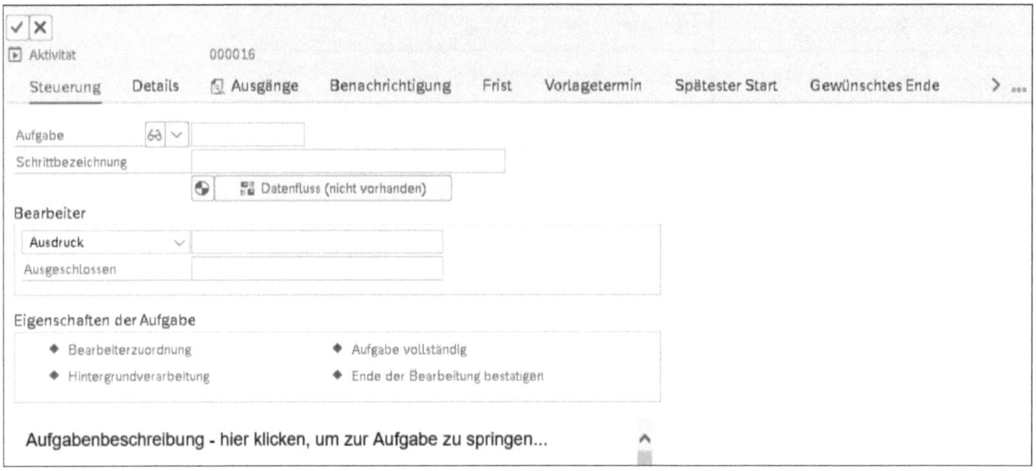

Abbildung 5.18 Anlegen einer Aktivität im Workflow Builder

Registerkarte »Steuerung«

Auf der Registerkarte **Steuerung** (siehe Abbildung 5.18) ordnen Sie der Aktivität eine **Aufgabe** zu und legen den **Bearbeiter** fest. Die möglichen Bearbeitertypen (unter anderem **Rolle**, **Regel**, **Organisationseinheit**, **Workflow-Initiator** etc.) haben wir in Abschnitt 3.5, »Workflow-Szenarios und Standardaufgaben verwenden«, beschrieben.

Ausdrücke

Es kann aber auch die Option **Ausdruck** gewählt werden. Damit können Sie die Bearbeiter*innen des Schrittes dynamisch festlegen. Ein Ausdruck bezieht sich immer auf ein Containerelement des Workflows. Beispielsweise kann ein Attribut der Workflow-Klasse oder das Ergebnis einer funktionalen Methode der Workflow-Klasse, in der Sie die Bearbeiterin oder den Bearbeiter ermitteln, verwendet werden. Mithilfe dieses Konstrukts ist es aber auch möglich, auf mehrzeilige Containerelemente (z. B. Tabellen) indiziert zuzugreifen. Sie können etwa eine vollständige Tabellenzeile verwenden oder auf eine bestimmte Spalte der Zeile zugreifen, wenn der für die Bearbeiterfindung passende Index im Workflow ermittelt ist. Diese Methodik wird auch bei der dynamischen Parallelverarbeitung genutzt, die im weiteren Verlauf dieses Abschnitts erläutert wird (siehe Abschnitt »Registerkarte ›Sonstiges‹«). Der *Index* entspricht in diesem Fall dem aktuellen Tabellendurchlauf, sodass beispielsweise pro Tabelleneintrag ein Workitem erzeugt wird.

Tabelle 5.2 führt mögliche Ausdrücke im Zusammenhang mit Tabellenzugriffen auf.

Ausdruck	Ergebnis
`&Tabelle[index]&`	Tabellenzeile des Index (komplette Zeile)
`&Tabelle[index].SpaltenName&`	Spalte einer Tabellenzeile zum Index
`&Tabelle[index].SpaltenName[index]&`	Zugriff auf ein Feld, das selbst wiederum eine Tabelle ist
`&Tabelle.SpaltenName&`	alle Zeilen der Spalte (Projekte auf die Spalte)
`&Tabelle[&mo_object.get_index()&]&`	Es wird die Zeile der Tabelle ermittelt, die durch die Methode `get_index` des Objekts `mo_object` bestimmt wird.

Tabelle 5.2 Mögliche Ausdrücke bei Tabellenzugriffen

Test-Workflow erweitern

Zur Verdeutlichung wollen wir den Test-Workflow aus Abschnitt 5.2, »Workflow-Definition im Workflow Builder«, mit dem eine E-Mail versendet wird, um eine Aktivität zur Bearbeitung der erhaltenen Meldung erweitern:

1. Legen Sie in Ihrem Test-Workflow-Szenario über die Schaltfläche (**Anlegen**) den Schritttyp **Aktivität** an. Sie gelangen zur Registerkarte **Steuerung** des Anlegedialogs für eine Aktivität (siehe Abbildung 5.18).
2. Suchen Sie über die F4-Hilfe () zum Feld **Aufgabe** die Aufgabe zur Bearbeitung einer Meldung. Verwenden Sie dazu den BOR-Objekttyp BUS2078 (Qualitätsmeldung) und starten Sie die Suche über die Schaltfläche **Suche starten** (siehe Abbildung 5.19).

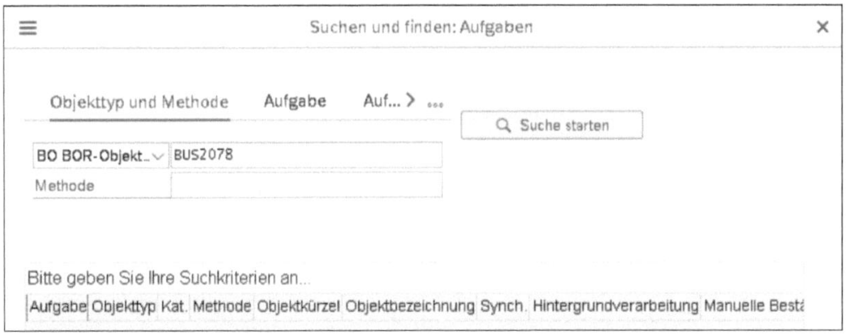

Abbildung 5.19 Suche einer Aufgabe beim Anlegen der Aktivität

3. Wählen Sie die Aufgabe TS00008344 (QM-Aufgabe Meldung bearbeiten, siehe Abbildung 5.20).

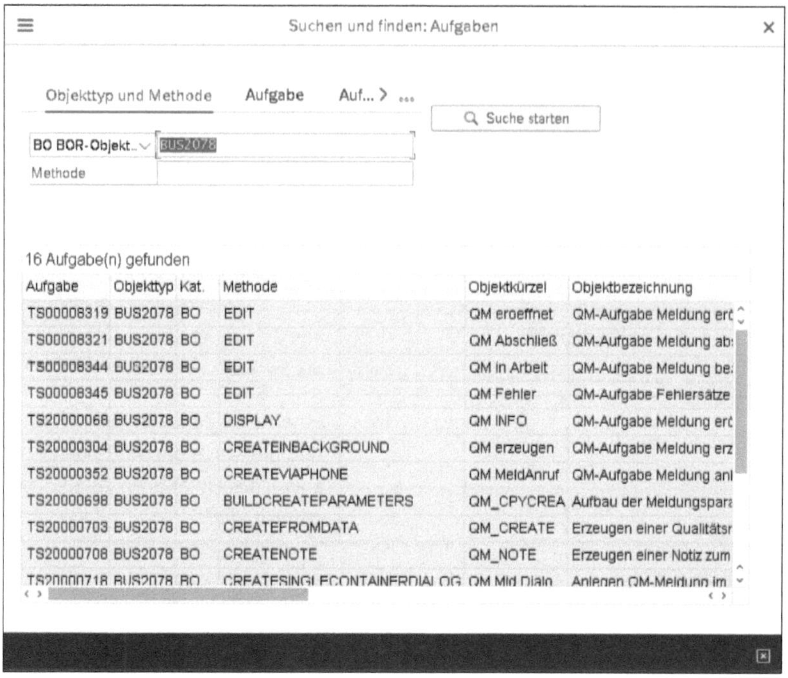

Abbildung 5.20 Aufgabe auswählen

4. Ordnen Sie als **Bearbeiter** wieder den Initiator oder die Initiatorin der Workflow-Instanz zu (Ausdruck `&_WF_INITIATOR&`) und generieren Sie den Datenfluss (siehe Abbildung 5.21), indem Sie auf die Schaltfläche **Datenfluss (nicht vorhanden)** klicken. Es wird automatisch der BOR-Objekttyp BUS2078 als Containerelement hinzugefügt.

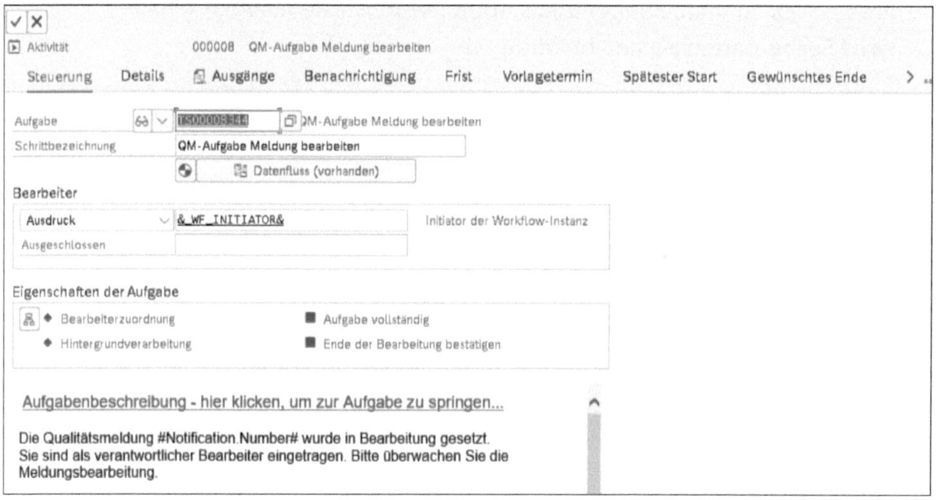

Abbildung 5.21 Aktivität mit Aufgabe und Bearbeiter

5. Ändern Sie die Bearbeiterzuordnung, indem Sie auf die Schaltfläche (**Bearbeiterzuordnung f. Aufgabe**) klicken. Definieren Sie die Aufgabe als **Generelle Aufgabe** (siehe Abbildung 5.22). Dieses Vorgehen kennen Sie noch aus Abschnitt 3.6, »Bearbeiterfindung konfigurieren«, als wir einen Standard-Workflow aktiviert und die entsprechende Bearbeiterzuordnung konfiguriert haben.

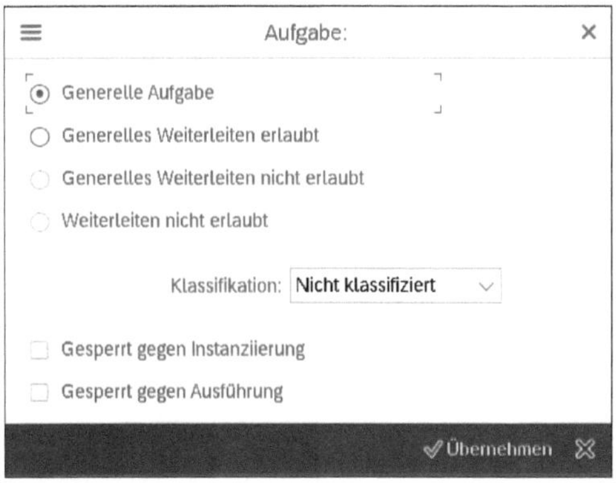

Abbildung 5.22 Aufgabe als generelle Aufgabe definieren

6. Übernehmen Sie die Aktivität und kehren Sie über das grüne Häkchen (**übernehmen [Enter]**) zurück zum Workflow Builder.

Der Workflow beinhaltet jetzt die Aktivität **QM-Aufgabe Meldung bearbeiten** (siehe Abbildung 5.23).

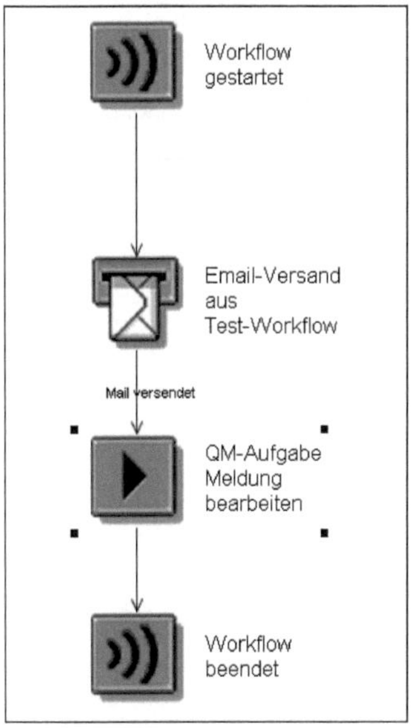

Abbildung 5.23 Workflow mit Aktivität zur Meldungsbearbeitung

Containerelement anpassen

Nun können Sie die Eigenschaften des Containerelements BUS2078 ändern. Navigieren Sie dazu zum Bereich **Einfügbare Schritttypen** und wechseln Sie zur Ansicht **Workflow-Container**. Wählen Sie **BUS2078** im Feld **Element** und markieren Sie als **Parametereinstellungen** sowohl **Import** als auch **Export** (siehe Abbildung 5.24). Sie bedeuten, dass dieses Containerelement sowohl als Import- als auch Exportparameter zur Verfügung steht. Dies ist in diesem Fall notwendig, um die Möglichkeit zu haben, eine Meldungsnummer als Importparameter in der Testumgebung anzugeben.

Abbildung 5.24 Parametereinstellungen des Containerelements BUS2078 ändern

Workflow testen

Testen Sie nun den angepassten Workflow. Geben Sie dabei die Instanz einer Meldungsnummer bei den **Eingabedaten** an (siehe Abbildung 5.25). Dazu müssen Sie auf das Containerelement **BUS2078** doppelklicken.

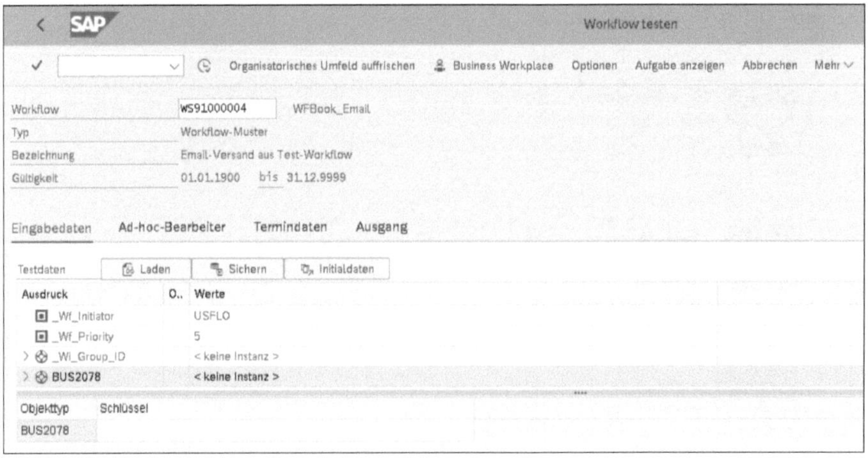

Abbildung 5.25 Workflow testen mit Eingabedaten

Wählen Sie den **Schlüssel** über die [F4]-Hilfe aus. Sie gelangen zur Eingabe der Meldungsnummer (siehe Abbildung 5.26).

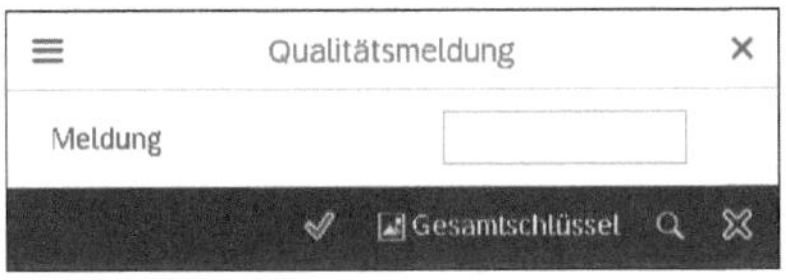

Abbildung 5.26 Eingabe der Meldungsnummer in den Eingabedaten

Nach dem Starten des Workflow-Tests erhalten Sie eine E-Mail und haben ein Workitem zur Meldungsbearbeitung in Ihrer Inbox.

Auf den weiteren Registerkarten zur angelegten Aktivität können Sie diverse weitere Einstellungen vornehmen. Eine Möglichkeit ist es, Fristen für die Workflow-Bearbeitung festzulegen und auf diese zu reagieren.

Registerkarten zur Terminüberwachung (»Frist«, »Spätester Start«, »Gewünschtes Ende«)

Fristen

Wenn Sie auf der Registerkarte **Frist** der angelegten Aktivität eine Frist einstellen, innerhalb derer das Workitem zu bearbeiten ist (z. B. zwei Tage), können Sie als **Aktion** einen **Text anzeigen** lassen und eine Nachrichtenempfängerin oder einen Empfänger bei Fristüberschreitung informieren. Sie müssen dafür einen **Bezugszeitpunkt** festlegen. Als Bezugszeitpunkt kann der Zeitpunkt der Erzeugung des Workitems oder des Workflows gewählt werden oder ein eigener Ausdruck (Containerelement). Im Beispiel in Abbildung 5.27 wird die oder der Vorgesetzte des Workflow-Initiators informiert. Den zugehörigen Text pflegen Sie in der Aufgabe. Sie können über den Link in die Pflege des Textes springen (siehe Abbildung 5.27).

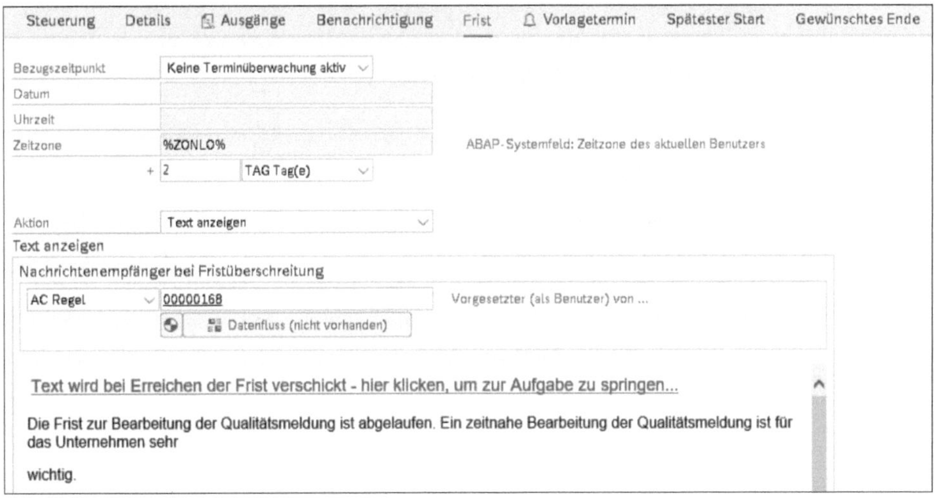

Abbildung 5.27 Frist einer Aktivität festlegen

Terminüberwachungen

Das gleiche Vorgehen ist erforderlich, wenn Sie eine Terminüberwachung für den spätesten Start (Registerkarte **Spätester Start**) oder das gewünschte Ende (Registerkarte **Gewünschtes Ende**) der Workitem-Bearbeitung definieren. Die Nachrichtenempfängerin oder der Empfänger kann wie im vorangegangenen Beispiel der Bearbeiter des Workitems sein oder z. B. dessen Vorgesetzte oder dessen Vorgesetzter.

Wenn Sie **Modelliert** als **Aktion** wählen, wird ein neuer Ausgang im Workflow erzeugt, z. B. mit dem Text »Frist überschritten« (siehe Abbildung 5.28). Sie können im Workflow Builder dann modellieren, was bei der Fristüberschreitung passieren soll, z. B. eine neue Aktivität einfügen oder einen E-Mail-Versand veranlassen.

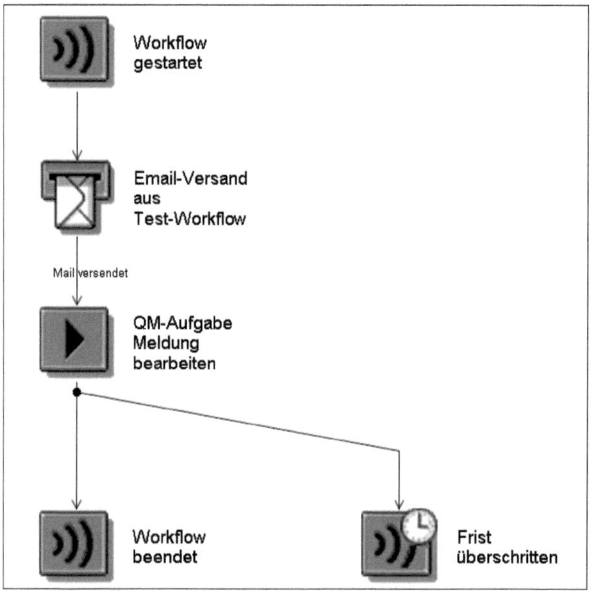

Abbildung 5.28 Modellierung bei überschrittener Frist

[»]

Einsatz von Fristen

Nutzen Sie Terminüberwachung und Fristen nur, wenn es wirklich notwendig ist. Die Terminüberwachung ist ein Mittel zur Prozesskontrolle, um Eskalationsverfahren in Gang zu setzen. Unserer Erfahrung nach wirken sich zu viele Workitems und Nachrichten jedoch negativ auf die Akzeptanz der Workflow-Anwendung aus. Darüber hinaus sind sich die Anwender*innen in der Regel ihrer Verantwortung bewusst und bearbeiten die Workitems entsprechend zügig. Sinnvoll ist es am ehesten, die Anwender*innen im Falle einer abgelaufenen Frist nochmals zu erinnern, aber keine weitere Instanz, wie z. B. die oder den Vorgesetzten, zu informieren.

Registerkarte »Vorlagetermin«

Vorlagetermine

Nutzen Sie einen *Vorlagetermin*, wird das Workitem in den Workitem-Status `WAITING` versetzt, bis der Termin erreicht ist, der auf der Registerkarte **Vorlagetermin** angegeben ist. So können Sie z. B. als Bezugszeitpunkt **Erzeugung Workitem** wählen und zwei Tage als Vorlageterminzeitraum (siehe Abbildung 5.29). Das bedeutet, dass das Workitem erst zwei Tage nach seiner Erzeugung für die Anwenderin oder den Anwender in der genutzten Inbox sichtbar ist.

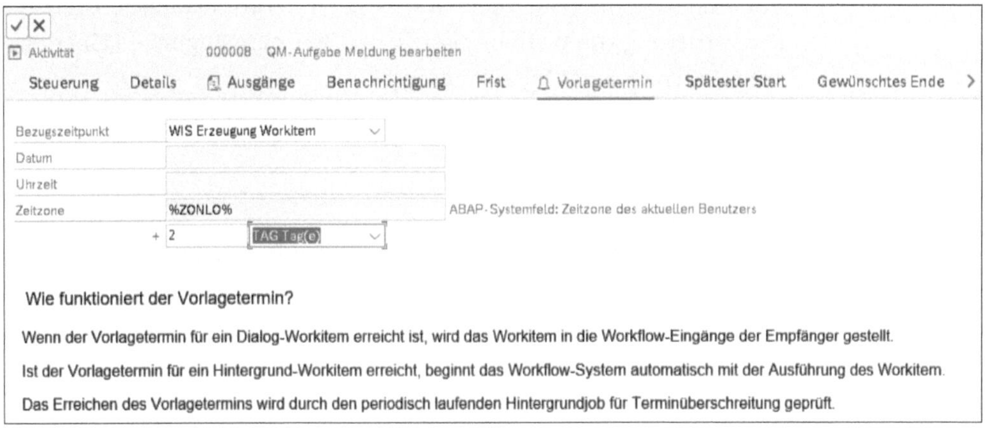

Abbildung 5.29 Vorlagetermin einer Aktivität

[«]

Kalender für Zeitangaben

Die Zeitangabe bezieht sich immer auf den Standardkalender des SAP-Systems. Möchten Sie z. B. die Wochenenden ausklammern, müssen Sie über den Bezugszeitpunkt **Ausdruck** den Zugriff auf den Fabrikkalender implementieren. Dazu müssen Sie die Terminberechnung selbst in einer eigenen Methode durchführen.

Registerkarte »Methoden«

Methodentypen

Auf der Registerkarte **Methoden** wird zwischen Nebenmethoden und Vor- bzw. Folgemethoden unterschieden:

- **Nebenmethoden**
  Nebenmethoden können in bestimmten Fällen nützlich sein, um Bearbeiter*innen zusätzliche Informationen in einem weiteren Modus anzuzeigen. (Die Nebenmethode wird dann gleichzeitig mit der Methode der Aufgabe ausgeführt.) Mithilfe der Nebenmethode kann z. B. ein Auswertungsreport oder eine Anzeigetransaktion in einem separaten Modus

geöffnet werden, der bzw. die für die Bearbeitung des Workitems hilfreich ist. Inhalte des Workflow-Containers können nicht geändert werden. Das Konstrukt mit den Nebenmethoden funktioniert jedoch nicht bei allen Eingangsboxen.

- **Vor- und Folgemethoden**
  Vor- und Folgemethoden werden vor der Methode der Aufgabe oder nach deren Abschluss ausgeführt. Sie werden wie Zusatzschritte behandelt und der Workflow-Container könnte von ihnen beeinflusst werden. Vor- und Folgemethoden eignen sich für Hintergrundaufgaben, z. B. zur Konvertierung von Werten, zusätzlichen Benachrichtigungen einer Mitarbeiterin bzw. eines Mitarbeiters etc.

Neben-, Vor- und Folgemethoden werden nur selten benötigt.

Registerkarte »Bedingung«

Sie können eine Bedingung für eine Aktivität hinzufügen. Dies bedeutet, dass die Aktivität nur dann ausgeführt wird, wenn die Bedingung erfüllt ist.

Bedingungen zuordnen

Sie haben folgende drei Möglichkeiten, Bedingungen zuzuordnen (siehe Abbildung 5.30):

- Aktivieren Sie eine Bedingung zu **Workitem erzeugen**, wird das Workitem in den Status **in Vorbereitung** gesetzt und ist in keiner Inbox sichtbar. Wenn die Bedingung erfüllt oder keine Bedingung vorhanden ist, wird das Workitem in den Status **bereit** gesetzt.
- Bei der Option **Workitem beenden** ist am Schritt ein zusätzlicher Ausgang sichtbar, der bei erfüllter Bedingung (Bedingung für **Workitem beenden** ist wahr) durchlaufen wird.

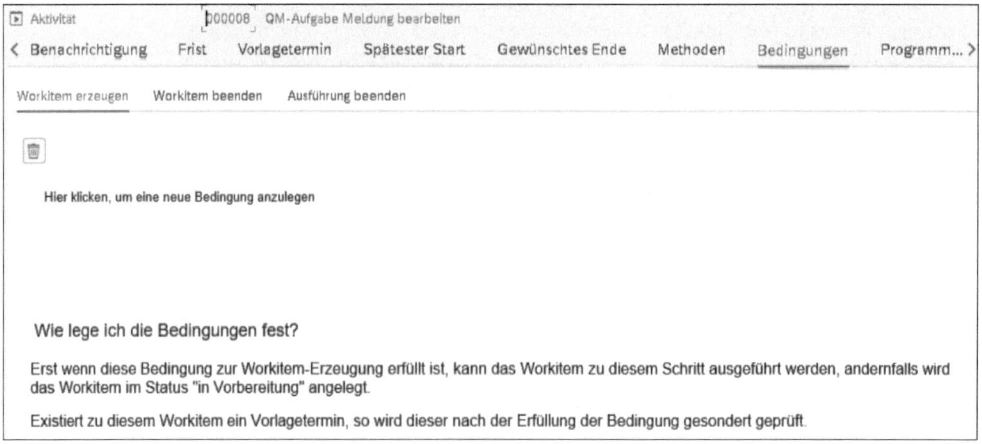

Abbildung 5.30 Zuordnung einer Bedingung

- Ordnen Sie die Bedingung unter **Ausführung beenden** zu, wird das Workitem weiterverarbeitet, wenn die Bedingung erfüllt ist. Im Negativfall bleibt das Workitem im Status **in Arbeit** stehen. Je nachdem, ob das Kennzeichen **Bearbeiterfindung erneut durchführen** in der Registerkarte **Details** gesetzt ist, erfolgt eine Neuermittlung der empfangenden Personen.

Das Verhalten dieser Bedingungen ist ähnlich wie das einer Bedingung, die über den entsprechenden Schritttyp definiert wurde (siehe Abschnitt 5.3.3, »Bedingung bzw. Mehrfachbedingung«). Allerdings ist hier im Workflow Builder nicht sichtbar, dass es sich um eine Aktivität mit einer Bedingung handelt. Daher sollten Sie die Schrittbezeichnung anders formulieren, z. B. »Meldung bearbeiten, wenn offene Maßnahme vorhanden ist«. Sie sollten also die Bedingung in die Formulierung des Textes integrieren. Abbildung 5.31 zeigt ein Beispiel für die Bedingung **Offene Maßnahme(n)** der Aktivität **Meldung vorhanden.** Klicken Sie auf den Text **Hier klicken, um einen neue Bedingung anzulegen** (siehe Abbildung 5.30), verzweigen Sie in den Bedingungseditor. Dieser zur Pflege der Bedingungen genutzte Editor wird in Abschnitt 6.3.3, »Erweiterung vorhandener BOR-Objekttypen«, näher erläutert.

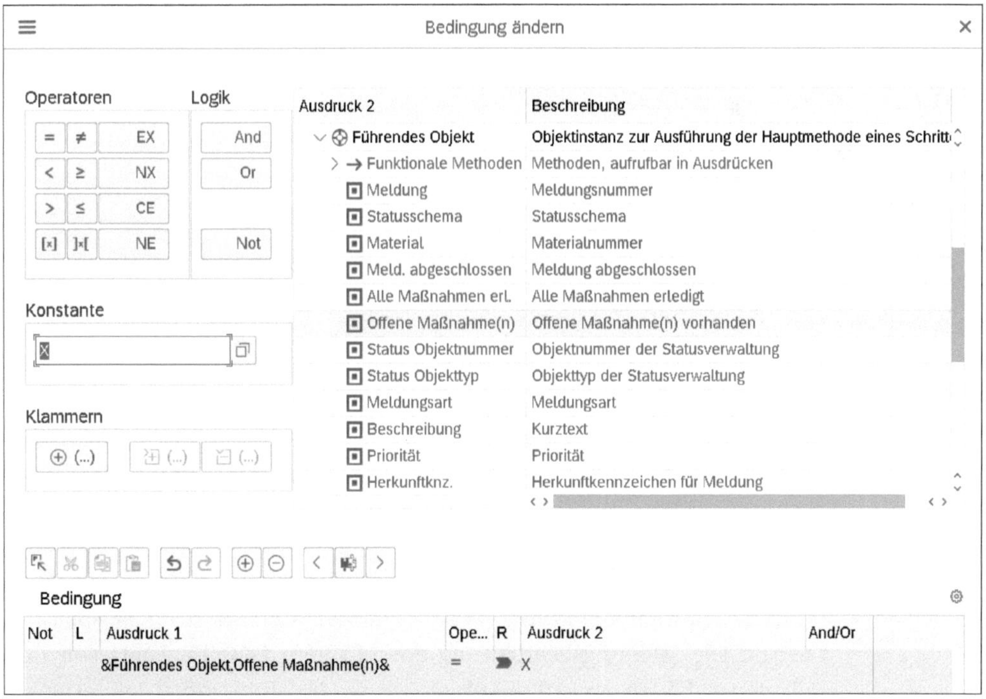

Abbildung 5.31 Bedingung »Offene Maßnahme(n)«

Registerkarte »Programmier-Exits«

Auf der Registerkarte **Programmier-Exits** können Sie eine ABAP-Klasse angeben, die während der Bearbeitung des Workflows ausgeführt wird. Die zu implementierende Klasse muss das Interface `IF_SWF_IFS_WORKITEM_EXIT` implementieren. Die Nutzung der Programmier-Exits ist eher in Ausnahmefällen notwendig. Sie können damit z. B. ein anwendungsspezifisches Logging durchführen oder Workitems nochmals manipulieren.

Registerkarte »Sonstiges«

Dynamische Parallelverarbeitung

Die Registerkarte **Sonstiges** wird für die *dynamische Parallelverarbeitung* genutzt (siehe Abbildung 5.32). Für diese Parallelverarbeitung müssen Sie ein mehrzeiliges Containerelement angeben. Pro Zeile wird zur Laufzeit ein paralleles Workitem erzeugt. Es soll also immer die gleiche Funktionalität als Schritt im Workflow ausgeführt werden. Die Anzahl der parallelen Bearbeiter ist erst zur Laufzeit bekannt.

Hat das Containerelement zur Laufzeit z. B. fünf Zeilen mit fünf Bearbeiter*innen, erhalten alle diese Personen gleichzeitig ein Workitem zur Bearbeitung. Die Ausführung des Schrittes wird beendet, wenn alle ihr Workitem bearbeitet haben oder eine optional anzugebende Endebedingung erfüllt ist.

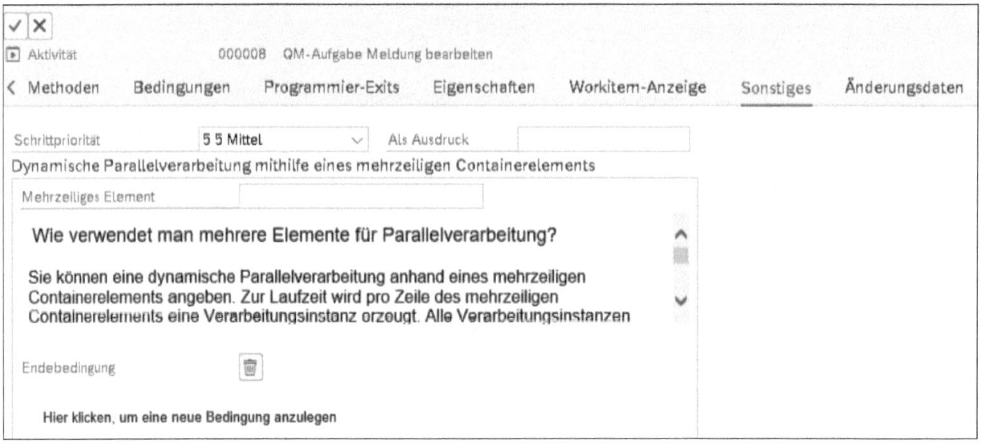

Abbildung 5.32 Registerkarte »Sonstiges« für die dynamische Parallelverarbeitung

Mehrzeiliges Containerelement definieren

Da es sich bei der tabellengesteuerten dynamischen Parallelverarbeitung um ein sehr wichtiges Konstrukt handelt, wollen wir hierzu ein Beispiel aufbauen. Die Meldungsbearbeitung aus unserem E-Mail-Beispiel soll nun nicht mehr vom Workflow-Initiator bzw. der -Initiatorin, sondern von mehreren Personen gleichzeitig durchgeführt werden:

5

1. Legen Sie ein mehrzeiliges Workflow-Containerelement an. Navigieren Sie dazu zum Bereich **Einfügbare Schritttypen** und wechseln Sie zur Ansichtsoption **Workflow-Container**.
2. Führen Sie einen Doppelklick aus, um ein neues Containerelement anzulegen (siehe Abbildung 5.33).

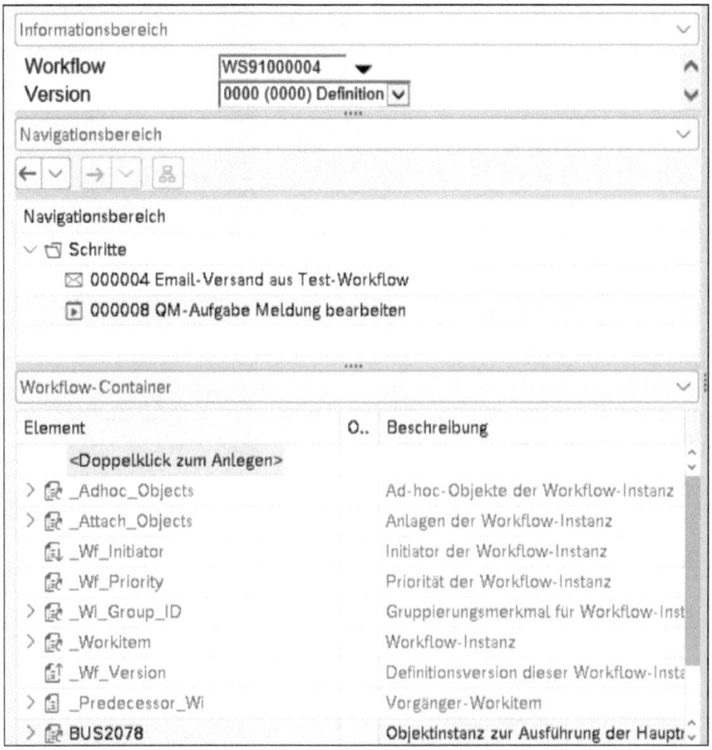

Abbildung 5.33 Mehrzeiliges Element im Workflow-Container anlegen

3. Nennen Sie das **Element** »Notification_user« und ergänzen Sie eine Bezeichnung und eine Kurzbeschreibung (siehe Abbildung 5.34).
4. Ordnen Sie als **ABAP-Dictionary-Referenz** die Struktur `WFSYST` und das Feld `ACT_AGENT` zu. Sie können hier jede beliebige Struktur verwenden. Die Struktur muss allerdings ein Feld für die Bearbeiterin oder den Bearbeiter enthalten, dieses hat den Typ `CHAR14`.
5. Wechseln Sie auf die Registerkarte **Eigenschaften**.
6. Deklarieren Sie das Element als **mehrzeilig** und markieren Sie als **Parametereinstellungen** sowohl **Import** als auch **Export**, damit dieses mehrzeilige Containerelement zum Testen des Workflows mit Eingabedaten befüllt werden kann (siehe Abbildung 5.35).

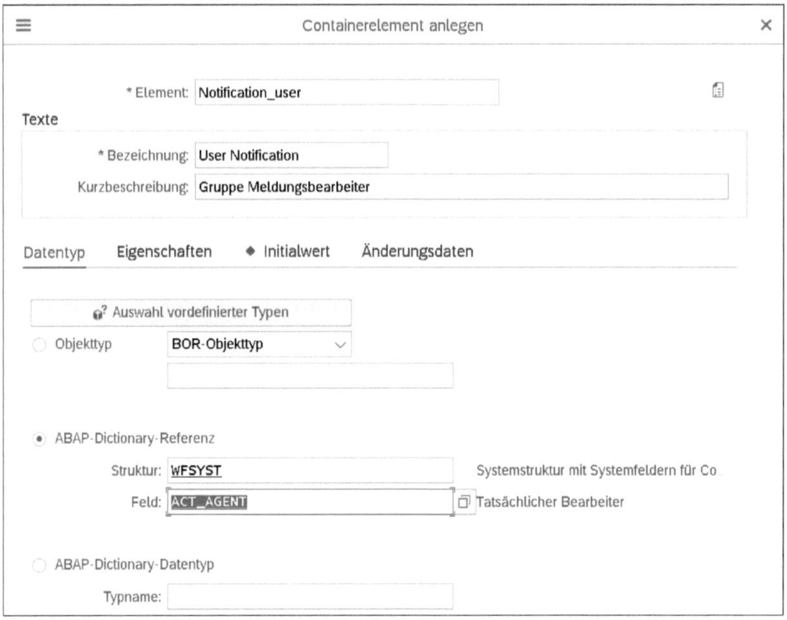

Abbildung 5.34 ABAP-Dictionary-Referenz definieren

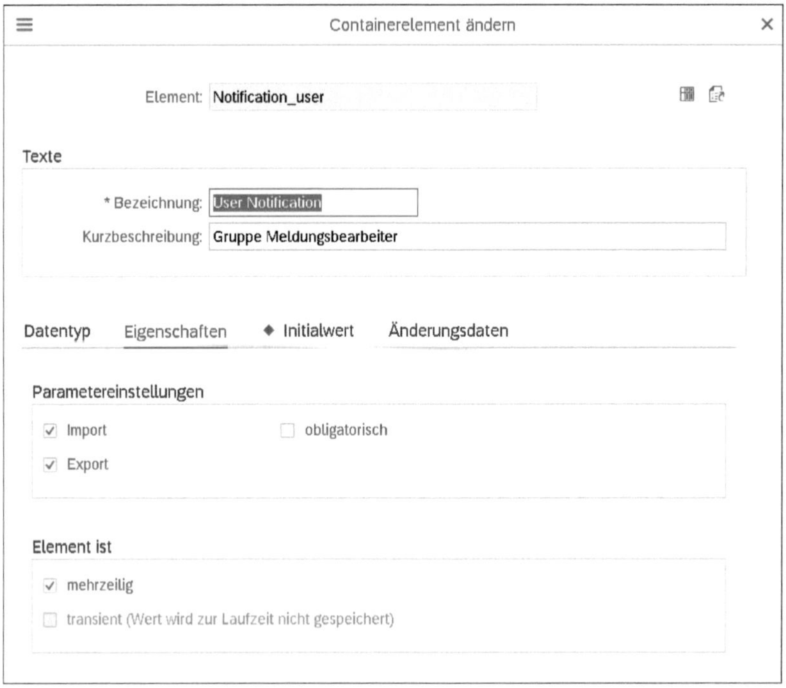

Abbildung 5.35 Eigenschaften des mehrzeiligen Containerelements definieren

7. Übernehmen Sie das Containerelement mit einem Klick auf das grüne Häkchen ✓ (**übernehmen [Enter]**).
8. Kehren Sie im Workflow Builder wieder in die Aktivität zur Meldungsbearbeitung zurück und wechseln Sie auf die Registerkarte **Sonstiges** (siehe Abbildung 5.36). Tragen Sie dort das gerade angelegte Containerelement (in unserem Beispiel `Notification_user`) ein.

Abbildung 5.36 Zuordnung des mehrzeiligen Elements zur Aktivität

9. Wechseln Sie auf die Registerkarte **Steuerung** und ändern Sie den Ausdruck zur Bearbeiterfindung über die [F4]-Hilfe auf **Index von : Gruppe Meldungsbearbeiter** (siehe Abbildung 5.37).

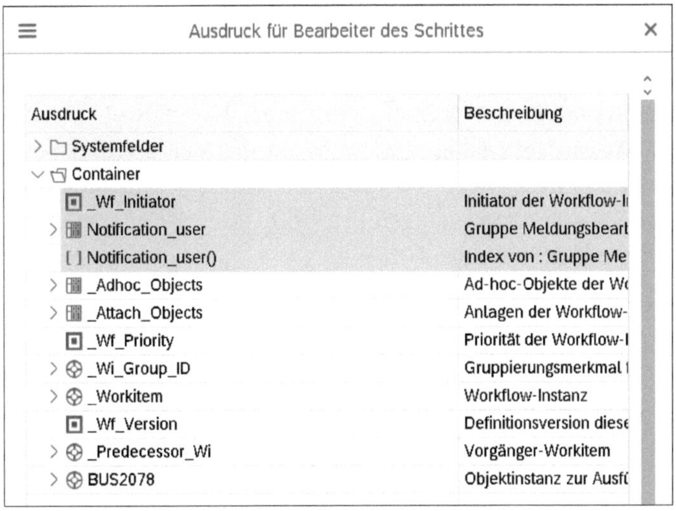

Abbildung 5.37 Ausdruck für die Bearbeiterfindung ändern

10. Die zuständige Person wird nun immer mit dem Ausdruck `&<MehrzeiligesElement>[&_WF_PARFOREACH_INDEX&]&` angegeben, wie in Abbildung 5.38 zu sehen.

Abbildung 5.38 Steuerung für die dynamische Parallelverarbeitung

11. Übernehmen Sie die Werte und aktivieren Sie den Workflow über die Schaltfläche (**Laufzeitversion anlegen und aktivieren**).

Workflow testen

Testen Sie den Workflow. In den Eingabedaten ist nun auch das mehrzeilige Containerelement `Notification_user` vorhanden. Hängen Sie hier Zeilen mit mehreren Benutzern an, indem Sie auf den Ausdruck `Notification_user` doppelklicken und über das Symbol (**Zeile anhängen**) im unteren Bildschirmbereich jeweils einen Eintrag hinzufügen. Jeder Eintrag enthält einen SAP-Benutzernamen und muss mit `US` (für User) beginnen (siehe Abbildung 5.39). Starten Sie den Testlauf und wechseln Sie im Anschluss über die Schaltfläche **Workflow-Protokoll** sofort in das Workflow-Protokoll. Sie sehen hier, dass es zwei Dialog-Workitems für die Meldungsbearbeitung gibt, die parallel abzuarbeiten sind. Über das Symbol (**Bearbeiter zeigen..**) können Sie sich den jeweiligen Bearbeiter oder die Bearbeiterin anzeigen lassen (siehe Abbildung 5.40).

[+]

Mehrzeiliges Containerelement in separater Methode

Ist das mehrzeilige Containerelement leer, wird die Aktivität übersprungen. Es ist daher sinnvoll, das mehrzeilige Containerelement in einer separaten Methode oder als Attribut der Workflow-Klasse aufzubauen. Diese Methode wird entweder in einer Hintergrundaktivität vorab ausgeführt oder die Tabelle (also das mehrzeilige Containerelement) wird bei der Workflow-Erzeugung oder Ereignissteuerung mitgegeben.

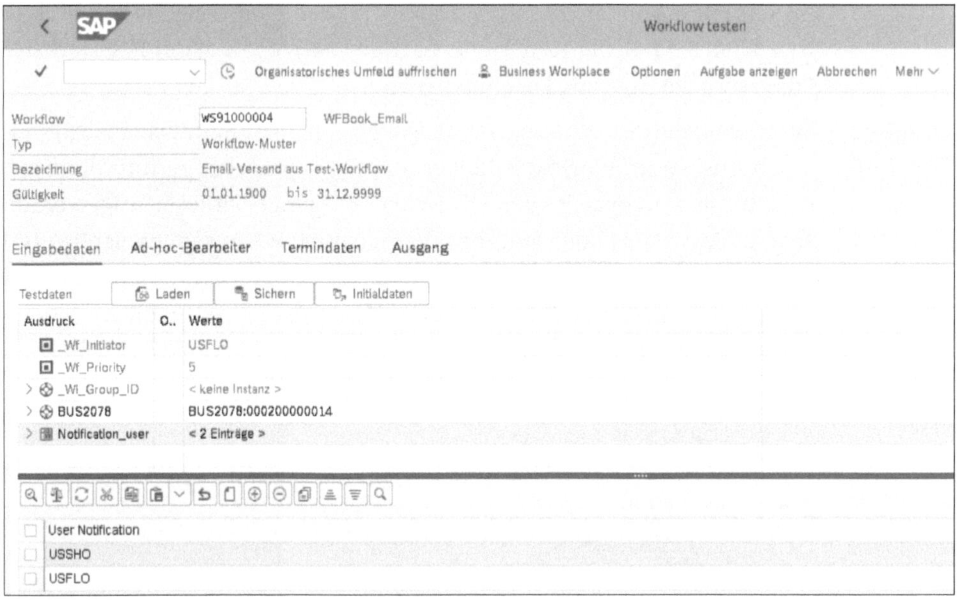

Abbildung 5.39 Workflow zur dynamischen Parallelverarbeitung testen

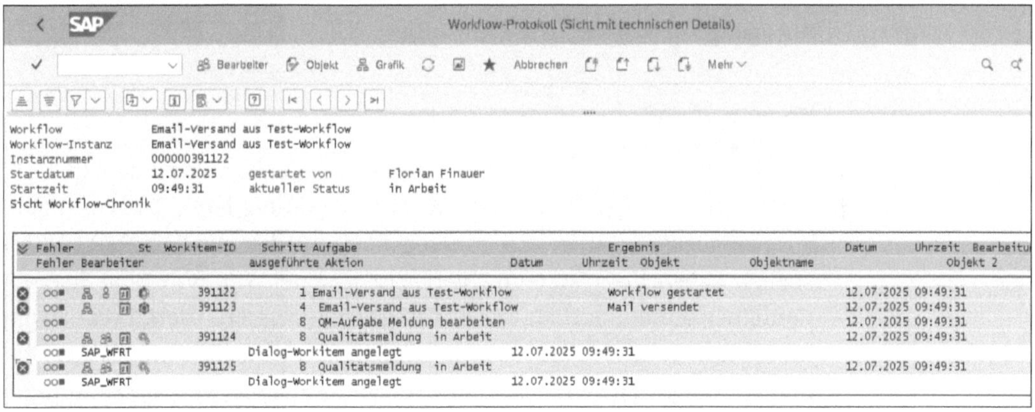

Abbildung 5.40 Protokoll des Workflows mit dynamischer Parallelverarbeitung

Registerkarte »Ausgänge«

Auf der Registerkarte **Ausgänge** steuern Sie, für welche Ausgänge Sie eine Reaktion modellieren wollen. *Ausgänge* sind das Ergebnis des aufrufenden Schrittes bzw. der aufrufenden Funktion. Sie werden durch das System aufgrund folgender Daten ermittelt:

- beendende Ereignisse der Aufgabe
- Ausnahmen der Methoden der Aufgabe
- mögliche Ergebnisse der Methoden der Aufgabe

Im Workflow Builder wird ein Ausgang nur dann angezeigt, wenn er aktiv ist. Haben Sie z. B. die Terminüberwachung aktiviert (auf der Registerkarte **Frist**), wird der Ausgang **Frist** hinzugefügt.

Ausgänge bearbeiten

Sie können die Bezeichnung der Ausgänge anpassen, damit sie in der grafischen Ansicht im Workflow Builder im Ablauf einfacher zu interpretieren sind. Außerdem entscheiden Sie, welche Ausgänge berücksichtigt werden sollen. Aktive Ausgänge sind mit dem Symbol ■ (**Ausgänge verwendet**) gekennzeichnet (siehe Abbildung 5.41). In der Workflow-Definition im Workflow Builder wird für die damit verbundenen Reaktionen ein Modellierungszweig erzeugt.

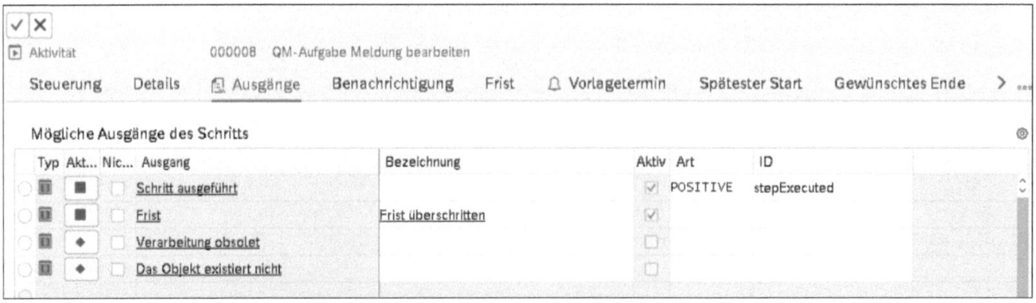

Abbildung 5.41 Registerkarte »Ausgänge«

5.3.2 Formular

Der Schritttyp Formular ist die einfachste Möglichkeit, Formulare im SAP-System zu erzeugen und in den Workflow zu integrieren. Die Formulare können auch von Anwender*innen genutzt werden, die kein SAP GUI installiert haben. Voraussetzung hierfür ist, dass der Workflow-Container ein Containerelement enthält, das auf eine Struktur referenziert. Diese Struktur repräsentiert die Formulardaten. Technisch wird ein *dynamisches Programm* (Dynpro) generiert, dass die Felder der Struktur enthält. Zusammen mit dem Dynpro wird eine Funktionsgruppe erzeugt. Ein Formular kann zur Anzeige, zum Ändern oder zum Genehmigen eines Sachverhalts mithilfe eines Workitems verwendet werden.

Workflow um Formurlarschritt erweitern

Wir wollen unser exemplarisches Workflow-Szenario um einen Formularschritt erweitern. Ruft eine Kundin oder ein Kunde wegen einer Reklamation an, sollen in dieses Formular ein Meldungstext, eine Priorität sowie der Name der Kundin bzw. des Kunden eingegeben werden:

1. Legen Sie im ABAP Dictionary in der Transaktion SE11 eine Struktur mit den drei Feldern an, die Sie auch in der Tabelle `QMEL` finden, in der die Qualitätsmeldungen gespeichert werden: `QMTXT`, `PRIOK` und `KUNUM` (siehe

Abbildung 5.42). Verwenden Sie am besten die Eingabehilfe/-prüfung der Tabelle QMEL für diese Felder.

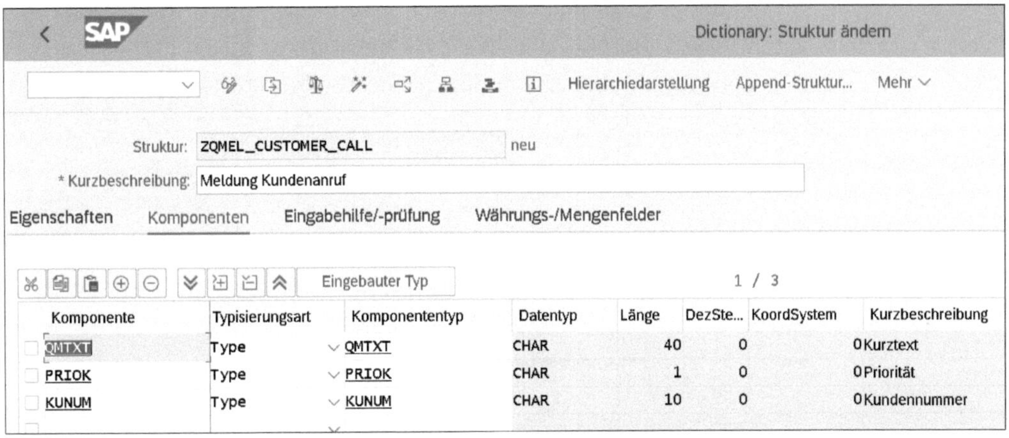

Abbildung 5.42 Struktur für das Formular anlegen

2. Legen Sie ein Containerelement mit der **Bezeichnung** »Kundenanruf« an, das die zuvor erstellte Struktur nutzt. Geben Sie dazu die Struktur sowie den Datentyp der Struktur im Feld **Typname** an: ZQMEL_CUSTOMER_CALL (siehe Abbildung 5.43).

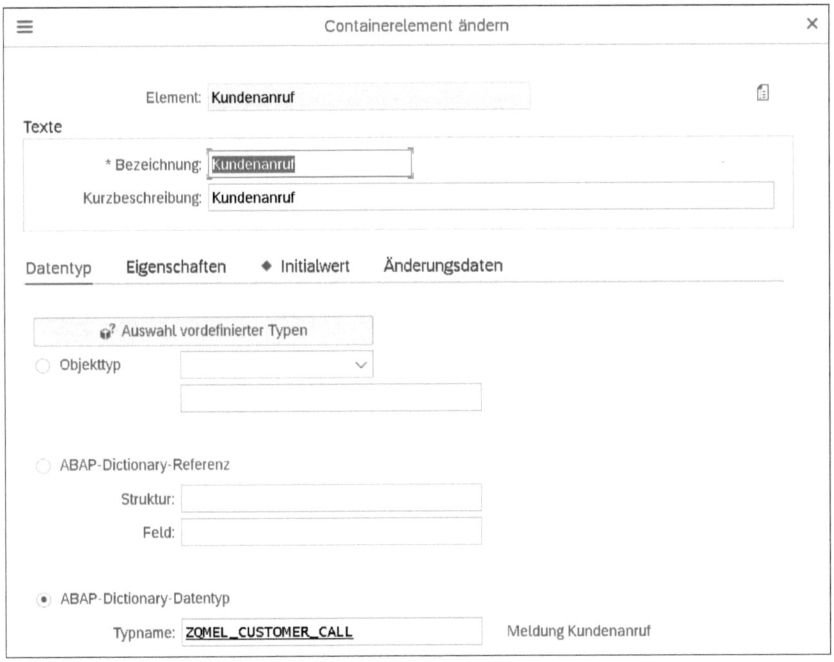

Abbildung 5.43 Containerelement für das Formular mit Referenz auf der Dictionary-Struktur anlegen

3. Legen Sie im Workflow Builder einen Schritt vom Typ **Formular** an, den Sie nach dem Schritt **E-Mail-Versand** einfügen. Nennen Sie den Schritt »Kundenanruf Reklamation« und verwenden Sie als **Bearbeiter** wiederum den Ausdruck für den Workflow-Initiator.
4. Als **Aktion** wählen Sie **Ändern** (siehe Abbildung 5.44).

Abbildung 5.44 Schritt vom Typ »Formular anlegen«

5. Legen Sie über die Schaltfläche (**Anlegen**) ein Formular an. Dabei unterstützt Sie ein Wizard. Geben Sie eine **Formularbezeichnung** ein und wählen Sie das zuvor angelegte Containerelement aus, das auf Ihrer ABAP-Dictionary-Struktur basiert (siehe Abbildung 5.45).

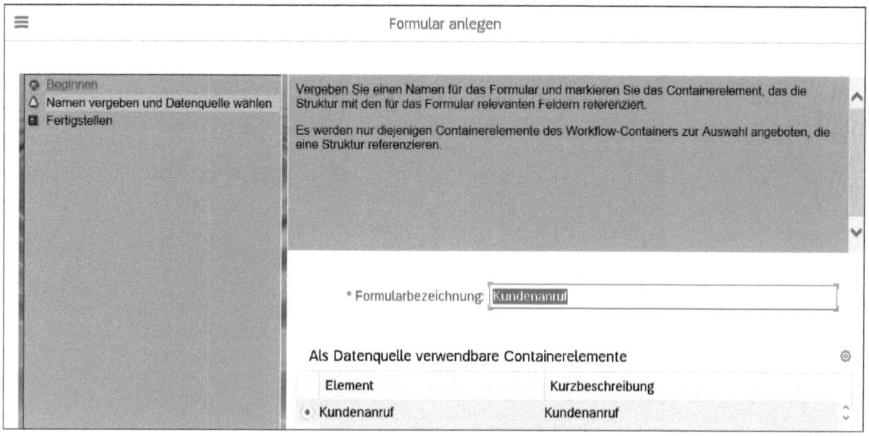

Abbildung 5.45 Wizard für die Formularanlage

6. Gehen Sie weiter und beenden Sie die Formularerzeugung.

Das Formular ist nun dem Schritttyp **Formular** zugeordnet (siehe Abbildung 5.46).

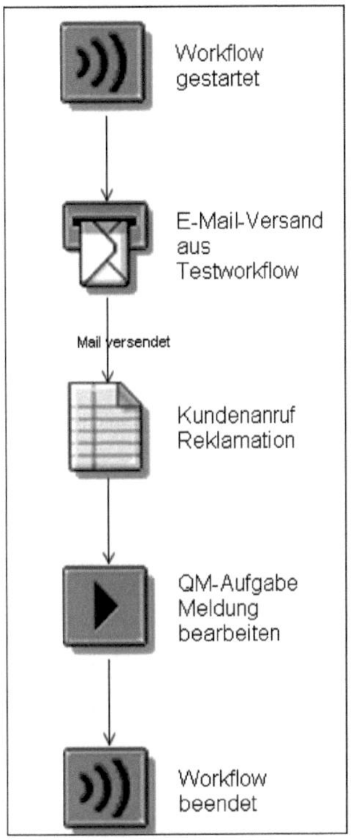

Abbildung 5.46 Workflow Builder mit Formular »Kundenanruf«

Workflow testen

Aktivieren Sie den Workflow. Im Anschluss daran können Sie den Workflow testen. Sie erhalten eine E-Mail und in Ihrer Workflow-Inbox finden Sie ein Workitem zum Ausfüllen des Formulars. Über dieses Workitem können Sie direkt zum Formular abspringen, das Sie in Abbildung 5.47 sehen.

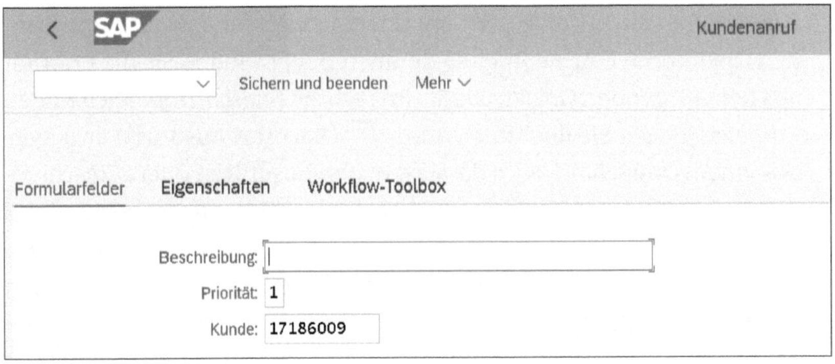

Abbildung 5.47 Formular zur Eingabe von Meldungsdaten aus einem Kundenanruf

5.3.3 Bedingung bzw. Mehrfachbedingung

Über die Schritttypen **Bedingung** und **Mehrfachbedingung** können Sie Ihren Workflow abhängig von definierten Bedingungen Zweige durchlaufen lassen.

Bedingungseditor

Zur Erfassung der Bedingungen gibt es einen *Bedingungseditor*. Dieser ermöglicht es, die Nutzung der Containerdaten über IF- bzw. CASE-Bedingungen zu steuern. In unserem Beispiel soll die Meldungsbearbeitung nur bei einer Meldung mit der Priorität **sehr hoch** erfolgen. Diese Bedingung können Sie wie folgt definieren:

1. Legen Sie einen Schritt vom Typ **Bedingung** an, den Sie vor der Aktivität mit der Meldungsbearbeitung einfügen.
2. Nennen Sie den Schritt »Meldungsbearbeitung nur bei Priorität sehr hoch« (siehe Abbildung 5.48).

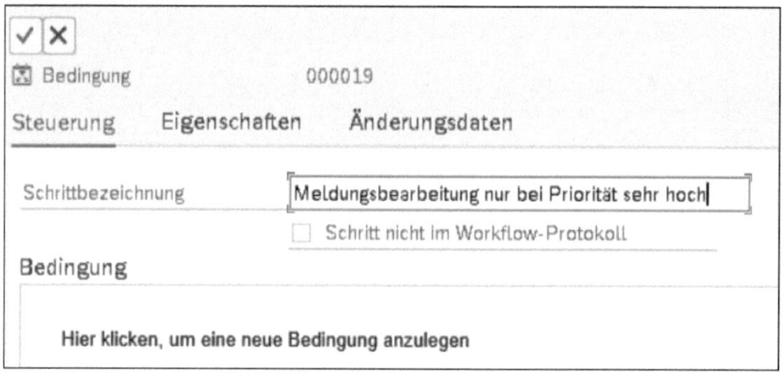

Abbildung 5.48 Schritt vom Typ »Bedingung« anlegen

3. Legen Sie eine Bedingung an, indem Sie auf den Bereich **Hier klicken, um eine neue Bedingung anzulegen** klicken.
4. Sie verzweigen damit in den Bedingungseditor (siehe Abbildung 5.49).

   Hier können Sie mithilfe der Containervariablen und der entsprechenden Operatoren eine Bedingung definieren. Verwenden Sie die Priorität aus dem führenden Objekt, das Sie im rechten Bildschirmbereich finden und dessen Feld Sie über das Symbol [>] (**Nächster Ausdruck**) anzeigen. Mit einem Doppelklick wird das Feld in den Ausdruck 1 oder 2 übernommen, je nachdem, wo Sie sich gerade befinden. Ordnen Sie über das Feld **Konstante** die Priorität 1 (= sehr hoch) zu. Über die Symbole [<] (**Vorheriger Ausdruck**) bzw. [>] (**Nächster Ausdruck**) können Sie zwischen den Ausdrücken wechseln.

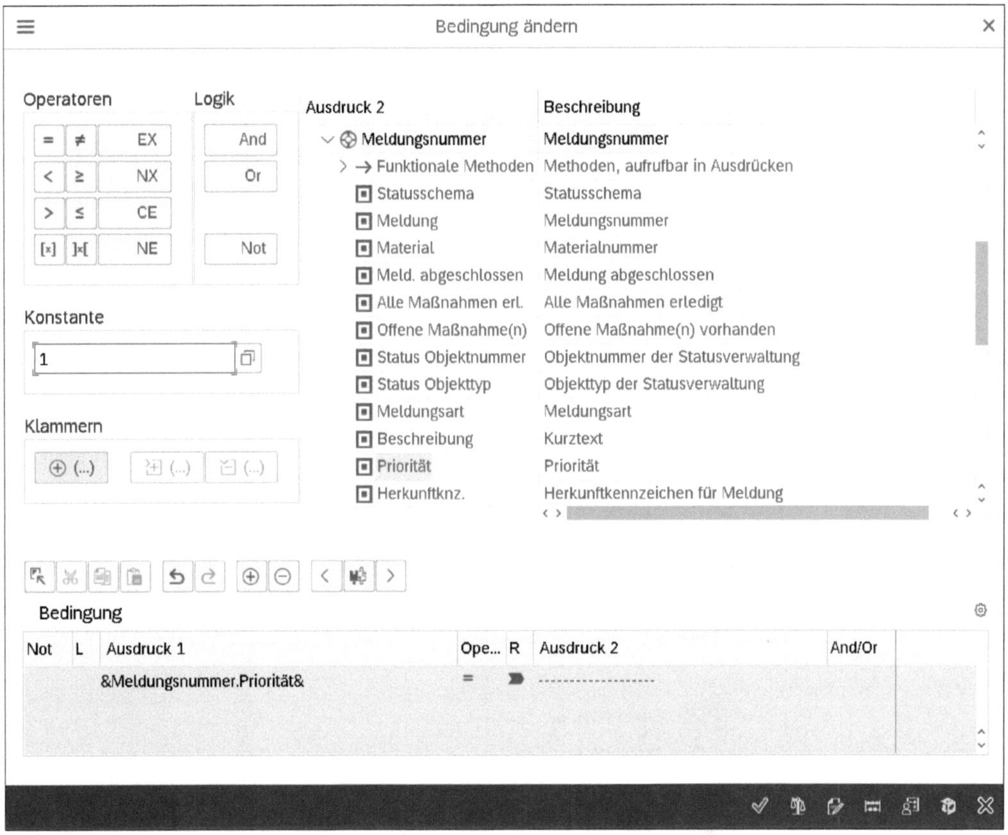

Abbildung 5.49 Bedingung mit der Priorität »sehr hoch« (1) definieren

5. Die Bedingung wird nun auf der Registerkarte **Steuerung** als Ausdruck angezeigt (siehe Abbildung 5.50).

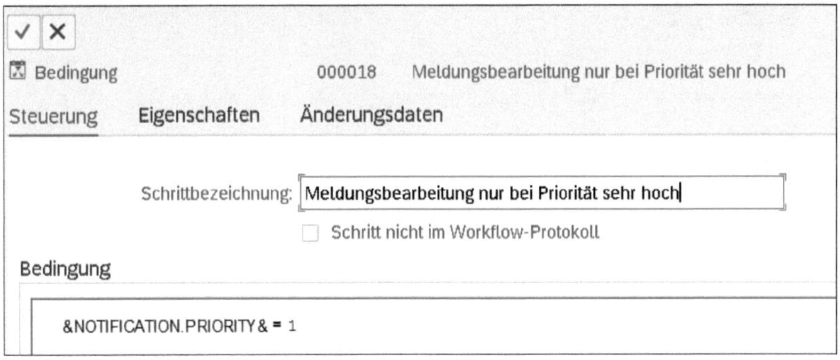

Abbildung 5.50 Steuerung des Schrittes vom Typ »Bedingung«

Auf eine sinnvolle Bezeichnung der Ausgänge der Bedingung achten

Am besten bezeichnen Sie die Ausgänge (standardmäßig mit **Wahr** bzw. **Falsch** bezeichnet) noch passend zur definierten Bedingung (z. B. »Priorität sehr hoch« und »Priorität nicht sehr hoch«), sodass im Workflow-Szenario direkt erkennbar ist, welche Art Bedingung modelliert wurde. Sie ändern die Bezeichnung im unteren Bereich der Bedingung (nur über Scrollen sichtbar).

Block ausschneiden

In Ihrem Workflow-Szenario wurde nun eine Bedingung eingefügt. Sie können jetzt mit einem Klick der rechten Maustaste auf die Aktivität mit der Funktion **Block ausschneiden** die Aktivität zur Meldungsbearbeitung ausschneiden und hinter der Bedingung mit dem Ausgang (**Priorität sehr hoch**) wieder einfügen. Das neue Workflow-Szenario schaut dann so aus wie in Abbildung 5.51.

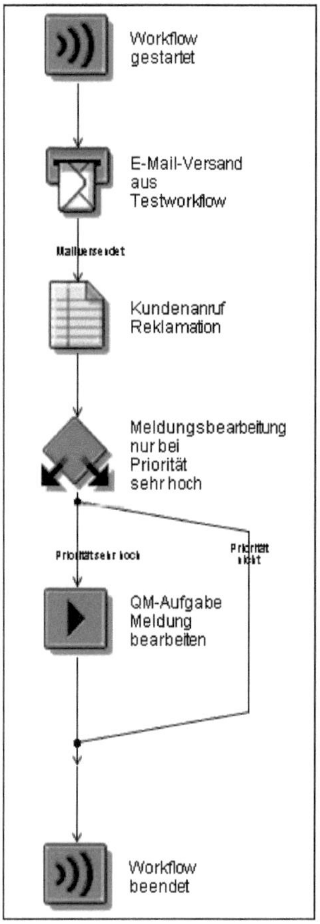

Abbildung 5.51 Workflow-Szenario mit Bedingung zur Meldungsbearbeitung

5.3.4 Weitere Schritttypen

Warteschritte

Der Schritttyp **Warten** ist ein Modellierungselement, mit dem festgelegt werden kann, dass das System auf ein Ereignis oder auf die Erfüllung einer Bedingung wartet. Dieser Schritttyp wird unserer Erfahrung nach in vielen Workflow-Entwicklungen zu wenig verwendet, obwohl er sehr großen Nutzen hat. Oftmals muss der Workflow auf Ereignisse reagieren, die die Datengrundlage für den Workflow komplett verändern. Eine Änderung an den Daten eines Objekts kann z. B. dazu führen, dass ein Genehmigungs-Workflow erneut durchlaufen werden muss. Um in einem solchen Fall nicht den Workflow beenden und einen neuen starten zu müssen, können mit dem Schritt **Warten auf <Ereignis>** Rekursionen modelliert werden. Dazu verwenden Sie eine Kombination aus den Schritttypen **Schleife**, **Paralleler Abschnitt** und **Warten**. Abbildung 5.52 zeigt eine entsprechende Modellierung, die sehr hilfreich ist.

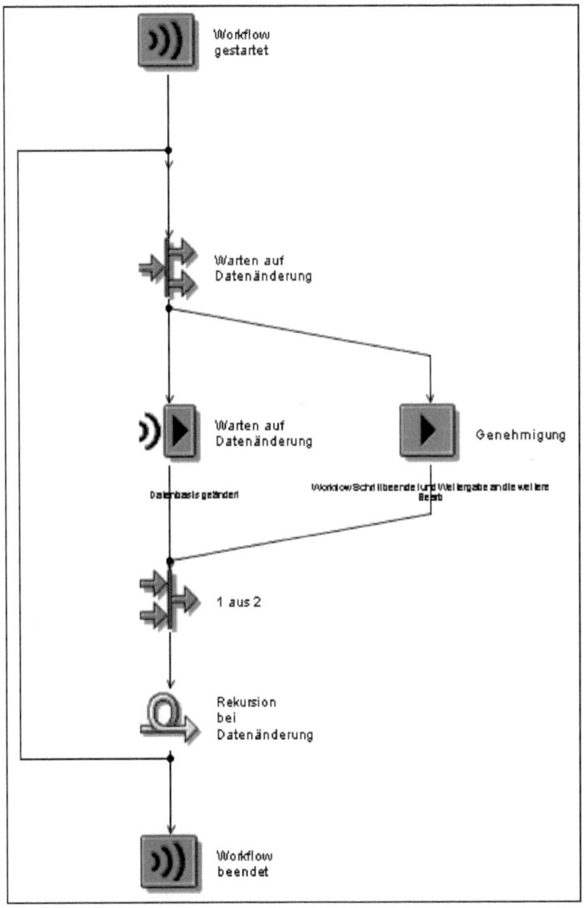

Abbildung 5.52 Beispiel für eine Rekursion bei Datenänderung

Dieser Workflow startet mit einer UNTIL-Schleife, die so lange durchlaufen wird, bis eine Bedingung erfüllt ist (z. B. eine Genehmigung durchgeführt wurde). In einem parallelen Abschnitt ist das Ereignis **Warten auf Datenänderung** eingefügt. Wird nun dieses Ereignis ausgelöst, da sich die Datenbasis geändert hat, wird der parallele Abschnitt beendet und die Rekursion noch einmal durchlaufen. Somit startet die Genehmigung erneut.

Paralleler Abschnitt

Beim Schritttyp **Paralleler Abschnitt** kann die Anzahl der zu durchlaufenden Zweige festgelegt werden. Außerdem können Sie eine Bedingung definieren, wann die parallelen Zweige finalisiert sind. Im Gegensatz zur dynamischen Parallelverarbeitung (siehe Abschnitt 5.3.1, »Aktivität«) muss die Anzahl der zu bearbeitenden Objekte bei diesem Schritttyp feststehen. Dafür können Sie hier mehrere Objekte gleichzeitig bearbeiten lassen. Zum Beispiel kann parallel von einer Anwenderin der Materialstamm und von einem anderen Anwender der Arbeitsplan geändert werden. Beide erhalten ein Workitem und führen ihre Bearbeitung durch.

Abbildung 5.53 zeigt die Definition der Anzahl der Zweige für einen parallelen Abschnitt.

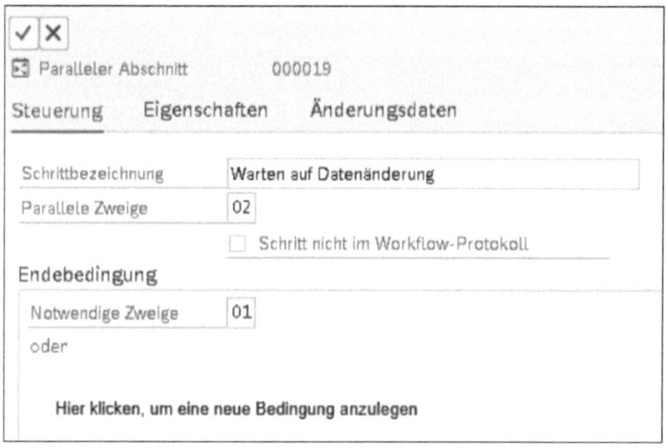

Abbildung 5.53 Schritttyp »Paralleler Abschnitt«

Schleife (UNTIL)

Mit dem Schritttyp **Schleife** wird eine UNTIL-Schleife wiederholt durchlaufen, bis eine definierte Abbruchbedingung erfüllt ist (**Wahr**). Beim Ergebnis **Falsch** erfolgt ein erneuter Durchlauf der Schleife. Dieses Konstrukt kann z. B. auch genutzt werden, um eine dynamische Anzahl von hierarchischen Genehmigungen durchzuführen. Muss eine solche Genehmigung hierarchisch von fünf Gruppen (die Anzahl der Gruppen ist erst zur Laufzeit bekannt) durchgeführt werden, wird die Schleife fünfmal pro Gruppe durchlaufen. Erst nach der letzten Gruppe ist die Abbruchbedingung erfüllt (aktuelle Gruppe = Anzahl Gruppen).

Abbildung 5.54 zeigt den Dialog zur Definition eines Schrittes vom Typ **Schleife**, mit der in dem Beispiel aus Abbildung 5.52 verwendeten Bedingung.

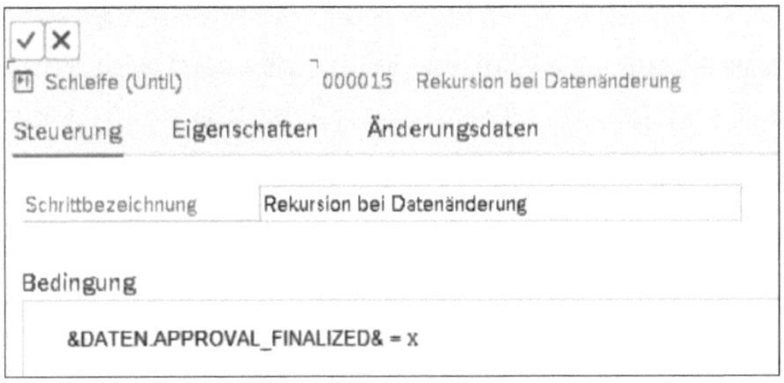

Abbildung 5.54 Definition eines Schrittes vom Typ »Schleife« für Rekursionen, bis eine Genehmigung erfolgt ist

5.4 Standardaufgaben

Sie haben nun alle Schritttypen kennengelernt. In den Schritttypen werden wiederum weitere Elemente genutzt, die im Folgenden beschrieben werden. Ein sehr wichtiges Objekt ist hier die *Standardaufgabe*. In älteren Releases wurden zusätzlich zu den Standardaufgaben auch *Kundenaufgaben* genutzt. Beide Aufgabentypen wurden mit dem Überbegriff *Aufgaben* bezeichnet. Inzwischen sind die Kundenaufgaben jedoch obsolet.

Wie wir in Abschnitt 5.1, »Grundarchitektur eines Workflows«, dargestellt haben, sind Standardaufgaben betriebswirtschaftliche Tätigkeiten, die sich auf Methoden einer Klasse oder eines Geschäftsobjekts beziehen. Standardaufgaben dienen somit dazu, Methoden einer Klasse oder eines Objekttyps im Workflow zu nutzen.

Es gibt zwei Einsatzmöglichkeiten für Aufgaben:

- **Als Einzelschrittaufgabe**
  Für bestimmte Anwendungsfälle reicht es aus, einen einzelnen Schritt zu modellieren, um die gewünschte Workflow-Anforderung zu erfüllen. Es muss kein umfassender, mehrere Schritte enthaltender Workflow ausgeführt werden.
- **Als Teil der Workflow-Definition**
  Im Rahmen des Schritttyps **Aktivität** ist eine Aufgabe Teil der Workflow-Definition (siehe Abschnitt 5.3.1, »Aktivität«).

Aufgabenbearbeitung

Die Personen, die eine Aufgabe bei einem Dialog-Workitem bearbeiten dürfen, können Sie über die Defaultregeln einschränken. Diesen Personenkreis können Sie beispielsweise mit Bezug zum Organisationsmodell des Unternehmens definieren. In Abschnitt 3.6, »Bearbeiterfindung konfigurieren«, haben wir diese Möglichkeit zur Bearbeiterkonfiguration bereits im Rahmen eines Standard-Workflows erläutert. Daher wissen Sie bereits, wie Sie die möglichen Bearbeiter*innen einer Aufgabe zuordnen können.

Standardaufgabe anlegen

In der Transaktion PFTC_INS (Aufgaben/Aufgabengruppen anlegen) können Sie eine Standardaufgabe anlegen. Wählen Sie hier als **Aufgabentyp** die Option **Standardaufgabe** und legen Sie diese über die Schaltfläche (**Anlegen**) an (siehe Abbildung 5.55).

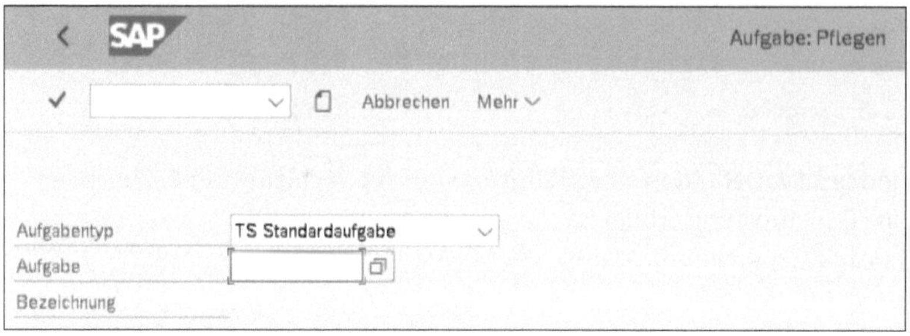

Abbildung 5.55 Standardaufgabe anlegen

Grunddaten

Folgende Daten müssen Sie auf der Registerkarte **Grunddaten** pflegen (siehe Abbildung 5.56):

- **Kürzel**: Hier legen Sie die Kurzbezeichnung für die Standardaufgabe fest. Sie finden Ihre Aufgabe später über diesen Suchbegriff.

[+]

Namenskonvention für das Kürzel festlegen

Empfehlenswert ist hier eine Namenskonvention im Rahmen der Entwicklungsrichtlinien. Ein Vorschlag ist es, das Kürzel mit dem Kundennamensraum oder mit `Z` zu beginnen und dann den Anwendungsbereich anzugeben sowie eine logische Abkürzung für die Aufgabe (z. B. `Z_MM_MAT_CHG`).

- **Workitem-Text**: Hier geben Sie den Titel des Workitems an, der den Anwender*innen in der Inbox zur Laufzeit angezeigt wird. Der Text kann Variablen beinhalten, wie z. B. die Meldungsnummer. Für die Anwender*innen sollten die wesentlichen Informationen anhand des Workitem-Textes auf den ersten Blick erfassbar sein. Der Text ist etwa vergleichbar mit dem Betreff einer E-Mail, der ebenso aussagekräftig sein sollte.
- **Objektkategorie**: An dieser Stelle konfigurieren Sie die Verknüpfung der Aufgabe zum Geschäftsobjekt, also zu den betriebswirtschaftlichen Daten. Dies kann über eine Klasse (siehe Abschnitt 5.6, »Klassen«) oder über das Business Objekt Repository erfolgen (siehe Abschnitt 5.5, »BOR-Objekte«). Die Empfehlung ist hier, möglichst mit Klassen zu arbeiten, da das Handling moderner und einfacher ist als das Arbeiten mit BOR-Objekttypen. Sind aber für Ihre Anforderung bereits entsprechende Objekte vorhanden, kann es Sinn ergeben, diese zu verwenden bzw. zu erweitern. Flexible Workflows nutzen ausschließlich ABAP-Klassen mit Interfaces und keine BOR-Objekte mehr.

- **Objekttyp** und **Objektmethode**: Hier werden der Objekttyp, also eine Klasse oder ein Geschäftsobjekt, sowie die entsprechende Methode angegeben. Es kann hier eine Standardklasse oder eine kundeneigene Klasse mit einer eigenen Methode genutzt werden bzw. ein Standardgeschäftsobjekt oder ein eigenes Geschäftsobjekt mit der jeweiligen Methode.

  Mit der Methode haben Sie dann alle Möglichkeiten, um Aktionen auszuführen, z. B. den Aufruf von Transaktionen, Anwendungen, Funktionen, Reports etc. Wenn Sie die Methode eingefügt haben, wird vom System die Information **Synchrone Objektmethode** und **Objektmethode mit Dialog** ergänzt, die nicht manuell geändert werden kann.
- **Ausführung** (in Abbildung 5.56 außerhalb des sichtbaren Bereichs): Sie können hier festlegen, dass die Aufgabenverarbeitung im Hintergrund erfolgen soll. Das bedeutet, dass die Einzelschrittaufgabe selbstständig vom System im Hintergrund ausgeführt wird und keine Dialogaktion notwendig ist.

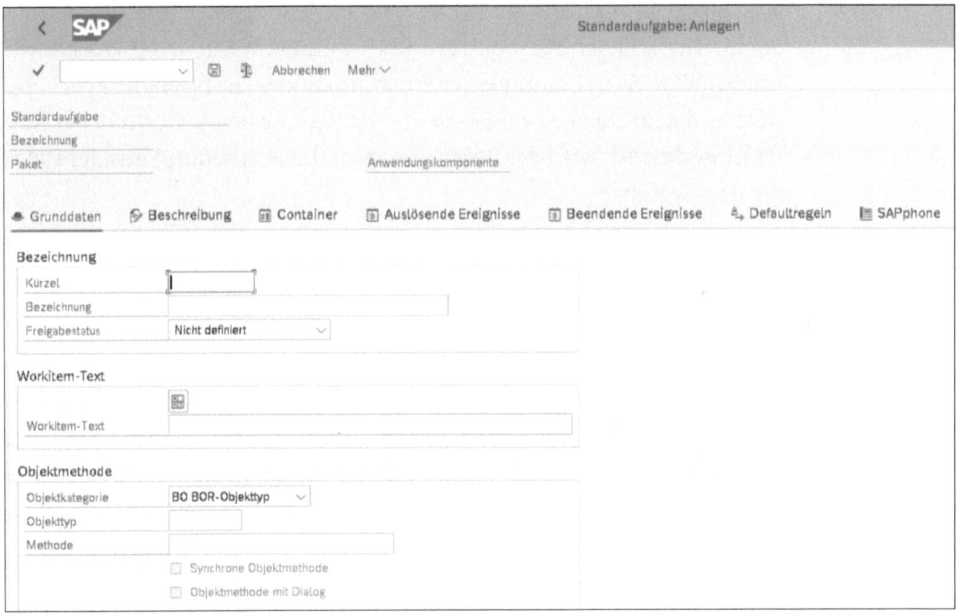

Abbildung 5.56 Details zu einer Standardaufgabe definieren

Darüber hinaus können Sie mit dem Kennzeichen **Verarbeitungsende bestätigen** eine explizite Bestätigung des Bearbeitungsendes durch die Anwender*innen einfordern.

Registerkarte »Beschreibung«

Auf der Registerkarte **Beschreibung** können Sie eine längere Aufgabenbeschreibung einfügen. Sie wird in der Inbox zur Laufzeit angezeigt und stellt den Langtext der Aufgabe (im Gegensatz zum Workitem-Text) dar. Sie können auch in diesem Text Variablen nutzen. Zusätzlich zum Text der Aufgabenbeschreibung haben Sie hier die Möglichkeit, auch die Texte für die anderen Textarten anzugeben, z. B. bei einer Fristüberschreitung.

Registerkarte »Container«

Auf der Registerkarte **Container** finden Sie die Daten, die sich im Aufgabencontainer befinden. Der Aufgabencontainer umfasst alle erforderlichen Laufzeitdaten der Aufgabe, sozusagen die notwendigen Variablen der Aufgabe, so auch das Objekt der Aufgabe (`Wi_Object_ID`). Weitere Informationen finden Sie in Abschnitt 5.7, »Container«.

Auslösende/ beendende Ereignisse

Die Workflow-Steuerung wird in vielen Fällen über Ereignisse implementiert. Die Ereignisse zum Starten oder Beenden dieser Aufgabe konfigurieren Sie auf den Registerkarten **Auslösende Ereignisse** und **Beendende Ereignisse**. Wenn Sie die definierte Aufgabe im Workflow Builder dann im Rahmen einer Aktivität einsetzen, können Sie nur die hier angegebenen Ereignisse nutzen.

Registerkarte »Defaultregeln«

Wenn Sie für Ihre Aufgabe eine Defaultregel festlegen, bedeutet dies, dass eine Bearbeiterfindung zur Laufzeit für diese Aufgabe ausgeführt wird, mit der die zuständigen Personen ermittelt werden. Wenn in der Workflow-Definition eine Aktivität mit einer Standardaufgabe mit Defaultregel genutzt wird und kein zuständiger Bearbeiter bzw. keine Bearbeiterin in der Aktivität hinterlegt ist, wird der Bearbeiter oder die Bearbeiterin aus der Defaultregel verwendet.

5.5 BOR-Objekte

In Abschnitt 5.4, »Standardaufgaben«, haben wir beschrieben, dass einer Standardaufgabe immer ein Objekttyp und eine Methode zugeordnet sein müssen. Als Objektkategorie kann ein *BOR-Objekttyp* also ein Geschäftsobjekt im Business Object Repository (BOR), oder eine Klasse verwendet werden. Ein BOR-Objekttyp beschreibt die im System verwendeten Daten (Objekte), z. B. das Objekt Material mit seinen Schlüsselfeldern, Attributen, Methoden und Ereignissen. Historisch gesehen gab es zum Zeitpunkt der Implementierung der ersten Workflows im SAP-System noch keine ABAP-Klassen. Daher wurden die Geschäftsobjekte als Schnittstelle zum Workflow eingeführt, mit denen bereits wesentliche Merkmale der Objektorientierung genutzt werden konnten.

In Zukunft sollten bevorzugt Klassen eingesetzt werden. Da aber viele Standard-Workflows, die erweitert werden können, auf BOR-Objekten basieren, wird dieses Konstrukt hier kurz vorgestellt.

Business Object Builder

Über die Transaktion SWO1 gelangen Sie in den *Business Object Builder*. Sie können über die Suchmöglichkeiten von SAP-Anwendungen, wie über das

Infosystem, wie üblich nach vorhandenen BOR-Objekten suchen. Wollen Sie sich beispielsweise das BOR-Objekt zur Qualitätsmeldung BUS2078 anschauen, geben Sie diesen Objekttyp in das Feld **Objekttyp/Interfacetyp** ein (siehe Abbildung 5.57).

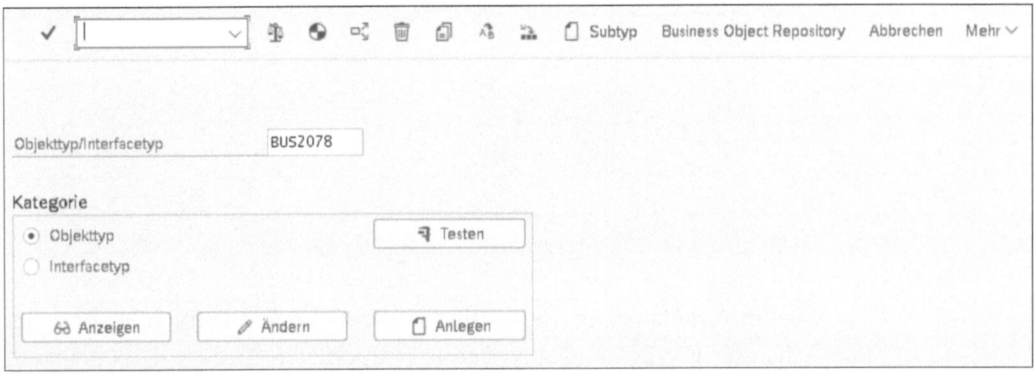

Abbildung 5.57 Einstieg in den Business Object Builder

Wichtige Funktionen beim Einstieg sind die Anzeige der Objekttypen, die Anlage eines Subtyps und die Delegation zur Erweiterung eines Geschäftsobjekts sowie der Verwendungsnachweis, um zu ermitteln, in welchen Aufgaben und Workflows ein BOR-Objekt eingesetzt wird. Darüber hinaus kann die Beziehung zu anderen BOR-Objekten über den Menüpfad **Mehr • Hilfsmittel • Beziehungen** ermittelt werden. Sie gelangen in die Übersicht in Abbildung 5.58. Die Qualitätsmeldung (BUS2078) wird z. B. vom BOR-Objekttyp QMSM (Maßnahme) referenziert, da Maßnahmen in Qualitätsmeldungen eingesetzt werden.

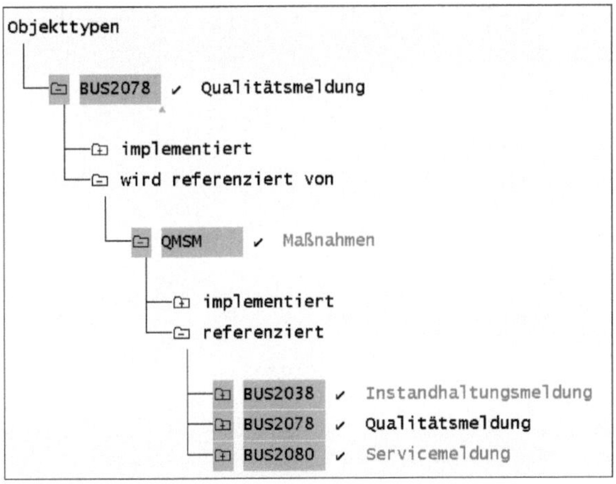

Abbildung 5.58 BOR-Objekt BUS 2078 mit Referenz zum Objekttyp QMSM

BOR-Objekttyp anzeigen

Wenn Sie sich über die Schaltfläche **Anzeigen** das BOR-Objekt BUS2078 anzeigen lassen, finden Sie die Schlüssel, Attribute, Methoden und Ereignisse zu diesem BOR-Objekttyp (siehe Abbildung 5.59).

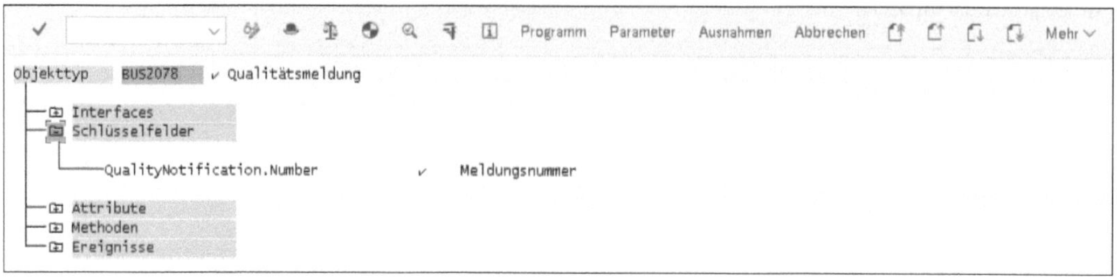

Abbildung 5.59 BOR-Objekttyp BUS 2078 (Qualitätsmeldung)

Die Implementierung der Attribute oder Methoden können Sie über die Schaltfläche **Programm** analysieren. Positionieren Sie dazu den Cursor auf der entsprechenden Methode oder dem Attribut. Schauen wir uns in Abbildung 5.60 beispielsweise die Methode `QualityNotification.CreateFromData` im Editor für BOR-Objekte an.

```
begin_method createfromdata changing container.
DATA:
      notifheader LIKE bapi2078,
      language LIKE bapi2078-langu,
      notifitem LIKE bapiqmfe OCCURS 0,
      notiftext LIKE bapiqcline OCCURS 0,
      return LIKE bapireturn,
      externalnumber LIKE bapi2080-notificat.
swc_get_element container 'NotifHeader' notifheader. "#EC NOTEXT
swc_get_element container 'Language' language.       "#EC NOTEXT
IF sy-subrc <> 0.
  MOVE sy-langu TO language.
ENDIF.
swc_get_table container 'NotifItem' notifitem.      "#EC NOTEXT
swc_get_table container 'NotifText' notiftext.      "#EC NOTEXT
swc_get_element container 'ExternalNumber' externalnumber. "#EC NOTEXT
CALL FUNCTION 'BAPI_QNOTIFICAT_CREATE'
     EXPORTING
          notif_header    = notifheader
          langu           = language
          external_number = externalnumber
     IMPORTING
          return          = return
          number          = object-key-number
     TABLES
          notif_item      = notifitem
          notif_text      = notiftext
     EXCEPTIONS
          OTHERS          = 01.
CASE sy-subrc.
  WHEN 0.                                               " OK
  WHEN OTHERS.                       " to be implemented
ENDCASE.
swc_set_table container 'NotifItem' notifitem.       "#EC NOTEXT
swc_set_table container 'NotifText' notiftext.       "#EC NOTEXT
swc_set_element container 'Return' return.           "#EC NOTEXT
end_method.
```

Abbildung 5.60 Methode zum Anlegen einer Qualitätsmeldung

[!]

Bei Neuentwicklungen Klassen bevorzugen

Beachten Sie jedoch, dass der Editor des Business Object Builders nicht mehr zeitgemäß ist. Darüber hinaus werden in der Implementierung von BOR-Objekten viele Makro-Konstrukte genutzt. In der ABAP-Entwicklung raten wir von der Nutzung von Makros ab, weil diese den Code undurchsichtig machen und im Debugger nicht aktiv durchlaufen werden. Im Workflow-Umfeld sind die Makros bei der Nutzung von BOR-Objekten und zum Teil auch bei der Nutzung von Klassen dennoch für den Zugriff auf Containerelemente notwendig (siehe Abschnitt 6.6, »Makros für Container und Datenflüsse«). Bei einer Neuentwicklung sollten Sie die Verwendung von Klassen vorziehen. Dennoch ist es in einigen Anwendungsfällen sinnvoller, bestehende BOR-Objekte zu erweitern, als eine neue Klasse anzulegen und damit vorhandene Funktionen noch einmal nachzuimplementieren.

Parameter zur Methode

Die Import- bzw. Exportparameter einer Methode rufen Sie über die Schaltfläche **Parameter** auf (siehe Abbildung 5.59). Sie gelangen zu der Übersicht in Abbildung 5.61. Die Parameter der Methode werden im Workflow über den *Methodencontainer* verfügbar gemacht. Die Ausnahmen der Methode werden über die Schaltfläche **Ausnahmen** bearbeitet.

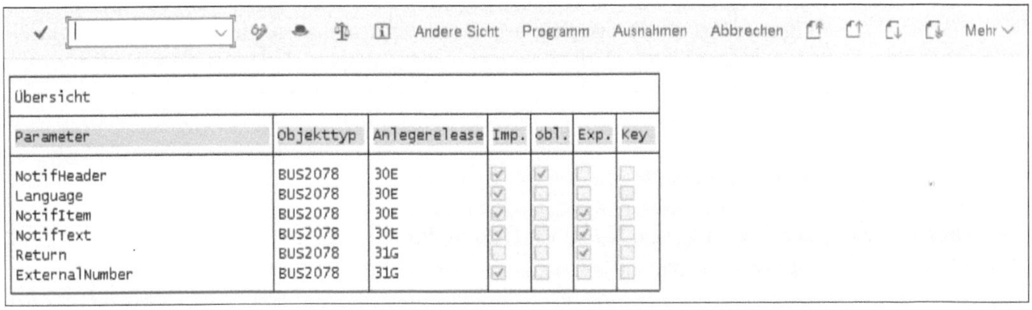

Übersicht

Parameter	Objekttyp	Anlegerelease	Imp.	obl.	Exp.	Key
NotifHeader	BUS2078	30E	☑	☑	☐	☐
Language	BUS2078	30E	☑	☐	☐	☐
NotifItem	BUS2078	30E	☑	☐	☑	☐
NotifText	BUS2078	30E	☑	☐	☑	☐
Return	BUS2078	31G	☐	☐	☑	☐
ExternalNumber	BUS2078	31G	☑	☐	☐	☐

Abbildung 5.61 Parameter zur Methode »CreateFromData«

Details zur Methode

Mit einem Doppelklick auf die Methode aus der Ansicht des BOR-Objekts heraus sind weitere Details ersichtlich (siehe Abbildung 5.62). Es wird hier beispielsweise festgelegt, ob es sich um eine Dialogmethode handelt und oder ob die Methode synchron ist. *Synchron* bedeutet, dass die Methode kein beendendes Ereignis benötigt. *Asynchrone Methoden* benötigen ein beendendes Ereignis. Die hier definierten Eigenschaften werden bei der Verknüpfung der Methode mit einer Standardaufgabe in die Standardaufgabe übernommen (siehe Abschnitt 5.4, »Standardaufgaben«). Verwenden

Sie in einer Standardaufgabe eine Methode, die asynchron ist, bedeutet dies, dass die Standardaufgabe auch ein beendendes Ereignis haben muss.

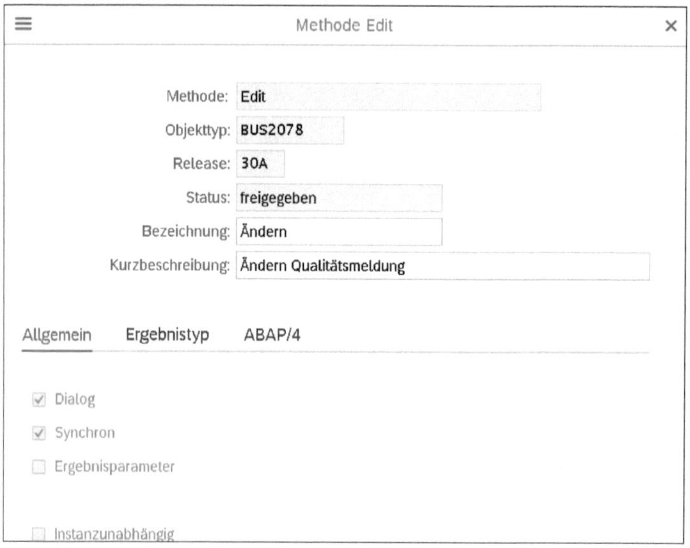

Abbildung 5.62 Eigenschaften einer Methode

Machen Sie sich an dieser Stelle mit dem Business Objekt Builder vertraut. Weitere Details zur Erweiterung von BOR-Objekten, z. B. zum Hinzufügen eigener Attribute, Methoden und Ereignisse, werden in Kapitel 6, »Klassische Standard-Workflows erweitern«, erläutert.

5.6 Klassen

ABAP-Klassen

Die Nutzung von ABAP-Klassen im Workflow ist alternativ zur Nutzung der Objekttypen möglich und sollte bevorzugt werden. Klassen können Sie über den *Class Builder* (Transaktion SE24) oder mit den ABAP Development Tools (ADT) in Eclipse bearbeiten. Im Folgenden werden nur die Besonderheiten von Klassen bei der Nutzung in der Workflow-Entwicklung erläutert.

Interface IF_WORKFLOW

Im Zusammenhang mit SAP Business Workflow können nur Klassen verwendet werden, die das Interface `IF_WORKFLOW` nutzen. Klassen mit diesem Interface werden als workflow-fähig erkannt. Ein Beispiel zeigt Abbildung 5.63. Abweichend zu »normalen« ABAP-Klassen können für diese Klassen Schlüsselattribute definiert werden.

So findet sich auf der Registerkarte **Attribute** zusätzlich die Spalte **Schlüsselattribute** (siehe Abbildung 5.64). Die Schlüsselfelder müssen zeichenartig vom Typ CHAR oder NUMC sein und eine feste Länge haben. Die Gesamtlänge aller Schlüsselfelder darf maximal 32 Zeichen betragen. Die Kennzeichnung als Schlüsselattribut ist in den ADT in Eclipse nicht direkt sichtbar. Nutzen Sie hierfür daher noch die Transaktion SE24.

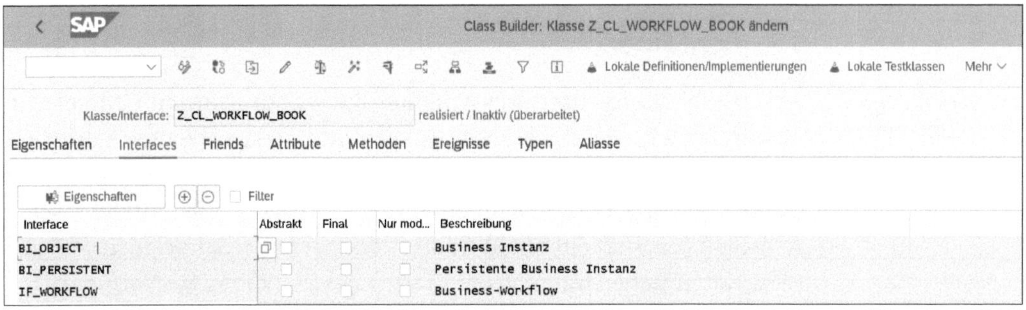

Abbildung 5.63 Workflow-Klasse mit dem Interface IF_WORKFLOW

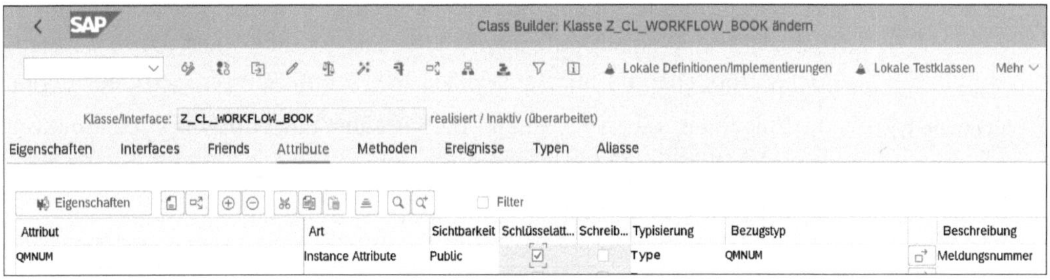

Abbildung 5.64 Workflow-Klasse mit Schlüsselattributen

Synchrone und asynchrone Methoden

Im Gegensatz zu Methoden von BOR-Objekten ist es bei Methoden der Klasse nicht möglich, zu steuern, ob es sich um eine synchrone oder asynchrone Methode handeln soll und ob diese im Hintergrund ausgeführt wird. Diese Steuerung erfolgt bei Nutzung von Methoden der Klassen ausschließlich in der Standardaufgabe.

Jede Klasse, die das Interface IF_WORKFLOW nutzt, kann im Workflow eingesetzt werden. Nutzen Sie das Interface aber nicht für interne Klassen, sondern kapseln Sie die Methoden in solchen Klassen entsprechend.

[!]

Löschung von Objekten

Es existiert kein Verwendungsnachweis in Workflows für die Attribute, Methoden oder Ereignisse der Klasse. Beachten Sie dies bei Löschungen dieser Objekte in Ihrer Workflow-Klasse.

Weitere Informationen zur Nutzung von Klassen in Workflows sowie ein Beispiel dafür finden Sie in Kapitel 7, »Einen eigenen Workflow auf Basis von Standardobjekten entwickeln«.

5.7 Container

Verwaltung der Laufzeitdaten

Ein wichtiges Konstrukt in der Workflow-Entwicklung sind die *Container*. In Abschnitt 5.2.2, »Einfügbare Schritttypen und andere Inhalte«, haben Sie bereits den Workflow-Container kennengelernt. Mit dem Workflow-Container ist es möglich, Daten innerhalb des Workflows global zur Verfügung zu stellen, zu bearbeiten und in den verschiedenen Schritten zu nutzen. Diese Daten stehen während der Laufzeit des Workflows zur Verfügung.

Bei der Beschreibung der Standardaufgaben haben Sie außerdem den Aufgabencontainer kennengelernt, mit dem es möglich ist, die Variablen zu verwalten, die für die Aufgabenbearbeitung benötigt werden (siehe Abschnitt 5.4, »Standardaufgaben«). Für Methoden existiert darüber hinaus der Methodencontainer, der sich aus den Parametern der Methoden ergibt.

Containertypen

Im Folgenden geben wir einen Überblick über alle Containertypen im Kontext des Workflow-Managements:

- **Workflow-Container**
  Workflow-Container sind Containerelemente, die für die Workflow-Ausführung benötigt werden. Sie enthalten Werte, die von einem Schritt an einen weiteren Schritt weitergegeben werden sollen.

  Nur Containerelemente mit der Parametereinstellung **Import** können z. B. durch ein Ereignis beim Start des Workflows an den Workflow übergeben werden.
- **Aufgabencontainer**
  Der Aufgabencontainer beinhaltet alle für die Bearbeitung einer Aufgabe relevanten Daten. Es werden automatisch die Elemente in den Aufgabencontainer übernommen, die sich aus den Methodenparametern der referenzierten Objektmethode ergeben (also die Import-/Exportparameter).
- **Methodencontainer**
  Der Methodencontainer enthält die Parameter der Methode, die zwischen dem Aufrufer der Methode (also der Aufgabe) und der Methode zur Laufzeit übertragen werden.
- **Ereigniscontainer**
  Der Ereigniscontainer enthält die Parameter des Ereignisses. Hiermit können Daten von der Anwendung (z. B. einer App) an den Workflow übertragen werden. Hat eine Aufgabe auslösende oder beendende Ereig-

nisse, können diese Parameter vom Ereigniscontainer in den Aufgabencontainer übertragen werden.

- **Regelcontainer**
  Parameter der Regeln, die für die Bearbeiterfindung benötigt werden, werden im Regelcontainer vorgehalten (zu den Regeln siehe auch Abschnitt 3.5, »Workflow-Szenarios und Standardaufgaben verwenden«).

Containerelemente

Die Werte, die in den jeweiligen Containern abgelegt werden, werden als *Containerelemente* bezeichnet. Containerelemente können ein einzelnes Feld sein oder als einfacher Datentyp oder als Tabellentyp bzw. Objekttyp strukturiert vorliegen. Als Objekttyp kann wiederum eine ABAP-Klasse oder ein BOR-Objekt angegeben werden. Wird ein Tabellentyp verwendet, wird die Eigenschaft **mehrzeilig** vom System gesetzt. In anderen Fällen können Sie diese Eigenschaft manuell setzen. In Abbildung 5.65 ist exemplarisch ein Containerelement als einzelnes Feld dargestellt. Sie sehen die wählbaren Datentypen. Auf der Registerkarte **Eigenschaften** können Sie die Containerelemente als Import- bzw. Exportparameter setzen und festlegen, ob der Datentyp mehrzeilig ist.

Abbildung 5.65 Datentypen für Containerelemente

Grundsätzlich gilt, dass Daten in den jeweiligen Objekten (z. B. in einer Methode) nur verwendet werden können, wenn diese in deren Containern vorhanden sind. Um die Daten nutzen zu können, müssen diese daher als Containerelemente zwischen den jeweiligen Containern übertragen werden. Dies geschieht über Datenflüsse, die im folgenden Abschnitt beschrieben werden.

5.8 Datenflüsse

Mögliche Datenflüsse

Die Methodik in der Workflow-Entwicklung, um Daten zwischen den Containern zu übertragen, sind *Datenflüsse*. In den Datenflüssen wird festgelegt, wie Daten zwischen *genau zwei* Containern ausgetauscht werden sollen. Dieser Vorgang ähnelt dem Aufruf einer Methode innerhalb einer anderen Methode. Die Import- und Exportparameter müssen dabei jeweils übergeben werden.

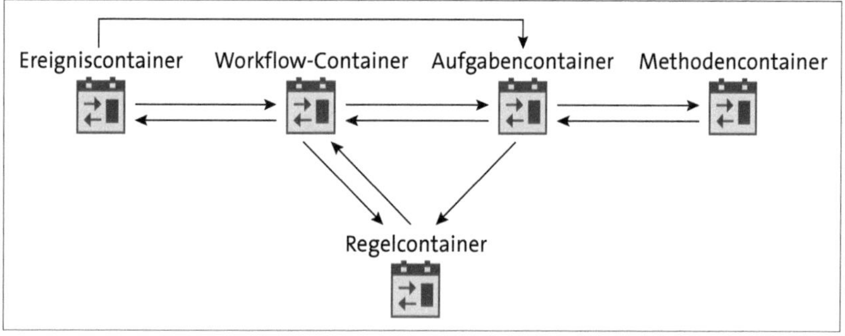

Abbildung 5.66 Datenflüsse zwischen Containern

In Abbildung 5.66 werden die möglichen Datenflüsse zwischen den Containertypen dargestellt. Um Daten in einer Methode nutzen zu können, werden diese vom Ereigniscontainer im Rahmen eines auslösenden Ereignisses an den Workflow-Container übergeben und weitergereicht an den Aufgabencontainer. Dieser wiederum übergibt die Daten an den Methodencontainer, sodass innerhalb der Methode hierauf zugegriffen werden kann.

In einem Einzelschritt-Workflow können die Daten auch direkt vom Ereigniscontainer an den Aufgabencontainer übergeben werden.

Beispieldatenfluss

Zur Verdeutlichung schauen wir uns den Datenfluss des Workflow-Szenarios WS20000077 an. Dies ist ein klassischer Workflow für die Gesamtfreigabe einer Bestellanforderung (Banf):

1. Öffnen Sie das Workflow-Szenario WS20000077 im Workflow Builder und rufen Sie die Grunddaten über einen Klick auf die Schaltfläche (**Grunddaten**) auf.

2. Wechseln Sie auf die Registerkarte **Startereignisse** (siehe Abbildung 5.67).

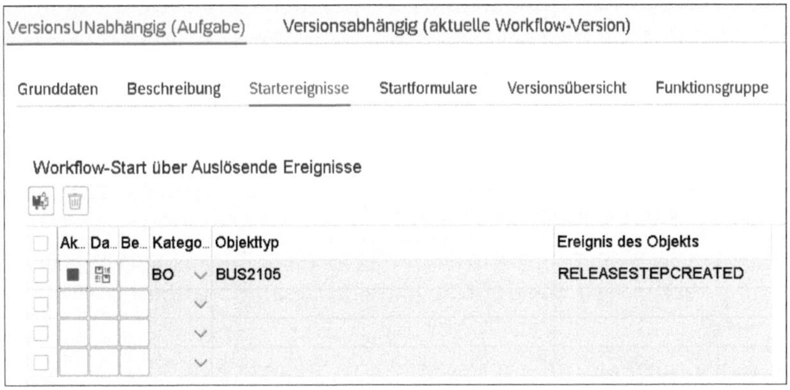

Abbildung 5.67 Startereignis zum Workflow-Szenario WS20000077

3. Die Anwendung löst das Startereignis RELEASESTEPCREATED für den Objekttyp BUS2105 aus, wenn z. B. eine Anwenderin oder ein Anwender die Bearbeitung der Banf mit einem Freigabeschritt abschließt und speichert.
4. Beim Auslösen dieses Ereignisses werden Daten vom Ereigniscontainer in den Workflow-Container übergeben. Über die Schaltfläche (**Datenfluss [vorhanden]**) in der Zeile zum Ereignis RELEASESTEPCREATED können Sie sich diese Datenflussdefinition anzeigen lassen und in Ihrem eigenen Workflows auch bearbeiten (siehe Abbildung 5.68).

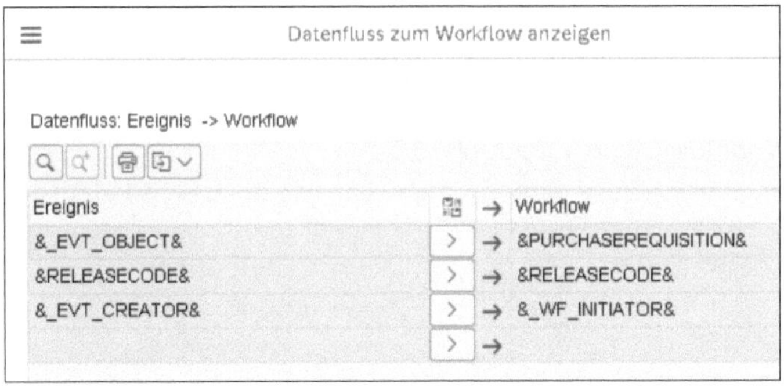

Abbildung 5.68 Datenflusseditor mit einem Ereigniscontainer zum Workflow-Container

5. In Abbildung 5.68 sehen Sie z. B., dass das Ereignisobjekt &_EVT_OBJECT& an das Workflow-Containerelement &PURCHASEREQUISITION& übergeben wird. (Im Datenflusseditor werden die Elemente immer mit einem führenden und schließenden & angezeigt.) Das Feld &_EVT_CREATOR& vom Ereignis (also der Benutzer, der die Meldung anlegt) wird ebenfalls an den Workflow übergeben, und zwar in das Element &_WF_INITIATOR&.

6. Wenn Sie sich im Änderungsmodus befinden, haben Sie über das Dropdown-Menü (**Autom. Datenfluss generieren**) die Möglichkeit, den Datenfluss automatisch generieren zu lassen. Dies ist in vielen Fällen sehr hilfreich. Sie erhalten hierbei schon Hinweise auf Fehlerquellen, wenn z. B. die Datenformate nicht zusammenpassen oder Containerelemente nicht mit dem Kennzeichen **Import** bzw. **Export** deklariert sind. In diesen Fällen werden Ihnen beim automatischen Generieren des Datenflusses keine Vorschläge gemacht.
7. Gehen Sie wieder zurück in das grafische Modell des Workflow-Szenarios und klicken Sie doppelt auf die Aktivität **Gesamtfreigabe Bestellanforderung**.
8. Hier finden Sie auf der Registerkarte **Steuerung** den Datenfluss vom Workflow-Container in den Aufgabencontainer (siehe Abbildung 5.69).

Abbildung 5.69 Datenfluss zur Aufgabe aufrufen

9. Klicken Sie auf die Schaltfläche **Datenfluss (vorhanden)**, um in den Datenfluss zur Aufgabe zu navigieren. Sie verzweigen wieder in den Datenflusseditor, diesmal in den Datenfluss zwischen Workflow-Container und Aufgabencontainer. Hier werden Daten in beide Richtungen übertragen, d. h. vom Workflow in die Aufgabe und von der Aufgabe zurück in den Workflow (siehe Abbildung 5.70).

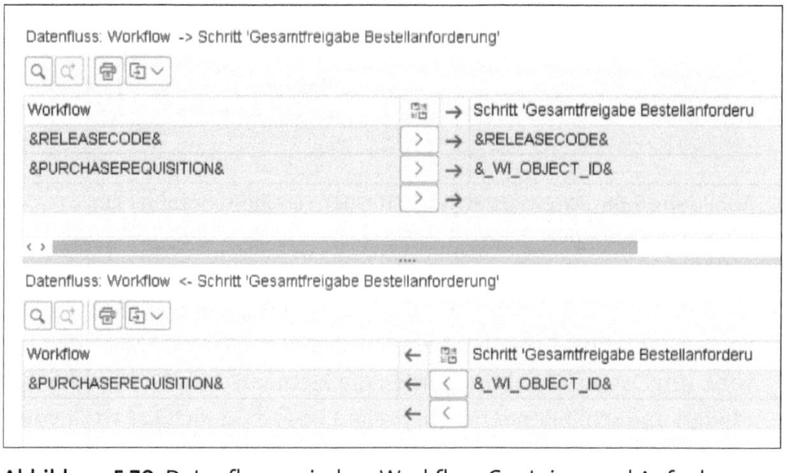

Abbildung 5.70 Datenfluss zwischen Workflow-Container und Aufgabencontainer

10. Gehen Sie wieder zurück in die Aktivität und verzweigen Sie diesmal per Doppelklick in die Aufgabe TS20000159. Auf der Registerkarte **Grunddaten** finden Sie die Objektmethode SINGLERELEASE zum Objekttyp BUS2105 (siehe Abbildung 5.71).

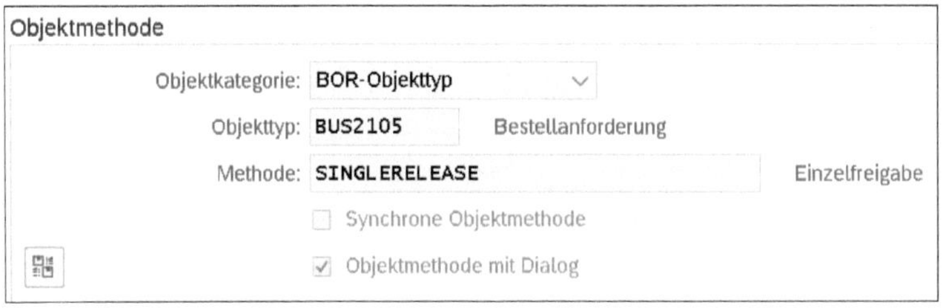

Abbildung 5.71 Objektmethode mit Datenfluss

11. Hier werden Daten vom Aufgabencontainer in den Methodencontainer übertragen. Klicken Sie im Bereich **Objektmethode** auf die Schaltfläche (**Datenfluss Objektmethode**).
12. Sie gelangen wiederum zum Datenflusseditor. In diesem Beispiel wird der Freigabecode &RELEASECODE& in die Methode übernommen (siehe Abbildung 5.72).

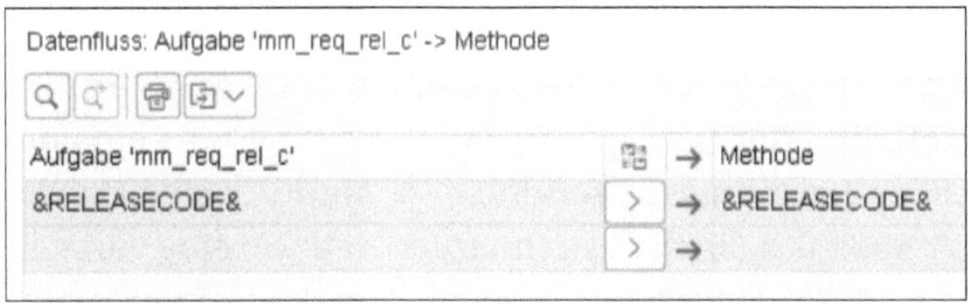

Abbildung 5.72 Datenfluss zwischen Aufgabencontainer und Methodencontainer

13. Die Methode SINGLERELEASE für den Objekttyp BUS2105 hat den Parameter RELEASECODE als obligatorischen Importparameter. Sie können das im Business Object Builder nachvollziehen (siehe Abbildung 5.73).

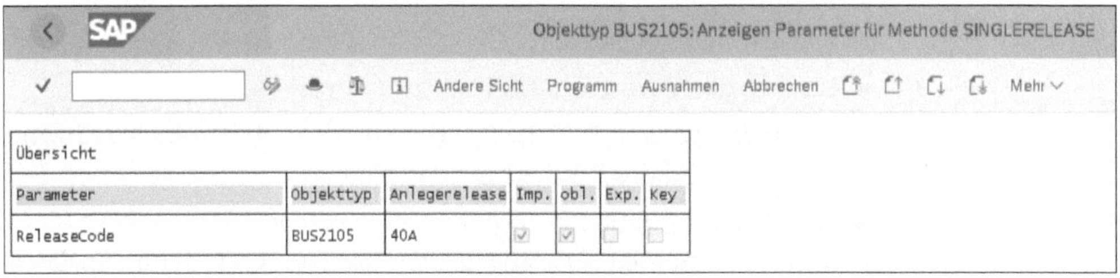

Abbildung 5.73 Parameter der Objektmethode SINGLERELEASE

Anhand dieses Beispiels ist das Konzept der Datenflüsse gut nachvollziehbar.

Werte zuweisen

In den meisten Anwendungsfällen werden Werte im Datenflusseditor zugewiesen, aber Sie haben noch weitere Optionen. Über das Symbol [>] (**Werte zuweisen**, siehe z. B. Abbildung 5.72) springen Sie in die Details der Wertezuweisung (siehe Abbildung 5.74).

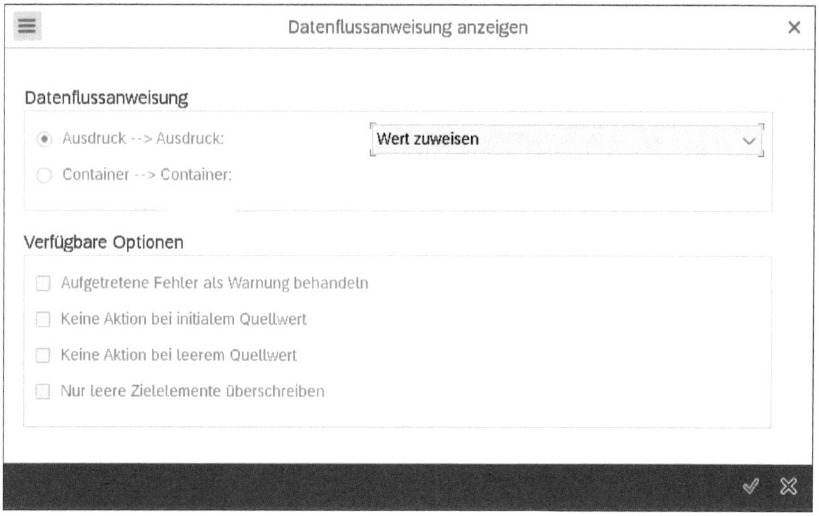

Abbildung 5.74 Datenflussanweisung

Zuweisungsarten

Standardmäßig sind die Optionen **Wert zuweisen** sowie **Ausdruck --> Ausdruck** voreingestellt. Alternativ gibt es die Zuweisungsart **Container --> Container**. Bei der Zuweisungsart **Ausdruck --> Ausdruck** sind Quelle und Ziel jeweils ein Ausdruck (ähnlich zu interpretieren wie eine Variable mit dem Inhalt zur Laufzeit). Zuweisungen der Art **Container --> Container** sind für Transformationen bestimmt, bei denen mehrere Elemente des Quellcontainers benötigt werden oder gleichzeitig mehrere Elemente des Zielcontainers gesetzt werden sollen. Beide Zuweisungsarten können Sie kombinieren und beliebig oft in beliebiger Reihenfolge auswählen.

Bei Ausdruckszuweisungen haben Sie folgende Möglichkeiten:

- **Zuordnung eines Wertes** (Standardeinstellung): Quellausdruck wird dem Zielausdruck zugewiesen.
- **Löschen eines Wertes**: Der Zielausdruck wird gelöscht.
- **Anhängen an eine Tabelle**: Quellausdruck wird dem mehrzeiligen Containerelement des Zielausdrucks angehängt.
- **XSLT-Transformationen** (Programmiersprache zu Transformation von XML-Dokumenten): Das angegebene XSLT-Programm für den Quellausdruck wird aufgerufen und das Ergebnis dem Zielausdruck zugewiesen.
- **Addieren/subtrahieren**: Wert des Quellausdrucks wird zum Zielausdruck addiert/subtrahiert.

Bei der Zuweisungsart **Container --> Container** stehen folgende Optionen zur Verfügung:

- **Alle Elemente kopieren**: Namensgleiche Elemente des Zielcontainers werden mit den Elementen des Quellcontainers überschrieben.
- **Programmierter Datenfluss (BOR)**: Der Funktionsbaustein, der den BOR-Container nutzt, wird ausgeführt.
- **Programmierter Datenfluss mit dem Container-Interface**: Der Funktionsbaustein, der das Container-Interface nutzt, wird ausgeführt.

Benutzen Sie für letztere Option das Interface `IF_SWF_IFS_BIND_TRANSFORM` bzw. `IF_SWF_IFS_BIND_TRANSFORM_CONT`. Beispielklassen hierzu sind `CL_SWF_BND_TRANS_ADD_TO` (Addieren zu) und `CL_SWF_BND_TRANS_SUBTRACT_FROM` (Subtrahieren von).

Kapitel 6
Klassische Standard-Workflows erweitern

Im Rahmen Ihrer Workflow-Konzeption stellen Sie fest, dass ein vorhandener SAP-Standard-Workflow Ihre Anforderungen zwar zum größten Teil bereits abdeckt, aber dennoch eine Erweiterung notwendig ist. In manchen Fällen sollen die von SAP ausgelieferten Workflows sogar nur als Vorlage für Ihren Workflow dienen.

Der effektivste und wartungsfreundlichste Weg, einen Workflow im SAP-System einzusetzen, ist die Nutzung eines Standard-Workflows. Wie in Kapitel 3, »Klassische Standard-Workflows konfigurieren«, haben Sie in diesem Fall bereits einige Konfigurationsmöglichkeiten, wie z. B. eine individuelle Bearbeiterfindung, ohne die Objekte des Workflow-Szenarios oder das Workflow-Szenario selbst zu ändern. Grundsätzlich unterscheiden wir zwischen Erweiterungen, die möglich sind, ohne das Workflow-Szenario anzupassen, und Erweiterungen, bei denen das Standard-Workflow-Szenario angepasst oder besser kopiert werden muss. Einige dieser Möglichkeiten kommen auch für flexible Workflows zum Einsatz, sodass Ihnen das Know-how zur Erweiterung klassischer Workflows auch hier als Grundlage dienen kann. Es ist in diesem Kontext wichtig zu wissen, dass sowohl für klassische Workflows als auch für flexible Workflows die SAP Business Workflow Engine als Basis dient.

Aufbau dieses Kapitels

Wir beginnen dieses Kapitel in Abschnitt 6.1 mit der Beschreibung der Möglichkeiten, eigene Workflow-Startbedingungen einzusetzen, und fahren dann in Abschnitt 6.2 mit der Bearbeiterfindung fort. Die Bearbeiterfindung ist in sehr vielen Fällen individuell, weshalb SAP hier einige Erweiterungsmöglichkeiten anbietet, auf die wir eingehen.

In Abschnitt 6.3 erfahren Sie, wie Sie Workitem-Texte anpassen können. Dies kann entweder sehr einfach oder mit einer Erweiterung eines BOR-Objekttyps verbunden sein.

Mit der Workflow-Konfiguration, die wir als weitere Erweiterungsmöglichkeiten in Abschnitt 6.4 erläutern, können Sie recht einfach Anpassungen bezüglich Bearbeiter*innen und Terminen bzw. Fristen vornehmen.

In Abschnitt 6.5 beschreiben wir die Vorgehensweise, um einen Standard-Workflow um weitere Schritte zu ergänzen bzw. den Workflow-Ablauf des Standard-Workflow-Szenarios Ihren Anforderungen anzupassen. Im Rahmen eines Beispiels für eine individuelle Bearbeiterfindung erläutern wir, wie die App **Teams and Responsibilities** auch für klassische Workflows genutzt werden kann (allerdings mit zusätzlicher Programmierung). Grundsätzlich kommt diese App bei flexiblen Workflows zum Einsatz, um Verantwortliche zu ermitteln.

Abschließend erhalten Sie in Abschnitt 6.6 einen Überblick über die wichtigsten Makros, die Sie bei der Entwicklung von Erweiterungen von Standard-Workflows benötigen, und sehen an einem Beispiel, wie Sie auf die Instanz eines klassenbasierten Workflows zugreifen können.

6.1 Startbedingungen definieren

Startbedingungen werden genutzt, um für den Start eines Workflows zusätzliche Bedingungen zu definieren. Der Start des Workflows hängt dann vom Eintreffen des auslösenden Ereignisses ab *und* dem Zutreffen der definierten Bedingungen. Nur bei Erfüllung der Bedingung startet der Workflow. Bedingungen können etwa eingegebene Feldwerte sein, wie z. B. eine bestimmte Meldungsart.

[»]

Einsatz von Startbedingungen

Startbedingungen können somit nur für Workflows festgelegt werden, die über ein auslösendes Ereignis gestartet werden.

Startbedingungen für Standard-Workflows

Startbedingungen können sowohl für Standard-Workflows als auch für eigene Workflows genutzt werden. Ein typischer Anwendungsfall im Rahmen der Erweiterung von Standard-Workflows ist es, zwar ein SAP-Standard-Workflow-Szenario zu nutzen, den Start des Workflows aber zu individualisieren.

Es gibt grundsätzlich zwei Möglichkeiten, eine Startbedingung anzulegen: entweder direkt aus dem Workflow Builder zu einem bestimmten, gerade geöffneten Workflow-Szenario oder über eine spezifische Transaktion. Beide Möglichkeiten stellen wir in den folgenden Abschnitten vor. Anschließend zeigen wir Ihnen, wie Sie einen Funktionsbaustein nutzen können, um eine Startbedingung zu definieren, und wie Sie diese über das Ereignis-Trace prüfen können.

6.1.1 Anlegen einer Startbedingung aus dem Workflow Builder

Startbedingungen können aus dem Workflow Builder heraus über die Schaltfläche (**Grunddaten**) angelegt werden. Wechseln Sie hier auf die Registerkarte **Startereignisse**.

Startbedingung für die Bearbeitung der Qualitätsmeldung

Im folgenden Beispiel soll zu dem Workflow-Szenario WS00200061 (Qualitätsmeldung bearbeiten) eine Startbedingung hinzugefügt werden. Der Workflow soll nur bei der Meldungsart Q1 (Kundenreklamation) starten. Dazu gehen Sie folgendermaßen vor:

1. Geben Sie im Informationsbereich des Workflow Builders den Workflow »WS00200061« ein.
2. Sie erhalten eine Informationsmeldung bezüglich dringender Reparaturen. Da Sie nur eine Startbedingung hinzufügen, können Sie diese bestätigen. Bedenken Sie, dass die Startbedingung auch wirksam wird, wenn das Workflow-Szenario bereits produktiv eingesetzt wird, falls Sie keine weiteren Einschränkungen vornehmen.
3. Navigieren Sie über die **Grunddaten** () zur Registerkarte **Startereignisse** und klicken Sie auf die Spalte **Bedingung** zum Startereignis CREATED für den Objekttyp BUS2078 (siehe Abbildung 6.1). Diese Spalte ist noch leer, da es bislang noch keine Startbedingung gibt.

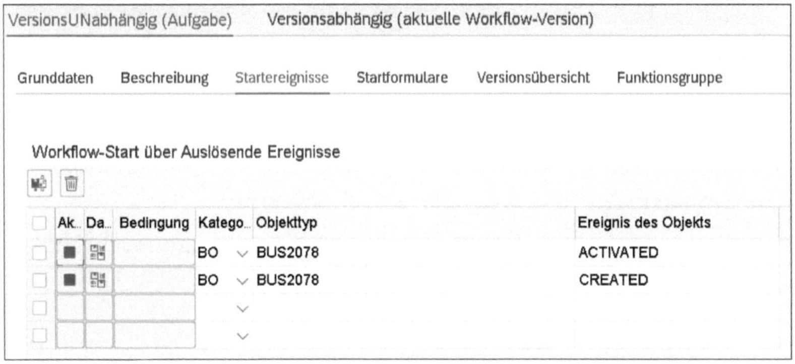

Abbildung 6.1 Startbedingung für das Workflow-Szenario WS00200061 anlegen

4. Sie gelangen zum Bedingungseditor. Diesen kennen Sie bereits von der Definition des Schritttyps **Bedingung** in Abschnitt 5.3.3, »Bedingung bzw. Mehrfachbedingung«, bzw. von der Definition einer bedingten Aktivität (siehe Abschnitt 5.3.1, »Aktivität«). Im Bedingungseditor müssen Sie immer einen **Ausdruck 1** und einen **Ausdruck 2** einfügen. Dabei kann ein Ausdruck auch eine Konstante oder ein Festwert sein.

5. Legen Sie nun den **Ausdruck 1** fest. Unter den Containerelementen im rechten Bereich finden Sie das Objekt **Qualitätsmeldung**. Klappen Sie dieses auf und wählen Sie die **Meldungsart** per Doppelklick aus (siehe Abbildung 6.2).

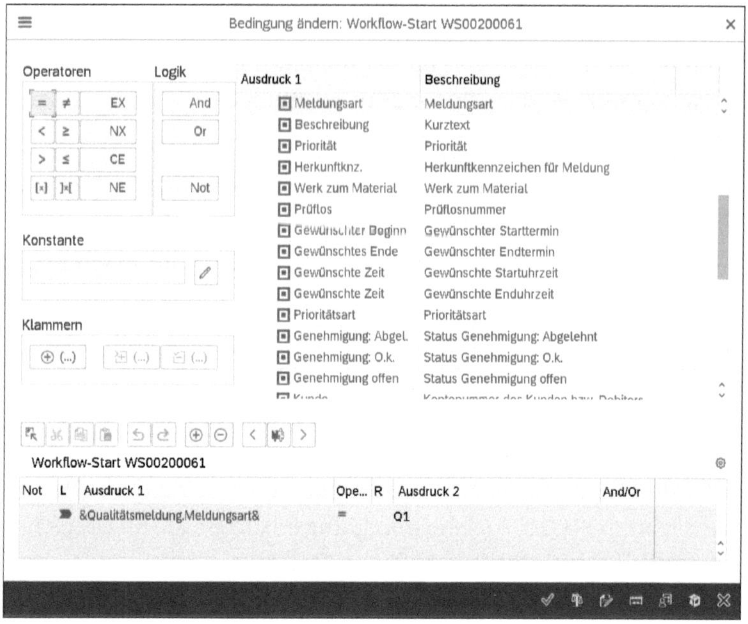

Abbildung 6.2 Startbedingung zur Meldungsart Q1

6. Legen Sie den Operator fest, in diesem Fall das Gleichheitszeichen (=), und wählen Sie die Konstante für die Meldungsart **Q1** (Kundenreklamation) mit der [F4]-Hilfe aus.
7. Bestätigen Sie mit der [↵]-Taste. Die Bedingung ist dann vollständig formuliert.

Startbedingung testen

Über die Schaltfläche (**Bedingung auf Konsistenz prüfen**) unten rechts können Sie Ihre Startbedingung prüfen. Im zweiten Schritt tragen Sie über das Symbol (**Testdaten eingeben**) Ihre Testdaten ein und testen Ihre Startbedingung über das Symbol (**Bedingung mit Testdaten auswerten**) mit diesen Daten. So können Sie z. B. für eine konkrete Meldungsnummer prüfen, ob Ihre Startbedingung erfolgreich verarbeitet wird. Den Umgang mit Testdaten kennen Sie bereits vom Testen von Workflows her (siehe Abschnitt 5.2.3, »Grafisches Modell«).

Die Bedingung wird nun angelegt. Sie müssen dazu einen Transportauftrag angeben und können die Bedingung sofort aktivieren. Auf der Registerkarte **Startereignisse** sehen Sie anschließend neben dem Startereignis CREATED für den Objekttyp BUS2078 in der Spalte **Bedingung** das Symbol (**Startbedingung vorhanden**). Dieses signalisiert das Vorhandensein einer Startbedingung.

6.1.2 Anlegen einer Startbedingung in Transaktion SWB_COND

Über die Transaktion SWB_COND (Workflow-Startbedingungen) kann ebenfalls eine Startbedingung angelegt werden. Hier haben Sie zusätzlich die Möglichkeit, vorhandene Startbedingungen zu suchen, zu löschen oder zu ändern. Damit haben Sie eine Übersicht über alle Startbedingungen für Workflows in Ihrem System.

Überblick aller Startbedingungen

Über die Schaltfläche (**Persönliche Einstellungen für die Startbedingungen**) können Sie darüber hinaus die Anzeige der Startbedingungen individuell anpassen, z. B. zusätzlich die technischen Bezeichnungen einblenden.

Gehen Sie wie folgt vor, um die Startbedingungen zu verwalten und anzupassen:

1. Rufen Sie die Transaktion SWB_COND auf und wählen Sie das Geschäftsobjekt 2078 aus, indem Sie es über die Suchfunktion (**Objekttyp suchen und in Favoritenliste aufnehmen**) suchen.
2. Ihnen werden alle Startbedingungen aller Workflows zu diesem Geschäftsobjekt angezeigt. In unserem Beispiel ist nur die zuvor angelegte Startbedingung zu dem Workflow WS00200061 vorhanden (siehe Abbildung 6.3).

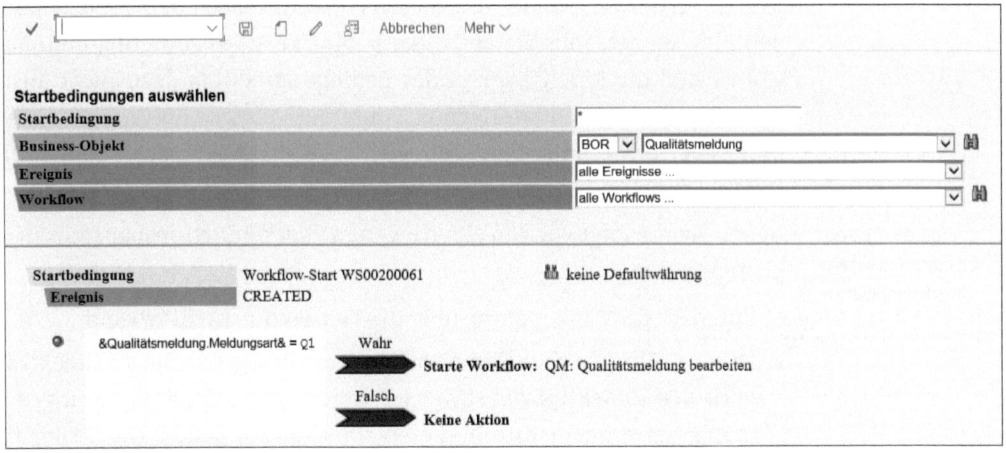

Abbildung 6.3 Startbedingung in SWB_COND

3. Wechseln Sie über einen Klick auf die Schaltfläche (**Startbedingungen ändern**) in den Änderungsmodus.

4. Nun können Sie die Startbedingung über das grüne Symbol (**AKTIV. Hier klicken, um die Startbedingung zu deaktivieren**) deaktivieren bzw. über das rote Symbol (**NICHT aktiv. Klicken aktiviert die Startbedingung**) aktivieren. Über die Schaltfläche (**Startbedingung löschen**) kann die Bedingung gelöscht werden.
5. Durch einen Klick auf den Ausdruck `&Qualitätsmeldung.Meldungsart& = Q1` verzweigen Sie wieder in den Bedingungseditor und können dort die Bedingung anpassen.

Das weitere Vorgehen ist dann genauso, wie in Abschnitt 6.1.1, »Anlegen einer Startbedingung aus dem Workflow Builder«, beschrieben.

6.1.3 Bedingtes Starten eines Workflows über den Check-Funktionsbaustein

Check-Funktionsbaustein

Alternativ zur Definition von Startbedingungen können Sie auch einen eigenen Check-Funktionsbaustein anlegen. Wenn dieser Funktionsbaustein mit einer Ausnahme endet, wird der Verbraucherfunktionsbaustein nicht mehr aufgerufen. Sie können somit in diesem Funktionsbaustein eine eigene Implementierung vornehmen, die entscheidet, ob ein Workflow gestartet werden soll.

Im Rahmen der Typkopplung (siehe Abschnitt 3.4.2, »Typkopplung«) haben Sie den Check-Funktionsbaustein bereits kennengelernt. Dieser wird bei der Typkopplung bzw. zum Start der Workflows hinzugefügt oder bleibt leer. Normalerweise ändern Sie diesen Funktionsbaustein nicht bzw. lassen den Eintrag leer. Falls Sie aber eine komplexe Startbedingung definieren wollen und die Möglichkeiten des Bedingungseditors dazu nicht ausreichen, können Sie einen eigenen Funktionsbaustein hinterlegen. Dieser muss aber die Schnittstelle und damit die Parameter des Standardbausteins aufweisen.

Eigenen Check-Funktionsbaustein implementieren

Gehen Sie wie folgt vor, um einen eigenen Check-Funktionsbaustein zu implementieren:

1. Rufen Sie die Typkopplung über die Transaktion SWETYPV auf.
2. Drücken Sie die Schaltfläche **Positionieren** und geben Sie als Objektkategorie **BOR-Objekttyp** ein sowie den Objekttyp BUS2078. Sie springen somit in der Ergebnisliste in die entsprechenden Zeilen. Die Spalte **Typkopplung** ist markiert, die Typkopplung zum Ereignis CREATED Workflow WS00200061 damit aktiv (siehe Abbildung 6.4).

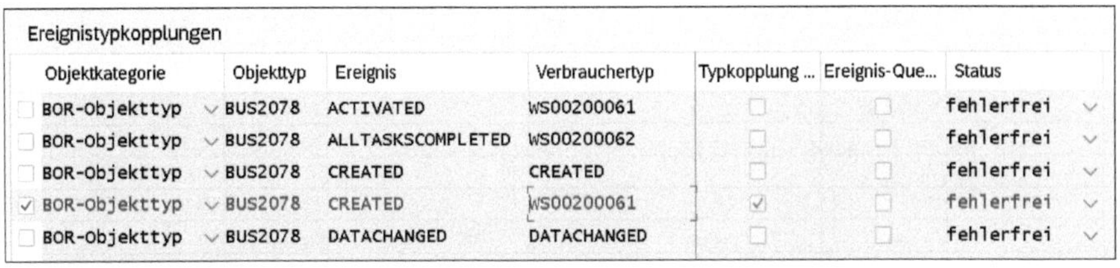
Ereignistypkopplungen

	Objektkategorie	Objekttyp	Ereignis	Verbrauchertyp	Typkopplung ...	Ereignis-Que...	Status
☐	BOR-Objekttyp	BUS2078	ACTIVATED	WS00200061	☐	☐	fehlerfrei
☐	BOR-Objekttyp	BUS2078	ALLTASKSCOMPLETED	WS00200062	☐	☐	fehlerfrei
☐	BOR-Objekttyp	BUS2078	CREATED	CREATED	☐	☐	fehlerfrei
☑	BOR-Objekttyp	BUS2078	CREATED	WS00200061	☑	☐	fehlerfrei
☐	BOR-Objekttyp	BUS2078	DATACHANGED	DATACHANGED	☐	☐	fehlerfrei

Abbildung 6.4 Typkopplung zum Workflow-Szenario WS00200061 für das Ereignis CREATED für den Objekttyp BUS2078

6

3. Navigieren Sie über das Lupensymbol (**Detail**) in die Detailsicht dieser Kopplung (siehe Abbildung 6.5).

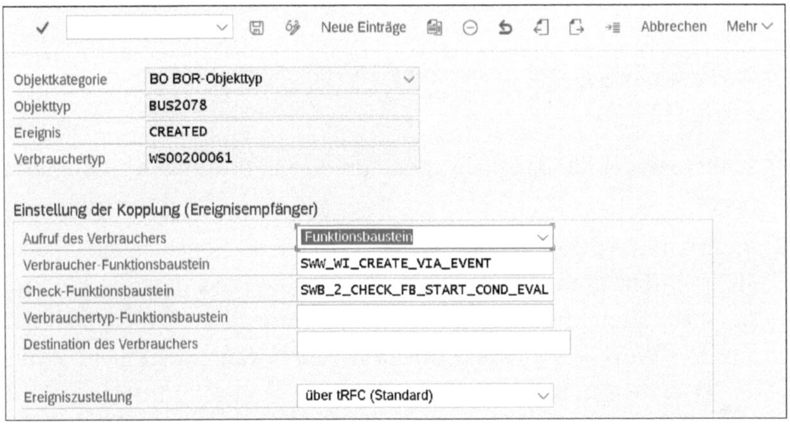

Abbildung 6.5 Detailsicht der Typkopplung

4. Der Typkopplungseintrag enthält bereits einen Check-Funktionsbaustein SWB_2_CHECK_FB_START_COND_EVAL. Dieser wurde aber nur aufgrund der in Abschnitt 6.1.1, »Anlegen einer Startbedingung aus dem Workflow Builder«, definierten Startbedingung gesetzt. In der Funktionsgruppe SWE_TEMPLATE finden Sie Vorlagen für den Check-Funktionsbaustein. Sie können die Vorlage SWE_TEMPLATE_CHECK_FB verwenden und eine eigene Implementierung vornehmen. Beispielsweise könnte die Implementierung zur Prüfung auf eine bestimmte Meldungsart aussehen wie in Listing 6.1.

```
FUNCTION zswe_template_check_fb.
*"----------------------------------------------------------
*"*"Lokale Schnittstelle:
*"  IMPORTING
*"     VALUE(OBJTYPE) LIKE  SWETYPECOU-OBJTYPE
*"     VALUE(OBJKEY) LIKE  SWEINSTCOU-OBJKEY
*"     VALUE(EVENT) LIKE  SWETYPECOU-EVENT
*"     VALUE(RECTYPE) LIKE  SWETYPECOU-RECTYPE
```

```
*"  TABLES
*"      EVENT_CONTAINER STRUCTURE  SWCONT
*"  EXCEPTIONS
*"      ANY_EXCEPTION
*"------------------------------------------------------------
    SELECT SINGLE qmart FROM qmel INTO @DATA(lv_qmart)
        WHERE qmnum = @objkey(12)
        AND   qmart = 'I1'.
        IF sy-subrc <> 0.
          MESSAGE e001(zwf) WITH lv_qmart RAISING any_exception.
* Meldungsart &1 nicht gültig. Kein Workflow-Start
        ENDIF.
ENDFUNCTION.
```

Listing 6.1 Beispielimplementierung des Funktionsbausteins ZSWE_TEMPLATE_CHECK_FB

Sie haben hier alle Möglichkeiten, um eigene Prüfungen zu implementieren.

5. Im Anschluss daran können Sie den Check-Funktionsbaustein an dieser Stelle durch Ihren eigenen ersetzen. Beachten Sie, dass die Workflow-Startbedingung, die Sie in Abschnitt 6.1.1, »Anlegen einer Startbedingung aus dem Workflow Builder«, angelegt haben, dann nicht mehr aktiv ist, da Sie diese durch Ihren eigenen Funktionsbaustein (im Beispiel ZSWE_TEMPLATE_CHECK_FB) ersetzt haben.

Makros für den Check-Funktionsbaustein

Im Rahmen der Implementierung müssen Sie gegebenenfalls auf den im Funktionsbaustein übergebenen Container zugreifen. Um den Container auszulesen, können Sie die bereitgestellten Makrobefehle nutzen. Um den Workflow-Start abzubrechen, wird im Check-Funktionsbaustein eine Ausnahme ausgelöst.

6.1.4 Prüfen der Startbedingung über das Ereignis-Trace

Startbedingung erfüllt?

Über das Ereignis-Trace ist es möglich, nachzuvollziehen, ob ein Workflow gemäß der Startbedingung gestartet wurde. Wurde die Startbedingung nicht erfüllt, ist das im Ereignis-Trace sichtbar.

Um den Start des Workflows zu prüfen, stellen Sie sicher, dass das Ereignis-Trace aktiv ist (Transaktion SWELS, siehe Abschnitt 3.5, »Workflow-Szenarios und Standardaufgaben verwenden«). Legen Sie dann über die Transaktion QM01 eine beliebige Meldung an. Verwenden Sie nicht die Meldungsart, die wir in Abschnitt 6.1.2, »Anlegen einer Startbedingung in Transaktion SWB_COND«, verwendet haben (Q1), sondern z. B. die Meldungsart F1. Das Ereignis-Trace zeigt nun in der Spalte **Behandler/Aktion** an, dass die Startbedingung nicht erfüllt ist (**Check-FB mit Ausnahme**, siehe Abbildung 6.6).

Abbildung 6.6 Ereignis-Trace bei nicht erfolgreicher Startbedingung

Analyse nicht gestarteter Workflows

Führen Startbedingungen dazu, dass Workflows nicht ausgelöst werden, finden Sie keinen Eintrag dazu in den Workflow-Analyse-Reports (z. B. Transaktion SWI1, siehe Abschnitt 4.3, »Eingesetzte Workflows analysieren«). Das Ereignis-Trace ist in diesem Fall der einzige Weg, um die Ursache für den ausbleibenden Start des Workflows zu prüfen.

Ereignis-Trace auswerten

Durch einen Doppelklick auf die Zeile können Sie in die Details zum Ereignis navigieren und finden im Bereich **Empfängerdaten** weitere Informationen zur Startbedingung (siehe Abbildung 6.7).

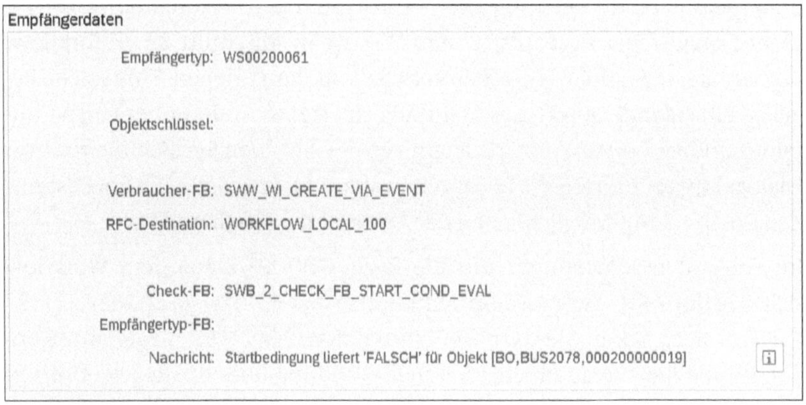

Abbildung 6.7 Details zur Startbedingung

6.2 Bearbeiterfindung anpassen

Die Bearbeiterfindung, also die Ermittlung der für die jeweiligen Workitems verantwortlichen Benutzer*innen, ist in vielen Workflow-Projekten individuell und unternehmensspezifisch. SAP bietet in diesem Umfeld daher oftmals Erweiterungsmöglichkeiten an, bei denen Sie den Standard-Workflow nicht ändern müssen. In Abschnitt 3.5, »Workflow-Szenarios und Standardaufgaben verwenden«, und Abschnitt 3.6, »Bearbeiterfindung konfigurieren«, haben wir die Konfiguration der Bearbeiterfindung bereits erläutert. In einer Aktivität des Workflow-Szenarios haben Sie verschiedene Möglichkeiten, einen Bearbeiter oder eine Bearbeiterin zuzuordnen, z. B. über eine Regel, eine Organisationseinheit oder einen Ausdruck. Wenn Sie die Bearbeiterfindung für einen bestehenden SAP-Standard-Workflow anpassen und dazu herausfinden wollen, ob dies ohne Kopie des Standard-Workflows möglich ist, müssen Sie zunächst die verwendete Bearbeiterfindung kennen. Schauen Sie zu diesem Zweck in das Workflow-Szenario des SAP-Standard-Workflows und die entsprechende Dialogaktivität, in der die bearbeitende Person zugeordnet ist.

6.2.1 Regel mit Zugriff auf das Customizing

Erweiterbarkeit der Bearbeiterfindung

Erweiterungen der Bearbeiterfindung sind über Regeln vorgesehen, die auf das Customizing zugreifen, oder über Regeln, die auf Organisationsdaten basieren. Eine dritte Möglichkeit sind User-Exits/BAdIs, also von SAP vorgesehene Erweiterungsmöglichkeiten in der Bearbeiterfindung.

Bearbeiterregel

In Ihrem Workflow kann bei einer Dialogaktivität eine Regel als Bearbeiterin bzw. Bearbeiter hinterlegt werden. Handelt es sich um eine Aktivität ohne bearbeitende Person, kann ihr trotzdem eine Standardaufgabe mit einer Defaultregel zugeordnet sein. Dies ist in Abschnitt 3.5, »Workflow-Szenarios und Standardaufgaben verwenden«, beschrieben. Eine solche Regel ist ein eigenes Objekt, das mehrfach einsetzbar ist und über einen Container und einen Funktionsbaustein verfügt. Schauen Sie sich die zu Ihrer Dialogaktivität hinterlegte Regel genau an und setzen Sie sich zunächst mit den Customizing-Möglichkeiten der Anwendung auseinander.

Partnerrollenzuordnung anpassen

Im Folgenden schauen wir uns die Regel 00000172 aus dem Workflow WS00200061 an, die auf dem Funktionsbaustein `QQWF_RESPONSIBLE_FOR_NOTIF` basiert. Rufen Sie dazu die Transaktion PFAC_DIS (Regel anzeigen) auf. Prüfen Sie zuerst, ob eine Bearbeiterfindung über die Regeldefinition gewünscht ist. Die Regel 00000172 gibt vor, dass das System zunächst überprüft, ob ein entsprechender Partner zur Rolle **Verantwortlich** angegeben ist. Ist das nicht der Fall, wird der Partner, der der Rolle **Ausführung** zugeordnet ist, übernommen. Die Zuordnung der Rollen können Sie im Customizing vornehmen.

Im Customizing-Leitfaden finden Sie über den IMG-Pfad **Qualitätsmanagement • Qualitätsmeldung • Überblick zur Meldungsart** die entsprechenden Einstellungsmöglichkeiten zur ausgewählten Meldungsart (in diesem Beispiel Q1). Navigieren Sie hier in den Bereich **Partnerrollen zur Meldungsbearbeitung** (siehe Abbildung 6.8).

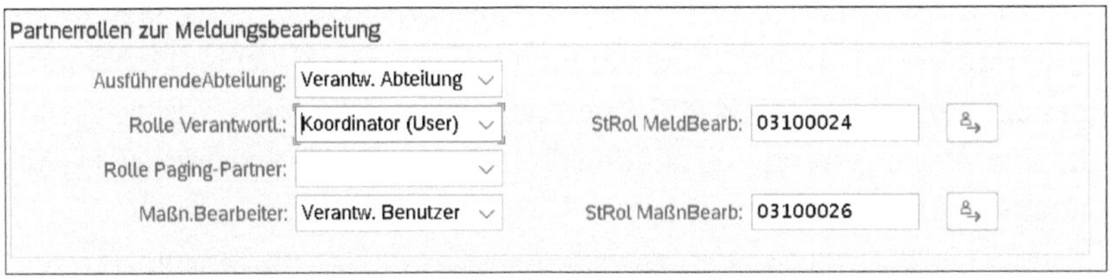

Abbildung 6.8 Customizing der Partnerrollenzuordnung zu einer Meldungsart

Kundeneigene Partnerrolle

An dieser Stelle könnten Sie eine kundeneigene Partnerrolle nutzen und diese hier als Rolle **Verantwortlicher** zuordnen. Bei der Bearbeiterfindung wird dann Ihre kundeneigene Rolle über die Standardregeln verwendet.

6.2.2 Regel auf Basis von Organisationsdaten

Bearbeiterfindung: Organisationsdaten

Eine weitere Möglichkeit, die Bearbeiterfindung flexibel zu gestalten, sind Regeln vom Typ **Bearbeiterfindung: Organisationsdaten**. Zur Regelauflösung werden in diesem Fall Organisationsobjekte des SAP-Systems wie Disponent, Planergruppe, Versandstelle oder Einkäufergruppe verwendet, die in der Anwendung im Beleg zugeordnet sind.

Beispiel: Freigabe preisgesperrter Rechnungen

Zur Verdeutlichung schauen wir uns den Workflow zur Freigabe preisgesperrter Rechnungen an (WS20000397). In der Logistik-Rechnungsprüfung können je nach Einstellung Rechnungspositionen wegen Preisabweichungen gesperrt werden.

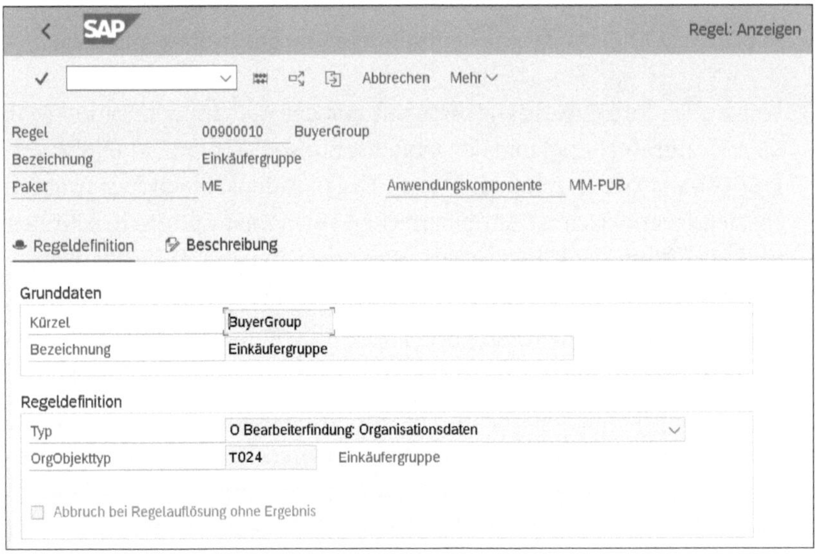

Abbildung 6.9 Regel mit Bearbeiterfindung auf Basis der Organisationsdaten

Diese Rechnungen können dann nicht direkt von der Finanzbuchhaltung gezahlt werden, sondern die Einkäuferin oder der Einkäufer werden per Workitem informiert und können die gesperrten Rechnungspositionen prüfen und bearbeiten. Für die Findung der verantwortlichen Einkäuferin oder des verantwortlichen Einkäufers, also für die Bearbeiterfindung, wird hier eine Regel genutzt, die auf den Organisationsdaten basiert (siehe Abbildung 6.9).

Kundeneigene Organisationsobjekte

Hier können Sie Ihre Organisationseinheiten für Organisationsobjekttypen hinterlegen, also in diesem Fall für Ihre im Customizing gepflegten kundeneigenen Einkäufergruppen. Gehen Sie dazu wie folgt vor:

1. Legen Sie eine Organisationseinheit mit den jeweiligen Planstellen für den Einkauf in Transaktion PPOME (Organisation und Besetzung ändern) an oder verwenden Sie eine bestehende Organisationseinheit.
2. Ordnen Sie in Transaktion PFOM (PFOM-Zuordnung anlegen) den Planstellen der angelegten Organisationseinheit die Einkäufergruppen zu (siehe Abbildung 6.10).

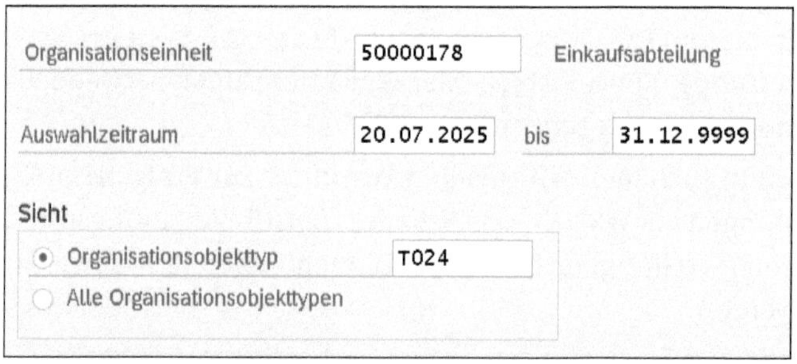

Abbildung 6.10 Einkäufergruppen SAP-Organisationsobjekten zuordnen

3. Wählen Sie Ihre Organisationseinheit aus der Aufbauorganisation (z. B. die Einkaufsabteilung) und den Organisationsobjekttyp T024 (Einkäufergruppe) aus (siehe Abbildung 6.11). Organisationsobjekttypen werden speziell gekennzeichnet. Sie entsprechen einer organisatorischen Einheit im SAP-System (Einkäufergruppe, Werk etc.). In den Kopfdaten des Objekttyps (Transaktion SWO1) sind diese als **Organisationstyp** klassifiziert.
4. Kehren Sie zurück zur Transaktion PFOM und führen Sie diese aus. Im Ergebnis sehen Sie Ihre Organisationseinheit mit den jeweiligen Planstellen.
5. Sie können für die jeweiligen Einkäufergruppen die Organisationseinheiten oder Planstellen zuordnen. Positionieren Sie den Mauszeiger beispielsweise auf der Planstelle, z. B. **Sachbearbeitung Einkauf**, und legen Sie die Zuordnung über die Schaltfläche (**Anlegen**) an. Wählen Sie im Pop-up-Fenster die Einkäufergruppe aus (siehe Abbildung 6.12).

Abbildung 6.11 Objekttyp T024, klassifiziert als Organisationsobjekttyp

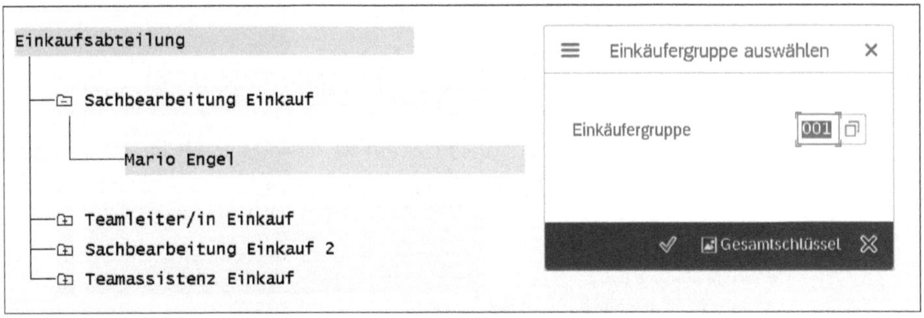

Abbildung 6.12 Zuordnung einer Einkäufergruppe zur Planstelle

Der Workflow ermittelt nun die zuständige Einkäufergruppe zur preisgesperrten Rechnungsposition über die Bestellung. Im Rahmen der Bearbeiterfindung erhält die Mitarbeiterin oder der Mitarbeiter auf der Planstelle, die für die Einkäufergruppe verantwortlich ist bzw. ihr zugeordnet ist, das Workitem und kann die Rechnung freigeben.

6.2.3 Regel mit vorgesehener Erweiterungsmöglichkeit

Enhancement Spots

Sind im entsprechenden Anwendungsfall keine Customizing-Einstellungen für die Bearbeiterfindung der Regel vorgesehen oder ist die Bearbeiterfindung im Customizing über User-Exits einstellbar, können Sie die

Bearbeiterfindung mit einer Entwicklung erweitern. Im entsprechenden Funktionsbaustein der Regel gibt es dazu in vielen Fällen von SAP vorgesehene Erweiterungsmöglichkeiten über *Enhancement Spots*, *Business Add-ins* (BAdIs) oder *Customer Functions*. An diesen Stellen können Sie Ihre kundeneigene Logik für die Bearbeiterfindung implementieren.

Schauen wir uns beispielsweise das Workflow-Szenario WS00000038 an. Zur Aktivität **Banf freigeben** ist die Aufgabe TS00007986 (Bestellanforderungsfreigabe) hinterlegt, aber kein Bearbeiter zugeordnet (siehe Abbildung 6.13). Dies bedeutet, dass für die Bearbeiterfindung die Defaultregel 00000148 der Standardaufgabe TS00007986 verwendet wird.

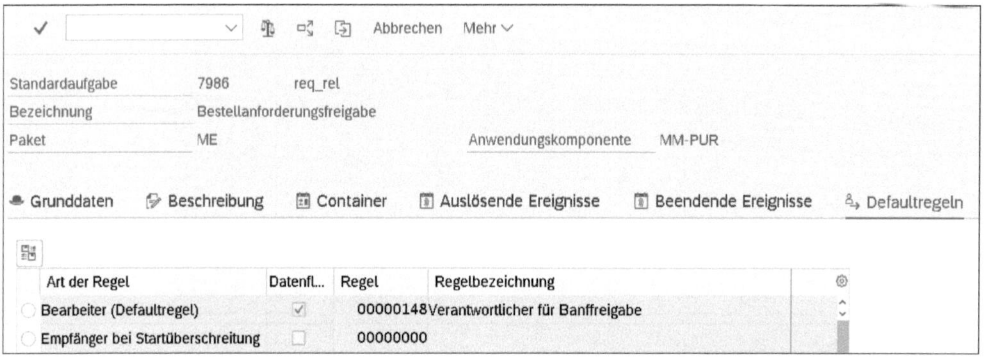

Abbildung 6.13 Defaultregel für die Standardaufgabe TS00007986

Diese Regel nutzt den Funktionsbaustein `ME_REL_GET_RESPONSIBLE`. In diesem Funktionsbaustein findet sich folgender Aufruf:

```
* Ermittlung über User-Exit
      WHEN '9'.
        CALL CUSTOMER-FUNCTION '001'
```

Bearbeiterfindung über User-Exit

Das bedeutet, dass die Customer Function nur durchlaufen wird, wenn dies im Customizing eingestellt ist.

Sie können im Customizing-Leitfaden über den Pfad **Materialwirtschaft • Einkauf • Bestellanforderung • Freigabeverfahren • Verfahren mit Klassifizierung einrichten • Freigabecodes** unter **Workflow** den Freigabecode 9 (Rollenzuordnung über User-Exit) zuordnen. Mit dieser Einstellung erreichen Sie, dass der User-Exit die Bearbeiterfindung vornimmt. Sie können dann die Customer Function Ihren Anforderungen entsprechend implementieren. Beispielsweise könnte Ihre Implementierung den Verantwortlichen aus dem Stammsatz zur Kostenstelle der Banf-Kontierung ermitteln. In anderen Fällen könnten kundeneigene Tabellen genutzt werden, mit denen Sie die Bearbeiterzuordnung auf Basis von Stammdaten, wie z. B. der

Kostenstelle und/oder weiterer Kriterien wie etwa des Freigabecodes, vornehmen können.

Soll beispielsweise der verantwortliche Benutzer oder die verantwortliche Benutzerin aus dem Kostenstellenstammsatz (Transaktion KS02) zur Kostenstelle im Rahmen der Banf-Kontierung die Genehmigung der Banf durchführen, könnte diese Person über den User-Exit ermittelt werden.

Beispielimplementierung

In der Beispielimplementierung des User-Exits M06B0001 in der Banf aus Listing 6.2 wollen wir den verantwortlichen Bearbeiter oder die verantwortliche Bearbeiterin vereinfacht ermitteln. Voraussetzung ist eine Einfachkontierung der Banf. Am besten verlagern Sie diese Logik in eine eigene Methode, die Sie im User-Exit nur aufrufen. Im User-Exit befüllen Sie dann die Übergabetabelle ACTOR_TAB mit dem Bearbeiter/der Bearbeiterin des aktuellen Freigabecodes und damit innerhalb des Workflows. Mit der Methode GET_FACTORY können Sie die aktuelle Instanz zur Banf in der Customer Function ermitteln (TYPE REF TO if_purchase_requisition).

```
 METHOD get_factory.
   DATA(lx_factory) = VALUE mmpur_purchase_req_factory( ).
   CALL FUNCTION 'MEREQ_GET_FACTORY'
     IMPORTING
       ex_factory = lx_factory.
   rx_purch_req = lx_factory->lookup_header(
     EXPORTING
       im_key      = iv_banfn ).
 ENDMETHOD.

DATA(lx_header_obj) =  get_factory( i_eban-banfn ).
DATA(lx_items) =  lx_header_obj->get_items( ).
LOOP AT lx_items REFERENCE INTO DATA(ls_items).
  DATA(ls_mereq_item) = ls_items->item->get_data( ).
* Nur für die aktuelle Banf-Position
  CHECK  ls_mereq_item-bnfpo = i_eban-bnfpo.
* Banf-Kontierung ermitteln
DATA(lx_item_account) =
    ls_items->item->if_acct_container_mm~get_items( ).
  LOOP AT lx_item_account REFERENCE INTO DATA(ls_item_account).
    DATA(ls_exkn) = ls_item_account->model->get_exkn( ).
    DATA(lv_kostl) = ls_exkn-kostl.
  ENDLOOP.
ENDLOOP.
* Verantwortlichen aus dem Kostenstellenstammsatz ermitteln
SELECT SINGLE verak_user FROM csks INTO @DATA(lv_verak_user)
```

```
  WHERE kostl = @lv_kostl
  AND   datbi >= @sy-datum.
IF sy-subrc <> 0.
  CLEAR lv_verak_user.
ELSE.
  actor_tab = VALUE #( otype = 'US'  objid = lv_verak_user ).
ENDIF.
```

Listing 6.2 Beispielimplementierung für den User-Exit M06B0001 zur Bearbeiterermittlung

[+]

Impliziten Enhancement Point nutzen

Falls keine Erweiterungsmöglichkeiten per Enhancement Spot oder Customer Function vorgesehen sind, können Sie gegebenenfalls (wenn dies in Ihren Richtlinien vorgesehen ist) auch einen impliziten Enhancement Point nutzen und so z. B. am Ende des Funktionsbausteins eine eigene Implementierung hinzufügen.

Wägen Sie genau ab, ob eine solche Erweiterung sinnvoll ist oder ob es besser ist, den Workflow zu kopieren und eine eigene Regel für die Bearbeiterfindung zu definieren.

6.3 Workflow-Texte anpassen

Im Rahmen der Implementierung und Aktivierung von SAP-Standard-Workflows entsteht oftmals der Wunsch, die Workflow-Texte anzupassen, also die Texte, die den Personen, die die Workitems bearbeiten, in der Inbox angezeigt werden. Zum Beispiel kann es sein, dass weitere Informationen benötigt werden, um die Bearbeitung Ihrer Workitems zu optimieren und zu beschleunigen. Hierzu müssen Sie nicht das Workflow-Szenario aus dem Standard kopieren, sondern können von SAP vorgesehene Erweiterungsmöglichkeiten nutzen. Bei den Workflow-Texten unterscheiden wir zwischen dem *Workitem-Text*, also dem Titel des Workitems, und der Beschreibung zum Workitem.

6.3.1 Workitem-Texte anpassen

Workitem-Text überdefinieren

Im Workflow-Szenario zur Meldungsbearbeitung, das Sie bereits kennen, wollen wir den Workitem-Text anpassen. Dieses Workflow-Szenario enthält die Standardaufgabe TS00008319 (Qualitätsmeldung bearbeiten):

1. Rufen Sie den Workflow Builder über die Transaktion SWDD auf.
2. Rufen Sie das Workflow-Szenario WS00200061 auf und verzweigen Sie über die Aktivität **Qualitätsmeldung bearbeiten** (000161) in die Standardaufgabe TS00008319 (siehe Abbildung 6.14).

Abbildung 6.14 Workitem-Text der Standardaufgabe TS00008319 anpassen

3. Klicken Sie auf die Schaltfläche (**Workitemtext überdefinieren**). Es öffnet sich das Pop-up-Fenster aus Abbildung 6.15.

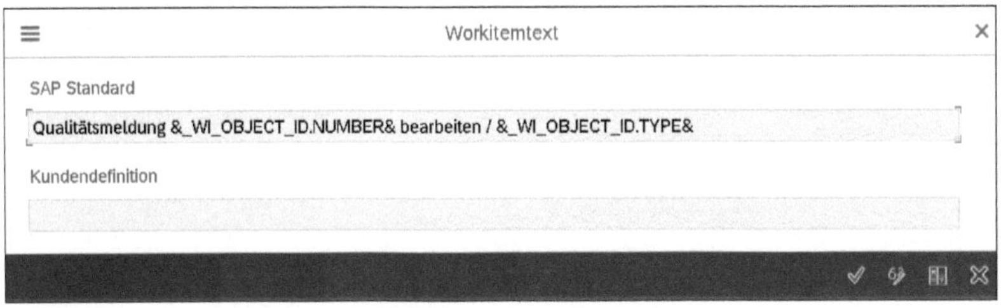

Abbildung 6.15 Workitem-Text überdefinieren

4. Sie können nun Ihre kundeneigene Definition vornehmen. Dazu müssen Sie über die Schaltfläche (**Anz.<-> Erweitern**) in den Änderungsmodus wechseln.
5. Mit der Schaltfläche (**Variablen einfügen**) können Sie Variablen aus dem Aufgabencontainer einfügen. Es können nur Variablen aus diesem Container eingefügt werden. Beachten Sie, dass der Workitem-Text nicht mit einer Variablen beginnen darf. In unserem Beispiel soll der Workitem-Text zur Kundenreklamation mit der Priorität der Meldung und dem Endedatum angezeigt werden. Formulieren Sie einen entsprechenden Ausdruck im Feld **Kundendefinition** (siehe Abbildung 6.16).

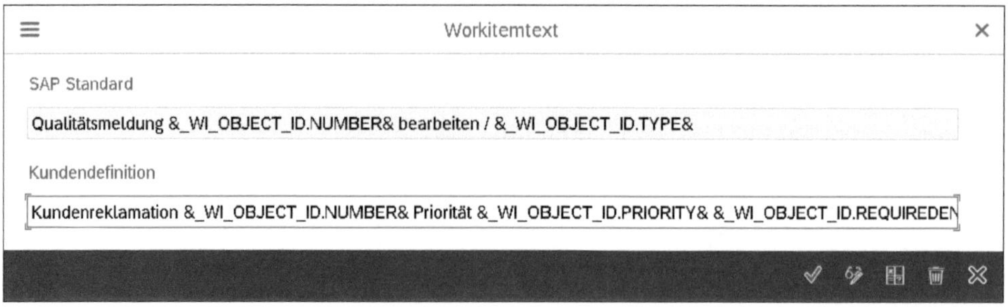

Abbildung 6.16 Überdefinierter Workitem-Text mit Priorität und Endedatum

6. Nach dem Bestätigen der Änderung müssen Sie einen Workbench-Transportauftrag angeben.

In der Standardaufgabe ist der neue Workitem-Text nun im Feld **Workitemtext (überdefiniert)** sichtbar.

6.3.2 Workitem-Beschreibung anpassen

Langtext anpassen

Wollen Sie auch die Beschreibung, also den Langtext, des Workitems anpassen, gehen Sie wie folgt vor:

1. Wechseln Sie innerhalb der Standardaufgabe TS00008319 auf die Registerkarte **Beschreibung**.
2. Klicken Sie auf die Schaltfläche (**Text ändern**, siehe Abbildung 6.17).

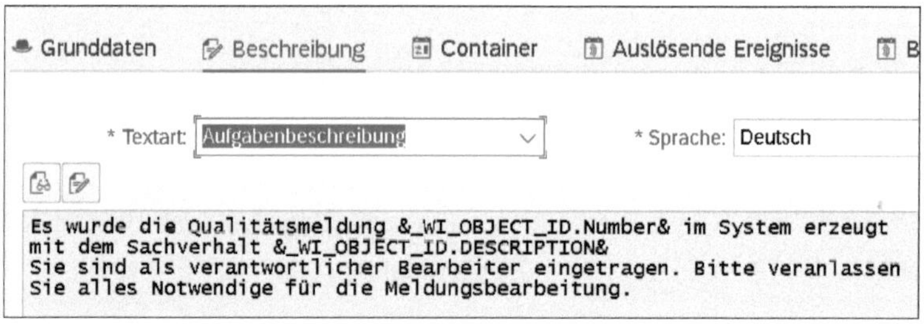

Abbildung 6.17 Workitem-Beschreibung anpassen

3. Sie befinden sich jetzt im Langtext-Editor, den Sie vermutlich aus der ABAP- bzw. der Formularentwicklung kennen. Hier können Sie den Text ändern. Ebenso können Sie wieder Variablen aus dem Aufgabencontainer über die Schaltfläche **Ausdruck** einfügen. In unserem Beispiel nehmen wir das Material sowie das Endedatum in die Beschreibung mit auf (siehe Abbildung 6.18).
4. Nach dem Bestätigen der Änderung müssen Sie auch hier wieder einen Workbench-Transportauftrag angeben.

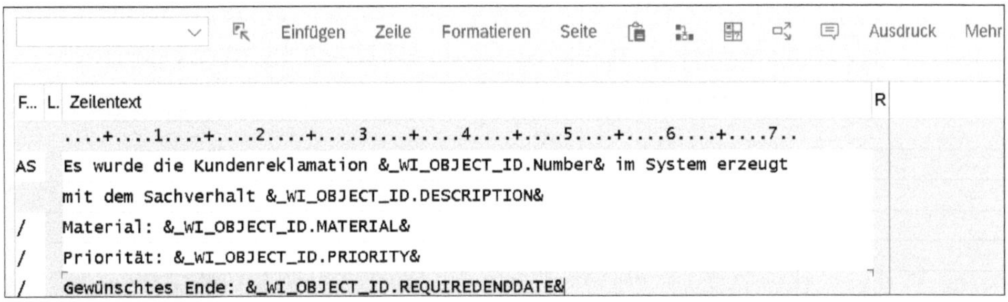

Abbildung 6.18 Angepasste Workitem-Beschreibung

In der Standardaufgabe ist anhand der Schaltfläche **SAP<->Modifikation** erkennbar, dass die Beschreibung geändert wurde. Sie können den kundenindividuellen Text auch wieder auf den Standard zurückführen. Klicken Sie dazu auf das die Schaltfläche (**Löschen**).

Auswirkung auf andere Workflows

Beachten Sie, dass Anpassungen der Workflow-Texte für alle Workflows wirken, in denen die angepasste Standardaufgabe genutzt wird. Standardaufgaben können in mehreren Workflow-Szenarios aktiv sein. Rufen Sie gegebenenfalls über die Schaltfläche (**Verwendungsnachweis**) den Verwendungsnachweis der Standardaufgabe auf, um zu prüfen, auf welche Workflows sich Ihre Änderungen auswirken.

6.3.3 Erweiterung vorhandener BOR-Objekttypen

Umfassendere Erweiterungsmöglichkeiten

Die Möglichkeiten zur Anpassung der Texte, die wir in den vorangegangenen Abschnitten beschrieben haben, sind aufgrund der Beschränkung auf die Nutzung der Variablen des Aufgabencontainers nicht immer ausreichend. Möchten Sie z. B. weitere Felder aus der Kundenreklamation in Ihre Texte einbinden, können Sie dies über eine Erweiterung des verwendeten BOR-Objekttyps machen. Die Erweiterung eines BOR-Objekts ist auch in anderen Fällen notwendig und sinnvoll, z. B. wenn Sie ein Standard-Workflow-Szenario um eigene Schritte erweitern und hier weitere Methoden aufrufen wollen, die im BOR-Objekttyp nicht vorgesehen sind.

Subtyp anlegen

Zur Erweiterung eines BOR-Objekttyps legen Sie einen *Subtyp* an und stellen dann eine *Delegationsbeziehung* zwischen dem *Supertyp* (d. h. dem Standard-BOR-Objekttyp) und dem Subtyp her. Alle auf dem Standard-BOR-Objekttyp basierenden Zugriffe können dann auch die Erweiterungen des Subtyps nutzen. Diesen Mechanismus nutzen wir im Folgenden für die Erweiterung der Workflow-Texte. Beispielsweise könnte die Anforderung bestehen, auch die Kundennummer und den Namen des Kunden bzw. der Kundin im Workitem-Text oder in der Beschreibung anzuzeigen.

Dazu gehen Sie wie folgt vor:

1. Rufen Sie den Business Object Builder (Transaktion SWO1) auf.
2. Geben Sie den BOR-Objekttyp des Workflow-Szenarios WS00200061, also »BUS2078«, in das Feld **Objekttyp/Interfacetyp** ein (siehe Abbildung 6.19).
3. Legen Sie über die Schaltfläche **Subtyp** einen neuen Subtyp an.

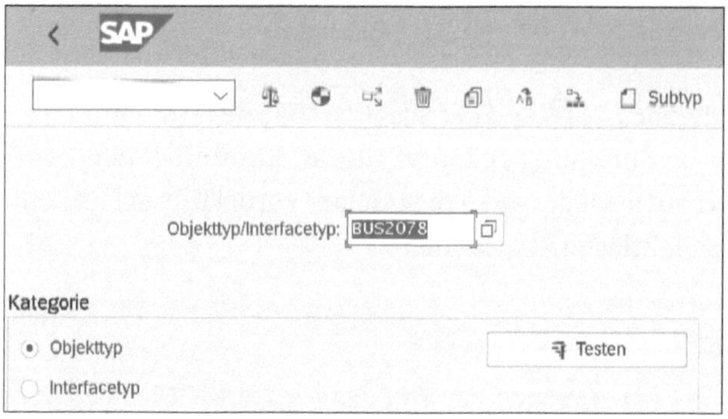

Abbildung 6.19 Subtyp anlegen

4. Befüllen Sie im folgenden Pop-up-Fenster alle Felder (siehe Abbildung 6.20). Für den **Objekttyp**, also den anzulegenden Subtyp, sollte eine Bezeichnung gewählt werden, die auf den Supertyp hinweist, z. B. »ZBUS2078« (Ihr Kundennamensraum, gefolgt vom Standard BOR-Objekttyp).
5. Orientieren Sie sich bei den Feldern **Objektname** (wir wählen »QualityNotificationE«), **Bezeichnung**, **Kurzbeschreibung** und **Anwendung** (Q) ebenfalls am Supertyp. Den Programmnamen im Feld **Programm** wählen Sie Ihren Entwicklungsrichtlinien entsprechend.

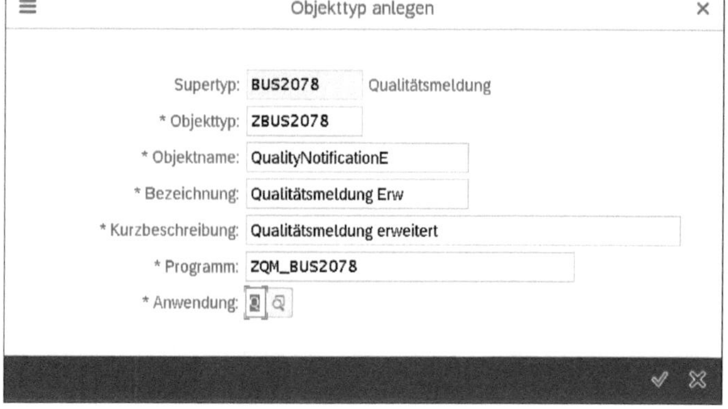

Abbildung 6.20 Objekttyp anlegen

6. Bestätigen Sie Ihre Einstellungen mit einem Klick auf das grüne Häkchen (✅, **Weiter [Enter]**).

Eigenes Attribut anlegen

Um für die Definition der Workflow-Texte weitere Variablen zur Verfügung zu stellen, fügen wir nun dem kundeneigenen BOR-Objekttyp ZBUS2078 ein weiteres Attribut hinzu:

1. Wählen Sie dazu den zuvor angelegten BOR-Objekttyp (also den Subtyp) aus und klicken Sie auf **Ändern**.
2. Sie gelangen in die Übersicht in Abbildung 6.21.

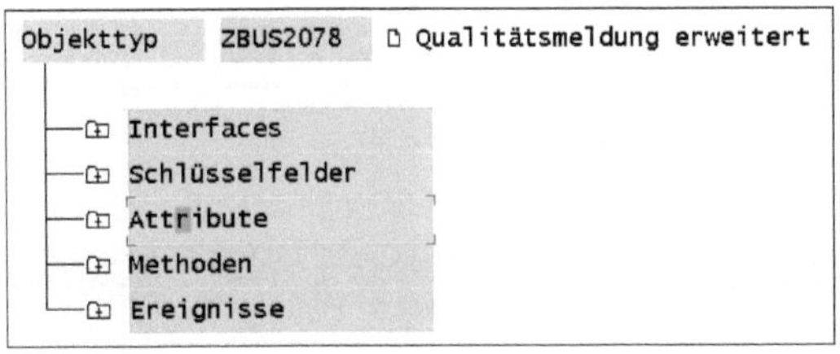

Abbildung 6.21 Attribut im Subobjekttyp anlegen

3. Positionieren Sie den Cursor auf dem Zweig **Attribute** und klicken Sie auf die Schaltfläche ▢ (**Anlegen**).
4. Sie erhalten eine Rückfrage, ob das Attribut basierend auf einem ABAP-Dictionary-Feld angelegt werden soll. Wählen Sie **Ja**, da die Kundennummer ein Feld der Meldungstabelle ist (Tabelle `QMEL`), deren Struktur im ABAP Dictionary definiert ist.
5. Geben Sie im folgenden Dialog die **Tabelle** »QMEL« ein und wählen Sie das Feld `KUNUM` aus der Liste der Felder aus (siehe Abbildung 6.22).
6. Bestätigen Sie mit einem Klick auf das grüne Häkchen (✅ **Weiter [Enter]**).

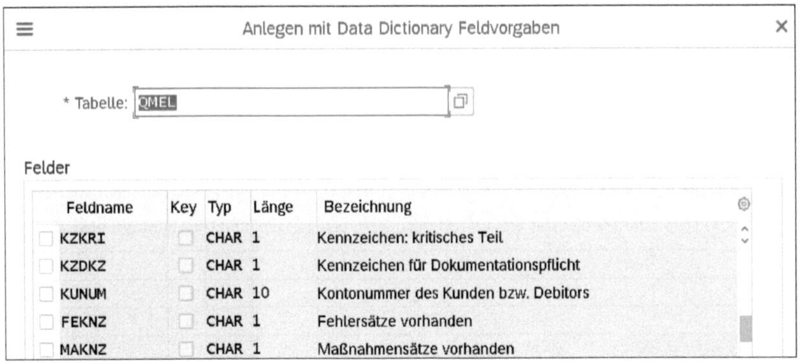

Abbildung 6.22 Kundennummer als Attribut hinzufügen

7. Es öffnet sich ein Pop-up-Fenster zum Anlegen des Attributs (siehe Abbildung 6.23).

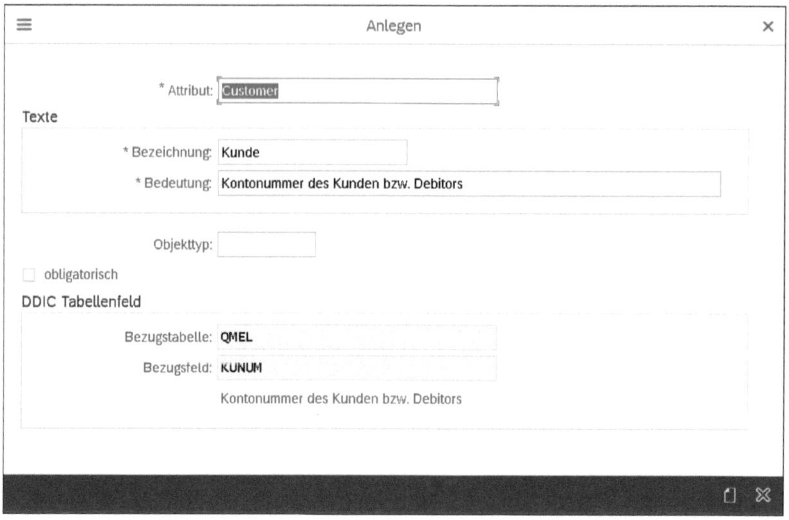

Abbildung 6.23 Pop-up zum Anlegen eines Attributs

8. Geben Sie hier den Attributnamen, eine **Bezeichnung** etc. ein. Klicken Sie anschließend auf die Schaltfläche (**Anlegen**), um das Attribut anzulegen.

Der Objekttyp ZBUS2078 enthält nun das neue Attribut. Es befindet sich am Ende der Attributliste und ist weiß hinterlegt (siehe Abbildung 6.24).

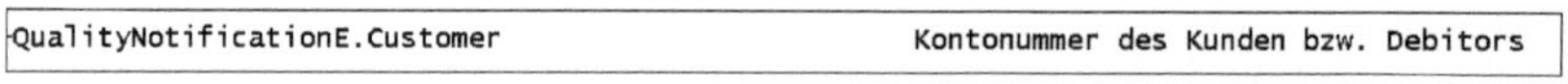

Abbildung 6.24 Neues Attribut »Customer« (Kunde)

Attributermittlung implementieren

Als Nächstes müssen Sie die Attributermittlung implementieren. Positionieren Sie hierzu den Cursor auf dem Attribut `Customer` und klicken Sie auf **Programm**. Sie erhalten die Meldung, dass die Tabelle `QMEL` noch nicht implementiert ist. Das bedeutet in diesem Fall jedoch nicht, dass die Tabelle nicht eingerichtet ist, sondern dass Ihr neues Attribut das erste kundeneigene Attribut ist, das auf die Tabelle `QMEL` zugreift. Sie können sich das Szenario zur Implementierung automatisch erzeugen lassen. Bestätigen Sie dies mit **Ja**. Es wird das Coding aus Listing 6.3 erzeugt, sodass bei der Instanziierung des Objekts die Tabelle `QMEL` zur Meldungsnummer gelesen wird.

```
TABLES qmel.
*
get_table_property qmel.
DATA subrc LIKE sy-subrc.
* Fill table QMEL to enable Object Manager Access to Table Properties
PERFORM select_table_qmel USING subrc.
IF subrc NE 0.
  exit_object_not_found.
```

```
ENDIF.
end_property.

* Use Form also for other(virtual) Properties to fill TABLES QMEL
FORM select_table_qmel USING subrc LIKE sy-subrc.
* SELECT SINGLE * FROM qmel, IF object-_qmel IS INITIAL
  IF object-_qmel-mandt IS INITIAL
  AND object-_qmel-qmnum IS INITIAL.
    SELECT SINGLE * FROM qmel CLIENT SPECIFIED
        WHERE mandt = sy-mandt
        AND qmnum = object-key-number.
    subrc = sy-subrc.
    IF subrc NE 0. EXIT. ENDIF.
    object-_qmel = qmel.
  ELSE.
    subrc = 0.
    qmel = object-_qmel.
  ENDIF.
ENDFORM.
```

Listing 6.3 Generiertes Coding für das neue Attribut »Customer« (Kunde)

Hiermit haben Sie alle Inhalte der Tabelle QMEL für den BOR-Objekttyp ZBUS2078 zur Verfügung und somit auch die Kundennummer. Das Attribut Customer hat die Quelle **Datenbankfeld** und referenziert auf das Feld KUNUM der Tabelle QMEL (siehe Abbildung 6.23), da wir entschieden haben, dass das Attribut basierend auf einem ABAP-Dictionary-Feld angelegt werden soll.

Attribut ohne Referenz auf Datenbankfeld

Sie können ein Attribut auch ohne Referenz auf ein Datenbankfeld anlegen. Die Quelle wäre in diesem Fall **Virtuell**. Um dies auszuprobieren, legen Sie das Attribut »CustomerName« an, ermitteln über das BAPI BUP_PARTNER_GET den Namen des Kunden und geben diesen als Attribut zurück. Die Implementierung könnte wie in Listing 6.4 aussehen.

```
get_property customername CHANGING container.
DATA: lv_kunum TYPE kunum,
      ls_but000 TYPE bus000.
swc_get_property self 'CUSTOMER' lv_kunum.
CALL FUNCTION 'BUP_PARTNER_GET'
 EXPORTING
   i_partner              = lv_kunum
  IMPORTING
    e_but000               = ls_but000
 EXCEPTIONS
```

```
    partner_not_found        = 1
    wrong_parameters         = 2
    internal_error           = 3
    blocked_partner          = 4
    OTHERS                   = 5.
IF sy-subrc = 0.
 swc_set_element container 'CustomerName' ls_but000-ame_org1.
ENDIF.
end_property.
```

Listing 6.4 Ermittlung des virtuellen Attributs »CustomerName« über ein BAPI

Ändern Sie abschließend den Freigabestatus des Objekttyps ZBUS2078, indem Sie den Cursor auf dem Objekttyp positionieren und dem Menüpfad **Mehr • Bearbeiten • Freigabestatus ändern • Objekttyp • implementiert** folgen. Mit der Schaltfläche (**Generieren**) generieren Sie den BOR-Objekttyp. Der Freigabestatus gibt Auskunft, ob der Objekttyp bzw. die -komponente für die Verwendung freigegeben ist oder ob sich das Objekt möglicherweise noch in Implementierung befindet. Wenn Sie Ihre Entwicklung abgeschlossen haben und die Tests erfolgreich waren, sollten Sie den Status entsprechend auf **Freigegeben** setzen.

Erweiterung testen

Testen Sie nun Ihre Erweiterung über die Schaltfläche (**Testen/Ausführen**). Legen Sie hierzu eine **Instanz** an und wählen Sie eine vorhandene Meldungsnummer. Sie sehen das neue Attribut CUSTOMER, gefüllt mit einer Kundennummer (siehe Abbildung 6.25).

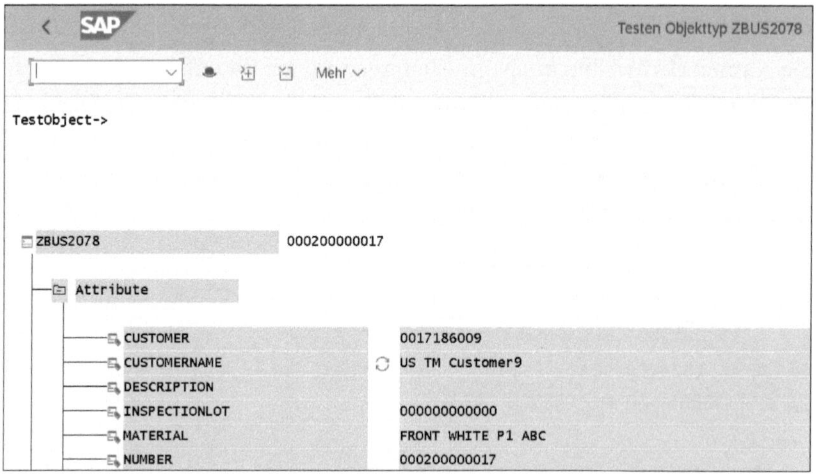

Abbildung 6.25 Neue Attribute CUSTOMER und CUSTOMERNAME im Objekttyp ZBUS278

Delegation konfigurieren

Um die Attribute `Customer` und `CustomerName` nun auch vom Supertyp BUS2078 aus verfügbar zu machen, muss noch die Delegation durchgeführt werden. Mithilfe der Delegation können Standard-BOR-Objekttypen auf kundeneigene Komponenten (z. B. Attribute) zugreifen:

1. Gehen Sie hierzu wieder in das Einstiegsbild der Transaktion SWO1 (Business Object Builder).
2. Über den Menüpfad **Mehr • Einstellungen • Delegation** gelangen Sie in die Übersicht aller BOR-Objekttypen, für die es eine Delegation gibt.
3. Wechseln Sie in den Bearbeitungsmodus und navigieren Sie zum Abschnitt **Neue Einträge**.
4. Sie können gegebenenfalls noch einen Verantwortlichen für das Geschäftsobjekt bzw. die Delegation eintragen (siehe Abbildung 6.26).

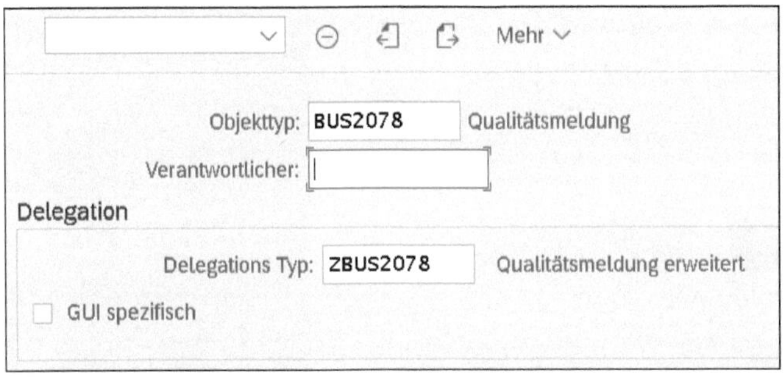

Abbildung 6.26 Delegation ZBUS2078 zum Objekttyp BUS2078

Erweiterung testen

Wenn Sie nun den Test des Objekttyps durchführen und diesmal den Objekttyp BUS2078 verwenden, werden auch in diesem Fall die Attribute `Customer` bzw. `CustomerName` verfügbar und entsprechend gefüllt. Anschließend können Sie, wie in Abschnitt 6.3.1, »Workitem-Texte anpassen«, und Abschnitt 6.3.2, »Workitem-Beschreibung anpassen«, beschrieben, auch die Kundennummer und den Kundennamen im Workitem-Text oder in der Beschreibung als Variablen einfügen. Diese Variablen beziehen sich dann ebenfalls auf den Objekttyp BUS2078.

6.3.4 Workflow-Texte in der Inbox und benutzerdefinierte Felder anpassen

Zusätzlich zu den Anpassungen der Workitem-Texte und Beschreibungen, die für alle Workflow-Eingänge (Meine Inbox, Business Workplace etc.) zur Verfügung stehen, haben Sie in der App **Meine Inbox** noch weitere Möglichkeiten, Daten anzuzeigen. Dazu bedienen Sie sich eines Verfahrens, das wie bei den dynamischen Spalten im Business Workplace zusätzliche Informationen bzw. Spalten in den Übersichten der Inbox ermöglicht. Das in diesem Abschnitt beschriebene Konzept ersetzt somit das der dynamischen Spalten des Business Workplaces in der App **Meine Inbox**.

Anzeige zusätzlicher Daten in der Inbox

Zusätzliche Daten können in der App **Meine Inbox** sowohl in der Listenansicht Ihrer Workitems als auch in den jeweiligen Detaildaten zum Workitem angezeigt werden. In Abbildung 6.27 sehen Sie die Inbox für eine Kundenreklamation nach den Anpassungen, die wir in Abschnitt 6.3.1, »Workitem-Texte anpassen«, und Abschnitt 6.3.2 »Workitem-Beschreibung anpassen«, vorgenommen haben.

Abbildung 6.27 »Meine Inbox« mit angepasstem Workitem-Text und eigener Workitem-Beschreibung

Vordefinierte Attribute

Sie haben nun die Möglichkeit, in der Listenansicht im linken Bereich weitere Felder anzuzeigen. Diese werden dann auch in der Detailansicht dargestellt. Die folgenden vordefinierten Attribute stehen als benutzerdefinierte Attribute für diese Anpassung zur Verfügung:

❶ `CustomTaskTitle`

❷ `CustomNumberValue`

❸ `CustomNumberUnitValue`

❹ `CustomObjectAttributeValue`

In Abbildung 6.28 sehen Sie anhand eines Beispiels, wie die diese vordefinierten Attribute in der Inbox positioniert werden. Beachten Sie, dass als Werte für `CustomerNumberValue` nur Zahlen genutzt werden können und dass `CustomNumberUnitValue` die zugehörige Einheit ist.

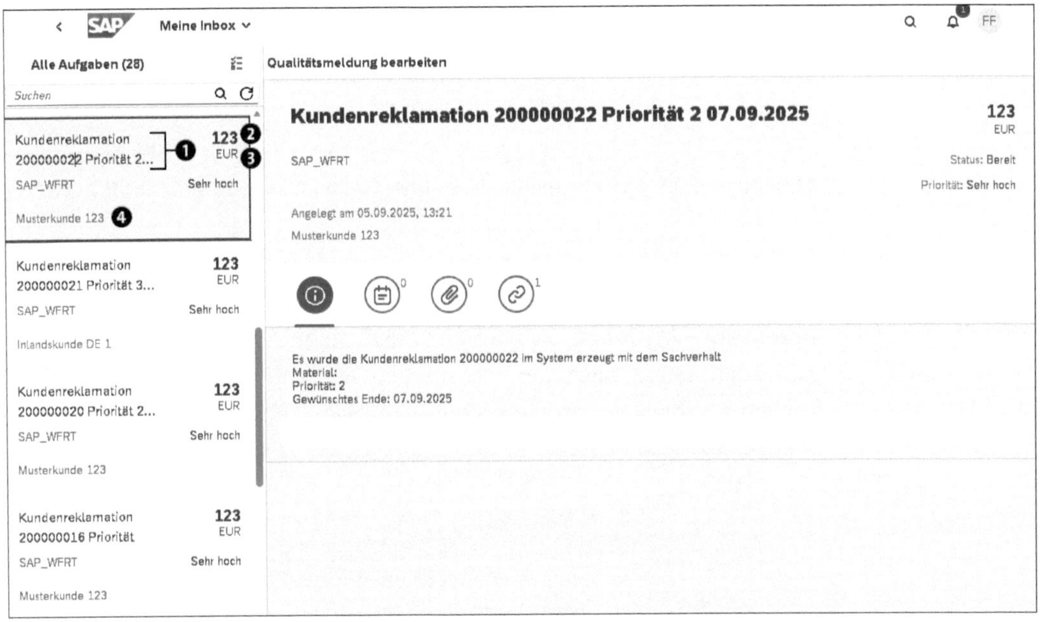

Abbildung 6.28 Beispiel für vordefinierte Attribute und Ihre Positionierung in der Inbox

Den Aufgabentitel (`CustomTaskTitle`) können Sie auch im Rahmen der Workitem-Texte anpassen, wie in Abschnitt 6.3.1, »Workitem-Texte anpassen«, beschrieben. Der große Mehrwert der benutzerdefinierten Felder ist hier die Anzeige des zusätzlichen Kundenattributs `CustomObjectAttributeValue` im unteren Bereich des jeweiligen Workitems. Über die Suchfunktion in der Inbox können Sie auch dessen Inhalte suchen und filtern. Dieses Kundenattribut ist nur in der Inbox sichtbar.

Am Beispiel des Workflows WS00200061 zur Meldungsbearbeitung zeigen wir Ihnen im Folgenden, wie Sie diese zusätzliche Anzeigemöglichkeit nutzen können.

Voraussetzungen für die Anzeige zusätzlicher Attribute

Die zusätzlichen Attribute sind nur sichtbar, wenn der Parameter `showAdditionalAttributes=true` für die Inbox gesetzt ist. Um diese Einstellung vorzunehmen, öffnen Sie die SAP-Fiori-App **Launchpad Designer (Mandantenübergreifend)** (siehe Abbildung 6.29). Sie können auch direkt über die Transaktion /UI2/FLPD_CUST in diese App abspringen. Beachten Sie, dass Sie für die folgende Einstellung mit der Anmeldesprache Englisch angemeldet sein müssen.

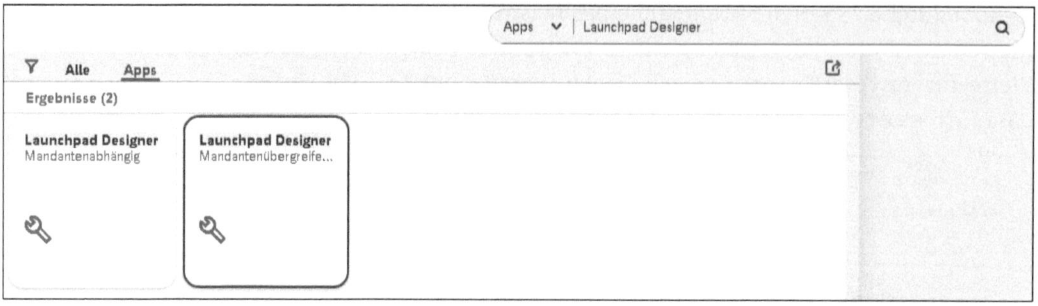

Abbildung 6.29 App »Launchpad Designer (Mandantenübergreifend)« aufrufen

Suchen Sie im Bereich **Catalogs** nun nach dem Stichwort »Inbox«. Wählen Sie die von Ihnen genutzte Inbox-App aus (in der Regel die App **Manager Approvals – My Inbox**, `SAP_CA_BC_MYINBOX`, siehe Abbildung 6.30). Sie können auch direkt nach der technischen Bezeichnung `SAP_CA_BC_MYINBOX` suchen, um die gewünschte Kachel anzuzeigen.

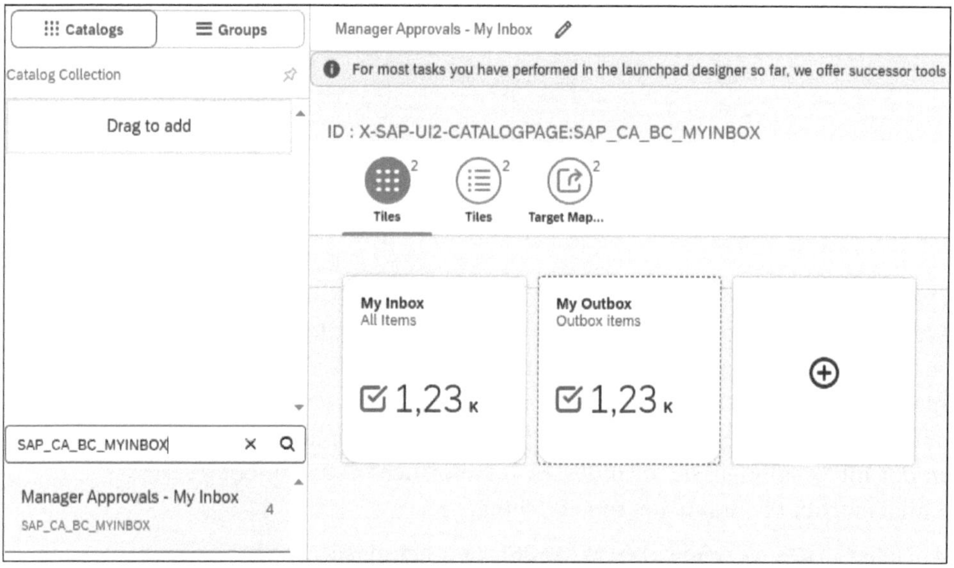

Abbildung 6.30 Auswahl Ihrer Inbox-App im Launchpad Designer

Parameter für die URL-Erweiterung setzen

Klicken Sie nun auf die Kachel **My Inbox**. Sie erhalten eine Parameteransicht. Fügen Sie im Bereich **Navigation** im Feld **Parameters** den Wert `&showAdditionalAttributes=true` hinzu (siehe Abbildung 6.31).

Prüfen Sie beim Aufruf der Inbox, ob im Aufruflink der Zusatz *showAdditionalAttributes=true* zu finden ist. Nachdem Sie diese Voraussetzung geschaffen haben, können Sie Ihre zusätzlichen Attribute in der Inbox konfigurieren.

Abbildung 6.31 Parameter »showAdditionalAttributes« auf den Wert »true« setzen

Transaktion SWF_USER_ATTR

Um die benutzerdefinierten Attribute zu konfigurieren, verwenden Sie die Transaktion SWF_USER_ATTR. Falls deren Funktionen nicht ausreichen, haben Sie darüber hinausgehende Möglichkeiten mit dem BAdI `/IWWRK/BADI_TGW_CUSTOM_ATTR` (BAdI-Definition und Daten für benutzerdefinierte Attribute). Zu dessen Implementierung sind allerdings ABAP-Kenntnisse notwendig.

Neuer benutzerdefinierte Attribute anlegen

Mit der Transaktion SWF_USER_ATTR können Sie auf die Attribute des Workflows, also die Container-Variablen, zugreifen und diese zusätzlich anzeigen. In Abschnitt 6.3.2, »Workitem-Beschreibung anpassen«, haben wir erläutert, wie Geschäftsobjekttypen erweitert und deren Informationen in Standard-Workflows genutzt werden können. Im dortigen Beispiel wurde in dem Geschäftsobjekt ZBUS2078 das Attribut **Customer** (Kunde) angelegt. Dieses Attribut wollen wir nun als `CustomObjectAttributeValue` mithilfe der Transaktion SWF_USER_ATTR zusätzlich in der Inbox-Listenansicht im unteren Bereich des jeweiligen Workitems darstellen (siehe Abbildung 6.27). Gehen Sie dazu wie folgt vor:

1. Starten Sie die Transaktion SWF_USER_ATTR.
2. Wählen Sie im Feld **Anwendungsfallfilter** den Wert **WF_INBOX_DC** aus (siehe Abbildung 6.32). Lassen Sie die Option **Customizing** markiert. Sie bedeutet hier, dass die Einstellungen für alle Anwender*innen sichtbar sind. Sollen die Benutzerattribute individuell, also nur für einzelne Anwender*innen, angepasst werden, entfernen Sie das Häkchen beim Kennzeichen **Customizing**.

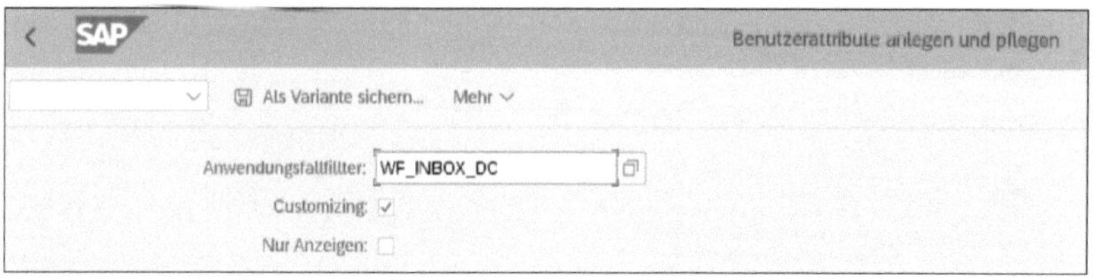

Abbildung 6.32 Transaktion SWF_USER_ATTR für benutzerdefinierte Attribute

3. Sie befinden sich nun im Customizing für die benutzerdefinierten Attribute. Legen Sie einen neuen Eintrag über das Dropdown-Menü (**Neuen Eintrag anlegen**) an. Hier haben Sie die Wahl zwischen den Optionen **Neues CDS basiertes Attribut** und **Neues Kundenattribute anlegen**. Wählen Sie **Neues Kundenattribute anlegen**.
4. Als Nächstes müssen Sie das Workflow-Szenario und die Schritt-ID für die Dialogaufgabe angeben, deren Text Sie mit einem benutzerdefinierten Attribut anreichern wollen. Wir nehmen als Beispiel den Meldungs-Workflow WS00200061 mit der Schritt-ID 161 (**Qualitätsmeldung bearbeiten**).
5. Über die Suchhilfe werden Ihnen nur mögliche (Dialog-)Schritte angezeigt.
6. Wählen Sie über die Schaltfläche **MyInbox Attribute** das Attribut **CustomObjectAttributeValue**.
7. Als **Ausdruck** wählen Sie über die F4-Hilfe das neue Attribut `CustomerName` aus dem Container des Geschäftsobjekts `_WI_Object_ID` (technische Beschreibung ist eingestellt). Das Geschäftsobjekt haben Sie in Abschnitt 6.3.2, »Workitem-Beschreibung anpassen«, um das Attribut **CUSTOMERNAME** erweitert (siehe Abbildung 6.33).

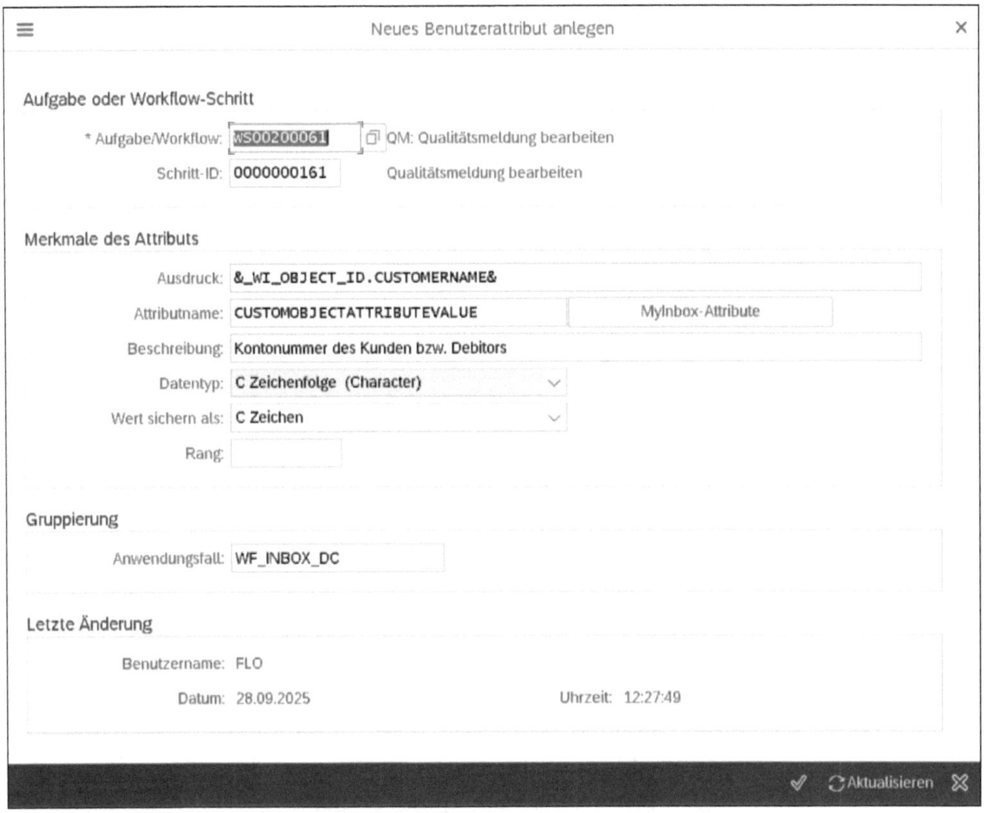

Abbildung 6.33 Benutzerdefinierte Attribute in der Inbox anlegen

8. Schließen Sie die Bearbeitung mit (**Weiter**) ab.

Benutzerdefinierte Attribute bei selbst entwickelten Workflows

Bei Ihren eigenen Workflows erweitern Sie einfach nur Ihre Workflow-Klasse um die gewünschten Attribute (siehe Kapitel 7, »Einen eigenen Workflow auf Basis von Standardobjekten entwickeln«, und Kapitel 8, »Einen eigenen Workflow auf Basis kundeneigener Objekte entwickeln«).

Laufzeitdaten reindizieren

Über die Schaltfläche (**Laufzeitdaten reindizieren**) werden die Attribute aus den Workflow-Instanzen *reindiziert*, d. h., bestehende Workitems in den Inboxen der Anwender*innen erhalten sofort das neue Attribut. In unserem Beispiel sehen Sie nun in der Inbox zur Meldung 200000022 den Kundennamen »Musterkunde 123« (siehe Abbildung 6.34).

Abbildung 6.34 Anzeige des zusätzlichen Attributs Kunde in der Listenansicht der Inbox

SWL1-Definitionen importieren

Die im Business Workplace definierten dynamischen Spalten können Sie in der Transaktion SWF_USER_ATTR über die Schaltfläche (**SWL1-Definitionen importieren**) importieren und so gegebenenfalls für die App **Meine Inbox** nutzen.

BAdI /IWWRK/BADI_TGW_CUSTOM_ATTR

Umsetzung über ein BAdI

Sollten Ihnen diese Möglichkeiten nicht ausreichen, können Sie, wie erwähnt, das BAdI `/IWWRK/BADI_TGW_CUSTOM_ATTR` (BAdI-Definition und Daten für benutzerdefinierte Attribute) einsetzen. Hierzu bauen wir ein Beispiel auf, bei dem wir die Kundennummer und den Kundennamen, die wir durch die Erweiterung des Geschäftsobjekts BUS2078 bzw. ZBUS2078 als zwei neue Attribute programmiert haben und die somit im Workflow-Container vorhanden sind, direkt über eine BAdI-Implementierung ermitteln. Als zusätzliches Attribut `CustomObjectAttributeValue` wollen wir dann die beiden Felder aneinandergehängt anzeigen, also Kundennummer und Kundenname.

1. Öffnen Sie dazu die Transaktion SE18 und dort das BAdI `/IWWRK/BADI_TGW_CUSTOM_ATTR`.

2. Legen Sie eine entsprechende BAdI-Implementierung sowie die implementierende Klasse an.

3. Die Klasse enthält zwei Methoden, die Sie beide ausimplementieren müssen. Die Methode /IWWRK/IF_TGW_CUSTOM_ATTR~PROVIDE_ATTRIBUTE_DEFINITION wird zur Definition der gewünschten Attribute genutzt. Wenn Sie nur die vier Standardattribute (siehe Abbildung 6.28) nutzen wollen, können Sie diese Methodenimplementierung weglassen. Wollen Sie aber in der Detailsicht die beiden Felder **Kunde** und **Kundenname** ebenfalls sehen, legen Sie die entsprechenden Attribute in dieser Methode an. Listing 6.5 zeigt die Definition dieser Attribute.

```
  METHOD /iwwrk/if_tgw_custom_attr~provide_attribute_definition.
    ct_custom_attribute_definition = VALUE #(
BASE ct_custom_attribute_definition ( name = 'CUSTOMER_ID'
                                      type = 'string'
                                     label = 'Kunde'(001) ) ).
           ct_custom_attribute_definition = VALUE #(
BASE ct_custom_attribute_definition ( name = 'CUSTOMER_NAME'
                                      type = 'string'
                                     label = 'Kundenname'(002) ) ).
  ENDMETHOD.
```

Listing 6.5 Definition der Attribute CUSTOMER_ID und CUSTOMER_NAME

4. Im nächsten Schritt müssen Sie die zusätzlichen Attribute programmtechnisch befüllen (Methode /IWWRK/IF_TGW_CUSTOM_ATTR~PROVIDE_ATTRIBUTE_DATA), wie in Listing 6.6 gezeigt. Das Attribut CustomObjectAttributeValue wird aus Kundennummer und -namen zusammengesetzt.

```
METHOD /iwwrk/if_tgw_custom_attr~provide_attribute_data.
  LOOP AT it_workitem INTO DATA(lv_wi).
    TRY.
      DATA(lx_wim) = cl_swf_run_wim_factory=>find_by_wiid(
        lv_wi ).
    CATCH cx_swf_run_wim_enq_failed.
        RETURN.
    CATCH cx_swf_run_wim_read_failed.
         RETURN.
    CATCH cx_swf_run_wim.
         RETURN.
    ENDTRY.
    IF lx_wim IS BOUND.
        TRY.
            DATA(lx_container) = lx_wim->get_wi_container( ).
```

```
          CATCH cx_swf_run_wim_read_failed.
            RETURN.
        ENDTRY.
        IF lx_container IS BOUND.
          DATA: lx_wf_obj TYPE sibflporb.
          TRY.
              lx_container->if_swf_ifs_parameter_container~get(
EXPORTING name = '_WI_OBJECT_ID' IMPORTING value = lx_wf_obj ) .
            CATCH cx_swf_cnt_elem_not_found.
              RETURN.
            CATCH cx_swf_cnt_elem_type_conflict.
              RETURN.
            CATCH cx_swf_cnt_unit_type_conflict.
              RETURN.
            CATCH cx_swf_cnt_container.
              RETURN.
          ENDTRY.
        ENDIF.
      ENDIF.
*Ermittlung der Kundennummer aus der Bestellung
      SELECT SINGLE kunum FROM qmel INTO @DATA(lv_kunum)
        WHERE qmnum = @lx_wf_obj-instid.
      IF sy-subrc IS INITIAL.
        DATA(ls_but000) = VALUE bus000( ).
        CALL FUNCTION 'BUP_PARTNER_GET'
          EXPORTING
            i_partner         = lv_kunum
          IMPORTING
            e_but000          = ls_but000
          EXCEPTIONS
            partner_not_found = 1
            wrong_parameters  = 2
            internal_error    = 3
            blocked_partner   = 4
            OTHERS            = 5.
        IF sy-subrc = 0.
            ct_custom_attribute_data = VALUE #(
BASE ct_custom_attribute_data ( name = 'CUSTOMER_ID'
                                value = lv_kunum ) ).
            ct_custom_attribute_data = VALUE #(
BASE ct_custom_attribute_data ( name = 'CUSTOMER_NAME'
                                value = ls_but000-name_org1 ) ).
            ct_custom_attribute_data = VALUE #(
```

```
BASE ct_custom_attribute_data ( name =
 'CUSTOMOBJECTATTRIBUTEVALUE'
                                value = lv_kunum && | | && ls_
but000-name_org1 ) ).
        ENDIF.
      ENDIF.
    ENDLOOP.
  ENDMETHOD.
```

Listing 6.6 Methode PROVIDE_ATTRIBUTE_DATA zur Befüllung der benutzerdefinierten Attribute

Aktvieren Sie Ihre BAdI-Implementierung mit (**Aktivieren**). In Abbildung 6.35 sehen Sie, dass im Bereich des Attributs `CustomObjectAttributeValue` nun Kundennummer und -name verkettet dargestellt werden ❶. In der Detailansicht sind die beiden Felder für Kundennummer und -name einzeln aufgeführt ❷.

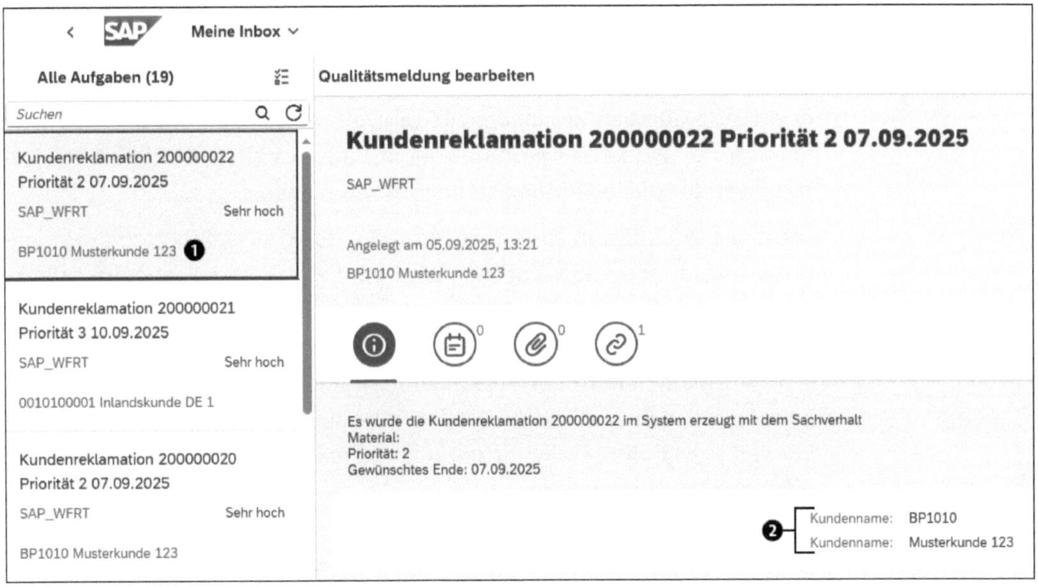

Abbildung 6.35 Inbox mit den zusätzlichen Attributen »Kunde« und »Kundenname«

Beim Umschalten in die Mehrfachauswahl über die Schaltfläche (**Mehrfachauswahl**) und die Auswahl Ihrer Aufgabe **Qualitätsmeldung bearbeiten** können Sie nun die beiden Felder **Kundennummer** und **Kundenname** in der Liste sehen. Markieren Sie dazu die Aufgaben (siehe Abbildung 6.36).

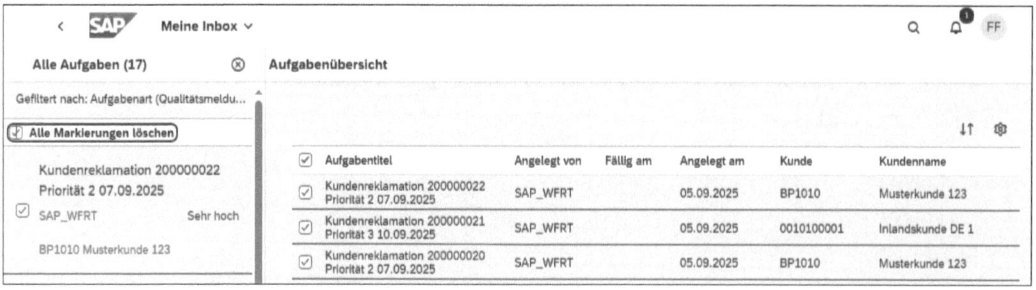

Abbildung 6.36 Aufgabenübersicht mit den zusätzlichen Attributen (Kunde und Kundenname)

6.4 Workflow-Konfiguration

Übersteuerung der Standard-Workflows

Über die Workflow-Konfiguration gibt es weitere Möglichkeiten, einen Standard-Workflow anzupassen, ohne diesen zu kopieren oder direkt zu modifizieren. Über die Transaktion SWDD_CONFIG gelangen Sie zur Workflow-Konfiguration. Die Workflow-Konfiguration übersteuert den Standard-Workflow. Sie können hier für einzelne Schritte der Workflow-Definition Werte überdefinieren, die zur Laufzeit ausgewertet werden. Für jede Version der Workflow-Definition kann eine Workflow-Konfiguration erstellt werden, die individuell aktiviert werden kann.

Wenn ein Workflow in einer bestimmten Version ausgeführt wird, wird geprüft, ob eine Workflow-Konfiguration zu dieser Version existiert. Falls ja, wird die Workflow-Konfiguration verwendet. Mit diesem Verfahren haben Sie also die Möglichkeit, einen Standard-Workflow anzupassen, ohne diesen zu modifizieren oder zu kopieren. Mit der Workflow-Konfiguration können Sie nichts am grundsätzlichen Ablauf des Workflows ändern. Sie können jedoch die Bearbeiterfindung und die Deadline-Verarbeitung (Termine, Fristen etc.) anpassen.

Schritttypen konfigurieren

Folgende Schritttypen sind konfigurierbar:

- Aktivität
- Benutzerentscheidung
- Dokument aus Vorlage
- Warten

Innerhalb der konfigurierbaren Schritttypen können Sie folgende Anpassungen durchführen und den Workflow individualisieren:

- Bearbeiter*innen
- Bearbeiterfindung (zuständige/ausgeschlossene Personen)

- Nachrichtenempfänger*innen bei Erledigung
- Priorität
- Vorlagetermin
- Empfänger*innen der Nachricht bei Terminüberschreitung
- Bezugszeitpunkt für Frist, spätester Start und gewünschtes Ende
- Aktivierung einer Frist, eines spätesten Starts und des gewünschten Endes
- Kennzeichen **Nicht im Workflow-Protokoll** setzen oder entfernen
- Workitem-Anzeige

Die Benutzung der Workflow-Konfiguration ähnelt der Entwicklung eines Workflows im Workflow Builder, nur dass Ihnen nicht alle Registerkarten und Funktionen zur Verfügung stehen. Es handelt sich also um eine eingeschränkte Sicht auf den Workflow Builder. Sie gelangen jeweils per Doppelklick in die entsprechenden Schritte und können sie anschließend anpassen.

Beispiel: Frist aktivieren

Im Folgenden wollen wir eine Beispielkonfiguration vornehmen. Zu unserer Kundenreklamation mit dem Workflow-Szenario WS00200061 soll eine Frist aktiviert werden. Erfolgt die Workitem-Bearbeitung nicht innerhalb von 24 Stunden, soll die Organisationseinheit Qualitätsmanagement informiert werden:

1. Rufen Sie die Transaktion SWDD_CONFIG auf und geben Sie das Workflow-Szenario »WS00200061« an.
2. Wechseln Sie in den Änderungsmodus (✎).
3. Klicken Sie doppelt auf die Aktivität **Qualitätsmeldung bearbeiten** (000161) und wechseln Sie auf die Registerkarte **Frist**.
4. Hier können Sie nun die Frist konfigurieren und den Nachrichtenempfänger bei einer Fristüberschreitung festlegen (siehe Abbildung 6.37).

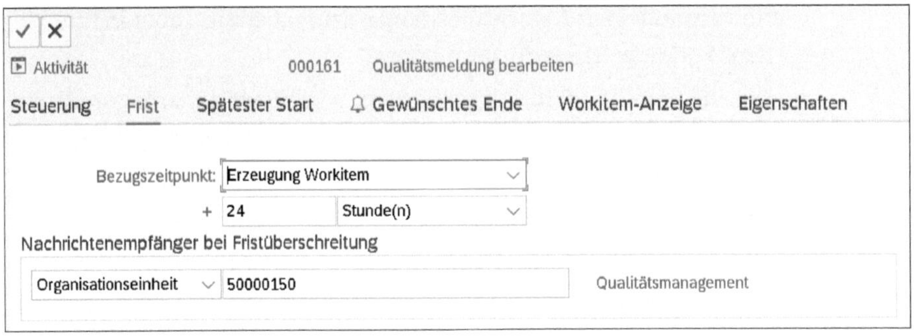

Abbildung 6.37 Frist in der Workflow-Konfiguration einstellen

Testen Sie abschließend den Workflow mit der individuellen Fristdefinition.

[»]

Transport der Workflow-Konfiguration

Die Workflow-Konfiguration ist mandantenabhängig, benötigt also einen Customizing-Transportauftrag.

Wenn Sie den Original-Workflow prüfen, erhalten Sie bei aktiver Konfiguration die Meldung aus Abbildung 6.38.

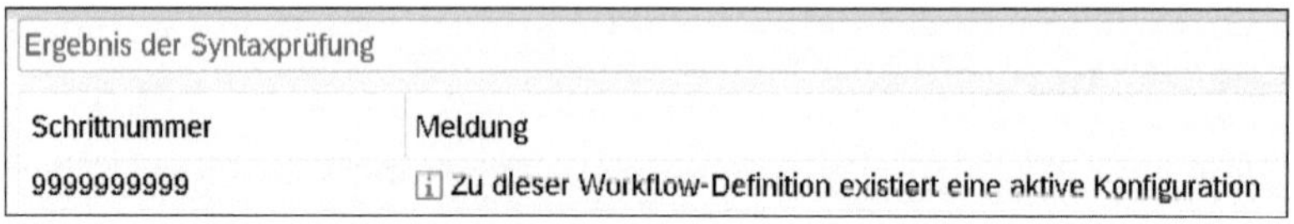

Abbildung 6.38 Workflow-Prüfung bei aktiver Konfiguration

Die Workflow-Konfiguration stellt eine schnelle und einfache Möglichkeit dar, um die Bearbeiterfindung sowie Termine und Fristen eines Standard-Workflows kundenspezifisch anzupassen.

6.5 Workflow-Szenarios um eigene Schritte erweitern

Anwendungsfälle für Workflow-Erweiterungen

In den vorangegangenen Abschnitten haben wir Möglichkeiten beschrieben, um bestimmte Workflow-Anforderungen umzusetzen und Anpassungen durchzuführen, ohne das Workflow-Szenario zu ändern. Wenn Ihre Anforderungen darüber hinausgehen, wird es nötig sein, bestehende Workflow-Szenarios zu erweitern. Dies kann in folgenden Fällen notwendig sein:

- Es sind eigene bzw. weitere Schritte notwendig.
- Der Ablauf Ihres Workflows weicht etwas vom Standard-Workflow ab, das Geschäftsobjekt oder die Klasse, die vom Standard-Workflow-Szenario verwendet wird, sowie die Standardaufgaben sind aber in Ihrem eigenen Workflow-Szenario gut nutzbar.
- Die im SAP-Standard ausgelieferten Workflow-Szenarios sind nur als Vorlage vorgesehen; in der SAP-Dokumentation ist dies entsprechend beschrieben. Diese Workflow-Szenarios sind im Auslieferungszustand zum Teil nicht lauffähig.

Änderungen nur auf Empfehlung von SAP

In diesen Fällen empfehlen wir Ihnen, das Standard-Workflow-Szenario zu kopieren und Ihre Änderungen möglichst unter Nutzung der vorhandenen Standardobjekte durchzuführen. Workflow-Szenarios aus dem SAP-Standard sind auch ohne Objektschlüssel änderbar. Sie erhalten beim Ändern zwar die Meldung, dass Sie nur dringende Reparaturen in fremden Namensräumen durchführen sollten, können dies aber dennoch tun. Trotzdem raten wir Ihnen davon ab, sofern nicht ein SAP-Hinweis oder eine entsprechende Dokumentation von SAP empfiehlt, die Anpassungen direkt durchzuführen.

Im Workflow zur Reklamationsabwicklung WS00200061 wollen wir einen weiteren Schritt hinzufügen. Hat die Kundenreklamation eine sehr hohe Priorität, soll die Abteilung Qualitätsmanagement das Workitem zusätzlich erhalten, wenn die Partnerrolle Qualitätsmanagement vom Koordinator zugeordnet wird, damit entsprechende Qualitätsmaßnahmen veranlasst werden können.

6.5.1 Vorbereitungen im Customizing der Meldung

Partnerrolle anlegen

Im ersten Schritt erweitern Sie dazu das Partnerschema in der Meldung:

1. Legen Sie eine weitere Partnerrolle im Customizing der Meldung an (siehe Abschnitt 6.2.1, »Regel mit Zugriff auf das Customizing«).
2. Ordnen Sie diese in der Transaktion VOP2 dem Partnerschema zu. Wir haben für dieses Beispiel die Rolle Qualitätsmanagement (ZQ) mit der Partnerart O (Organisationseinheit) dem Partnerschema Q1 zugeordnet (siehe Abbildung 6.39).

Rollen im Schema

Partn...	Rolle	Bezeichnung	keine ...	Partn...	Einde...	Termi...
Q1	AB	Verantw. Abteilung	☐	☐	☐	☐
Q1	AG	Auftraggeber	☐	☑	☑	☐
Q1	AP	Ansprechpartner	☐	☐	☐	☐
Q1	IT	Interessierter	☐	☐	☐	☐
Q1	KU	Koordinator (User)	☐	☑	☐	☐
Q1	ST	Verantw. Planstelle	☐	☐	☐	☐
Q1	VU	Verantw. Benutzer	☐	☐	☐	☐
Q1	VW	Verantwortlicher	☐	☐	☐	☐
Q1	ZQ	Qualitätsmanagement	☐	☐	☐	☐

Abbildung 6.39 Neue Partnerrolle »Qualitätsmanagement« (ZQ) zum Partnerschema Q1

3. In der Folge können Sie in der Meldung in der Partnerübersicht eine Organisationseinheit für das Qualitätsmanagement eintragen (siehe Abbildung 6.40).

Sie haben Partner bereits in Abschnitt 3.5, »Workflow-Szenarios und Standardaufgaben verwenden«, einer Meldung zugeordnet. Falls notwendig, erweitern Sie dazu Ihr Organisationsmodell um eine Organisationseinheit für das Qualitätsmanagement. Wie Sie das Organisationsmodell einrichten, ist in Abschnitt 3.6, »Bearbeiterfindung konfigurieren«, beschrieben.

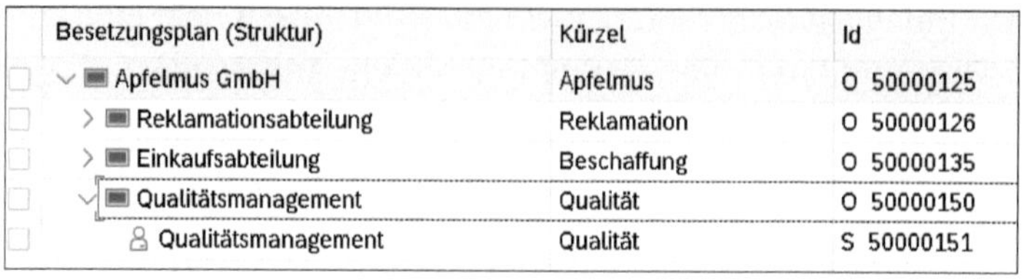

Abbildung 6.40 Apfelmus GmbH mit der Organisationseinheit »Qualitätsmanagement«

Sie haben nun im Customizing und im Organisationsmodell die Voraussetzungen geschaffen, um eine Erweiterung des Workflows vorzunehmen.

6.5.2 Workflow-Szenario kopieren

Um zusätzliche Schritt einzufügen, können Sie das Standard-Workflow-Szenario anpassen oder kopieren. Wir empfehlen Ihnen, das Szenario zu kopieren, damit das Standard-Szenario in seiner ursprünglichen Funktionalität weiterhin (z. B. für andere Anwendungszwecke) zur Verfügung steht. Auch käme es im Fall einer Anpassung des Standard-Workflow-Szenarios (was allerdings selten vorkommt) durch SAP im Rahmen eines Releasewechsels zu einem Konflikt.

Aufgabe kopieren

Kopieren Sie nun das Workflow-Szenario WS00200061. Folgen Sie dazu in der Transaktion SWDD dem Menüpfad **Mehr • Workflow • Sichern als**. Alternativ können Sie die Transaktion PFTC_COP (Aufgaben kopieren) ausführen:

1. Wählen Sie hier den Aufgabentyp **Workflow-Muster** und die Aufgabe 00200061 und klicken Sie auf das Symbol (**Aufgabe kopieren**).
2. Im sich öffnenden Pop-up-Fenster geben Sie ein **Kürzel** und eine **Bezeichnung** für die Kopie des Workflow-Szenarios an (siehe Abbildung 6.41) und klicken auf die Schaltfläche (**Aufgabe kopieren**).

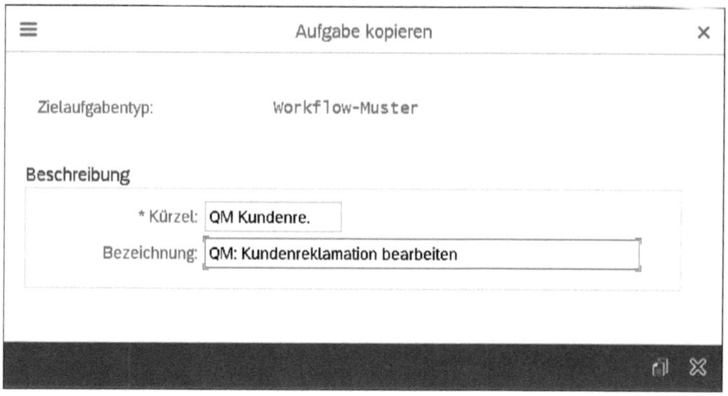

Abbildung 6.41 Workflow-Szenario kopieren

3. Geben Sie schließlich ein Paket und einen entsprechenden Transportauftrag an.
4. Sie erhalten eine Meldung, dass Sie nun die Kopie bearbeiten.

Die Kopie wurde in Ihrem Namensraum angelegt (WS9*). Fügen Sie hinter der Aktivität **Qualitätsmeldung bearbeiten** (000161) einen Schritt vom Typ Bedingung ein. Diese Bedingung sollte so formuliert werden, dass bei der Priorität 1 (= sehr hoch) die Bedingung erfüllt ist (wahr). Das Anlegen einer Bedingung wird in Abschnitt 5.3.3, »Bedingung bzw. Mehrfachbedingung«, beschrieben.

6.5.3 Regel zur Bearbeiterfindung definieren

Für Ihre neue Partnerrolle, die für die Bearbeiterfindung nötig ist, benötigen Sie noch eine neue Regel, da Sie diese Einstellung ja nicht im Standard-Customizing vornehmen können. Mit solchen Regeln können Sie Ihre Bearbeiterfindung dynamisch gestalten. Sie haben Regeln bereits in Abschnitt 3.5, »Workflow-Szenarios und Standardaufgaben verwenden«, kennengelernt und auch in Abschnitt 6.2, »Bearbeiterfindung anpassen«, damit gearbeitet. Eigene Regeln können Sie über die Transaktion PFAC_INS anlegen.

Mögliche Regeltypen

Tabelle 6.1 zeigt die möglichen Regeltypen und deren Verwendung. Den Regeltyp geben Sie beim Anlegen der Regel an. Für den Datentransfer zwischen Workflow und Regel steht der Regelcontainer zur Verfügung (siehe Abschnitt 5.7, »Container«).

Regeltyp	Beschreibung
Bearbeiterfindung: Zuständigkeiten	Auswertung einer Zuordnungstabelle: Den Ausprägungen der Regelparameter werden jeweils Objekte des Organisationsmanagements (Organisationseinheiten, Planstellen, Benutzer*innen etc.) zugeordnet.
Bearbeiterfindung: Organisationsdaten	SAP-Organisationsobjekte, die in der Anwendung gepflegt sind, wie z. B. Einkäufergruppe, Planergruppe, Versandstelle, werden ausgewertet. Diesen Regeltyp haben wir in Abschnitt 6.2.2, »Regel auf Basis von Organisationsdaten«, verwendet.
Bearbeiterfindung: Ausführende Funktion	Die Auswertung erfolgt über einen Funktionsbaustein. Daher ist eine beliebige kundenspezifische Bearbeiterermittlung möglich. Der Funktionsbaustein muss definierte Schnittstellenparameter beinhalten.

Tabelle 6.1 Regeltypen mit Kurzbeschreibung

Regeltyp	Beschreibung
Bearbeiterfindung: Ausführende Funktion (Auswertungsweg)	Zur Regelauflösung werden Daten aus dem Organisationsmanagement genutzt (Vorgesetzte*r oder Leitung einer Organisationseinheit), Funktionsbaustein RH_GET_STRUCTURE.
Bearbeiterfindung: Asynchron auszuführende Funktion	Die Regelauflösung erfolgt über eine ABAP-Klasse mit dem Interface IF_SWF_IFS_ASYNCHRONOUS_RULE, daher ist eine beliebige kundenspezifische Bearbeiterermittlung möglich. Die Ausführung erfolgt asynchron, d. h., es wird erst das Workitem ohne Empfänger*innen angelegt und dann erfolgt die Bearbeiterermittlung.

Tabelle 6.1 Regeltypen mit Kurzbeschreibung (Forts.)

Im folgenden Beispiel nutzen wir den Regeltyp **Bearbeiterfindung: Ausführende Funktion** und implementieren dazu einen Funktionsbaustein.

[+]

Regeln zur Bearbeiterermittlung verwenden

Nutzen Sie bevorzugt Regeln anstelle einer Hintergrundaufgabe zur Bearbeiterermittlung. Sie haben mit Regeln eine sehr hohe Flexibilität und viele kundenspezifische Anpassungsmöglichkeiten für Ihre Bearbeiterfindung.

Regel kopieren

Gibt es bereits eine Regel mit ähnlicher Regelauflösung im Standard, können Sie diese kopieren. Kopieren Sie für unser Beispiel die Regel 00000172 der Aktivität 000161 (Qualitätsmeldung bearbeiten):

1. Rufen Sie dazu die Transaktion PFAC_INS (Regeln für die Bearbeiterzuordnung anlegen) auf.
2. Geben Sie als **Regel** »00000172« an und kopieren Sie die Regel über die Schaltfläche (**Kopieren**).
3. Geben Sie im Pop-up-Fenster ein entsprechendes **Objektkürzel** und die **Objektbezeichnung** für die Kopie der Regel an (siehe Abbildung 6.42).
4. Schließen Sie das Fenster mit einem Klick auf die Schaltfläche (**Kopieren**).

Funktionsbaustein kopieren

Kopieren Sie nun auch den Funktionsbaustein QQWF_RESPONSIBLE_FOR_NOTIF aus der Regel 00000172 in der Transaktion SE37 (siehe Abbildung 6.43). Alternativ können Sie einen eigenen Funktionsbaustein anlegen und sich dabei an der Vorlage orientieren. Sie brauchen dazu eine eigene Funktionsgruppe. Nutzen Sie den für Ihre Entwicklungen vorgegebenen Namensraum.

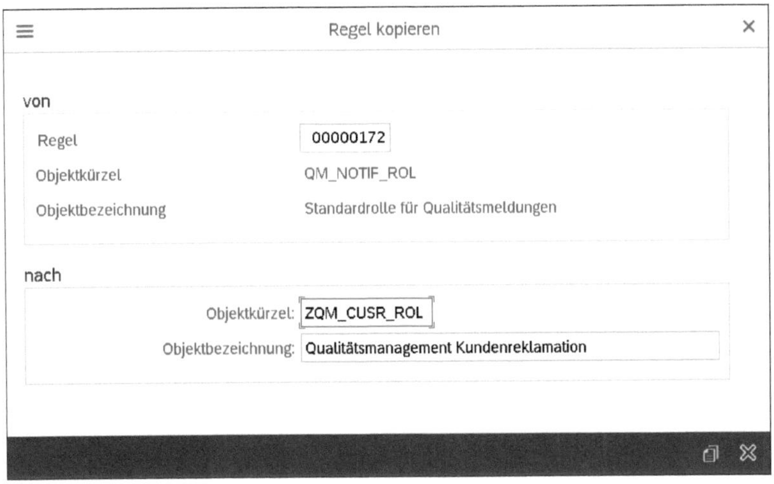

Abbildung 6.42 Kopieren einer Standardregel

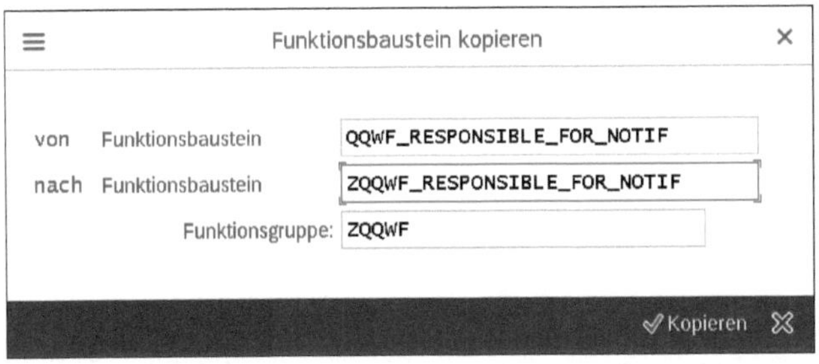

Abbildung 6.43 Funktionsbaustein für die Regel kopieren

Funktionsbaustein implementieren

Passen Sie den Funktionsbaustein anschließend so an, dass statt auf die Tabelle IHPA mit den Partnerrollen aus dem Customizing auf Ihre neue Partnerrolle ZQ zugegriffen wird. Listing 6.7 zeigt die Implementierung des Standardfunktionsbausteins mit dem Zugriff auf die Partnerrollen aus dem Customizing.

```
SELECT * FROM ihpa
         WHERE objnr  = qmel-objnr
         AND kzloesch = space
         AND    parvw = tq80-parvw_vera.
    EXIT.
ENDSELECT.
IF sy-subrc NE c_rc00.
*--- kein Verantwortlicher gepflegt
  SELECT * FROM ihpa
           WHERE  objnr = qmel-objnr
           AND kzloesch = space
```

```
          AND    parvw = tq80-parvw_int.
      EXIT.
    ENDSELECT.
    IF sy-subrc NE C_rc00.
      CLEAR ihpa.
    ENDIF.
ENDIF.
```

Listing 6.7 Funktionsbaustein QQWF_RESPONSIBLE_FOR_NOTIF mit Zugriff auf die Standardpartnerrollen

Listing 6.8 zeigt den Zugriff auf die neue Partnerrolle ZQ. Sie können diese Partnerrolle auch in einer kundeneigenen Customizing-Tabelle hinterlegen oder als Konstante. Aktualisieren Sie das ABAP-Coding des Funktionsbausteins und passen Sie es Ihren Namenskonventionen an. Nutzen Sie am besten gleich die neuen Syntaxmöglichkeiten in ABAP.

```
SELECT SINGLE * FROM ihpa INTO @DATA(ls_ihpa)
        WHERE  objnr = @ls_qmel-objnr
        AND kzloesch = @space
        AND    parvw = 'ZQ'.
IF sy-subrc NE 0.
  CLEAR ls_ihpa.
ENDIF.
```

Listing 6.8 Funktionsbaustein ZQQWF_RESPONSIBLE_FOR_NOTIF mit Zugriff auf die Partnerrolle ZQ

Makros für Zugriffe auf den Container

Achten Sie auf die Containerzugriffe über die Makros swc_get_element bzw. swc_get_object_key. Sie holen Daten bzw. den Objektschlüssel aus dem Regelcontainer. Voraussetzung für den Zugriff auf die Makros ist folgendes Include:

```
INCLUDE <cntain>.
```

Dieses Include wird in der Meldungsbearbeitung von SAP genutzt. Sie können alternativ auch das übliche Include <cntn01> für Funktionsbausteine für die Makronutzung verwenden. Weitere Informationen zu den Makros finden Sie in Abschnitt 6.6, »Makros für Container und Datenflüsse«. Bei weiterem Coding (Exporttabelle ACTOR_TAB-Befüllung) können Sie sich am Standardfunktionsbaustein orientieren.

Regelbeschreibung anpassen

Gehen Sie abschließend in der Transaktion PFAC_CHG in den Änderungsmodus und ändern Sie die Regelbeschreibung der eben angelegten Regel. Ersetzen Sie den Funktionsbaustein der Regel durch den erstellten kundeneigenen Funktionsbaustein (siehe Abbildung 6.44).

Abbildung 6.44 Neue Regel auf Basis der Standardregel

Alternative Möglichkeiten zur Bearbeiterfindung

In Abschnitt 6.5.5, »Bearbeiterfindung über die App ›Teams und Zuständigkeiten verwalten‹«, und Abschnitt 6.5.6, »Bearbeiterfindung über eine BRFplus-Regel«, zeigen wir Ihnen zwei alternative Vorgehensweisen für die Definition der Bearbeiterfindung.

6.5.4 Weiteren Schritt hinzufügen

Nachdem Sie im vorangegangenen Abschnitt die Bearbeiterfindung definiert haben, wollen wir unserer Erweiterung des Standard-Workflows noch einen weiteren Schritt hinzufügen. Generell können Sie dem kopierten Workflow-Szenario beliebig viele neue Schritte hinzufügen. Wenn Sie den kompletten Workflow »umbauen« und Ihre Anpassungen sehr umfangreich sind, ist es allerdings mitunter sinnvoller, einen neuen Workflow anzulegen.

Aktivität einfügen

Für unser Beispiel fügen Sie einen weiteren Schritt vom Typ Aktivität ein. Dieser Schritt soll in dem Zweig der Workflow-Definition ausgeführt werden, in der die Bedingung wahr ist, also wenn die Priorität der Meldung sehr hoch ist. Verwenden Sie der Einfachheit halber wieder die Standardaufgabe TS00008319, die bereits für die Aktivität 000161 genutzt wird. Sie können natürlich auch eine eigene Standardaufgabe anlegen, die z. B. asynchron ist und ein beendendes Ereignis benötigt (z. B. »Meldung abgeschlossen«).

Regel zuordnen

Ordnen Sie der hinzugefügten Aktivität die neue Regel zu (siehe Abbildung 6.45). Generieren Sie dann über die Schaltfläche (**Datenfluss autom. definieren**) den Datenfluss vom Workflow zur Regel.

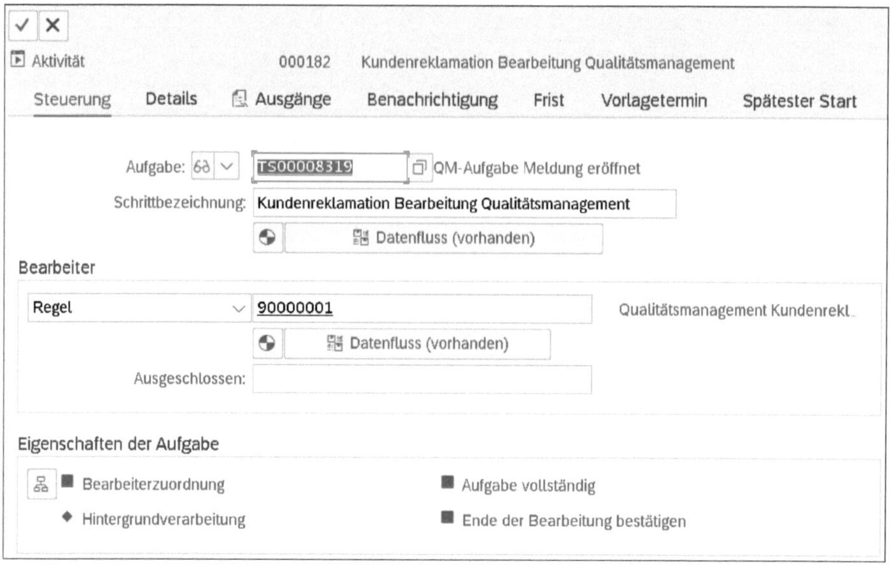

Abbildung 6.45 Neue Aktivität mit eigener Regel und Nutzung einer Standardaufgabe

Startereignisse/Typkopplung aktivieren

Nun können Sie den erweiterten Workflow aktivieren. Vergessen Sie nicht, zuvor die relevanten Startereignisse zu aktivieren (in den **Grunddaten** auf der Registerkarte **Startereignisse**). Anschließend aktivieren Sie Ihr neues Workflow-Szenario. Am besten deaktivieren Sie die Typkopplung des Standard-Workflows WS00200061, damit nicht zwei Workflows starten.

Bearbeiterzuordnung der Standardaufgabe

Passen Sie auch die Bearbeiterzuordnung der Standardaufgabe TS00008319 so an, dass alle möglichen Bearbeiter*innen (also auch die neue Organisationseinheit) gepflegt werden, oder definieren Sie die Aufgabe als generelle Aufgabe.

Workflow testen

Testen Sie den Workflow abschließend, indem Sie eine Kundenreklamation mit der Priorität sehr hoch anlegen. Ihre neue Aktivität wird jetzt durchlaufen. Nach der ersten Bearbeitung erhält die neue Organisationseinheit das Workitem. Haben Sie die Bearbeiterfindung, wie im folgenden Abschnitt beschrieben, über die App **Teams und Zuständigkeiten verwalten** gepflegt, erhalten die entsprechenden Teammitglieder das Workitem.

In diesem Beispiel haben Sie bereits einige Elemente genutzt, um einen Standard-Workflow zu erweitern. Prinzipiell haben Sie mit der Erweiterung eines Geschäftsobjekts (d. h. mit Anlegen eines Subtyps) alle Möglichkeiten, um weitere Attribute, eigene Methoden und Ereignisse hinzuzufügen und durch die Delegation dem Supertyp zur Verfügung zu stellen. Dennoch werden Erweiterungen an BOR-Objekten aufgrund der veralteten Editoren und des speziellen Handlings von vielen Entwickler*innen vermieden, da sie besonderes Know-how erfordern, und zwar, obwohl es oft die schnellste Lösung zur Umsetzung der Anforderungen darstellt. Auch wir empfehlen Ihnen, möglichst wenig mit BOR-Objekttypen zu arbeiten und stattdessen ABAP-Klassen zu nutzen (siehe Abschnitt 7.1, »Workflow-Klassen anlegen«). Es kann auch Sinn ergeben, aus einem BOR-Objekt heraus eine ABAP-Methode aufzurufen oder das BOR-Objekt in einer ABAP-Workflow-Klasse zu integrieren (siehe Abschnitt 7.4). Dennoch ist es notwendig, die in den BOR-Objekttypen genutzten Makros zu kennen, da diese auch in ABAP-Klassen verwendet werden.

6.5.5 Bearbeiterfindung über die App »Teams und Zuständigkeiten verwalten«

Wir haben in Abschnitt 6.5.3, »Regel zur Bearbeiterfindung definieren«, unseren Workflow um eine eigene Bearbeiterfindung erweitert. In diesem und dem folgenden Abschnitt wollen wir weitere Möglichkeiten der Bearbeiterfindung vorstellen. In diesem Abschnitt lernen Sie zuerst die Pflege von Verantwortlichkeiten über die SAP-Fiori-App **Teams und Zuständigkeiten verwalten** kennen.

In Abschnitt 6.2.2, »Regel auf Basis von Organisationsdaten«, und Abschnitt 6.5.1, »Vorbereitungen im Customizing der Meldung« (siehe Abbildung 6.40), haben wir das Organisationsmanagement zur Bearbeiterfindung verwendet. In unserem Beispiel wurde eine Einkäufergruppe der Planstelle »Sachbearbeitung Einkauf« zugeordnet bzw. die Organisationseinheit »Qualitätsmeldung« zur Definition der Verantwortlichkeit genutzt. Die Pflege der für den Workflow verantwortlichen SAP-Benutzer*innen über das Organisationsmanagement war bislang eine elegante Möglichkeit. In der Regel wurden dabei für die jeweiligen Workflows eigene Organisationseinheiten angelegt.

Alternative zum klassischen Organisationsmodell

Mit SAP S/4HANA können Sie alternativ die App **Teams und Zuständigkeiten verwalten** auch für klassische Workflows nutzen, allerdings noch nicht ohne zusätzliche Programmierung. Diese App ist eigentlich für flexible Workflows vorgesehen, kann unserer Ansicht nach jedoch auch für klassische Workflows sinnvoll eingesetzt werden. Ihre Nutzung kann interessant sein, da das Organisationsmanagement unter Umständen mit dem unternehmensweiten HR-Organisationsmanagement in Beziehung steht. Bei einem eigenen Workflow-Organisationsmodell ist der Transport in die Folgesysteme darüber hinaus nur mit einer speziellen Transaktion möglich. Hier muss beim Transport mit großer Sorgfalt vorgegangen werden. Die Zuordnung der Benutzerkonten zu den Organisationseinheiten bzw. Planstellen erfolgt in den Folgesystemen.

Die in Abschnitt 6.5.3, »Regel zur Bearbeiterfindung definieren«, angelegte Regel mit dem Kundenfunktionsbaustein wollen wir in diesem Abschnitt verwenden und anpassen, um die Bearbeiterermittlung über die App **Teams und Zuständigkeiten verwalten** zu steuern.

App »Teams und Zuständigkeiten verwalten«

In Abbildung 6.46 sehen Sie die Benutzeroberfläche der SAP-Fiori-App **Teams und Zuständigkeiten verwalten**. Hier wurde ein Team mit einem Teamverantwortlichen und zwei Teammitgliedern gepflegt. Wie Sie bei der Anlage von Teams vorgehen, erfahren Sie in Abschnitt 12.1.2, »Teams einrichten«.

Abbildung 6.46 Übersicht der Verantwortlichkeiten der Apfelmus GmbH in der App »Teams und Zuständigkeiten verwalten«

[»]

Technische Ablage der Daten aus der App »Teams und Zuständigkeiten verwalten«

Wie auch beim klassischen Organisationsmodell werden die Objekte aus der App **Teams und Zuständigkeiten verwalten** in den Tabellen HR1000 und HR1001 gespeichert. Empfohlen wird der Zugriff auf diese Tabellen über CDS-Views (z. B. I_RESPYMGMTTEAMHEADERBASIC (Team Header Basic data) oder C_RESPYMGMTENABLEDTEAMSTDVH (List of Enabled Teams).

Der Einfachheit halber sollen in unserem Beispiel beide Teammitglieder das Workitem zur Meldungsbearbeitung erhalten. Es könnten hier natürlich auch Hierarchien von Teams aufgebaut werden – bei Bedarf mit komplexeren Logiken.

Bearbeiterfindung über die Teams

Listing 6.9 zeigt die Implementierung des Standardfunktionsbausteins ZQQWF_RESPONSIBLE_FOR_NOTIF der im vorangegangenen Abschnitt angelegten Regel für die Bearbeiterfindung (Kopie von Regel 00000172) mit einem exemplarischen Zugriff auf die Daten der App **Teams und Zuständigkeiten verwalten**. Die Zugriffe erfolgen über die entsprechenden CDS-Views. Es fällt auf, dass der Name des Teams fest im Coding hinterlegt ist. Hier könnte man auch mit einer kundeneigenen Pflegetabelle arbeiten. Da die Teams in jedem Folgesystem (Qualitätssicherungs- und Produktivsystem) erneut angelegt werden müssen, müssen sie jeweils gleich benannt werden oder es muss über den Weg einer Tabellenpflege sichergestellt werden, dass das richtige Team in der Regel verwendet wird.

```
*Ermittlung der Team-ID
SELECT SINGLE respymgmtteamid
    FROM c_respymgmtenabledteamstdvh
    INTO @DATA(lv_team_id)
    WHERE respymgmtteamname = 'APFELMUS GMBH'.
  IF sy-subrc IS INITIAL.
*Teammitglieder als Geschäftspartner mit ihrenBenutzer-IDs
    SELECT u~UserID INTO TABLE @DATA(lt_users)
        FROM c_respymgmtteammembertp as m
        INNER JOIN i_businessuser as u
           ON u~businesspartner = m~respymgmtbusinesspartner
        WHERE respymgmtteamid = @lv_team_id.
    LOOP AT lt_users INTO DATA(ls_user).
      APPEND VALUE #( objid = ls_user-userid
                      otype = 'US' ) TO actor_tab.
    ENDLOOP.
  ENDIF.
```

Listing 6.9 Funktionsbaustein QQWF_RESPONSIBLE_FOR_NOTIF für den Zugriff auf Daten der App »Teams und Zuständigkeiten verwalten«

Regel testen

Sie können die so veränderte Regel über die Transaktion PFAC_DIS testen und prüfen, ob Ihre Implementierung erfolgreich war.

Der Vorteil der Nutzung der App ist, dass der Fachbereich die Verantwortlichen selbstständig ohne Unterstützung aus der IT pflegen kann. Anders als beim flexiblen Workflow ist bei der Nutzung der App im Kontext klassischer Workflows jedoch Vorsicht geboten, da eine Programmierung dahintersteckt, die z. B. auf die korrekte Benennung des Teams angewiesen ist.

Weitere CDS-Views zu den Teams und Zuständigkeiten finden sich im Paket `ODATA_CA_RSM_MAINT_TEAMS`.

6.5.6 Bearbeiterfindung über eine BRFplus-Regel

BRFplus

Eine weitere Möglichkeit zur Bearbeiterfindung und Workflow-Steuerung wird Ihnen in SAP S/4HANA mit dem ABAP-basierten Framework *Business Rule Framework plus* (BRFplus) angeboten. BRFplus kommt im SAP-System aber nicht nur im Kontext von Workflows, sondern in vielen Bereichen zum Einsatz. Im neuen Output Management ersetzt es beispielsweise die Nachrichtensteuerung. BRFplus bietet eine umfangreiche Programmierschnittstelle (Application Programming Interface, API) und eine Benutzeroberfläche (User Interface, UI) zur Definition und Verarbeitung von Geschäftsregeln. Es ermöglicht eine intuitive Modellierung von Regeln und deren Wiederverwendung in anderen Anwendungen. Key User können damit fachliche Regeln für Geschäftsprozesse selbst pflegen und anpassen.

BRFplus für Workflows nutzen

Im Workflow-Umfeld können Sie diese Funktionalität nutzen, um über ein Regelwerk und ohne Programmierung festzulegen, wer ein Workitem erhalten soll. In diesem Abschnitt wollen wir hierzu ein Beispiel aufbauen und in einen klassischen Workflow integrieren. Wir nutzen hierzu den bekannten Workflow zur Reklamationsabwicklung. Hier ist es möglich, eine Codierung z. B. zur Klassifizierung oder Kategorisierung der Meldung zu nutzen. In Abbildung 6.47 sehen Sie eine Meldung mit einer solchen **Codierung**, die im Bereich **Sachverhalt** gepflegt ist. In diesem Beispiel ist die Reklamation (Meldung) dem Bereich Produktion zugeordnet, da die Ursache der Reklamation aus diesem Bereich stammt.

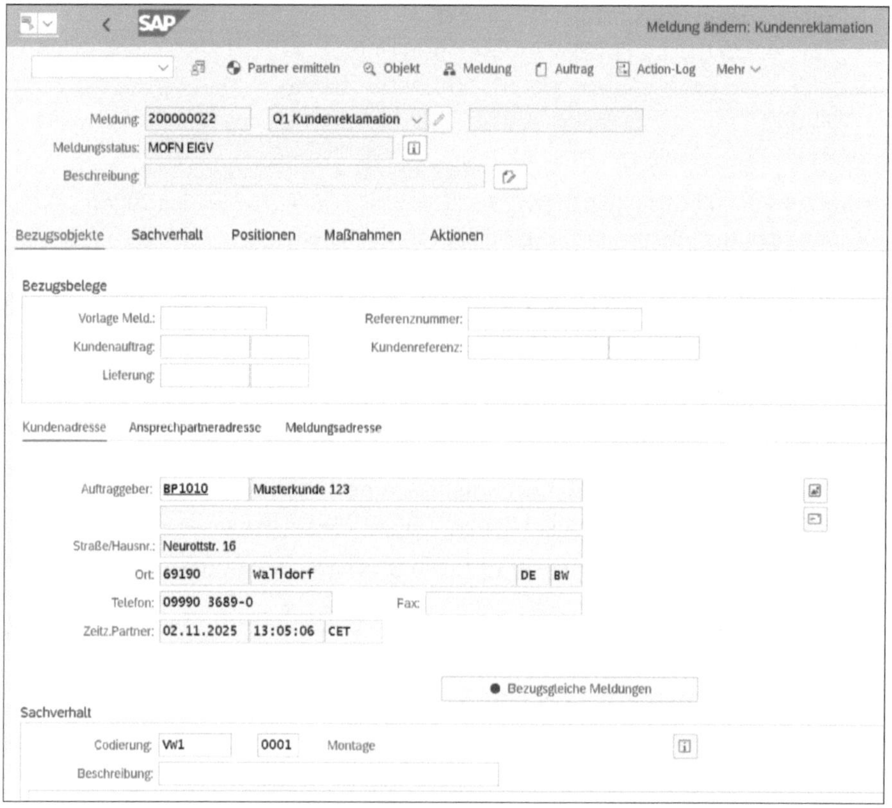

Abbildung 6.47 Meldung mit gepflegter Codierung VW1 (Produktion)

Wir wollen die hinterlegte Codierung verwenden, um den passenden Workflow-Bearbeiter oder die passende Bearbeiterin zu ermitteln. Durch die Codierung wird im Beispiel zwischen Meldungen aus der Produktion und dem Vertrieb unterschieden. Weitere Codierungen sind möglich und können später noch in der BRFplus-Regel hinzugefügt werden.

BRFplus-Regel anlegen

BRFplus-Anwendung anlegen

Um eine Geschäftsregel für einen Workflow anzulegen, benötigt man im BRFplus-Framework zunächst eine sogenannte *Anwendung*. Gehen Sie wie folgt vor, um eine solche Anwendung für unser Beispiel anzulegen:

1. Rufen Sie die Transaktion BRF+ (BRFplus-Workbench) auf. Voraussetzung hierfür ist, dass der zugehörige Service in der Transaktion SICF aktiv ist (Servicename `FDT_WD_WORKBENCH`).
2. Klicken Sie auf die Schaltfläche **Anwendung anlegen**.
3. Es öffnet sich ein Eingabefenster, um die Parameter der anzulegenden Anwendung zu benennen (siehe Abbildung 6.48). Nennen Sie die Anwendung z. B. »Z_FIND_AGENT_WORKFLOW_QM«.
4. Klicken Sie auf die Schaltfläche **Anlegen und zu Objekt navigieren** und wählen Sie einen Transportauftrag aus. Die Anwendung wird nun angelegt.

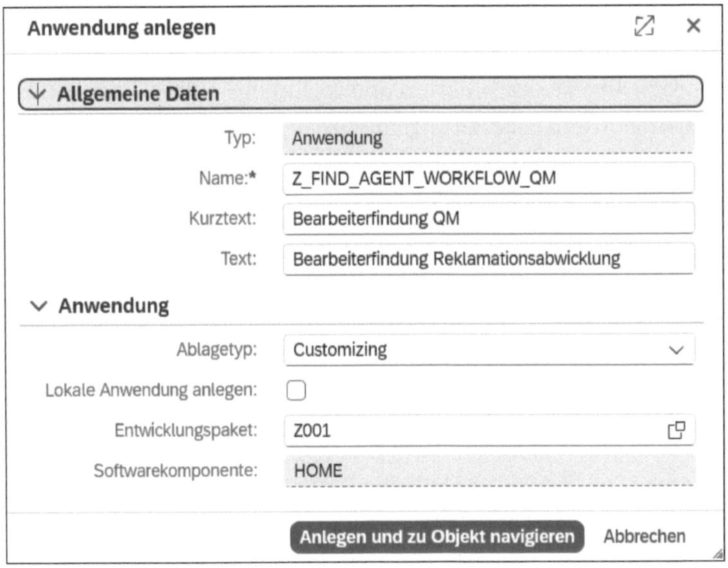

Abbildung 6.48 BRFplus-Anwendung anlegen

BRFplus-Funktion anlegen

Als Nächstes müssen Sie eine BRFplus-Funktion anlegen. Eine *Funktion* übernimmt im BRFplus-Framework die Eingaben aus der Anwendung und verarbeitet diese basierend auf den definierten Geschäftsregeln. Anschließend gibt sie das Ergebnis an die Anwendung zurück.

Gehen Sie wie folgt vor, um die Aktion anzulegen:

1. Positionieren Sie den Cursor auf der gerade angelegten Anwendung. Öffnen Sie mit der rechten Maustaste das Kontextmenü und wählen Sie **Anlegen • Funktion**.
2. Im Anlagedialog geben Sie die notwendigen Daten der Funktion ein. Nennen Sie sie für unser Beispiel »Z_FIND_AGENT_WORKFLOW_QM«, also gleichlautend mit der Anwendung (siehe Abbildung 6.49).

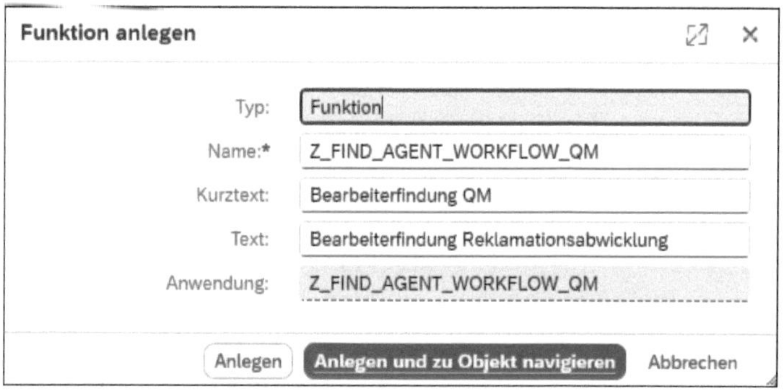

Abbildung 6.49 BRFplus-Funktion anlegen

3. Navigieren Sie über die Schaltfläche **Anlegen und zu Objekt navigieren** zu der soeben angelegten Funktion und wechseln Sie über die Schaltfläche **Bearbeiten** in den Bearbeitungsmodus.
4. Öffnen Sie das Dropdown-Menü **Neues Datenobjekt hinzufügen** im Bereich **Kontext** und wählen Sie hier den Objekttyp **Element**.
5. Binden Sie, wie in Abbildung 6.50 gezeigt, das Objekt **CODIERUNG** an das ABAP-Dictionary-Element (DDIC-Element) `QMGRP`. Die Codierung ist im Feld `QMGRP` in der Tabelle `QMEL` (Qualitätsmeldung) hinterlegt und darauf wollen Sie referenzieren.
6. Klicken Sie erneut auf **Anlegen und zu Objekt navigieren**.
7. Legen Sie über das Dropdown-Menü **Neues Datenobjekt hinzufügen** ein weiteres Objekt der Kategorie **Element** an. Es steht für den Benutzer oder die Benutzerin, der oder die später das Workitem erhalten soll (die SAP-Benutzer-ID). Binden Sie dieses Element an das ABAP-Dictionary-Element `UNAME` (siehe Abbildung 6.51).
8. Klicken Sie erneut auf **Anlegen und zu Objekt navigieren**, um zurück zu der BRFplus-Funktion zu gelangen.

Abbildung 6.50 Codierung zur Funktion anlegen und an ein ABAP-Dictionary-Element binden

Abbildung 6.51 Objekt UNAME (Benutzername) anlegen

9. Stellen Sie hier im Bereich Details den Modus auf den **Funktionsmodus** um (siehe Abbildung 6.52).

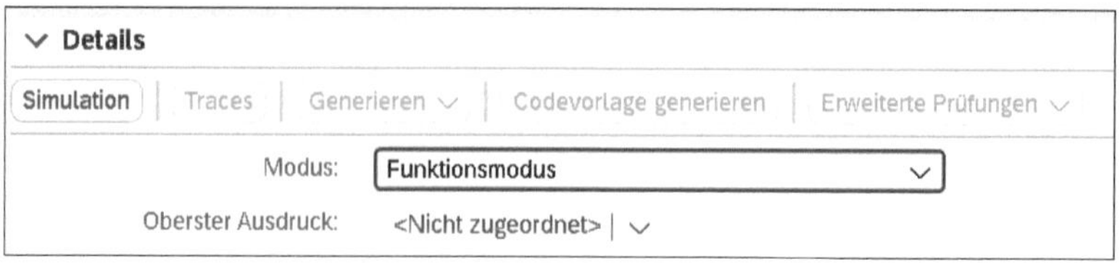

Abbildung 6.52 Details der Funktion: Funktionsmodus

10. Dann öffnen Sie neben **Oberster Ausdruck** das Dropdown-Menü **<Nicht zugeordnet>**. Wählen Sie hier die Option **Anlegen**. Bei der Auswahl des Typs wählen Sie **Entscheidungstabelle**.
11. Pflegen Sie die Entscheidungstabelle, wie in Abbildung 6.53 dargestellt. Fügen Sie dazu die soeben angelegten Objekte CODIERUNG und UNAME über die Schaltfläche **Ergebnisdatenobjekt hinzufügen** hinzu. Damit haben Sie die Kriterien hinterlegt, die für Ihre Bearbeiterfindung notwendig sind.

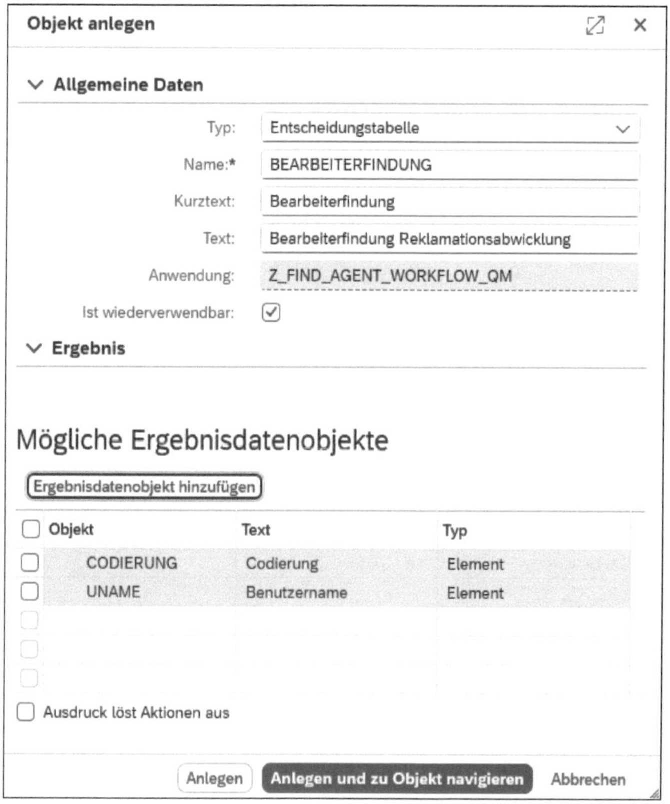

Abbildung 6.53 Entscheidungstabelle für die Bearbeiterfindung definieren

12. Klicken Sie auf **Anlegen und zu Objekt navigieren**. Im folgenden Bild müssen Sie noch die **Bedingungs-** und **Ergebnisspalten** für Ihre Entscheidungstabelle pflegen. Die Ergebnisspalte ist hier der Benutzername, der später das Workitem erhalten soll, und die Bedingungspalte ist die Codierung (siehe Abbildung 6.54).

Abbildung 6.54 Bedingungs- und Ergebnisspalte der Entscheidungstabelle pflegen

13. Nachdem Sie mit **OK** bestätigt haben, gelangen Sie wiederum zurück zu der Funktion. Wählen Sie hier den obersten Ausdruck **Bearbeiterfindung**, also Ihre Entscheidungstabelle. Klicken Sie auf die Schaltfläche ⊕ (**Neue Zeile einfügen**), um deren Tabelleninhalt zu pflegen. Geben Sie an, bei welcher Codierung welcher Benutzer bzw. welche Benutzerin das Workitem erhalten soll. Ordnen Sie die jeweiligen Benutzernamen über die direkte Werteingabe für die Codierung VW3 (Vertrieb) und VW1 (Produktion) zu (siehe Abbildung 6.55).

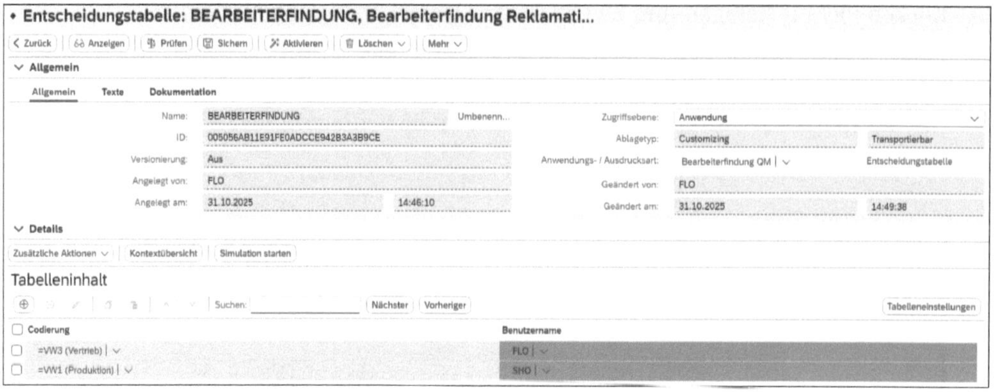

Abbildung 6.55 Inhalt der Entscheidungstabelle

14. Kehren Sie erneut zurück in die Funktion und ändern Sie den Wert des Ergebnisdatenobjekts auf »Benutzername«.

Funktion testen

Die nun vollständige Funktion sehen Sie in Abbildung 6.56. Sie können diese über die Schaltfläche **Simulation** testen. Geben Sie als Codierung z. B. »VW1 (Produktion)« an, erhalten Sie den Benutzer SHO.

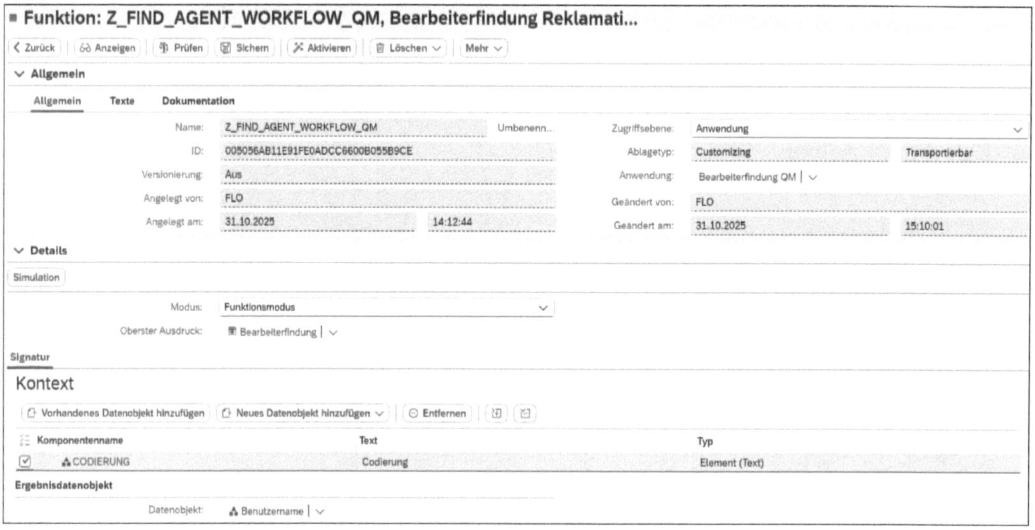

Abbildung 6.56 Vollständige BRFplus-Funktion zur Bearbeiterfindung

BRFplus-Funktion im Workflow einbinden

Im nächsten Schritt binden wir die BRFplus-Funktion in einen klassischen Workflow ein. Das ist nur über Programmierung möglich. Mit dieser Programmierung ändern wir erneut die Bearbeiterfindungsregel aus Abschnitt 6.5.3, »Regel zur Bearbeiterfindung definieren«, die wir bereits für die Nutzung der App **Teams und Zuständigkeiten verwalten** angepasst hatten.

In den Expertenmodus wechseln

BRFplus bietet die Möglichkeit, eine Codevorlage für eigene Funktionen zu generieren. Diese Möglichkeit nutzen wir hier. Dazu müssen Sie über die Einstellungen in den Expertenmodus wechseln. Klicken Sie dazu in Transaktion BRF+ oben rechts auf die Schaltfläche [⚙] (**Personalisieren**) und stellen Sie im Feld **Benutzermodus** auf den Wert **Experte** um (siehe Abbildung 6.57). Sichern Sie diese Änderung anschließend.

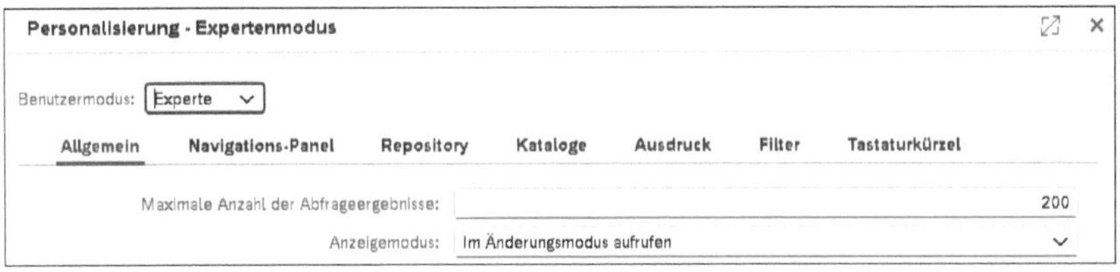

Abbildung 6.57 In den Benutzermodus »Experte« wechseln

Codevorlage für eigene Funktion

Rufen Sie nun wieder die im vorangegangenen Abschnitt angelegte Funktion `Z_FIND_AGENT_WORKFLOW_QM` auf. Klicken Sie im Bereich **Details** auf die Schaltfläche **Codevorlage generieren** (siehe Abbildung 6.58). Es öffnet sich ein Pop-up-Fenster mit dem generierten Code für Ihre Funktion.

Abbildung 6.58 Codevorlage zu einer Funktion generieren

Funktionsbaustein bearbeiten

Übernehmen Sie diesen Code in den Zwischenspeicher und rufen Sie die Transaktion SE37 auf. Wählen Sie hier den Funktionsbaustein `ZQQWF_RESPONSIBLE_FOR_NOTIF` aus, der Ihrer Regel `ZQM_CUSR_ROL` (Kopie der Standard-Regel 00000172) aus Abschnitt 6.5.3, »Regel zur Bearbeiterfindung definieren«, in Transaktion PFAC_CHG zugeordnet wurde. Fügen Sie den Code aus der Zwischenablage ein und nehmen Sie die nötigen Anpassungen vor. Im generierten Code gibt es einige Kommentare zur Erläuterung, die Sie entfernen können. Die Blöcke zur Ermittlung der Meldungsnummer und für die Codierung im Anschluss passen Sie so an, wie in Listing 6.10 gezeigt.

```
*--- Makros zur Containerbearbeitung einbinden
  INCLUDE <cntain>.
*--- Deklaration der Objekttypattribute
  CONSTANTS:lv_function_id TYPE if_fdt_types=>id
  VALUE '005056AB11E91FE0ADCC6600B055B9CE'.
  DATA: l_qmnum        LIKE viqmel-qmnum,
        l_notification TYPE swc_object.
  DATA: lr_data        TYPE REF TO data.
*--- Initialisierung der Tabelle ACTOR_TAB
  REFRESH actor_tab.

*--- Lesen der Meldungsnummer aus AC_CONTAINER
  swc_get_element ac_container
                 'Notification' l_notification.
* read Objectkey
  swc_get_object_key l_notification l_qmnum.
*--- Meldung Codierung lesen
  SELECT SINGLE * FROM qmel INTO @DATA(ls_qmel)
         WHERE qmnum = @l_qmnum.
  IF sy-subrc <> 0.
    RETURN.
  ENDIF.

  GET TIME STAMP FIELD DATA(lv_timestamp).
  DATA(ls_name_value) = VALUE abap_parmbind( ).
  ls_name_value-name = 'CODIERUNG'.
  DATA(lv_CODIERUNG) = CONV if_fdt_types=>element_text(
ls_qmel-qmgrp ).
  GET REFERENCE OF lv_CODIERUNG INTO lr_data.
  ls_name_value-value = lr_data.
  DATA(lt_name_value) = VALUE abap_parmbind_tab( ( ls_name_value ) ).
  TRY.
      DATA(lv_uname) = VALUE uname( ).
      cl_fdt_function_process=>process( EXPORTING iv_function_id =
                                           lv_function_id
                                        iv_timestamp   = lv_timestamp
                              IMPORTING ea_result      = lv_uname
                              CHANGING  ct_name_value  = lt_name_value ).
    CATCH cx_fdt INTO DATA(lx_fdt).
* Sie können zur Fehlerbehandlung CX_FDT->MT_MESSAGE prüfen.
```

```
ENDTRY.
APPEND VALUE #( objid = CONV objid( lv_uname )
                otype = 'US' ) TO actor_tab.
```

Listing 6.10 Angepasste Codevorlage aus BRFplus für die Bearbeiterfindung über eine BRFplus-Funktion

Anpassungen testen

Sie können Ihre Anpassungen nun testen, indem Sie in der Meldung (Transaktion QM02 oder in der »fiorisierten« App) das Feld **Codierung** im Bereich **Sachverhalt** pflegen, z. B. indem Sie als Codegruppe »VW1« eintragen (siehe Abbildung 6.59).

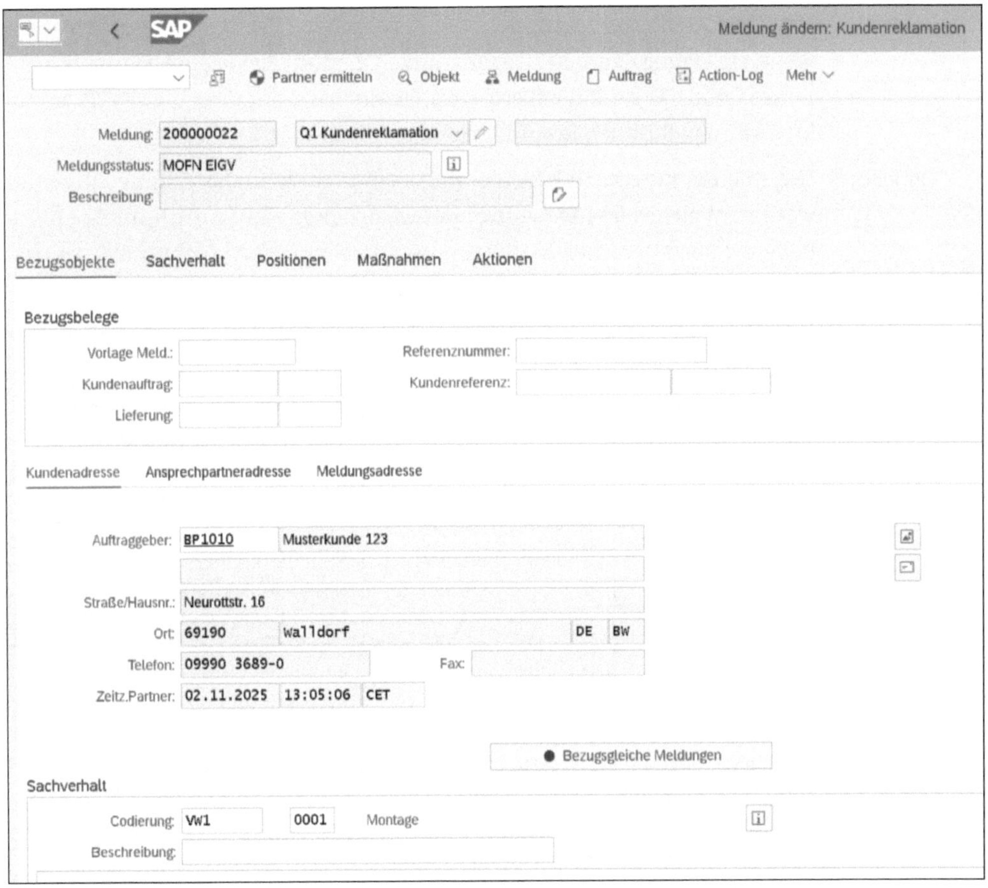

Abbildung 6.59 Meldung mit Codierung VW1 als Basis für die BRFplus-Funktion

Die Workflow-Regel aus Abschnitt 6.5.3, »Regel zur Bearbeiterfindung definieren« (Transaktion PFAC_DIS), kann nun getestet werden. Beim Klick auf die Schaltfläche [Symbol] (**Regelauflösung simulieren**) wird mit Eingabe der entsprechenden Meldungsnummer (hier 200000022) der Benutzer SHO ermittelt. Sie können nun den Workflow zur Reklamationsabwicklung mit Ihrer BRFplus-Regel ausführen, um ihn zu prüfen. Dabei nutzen Sie den kopierten Workflow WS00200061 mit Ihrer neuen Regel. Nach Anlage einer Meldung und Pflege der entsprechenden Codierung (z. B. VW1), erhält der Bearbeiter oder die Bearbeiterin, der oder die mit der BRFplus-Regel bestimmt wurde, das Workitem.

6.6 Makros für Container und Datenflüsse

Sobald Erweiterungen an BOR-Objekttypen vorgenommen, also z. B. zusätzliche Attribute, Methoden oder Ereignisse hinzugefügt werden, oder wenn Sie eigene Bearbeiterregeln nutzen, benötigen Sie Zugriff auf die Containerdaten. Dieser Zugriff erfolgt über *Makros*. Containerzugriffe über Makros können Sie auch in ABAP-Klassen verwenden.

Includes

Um Makros nutzen zu können, muss ein Include in das Coding eingefügt werden. Welches Include verwendet wird, hängt vom Aufrufumfeld ab. Tabelle 6.2 zeigt, welches Makro im entsprechenden Aufrufumfeld genutzt wird.

Aufruf aus	Include	Einbindung
Klassische Funktionsbausteine	`Include <cntn01>`	Direkt im Coding im Top-Include oder zu Beginn des Funktionsbausteins per Include-Befehl
ABAP-Objects-Klasse	`Include <cntn02>` `Include <cntn03>`	Einbinden im Klasseneditor über den Menüpfad **Mehr • Springen • Lokale Definitionen • Makros** bzw. über lokale Typen
ABAP-Objects-Klasse	`Include <SWFCNTN01>`	Einbinden direkt innerhalb einer Klassenmethode

Tabelle 6.2 Include von Makros zum Aufrufumfeld

Makrotypen

Grundsätzlich unterscheiden wir zwei Makrotypen:

- Die älteren beginnen mit dem Präfix `swc_`. Hier wird der Container `swc_container` als Tabelle der Struktur `SWCONT` definiert.
- Bei den neueren Makros mit dem Präfix `swf_` wird der Container `swf_container` als Referenz auf das Interface `IF_SWF_CNT_CONTAINER` definiert. Sie nutzen dann entsprechende Methoden. Am besten agieren Sie mit diesen Methoden und vermeiden die Nutzung der älteren Makros.

Die wichtigsten Makros

In Tabelle 6.3 finden Sie eine Übersicht der wichtigsten Makros sowohl für die Nutzung im Umfeld von BOR-Objekttypen als auch im Umfeld von ABAP-Klassen.

Bedeutung	SWC-Makro	SWF-Makro
Deklaration Datentyp Container	swc_container <Container>	▪ swf_container <Container> ▪ ABAP Objects: TYPE REF TO if_swf_cnt_container
einzelnen Attributwert lesen (BOR)	swc_get_property <Object> <Attribute> <AttributeValue>	▪ swf_get_propery <Object> <Attribute> <AttributeValue> ▪ Klassenattribut bei ABAP-Klasse
mehrzeiliges Attribut lesen (BOR)	swc_get_table_property <Object> <Attribute> <AttributeValue>	▪ swf_get_property <Object> <Attribute> <AttributeValue> ▪ Klassenattribut bei ABAP-Klasse
Schlüsselattribute lesen (BOR-Objekt)	swc_get_object_key<Object> <ObjectKey>	▪ swf_get_object_key ▪ cl_swf_cnt_container ALIAS GET_POR_OF_INSTANCE
Container-element holen	swc_get_element <Container> <Containerelement> <Variable>	▪ swf_get_element ▪ cl_swf_cnt_container ALIAS element_get
Container-element setzen	▪ swc_set_selement <Container> <Containerelement> <Variable> ▪ swc_create_element	▪ swf_set_element ▪ cl_swf_cnt_container ALIAS element_set
mehrzeiliges Containerelement holen	swc_get_table <Container> <Containerelement> <Variable>	▪ swf_get_element ▪ cl_swf_cnt_container ALIAS element_get

Tabelle 6.3 Wichtige Makrobefehle im BOR-Umfeld und im Umfeld der ABAP-Klassen

Bedeutung	SWC-Makro	SWF-Makro
mehrzeiliges Containerelement setzen	■ swc_set_table <Container> <Container-element> <Variable> ■ swc_create_element	■ swf_set_element ■ cl_swf_cnt_container ALIAS element_set
Container leeren	■ swc_clear_container <Container> ■ CLEAR swconttab	■ swf_clear_container ■ cl_swf_cnt_container ALIAS clear_element_values
Ausnahme erzeugen	exit_return <Exception> <Var1> <Var2> <Var3> <Var4>.	über Ausnahmeklassen (siehe Abschnitt 9.1, »Fehlerbehandlung und eigene Ausnahmeklassen«)

Tabelle 6.3 Wichtige Makrobefehle im BOR-Umfeld und im Umfeld der ABAP-Klassen (Forts.)

[+]

Zugriff auf den Container bei Bearbeiterregeln

Wir empfehlen Ihnen, die sperrigen Zugriffe mit Makros zu vermeiden und stattdessen die Methoden zum Zugriff auf die Container zu nutzen.

Zugriff über die Methode der Workflow-Klasse

In Listing 6.11 ist beispielhaft der Zugriff auf die Workflow-Instanz `CL_DMS_RELEASE` (Workflow-Klasse `ZCL_DMS_RELEASE_WORKFLOW`) innerhalb einer Bearbeiterregel dargestellt. Die Instanz aus dem BOR-Objekt wird dabei in eine Klasseninstanz konvertiert, mit der Sie einfacher weiterarbeiten können (hier zur Ermittlung des Schlüssels des aktuellen Dokumenteninfosatzes).

```
DATA(lt_container) = VALUE swconttab( ).
lt_container[] = ac_container[].
TRY.
    DATA(lx_cnt) =
cl_swf_cnt_container=>if_swf_cnt_conversion~create_from_bor_container(
        EXPORTING
          values     = lt_container ).
  CATCH cx_swf_utl_obj_create_failed.
ENDTRY.

DATA: lx_cl_draw TYPE REF TO zcl_dms_release_workflow.
TRY.
    CALL METHOD lx_cnt->if_swf_ifs_parameter_container~get
      EXPORTING
```

```
        name  = 'CL_DMS_RELEASE'
      IMPORTING
        value = lx_cl_draw.
  CATCH cx_swf_cnt_container.
ENDTRY.
DATA(ls_draw_key) = lx_cl_draw->ms_draw_key.
```

Listing 6.11 Zugriff auf den Container über eine Klasseninstanz

In diesem Kapitel haben Sie erfahren, wie Sie unter Nutzung vorhandener Workflow-Objekte des SAP-Standards einen Standard-Workflow erweitern können. Sie haben dabei bereits diverse Erweiterungstechniken kennengelernt. Als Vorbereitung auf die folgenden Kapitel haben wir gezeigt, in welchen Fällen eine Erweiterung an ihre Grenzen stößt und wann die Entwicklung eigener Workflows sinnvoll wird. Sie sollen ein Gespür dafür entwickeln, die für Ihren Anwendungsfall optimale technische Umsetzungsvariante auszuwählen und den zu leistenden Aufwand für Ihr Workflow-Projekt einzuschätzen.

Abschließend haben Sie wichtige Makros kennengelernt, die Sie in diesem Umfeld benötigten, und erfahren, wie Sie stattdessen mit Klassen und Methoden arbeiten können. Examplarisch haben wir gezeigt, wie Sie mit einer Methode elegant auf den BOR-Container zugreifen können.

Kapitel 7
Einen eigenen Workflow auf Basis von Standardobjekten entwickeln

Deckt kein Standard-Workflow Ihre Anforderungen ab und ist auch eine Erweiterung oder Anpassung eines vorhandenen Workflow-Szenarios nicht sinnvoll oder nicht möglich, können Sie einen neuen Workflow entwickeln. In diesem Kapitel erklären wir, wie Sie dabei vorgehen und den neuen Workflow in eine vorhandene SAP-Anwendung integrieren.

Viele Workflow-Anforderungen im SAP-Umfeld bilden Prozesse für SAP-Anwendungen (Apps, Transaktionen) ab, die auf vorhandenen SAP-Objekten basieren. Allerdings gibt es nicht zu jedem Prozessablauf einen Standard-Workflow, der sinnvoll genutzt werden kann. Auch eine Erweiterung eines Standard-Workflows ist für manche Anwendungsfälle ungeeignet. In diesen Fällen werden Sie einen komplett neuen Workflow konzipieren und anlegen müssen. Sie können dabei gegebenenfalls Elemente aus Standard-Workflows oder Standardgeschäftsobjekten integrieren.

[«]

Anwendbarkeit abhängig von Ihrem Bereitstellungsmodell

Wir beschreiben in diesem Kapitel, wie Sie eigene klassische Workflows entwickeln können. Die Entwicklung klassischer Workflows ist nur in On-Premise-Systemen (SAP ERP oder SAP S/4HANA) bzw. in SAP S/4HANA Cloud Private Edition möglich. Das hier vermittelte Implementierungswissen bildet allerdings die Basis für die Entwicklung flexibler Workflows, die auch in SAP S/4HANA Cloud Public Edition implementiert werden können.

In diesem Kapitel erläutern wir, wie Sie einen eigenen Workflow auf Basis von Standardobjekten bzw. Standard-SAP-Anwendungen anlegen. Dazu erfahren Sie in Abschnitt 7.1 zunächst, wie Sie eine entsprechende Workflow-Klasse mit dem Basis-Interface `IF_WORKFLOW` ausprägen. Im weiteren Verlauf legen wir dann in Abschnitt 7.2 ein neues Workflow-Szenario an. Dies zeigen wir Ihnen anhand eines Beispiels.

Darauf aufbauend erfahren Sie in Abschnitt 7.3, welche verschiedenen Möglichkeiten Sie haben, um kundeneigene Ereignisse zu erzeugen und auszulösen. Im darauffolgenden Abschnitt 7.4 wird dargestellt, wie Sie in Ihren Workflow, der auf einer ABAP-Klasse basiert, ein BOR-Objekt als Attribut integrieren und auch in diesem Fall die generischen Objektdienste nutzen können. Am Ende des Kapitels erfahren Sie in Abschnitt 7.4.3 schließlich, wie Sie die Ereignisse von BOR-Objekttypen auch in klassenbasierten Workflows verwenden können.

7.1 Workflow-Klassen anlegen

Klasse oder BOR-Objekt?

Wenn Sie im Rahmen der Anforderungsdefinition für einen Workflow die Entscheidung treffen, einen eigenen Workflow neu zu entwickeln, haben Sie zwei Möglichkeiten: Sie können den Workflow basierend auf Geschäftsobjekten oder basierend auf einer ABAP-Klasse umsetzen. Unsere Empfehlung lautet, die Realisierung über ABAP-Klassen zu wählen, da dies für ABAP-Versierte einfacher zu handhaben ist. Darüber hinaus handelt es sich um die neuere Methodik zur Workflow-Entwicklung im SAP-Umfeld.

Wenn es aber bereits ein Standardgeschäftsobjekt gibt, das Sie für Ihre Workflow-Entwicklung gut nutzen können, kann es unter Umständen sinnvoll sein, den Workflow auf Basis dieses Geschäftsobjekts zu implementieren. Ein wichtiger Aspekt bei dieser Entscheidung sind die Ereignisse, die ja aus dem Standardgeschäftsobjekt ausgelöst werden. Diese werden für eigene Workflow-Klassen nicht ausgelöst. Ereignisse für eigene Workflow-Klassen müssen Sie immer selbst auslösen. Tendenziell würden wir dennoch auch in diesen Fällen eher zu einer Entwicklung basierend auf einer eigenen Klasse tendieren. Letztendlich ist diese Entscheidung auch von Ihrem Know-how abhängig.

Interface IF_WORKFLOW

Für die Nutzung von ABAP-Klassen in der Workflow-Entwicklung müssen Sie Ihrer Klasse das Interface `IF_WORKFLOW` zuordnen, das Sie in Abschnitt 5.6, »Klassen«, bereits kennengelernt haben. Sobald dieses Interface Ihrer Klasse hinzugefügt wurde, ist die Klasse automatisch für die Nutzung im Workflow-Umfeld freigegeben. Bei Bedarf können Sie zusätzlich Schlüsselattribute definieren.

Genehmigung von Materialstammänderungen

Zur Erläuterung der Funktionen des Interface `IF_WORKFLOW` bauen wir ein Beispiel auf. Es soll ein Workflow zum SAP-Objekt *Änderungsstamm* angelegt werden, der auf einer ABAP-Klasse basiert. Materialstammänderungen sollen mit einer Änderungsnummer versehen werden und diese Änderungen sollen genehmigt werden müssen. Dazu werden die zu genehmigenden Materialien im Änderungsstamm hinterlegt. Die Genehmigung der Änderungen über die Änderungsnummer erfolgt mit dem Setzen eines Status für die Änderungsnummer. Dieser Prozess soll durch einen Workflow unterstützt werden.

Workflow-Klasse anlegen

Im ersten Schritt wollen wir hierzu eine Workflow-Klasse anlegen, die im Workflow genutzt werden kann:

1. Rufen Sie die Transaktion SE24 (Class Builder) auf und legen Sie eine Klasse als gewöhnliche ABAP-Klasse an.
2. Nennen Sie die Klasse z. B. »ZCL_WF_CHANGE_MASTER«. Geben Sie eine passende Beschreibung an und speichern Sie. Wie üblich benötigen Sie ein Paket und einen Transportauftrag.
3. Ordnen Sie der Klasse über die Registerkarte **Interfaces** das Interface `IF_WORKFLOW` zu.
4. Durch die Zuordnung des Interface `IF_WORKFLOW` werden zwei weitere Interfaces automatisch mit hinzugefügt: `BI_OBJECT` und `BI_PERSISTENT`.

Methoden der Workflow-Klasse

Die durch die Zuweisung der Interfaces zu der Klasse hinzugefügten Methoden sind für die Workflow-Funktionalität essenziell. Sie müssen zum Teil zwingend ausimplementiert werden. Abbildung 7.1 zeigt die Methoden für unsere Beispielklasse `ZCL_WF_CHANGE_MASTER`. In den folgenden Abschnitten gehen wir genauer auf die einzelnen Methoden ein.

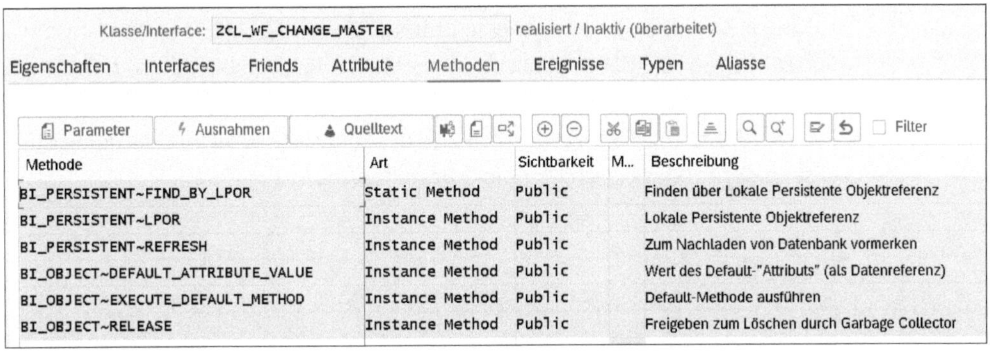

Methode	Art	Sichtbarkeit	M...	Beschreibung
BI_PERSISTENT~FIND_BY_LPOR	Static Method	Public		Finden über Lokale Persistente Objektreferenz
BI_PERSISTENT~LPOR	Instance Method	Public		Lokale Persistente Objektreferenz
BI_PERSISTENT~REFRESH	Instance Method	Public		Zum Nachladen von Datenbank vormerken
BI_OBJECT~DEFAULT_ATTRIBUTE_VALUE	Instance Method	Public		Wert des Default-"Attributs" (als Datenreferenz)
BI_OBJECT~EXECUTE_DEFAULT_METHOD	Instance Method	Public		Default-Methode ausführen
BI_OBJECT~RELEASE	Instance Method	Public		Freigeben zum Löschen durch Garbage Collector

Abbildung 7.1 Beispiel-Workflow-Klasse mit dem Interface IF_WORKFLOW und den entsprechenden Methoden

7.1.1 Methoden des Interface BI_PERSISTENT zur Instanzverwaltung

BI_PERSISTENT

In dem Interface `BI_PERSISTENT` werden Methoden für die Persistenzverwaltung zur Verfügung gestellt, die für die Objektinstanzen benötigt werden. Dies ist notwendig, da während der Laufzeit eines Workflows permanent ein Wechsel zwischen den zwei Zuständen *persistent* und *transient* stattfindet:

- Im transienten Zustand ist im Speicher der Workflow-Anwendung eine Instanz des Objekts vorhanden, die beim Beenden der Anwendung entfernt wird.
- Im persistenten Zustand werden Objekte in der Datenbank gespeichert.

Lokale persistente Objektreferenz

Der Schlüssel eines Geschäftsobjekts im Workflow-Umfeld muss ein bestimmtes Format haben, die sogenannte *lokale persistente Objektreferenz* (LPOR). Diese LPOR hat den Datentyp `SIBFLPOR`. Abbildung 7.2 zeigt die Definition dieses Datentyps im ABAP Dictionary in der Transaktion SE11.

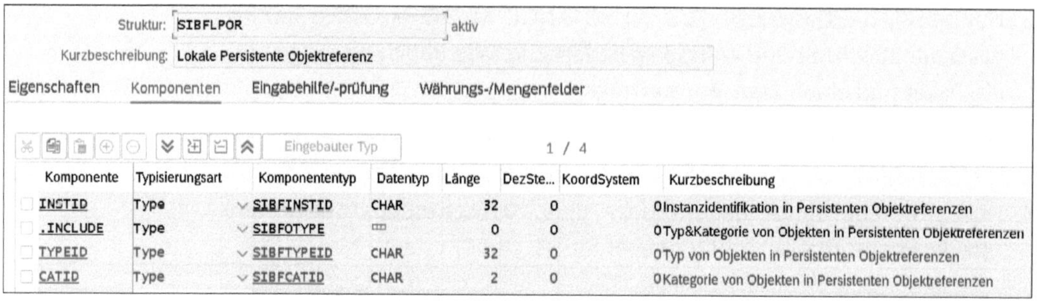

Abbildung 7.2 Definition des Typs SIBFLPOR für die lokale persistente Objektreferenz (LPOR)

Schlüsselfelder eines Geschäftsobjekts

In der 32-stelligen `INSTID` findet sich der Schlüssel der jeweiligen Workflow-Instanz. Daher darf die Gesamtlänge aller Schlüsselfelder der Workflow-Klasse 32 Zeichen nicht überschreiten. Die Schlüsselfelder können auch strukturierte Felder sein, also aus mehreren Feldern bestehen, z. B. einem Feld für die Bestellanforderung und einem für die Bestellanforderungsposition. Abbildung 7.3 zeigt dies anhand der Felder `BANFN` und `BNFPO`, der Schlüsselfelder für das Geschäftsobjekt Bestellanforderung (Banf).

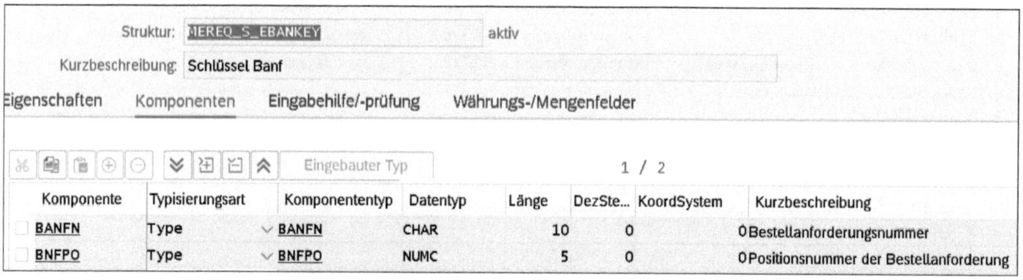

Abbildung 7.3 Beispiel für einen Schlüssel mit mehreren Feldern (Geschäftsobjekt Banf)

GUID

Reichen die 32 Stellen nicht aus, muss eine GUID (*Globally Unique Identifier*) verwendet werden. GUIDs sind eindeutige IDs innerhalb des SAP-Systems. Sie können z. B. eine GUID mit den Schlüsselfeldern aus einer Zuordnungstabelle befüllen und somit eine eindeutige Referenz herstellen.

Um diese Rahmenbedingungen zu berücksichtigen, müssen immer folgende Methoden des Interface `BI_PERSISTENT` implementiert werden:

- FIND_BY_LPOR
- LPOR
- REFRESH

Dies zeigen wir im Folgenden anhand unseres Beispiels.

FIND_BY_LPOR

Die Methode BI_PERSISTENT~FIND_BY_LPOR (Finden über lokale persistente Objektreferenz) wandelt die persistent gespeicherte Darstellung eines Objekts in eine Instanz der ABAP-Klasse um. Diese Methode müssen Sie immer ausimplementieren, da nur der Objektschlüssel in der Datenbank gespeichert wird und die Workflow-Engine hiermit den Schlüssel erhält.

Der Schlüssel ist in unserem Workflow-Beispiel die Änderungsnummer. Diese ist 12-stellig, daher werden die ersten 12 Zeichen aus dem Feld LPOR-INSTID übernommen. Im Anschluss daran wird das Objekt vom Typ der Workflow-Klasse (hier ZCL_WF_CHANGE_MASTER) instanziiert. Dabei wird der Schlüssel, also die Änderungsnummer, übergeben.

Konstruktor

Listing 7.1 zeigt die Anlage des Konstruktors der Klasse ZCL_WF_CHANGE_MASTER.

```
METHOD constructor.
  m_aennr = iv_aennr_key.
  me->m_por-catid  = 'CL'.
  me->m_por-typeid = gc_wf_class.
  me->m_por-instid = me->m_aennr.
ENDMETHOD.
```

Listing 7.1 Konstruktor der Klasse ZCL_WF_CHANGE_MASTER

Das Attribut GC_WF_CLASS ist eine Konstante der Klasse, die den Klassennamen enthält, M_POR ist die lokale persistente Objektreferenz (siehe Abbildung 7.4).

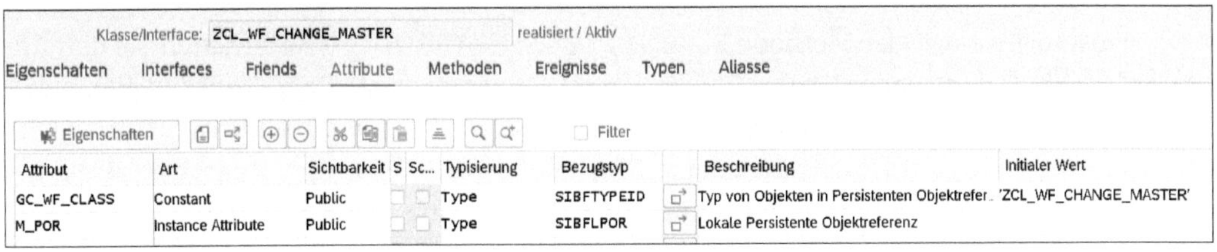

Abbildung 7.4 Attribute der Klasse ZCL_WF_CHANGE_MASTER

Implementierung der Methode

Listing 7.2 zeigt die Implementierung der Methode BI_PERSISTENT~FIND_BY_LPOR für unsere Workflow-Klasse ZCL_WF_CHANGE_MASTER.

```
METHOD bi_persistent~find_by_lpor.

  DATA(lv_key) = value aennr( ).

  MOVE lpor-instid(12) TO lv_key.
  result = NEW zcl_wf_change_master( lv_key ).
ENDMETHOD.
```

Listing 7.2 Beispielimplementierung der Methode BI_PERSISTENT~FIND_BY_LPOR

LPOR Die Methode BI_PERSISTENT~LPOR ist das Pendant zur Methode FIND_BY_LPOR und liefert die persistente Darstellung zu einer vorhandenen Instanz eines ABAP-Objekts. Der Rückgabeparameter RESULT ist vom Typ SIBFLPOR, entspricht also dem Format der LPOR. Sie müssen nur das Attribut Ihrer Workflow-Klasse zurückgeben. Implementieren Sie die Methode BI_PERSISTENT~LPOR also wie folgt:

```
METHOD bi_persistent~lpor.
    result = me->m_por.
ENDMETHOD.
```

REFRESH Die Methode BI_PERSISTENT~REFRESH wird benötigt, wenn Sie sicherstellen müssen, dass alle Werte des Objekts gültig sind und mit dem persistenten Zustand übereinstimmen. Die Implementierung ist in unserem Beispiel nicht notwendig.

7.1.2 Methoden des Interface BI_OBJECT zum Objektverhalten

Das Interface BI_OBJECT repräsentiert die Instanz einer Geschäftsobjektklasse (*Business-Instanz*). Mit seinen Methoden können Sie das Objektverhalten beeinflussen.

DEFAULT_ATTRIBUTE_VALUE Mit der Methode BI_OBJECT~DEFAULT_ATTRIBUTE_VALUE erhalten Sie den Anzeigenamen des Objekts zurück, das sogenannte *Defaultattribut*. Wenn diese Methode nicht implementiert ist, wird der Objektschlüssel angezeigt. Ist stattdessen eine andere Darstellung des Schlüssels gewünscht, z. B. ein beschreibender Text, muss diese Darstellung über diese Methode zurückgeliefert werden. Das Attribut kann in Workitem-Texten und Links etc. genutzt werden.

EXECUTE_DEFAULT_METHOD Die Methode BI_OBJECT~EXECUTE_DEFAULT_METHOD ist die Standardmethode des Objekts. Sie wird z. B. ausgeführt, wenn das Objekt in der Inbox aufgerufen wird. Oft ist das die zugehörige Anzeigeanwendung, also die Anzeigetransaktion des Objekts (z. B. der Kundenreklamation) oder die entsprechende App.

Bevor Sie die Methode für unser Beispiel anlegen, fügen Sie Ihrer Klasse noch die DISPLAY-Methode hinzu, wie in Listing 7.3 gezeigt. Sie ruft in unserem Beispiel die Transaktion CC03 (Änderungsstammsatz anzeigen) auf. Anstelle einer klassischen Transaktion können Sie auch die URL zum Aufruf einer App angeben (z. B. mit dem Funktionsbaustein CALL_BROWSER).

```
METHOD display.
  SET PARAMETER ID 'AEN' FIELD m_aennr_key.
  CALL TRANSACTION 'CC03' AND SKIP FIRST SCREEN.
ENDMETHOD.
```

Listing 7.3 Codingbeispiel »Display«-Methode

Anschließend können Sie die Methode BI_OBJECT~EXECUTE_DEFAULT_METHOD implementieren, die die Methode DISPLAY aufruft (siehe Listing 7.4).

```
METHOD bi_object~execute_default_method.
  TRY.
      me->display( ).
    CATCH cx_root.
  ENDTRY.
ENDMETHOD.
```

Listing 7.4 Beispielimplementierung der Defaultmethode BI_OBJECT~EXECUTE_DEFAULT_METHOD

RELEASE

Mit der Methode BI_OBJECT~RELEASE können Sie nicht mehr benötigte Instanzen, also abhängige Klasseninstanzen, löschen. Für unser Beispiel benötigen wir diese Methode nicht. Aktivieren Sie die leere Methode aber dennoch, da Sie sonst entsprechende Warnungen erhalten. Durch die Implementierung der genannten Methoden haben Sie bereits alle notwendigen Vorbereitungen für den Einsatz Ihrer Klasse im Workflow getroffen.

[!]

Änderungen an Workflow-Klassen

Änderungen an Workflow-Klassen, die bereits in Workflows genutzt werden, dürfen nur kompatibel durchgeführt werden. Beim Ändern der Klasse erfolgt kein Verwendungsnachweis, z. B. dahingehend, welche Methodenimplementierungen in Workflows verwendet werden. Wird also z. B. eine Methode in einem Workflow benutzt und Sie benennen diese um, ist der Workflow nicht mehr lauffähig. Sie können aber über die Transaktion SWDM (Business Workflow Explorer) feststellen, ob die Klasse in Standardaufgaben verwendet wird. Funktionale Methoden (siehe Abschnitt 8.1.3, »Funktionale Methoden in einem Workflow verwenden«), z. B. verwendet als Ausdruck in einer Aktivität des Workflows, finden Sie hiermit aber nicht.

7.2 Eigenes Workflow-Szenario auf Basis der Workflow-Klasse anlegen

In Abschnitt 5.2.3, »Grafisches Modell«, haben wir bereits ein einfaches eigenes Workflow-Szenario angelegt. In diesem Workflow wurde lediglich eine E-Mail versendet. An dieser Stelle wollen wir einen komplexeren Workflow anlegen, der auf einer eigenen Workflow-Klasse basiert. Wir verwenden hierzu die Klasse `ZCL_WF_CHANGE_MASTER`, die wir in Abschnitt 7.1, »Workflow-Klassen anlegen«, implementiert haben.

Beispiel-Workflow

Vor der Implementierung eines Workflows sollten Sie immer ein Ablaufdiagramm erstellen und mit den Fachbereichen abstimmen. Der Ablauf unseres Beispiel-Workflows zur Genehmigung von Materialstammänderungen ist in Abbildung 7.5 als einfaches Prozessdiagramm skizziert: Eine Anwenderin oder ein Anwender (im Folgenden *antragsstellende Person* genannt), die oder der Änderungen an einem Materialstamm durchführen will, legt einen Änderungsstamm an. Der Status der Änderungsnummer ist 10 (**Angelegt**). Mit dieser Änderungsnummer sind keine weiteren Änderungen erlaubt. Somit können auch keine Materialstämme mit dieser Änderungsnummer geändert werden.

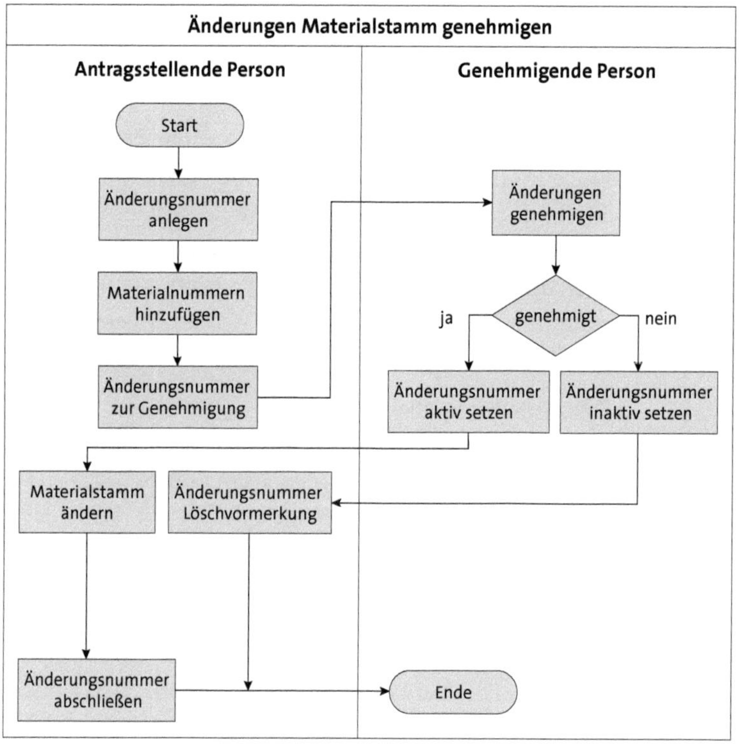

Abbildung 7.5 Änderungen am Materialstamm genehmigen

Im Änderungsstamm hinterlegt die antragsstellende Person alle Materialien, die sie anpassen will, und begründet ihren Änderungswunsch, indem sie den Änderungsgrund angibt und im Langtext weitere Informationen hinzufügt. Um die Änderungen genehmigen zu lassen, setzt sie den Status auf 20 (**in Genehmigung**). Der Workflow startet und die genehmigende Person erhält das Workitem. Diese überprüft den Änderungsantrag und setzt den Status der Änderungsnummer auf **30** (**Genehmigt zur Bearbeitung**), sodass die Person, die den Antrag gestellt hat, die Änderungen am Materialstamm durchführen kann, oder auf 40 (**Abgelehnt**), wenn sie die Änderungen nicht genehmigt. Die Person, die den Antrag gestellt hat, führt daraufhin entweder die Änderungen am Materialstamm durch und beendet den Workflow, indem sie die Änderungsnummer mit dem Status 50 (**Abgeschlossen**) schließt, oder sie setzt den Löschvermerk für die Änderungsnummer, wenn sie keine Genehmigung zur Änderung erhalten hat.

[«]

Alternative Umsetzung auf Basis des Änderungsantrags

Die Umsetzung dieses Workflows könnte auch mit dem SAP-Geschäftsobjekt Änderungsantrag erfolgen. Wir nehmen in diesem Fall aber an, dass dies aufgrund bestimmter Rahmenbedingungen nicht gewünscht ist und die Anforderung mit der Änderungsnummer umzusetzen ist. Dieses Beispiel soll der Demonstration der Entwicklung eines Workflows mit einer Klasse auf Basis des Interface `IF_WORKFLOW` dienen.

7.2.1 Vorbereitende Einstellungen

Für den beschriebenen Workflow sind vor Beginn der Entwicklung noch einige Einstellungen im Customizing notwendig. Außerdem benötigt unsere Klasse noch weitere Methoden und Ereignisse. Schließlich legen wir noch eine neue Organisationseinheit für den Personenkreis an, der die Änderung genehmigen darf.

Vorbereitung im Customizing

Die Steuerung der Genehmigung erfolgt über den Status der Änderungsnummer. Dieser muss im Customizing konfiguriert werden. Navigieren Sie dazu im Customizing-Leitfaden über den IMG-Pfad **Anwendungsübergreifende Komponenten • Änderungsdienst** zur Aktivität **Status für Änderungsstammsatz definieren**. Erfassen Sie hier die fünf benötigten Status der Änderungsnummer (siehe Abbildung 7.6) über die Schaltfläche **Neue Einträge**. Änderungen an einem Objekt (in unserem Fall der Materialnummer) sind mit der Änderungsnummer nur möglich, wenn der Status 30 (**Genehmigt zur Bearbeitung**) gesetzt ist. Dieser Status wird von der genehmigenden Person im Workflow-Ablauf gesetzt und nur diese soll auch die Berechtigung hierfür erhalten.

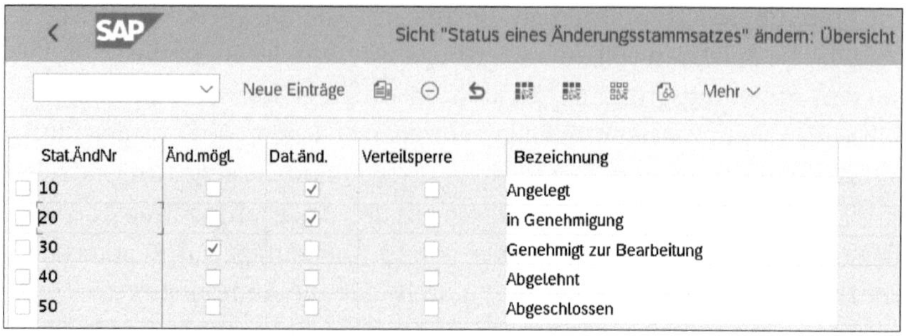

Abbildung 7.6 Status der Änderungsnummer pflegen

Profil für die Änderungsnummer

Legen Sie außerdem ein Profil für Ihre Änderungsnummer an. Rufen Sie dazu den IMG-Pfad **Anwendungsübergreifende Komponenten • Änderungsdienst • Profil pflegen** auf. Sie benötigen hierfür ein *Objekttypprofil*, das vorgibt, dass nur Änderungen am Materialstamm mit dieser Änderungsnummer zugelassen sind, und zwar nur dann, wenn die Materialnummer im Änderungsstamm hinterlegt ist. Legen Sie dazu das Objekttypprofil ZMAT_APP für den Objekttyp 41 (**Material**) an, wie in Abbildung 7.7 gezeigt.

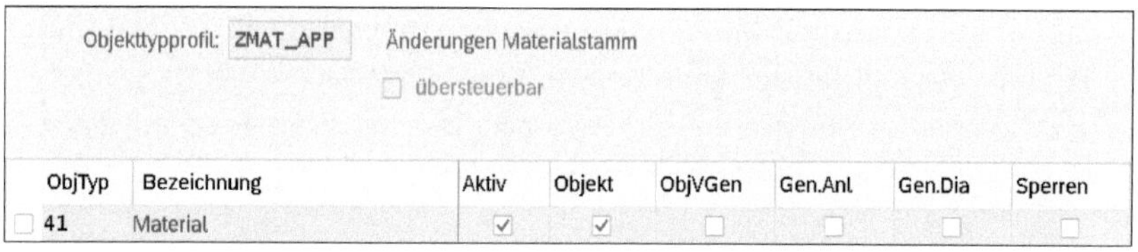

Abbildung 7.7 Objekttypprofil für das Änderungsstammprofil Z_MAT_APP

Weisen Sie das Objekttyprofil dem Änderungsstammsatzprofil ZMAT_APP für Änderungen am Materialstamm zu (siehe Abbildung 7.8). Klicken Sie dazu links in der Dialogstruktur doppelt auf **Änderungsstammsatzprofil**.

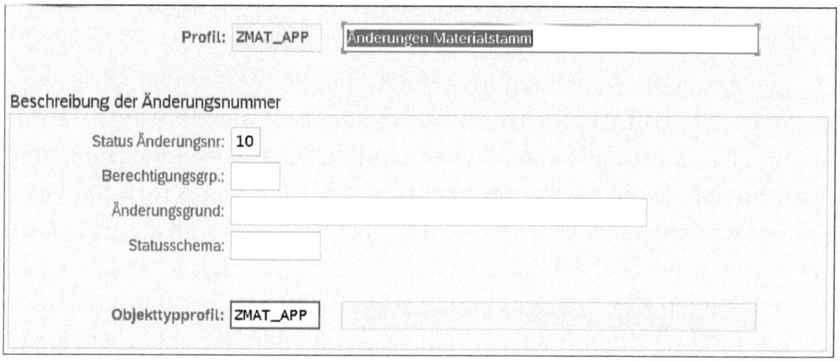

Abbildung 7.8 Änderungsstammprofil

Weitere Methoden

Nach den Vorbereitungen im Customizing können Sie die weiteren Methoden für unsere Workflow-Klasse implementieren. Für unseren Beispiel-Workflow benötigen wir noch eine Methode zum Ändern des Änderungsstamms. Legen Sie diese Methode `CHANGE` in der Klasse `ZCL_WF_CHANGE_MASTER` an, wie in Listing 7.5 gezeigt.

```
METHOD change.
  SET PARAMETER ID 'AEN' FIELD m_aennr_key.
  CALL TRANSACTION 'CC02' AND SKIP FIRST SCREEN.
ENDMETHOD.
```


Listing 7.5 Methode CHANGE zum Ändern eines Änderungsstamms

Öffentliche Ereignisse

Der Start des Workflows und das Abschließen des Workitems zur Änderung des Materialstamms sollen asynchron, also gesteuert über Ereignisse des Status der Änderungsnummer zur Genehmigung bzw. Ablehnung erfolgen. Dazu benötigen wir Ereignisse mit der Sichtbarkeit **Public** in der Workflow-Klasse `ZCL_WF_CHANGE_MASTER` (siehe Abbildung 7.9). Sie können diese Ereignisse einfach direkt auf der Registerkarte **Ereignisse** im Class Builder anlegen. Bei Bedarf haben Sie auch die Möglichkeit, Ereignisparameter zu nutzen.

Abbildung 7.9 Ereignisse für die Klasse ZCL_CHANGE_MASTER

Organisationseinheit zur Genehmigung

Für die Benutzer*innen, die die Änderungen zum Materialstamm genehmigen dürfen, benötigen wir noch eine neue Organisationseinheit. Dazu erweitern wir das Organisationsmodell der Apfelmus GmbH um eine weitere Organisationseinheit **Änderungsmanagement Material**. Rufen Sie hierzu die Transaktion PPOME (Organisation und Besetzung ändern) auf und suchen Sie die Apfelmus GmbH (z. B. über den Suchbegriff). Fügen Sie der Aufbauorganisation eine neue Organisationseinheit und eine neue Planstelle hinzu (siehe Abbildung 7.10). Ordnen Sie die verantwortlichen Benutzer*innen der Planstelle zu.

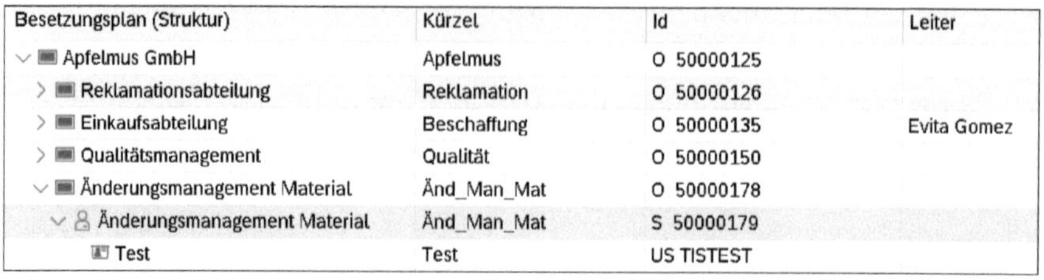

Besetzungsplan (Struktur)	Kürzel	Id	Leiter
Apfelmus GmbH	Apfelmus	O 50000125	
Reklamationsabteilung	Reklamation	O 50000126	
Einkaufsabteilung	Beschaffung	O 50000135	Evita Gomez
Qualitätsmanagement	Qualität	O 50000150	
Änderungsmanagement Material	Änd_Man_Mat	O 50000178	
Änderungsmanagement Material	Änd_Man_Mat	S 50000179	
Test	Test	US TISTEST	

Abbildung 7.10 Neue Organisationseinheit für das Materialstamm-Änderungsmanagement

7.2.2 Workflow im Workflow Builder anlegen

Im Folgenden bauen wir den Workflow im Workflow Builder auf und nutzen dazu die angelegte Workflow-Klasse ZCL_WF_CHANGE_MASTER:

1. Rufen Sie die Transaktion SWDD auf.
2. Legen Sie über das Anlegen-Symbol (□) einen neuen Workflow an.
3. Springen Sie in die Grunddaten (●) und geben Sie das **Kürzel** »ZMAT_APPROVE« und eine **Bezeichnung** für den Workflow an (siehe Abbildung 7.11).

Abbildung 7.11 Grunddaten zum Workflow für die Genehmigung der Materialstammänderung

4. Kehren Sie zurück zum grafischen Modell und legen Sie eine Containervariable per Doppelklick an. (Im Bereich **Schritttypen** wechseln Sie dazu gegebenenfalls auf **Workflow-Container**.)
5. Nennen Sie das Element z. B. »CL_CHANGE_MASTER« und beschreiben Sie es als Instanz der Workflow-Klasse ZCL_WF_CHANGE_MASTER (siehe Abbildung 7.12). Auf der Registerkarte **Datentyp** weisen Sie unsere Workflow-Klasse als **Objekttyp** zu.
6. Rufen Sie erneut die Grunddaten (●) auf und wechseln Sie zur Registerkarte **Startereignisse**.

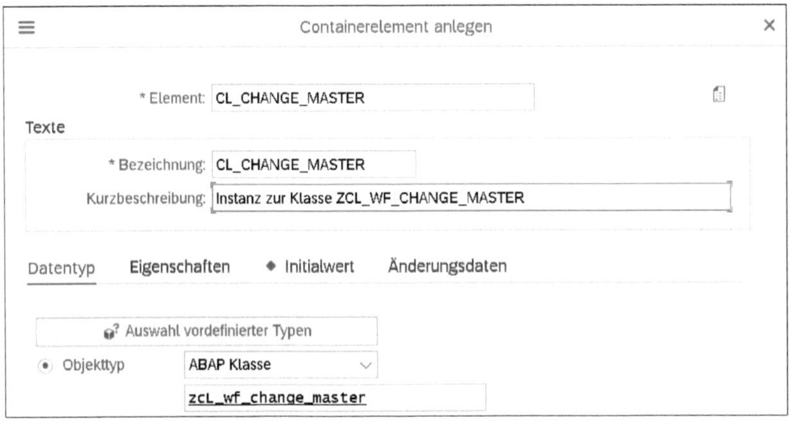

Abbildung 7.12 Anlage des Containerelements auf Basis der ABAP-Klasse

7. Dort können Sie nun einen Eintrag für das Startereignis `IN_APPROVAL` aus Ihrer Workflow-Klasse einfügen, das Sie in Abschnitt 7.2.1, »Vorbereitende Einstellungen«, angelegt hatten (siehe Abbildung 7.13). Der Workflow soll starten, wenn der Status **in Genehmigung** der Änderungsnummer gesetzt wird.

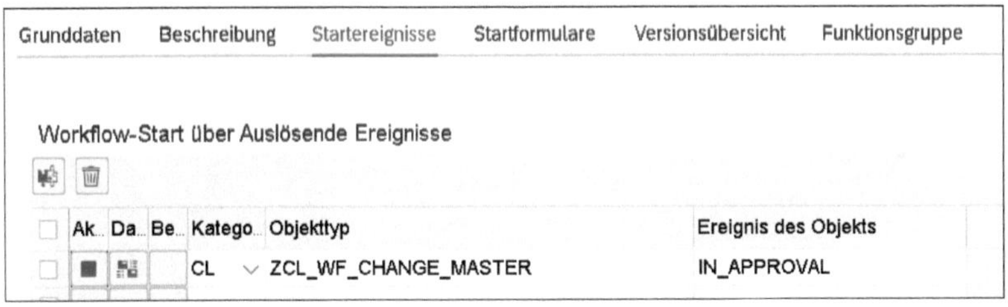

Abbildung 7.13 Startereignis »in Genehmigung«

8. Generieren Sie den Datenfluss und ergänzen Sie gegebenenfalls den Eintrag `&_EVT_OBJECT&` nach `&CL_CHANGE_MASTER&`, also nach der angelegten Containervariablen (siehe Abbildung 7.14).

Abbildung 7.14 Datenfluss zwischen Ereignis und Workflow

9. Speichern Sie den Workflow in einem Workbench-Transportauftrag und aktivieren Sie das Ereignis über einen Customizing-Transportauftrag.

Standardaufgabe mit Methoden der Workflow-Klasse

Nun haben Sie dem Workflow das Startereignis hinzugefügt. Sie benötigen außerdem eine Standardaufgabe, mit der die genehmigende Person den Änderungsstamm genehmigen kann. Mit der Transaktion PFTC_INS (Aufgaben/Aufgabengruppen anlegen) legen Sie diese Standardaufgabe über das Anlegensymbol (□) an. Wählen Sie dazu den Aufgabentyp **Standardaufgabe**. Definieren Sie ein **Kürzel** und eine **Bezeichnung** sowie den **Freigabestatus** und den **Workitem-Text**. Als **Objektmethode** referenziert Ihre Standardaufgabe auf die **Methode** `CHANGE` Ihrer Workflow-Klasse `ZCL_WF_CHANGE_MASTER` (siehe Abbildung 7.15).

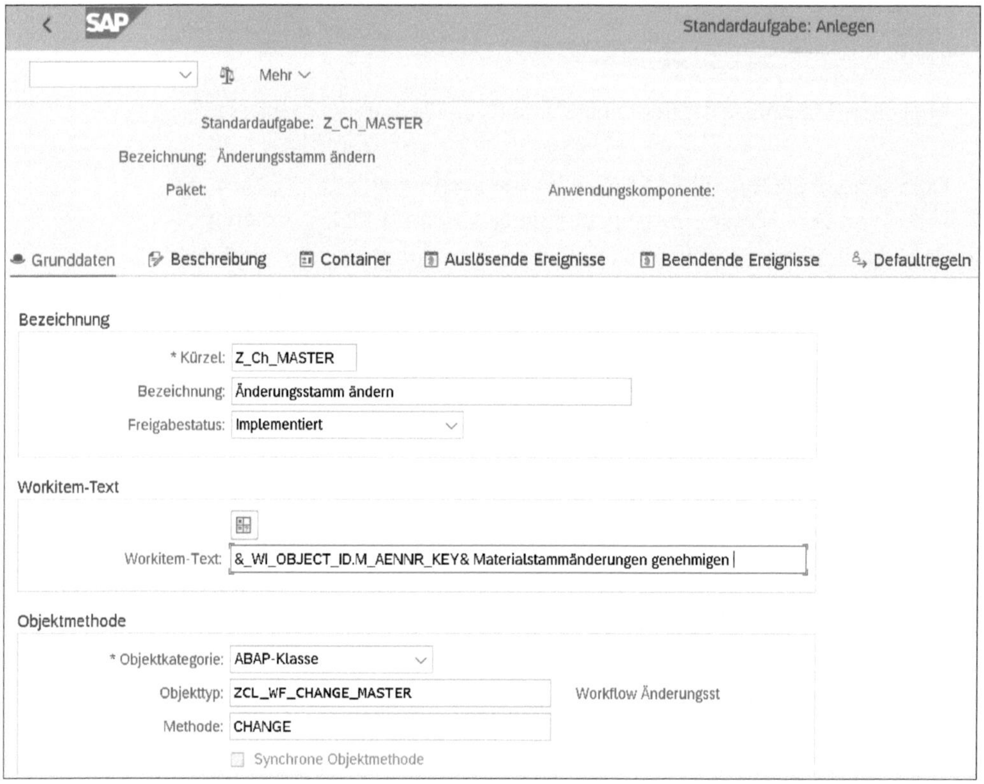

Abbildung 7.15 Standardaufgabe »Änderungsstamm ändern« definieren

Beendendes Ereignis

Das Workitem zur Genehmigung soll abgeschlossen werden, wenn der Status 30 (**Genehmigt zur Bearbeitung**) bzw. 40 (**Abgelehnt**) gesetzt wird. Dafür haben wir in Abschnitt 7.2.1, »Vorbereitende Einstellungen«, entsprechende Ereignisse angelegt. Ordnen Sie diese beiden Ereignisse auf der Registerkarte **Beendende Ereignisse** der Standardaufgabe zu (siehe Abbildung 7.16).

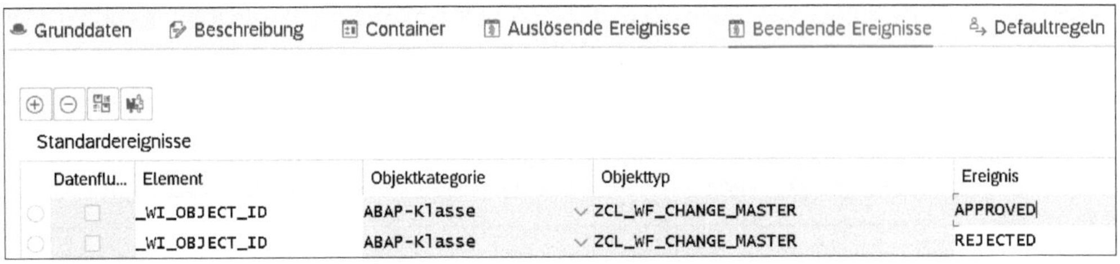

Abbildung 7.16 Beendende Ereignisse zur Standardaufgabe »Änderungsstamm ändern«

Dialogaktivität mit Bezug zur Standardaufgabe

Kehren Sie nun wieder zurück zum Workflow Builder und dem zuvor angelegten Workflow und fügen Sie die eben angelegte Standardaufgabe als Dialogaktivität ein. Sie können dies per Doppelklick auf den unbestimmten Schritttyp vornehmen und den Schritttyp **Aktivität** auswählen. Ordnen Sie der Aktivität die eben angelegte Standardaufgabe zu. Sie können diese auch über die [F4]-Hilfe suchen, z. B. über Ihre ABAP-Klasse (Registerkarte **Objekttyp und Methode**) oder über einen Suchbegriff zum Objektkürzel oder über die Bezeichnung der Aufgabe (Registerkarte **Aufgabe**).

Bearbeitende Person zuordnen

Ordnen Sie als Bearbeiterin oder Bearbeiter die in Abschnitt 7.2.1, »Vorbereitende Einstellungen«, für das Änderungsmanagement angelegte Organisationseinheit Material zu. Klassifizieren Sie die Aufgabe in der Bearbeiterzuordnung als generelle Aufgabe. Rufen Sie dazu die Eigenschaften über das Symbol [品] (**Bearbeiterzuordnung f. Aufgabe**) auf (siehe Abbildung 7.17).

Abbildung 7.17 Aktivität »Änderungsstamm Materialstammänderungen genehmigen«

Bestätigen Sie die Anlage der Aktivität und kehren Sie anschließend zurück zum grafischen Modell im Workflow Builder. Ihr Workflow sollte nun die Aktivität zur Genehmigung des Änderungsstamms beinhalten (siehe Abbildung 7.18).

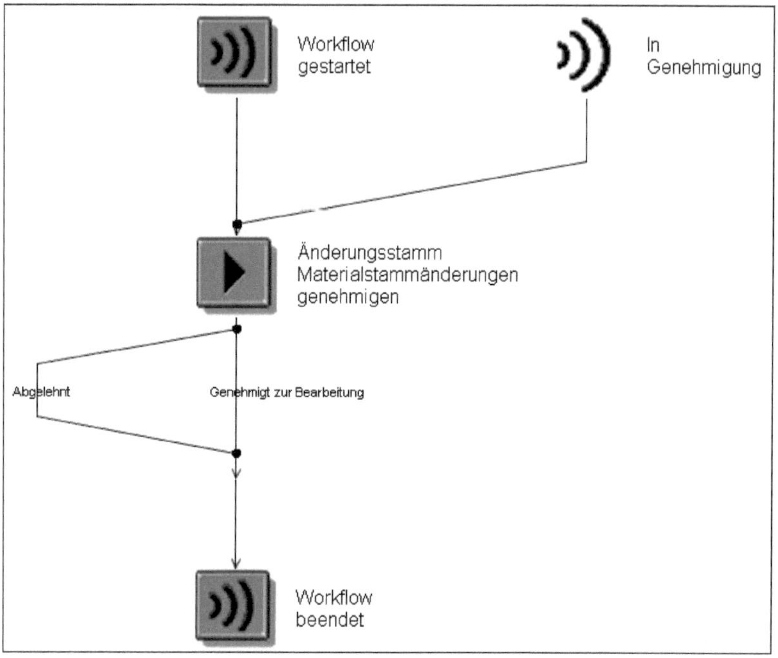

Abbildung 7.18 Workflow zur Genehmigung mit entsprechender Aktivität

Nun fehlt nur noch die Rückmeldung an die antragsstellende Person, die den Änderungsstamm finalisieren muss (Status 50) oder den Löschvermerk setzt, also an die Initiatorin oder den Initiator des Workflows. Das heißt, wir benötigen zwei weitere Standardaufgaben, abhängig von der Genehmigungsentscheidung.

Abschluss nach Genehmigung

Legen Sie als Erstes wie über die Transaktion PFTC_INS eine neue Standardaufgabe für den Fall der Genehmigung der Änderungen an (siehe Abbildung 7.19).

Als Objektmethode verwenden Sie wiederum die Methode `CHANGE` der Klasse `ZCL_WF_CHANGE_MASTER`. Sie können in der Beschreibung noch entsprechende Informationen für die antragsstellende Person hinterlegen.

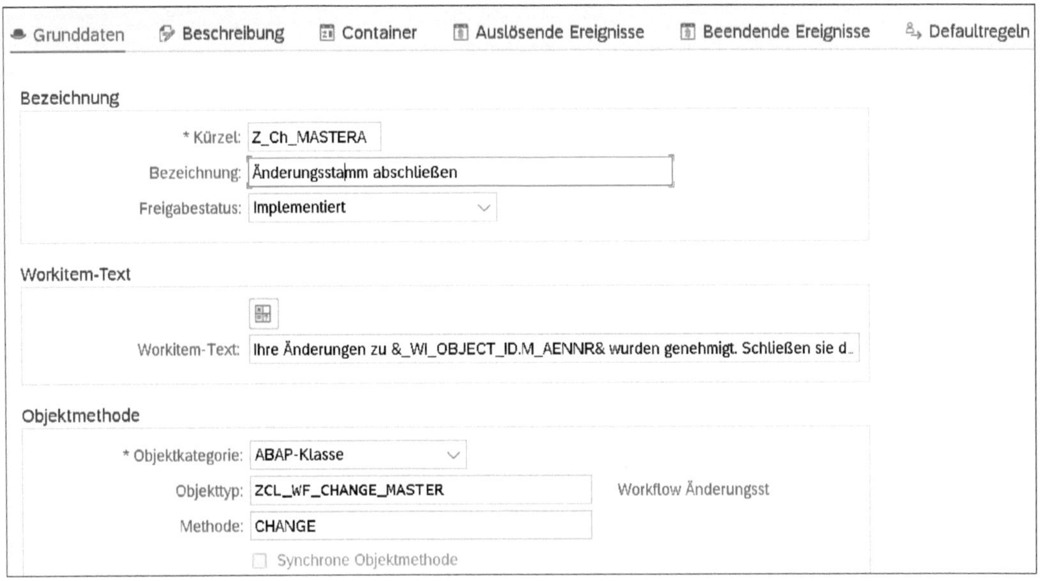

Abbildung 7.19 Aufgabe zum Abschluss des Änderungsstamms nach Genehmigung

Als beendendes Ereignis fügen Sie das Ereignis CLOSED hinzu (Änderungsnummer abgeschlossen, siehe Abbildung 7.20).

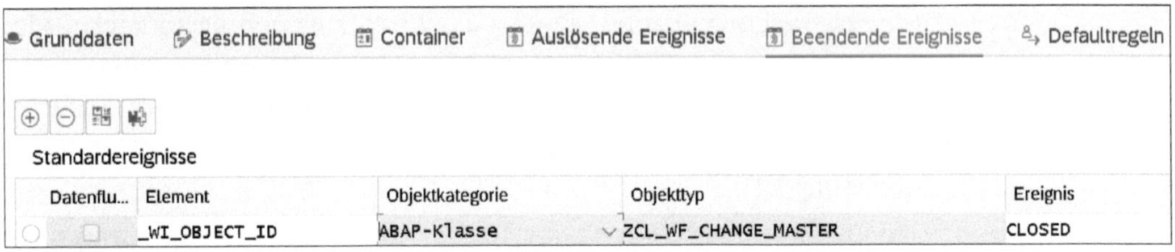

Abbildung 7.20 Beendendes Ereignis für die Bearbeitung durch die antragsstellende Person

Abschluss nach Ablehnung

Nach dem Speichern legen Sie die zweite Aufgabe an. Diese unterscheidet sich nur hinsichtlich des Workitem-Textes und der Beschreibung von der ersten Aufgabe. Sie können daher die eben angelegte Standardaufgabe auch über die Transaktion PFTC_COP kopieren und die Kopie dann über die Transaktion PFTC_CHG ändern. Die kopierte und geänderte Standardaufgabe könnte so ausschauen wie in Abbildung 7.21.

Abbildung 7.21 Aufgabe zum Abschluss des Änderungsstamms bei Ablehnung

Die Beschreibung, also der Langtext des Workitems, den die Initiatorin oder der Initiator des Workflows in der Inbox sieht, kann auch die Containerelemente als Variablen benutzen, die über die Schaltfläche **Ausdruck** eingefügt werden können, und so z. B. die Änderungsnummer mit anzeigen (siehe Abbildung 7.22).

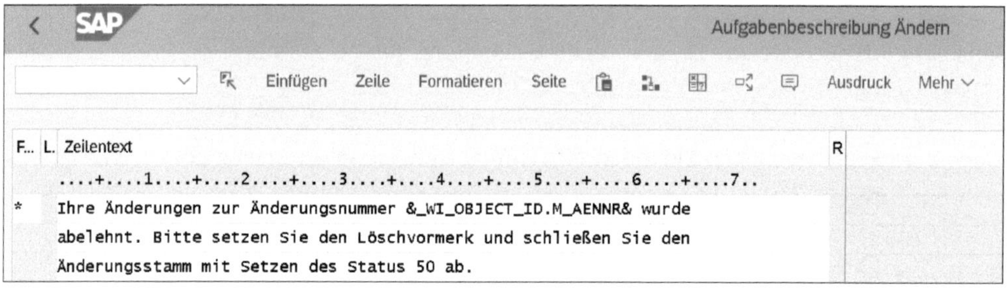

Abbildung 7.22 Aufgabenbeschreibung mit Containerelement &_WI_OBJECT_ID.M_AENNR&

Aktivitäten für den Abschluss

Legen Sie für die beiden neuen Standardaufgaben im Workflow Builder jeweils eine Aktivität an. Positionieren Sie hierzu den Cursor auf den Pfad mit dem Text **Genehmigt zur Bearbeitung** nach der Aktivität des Genehmigers und fügen Sie dann über die Schaltfläche (**Anlegen**) je einen neuen Schritt vom Typ **Aktivität** ein. Fügen Sie danach die entsprechende Standardaufgabe ein und legen Sie die Workflow-Initiatorin bzw. den Workflow-Initiator als Bearbeiterin bzw. Bearbeiter des Schrittes fest. Pflegen Sie die Bearbeiterzuordnung, indem Sie die Aufgaben als generelle Aufgabe definieren. Abbildung 7.23 zeigt die Aktivität für die Aufgabe zum Abschließen der Änderungsnummer nach Genehmigung der Materialstammänderung.

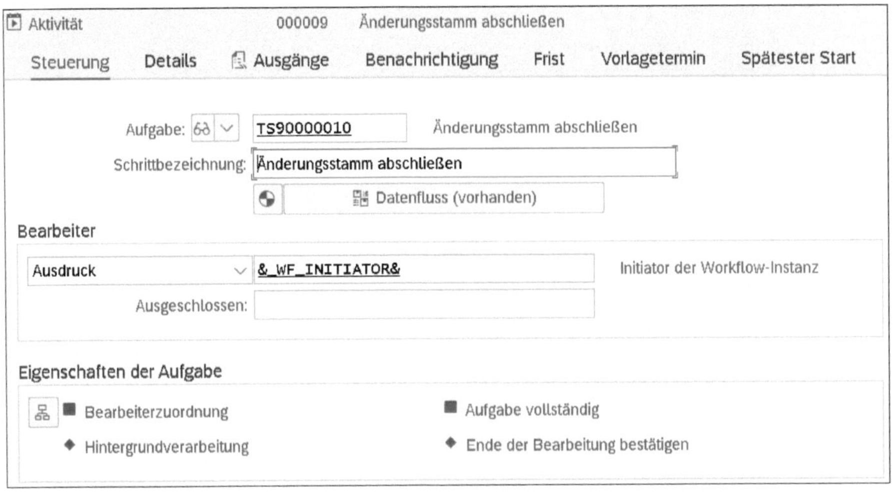

Abbildung 7.23 Aktivität »Änderungsstamm abschließen« nach Genehmigung

Legen Sie auf die gleiche Weise eine Aktivität für den Ablehnungsfall an. Das Ergebnis zeigt Abbildung 7.24.

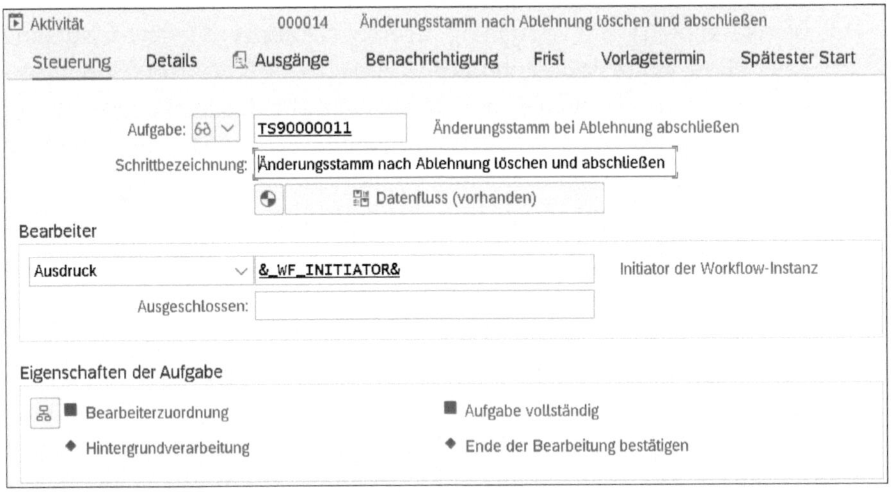

Abbildung 7.24 Aktivität »Änderungsstamm nach Ablehnung löschen und abschließen«

Der Beispiel-Workflow ist nun mit dem Ablauf angelegt, den Sie in Abbildung 7.25 sehen.

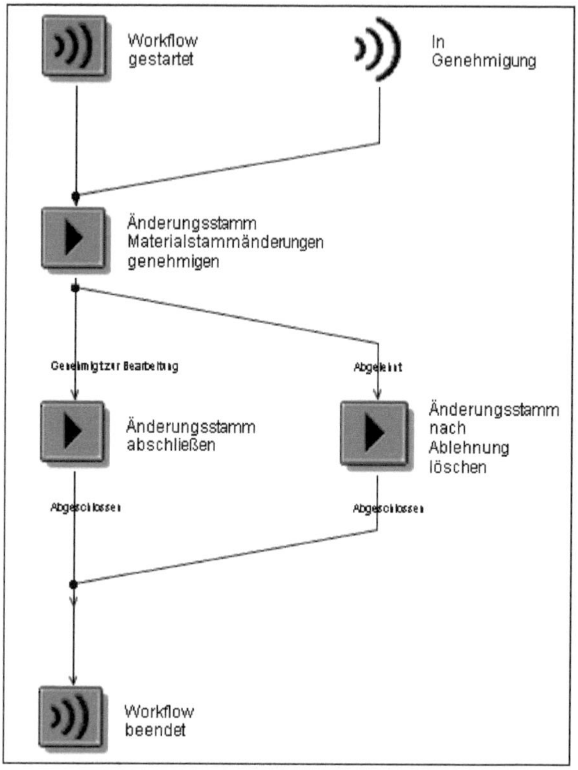

Abbildung 7.25 Grafisches Modell für den Beispiel-Workflow mit allen Aktivitäten

Der Workflow ist jetzt vollständig angelegt, allerdings müssen bei Nutzung einer Klasse auf Basis des Interface `IF_WORKFLOW` die Ereignisse selbst ausgelöst werden. An dieser Stelle besteht ein deutlicher Nachteil gegenüber der Nutzung von BOR-Objekten aus dem Standard. Bei BOR-Objekten sind viele Ereignisse bereits vorhanden und werden vom System ausgelöst.

Es gibt im Standard noch immer weniger ABAP-Klassen mit dem Interface `IF_WORKFLOW` als BOR-Objekte und daher kaum nutzbare Ereignisse dieser Klassen. Die im Standard vorhandenen Klassen wurden außerdem jeweils explizit für einen bestimmten Workflow umgesetzt und eignen sich daher in der Regel nicht, um die Ereignisse für andere Workflows zu nutzen, wie das bei BOR-Objekten der Fall ist. Es ist auch nicht davon auszugehen, dass SAP die BOR-Objekte kurzfristig auf ABAP-Klassen umstellt. Daher müssen Sie bei der Nutzung von Workflow-Klassen die Ereignisbehandlung selbst implementieren oder eine Integration von BOR-Objekten vornehmen. Erstere Variante zeigen wir Ihnen im folgenden Abschnitt, letztere in Abschnitt 7.4, »BOR-Objekte in ABAP-Klassen integrieren«. Beachten Sie, dass bei flexiblen Workflows keine BOR-Objekte mehr zur Anwendung kommen.

7.3 Ereignisse erzeugen und auslösen

Zustandsänderungen einer Instanz

Ereignisse im SAP-Workflow sind Zustandsänderungen einer Instanz eines BOR-Objekttyps oder einer ABAP-Klasse. Die Anwendung informiert die Workflow-Engine über diese Zustandsänderung. Der Workflow kann dann auf diese Änderung reagieren. In unserem Beispiel-Workflow ist eine Zustandsänderung das Setzen des Status der Änderungsnummer, z. B. auf 30 (**Genehmigt zur Bearbeitung**). Ein Ereignis kann aber z. B. auch die Änderung einer Bestellung sein. Im Standard gibt es hier den BOR-Objekttyp BUS2012 (Bestellung) mit dem Ereignis CHANGED.

Kundeneigene Ereignisse

Viele dieser Ereignisse von BOR-Objekten werden bereits im Standard in den Programmen der Anwendung implementiert und erzeugt. Darüber hinaus ist es auch möglich, kundeneigene Ereignisse zu erzeugen. Sie konfigurieren oder entwickeln diese Ereignisauslösungen zu bestimmten Zustandsänderungen. Dazu werden mehrere Möglichkeiten angeboten, die zum Teil aber nur im BOR-Umfeld nutzbar sind. Tabelle 7.1 gibt einen Überblick über die einzelnen Verfahren. Für die Ereigniserzeugung über Änderungsbelege, das Logistikinformationssystem und für Business Transaction Events stehen Wizards zur Verfügung.

Ereigniserzeugung über	Nutzung in BOR-Objekten	Nutzung in ABAP-Klassen
Änderungsbelege	ja	ja
Aufruf eines Funktionsbausteins/einer Methode	ja, nur über Funktionsbaustein	ja, nur über Methode
allgemeine Statusverwaltung	ja	nein
Nachrichtensteuerung	ja	ja, bei Nutzung einer eigenen Formroutine zur Eventauslösung (nicht komplett integriert)
Logistikinformationssystem (LIS)	ja	nein

Tabelle 7.1 Überblick der Erzeugungsmechanismen für Ereignisse

Ereigniserzeugung über	Nutzung in BOR-Objekten	Nutzung in ABAP-Klassen
Business Transaction Events (BTE)	ja	ja, aber nicht mit Wizard
Personalstammdaten	ja	ja, aber nur indirekt mit einem Funktionsbaustein, der das Ereignis auslöst

Tabelle 7.1 Überblick der Erzeugungsmechanismen für Ereignisse (Forts.)

Im Folgenden werden die wichtigsten Verfahren kurz erläutert. Den Schwerpunkt legen wir hier auf die Möglichkeiten, die Sie mit der Nutzung von ABAP-Klassen haben. Da das LIS zunehmend durch *SAP S/4HANA Embedded Analytics* ersetzt wird, verzichten wir an dieser Stelle auf die Erläuterungen der Ereigniserzeugung über das LIS.

7.3.1 Ereigniserzeugung über Änderungsbelege

Zustandsänderungen von Objekten, die durch Änderungsbelege generiert werden, können für die Ereigniserzeugung genutzt werden. Dazu müssen keine Anpassungen an der jeweiligen Anwendung durchgeführt werden. Sie müssen also keine Entwicklung vornehmen.

Änderungsbelege

Änderungsbelege werden in sehr vielen Anwendungen geschrieben, um durchgeführte Änderungen nachvollziehen zu können. Änderungen können das Erstellen, Ändern oder Löschen von Objekten (z. B. Stammdaten) umfassen. Die Protokollierung solcher Änderungen erfolgt über Änderungsbelege. Die Objekte hierzu sind die *Änderungsbelegobjekte*, die Tabellen zu einem betriebswirtschaftlichen Objekt zusammenfassen.

Änderungsbelegobjekt

Beispielsweise werden Änderungen am Materialstamm zum Änderungsbelegobjekt `MATERIAL` protokolliert. Zusätzlich muss im ABAP Dictionary im Datenelement des entsprechenden Tabellenfeldes das Änderungsbeleg-Kennzeichen aktiviert sein. Ändern wir im Materialstamm (Transaktion MM02) z. B. die Warengruppe (siehe Abbildung 7.26), wird ein Änderungsbeleg erzeugt.

Änderungsbeleg-Kennzeichen

Das Datenelement zum Feld `MATKL` der Tabelle `MARA`, in dem die Warengruppe gepflegt wird, heißt ebenfalls `MATKL`. Hier muss das Änderungsbeleg-Kennzeichen gesetzt sein, damit der Änderungsbeleg erzeugt wird. Über die Transaktion SE11 können Sie den Datentyp `MATKL` öffnen und prüfen, ob das Kennzeichen wie in Abbildung 7.27 gesetzt ist.

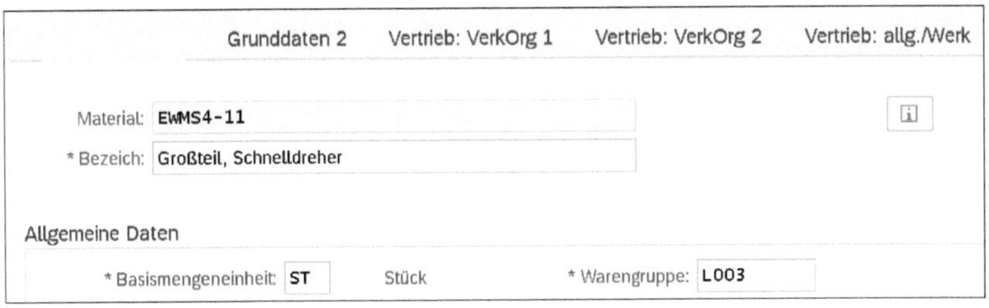

Abbildung 7.26 Änderung der Warengruppe im Materialstamm

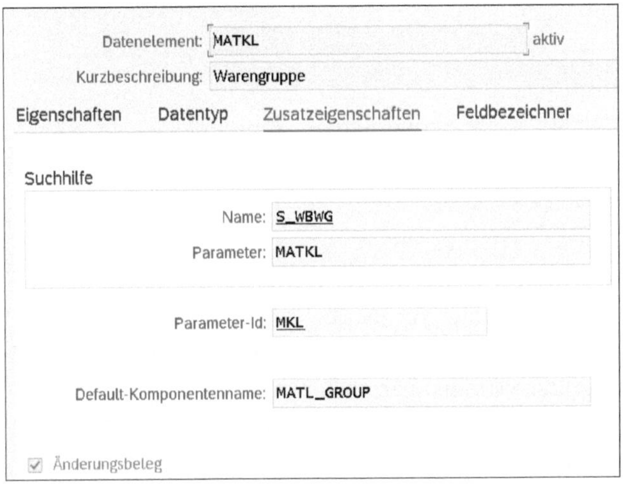

Abbildung 7.27 Änderungsbeleg-Kennzeichen zum Datenelement für die Warengruppe

Änderungsbeleg anzeigen

Wenn Sie nun die Warengruppe eines Materials ändern, erhalten Sie einen Änderungsbeleg. Prüfen Sie dies über die Anwendung, in unserem Beispiel über den Menüpfad **Mehr • Umfeld • Änderungen anzeigen** in der Transaktion MM03. Alternativ finden Sie die Änderungsbelege über die Transaktion RSSCD100. Selektieren Sie hier die Änderungsbelege der Objektklasse **Material** (siehe Abbildung 7.28). Auch in den Dictionary-Tabellen CDHDR bzw. CDPOS können Sie nach Änderungsbelegen suchen.

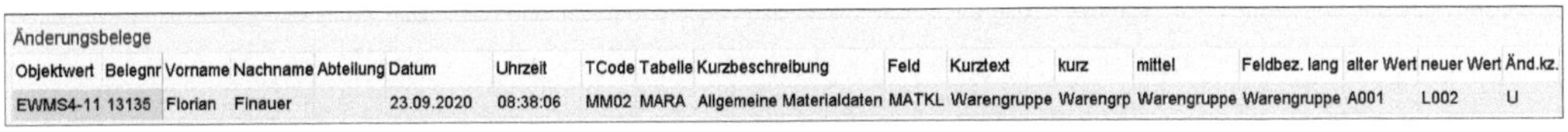
Änderungsbelege

Objektwert	Belegnr	Vorname	Nachname	Abteilung	Datum	Uhrzeit	TCode	Tabelle	Kurzbeschreibung	Feld	Kurztext	kurz	mittel	Feldbez. lang	alter Wert	neuer Wert	Änd.kz.
EWMS4-11	13135	Florian	Finauer		23.09.2020	08:38:06	MM02	MARA	Allgemeine Materialdaten	MATKL	Warengruppe	Warengrp	Warengruppe	Warengruppe	A001	L002	U

Abbildung 7.28 Änderungsbeleg zum Materialstammfeld »Warengruppe«

Ereigniserzeugung konfigurieren

Um zu einem Änderungsbeleg ein Ereignis erzeugen zu können, muss eine entsprechende Zuordnung zwischen dem Änderungsbelegobjekt und dem Ereignis des BOR-Objekttyps bzw. der ABAP-Klasse erfolgen. Es kann darüber hinaus festgelegt werden, ob das Ereignis auf die Aktionen Anlegen, Ändern oder Löschen eines Objekts (in unserem Beispiel des Materialstamms) reagieren und ob diese Zuordnung mit oder ohne Feldrestriktionen erfolgen soll.

[»]

Aktionen Anlegen, Ändern und Löschen

Die Aktionen Anlegen, Ändern oder Löschen beziehen sich immer auf die *führende Tabelle* eines Änderungsbelegobjekts und somit des Geschäftsobjekts. Sie finden die führende Tabelle zu einem Änderungsbelegobjekt in der Transaktion SWED (Zuordnung Änderungsbeleg-/Workflow-Objekttyp). Es kann also je nach Nutzung der Änderungsbelege in der Anwendung passieren, dass beim Anlegen eines Datensatzes kein Änderungsbeleg erzeugt wird.

In der Transaktion SWEC (Ereigniskopplung für Änderungsbelege) können Sie die Ereigniserzeugung zum Änderungsbeleg einstellen. Alternativ ist dies über einen Wizard (Transaktion SWU_EWCD) möglich, allerdings nur für Ereignisse aus BOR-Objekten.

Ereignisse auslösen

In unserem Beispiel-Workflow haben wir die Ereignisse IN_APPROVAL (**in Genehmigung**), APPROVED (**Genehmigt zur Bearbeitung**), REJECTED (**Abgelehnt**) und CLOSED (**Abgeschlossen**) in der Workflow-Klasse angelegt (siehe Abbildung 7.9). Diese Ereignisse werden aber noch nicht ausgelöst. Mit den folgenden Einstellungen sollen diese Ereignisse über die Änderungsbelegerzeugung gestartet werden. Wir beginnen mit dem Ereignis IN_APPROVAL:

1. Rufen Sie eine beliebige Änderungsnummer mit dem Profil ZMAT_APP auf (siehe auch Abbildung 7.7) oder legen Sie eine neue Änderungsnummer an (Transaktion CC01 bzw. CC02).
2. Setzen Sie den Status 20 (**in Genehmigung**, siehe Abbildung 7.29).

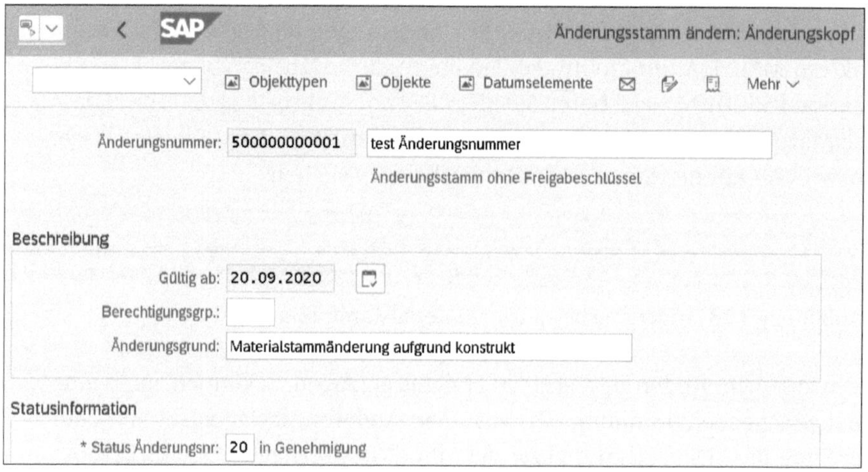

Abbildung 7.29 Änderungsnummer mit Status 20

3. Prüfen Sie in der Transaktion RSSCD100 (Änderungsbelege anzeigen) für die Objektklasse AENNR_S4H den eben erzeugten Änderungsbeleg (siehe Abbildung 7.30). Wenn Sie die Objektklasse zu Ihrer Änderung nicht kennen, können Sie den Report auch ohne Angabe einer Objektklasse ausführen. Nutzen Sie dann ein entsprechendes Zeitintervall zur Selektion.

Änderungsbelege

Objektwert	Belegnr	Vorname	Nachname	Datum	Uhrzeit	TCode	Tabelle	Kurzbeschreibung	Feld	Kurzbeschreibung	Feldbezeichner lang	alter Wert	neuer Wert	Änd.kz.
100500000000001	13168	Florian	Finauer	23.09.2020	21:56:01	CC02	AENR	Änderungsstammsatz	AENST	Status einer Änderungsnummer	Status Änderungsnr	01	20	U

Abbildung 7.30 Änderungsbeleg zur Änderung des Status auf 20 (neuer Wert)

4. Gehen Sie anschließend in die Transaktion SWEC und fügen Sie einen neuen Eintrag zur Ereigniskopplung für das Ereignis IN_APPROVAL ein (siehe Abbildung 7.31).

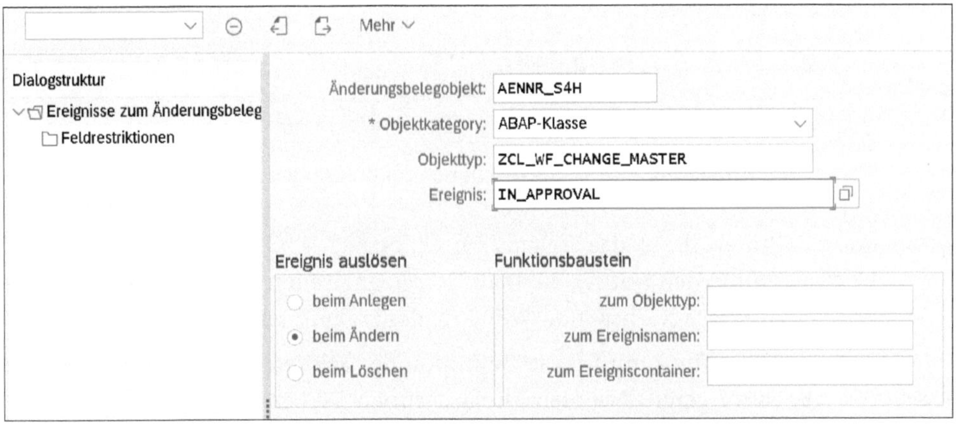

Abbildung 7.31 Ereignis zum Änderungsbelegobjekt AENNR_S4H erzeugen

[«]

Objekttypzuweisung bei abweichenden Schlüsselfeldern

In der F4-Hilfe zu den Objekttypen werden nur Objekttypen angeboten, die einen identischen Aufbau hinsichtlich der Schlüsselfelder haben, wie das Änderungsbelegobjekt. Sie erhalten in der F4-Hilfe auch nur ein Ergebnis, wenn Sie den Bezugstyp des Schlüssels in der Workflow-Klasse in der Form <Tabelle>-<Feld> angeben, in unserem Beispiel AENR-AENNR (siehe Abbildung 7.4). Nur das Datenelement AENNR zu verwenden, funktioniert zwar, Sie erhalten dann aber eine Warnmeldung und kein Ergebnis in der F4-Hilfe. Falls Ihr Objekttyp einen anderen Aufbau hat, kann es sinnvoll sein, den Schlüssel des Änderungsbelegs in den Schlüssel des Objekts zu konvertieren. Dies können Sie über die Transaktion SWED in den Workflow-Eigenschaften definieren, indem Sie hier einen Funktionsbaustein für die Konvertierung hinterlegen.

5. Wenn Sie keine weiteren Feldrestriktionen angeben, wird das Ereignis bei jeder Änderung eines Änderungsstamms erzeugt. In unserem Fall wollen wir aber, dass das Ereignis nur dann erzeugt werden soll, wenn der Status der Änderungsnummer den neuen Wert 20 (**in Genehmigung**) annimmt. Wechseln Sie daher in der Dialogstruktur auf **Feldrestriktionen** und fügen Sie einen Eintrag der Tabelle AENR hinzu.
6. In dieser Tabelle befindet sich der Status der Änderungsnummer im Feld AENST (Status der Änderungsnummer). Tragen Sie als alten Wert »10« und als neuen Wert »20« ein (siehe Abbildung 7.32). In der Folge wird das Ereignis immer dann ausgelöst, wenn der Status der Änderungsnummer von 10 auf 20 gesetzt wird.

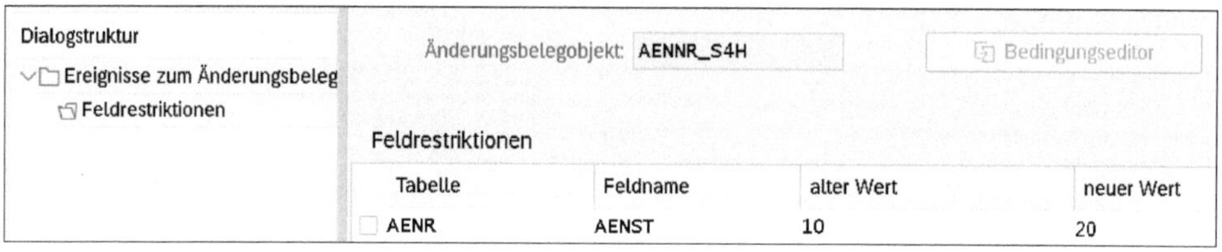

Abbildung 7.32 Feldrestriktionen für den Änderungsbeleg anpassen

Ereigniserzeugung testen

Prüfen Sie, ob das Ereignis korrekt erzeugt wird, indem Sie im Änderungsstamm den Status von 10 auf 20 setzen. Prüfen Sie anschließend im Ereignis-Trace (Transaktion SWEL), ob das Ereignis korrekt ausgelöst wurde.

Feldrestriktionen im Bedingungseditor

Alternativ kann für die Definition der Feldrestriktionen der Bedingungseditor genutzt werden. Diesen kennen Sie bereits aus verschiedenen Anwendungsfällen im Workflow-Umfeld (Workflow-Startbedingungen und Schritttypen Bedingung bzw. bedingte Aktivität). Die Bedingung zur Abbildung der Feldrestriktion könnten Sie wie in Abbildung 7.33 formulieren.

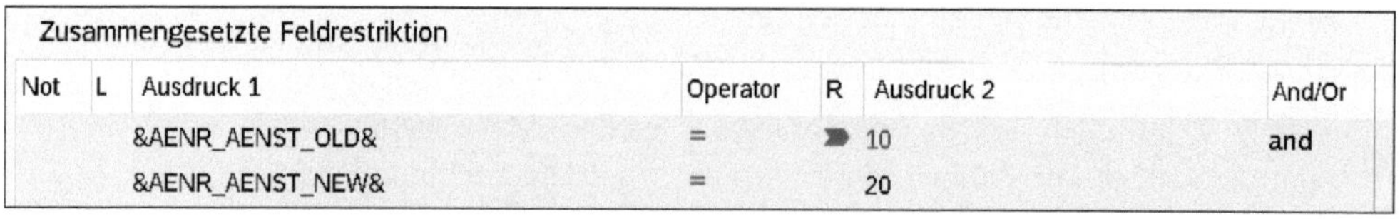

Abbildung 7.33 Feldrestriktion mit dem Bedingungseditor formulieren

Benötigen Sie eine Oder-Verbindung zwischen den Feldwerten, weil z. B. das Ereignis CLOSED ausgelöst werden soll, wenn der Status von 30 auf 50 oder von 40 auf 50 gesetzt wird, müssen Sie mit dem Bedingungseditor arbeiten.

Auslösung der weiteren Ereignisse

Führen Sie das beschriebene Prozedere zur Ereigniskopplung nun auch für die Ereignisse APPROVED, REJECTED und CLOSED durch. Im Ergebnis werden diese Ereignisse für die jeweiligen Status der Änderungsnummer ausgelöst (siehe Abbildung 7.34). Der Beispiel-Workflow ist damit komplett umgesetzt und Sie können ihn testen.

Ereignisse zum Änderungsbeleg

Änderungsbelegobjekt	Objektkategory	Business-Objekttyp	Ereignis	beim Anlegen	beim Ändern
AENNR_S4H	ABAP-Kla…	ZCL_WF_CHANGE_MASTER	APPROVED	○	●
AENNR_S4H	ABAP-Kla…	ZCL_WF_CHANGE_MASTER	REJECTED	○	●
AENNR_S4H	ABAP-Kla…	ZCL_WF_CHANGE_MASTER	CLOSED	○	●
AENNR_S4H	ABAP-Kla…	ZCL_WF_CHANGE_MASTER	IN_APPROVAL	○	●

Abbildung 7.34 Überblick der Ereignisse aus dem Änderungsbeleg

7.3.2 Ereigniserzeugung über den Aufruf eines Funktionsbausteins oder einer Methode

Ereignisauslösung mit eigener Implementierung

Die Ereigniserzeugung kann aus jedem beliebigen Programm oder User-Exit (Enhancement Point, BAdI etc.) durch eine eigene Implementierung erfolgen. Für BOR-Objekte führen Sie die Ereigniserzeugung über den Aufruf eines Funktionsbausteins durch, für ABAP-Klassen über den Aufruf einer Methode.

[!]

Zeitpunkt der Ereigniserzeugung

Achten Sie beim Aufruf des Funktionsbausteins oder der Methode auf den richtigen Zeitpunkt innerhalb der Anwendung. Die entsprechende Zustandsänderung muss auch eingetreten sein. Platzieren Sie daher den Aufruf in derselben Logical Unit of Work (LUW), in der die Zustandsänderung (sicher) erfolgt, und das möglichst spät, d. h., wenn die Verbuchung auch wirklich erfolgt ist. Das Ereignis darf z. B. nicht ausgelöst werden, wenn die Anwenderin oder der Anwender noch die Möglichkeit hat, die Anwendung abzubrechen.

Ereigniserzeugung über den Aufruf eines Funktionsbausteins

Funktionsbausteine zur Ereigniserzeugung

Für die Ereigniserzeugung für ein BOR-Objekt stehen verschiedene Funktionsbausteine zur Verfügung, die Sie richtig einsetzen müssen: `SWE_EVENT_CREATE` oder `SAP_WAPI_CREATE_EVENT` ist der Funktionsbaustein, den Sie in den meisten Fällen einsetzen. `SAP_WAPI_CREATE_EVENT` hat einen Parameter, mit dem Sie steuern können, ob ein Commit ausgelöst werden soll. Obligatorische Parameter sind das auszulösende Ereignis, der Objekttyp und der Objektschlüssel. Sie können Daten über den Ereigniscontainer mitgeben, wenn das Ereignis entsprechende Parameter hat.

Für die Erzeugung des Ereignisses in der Verbuchung verwenden Sie den Funktionsbaustein SWE_EVENT_CREATE_IN_UPD_TASK. Dieser Baustein kann mit dem Zusatz IN UPDATE TASK genutzt werden und somit das Ereignis in der Verbuchung anstoßen. Dies ist sinnvoll, da SAP-Programme (also klassische Transaktionen) oftmals das Verbuchungssystem für Datenbankaktualisierungen nutzen.

Für die Ereigniserzeugung in der Verbuchung kann ferner der Funktionsbaustein SWE_EVENT_CREATE_FOR_UPD_TASK genutzt werden, wenn das Anlegen eines Objekts als beendendes Ereignis genutzt werden soll. In diesem Fall existiert das Objekt zum Zeitpunkt der Verbuchung noch nicht und es ist bei der Erstellung des Workitems kein Schlüssel vorhanden.

Implementierung von SAP_WAPI_CREATE_EVENT

In dem Implementierungsbeispiel für den Funktionsbaustein SAP_WAPI_CREATE_EVENT in Listing 7.6 wird das Event PRIORITY_CHANGED ausgelöst, das dem Objekttyp BUS2078 bzw. ZBUS2078 als neues Ereignis hinzugefügt wurde (siehe Abbildung 7.35).

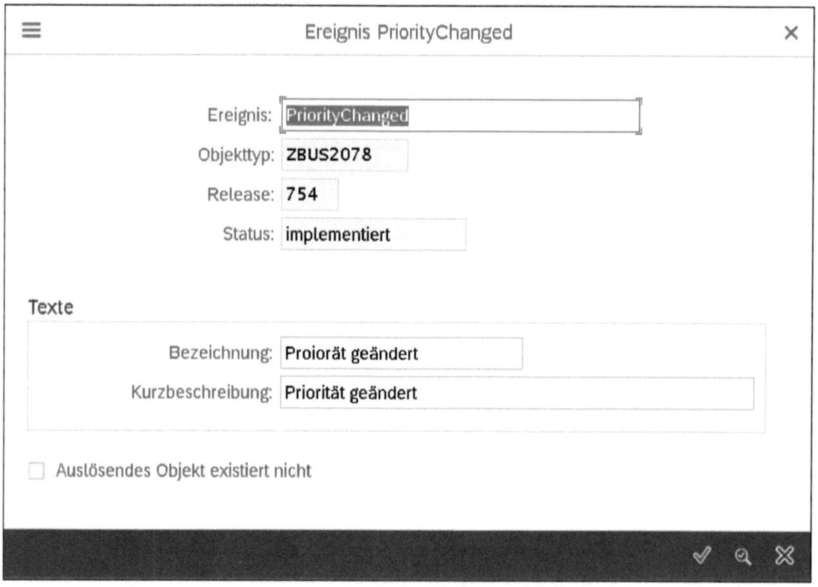

Abbildung 7.35 Neues Ereignis PRIORITY_CHANGED zum kundeneigenen Objekttyp ZBUS2078

Das Ereignis hat einen Parameter PRIORITY_OLD.

```
lt_event_container = VALUE #( ( element = 'PRIORITY_OLD'
              value = '1' )  ).
CALL FUNCTION 'SAP_WAPI_CREATE_EVENT'
  EXPORTING
```

```
    object_type              = 'BUS2078'
    object_key               = lv_object_key
    event                    = 'PRIORITY_CHANGED'
    commit_work              = space
  IMPORTING
    return_code              = lv_return_code
  TABLES
    input_container          = lt_event_container.
```


Listing 7.6 Beispielimplementierung für eine Ereignisauslösung auf Basis eines BOR-Objekts mit Übergabe eines Ereigniscontainers

Für die Ereignisauslösung ist ein expliziter Commit notwendig. Bei Aufruf der Ereigniserzeugung aus einem BAdI oder einem User-Exit bzw. Enhancement Point heraus sollte der Commit durch das SAP-Programm erfolgen, damit die LUW konsistent bleibt.

Ereigniserzeugung über den Aufruf einer Methode

Klasse CL_SWF_EVT_EVENT

Ereignisse zu Workflow-Klassen werden mithilfe der ABAP-Klasse CL_SWF_EVT_EVENT ausgelöst. Sie haben wie bei den Funktionsbausteinen die Möglichkeit, die Auslösung über die Methode RAISE oder RAISE_IN_UPDATE_TASK (also im Verbucher) durchzuführen. Es gelten die gleichen Hinweise bezüglich der Verbuchung und des Commits wie bei den Funktionsbausteinen.

Zur Verdeutlichung wollen wir die Erzeugung des Ereignisses IN_APPROVAL aus unserer Beispielklasse ZCL_WF_CHANGE_MASTER beim Speichern des Änderungsstamms starten, anstatt das Ereignis über den Änderungsbeleg auszulösen, wie in Abschnitt 7.3.1, »Ereigniserzeugung über Änderungsbelege«, gezeigt. Beim Sichern der Änderungsnummer steht dazu das BAdI ECM_UPDATE zur Verfügung. Implementieren Sie es wie folgt:

1. Legen Sie in der Transaktion SE19 (BAdI Builder) eine Implementierung zum BAdI ECM_UPDATE an und benennen Sie sie gemäß Ihren Namensrichtlinien.
2. Für das BAdI stehen drei Methoden zur Verfügung. Die Methode CHANGE_IN_UPDATE (im Verbucher) ist für die Ereignisauslösung am besten geeignet, da an dieser Stelle die Datenbankaktualisierung sicher durchgeführt worden ist. Implementieren Sie in dieser Methode die Auslösung des Ereignisses, wie in Listing 7.7 gezeigt. Hierfür benötigen Sie den Datenbankzustand der Änderungsnummer, damit Sie wissen, welchen Status die Änderungsnummer vor der Änderung hatte und welcher jetzt gesetzt wird. Sie können so ermitteln, ob die Zustandsänderung zur Ereignisauslösung führen soll (neuer Status 20, vorher z. B. Status 10).

```
    DATA(lv_objkey) = value sibfinstid( ).
  " Datenbankzustand lesen
  SELECT aennr, aenst FROM aenr INTO TABLE @DATA(lt_aenr_db)
    FOR ALL ENTRIES IN @delta_aenrb
    WHERE aennr = @delta_aenrb-aennr.
  IF sy-subrc <> 0.
    RETURN.
  ENDIF.
  LOOP AT delta_aenrb ASSIGNING FIELD-SYMBOL(<ls_aenrb>)
    WHERE aenst = '20'.
    " Prüfen, ob der Status auf den neuen Status 20
    " (in Genehmgigung) geändert wurde
    TRY .
        IF lt_aenr_db[ aennr = <ls_aenrb>-aennr ]-aenst <> '20'.
          lv_objkey = CONV #( <ls_aenrb>-aennr ).
        ENDIF.
      CATCH cx_sy_itab_line_not_found.
        CONTINUE.
    ENDTRY.
    " Ereignis auslösen
    TRY.
        cl_swf_evt_event=>raise(
          im_objcateg = cl_swf_evt_event=>mc_objcateg_cl
          im_objtype  = 'ZCL_WF_CHANGE_MASTER'
          im_event    = 'IN_APPROVAL'
          im_objkey   = lv_objkey).
      CATCH cx_swf_evt_invalid_objtype cx_swf_evt_invalid_event.
        CONTINUE.
    ENDTRY.
  ENDLOOP.
```

Listing 7.7 Ereignisauslösung im BAdI für den Änderungsstamm

3. Aktivieren Sie das BAdI und testen Sie, ob das Ereignis ausgelöst wird. Löschen Sie zum Test den Eintrag zur Ereigniserzeugung über den Änderungsbeleg (siehe Abschnitt 7.3.1, »Ereigniserzeugung über Änderungsbelege«), damit das Ereignis nicht doppelt ausgelöst wird.
4. Testen Sie abschließend den Workflow.

7.3.3 Ereigniserzeugung über die allgemeine Statusverwaltung

Nur für BOR-Objekte

Für Objekte, die die Statusverwaltung nutzen (Systemstatus bzw. Anwenderstatus) können Ereignisse ausgelöst werden, wenn ein Status aktiv oder inaktiv wird. In diesem Fall legen Sie in der Transaktion BSVW (Kopplung Status-Update – Workflow-Ereignis) fest, ob das Ereignis aufgrund einer Änderung des Systemstatus (**Systemeinstellungen**) erzeugt werden soll oder auf Basis eines Anwenderstatus (**Kundeneinstellungen**).

Sie könnten z. B. ein Ereignis erzeugen, wenn ein Instandhaltungsauftrag technisch abgeschlossen wird (Ereignis TECOMPLETED, siehe Abbildung 7.36).

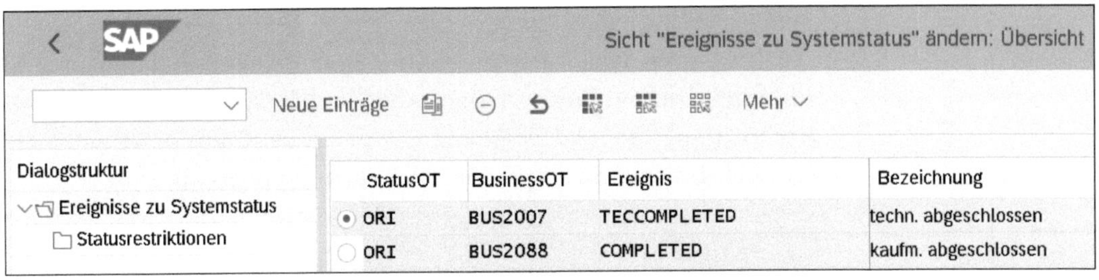

Abbildung 7.36 Auslösung des Ereignisses TECOMPLETED beim Systemstatus TABG (technisch abgeschlossen) eines Instandhaltungsauftrags

Bei den Statusrestriktionen wird die technische ID des Systemstatus TABG hinterlegt (hier I0045, siehe Abbildung 7.37). Das Vorgehen ähnelt der Nutzung der Feldrestriktionen beim Erzeugen von Ereignissen über Änderungsbelege (siehe Abschnitt 7.3.1, »Ereigniserzeugung über Änderungsbelege«).

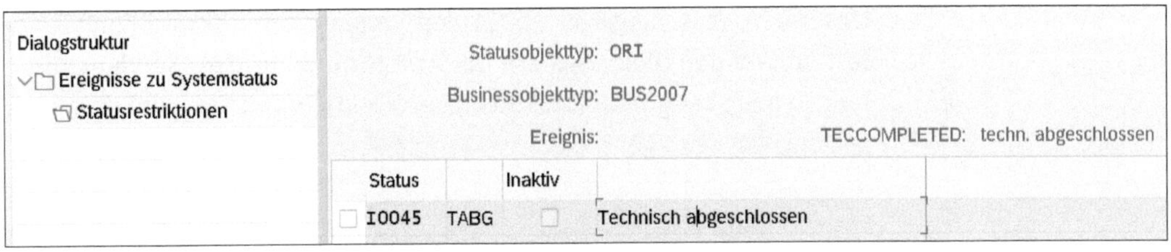

Abbildung 7.37 Statusrestriktionen für das Ereignis TECOMPLETED

7.3.4 Ereigniserzeugung über die Nachrichtensteuerung

Kommunikation zwischen Geschäftspartnern

In einigen SAP-Objekten, wie z. B. dem Kundenauftrag oder der Bestellung, wird die Nachrichtensteuerung zum Austausch von Informationen zwischen Geschäftspartnern genutzt. Durch die Nachrichtensteuerung wird die Ausgabe oder eine Folgeverarbeitung von Nachrichten angesteuert. Eine Folgeverarbeitung kann der Versand eines IDocs, eine Druckausgabe oder die Workflow-Steuerung sein.

Für die Ereigniserzeugung im Rahmen eines Workflows bedeutet dies, dass im Rahmen der Nachrichtensteuerung alle entsprechend konfigurierten

Workflow-Ereignisse erzeugt werden. Wird z. B. ein Kundenauftrag angelegt, wird die Nachrichtensteuerung gestartet, um den Auftrag auszugeben (per E-Mail, Ausdruck oder XML).

Ereignis infolge einer Sperre

Soll beispielsweise ein Ereignis ausgelöst werden, wenn ein Verkaufsbeleg für die Fakturierung gesperrt wird, also die Fakturasperre erhält, können Sie folgendermaßen vorgehen:

1. Rufen Sie die Transaktion NACE (Nachrichtensteuerung) auf.
2. Legen Sie eine neue Nachrichtenart `EVEN` (Ereigniserzeugung) an, z. B. zur Applikation V1 (Verkauf, siehe Abbildung 7.38). Klicken Sie dazu auf **Nachrichtenarten** und **Bearbeiten**. Anschließend legen Sie über die Schaltfläche **Neue Einträge** eine neue Nachrichtenart an.

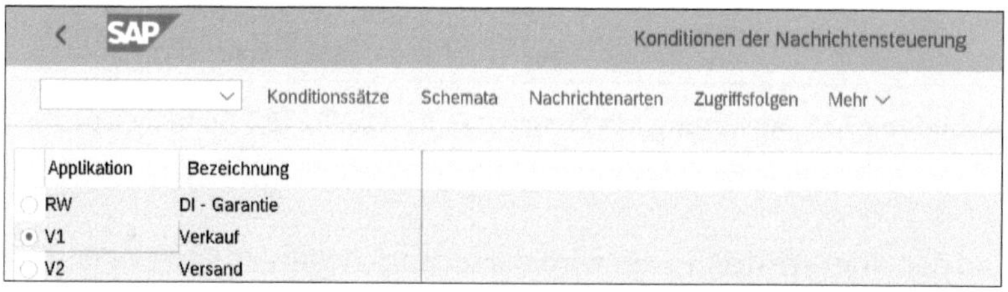

Abbildung 7.38 Nachrichtenart in Transaktion NACE anlegen

3. Setzen Sie die Kennzeichen **Konditionszugriff** und **Partnerunabhängige Nachricht**.
4. Unter den Vorschlagswerten für den **Versandzeitpunkt** wählen Sie **sofort verwenden (beim Sichern der Anwendung)** und als **Sendemedium** nehmen Sie **Ereignisse (SAP Business Workflow)**, wie in Abbildung 7.39 gezeigt.

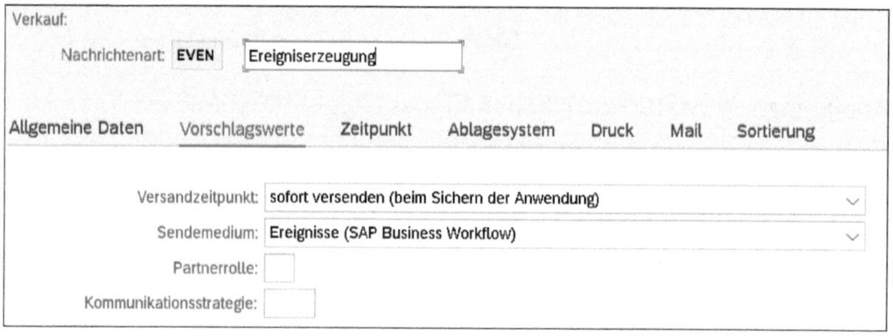

Abbildung 7.39 Vorschlagswerte zur Nachrichtenart EVEN

5. Pflegen Sie nun das Verarbeitungsprogramm in der Dialogstruktur **Verarbeitungsroutinen**. Beim Sendemedium-Eintrag **Ereignisse (SAP Business Workflow)** wird das Verarbeitungsprogramm `RSWEMC01` mit

der Formroutine CREATE_EVENT automatisch vorgeschlagen (siehe Abbildung 7.40). Um ein Ereignis aus Ihrer Workflow-Klasse auszulösen, könnten Sie hier ein eigenes Programm mit einer Formroutine hinterlegen, in der Sie das Ereignis aus Ihrer Klasse auslösen. Allerdings ist diese Vorgehensweise nicht vollständig in das Customizing integriert, da Sie hier nur einen BOR-Objekttyp angeben können. Sie müssen daher in diesem Fall die Workflow-Klasse in Ihrem Programm fest hinterlegen.

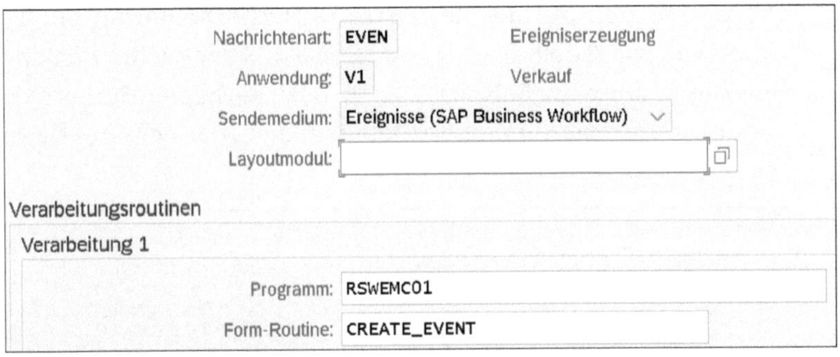

Abbildung 7.40 Nachrichtenart EVEN für die Ereigniserzeugung

6. In der Konditionstechnik wird beim erfolgreichen Zugriff auf eine Konditionstabelle eine bestimmte Aktion ausgeführt. Diesen Mechanismus nutzen wir hier, um ein Workflow-Ereignis auszulösen. Legen Sie die Konditionstabelle in der Transaktion NACE über **Mehr • Bearbeiten • Konditionstabellen** und die Kondition über **Mehr • Kondition • Anlegen** an (oder alternativ über die Transaktion NACQ und den Pfad **Mehr • Kondition anlegen**).
7. Geben Sie im Feld **Tabelle** eine Nummer an (zwischen 501 und 999) und bestätigen Sie mit [↵].
8. Auf der nächsten Seite erfassen Sie eine Bezeichnung für die Konditionstabelle, z. B. »Fakturasperre«.
9. Wählen Sie aus dem Feldkatalog das Feld **Fakturasperre** per Doppelklick aus und generieren Sie über das Symbol [Symbol] (**Generieren**) die Konditionstabelle.
10. Definieren Sie auf der Registerkarte **Zugriffsfolgen** der Transaktion NACE oder über die Transaktion NACX die Zugriffsfolge für den Zugriff auf die von Ihnen angelegte Konditionstabelle. Wählen Sie **Neue Einträge** und verwenden Sie einen Eintrag beginnend mit Z und einer beliebigen Nummer, am besten der für die Konditionstabelle gewählten Nummer. Benennen Sie die Zugriffsfolge und hinterlegen Sie eine laufende Nummer 10 sowie die angelegte Konditionstabelle (siehe Abbildung 7.41).

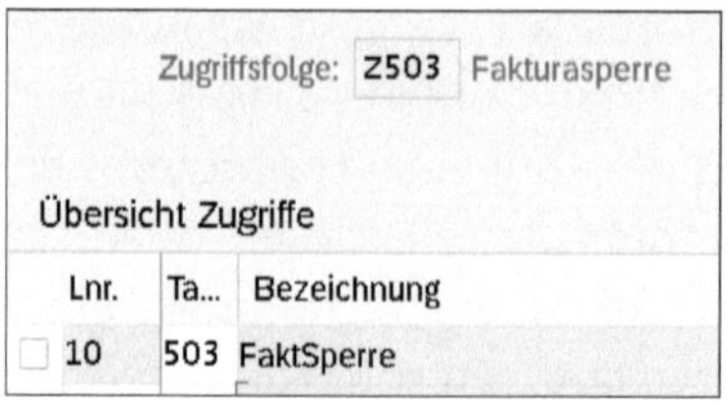

Abbildung 7.41 Zugriffsfolge für das Ereignis »Fakturasperre«

11. Ordnen Sie nun auf der Registerkarte **Nachrichtenarten** der Transaktion von NACE oder über Transaktion NACS der Nachrichtenart EVEN Ihre Zugriffsfolge (im Beispiel Z503) zu. Dazu navigieren Sie per Doppelklick oder über das Symbol (**Detail**) in die Detailsicht der **Nachrichtenart** EVEN (siehe Abbildung 7.42).

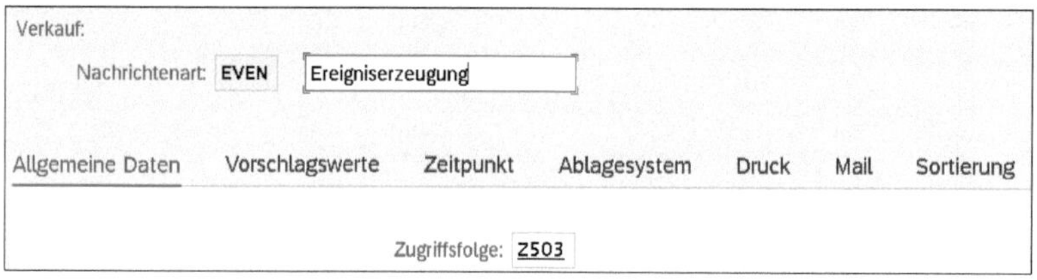

Abbildung 7.42 Zuordnung der Zugriffsfolge zur Nachrichtenart

12. Pflegen Sie auf der Registerkarte **Konditionssätze** der Transaktion NACE oder über die Transaktion NACR die Konditionssätze für die Nachrichtenart EVEN.
13. Rufen Sie den Menüpfad **Mehr • Nachrichtenkondition anlegen** auf. Wählen Sie die Fakturasperre, auf die das Ereignis reagieren soll, z. B. 03 (**Preisfind. unvollst.**). Das Sendemedium 9 (Workflow-Ereignis) und der **Zeitpunkt** 4 (sofort) werden durch die Vorschlagswerte vorbelegt (siehe Abbildung 7.43).

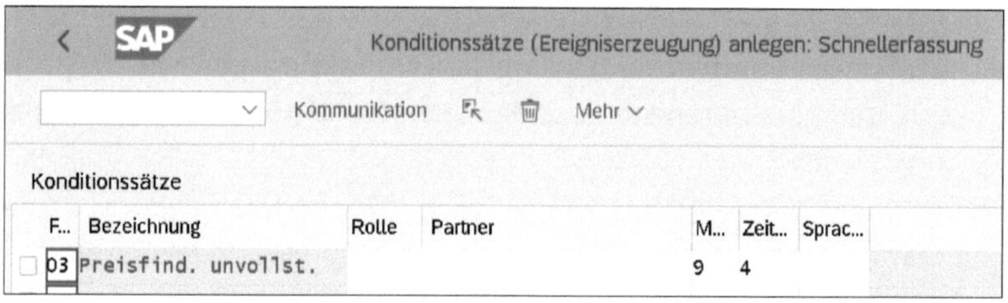

Abbildung 7.43 Konditionssatz zur Ereigniserzeugung

14. Ordnen Sie über die Schaltfläche **Kommunikation** den Objekttyp BUS2032 und das Ereignis BillingBlockSet zu. Das Ereignis BillingBlockSet müssen Sie vorher im Geschäftsobjekt BUS2032 angelegt ha-

ben. Dazu legen Sie den Subtyp ZBUS2032 an, wie in Abschnitt 6.3.3, »Erweiterung vorhandener BOR-Objekttypen«, beschrieben, und fügen diesem das Ereignis BillingBlockSet zu (siehe Abbildung 7.44). Delegieren Sie dann den Subtyp ZBUS2032 an den Supertyp BUS2032.

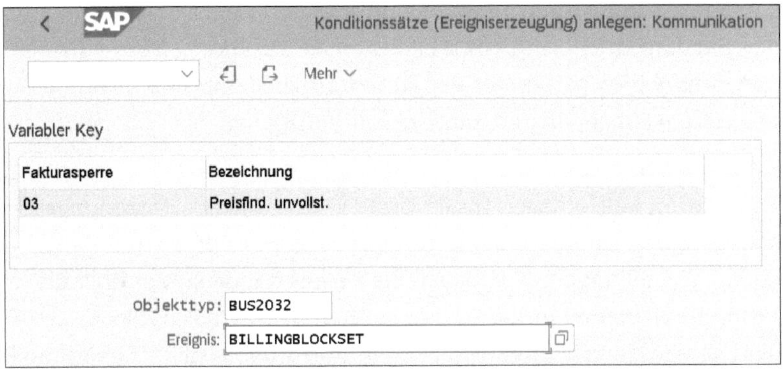

Abbildung 7.44 Workflow-Ereigniszuordnung zum Konditionssatz

15. Pflegen Sie die Nachrichtenart EVEN auf der Registerkarte **Schemata** der Transaktion NACE oder über die Transaktion NACZ in das Schema ein.
16. Markieren Sie dazu das Schema V10000 und verzweigen Sie per Doppelklick in der Dialogstruktur auf **Steuerung**. Fügen Sie einen neuen Eintrag ein und geben Sie als **Stufe** eine Zahl an, die noch nicht vorhanden ist (z. B. »900«). Die Konditionsart (Spalte **KArt**) ist wiederum EVEN (siehe Abbildung 7.45).

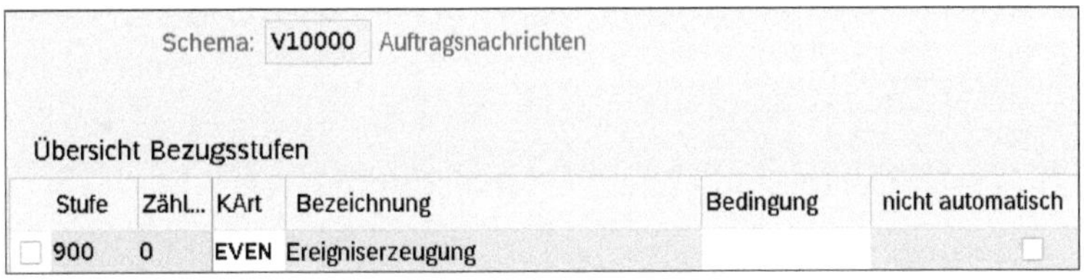

Abbildung 7.45 Nachrichtenart dem Schema zuordnen

Testen Sie Ihre Ereigniserzeugung, indem Sie einen Verkaufsauftrag über die Transaktion VA01 anlegen und eine Fakturasperre auf der Registerkarte **Verkauf** setzen.

7.3.5 Ereigniserzeugung über Business Transaction Events

Verwendung im FI-Umfeld

Business Transaction Events (BTEs) werden durch FI-Anwendungen von SAP ausgelöst (SAP ERP Financials oder SAP S/4HANA Finance). Sie sind implementiert worden, um andere Anwendungen über FI-Vorgänge zu informieren. Das Konzept ähnelt dem von User-Exits.

In den Menüpfaden zum Workflow können Sie die Ereigniserzeugung über BTEs nur mit dem Wizard und somit nur auf Basis von BOR-Objekten anlegen. Sie haben allerdings die Möglichkeit, über die Transaktionen BF24 (Kundenprodukte) und BF01 eigene Funktionsbausteine zu BTEs (Publish-and-Subscribe-BTEs) zu hinterlegen. In diesen Funktionsbausteinen können Sie dann wiederum ein Ereignis einer Workflow-Klasse aufrufen. Import- und Exportparameter der Funktionsbausteine sind vordefiniert. Ihnen stehen einige Musterbausteine zur Verfügung.

Sie können beispielsweise ein kundeneigenes Produkt WORKFLOW anlegen (in Transaktion FIBF, Pflegetransaktion BTE) über **Mehr • Einstellungen • Produkte • eines Kunden** (oder über die Transaktion BF24) und danach über **Mehr • Einstellungen • P/S Bausteine • eines Kunden** (oder über die Transaktion BF34) einen Eintrag zum gewählten BTE, zum Produkt WORKFLOW und dem gewünschten Funktionsbaustein hinzufügen (siehe Abbildung 7.46). In Ihrem Funktionsbaustein wird dann das Ereignis ausgelöst, entweder durch Coding, das im Wizard generiert wird, oder durch Ihre eigene Implementierung im Falle der Nutzung einer Workflow-Klasse.

Abbildung 7.46 Ereigniserzeugung über ein BTE mit kundeneigenem Funktionsbaustein

7.3.6 Ereigniserzeugung über Personalstammdaten

Verwendung im HCM-Umfeld

Bei Änderungen an Personalstammsätzen können Sie ebenfalls Ereignisse erzeugen. Dazu müssen Sie die Ereigniskopplung aktivieren und die Ereignistypen für kundeneigene Geschäftsobjekte definieren bzw. SAP-Geschäftsobjekte überdefinieren.

Über die Transaktion SWEHR1 (Kopplung von Objekttypen an HR-Infotypen) bzw. SWEHR2 und SWEHR3 können Sie die entsprechenden Einstellungen vornehmen. Der im Umfeld von SAP ERP HCM (Human Capital Management) verwendete *Informationstyp* (Infotyp) repräsentiert den Typ der Änderung. Ein Infotypvorgang wird mit einem BOR-Objekt und einem Ereignis verknüpft. So wird z. B. das Ereignis CREATED ausgelöst, wenn ein neuer Datensatz zum Infotyp 4001 (Bewerbungen) erzeugt wird (siehe Abbildung 7.47).

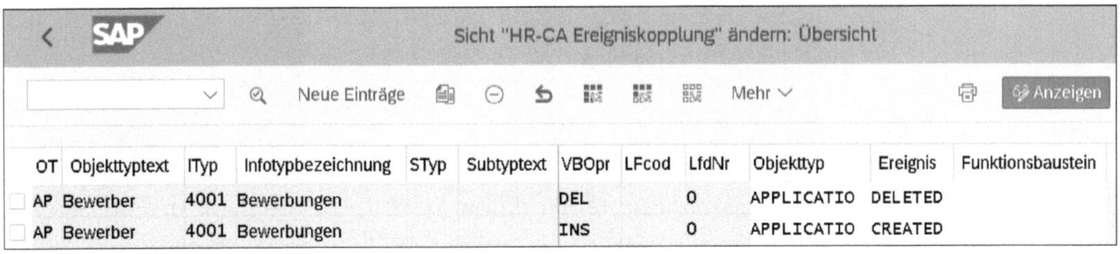
Sicht "HR-CA Ereigniskopplung" ändern: Übersicht

Neue Einträge Mehr Anzeigen

OT	Objekttyptext	ITyp	Infotypbezeichnung	STyp	Subtyptext	VBOpr	LFcod	LfdNr	Objekttyp	Ereignis	Funktionsbaustein
AP	Bewerber	4001	Bewerbungen			DEL		0	APPLICATIO	DELETED	
AP	Bewerber	4001	Bewerbungen			INS		0	APPLICATIO	CREATED	

Abbildung 7.47 Ereigniskopplung für Personalstammdaten (Transaktion SWEHR2)

Im Standard sind bereits vordefinierte Verknüpfungen zwischen Infotypvorgängen und Ereignissen vorhanden. Diese können Sie verwenden oder mit eigenen Ereignissen anpassen. Wenn Sie ein Ereignis einer ABAP-Klasse auslösen wollen, können Sie dies machen, indem Sie einen Funktionsbaustein hinterlegen, der das Ereignis über die Methode auslöst (siehe Abschnitt 7.3.2, »Ereigniserzeugung über den Aufruf eines Funktionsbausteins oder einer Methode«).

> **Spezielle Workflow-Engine in SAP SuccessFactors**
>
> In SAP SuccessFactors gibt es keine direkte Ereigniserzeugung aus Infotypen. Die Cloud-Lösung nutzt eine eigene Workflow-Engine, auf die wir hier nicht eingehen.

7.4 BOR-Objekte in ABAP-Klassen integrieren

Nutzung von BOR-Objekten

Sie haben in den vorangegangenen Abschnitten die wichtigsten Informationen erhalten, um einen eigenen Workflow auf Basis einer Workflow-Klasse anzulegen und die entsprechenden Ereignisse auszulösen. In unserem Beispielszenario haben wir eine Workflow-Klasse zum Änderungsstamm angelegt, obwohl es hierzu auch ein BOR-Objekt namens ECM gibt. Eine Umsetzung des Workflows über das BOR-Objekt wäre ebenfalls möglich gewesen, ist aber wegen der veralteten Technologie nicht der beste Weg. Dennoch wäre es oft hilfreich, wenn Sie ein BOR-Objekt in Ihrem Workflow nutzen könnten, um z. B. die Attribute des BOR-Objekts, die ja vorhanden sind, für Ihren Workflow nicht »nachprogrammieren« zu müssen.

Bei Nutzung der Workflow-Klasse werden Sie einen weiteren Nachteil im Vergleich zur Nutzung der BOR-Objekte feststellen. Sie finden Ihren Workflow mit dem entsprechenden Protokoll nicht in den generischen Objektdiensten zum Standardobjekt (siehe Abschnitt 4.3.1, »Auswertungen zu Workflows«).

Im Folgenden zeigen wir Ihnen Lösungsmöglichkeiten zur Einbindung der BOR-Objekte in Klassen.

7.4.1 BOR-Objekte als Attribut integrieren

Integration in ABAP-Klasse

Wenn Ihr klassenbasierter Workflow Attribute benötigt, die in dem zugehörigen BOR-Objekt bereits vorhanden sind, können Sie diese in Ihre ABAP-Klasse integrieren. Hierzu gehen Sie folgendermaßen vor:

1. Definieren Sie in Ihrer Klasse in Transaktion SE24 eine Konstante mit der Sichtbarkeit **Public**, z. B. `GC_BUS_ECM` mit den Vorbelegungen aus Listing 7.8.

```
CONSTANTS:
    BEGIN OF gc_bus_ecm,
              instid TYPE sibflporb-instid VALUE space,
              typeid TYPE sibflporb-typeid VALUE 'ECM',
              catid  TYPE sibflporb-catid  VALUE 'BO',
    END OF gc_bus_ecm .
```

Listing 7.8 Definition der Konstante GC_BUS_ECM (strukturiert)

ECM ist der BOR-Objekttyp des Standards.

2. Definieren Sie eine Instanzvariable `M_BO_ECM` vom Typ `SIBFLPORB` mit dem initialen Wert der angelegten Konstante (siehe Abbildung 7.48). Sie können auch einen Typpool oder dergleichen benutzen. Wichtig ist nur die initiale Vorbefüllung der Instanzvariablen.

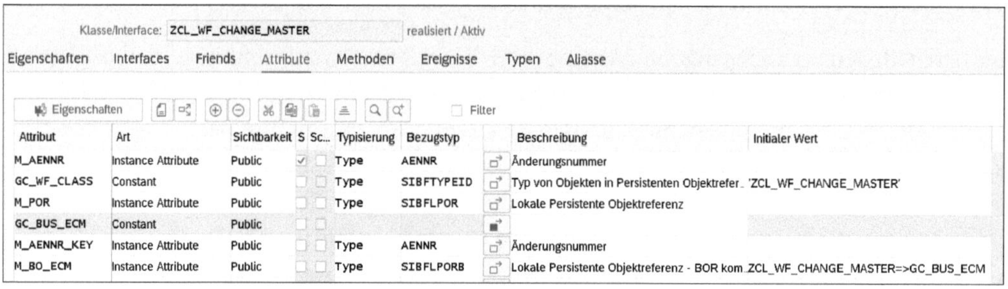

Abbildung 7.48 Attribute für die BOR-Integration

3. Ergänzen Sie die Methode `CONSTRUKTOR` um eine zusätzliche Zeile. Sie befüllt die Instanz-ID des BOR-Objekts mit dem Objektschlüssel. Setzen Sie den Schlüssel (hier die `AENNR`) als `INSTID` Ihrer Instanzvariablen `M_BO_ECM` (siehe Listing 7.9).

```
METHOD constructor.
  m_aennr_key = iv_aennr_key.
  me->m_por-catid  = 'CL'.
  me->m_por-typeid = gc_wf_class.
  me->m_por-instid = me->m_aennr_key.
  me->M_BO_ECM-instid = iv_aennr_key.
ENDMETHOD.
```

Listing 7.9 Erweiterung des Konstruktors um das Setzen der Instanz-ID des Geschäftsobjekts

Nun können Sie die Attribute des BOR-Objekts ECM in Ihrem auf einer Workflow-Klasse basierenden Workflow nutzen. Sie können die Attribute z. B. für den Workitem-Text innerhalb einer Standardaufgabe verwenden. Bei einer Standardaufgabe zur Aktivität **Änderungsstamm: Materialstammänderungen genehmigen** finden Sie beim Ändern des Workitem-Textes in der Containervariablen der Workflow-Klasse `_WI_Object_ID` das BOR-Objekt ECM, das wir als Attribut in der Workflow-Klasse zum Workflow aus Abschnitt 7.2, »Eigenes Workflow-Szenario auf Basis der Workflow-Klasse anlegen«, hinzugefügt haben (siehe Abbildung 7.49).

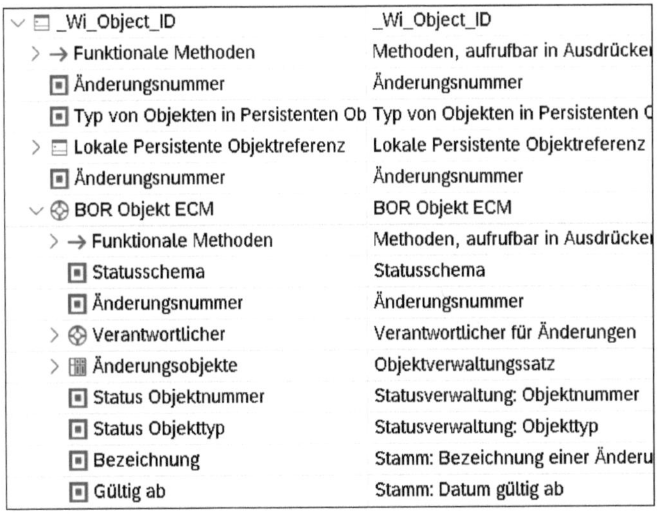

Abbildung 7.49 BOR-Objekt als Attribut in einem klassenbasierten Workflow

7.4.2 Klassenbasierten Workflow in den generischen Objektdiensten anzeigen

Workflows, die auf einer ABAP-Klasse basieren, haben bei der Nutzung von Standard-BOR-Objekten einen Nachteil: In den Diensten zum Objekt (generische Objektdienste) sind diese Workflows in der Workflow-Übersicht nicht zu finden. Wenn Sie also die generischen Objektdienste zu Ihrem Standardobjekt (in unserem Beispiel dem Änderungsstamm) aufrufen und zur Workflow-Übersicht navigieren, finden Sie keine Workflows, auch wenn ein Workflow gestartet wurde. Ursache ist, dass zur Workflow-Laufzeit kein Eintrag zum BOR-Objekt ECM in die Workflow-Laufzeittabelle `SWW_WI2OBJ` geschrieben wird. Die Dienste zum Objekt erfordern aber genau so einen Eintrag.

Containeroperation

Wenn Sie, wie in Abschnitt 7.4.1, »BOR-Objekte als Attribut integrieren«, beschrieben, das BOR-Objekt bereits als Attribut in Ihrem Workflow verfügbar gemacht haben, können Sie mit einer *Containeroperation* erreichen, dass Ihr Workflow auch in den generischen Objektdiensten sichtbar wird. Denn mit einer Containeroperation wird ein Eintrag in die Tabelle `SWW_WI2OBJ` geschrieben. Eine solche Containeroperation legen Sie wie folgt an:

1. Legen Sie in unserem Beispiel-Workflow ein Containerelement »BUS_ECM« an, das über den **Objekttyp** auf das Standard-BOR-Objekt ECM referenziert (siehe Abbildung 7.50).

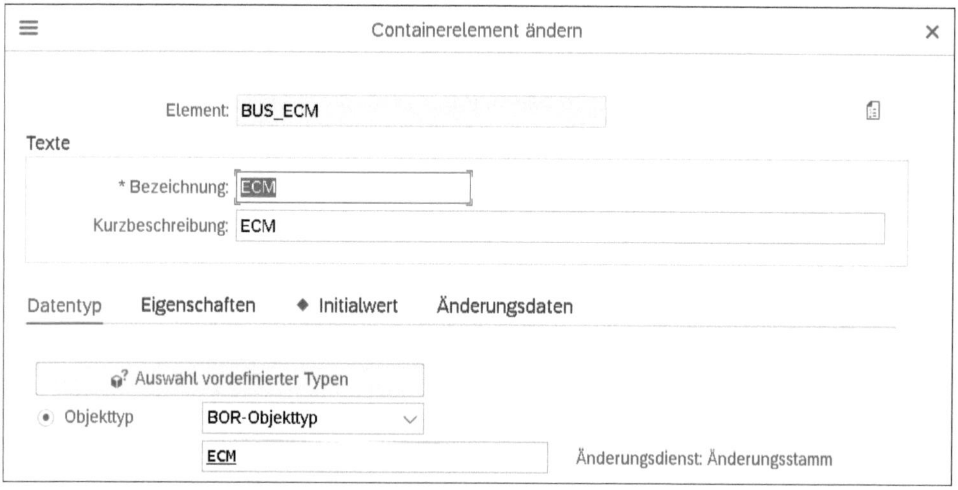

Abbildung 7.50 Containerelement für die Dienste zum Objekt anlegen

2. Fügen Sie in Ihrem Workflow als ersten Schritt nach dem Startereignis eine Containeroperation ein, die Ihrem neuen Containerelement das BOR-Objekt Ihrer Klasse zuweist. Positionieren Sie den Cursor dazu im grafischen Modell auf das Startereignis **in Genehmigung** und fügen Sie über die Schaltfläche ▢ (**Schritt anlegen**) einen Schritt vom Typ **Containeroperation** an. Auf der Registerkarte **Steuerung** konfigurieren Sie diese Containeroperation, wie in Abbildung 7.51 gezeigt.

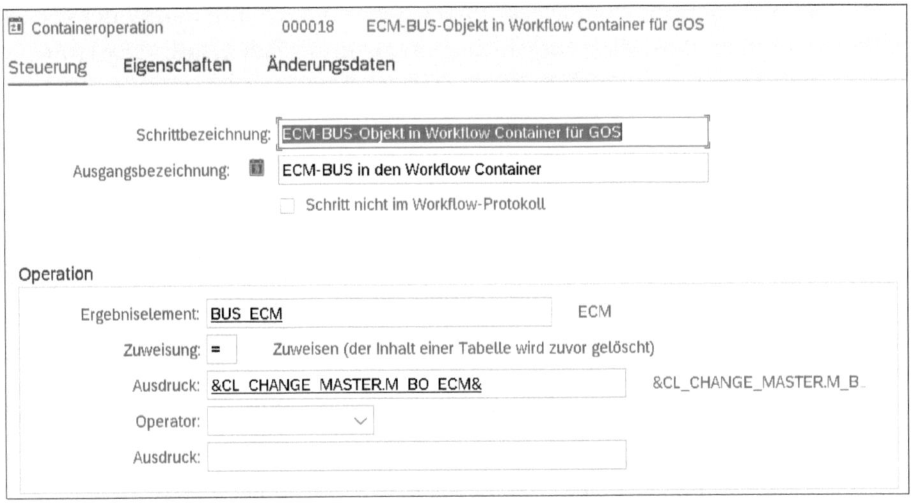

Abbildung 7.51 Containeroperation für die Dienste zum Objekt anlegen

Nach der Erweiterung des Beispiel-Workflows um die Containeroperation sollte der Ablauf im grafischen Modell aussehen wie in Abbildung 7.52.

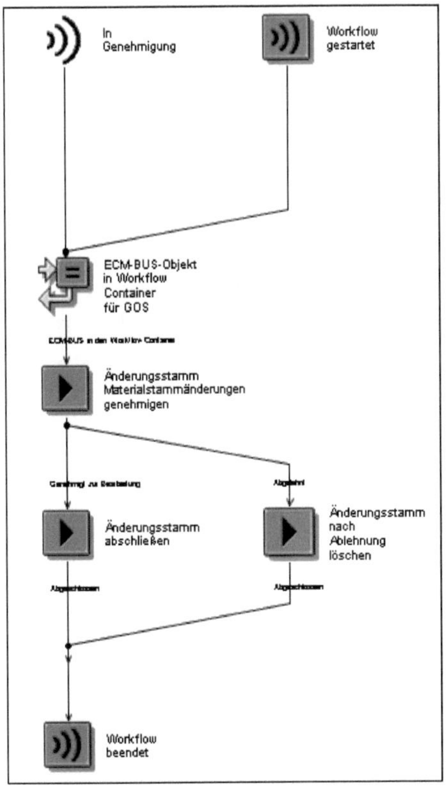

Abbildung 7.52 Workflow-Ablauf mit der Containeroperation

Tabelle SWW_WI2OBJ prüfen

In den Diensten zum Objekt finden Sie nun auch Ihren klassenbasierten Workflow. Es wird ein zusätzlicher Eintrag in der Tabelle `SWW_WI2OBJ` (`CATID = BO`) erzeugt, den Sie über den Aufruf der Tabelle im Data Browser (Transaktion SE16N) prüfen können (siehe Abbildung 7.53).

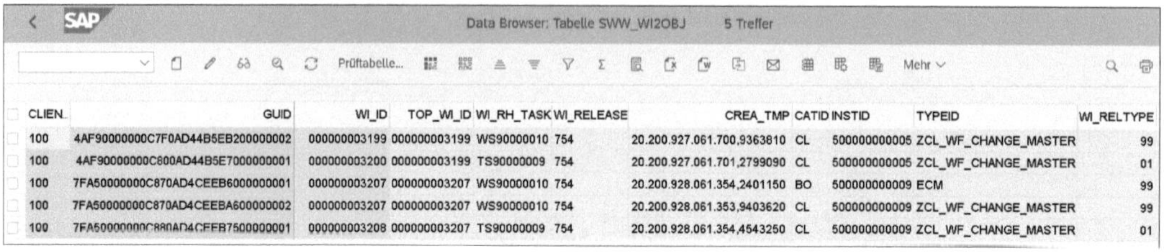

CLIEN.	GUID	WI_ID	TOP_WI_ID	WI_RH_TASK	WI_RELEASE	CREA_TMP	CATID	INSTID	TYPEID	WI_RELTYPE
100	4AF90000000C7F0AD44B5EB200000002	000000003199	000000003199	WS90000010	754	20.200.927.061.700,9363810	CL	500000000005	ZCL_WF_CHANGE_MASTER	99
100	4AF90000000C800AD44B5E7000000001	000000003200	000000003199	TS90000009	754	20.200.927.061.701,2799090	CL	500000000005	ZCL_WF_CHANGE_MASTER	01
100	7FA50000000C870AD4CEEB6000000001	000000003207	000000003207	WS90000010	754	20.200.928.061.354,2401150	BO	500000000009	ECM	99
100	7FA50000000C870AD4CEEBA600000002	000000003207	000000003207	WS90000010	754	20.200.928.061.353,9403620	CL	500000000009	ZCL_WF_CHANGE_MASTER	99
100	7FA50000000C880AD4CEEB7500000001	000000003208	000000003207	TS90000009	754	20.200.928.061.354,4543250	CL	500000000009	ZCL_WF_CHANGE_MASTER	01

Abbildung 7.53 Tabelle SWW_WI2OBJ mit Containeroperation

7.4.3 Nutzung der Ereignisse des BOR-Objekts bei einem klassenbasierten Workflow

In einigen Fällen kann es vorkommen, dass Sie für Ihren Workflow die Ereignisse des Standard-BOR-Objekts gut nutzen könnten, z. B. als auslösende Ereignisse. So könnten Sie eine eigene Ereignisauslösung vermeiden. Ihr Workflow würde in diesem Fall also ebenfalls auf einem Standard-BOR-Objekt basieren, das Sie aber nicht erweitern wollen. Stattdessen implementieren Sie den Workflow mit einer ABAP-Klasse auf Basis des Interface `IF_WORKFLOW`. Der Unterschied zu der in Abschnitt 7.4.1, »BOR-Objekte als Attribut integrieren«, gezeigten Vorgehensweise ist, dass aufgrund des BOR-Ereignisses zuerst eine Instanz des BOR-Objekts angelegt wird.

Instanz der Workflow-Klasse anlegen

Legen Sie eine statische Instanzmethode mit der Sichtbarkeit **Public** an, die zur Laufzeit eine Instanz Ihrer Klasse im Workflow erzeugt und in der Sie somit die Attribute Ihrer Klasse und die instanzabhängigen Methoden nutzen können (siehe Listing 7.10).

```
METHOD create_instance.
  CREATE OBJECT ev_class_obj
  EXPORTING iv_aennr_key = iv_aennr.
ENDMETHOD.
```

Listing 7.10 Methode CREATE_INSTANCE zur ABAP-Klasse erzeugen

Der Importparameter ist der Schlüssel des Objekts (in unserem Beispiel `AENNR`) und der Exportparameter ist die entsprechende Klasseninstanz (siehe Abbildung 7.54).

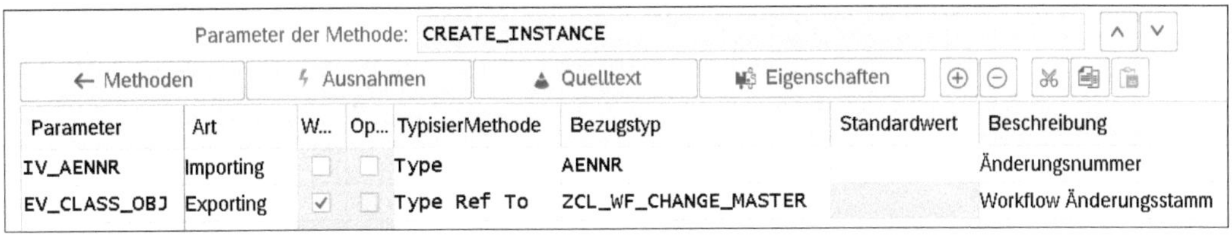

Abbildung 7.54 Import- und Exportparameter der Methode CREATE_INSTANCE

Hintergrundaktivität für die Instanzerzeugung

Im Workflow müssen Sie als ersten Schritt nun eine Hintergrundaktivität mit einer Standardaufgabe definieren, die Ihre Klasseninstanz erzeugt. In den Grunddaten vergeben Sie das **Kürzel** »Z_CH_MASTERC« und eine **Bezeichnung**, z. B. »Instanziierung Klasse«, für die Aufgabe und weisen im Bereich **Objektmethode** die **Methode** CREATE_INSTANCE Ihrer ABAP-Klasse ZCL_WF_CHANGE_MASTER_BOR_START zu. Die ABAP-Klasse wurde für das Beispiel neu angelegt, ist aber identisch mit der Klasse ZCL_WF_CHANGE_MASTER und beinhaltet die soeben angelegte Methode. Setzen Sie das Kennzeichen **Hintergrundverarbeitung** im Bereich **Ausführung** (siehe Abbildung 7.55).

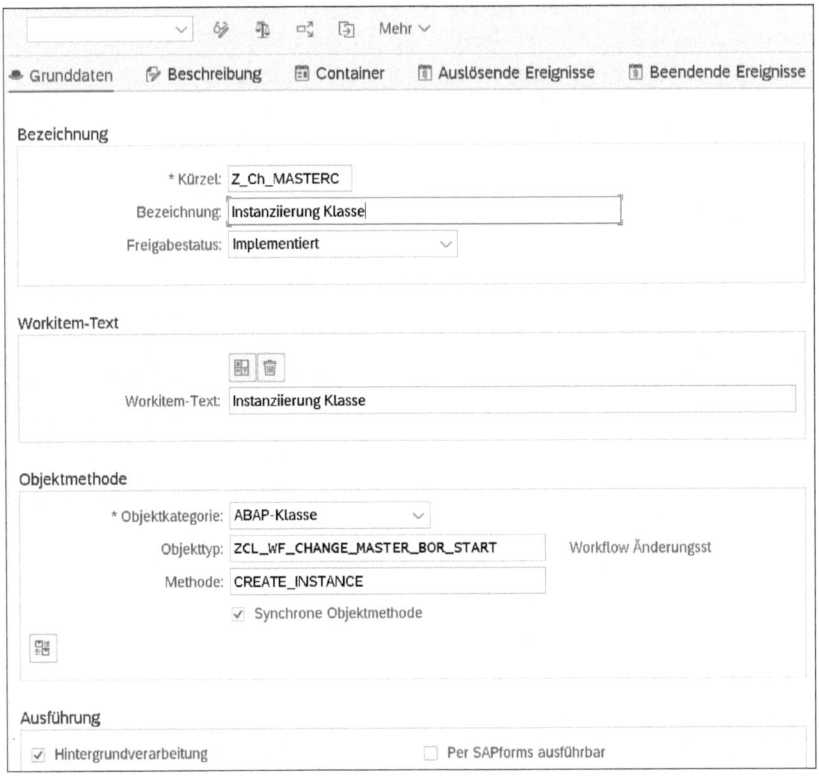

Abbildung 7.55 Standardaufgabe zur Erzeugung der Klasseninstanz als Hintergrundaktivität definieren

Datenflüsse

Achten Sie darauf, dass die Datenflüsse korrekt sind. In der Methode `CREATE_INSTANCE` Ihrer Standardaufgabe übertragen Sie die Instanz der Klasse dann weiter an den Workflow (siehe Abbildung 7.56).

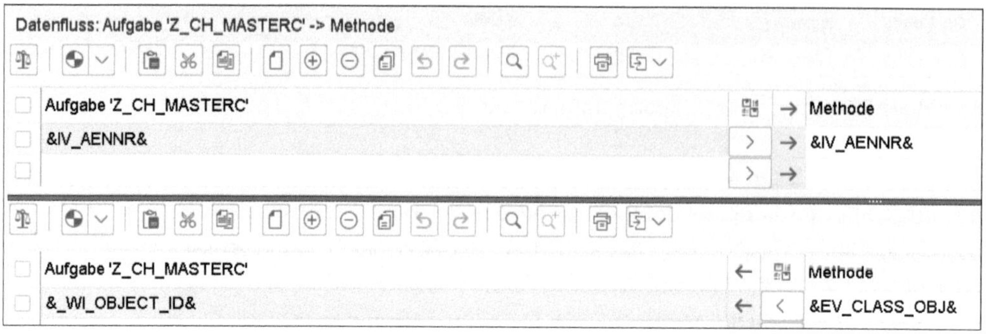

Abbildung 7.56 Datenfluss von der Methode CREATE_INSTANCE zur Aufgabe

Instanzverwaltung

Darüber hinaus ist es notwendig, eine Mehrfachinstanziierung Ihrer Klasse in der Methode `BI_PERSISTENT~FIND_BY_LPOR` zu verhindern. Legen Sie hierzu einen **Typ** `GYT_AENNR_INSTANCES` für die Instanzverwaltung an (siehe Abbildung 7.57). Dieser wird als **Bezugstyp** für ein statisches, privates Attribut benötigt, das die Mehrfachinstanziierung verhindert.

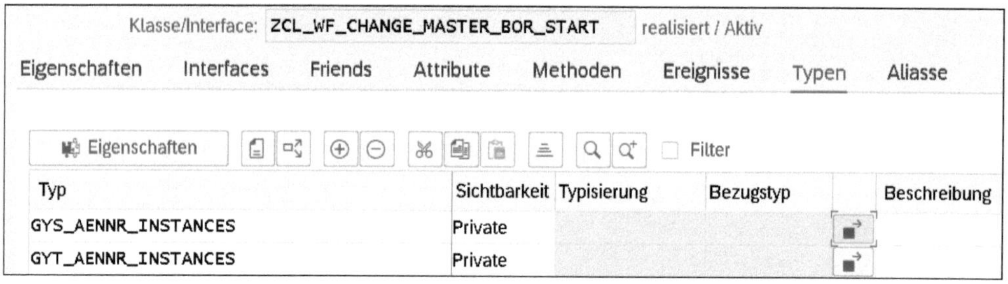

Abbildung 7.57 Typen für die Instanzverwaltung

Listing 7.11 zeigt den Typ, der zur Änderungsnummer die Instanzen (`object_reference`) beinhaltet.

```
TYPES:
  BEGIN OF gys_aennr_instances,
    aennr            TYPE aennr,
    object_reference TYPE REF TO zcl_wf_change_master,
  END OF gys_aennr_instances .
TYPES gyt_aennr_instances TYPE TABLE OF gys_aennr_instances.
```

Listing 7.11 Lokaler Typ der Klasse zur Instanzverwaltung

Als weiteren Schritt legen Sie also ein statisches, privates Attribut an, das auf den oben angelegten Typ referenziert (siehe Abbildung 7.58).

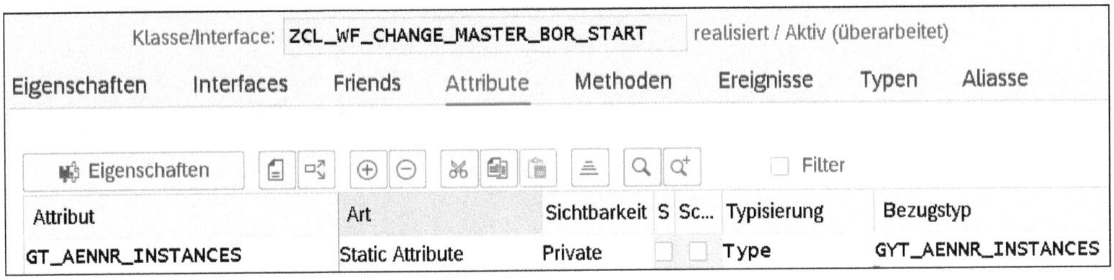

Abbildung 7.58 Attribut für Instanzverwaltung

In der Methode BI_PERSISTENT~FIND_BY_LPOR prüfen Sie dann, ob die Instanz schon vorhanden ist. Ist das nicht der Fall, fügen Sie diese Instanz der Tabelle hinzu (siehe Listing 7.12).

```
METHOD bi_persistent~find_by_lpor.
  DATA: lv_key TYPE aennr.
*************************************************************
  MOVE lpor-instid(12) TO lv_key.
  IF not line_exists( gt_aennr_instances[ aennr = lv_key ] ) OR
    gt_aennr_instances[ aennr = lv_key ]-object_reference
      IS NOT BOUND.
    DATA(lx_wf_change_master) = NEW zcl_wf_change_master_bor_start(
      lv_key ).
    APPEND INITIAL LINE TO gt_aennr_instances
    ASSIGNING FIELD-SYMBOL(<ls_aennr_instances>).
    <ls_aennr_instances>-aennr = lv_key.
    <ls_aennr_instances>-object_reference = lx_wf_change_master.
    result ?= <ls_aennr_instances>-object_reference.
  else.
     result ?= gt_aennr_instances[ aennr = lv_key ]-object_reference.
  ENDIF.
ENDMETHOD.
```

Listing 7.12 Implementierung der Methode BI_PERSISTENT~FIND_BY_LPOR für den Workflow-Start über ein BOR-Objekt

Nutzung der BOR-Ereignisse

Ihr Workflow kann dann auf ein Ereignis eines BOR-Objekts reagieren und Sie können dennoch Ihre Erweiterungen mit Ihrer Workflow-Klasse durchführen. Abbildung 7.59 zeigt einen beispielhaften Workflow, der als Startereignis ein Ereignis aus dem BOR-Objekt ECM (CREATED) nutzt. Die Aktivität **Änderungsstamm ändern** basiert aber bereits auf einer Methode einer Workflow-Klasse.

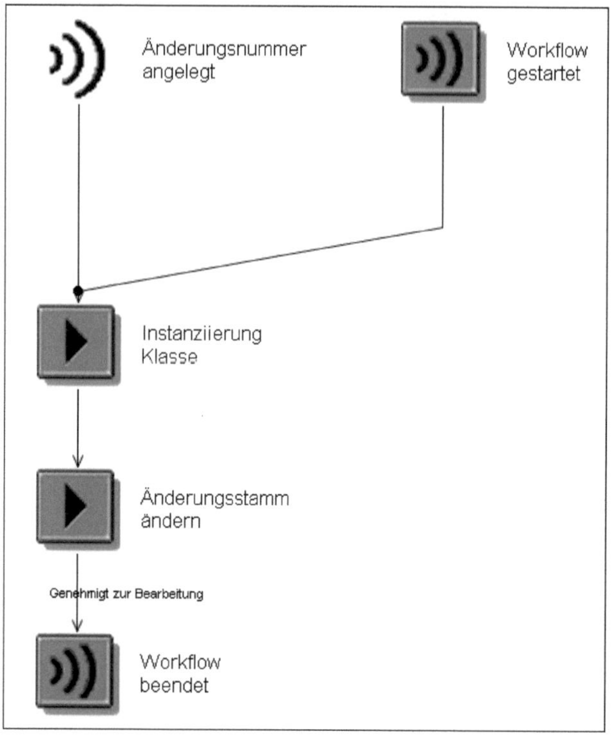

Abbildung 7.59 Workflow mit Klasseninstanziierung

Das Workflow-Startereignis wird in diesem Fall durch ein BOR-Objekt ausgelöst, nämlich das Ereignis `CREATED` des BOR-Objekttyps `ECM` (siehe Abbildung 7.60). Im weiteren Ablauf des Workflows wird dann aber die Workflow-Klasse genutzt.

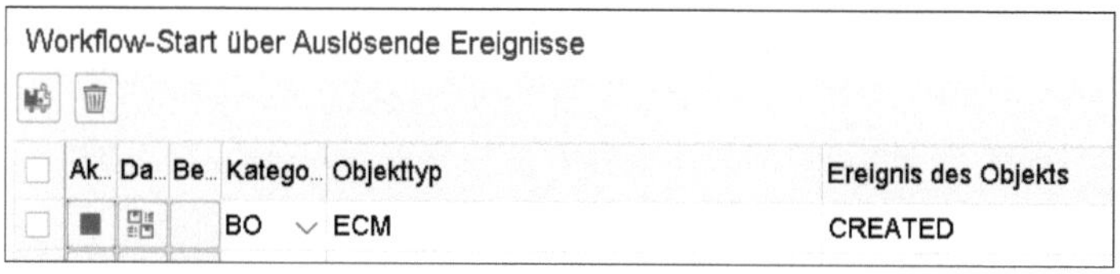

Abbildung 7.60 Startereignis basierend auf einem BOR-Objekt für einen klassenbasierten Workflow

Kapitel 8
Einen eigenen Workflow auf Basis kundeneigener Objekte entwickeln

Statt auf Basis von SAP-Transaktionen bzw. -Apps und Standardobjekten können Workflows auch für kundenindividuelle Objekte entwickelt werden. Haben Sie z. B. für einen Prozess, der im SAP-Standard nicht unterstützt wird, eine eigene Anwendung entwickelt, können Sie diesen Prozess ebenfalls in SAP Business Workflow integrieren.

Nicht alle Prozesse Ihres Unternehmens lassen sich mit SAP-Standardfunktionen abbilden. In diesen Fällen werden Sie häufig komplett eigene Anwendungen (Apps oder klassische Transaktionen) implementieren. Für diese kundeneigenen Objekte können Sie ebenfalls das Framework SAP Business Workflow nutzen und so individuelle Workflows implementieren. In diesem Fall starten Sie »auf der grünen Wiese«, da Ihnen keinerlei Standard-Geschäftsobjekte oder -ABAP-Klassen mit vorhandenen Ereignissen oder Attributen zur Verfügung stehen.

In diesem Kapitel erläutern wir, wie Sie einen eigenen Workflow auf Basis eigener Objekte anlegen. Viele der hierfür notwendigen Informationen haben Sie bereits in den vorangegangenen Kapiteln erhalten. In Abschnitt 8.1 beschreiben wir noch einmal detaillierter die Nutzung und Implementierung von Attributen. Danach implementieren wir in Abschnitt 8.2, »Neues Workflow-Szenario auf Basis einer eigenen Workflow-Klasse anlegen«, einen Beispiel-Workflow, für den wir eine Entscheidungsaufgabe und die Anpassungsmöglichkeiten der App **Meine Inbox** nutzen.

8.1 Attribute für die Nutzung in Workflows implementieren

Arten von BOR-Objekttyp-Attributen

Attribute können sehr gut in Workflows genutzt werden, z. B. für die Workitem-Texte oder die Bearbeiterfindung. Attribute in BOR-Objekten verfolgen im Gegensatz zu Attributen in ABAP-Klassen eine andere Philosophie. Bei den Attributen in BOR-Objekten wird zwischen drei Typen differenziert:

- Datenbankattribute
- virtuelle Attribute
- Statusattribute

In Abschnitt 6.3.3, »Erweiterung vorhandener BOR-Objekttypen«, haben wir ein *Datenbankattribut* basierend auf einem Datenbankfeld verwendet. So wurde vom System der Quellcode zum Lesen der Datenbanktabelle erzeugt. Bei *virtuellen Attributen* können Sie beliebiges Coding zur Ermittlung des Attributwertes implementieren. *Statusattribute* werden sehr selten genutzt und dann, um festzustellen, ob ein Objekt einen bestimmten Status hat oder nicht.

Attribute von ABAP-Klassen

Diese Differenzierung zwischen verschiedenen Attributtypen gibt es bei den Attributen von ABAP-Klassen im Kontext der objektorientierten Programmierung nicht mehr. Damit fällt zwar auch generiertes Coding weg, dafür wird aber die Attributermittlung flexibler.

Statische oder instanziierbare Attribute

Klassenattribute sind Ihnen vermutlich von der Entwicklung mit ABAP Objects bereits bekannt. Sie legen hier jeweils die Attribut-ID fest und ob es sich um ein *Instanzattribut*, ein *statisches Attribut* oder um eine Konstante handelt. Auf statische Attribute kann auch ohne eine Instanz der Klasse zugegriffen werden. Im Workflow-Umfeld arbeiten Sie in der Regel mit Instanzattributen. Zusätzlich geben Sie noch den Datentyp an. Für die Nutzung in Workflow-Klassen ist wichtig, dass alle Attribute die Sichtbarkeit **Public** haben müssen.

Attribute für Workflow-Klassen können folgende Typen sein:

- Felder, Strukturen oder Tabellen
- jegliche ABAP-Klassen (`TYPE REF TO`)
- BOR-Objekte mit entsprechendem Bezug

Das Einbinden von BOR-Objekten als Attribute zeigen wir in Abschnitt 7.4, »BOR-Objekte in ABAP-Klassen integrieren«. Attribute sollten Sie an folgenden Stellen in Ihrer ABAP-Klasse implementieren:

- Instanzattribute in der Methode `CONSTRUCTOR`
- statische Attribute in der Methode `CLASS_CONSTRUCTOR`

Wenn die Ermittlung eines Attributs aufwendiger ist, sollten Sie im Konstruktor oder Klassenkonstruktor eine private Methode einfügen, um Ihren Attributwert ermitteln zu können. In den folgenden Abschnitten zeigen wir Ihnen eine darüber hinausgehende Nutzung von Attributen. Sie erfahren, wie Sie ein Attribut anlegen und im Konstruktor ermitteln, wie Sie diese Attribute im Workflow einbinden und wie Sie anstelle von Attributen funktionale Methoden im Workflow einbinden und nutzen können.

8.1.1 Attribute in einer Workflow-Klasse anlegen

Anwenderstatus als Attribut bereitstellen

In dem folgenden Beispiel arbeiten wir mit der im vorangegangenen Kapitel erstellten Workflow-Klasse `ZCL_WF_CHANGE_MASTER` weiter. Wir wollen den Anwenderstatus zu einer Änderungsnummer lesen und als Attribut in der Workflow-Klasse zur Verfügung stellen. Der Anwenderstatus ist ein von Ihnen im Customizing angelegter Status als Ergänzung zum Systemstatus, der für Ihr Objekt, in unserem Fall die Änderungsnummer, eine weitere Information und Steuerungsmöglichkeit bietet.

1. Legen Sie dazu auf der Registerkarte **Attribute** des Class Builders ein neues Instanzattribut »M_TXT04« in Ihrer Klasse an. Typisieren Sie es mit dem Bezugstyp `J_TXT04` (Einzelstatus), einem Standarddatenelement für den Status (siehe Abbildung 8.1).

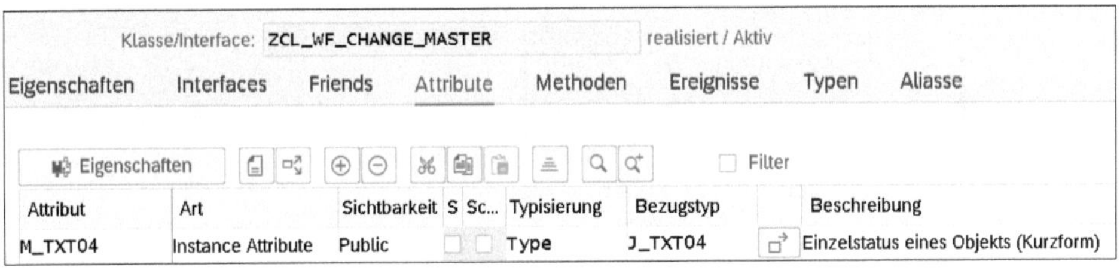

Abbildung 8.1 Anwenderstatus als neues Attribut anlegen

2. Legen Sie auf der Registerkarte **Methoden** eine private Instanzmethode an, mit der Sie den Anwenderstatus auslesen können (siehe Abbildung 8.2). Nennen Sie die Methode »STATUS_READ«.

Abbildung 8.2 Private Methode zum Lesen des Anwenderstatus anlegen

3. Als Importparameter geben Sie die Änderungsnummer und als Returning-Parameter den Status zurück (siehe Abbildung 8.3).

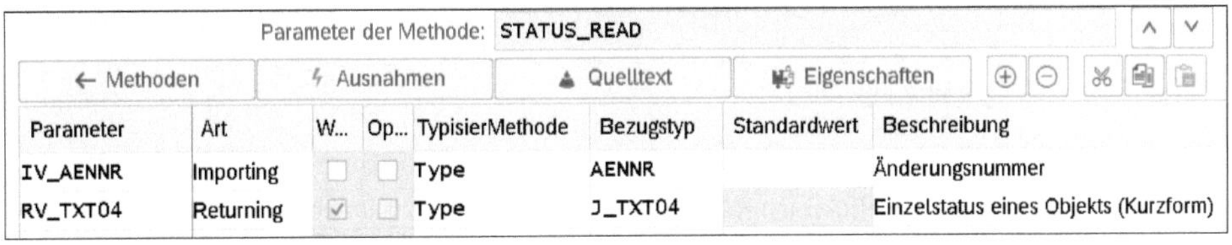

Abbildung 8.3 Parameter zur Methode STATUS_READ

4. Implementieren Sie die Methode, wie in Listing 8.1 gezeigt.

```
METHOD status_read.
  DATA(lt_status) = VALUE tt_jstat( ).
  CHECK iv_aennr IS NOT INITIAL.

  CALL FUNCTION 'STATUS_READ'
    EXPORTING
      objnr            = CONV j_objnr( 'CD' && iv_aennr )
      only_active      = abap_true
    TABLES
      status           = lt_status
    EXCEPTIONS
      object_not_found = 1
      OTHERS           = 2.
  IF sy-subrc = 0.
    DATA(lv_estat) = lt_status[ stat(1) = 'E' ]-stat.
    SELECT SINGLE txt04 INTO @rv_txt04
      FROM tj30t WHERE stsma = 'ZECM_CH'
                 AND  estat = @lv_estat
                 AND  spras = @sy-langu.
    IF sy-subrc <> 0.
      CLEAR rv_txt04.
    ENDIF.
  ENDIF.
ENDMETHOD.
```

Listing 8.1 Implementierung der Methode zum Lesen des Anwenderstatus

5. Erzeugen Sie das Attribut M_TXT04 im Konstruktor der Klasse ZCL_WF_CHANGE_MASTER und fügen Sie hier den entsprechenden Methodenaufruf hinzu, wie in Listing 8.2 gezeigt.

```
METHOD constructor.
  m_aennr = iv_aennr_key.
  me->m_por-catid  = 'CL'.
  me->m_por-typeid = gc_wf_class.
  me->m_por-instid = me->m_aennr_key.
  me->m_bo_ecm-instid = iv_aennr_key.
  me->m_txt04 = status_read( iv_aennr_key ).
ENDMETHOD.
```

Listing 8.2 Ermittlung des Attributs M_TXT04 durch Aufruf der Methode STATUS_READ im Konstruktor der Workflow-Klasse

Test der Klasse

Testen Sie Ihre Klasse nun über das Symbol (**In der Testumgebung [F8]**) in der Testumgebung. Sie erhalten das Attribut `M_TXT04` mit einem Wert zurück, dem Anwenderstatus. Im Fehlerfall können Sie die Attributermittlung im Debugger testen. Setzen Sie hierzu einen Breakpoint im Konstruktor der Klasse.

8.1.2 Attribute in einem Workflow verwenden

Attribute können an allen Stellen eines klassenbasierten Workflows verwendet werden, da sie ja Teil der Klasseninstanz sind und die Klasse dem Workflow zur Verfügung steht. Sie sind somit für alle Schritttypen nutzbar. Für den Schritttyp **Mail versenden** kann beispielsweise die E-Mail-Adresse als Attribut genutzt werden. Um eine dynamische, tabellengesteuerte Parallelverarbeitung umzusetzen (siehe Abschnitt 5.3.1, »Aktivität«), können Sie ein Attribut für die Tabelle mit allen Bearbeiter*innen anlegen und diese so Ihrer Aktivität zuordnen. Auch für den Schritttyp **Benutzerentscheidung** und die Angabe der Parameter sind Attribute sehr gut nutzbar, wie wir in Abschnitt 8.2.1, »Beispiel-Workflow auf Basis eines eigenen Objekts«, zeigen.

Attribute in einer Standardaufgabe verwenden

Attribute können in die Standardaufgaben eines Workflows eingebunden werden, z. B. im Workitem-Text oder in der Beschreibung. Dies zeigen wir Ihnen im Folgenden anhand unseres Beispiel-Workflows. Soll der Anwenderstatus der Änderungsnummer in der Beschreibung des Workitems dargestellt werden, gehen Sie folgendermaßen vor:

1. Rufen Sie die Transaktion PFTC_CHG auf, um eine Standardaufgabe ändern zu können. Alternativ können Sie auch über den Workflow Builder zur Standardaufgabe verzweigen. Verwenden Sie hierzu beispielsweise die Standardaufgabe zur Genehmigung der Materialstammänderungen aus dem in Kapitel 7, »Einen eigenen Workflow auf Basis von Standardobjekten entwickeln«, angelegten Workflow für den Änderungsstamm (`ZMAT_APPROVE`).
2. Wechseln Sie auf die Registerkarte **Beschreibung** und klicken Sie auf das Symbol (**Text ändern**), um den Text anzupassen.
3. Entsprechend Ihren Einstellungen öffnet sich ein Editor (Word oder SAPscript). Attribute können allerdings nur im *SAPscript-Editor* eingefügt werden.
4. Über die Schaltfläche **Ausdruck** im Editor werden Ihnen die möglichen Containervariablen angezeigt und somit auch die Attribute der Klasse (siehe Abbildung 8.4).

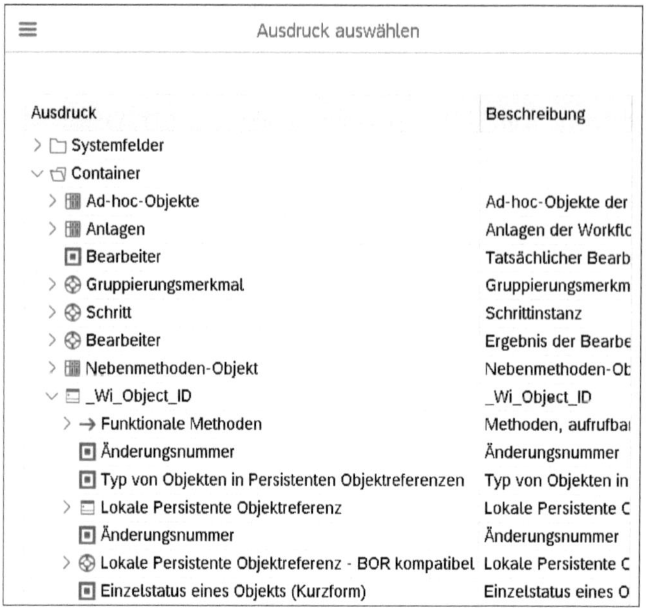

Abbildung 8.4 Ausdruck mit den Attributen der Klasse auswählen

5. Wählen Sie den Ausdruck **Einzelstatus eines Objekts (Kurzform)** und fügen Sie diesen in Ihren Beschreibungstext ein. Im Text finden Sie dann den Ausdruck `&_WI_OBJECT_ID.M_TXT04&`, also Ihr zuvor definiertes Attribut als Bestandteil des Beschreibungstextes (siehe Abbildung 8.5).

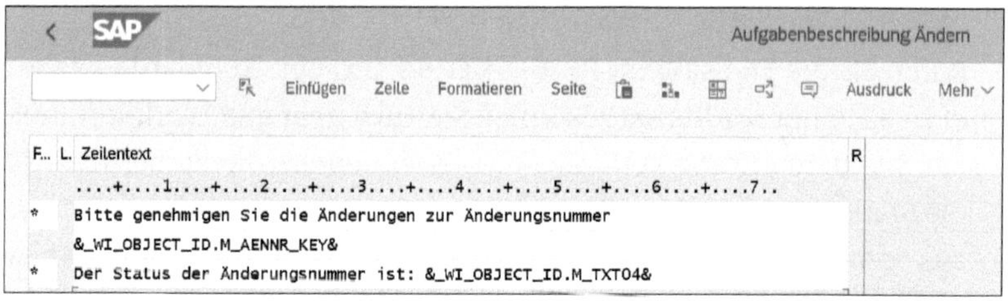

Abbildung 8.5 Beschreibung mit Nutzung von Attributen der Klasse

6. Speichern Sie die Standardaufgabe.

8.1.3 Funktionale Methoden in einem Workflow verwenden

Funktionale Methoden

Anstelle von Attributen können Sie auch funktionale Methoden in Ausdrücken einsetzen. Dies hat Performancevorteile im Vergleich zu Attributen, da diese Methoden nur aufgerufen werden, wenn sie auch benötigt werden. Attribute werden dagegen immer erzeugt, sobald die Klasseninstanz erzeugt wird.

Funktionale Methoden können Sie nur in klassenbasierten Workflows nutzen. Sie dürfen nur einen einzelnen Ergebnisparameter zurückliefern (am besten einen Returning-Parameter oder gegebenenfalls einen Exportparameter) und können unmittelbar als Ausdruck verwendet werden. Funktionale Methoden können sowohl statische als auch Instanzmethoden sein. Sie können somit Importparameter haben, aber auch ohne Importparameter aufgerufen werden.

Beispiel: Ermittlung einer E-Mail-Adresse

Im Beispiel haben wir in der Klasse `ZCL_WF_CHANGE_MASTER` eine funktionale Methode `GET_EMAIL` angelegt und mit einem Importparameter `IV_INITIATOR` und einem Returning-Parameter `RV_SMTP_ADDR` implementiert (siehe Abbildung 8.6). Aus dem Benutzerstamm wird die E-Mail-Adresse gelesen.

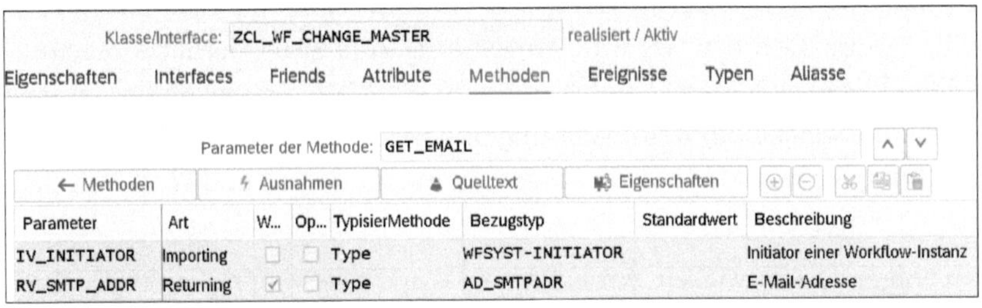

Abbildung 8.6 Funktionale Methode GET_EMAIL mit Import- und Returning-Parameter

Abbildung 8.7 zeigt eine exemplarische Verwendung im Schritttyp **Mail versenden**. Hier wird die E-Mail-Adresse eines Benutzers bzw. einer Benutzerin über die eben angelegte funktionale Methode `GET_EMAIL` ermittelt, die direkt im Ausdruck hinterlegt ist. Ordnen Sie eine solche funktionale Methode genau wie Attribute über die [F4]-Hilfe zu. Sie sehen in Abbildung 8.4 direkt unter dem Objekt **_Wi_Object_ID** den Knoten **-> Funktionale Methoden**, den Sie aufklappen können. Dort finden Sie alle funktionalen Methoden Ihrer Workflow-Klasse und somit auch die funktionale Methode `GET_EMAIL` (E-Mail-Adresse ermitteln). Die Importparameter werden direkt übernommen. Haben Sie einen Importparameter definiert, müssen Sie diesen angeben. In unserem Beispiel wird der Initiator `&WF_INITIATOR&` übergeben und die E-Mail-Adresse zurückgeliefert.

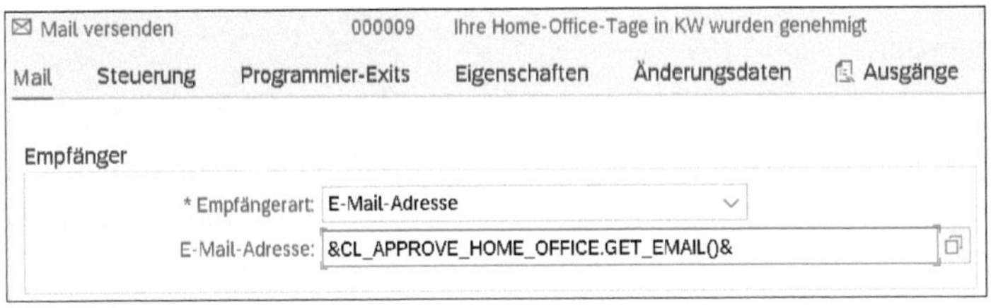

Abbildung 8.7 Funktionale Methode GET_EMAIL in einem Ausdruck

8.2 Neues Workflow-Szenario auf Basis einer eigenen Workflow-Klasse anlegen

SAP Business Workflow bietet Ihnen die Möglichkeit, einen Workflow für ein Nicht-Standardobjekt anzulegen und auch damit alle Möglichkeiten und Funktionen des Frameworks wie die Inbox-Anwendungen (Business Workplace, Meine Inbox etc.) sowie Analysereports und Fehleranalysetools etc. zu nutzen. Dadurch können Sie schnell einen Workflow für Ihre kundeneigenen Objekte implementieren und diesen wie alle anderen Workflows vom System verarbeiten lassen und administrieren.

Prozesse mit Nicht-SAP-Objekten

Wenn Sie ein eigenes Objekt entwickelt haben, werden Sie hierfür auch eine Dialoganwendung erstellt haben, z. B. eine SAP-Fiori-App oder eine klassische Transaktion bzw. Dynpro-Anwendung. Alle SAP-Oberflächentechnologien lassen sich grundsätzlich mit dem Workflow-Framework nutzen. Je nachdem, welche Inbox-Anwendung und welches Endgerät (z. B. ein mobiles Gerät) Sie wählen, sind aber nicht alle Technologien und Workflow-Szenarios einsetzbar.

Im Folgenden entwickeln wir ein neues Workflow-Szenario auf Basis eines kundeneigenen Objekts. Im Anschluss daran erhalten Sie erste Informationen dazu, wie Sie die Visualisierung eigener Anwendungen (Transaktionen, App etc.) in den Eingangsanwendungen steuern können.

8.2.1 Beispiel-Workflow auf Basis eines eigenen Objekts

Als Beispiel für ein neues Workflow-Szenario auf Basis eines eigenen Objekts wollen wir in diesem Abschnitt folgenden Workflow abbilden: Aufgrund eingeschränkter Platzverfügbarkeit können in einer Abteilung mit zehn Mitarbeitenden nur maximal fünf im Büro sein. Die Abteilung ist für die Kundenberatung zuständig. Einige Kund*innen lassen sich direkt im Unternehmen vor Ort beraten, sodass Kundenkontakt notwendig ist. Homeoffice ist daher nicht für alle Mitarbeitenden möglich. Jede Mitarbeiterin und jeder Mitarbeiter reicht daher für eine Kalenderwoche die gewünschten Homeoffice-Tage zur Planung ein, die von der oder dem Vorgesetzten genehmigt werden müssen. Dieser Prozess soll über einen Workflow abgebildet werden.

Die Mitarbeitenden erfassen ihre Homeoffice-Tage in einer SAPUI5-Anwendung und die oder der Vorgesetzte genehmigt diese oder lehnt sie ab. Die SAPUI5-Anwendung löst also das Ereignis aus, das zum Start des Workflows führt.

Workflow-Klasse anlegen

Workflow-Klasse mit Schlüssel

Wir beginnen mit der Anlage einer Workflow-Klasse. Das Vorgehen hierbei ist identisch zu der in Abschnitt 7.1, »Workflow-Klassen anlegen«, beschriebenen Vorgehensweise. Über die Transaktion SE24 (Class Builder) legen Sie eine Klasse mit dem Interface `IF_WORKFLOW` an. Nennen Sie die Klasse z. B. »ZCL_WF_APPROVE_HOME_OFFICE«. Die Genehmigung erfolgt für die jeweiligen Benutzernamen (`UNAME`) und pro Kalenderwoche (`KWEEK`). Die Definition der Schlüsselfelder der Workflow-Klasse könnte demnach so aussehen wie in Abbildung 8.8.

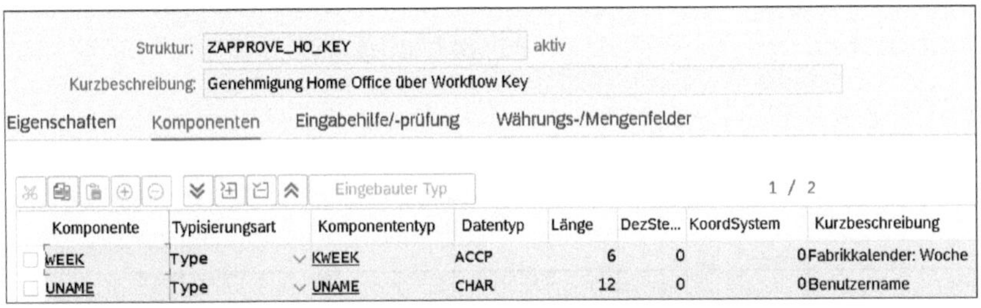

Abbildung 8.8 Schlüssel der Klasse ZCL_WF_APPROVE_HOME_OFFICE für eine Kalenderwoche

Einbindung von Attributen

In der Methode `CONSTRUCTOR` werden zusätzlich zwei weitere Attribute ermittelt: eines für den Namen der Antragstellerin oder des Antragstellers und eines für deren oder dessen E-Mail-Adresse (siehe Listing 8.3).

```
METHOD constructor.
  m_approve_ho_key = is_approve_ho_key.
  me->m_por-catid  = 'CL'.
  me->m_por-typeid = gc_wf_class.
  me->m_por-instid = me->m_approve_ho_key.
  me->m_user_name = get_fullname( is_approve_ho_key-uname ).
  me->m_user_smtp = get_smtp_adr( is_approve_ho_key-uname ).
ENDMETHOD.
```

Listing 8.3 Konstruktor mit dem Attribut M_USER_NAME und M_SMTP_ADR (E-Mail-Adresse)

Die Methode `GET_FULLNAME` ermittelt den Vor- und Nachnamen zu einem Benutzernamen wie in Listing 8.4.

```
METHOD get_fullname.
  SELECT SINGLE adrp~name_text INTO @rv_fullname
  FROM usr21 JOIN adrp ON usr21~persnumber = adrp~persnumber
                      AND adrp~date_from <= @sy-datum
```

```
                         AND adrp~date_to    >= @sy-datum
  WHERE usr21~bname = @iv_bname.
  IF sy-subrc <> 0.
    RETURN.
  ENDIF.
ENDMETHOD.
```

Listing 8.4 Implementierung der Methode zur Ermittlung von Vor- und Nachnamen eines Benutzers/einer Benutzerin

Über die Methode GET_SMTP_ADR wird aus dem Benutzerstamm die E-Mail-Adresse (Feld SMTP_ADDR) selektiert wie in Listing 8.5.

```
METHOD get_smtp_adr.
  SELECT SINGLE smtp_addr INTO @rv_smtp_addr
    FROM usr21 JOIN adr6 ON   adr6~persnumber = usr21~persnumber
                         AND  adr6~addrnumber = usr21~addrnumber
                         AND  adr6~date_from  <= @sy-datum
   WHERE usr21~bname = @iv_bname.
  IF sy-subrc <> 0.
    RETURN.
  ENDIF.
ENDMETHOD.
```

Listing 8.5 Implementierung der Methode zur Ermittlung der E-Mail-Adresse eines Benutzers

Interface-Methoden der Workflow-Klasse

Die Methode FIND_BY_LPOR des Interface BI_PERSISTENT zur Umwandlung der persistent gespeicherten Darstellung des Objekts in eine Instanz der Klasse implementieren Sie nach der Vorlage in Listing 8.6.

```
METHOD bi_persistent~find_by_lpor.
DATA(ls_key) = CONV zapprove_ho_key( lpor-instid(18) ).
  result = NEW zcl_wf_approve_home_office( ls_key ).
ENDMETHOD.
```

Listing 8.6 Implementierung der Methode BI_PERSISTENT~FIND_BY_LPOR

Speichern der Homeoffice-Tage

Zum Speichern der genehmigten Homeoffice-Tage wird eine Methode benötigt, die die Daten in eine kundeneigene Tabelle (im Beispiel ZAPPROVE_HO) speichert. Die Tabelle enthält die Schlüsselstruktur und eine Struktur mit den Homeoffice-Tagen (ZAPPROVE_HO_DAYS). Letztere sehen Sie in Abbildung 8.9.

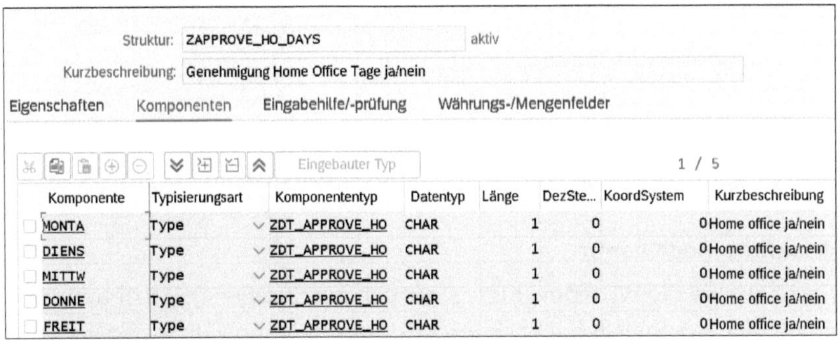

Abbildung 8.9 Struktur zur Abbildung der Tage im Homeoffice

Listing 8.7 zeigt die Implementierung der Methode SAVE_HO_DAYS zum Speichern der Homeoffice-Tage in der Tabelle ZAPPROVE_HO.

```
METHOD save_ho_days.
    DATA(ls_zapprove_ho) = VALUE zapprove_ho(
      key  = is_approve_ho_key
      days = is_approve_ho_days ).
  INSERT zapprove_ho FROM ls_zapprove_ho.
  IF sy-subrc <> 0.
    RAISE error_insert_ho.
  ENDIF.
ENDMETHOD.
```

Listing 8.7 Methode zum Speichern der Daten

Startereignis zur Klasse

Als Nächstes legen Sie das Ereignis APPROVE_USER_HOME_OFFICE an, das aus der Anwendung heraus den Workflow startet (siehe Abbildung 8.10).

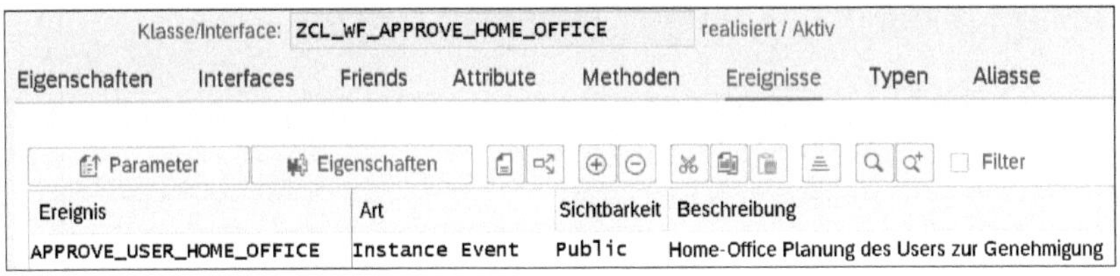

Abbildung 8.10 Startereignis zur Homeoffice-Klasse

Importparameter

Das Ereignis hat nur einen Parameter IS_APPROVE_HO_DAYS, mit dem die zu genehmigenden Homeoffice-Tage aus der Anwendung heraus übergeben werden können (siehe Abbildung 8.11).

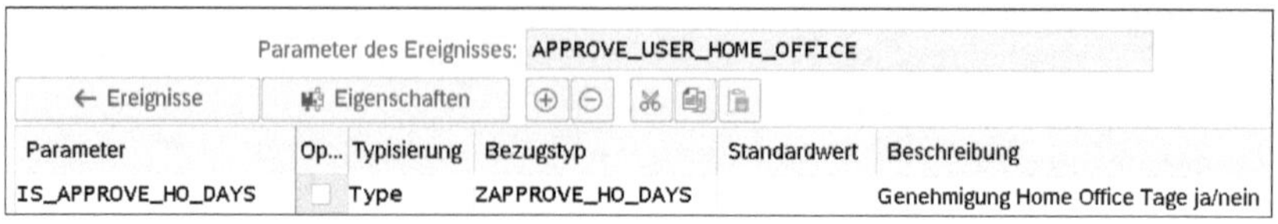

Abbildung 8.11 Ereignisparameter IS_APPROVE_HO_DAYS

Workflow modellieren

Nachdem Sie die Workflow-Klasse mit den beschriebenen Attributen und dem Ereignis angelegt haben, können Sie den Workflow im Workflow Builder modellieren. Die oder der Vorgesetzte der Teammitglieder soll die gewünschten Homeoffice-Tage mit einer *Entscheidungsaufgabe* genehmigen. Erfolgt die Genehmigung, wird die antragstellende Person per E-Mail informiert und die in der aktuellen Kalenderwoche genehmigten Tage werden in der Datenbanktabelle abgespeichert. Im Falle einer Ablehnung erhält die antragsstellende Person ebenfalls eine E-Mail, die sie über die Ablehnung informiert.

Containervariable

Rufen Sie den Workflow Builder auf und legen Sie über die Schaltfläche (**Neuen Workflow anlegen**) ein neues Workflow-Szenario an. Vergeben Sie eine **Bezeichnung** sowie eine **Kurzbeschreibung**. Legen Sie anschließend die Containervariable zu Ihrer Workflow-Klasse an, wie in Abbildung 8.12 gezeigt.

Abbildung 8.12 Containervariable zur Workflow-Klasse anlegen

Datenfluss vom Ereignis zur Workflow-Klasse

Jetzt können Sie das Startereignis festlegen und die Datenflüsse hierzu definieren. Da Ihr Ereignis einen Ereignisparameter mit den gewünschten Homeoffice-Tagen übergibt, müssen Sie diesen Parameter zuvor im Workflow-Container zur Verfügung stellen. Legen Sie also zur Struktur ZAPPROVE_HO_DAYS eine weitere Containervariable an. Abbildung 8.13 zeigt die dabei vorzunehmenden Einstellungen.

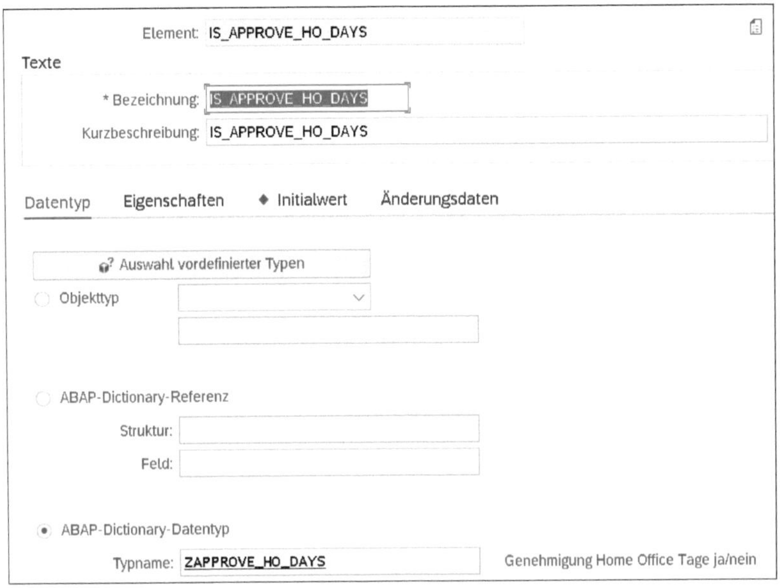

Abbildung 8.13 Containervariable für den Ereignisparameter

Das Startereignis weisen Sie nun auf der Registerkarte **Startereignisse** der Workflow-Klasse zu (siehe Abbildung 8.14).

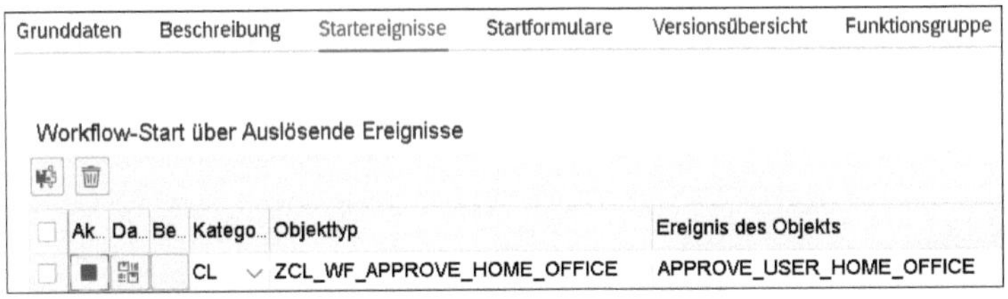

Abbildung 8.14 Startereignis des Workflows für die Homeoffice-Genehmigung

Generieren und prüfen Sie den Datenfluss anschließend. Abbildung 8.15 zeigt den Datenfluss vom auslösenden **Ereignis**, also dem Startereignis, zur Instanz der Workflow-Klasse. Hier wird auch die Struktur &IS_APPROVE_HO_DAYS& an den Workflow übergeben. Die Anwendung übergibt also die zu genehmigenden Homeoffice-Tage an den Workflow.

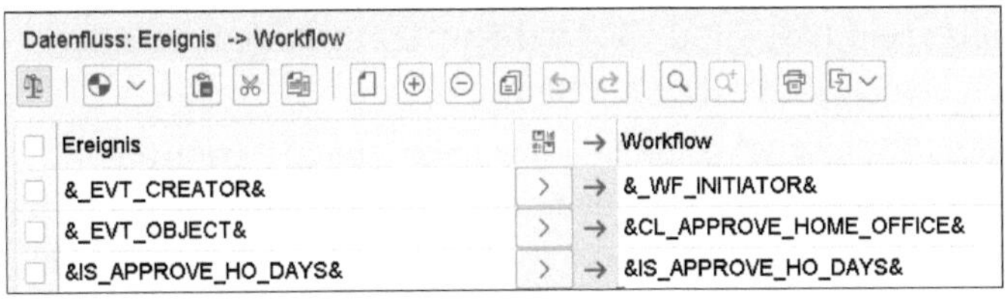

Abbildung 8.15 Datenfluss vom Ereignis zur Workflow-Klasse

Benutzerentscheidung

Als Nächstes können Sie dem Workflow-Szenario einen Schritt vom Typ Benutzerentscheidung, also eine Entscheidungsaufgabe, hinzufügen. Die Benutzerentscheidung ist ein Schritt- bzw. Aktivitätstyp, mit dem die Personen, die das Workitem bearbeiten, direkt die Aufgabenbeschreibung und mögliche Entscheidungsalternativen erhalten. Die Anwenderin oder der Anwender muss den Fortgang des Workflows durch die Auswahl einer der möglichen Alternativen entscheiden. Im grafischen Modell des Workflows wird sie mit dem Symbol (**Benutzerentscheidung**) dargestellt.

Um eine Entscheidungsaufgabe zu konfigurieren, ist zusätzlich zu den für eine Aktivität bekannten Registerkarten eine Registerkarte **Entscheidung** im Workflow Builder verfügbar. Durch Anlage einer Entscheidungsaufgabe wird die SAP-Standardaufgabe TS00008267 hinterlegt. Wenn Sie den Aufgabentext anpassen wollen oder eine Referenz auf ein Objekt benötigen, kopieren Sie diese Aufgabe.

Entscheidungsoptionen

Legen Sie nun die Benutzerentscheidung als ersten Schritt des Workflows an und pflegen Sie die entsprechenden Daten, wie in Abbildung 8.16 gezeigt.

Abbildung 8.16 Benutzerentscheidung für den Homeoffice-Genehmigungs-Workflow konfigurieren

Die **Entscheidungsoptionen** sollen **Genehmigt** und **Abgelehnt** lauten. Im Ablehnungsfall ist eine Begründung obligatorisch. Als **Parameter 1** für den Titel geben Sie den Benutzernamen des Antragstellers per Ausdruck an. Sie müssen diesen im Feld **Titel** mit dem Platzhalter & angeben, sodass der Inhalt zur Laufzeit ersetzt wird (siehe Abbildung 8.16).

Bearbeiterfindung

Für die Bearbeiterfindung wird die Standardregel für die Ermittlung der oder des Vorgesetzten genutzt. Dies bedeutet, dass die Führungskraft der Organisationseinheit das Workitem erhält. Das entsprechende Benutzerkonto ist im Organisationsmodell in der Planstelle gekennzeichnet (siehe Abbildung 8.17). Sie können die für die Genehmigung zuständige Person auch über die App **Teams und Zuständigkeiten verwalten** (siehe Abschnitt 6.5.5, »Bearbeiterfindung über die App ›Teams und Zuständigkeiten verwalten‹«) pflegen.

Besetzungsplan (Struktur)	Kürzel	Id	Leiter
Service und Beratung	Service	O 50000183	Thomas Müller
Service und Beratung	Service	S 50000184	
Leiter Service und Beratung	LeiterServci	S 50000185	
Thomas Müller	Müller	US TEST_USR01	

Abbildung 8.17 Ausschnitt aus dem Organisationsmodell

Textänderung in der Entscheidungsaufgabe

Auf der Registerkarte **Steuerung** ist die generische Entscheidungsaufgabe (Standardaufgabe TS00008267) hinterlegt. Für unser Beispiel möchten wir allerdings einen eigenen Workitem-Text nutzen. Kopieren Sie daher die generelle Aufgabe in der Transaktion PFTC_COP und bearbeiten Sie die Kopie. Wir möchten im Workitem-Text sofort anzeigen, wer in welcher Woche die Homeoffice-Tage beantragt. Außerdem soll direkt in das Objekt abgesprungen werden, in unserem Fall also in eine Tabellenansicht der bereits genehmigten Homeoffice-Tage der aktuellen Kalenderwoche.

[«]

Defaultmethode der Workflow-Klasse aufrufen

Auch bei Entscheidungsaufgaben haben Sie in der Vorschau des ausgewählten Objekts die Möglichkeit, über Objekte und Anlagen die Defaultmethode Ihrer Workflow-Klasse aufzurufen. Hierzu muss Ihre Workflow-Klasse in der Entscheidungsaufgabe als Containerelement angelegt sein. Definieren Sie außerdem den Datenfluss vom Workflow zur Entscheidungsaufgabe. In Abbildung 8.18 sehen Sie den Container der Entscheidungsaufgabe mit der Workflow-Klasse CL_APPROVE_HO als Containerelement.

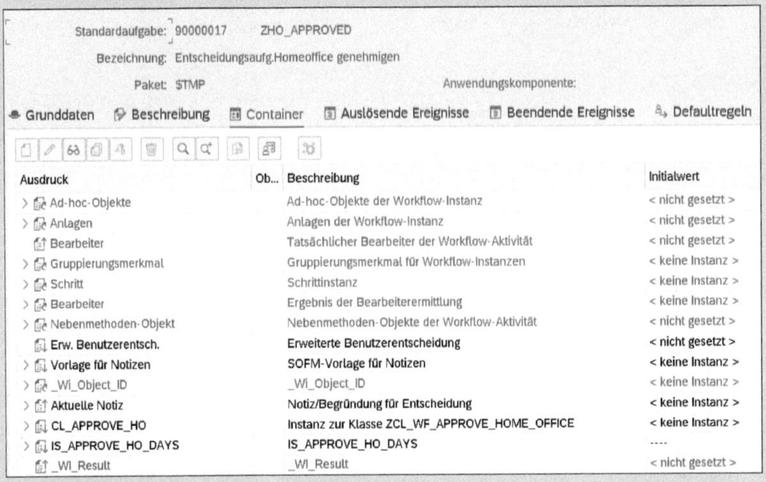

Abbildung 8.18 Entscheidungsaufgabe – Workflow-Klasse als Containerelement anlegen und im Datenfluss übergeben

Ändern Sie die Workitem-Beschreibung nach Ihren Wünschen. Abbildung 8.19 zeigt einen Beispieltext unter Verwendung der zuvor definierten Attribute.

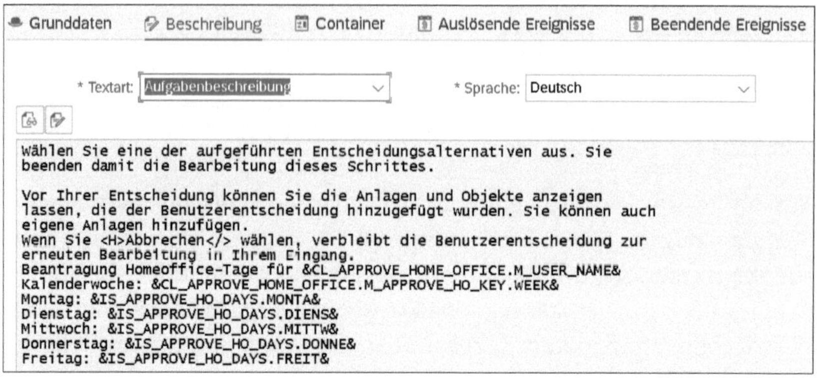

Abbildung 8.19 Workitem-Beschreibung für die Entscheidungsaufgabe

Pflegen Sie die Bearbeiterzuordnung für die aus der Kopie entstandene eigene Entscheidungsaufgabe, indem Sie diese als generelle Aufgabe deklarieren.

E-Mail versenden

Legen Sie als Nächstes im Workflow Builder zwei Schritte vom Typ **Mail versenden** an, um die Person, die den Antrag gestellt hat, im Falle der Genehmigung und im Falle der Ablehnung zu benachrichtigen. Als E-Mail-Adresse können Sie in beiden Schritten das Attribut `M_USER_SMTP` Ihrer Workflow-Klasse verwenden. Abbildung 8.20 zeigt die Konfiguration des Schrittes für den Fall der Ablehnung des Homeoffice-Antrags.

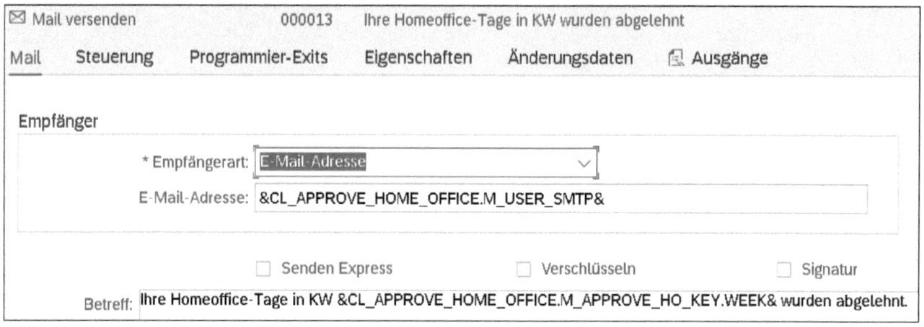

Abbildung 8.20 E-Mail bei Ablehnung versenden

Hintergrundaktivität zur Datenbankaktualisierung

Fügen Sie nun noch eine Hintergrundaktivität als Schritt hinzu, der im Falle der Genehmigung ausgeführt wird. Mit dieser Hintergrundaktivität sollen die Daten in der Datenbank gesichert werden. Dazu verknüpfen wir die zuvor implementierte Methode `SAVE_HO_DAYS` mit der Standardaufgabe, die der Hintergrundaktivität hinterlegt wird. Im grafischen Modell des Workflow Builders sollte der Workflow nun so aussehen wie in Abbildung 8.21.

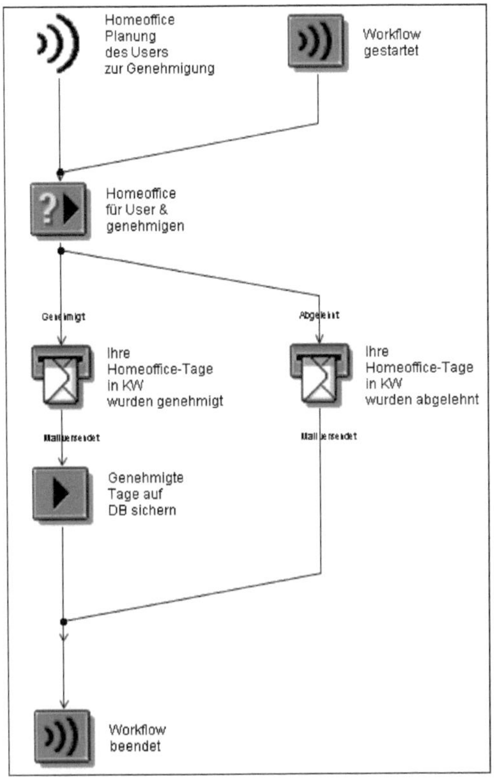

Abbildung 8.21 Grafisches Modell des Workflows zur Homeoffice-Genehmigung

Testen Sie den Workflow abschließend über die Schaltfläche (**Testen**). Wenn Sie sich am Testsystem mit dem Test-Benutzerkonto der oder des Vorgesetzten anmelden, sollte Ihnen in Ihrer Inbox (Business Workplace oder **Meine Inbox**) nun ein Workitem mit den beiden Entscheidungsoptionen angezeigt werden. Alternativ können Sie über die Administratorfunktion (Transaktion SWIA, siehe den Abschnitt »Weitere Administrationsfunktionen« in Abschnitt 4.3.1) das Workitem übernehmen und bei Bedarf das Workflow-Protokoll einsehen. Wenn Sie das Workitem dann ausführen, wird es im Business Workplace wie in Abbildung 8.22 dargestellt.

Entscheidungsoptionen in der Inbox konfigurieren

Für die SAP-Fiori-App **Meine Inbox** sind weitere Einstellungsmöglichkeiten vorhanden. Wollen Sie für Ihre eigenen Entscheidungsaufgaben die Entscheidungssymbole abweichend von der Beschriftung in der Entscheidungsaufgabe (siehe Abbildung 8.16) einrichten und sie farblich anders darstellen, können Sie dies über das Customizing machen. Über den Pfad **SAP NetWeaver • Aktivierung SAP Gateway-Service • Content • Workflow-Einstellungen • Aufgabennamen und Entscheidungsoptionen verwalten** im Customizing-Leitfaden (Transaktion SPRO) können Sie Entscheidungssymbole (*Action Buttons*) für die App **Meine Inbox** konfigurieren. Dabei weisen Sie den einzelnen Symbolen jeweils einen Typ zu (siehe Abbildung 8.23). Der Typ `POSITIVE` wird in der App grün dargestellt und der Typ `NEGATIVE` rot. Als **Entscheidungstext** könnten Sie z. B. »Homeoffice genehmigen« und »Homeoffice ablehnen« eintragen.

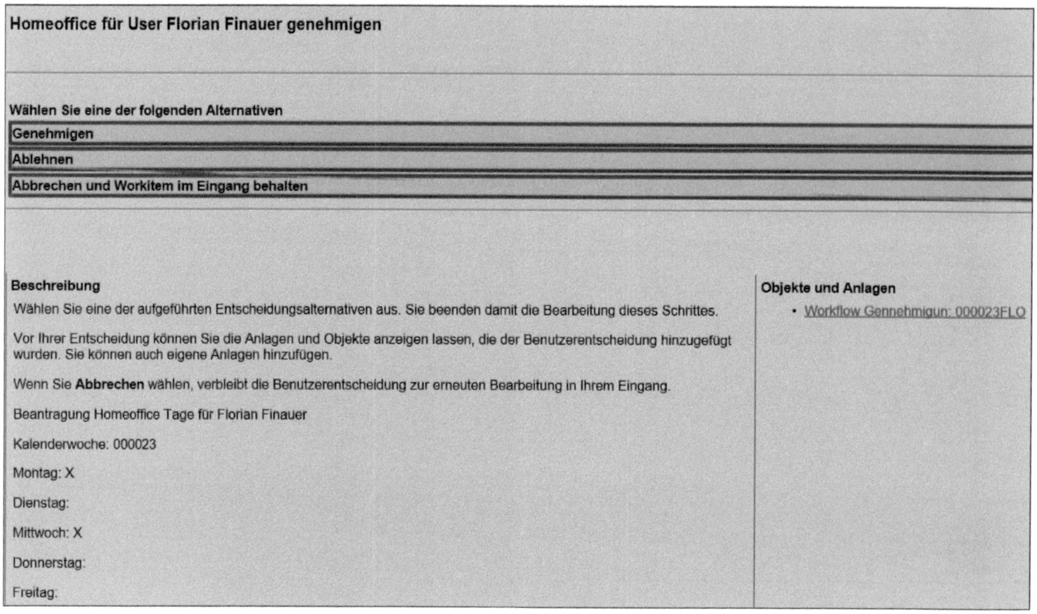

Abbildung 8.22 Entscheidungsaufgabe im Business Workplace

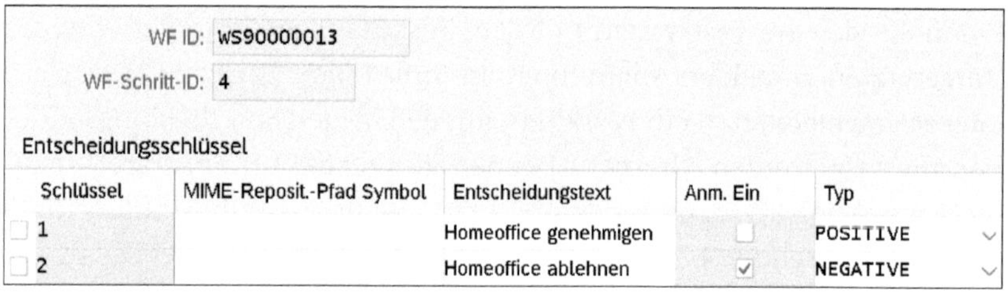

Abbildung 8.23 Entscheidungssymbole einstellen und benennen

[»]

Weiterführende Informationen zur Konfiguration von Entscheidungssymbolen

Weitere Details zur Konfiguration von Entscheidungssymbolen erfahren Sie in SAP-Hinweis 2421785 (How to Customize the Decision Keys In My Inbox Fiori App).

Abbildung 8.24 zeigt die Darstellung in der App **Meine Inbox**. Das Workitem wird mit den zwei definierten Entscheidungsoptionen in Grün und Rot (im unteren Bereich der App) angezeigt.

Abbildung 8.24 App »Meine Inbox« mit konfigurierten Entscheidungssymbolen

Entscheidungssymbole für andere Dialogaktivitäten

Das Customizing für die Entscheidungssymbole in der App **Meine Inbox** kann auch für Dialogaktivitäten genutzt werden, die nicht durch Entscheidungsaufgaben abgebildet werden. Dazu müssen Sie das BAdI `/IWWRK/BADI_WF_BEFORE_UPD_IB` implementieren. Sie können hier eine Implementierung der benötigten Entscheidung im Parameter `IV_DECISION_KEY` hinterlegen. Ein Beispiel hierzu finden Sie in der Erweiterungsimplementierung `MM_PUR_PO_APPROVE_ACTIONS`.

8.2.2 Visualisierung von Aufgaben in Workflow-Eingangsanwendungen

Wenn Sie einen eigenen Workflow entwickelt haben und die SAP-Fiori-App **Meine Inbox** nutzen wollen, müssen Sie Folgendes beachten:

- Workflows mit Freigabeschritten, die Ausnahmen statt einfacher Ergebnisse verwenden, um den Ausgangspfad zu ermitteln, werden von der App nicht unterstützt.

- Für den Absprung in Ihre Anwendung (eigene Transaktion, Apps etc.) müssen Sie gegebenenfalls Einstellungen zur Aufgabenvisualisierung vornehmen.

Visualisierung einer Aufgabe

Für die Visualisierung einer Aufgabe in der App **Meine Inbox** gilt Folgendes: Wenn Sie in der App auf **Aufgabe öffnen** unten rechts klicken (siehe Abbildung 8.25), wird ein HTML-Fenster in einem weiteren Tab des Browsers geöffnet, sofern keine andere Konfiguration in der Transaktion SWFVISU (Aufgabenvisualisierung) vorgenommen wurde. Dies gilt jedoch nur, wenn Sie die App an einem Desktop-PC oder Laptop nutzen. Bei mobilen Geräten ist die Option **Aufgabe öffnen** nicht verfügbar.

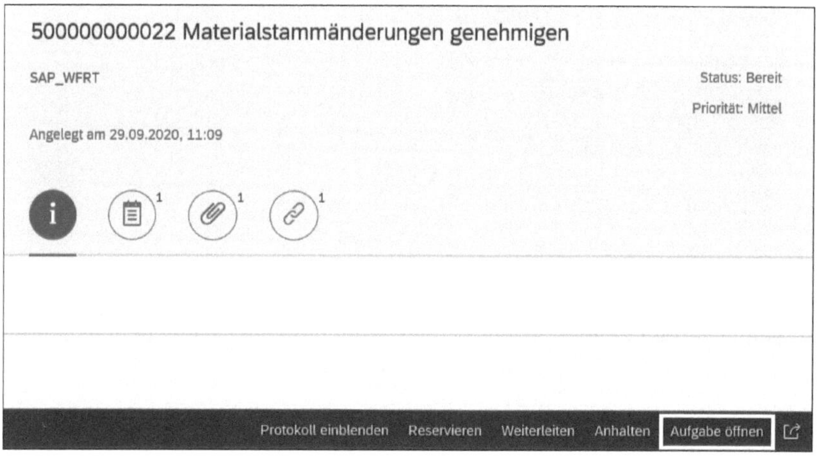

Abbildung 8.25 Schaltfläche »Aufgabe öffnen« in der App »Meine Inbox« auf einem Desktop-PC

Visualisierungsart zur Standardaufgabe

Die URL für den Aufruf der Aufgabe im SAP GUI for HTML wird im Backend des SAP-Systems generiert. Über die Transaktion SWFVISU können Sie die Erzeugung dieser URL beeinflussen, sodass eine Applikation (auch eine eigene) über eine alternative URL geöffnet werden kann. So können Sie z. B. während einer Übergangszeit SAP-Fiori-Apps und bestehende Anwendungen (Transaktionen) in der Inbox parallel nutzen, bis für alle Einsatzbereiche SAP-Fiori-Apps verfügbar sind.

In Abbildung 8.26 sehen Sie die Transaktion SWFVISU zur Festlegung der Standardaktion von Standardaufgaben (TS...). Für den hier betrachteten Anwendungsfall **Meine Inbox** können Sie die Visualisierungstypen **Intent-basierte Navigation** und **Meine Inbox: generische Applikation** wählen. Je nach Auswahl stehen unterschiedliche Parameter zur Verfügung, die zum Aufbau der URL verwendet werden.

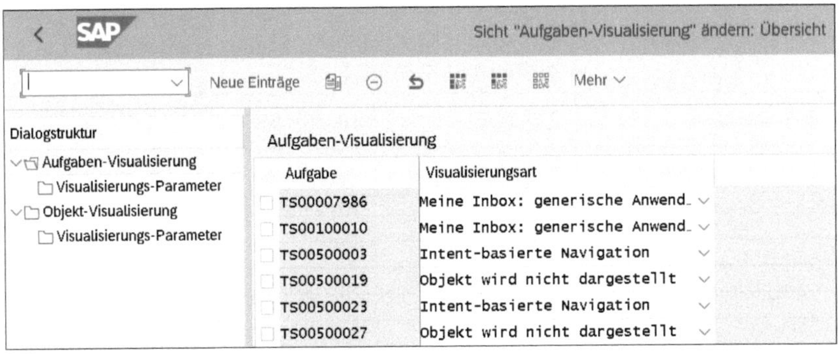

Abbildung 8.26 Transaktion SWFVISU – Standardaufgabenvisualisierung

Transaktion SWFVISU

Die Transaktion SWFVISU wird bereits seit einiger Zeit zur Konfiguration der Aufgabenvisualisierung für die Universal Worklist (UWL) und den SAP Business Client eingesetzt und ermöglicht nun auch die Konfiguration der Standardaufgaben für die App **Meine Inbox**.

URL für den Aufruf von Workflow-Aufgaben

Für die Visualisierung von Aufgaben Ihrer klassischen kundeneigenen Transaktionen in der App **Meine Inbox** müssen Sie keine Einstellungen in der Transaktion SWFVISU vornehmen. Für BSP-Anwendungen (Business Server Pages), SAPUI5-Anwendungen, die auf BSP basieren, und weitere beliebige Applikationen sowie für die intent-basierte Navigation müssen Sie eine spezielle URL für den Aufruf von Workflow-Aufgaben generieren.

In dem Beispiel in Abbildung 8.27 sehen Sie die Visualisierungsparameter zur Standardaufgabe TS00007986 (Banf freigeben).

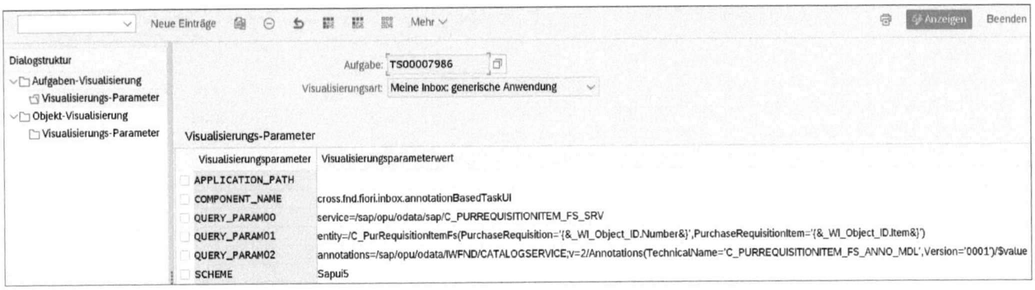

Abbildung 8.27 Visualisierungsparameter zur Standardaufgabe TS00007986

URL-Generierung nach Visualisierungstyp

Weitere technologiespezifische Informationen zur URL-Generierung und den hierfür genutzten ABAP-Klassen können Sie den SAP-Hinweisen entnehmen, die in Tabelle 8.1 aufgelistet sind.

Visualisierungstyp	SAP-Hinweisnummer	Titel
BSP-Standard	2218632	URL für BSP-Standard enthält //
Web Dynpro ABAP	2187457	Parameter »sap-wd-configId« wird nicht gesetzt bei ABAP-Web-Dynpro-URL
SAPUI5, basierend auf BSP	2056158	URL generation for UI5 applications (BSP)
My Inbox, generische Applikation	2178368	URL-Generierung für beliebige Applikationen (My Inbox)
intent-basierte Navigation	2274940	URL-Generierung für intentbasierte Navigation, z. B. ABAP RESTful Application Programming Model

Tabelle 8.1 SAP-Hinweise mit Informationen zu den Visualisierungstypen für Aufgaben in der App »Meine Inbox«

Kapitel 9

Fehlerbehandlung und -analyse im Rahmen der Workflow-Entwicklung

Während der Workflow-Entwicklung ist es einerseits notwendig, auf Ausnahmen zu reagieren, andererseits müssen Fehler in der Entwicklung gefunden und beseitigt werden. Aufgrund der Workflow-Architektur benötigen Sie spezielle Kenntnisse, um Workflows zu debuggen und Fehler zu identifizieren.

Beim Design Ihres Workflows sollten Sie mögliche Fehlerfälle, wie z. B. fehlende Bearbeiter*innen, bereits in Ihrem Prozessablauf berücksichtigen. Dies ist sehr wichtig, um einen stabilen, produktiven Workflow sicherzustellen. Für einen erfolgreichen Workflow benötigen Sie eine umfassende Fehlerbehandlung.

Wir erläutern Ihnen in Abschnitt 9.1 die verschiedenen Möglichkeiten, auf Fehler zu reagieren und eigene Ausnahmeklassen einzurichten. In Abschnitt 9.2 zeigen wir Ihnen die wichtigsten Werkzeuge zur Fehlersuche und zum Debugging im Rahmen der Workflow-Entwicklung.

9.1 Fehlerbehandlung und eigene Ausnahmeklassen

In Ihrer Workflow-Konzeption sollten Sie alle möglichen fachlichen Fehlerfälle berücksichtigen, die den Workflow-Ablauf beeinflussen könnten, und zu jedem dieser Fälle eine Fehlerbehandlung festlegen. Diese zu erwartenden Fehlerfälle sind anders zu behandeln als technische Fehler innerhalb eines Workflows. Auf die Analyse der technischen Fehler und das Debugging im Rahmen der Workflow-Entwicklung sowie die Fehlerbehebung gehen wir in Abschnitt 9.2, »Fehlersuche und Debugging«, ein.

9.1.1 Fehlertypen und Systemverhalten

Fehlertypen

Die fachlichen und technischen Fehler im Workflow-Ablauf können folgenden Fehlertypen zugeordnet werden:

- **Temporäre Fehler**
  Als *temporäre Fehler* werden Fehler bezeichnet, die bei einem weiteren Versuch nicht erneut auftreten können. Für diesen Fehlertyp kann es

sinnvoll sein, die verwendete Methode erneut aufzurufen. Temporäre Fehler können beispielsweise aufgrund eines Sperrproblems auftreten, durch den Abbruch eines Workitems oder aufgrund einer temporären Nichtverfügbarkeit eines anderen Systems, auf das der Workflow zugreift.

- **Anwendungsfehler**
  Anwendungsfehler sind Fehler aufgrund fehlender Daten, wenn z. B. die Bearbeiterfindung nicht erfolgreich durchgeführt werden kann oder die Berechtigung für die Anwendung nicht vorliegt.
- **Systemfehler**
  Systemfehler haben ihre Ursache in einer fehlerhaften Workflow-Konfiguration oder in Inkonsistenzen zwischen Objekttypdefinitionen und Methoden (z. B. wenn ein obligatorischer Methodenparameter nicht übergeben wurde). Solche technischen Fehler bzw. Workflow-Entwicklungsfehler behandeln wir in Abschnitt 9.2, »Fehlersuche und Debugging«.

Workitem-Status und das Systemverhalten

Abhängig davon, ob ein Fehler in einer Dialogaktivität oder bei der Hintergrundverarbeitung auftritt und ob für die Ausnahme ein Folgeschritt im Workflow Builder modelliert wurde, verhält sich das System unterschiedlich. Tabelle 9.1 gibt einen Überblick über die Workitem-Status und das Systemverhalten der einzelnen Fehlertypen.

Fehlertyp	Folgeschritt modelliert	Folgeschritt nicht modelliert
temporärer Fehler (Dialog-Workitem)	Status **beendet**; modellierter Folgeschritt wird ausgeführt.	Status **in Arbeit**; Workitem kann noch einmal vom Bearbeiter oder von der Bearbeiterin gestartet werden.
temporärer Fehler (Hintergrund-Workitem)	■ Status **in Arbeit**; wiederholte Verarbeitung des Hintergrund-Workitems durch das System (siehe Wiederholungszähler in der Schrittdefinition oder Customizing) ■ Status **beendet** (alle Versuche erfolglos); modellierter Folgeschritt wird ausgeführt.	■ Status **in Arbeit**; wiederholte Verarbeitung des Hintergrund-Workitems durch das System (siehe Wiederholungszähler in der Schrittdefinition oder Customizing) ■ Status **fehlerhaft** (alle Versuche erfolglos)
Anwendungsfehler	Status **beendet**; modellierter Folgeschritt wird ausgeführt.	Status **fehlerhaft**

Tabelle 9.1 Fehlertypen mit Systemverhalten und Workitem-Status

Fehlertyp	Folgeschritt modelliert	Folgeschritt nicht modelliert
Systemfehler	Status **beendet**; modellierter Folgeschritt wird ausgeführt.	Status **fehlerhaft**

Tabelle 9.1 Fehlertypen mit Systemverhalten und Workitem-Status (Forts.)

9.1.2 Ausnahmeklassen und Ausnahmen in Methoden

In den Methoden der BOR-Objekte ist es möglich, in der Ausnahme den Fehlertyp zurückzugeben. Dieses Konzept ist auch für klassenbasierte Workflows verfügbar. Hierzu stehen Ihnen Ausnahmeklassen zur Verfügung. Wenn Sie die Ausnahmeklassen nicht nutzen und die Ausnahmen einer ABAP-Klasse über die `RAISE`-Anweisung auslösen, werden ausschließlich Anwendungsfehler erzeugt.

Ausnahmeklassen für die Fehlertypen

Die wichtigsten Ausnahmeklassen mit den zugehörigen Fehlertypen sind in Tabelle 9.2 aufgeführt.

Ausnahmeklasse	Fehlertyp	Beschreibung
`CX_BO_ERROR`	Anwendungsfehler	Anwendungsfehler aufgetreten
`CX_BO_TEMPORARY`	temporärer Fehler	temporärer Fehler, Wiederstart sinnvoll
`CX_BO_ACTION_CANCELLED`	temporärer Fehler	Abbruch der Verarbeitung durch den Bearbeiter

Tabelle 9.2 Ausnahmeklassen und Fehlertypen

Im einfachsten Fall können Sie Ihrer Methode die Standardausnahmeklassen zuordnen und diese für die Ausnahmeerzeugung nutzen. Ordnen Sie dazu im Class Builder (Transaktion SE24) oder in den ABAP Development Tools (ADT) in Eclipse in der Definition der Methoden (Registerkarte **Methoden**) über die Registerkarte **Ausnahmen** die Ausnahmen `CX_BO_ERROR` und `CX_BO_TEMPORARY` aus Abbildung 9.1 zu. Vergessen Sie nicht, das Kennzeichen **Ausnahmeklassen** zu setzen.

Abbildung 9.1 Ausnahmeklassen zur Methode

In Ihrer Methode erzeugen Sie dann die Ausnahme an entsprechender Stelle im Coding, z. B. mit der folgenden Anweisung:

```
RAISE EXCEPTION TYPE cx_bo_error.
```

Eigene Ausnahmeklasse

In vielen Fällen werden Sie aber eigene Ausnahmeklassen benötigen, um individuelle Nachrichtentexte verwenden zu können. Um diesen Anwendungsfall zu verdeutlichen, wollen wir den Beispiel-Workflow zur Genehmigung von Materialstammänderungen aus Abschnitt 7.2, »Eigenes Workflow-Szenario auf Basis der Workflow-Klasse anlegen«, geringfügig anpassen. Im Falle der Ablehnung der Materialstammänderung soll der Änderungsstamm über eine Hintergrundaktivität den Anwenderstatus `REJE` (**Abgelehnt**) erhalten. Im Fall einer Sperre der Änderungsnummer soll somit ein temporärer Fehler in der neu anzulegenden Methode `STATUS_CHANGE_REJE` (Klasse `ZCL_WF_CHANGE_MASTER`) erzeugt werden, sodass die Wiederverarbeitung der Hintergrundaktivität ermöglicht wird.

Gehen Sie wie folgt vor, um diese Änderung zu implementieren:

1. Legen Sie im Class Builder eine Ausnahmeklasse an, die von der Oberklasse `CX_BO_TEMPORARY` erbt.
2. Abbildung 9.2 zeigt die entsprechenden Einstellungen. Nennen Sie die Klasse »ZCX_WF_CHANGE_MASTER_EXCEPTION«, definieren Sie die Instanzerzeugung als **Public** und markieren Sie die Option **Mit Nachrichten von Nachrichtenklassen als Ausnahmetexte**.

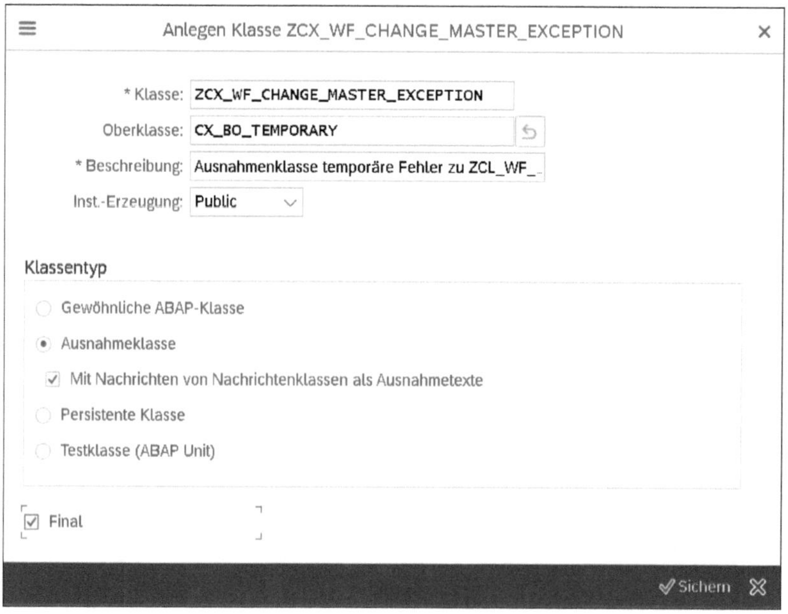

Abbildung 9.2 Ausnahmeklasse mit Oberklasse CX_BO_TEMPORARY

3. Für eine eigene Ausnahme-ID benötigen Sie Instanzattribute der Ausnahmeklasse, die in der Nachricht als Variablen genutzt werden können. Legen Sie die Instanzattribute M_AENNR (Typ AENNR) und M_USERNAME (Typ sy-uname) an.
4. Definieren Sie auf der Registerkarte **Texte** eine Ausnahme-ID (LOCK_ERROR) mit Referenz auf eine Nachrichtenklasse (siehe Abbildung 9.3).

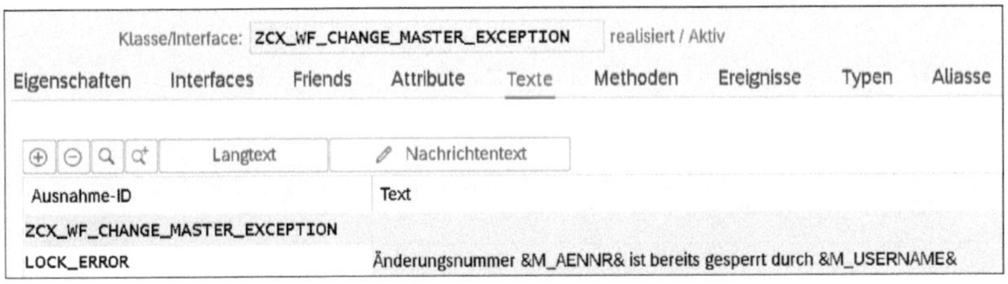

Abbildung 9.3 Ausnahme-ID zur Nachrichtenklasse

5. Hinterlegen Sie eine entsprechende Nachricht mit Referenz auf die angelegten Instanzattribute (siehe Abbildung 9.4).

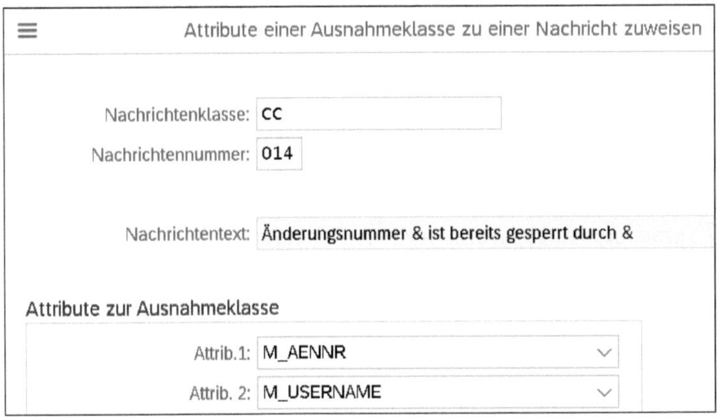

Abbildung 9.4 Attribute einer Ausnahmeklasse zur Nachricht anlegen

6. In Ihrer Workflow-Klasse ZCL_WF_CHANGE_MASTER legen Sie jetzt eine Instanzmethode zum Ändern des Anwenderstatus an (z. B. STATUS_CHANGE_REJE). Dies soll später im Workflow als Hintergrundaktivität ausgeführt werden. Im Falle eines Fehlers (z. B. wenn eine Änderungsnummer gesperrt ist) wird eine Ausnahme der angelegten Ausnahmeklasse erzeugt. Ihre Ausnahmeklasse ZCX_WF_CHANGE_MASTER_EXCEPTION ordnen Sie der Methode zu. Listing 9.1 zeigt den Ausschnitt der Methode STATUS_CHANGE_REJE im Fall eines Sperrfehlers zur Änderungsnummer und das Erzeugen der Ausnahme.

```
CALL FUNCTION 'ENQUEUE_ECAENRE'
  EXPORTING
    aennr          = m_aennr_key
  EXCEPTIONS
    foreign_lock   = 1
    system_failure = 2
    OTHERS         = 3.
IF sy-subrc <> 0.
DATA(ls_message) = VALUE scx_t100key(
  msgid  = sy-msgid
  msgno  = sy-msgno
  attr1  = sy-msgv1
  attr2  = sy-msgv2
  attr3  = sy-msgv3
  attr4  = sy-msgv4
).
  RAISE EXCEPTION TYPE zcx_wf_change_master_exception
    EXPORTING
      textid = ls_message.
ENDIF.
```

Listing 9.1 Ausnahme zur Ausnahmeklasse erzeugen

7. Zu dieser Methode wird nun eine Standardaufgabe mit synchronem Aufruf der Methode STATUS_CHANGE_REJE aus der Klasse ZCL_WF_CHANGE_MASTER angelegt (Ausführung per Hintergrundverarbeitung).
8. Fügen Sie im Workflow Builder für den Workflow ZMAT_APPROVE aus Abschnitt 7.2.2, »Workflow im Workflow Builder anlegen«, eine Aktivität im Zweig **Abgelehnt** ein und ordnen Sie dieser die eben angelegte Standardaufgabe zu.

Folgeschritte im Ausnahmefall

In den Ausgängen der Aktivität sind jetzt auch die beiden Ausnahmeklassen der Methode zu finden. Für die Ausnahme **Application Bus. Exception** könnte ein Folgeschritt modelliert werden. Über das Aktivieren des Ausgangs über das Symbol ◆ (**Ausgang nicht verwendet**) wird die Modellierung des Folgeschrittes möglich (siehe Abbildung 9.5). Nach dem Aktivieren ist der Ausgang aktiv ■ (**Ausgang verwendet**).

Einstellungen für temporäre Fehler

Auf der Registerkarte **Sonstiges** der Aktivität im unteren Bereich können Sie die Einstellungen für Hintergrund-Workitems vornehmen und die Anzahl der **Wiederholungen für temporär fehlerhafte Workitems** festlegen (siehe Abbildung 9.6). Ist hier nichts eingetragen, werden die Einstellungen aus dem Customizing verwendet.

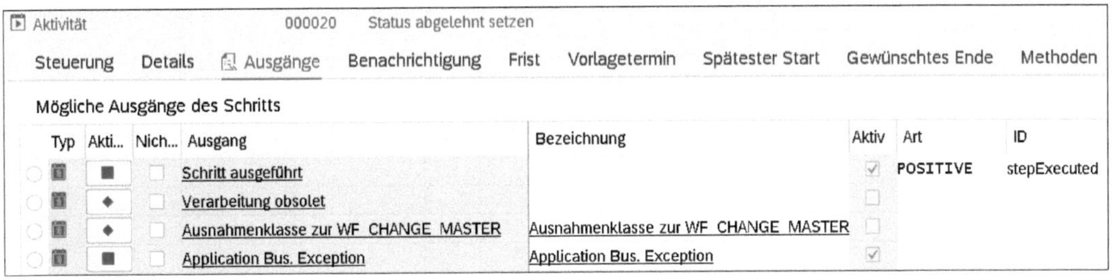

Abbildung 9.5 Ausgänge der Hintergrundaktivität mit den Ausnahmen der Methode

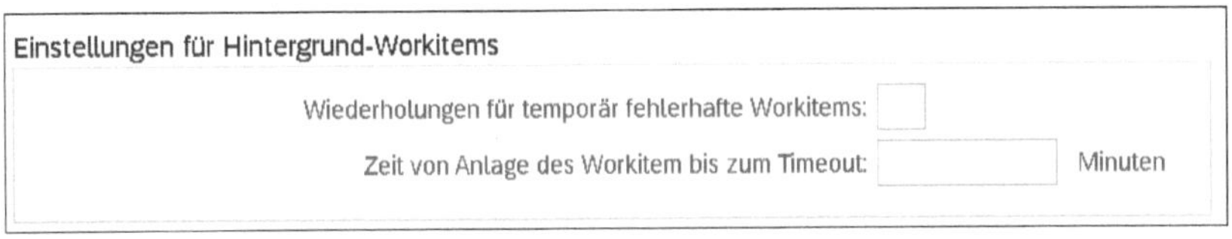

Abbildung 9.6 Einstellungen des Hintergrund-Workitems für einen temporären Fehler

Im Fehlerfall bleibt bei einem temporären Fehler das Workitem im Status **in Arbeit** und der Fehler ist im Protokoll nachvollziehbar (siehe Abbildung 9.7). Der Hintergrundjob für fehlerhafte Workitems, den Sie im automatischen Customizing eingeplant haben (siehe auch Abschnitt 3.2, »Automatisches Workflow-Customizing«), führt das Reprocessing durch. In der Schritthistorie sehen Sie die Versuche des Batchjobs.

Hintergrundjob für fehlerhafte Workitems

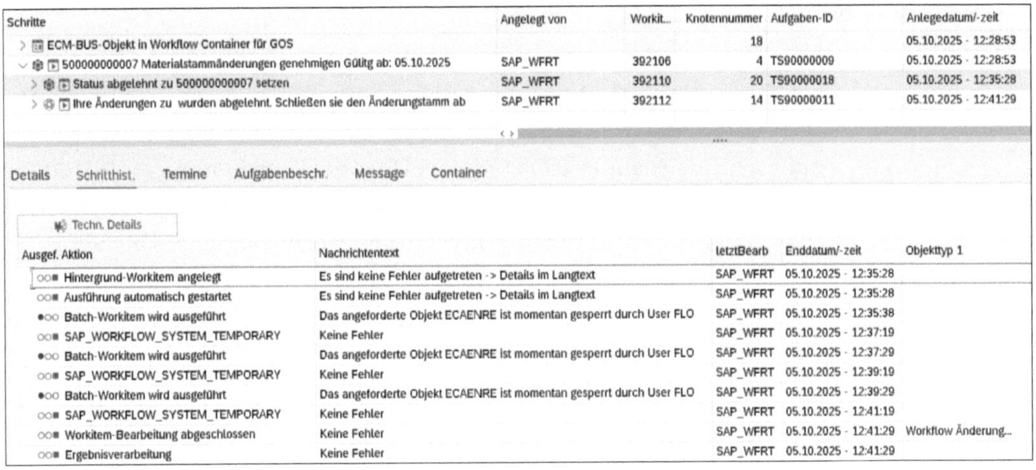

Abbildung 9.7 Temporärer Fehler im Workflow-Protokoll

Wenn Sie den Ausgang des Schrittes zu einer Ausnahme aktiviert haben, wird diese Modellierung im Workflow Builder sichtbar und Sie können

Modellierung im Fehlerfall

Workflow-Schritte für den Fehlerfall einfügen. Im Beispiel in Abbildung 9.8 wird eine E-Mail versendet.

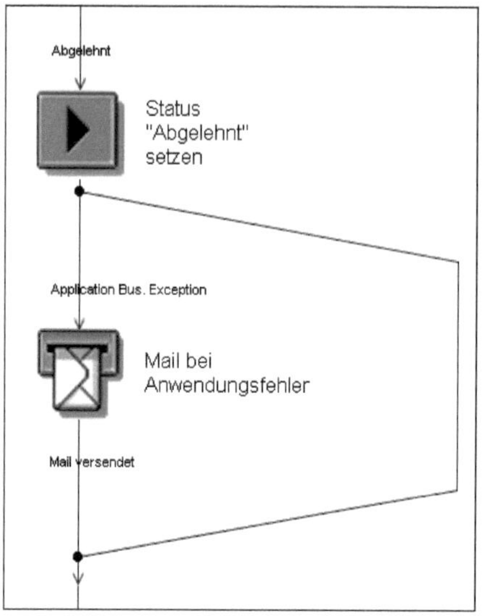

Abbildung 9.8 Modellierung einer Ausnahme aufgrund eines Anwendungsfehlers

9.1.3 Ausnahme innerhalb des Workflow Builders auslösen und behandeln

Schritttyp »Ablaufsteuerung«

Eine weitere Möglichkeit, um Ausnahmen innerhalb des Workflows auszulösen und zu behandeln, besteht über den Schritttyp **Ablaufsteuerung** in einem Block. Die Ausnahme wird in diesem Fall ausschließlich über die Modellierung erzeugt. Dazu ist es vorab notwendig, in den versionsabhängigen Daten des Workflows auf der Registerkarte **Lokale Ereignisse** die gewünschte Ausnahme zu definieren. Über die **Grunddaten** zum Workflow () und die Registerkarte **Versionsabhängig (aktuelle Workflow-Version)** navigieren Sie auf die Registerkarte **Lokale Ereignisse** (siehe Abbildung 9.9) und legen das lokale Ereignis `Error_exception` vom Typ **Ausnahme** an.

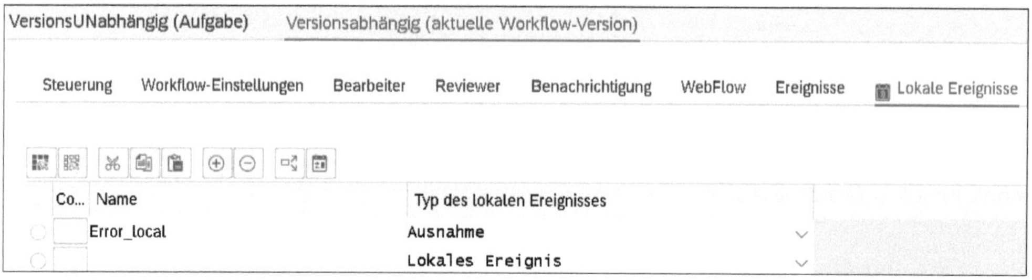

Abbildung 9.9 Ausnahmen im Workflow Builder definieren

Über den Schritttyp **Ablaufsteuerung**, den Sie im grafischen Modell des Workflow Builders über die Schaltfläche (**Schritt anlegen**) anlegen, können Sie dann diese Ausnahme auslösen. Auf der Registerkarte **Steuerung** geben Sie eine Schrittbezeichnung ein und als **Funktion** wählen Sie **Ausnahme auslösen**. In der Dropdown-Liste **Name des Ereignisses** wählen Sie `Error_exception` aus (siehe Abbildung 9.10).

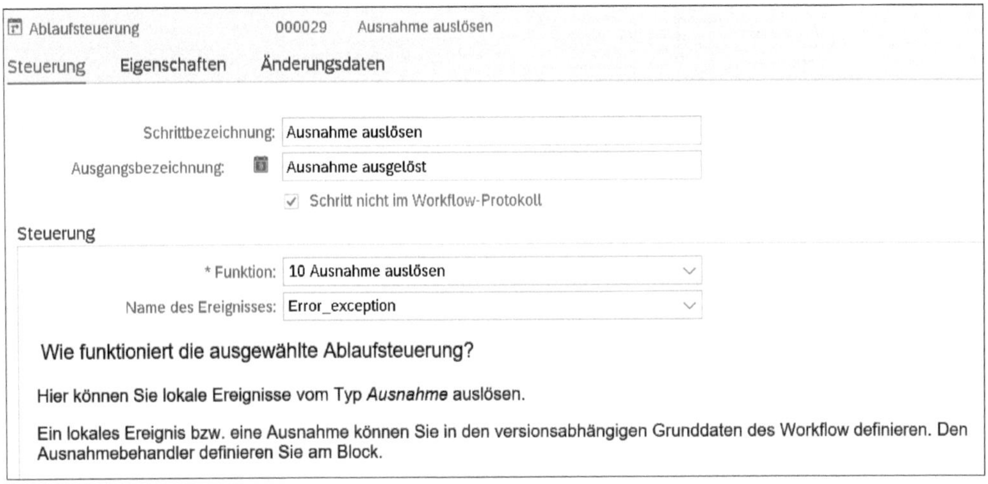

Abbildung 9.10 Ausnahme über den Schritttyp »Ablaufsteuerung« auslösen

Schritttyp »Block«

Das Auslösen der Ausnahme müssen Sie innerhalb des Schritttyps **Block** vornehmen, mit dem Sie eine Folgemodellierung für die Ausnahme (z. B. für den Fall, dass keine Bearbeiterin und kein Bearbeiter vorhanden ist) vornehmen können. Innerhalb der Konfiguration des Schritttyps **Block** können Sie auf der Registerkarte **Ausnahmen** die Ausnahmebehandler aktivieren (siehe Abbildung 9.11), in unserem Beispiel `Error_exception`.

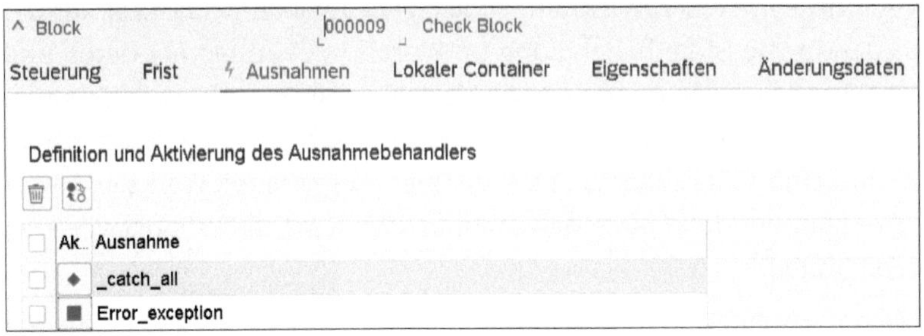

Abbildung 9.11 Schritttyp »Block« mit aktivierter Ausnahme

Beispiel für modellierte Ausnahme

Der Workflow für die Ausnahmeauslösung und -behandlung könnte dann wie in Abbildung 9.12 modelliert werden. In dem hier noch unbestimmten

Schritt kann z. B. eine E-Mail versendet oder ein Workitem zur Pflege der fehlenden Bearbeiter*innen modelliert werden.

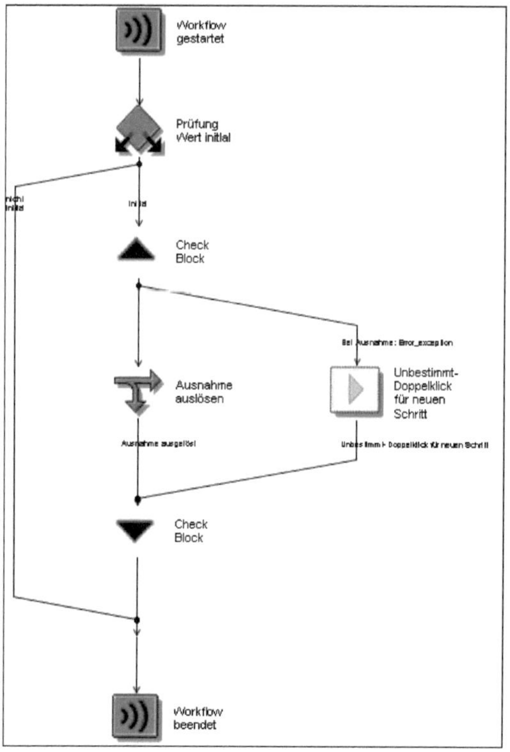

Abbildung 9.12 Ausnahme im Workflow Builder auslösen und behandeln

9.2 Fehlersuche und Debugging

In Abschnitt 9.1, »Fehlerbehandlung und eigene Ausnahmeklassen«, lag der Fokus darauf, die Fehlerbehandlung im Workflow zu implementieren und so den Workflow fehlertolerant zu machen. Themen dieses Abschnitts sind die Fehlersuche während der Workflow-Entwicklung und die entsprechenden Debugging-Möglichkeiten. Viele der hier vorgestellten Werkzeuge werden Sie auch bei der Fehleranalyse eines Problems im Produktivbetrieb nutzen können.

»Fiorisierte« Standardtransaktionen

Als Nachfolger der Transaktionen zur Analyse gibt es noch kaum moderne SAP-Fiori-Apps. Man kann die Transaktionen jedoch »fiorisiert« (über das Web GUI) in das SAP Fiori Launchpad einbinden. Für einige der Standardanwendungen werden bereits fiorisierte Oberflächen in den Katalogen angeboten (Bereich **Business Process Management**, siehe Abschnitt 9.2.5, »Allgemeine Fehlerbehebung«).

9.2.1 Fehlerbehebung für eine Workflow-Klasse oder ein BOR-Objekt

Nachdem Sie Ihre Workflow-Entwicklung fertiggestellt haben, sollten Sie die Funktionsfähigkeit Ihrer Workflow-Klasse oder Ihres BOR-Objekts sicherstellen – und dies, bevor Sie den Workflow testen.

Testen einer Workflow-Klasse

Über die Transaktion SE24 (Class Builder) können Sie Ihre klassenbasierten Workflows debuggen und Fehler beheben, wie aus der objektorientierten ABAP-Entwicklung gewohnt. Starten Sie die Testumgebung über einen Klick auf die Schaltfläche (**Testen**). Geben Sie als Importparameter den Schlüssel ein (siehe Abbildung 9.13).

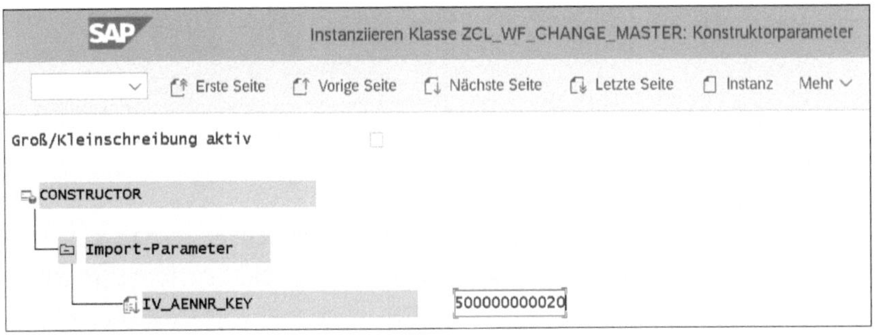

Abbildung 9.13 Testen einer ABAP-Klasse

Testen eines BOR-Objekts

Bei Instanziierung über die Registerkarte **Instanz** werden die Attribute Ihrer Klasse erzeugt. Hier können Sie auch die Methoden Ihrer Workflow-Klasse direkt ausführen und deren Funktion prüfen (siehe Abbildung 9.14).

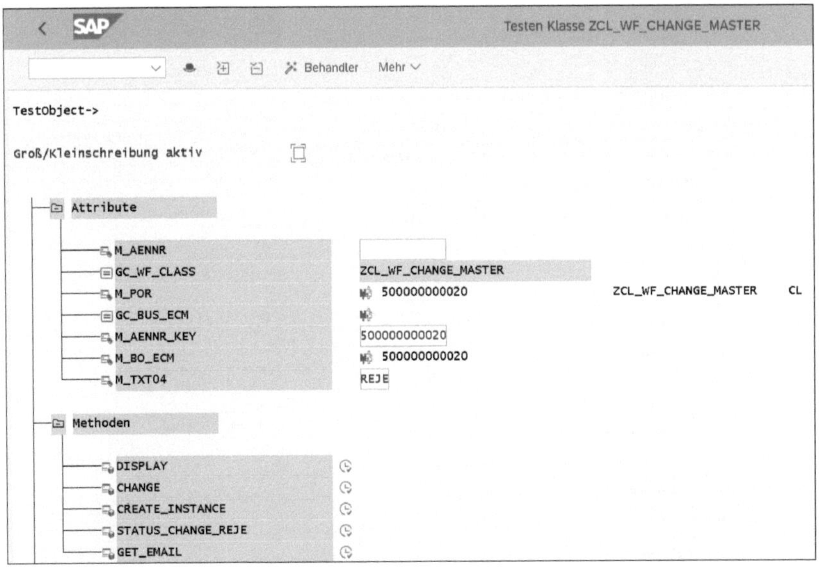

Abbildung 9.14 Testen einer ABAP-Klasse – Ergebnis nach Instanziierung

Über die Transaktion SWO1 (Business Object Builder) haben Sie ähnliche Test- und Debugging-Möglichkeiten für die Attribute und Methoden von BOR-Objekten. Klicken Sie hier nach Aufruf eines BOR-Objekts auf die Schaltfläche **Testen** (siehe Abbildung 9.15).

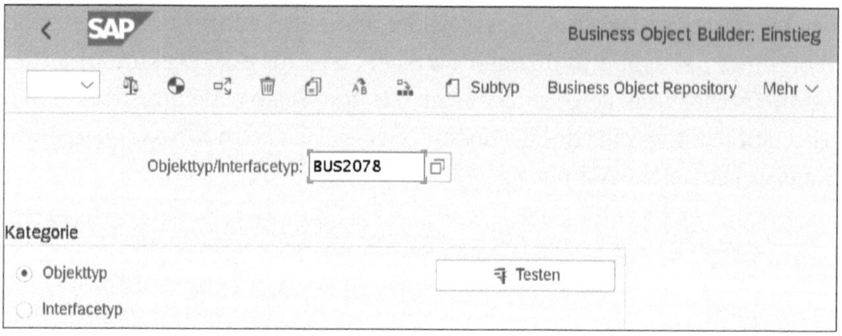

Abbildung 9.15 Testen eines BOR-Objekts

Nach Eingabe der Instanz (Registerkarte **Instanz erzeugen**) erhalten Sie im Ergebnis ebenfalls alle Attributwerte und können die Methoden entsprechend debuggen. Den Objekttyp BUS2078 haben wir in Abschnitt 6.3.3, »Erweiterung vorhandener BOR-Objekttypen«, bereits um Attribute erweitert (Subtyp ZBUS2078).

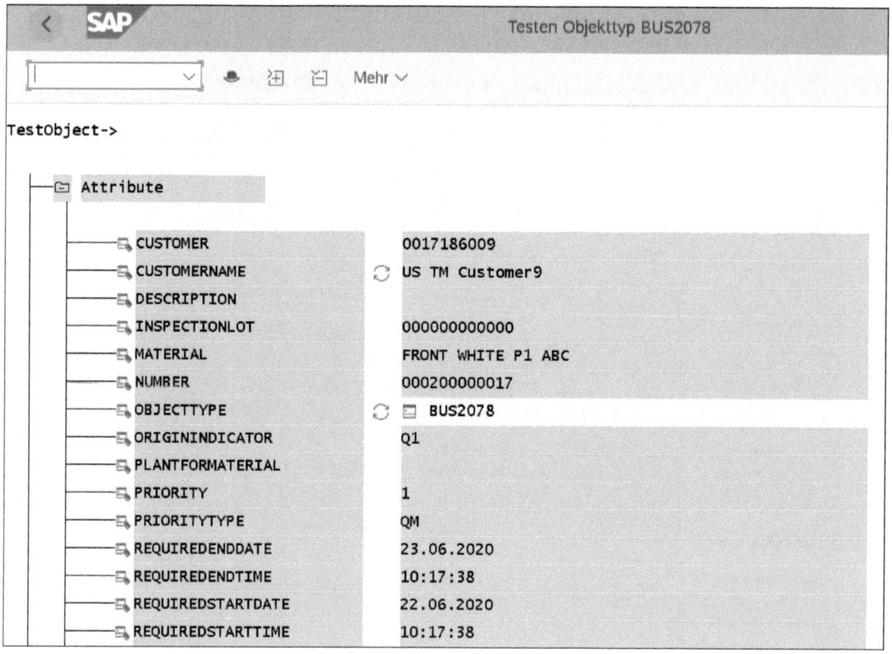

Abbildung 9.16 Testergebnis nach Instanziierung

9.2.2 Fehlerbehebung für Ereignisse

Startereignis testen

Wenn Sie Ihre Workflow-Klasse (bzw. Ihr BOR-Objekt) erfolgreich getestet haben, können Sie mit der Prüfung Ihres Workflow-Startereignisses fortfahren (wenn vorhanden), indem Sie dieses auslösen. Beim Auslösen von Ereignissen, insbesondere des Startereignisses, kann es zu folgenden Fehlerkonstellationen kommen:

- **Fehlende Ereigniskopplung**
  Ein Fehler tritt auf, wenn die Ereigniskopplung nicht aktiv ist. In der Transaktion SWE2 bzw. SWETYPV (Ereignistypkopplung) können Sie die Kopplung aktivieren. Sie können die Kopplung auch im Workflow Builder in den Grunddaten vornehmen.

  Prüfen Sie, ob das Startereignis Ihrem Workflow zugeordnet ist (im Workflow Builder über die **Grunddaten** [ ] und dort auf der Registerkarte **Startereignisse**). Für die Ereigniskopplung benötigen Sie einen Customizing-Transportauftrag. Im Ereignis-Trace (Transaktion SWEL) wäre bei fehlender Kopplung sichtbar, dass zwar das Ereignis ausgelöst, aber kein Verbrauchertyp gefunden wurde.

- **Fehlerhafte Ereigniskopplung**
  Wird die Ereigniskopplung deaktiviert oder ist diese fehlerhaft, prüfen Sie den Datenfluss vom Ereignis zum Workflow, inklusive der Ereignisparameter. Schalten Sie das Ereignis-Trace ein (Transaktion SWELS) und prüfen Sie das Trace nach erneutem Auslösen des Startereignisses. Sie müssen die Ereignistypkopplung zuvor wieder reaktivieren, da sie aufgrund des Fehlers deaktiviert wurde.

  Im Ereignis-Trace erhalten Sie weitere Informationen über die Ursache der Deaktivierung. Fehlerhafte Ereignisse sind an einem roten Symbol ( ) in der Spalte **Information** erkennbar (siehe Abbildung 9.17).

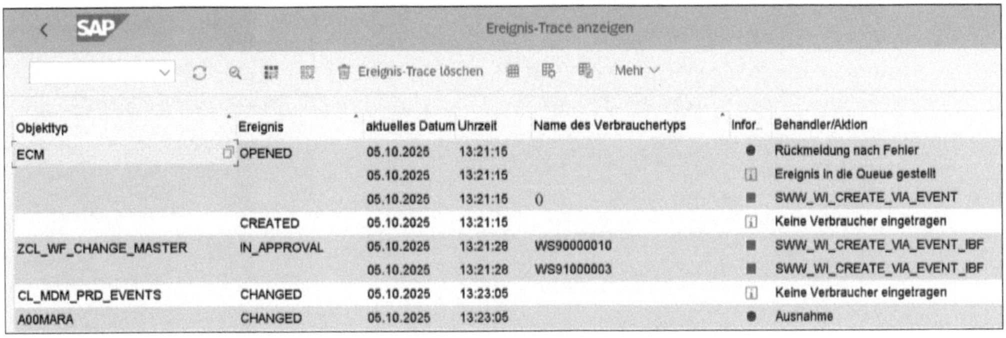

Abbildung 9.17 Exemplarisches Ergebnis eines Ereignis-Trace mit Fehlern

Durch einen Doppelklick auf die Zeile, in der das fehlerhafte Ereignis aufgeführt wird, erhalten Sie weitere Informationen zum Ereignis. Im Bereich **Empfängerdaten** finden Sie die Nachricht mit der entsprechenden Fehlerursache.

Prüfen Sie bei eigenen Ereignissen deren Auslösung. Falls die Auslösung Ihres Ereignisses über Coding erfolgt, überprüfen Sie die betreffende Stelle im Quellcode. Analysieren Sie, ob alle obligatorischen Ereignisparameter übergeben wurden.

- **Mehrfache Ereigniskopplung**
  Es kann vorkommen, dass ein Workflow mehrfach gestartet wird. Vor allem bei Nutzung der Delegation von Geschäftsobjekten wird gern sowohl ein Eintrag in der Typkopplung zum Supertyp vorgenommen (z. B. BUS278) als auch in der Typkopplung zum Subtyp (z. B. ZBUS2078). Durch die Delegation reicht es aber aus, einen Eintrag zur Ereigniserzeugung zum Supertyp zu machen. Entfernen Sie also die unnötigen Ereignisse. Prüfen Sie auch, ob die Startbedingungen korrekt erstellt wurden und ob die richtigen Workflows anlaufen.

Ereigniserzeugung synchron zum Debuggen

Für die weitere Fehleranalyse können Sie über die Transaktion SWUE (Ereignis erzeugen) Ihr Ereignis direkt erzeugen. Sie haben hierbei Debugging-Möglichkeiten. Durch die Option **Empfänger synchron auslösen** und das Setzen eines Breakpoints, z. B. in der Bearbeiterfindung, können Sie nach der Ereigniserzeugung direkt in das Debugging des Quellcodes, z. B. zu der zugehörigen Regel, navigieren. Abbildung 9.18 zeigt diese Einstellungen am Beispiel des Ereignisses `APPROVE_USER_HOME_OFFICE` unserer in Abschnitt 8.2.1, »Beispiel-Workflow auf Basis eines eigenen Objekts«, definierten Klasse `ZCL_WF_APPROVE_HOME_OFFICE`.

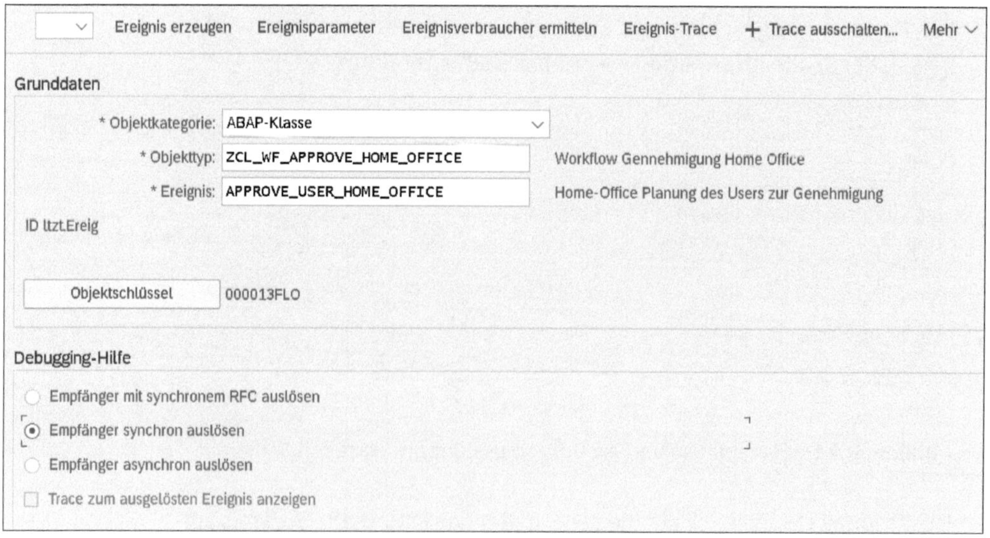

Abbildung 9.18 Fehleranalyse der Ereigniserzeugung in Transaktion SWUE

9.2.3 Fehlerbehebung für die Bearbeiterfindung

Typische Fehlersituationen bei der Bearbeiterfindung sind folgende:

Fehlersituationen

- **Fehlender Bearbeiter/fehlende Bearbeiterin**
  Wenn das Workitem niemandem angezeigt wird, fehlt häufig die Konfiguration der Bearbeiterfindung. Um dies zu prüfen, navigieren Sie in Ihrem Workflow zur Aktivität und dort auf die Registerkarte **Steuerung**. Über die Schaltfläche (**Bearbeiterzuordnung f. Aufgabe**) navigieren Sie in die Bearbeiterzuordnung zur Standardaufgabe. Sie gelangen auch direkt über die Transaktion PFTC_CHG dorthin. Die Aufgabe muss entweder als generelle Aufgabe deklariert sein oder es müssen mögliche Bearbeiter*innen zugeordnet sein (z. B. eine Organisationseinheit).

  Bei Nutzung von Organisationseinheiten prüfen Sie die Aufbauorganisation (Transaktion PPOSE) und die Zuordnung der Benutzer*innen zu den Organisationseinheiten. Wenn keine Benutzerkonten zugeordnet sind, hat das Workitem keine Bearbeiter*innen.

- **Alle Benutzer*innen sind Bearbeiter*innen**
  Es kann auch vorkommen, dass eine Aufgabe allen Anwender*innen des Systems angezeigt wird. Die Aufgabe ist in diesem Fall als generelle Aufgabe deklariert, aber die Bearbeiterfindung kommt zu keinem Ergebnis. Ursache kann hier z. B. sein, dass Sie eine Regel nutzen, für die das Kennzeichen **Abbruch bei Regelauflösung ohne Ergebnis** nicht gesetzt wurde. In diesem Fall erhalten alle möglichen Bearbeiter*innen die Aufgabe. Bei einer generellen Aufgabe sind das alle Benutzer*innen im System.

Regel testen

Bei Nutzung einer Regel können Sie diese über die Regelsimulation über das Symbol (**Regelauflösung simulieren**) in der Transaktion PFAC_CHG oder PFAC_DIS testen. Prüfen Sie den Datenfluss vom Workflow-Container zum Regelcontainer und zurück. Nutzen Sie als Werte des Containerelements die Daten, die zu Ihrem Fehler führen. Bei Nutzung eines Funktionsbausteins können Sie in dessen Quellcode Breakpoints setzen und ihn so debuggen.

Wert für den Ausdruck prüfen

Bei Nutzung eines Ausdrucks prüfen Sie den ermittelten Ausdruck im Workflow-Container. Wenn dieser nicht korrekt ist, prüfen Sie die Stelle im Workflow, an der der Ausdruck ermittelt wird. Es kann sich auch um ein Attribut der Workflow-Klasse handeln. Über den Verwendungsnachweis innerhalb des Workflow Builders (aufzurufen über einen Rechtsklick auf das Containerelement) erhalten Sie alle Stellen, an denen das Element genutzt wird.

9.2.4 Fehlerbehebung für einen hängenden Workflow

Bleibt ein Workflow während der Verarbeitung hängen, wird also der Folgeschritt nicht gestartet, kann das verschiedene Ursachen haben. Wir differenzieren hier zwischen Sperren, in Transaktion SM58 (Fehlerprotokoll für asynchrone Remote Function Calls) protokollierten Abbrüchen und Kurzdumps (Transaktion ST22). In der Diagnosetransaktion SWUD haben Sie ebenfalls die Möglichkeit, hängende Workflows (**Problem: Workflow hängt**) zu analysieren (siehe Abbildung 9.19). Sie navigieren ebenfalls zu den Transaktionen SM58 und ST22.

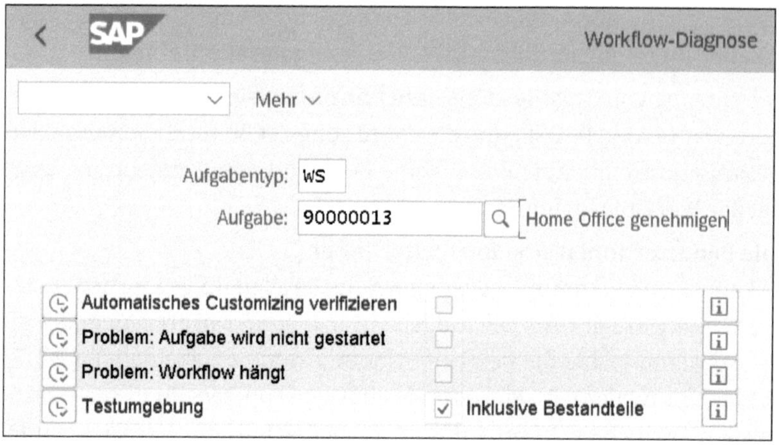

Abbildung 9.19 Workflow-Diagnose (Transaktion SWUD)

Sperrfehler und fehlender Report

Aufgrund von Sperren kann es im Workflow zu temporären Fehlern kommen (siehe auch Abschnitt 9.1.2, »Ausnahmeklassen und Ausnahmen in Methoden«), die verschiedene Ursachen haben können. Diese fehlerhaften Workflows werden mithilfe des Reports `RSWF_SYSTEM_SCHEDULER`, der im automatischen Customizing eingeplant wird, erneut gestartet und abgearbeitet. Prüfen Sie also, ob dieser Job eingeplant ist (suchen Sie nach dem Jobnamen `SAP_WORKFLOW_SYSTEM` oder dem ABAP-Programmnamen) und erfolgreich arbeitet. Nutzen Sie dazu das Job-Log in Transaktion SM37.

Wenn dies nicht zum Erfolg führt, prüfen Sie, ob zu Ihrer Workitem-ID ein Eintrag in der Tabelle `SWP_SUSPEN` vorhanden ist. Ist hier kein Eintrag vorhanden, schauen Sie sich die Aktivität im Workflow Builder genauer an. Ihr Workflow läuft nicht weiter, wenn ein beendendes Ereignis notwendig ist und dieses nicht ausgelöst wird.

tRFC-Abbrüche

Um Abbrüche von transaktionalen Remote Function Calls (tRFCs) zu analysieren, öffnen Sie die Transaktion SM58. Alternativ navigieren Sie über die Workflow-Diagnose zur **Workitem-Queue (Protokoll des tRFC)**, wie in Abbildung 9.20 gezeigt.

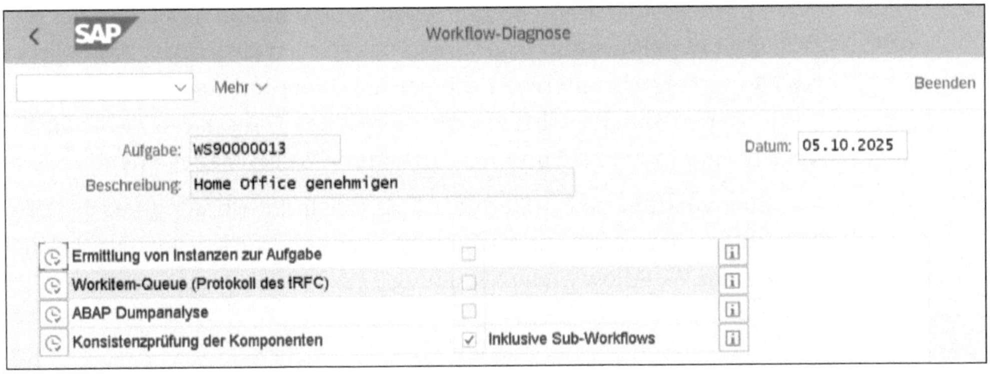

Abbildung 9.20 Workflow-Diagnose für einen hängenden Workflow

Wenn z. B. der Workflow-Systembenutzer SAP_WFRT, der im automatischen Customizing in Transaktion SWU3 konfiguriert wird, abgelaufen ist oder das Passwort verändert wurde, erfolgt hier ein Abbruch (siehe Abbildung 9.21). Über einen Doppelklick auf die **TransaktionsID** erhalten Sie weitere Informationen zu dem Datensatz des abgebrochenen tRFC, etwa das Workflow-Szenario, die Workflow-Klasse, die Instanz und die Workitem-ID.

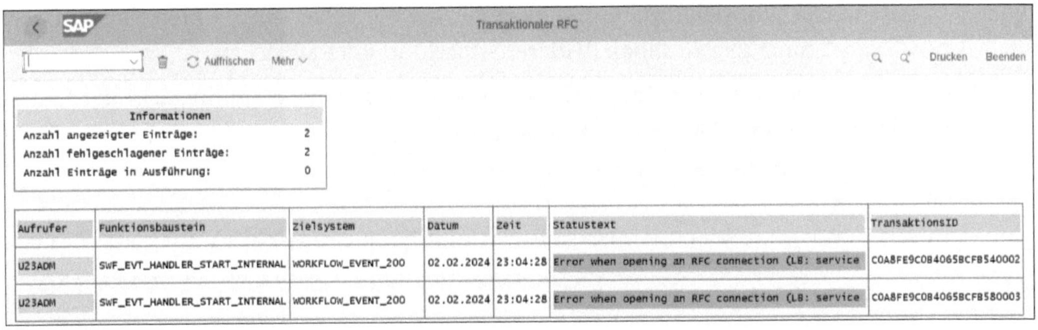

Abbildung 9.21 Transaktion SM58 – Protokoll des tRFC mit Fehler

Auch bei Netzwerkproblemen oder anderen tRFC-Problemen bleiben Workflows hängen und finden sich in diesem Protokoll. Die tRFCs können in Transaktion SM58 erneut über den Menüpfad **Mehr • Bearbeiten • LUW ausführen** gestartet werden, sodass die betroffenen Workflows weiterbearbeitet werden können.

Kurzdumps

Kommt es während der Methodenausführung eines Workflows zu Kurzdumps, überprüfen Sie diese in der Transaktion ST22 (Laufzeitfehler). Prüfen Sie, ob die Kurzdumps in Verbindung zu ihrem hängenden Workflow stehen. In der Kurzdumpanalyse können Sie die entsprechende Methode identifizieren und so den Fehler beseitigen. Eventuell findet keine ausreichende Ausnahmebehandlung in Ihrer Methode statt.

Workflow neu starten

Nach Korrektur der Methode kann es sinnvoll sein, einen Neustart des fehlerhaften Workflows durchzuführen. Dies können Sie mit der Transaktion SWPR machen oder alternativ mit der App **Workflow-Restart nach Fehler**. Bei letzterer handelt es sich um die »fiorisierte« Transaktion SWPR, die Sie im SAP Fiori Launchpad im Bereich **Business Process Management** finden.

Um den Workflow neu zu starten, wählen Sie Ihren Workflow aus der Liste der fehlerhaften Workflow-Ausführungen aus und klicken auf die Schaltfläche **Restart Workflow** (siehe Abbildung 9.22).

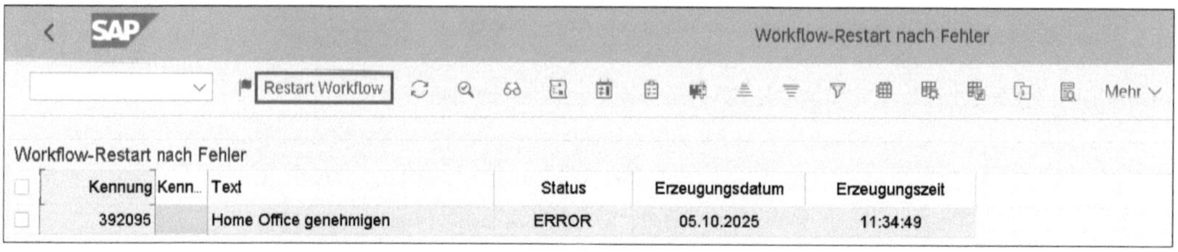

Abbildung 9.22 Transaktion SWPR (Workflow-Restart nach Fehlern)

9.2.5 Allgemeine Fehlerbehebung

Es gibt noch weitere Werkzeuge, die die Fehlersuche unterstützen. Diese möchten wir Ihnen in diesem Abschnitt vorstellen.

Workflows mit Statusfehler

Die App **Workflows mit Statusfehler** gibt Ihnen eine Übersicht der fehlerhaften Workitems (siehe Abbildung 9.23). Alternativ können Sie auch die Transaktion SWI_PR_CLOUD benutzen.

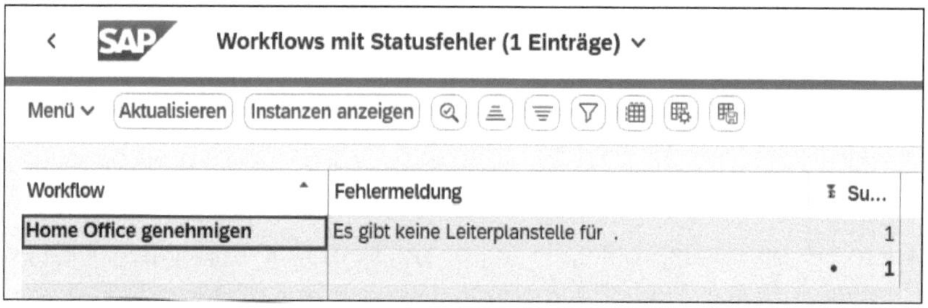

Abbildung 9.23 App »Workflows mit Statusfehler«

Transaktion SWUD

Über die bereits erwähnte Transaktion SWUD können Sie die Fehlerdiagnose vornehmen. Eine hilfreiche Möglichkeit in diesem Zusammenhang ist es, Ihren fehlerhaften Workflow über die **Testumgebung** zu prüfen. Gehen Sie also ausgehend von der Transaktion SWUD über die Registerkarte **Testumgebung** in die Testumgebung (siehe Abbildung 9.19). Dort finden Sie z. B. die Möglichkeit, den *Containermonitor* einzuschalten. Damit wird bei Ausführung der Aufgabe der Containerinhalt in einem Dialogfenster angezeigt (siehe Abbildung 9.24).

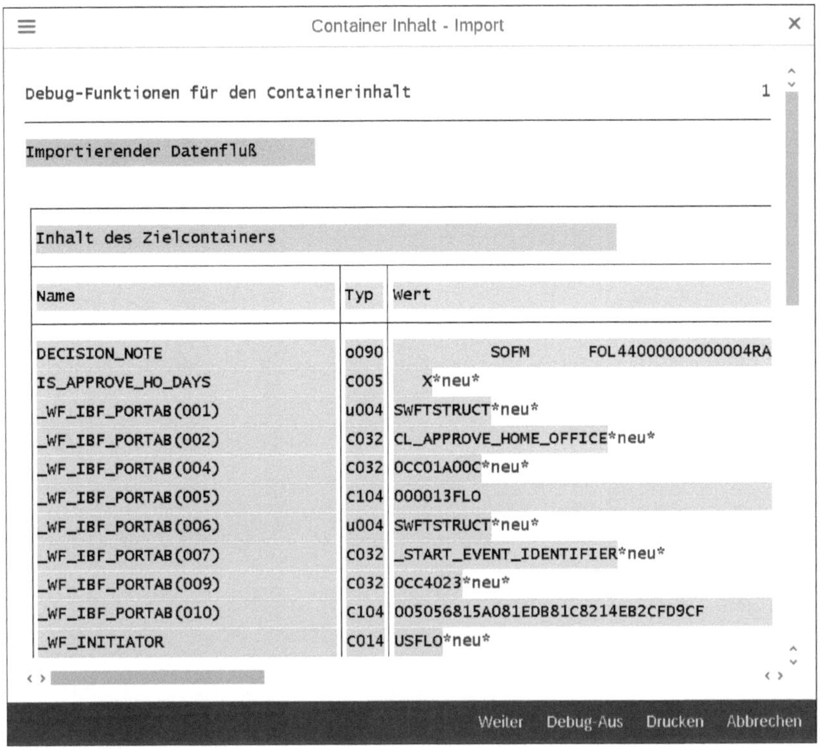

Abbildung 9.24 Containermonitor

Transaktion SWW_BREAKPOINT

Zusätzlich zum erweiterten Debugging über den eingeschalteten Containermonitor können Sie mit der Transaktion SWW_BREAKPOINT Hintergrund-Workitems debuggen, falls Sie die Fehlerursache nicht bereits mit den Protokollen oder Traces lokalisieren können.

Hintergrund-Workitems debuggen

Um mithilfe der Transaktion SWW_BREAKPOINT Hintergrund-Workitems zu debuggen, gehen Sie folgendermaßen vor:

1. Navigieren Sie in die Transaktion SE80 über den Menüpfad **Mehr • Hilfsmittel • Einstellungen** auf die Registerkarte **ABAP Editor** und dann auf die Registerkarte **Debugging**.
2. Wählen Sie für das Debugging externer Requests den Systembenutzer `SAP_WFRT` (Ihr Workflow-Benutzer, siehe Abbildung 9.25).
3. Setzen Sie in der Hintergrundmethode einen externen Breakpoint.
4. Starten Sie die Transaktion SWW_BREAKPOINT und geben Sie als **Top Aufgabe** Ihr Workflow-Szenario an (siehe Abbildung 9.26).

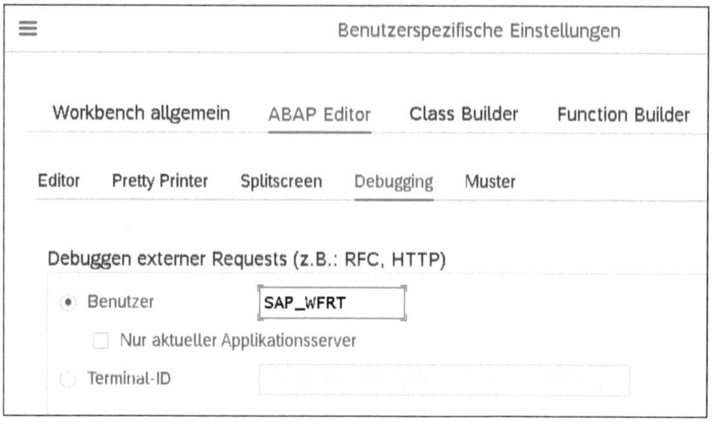

Abbildung 9.25 Workflow-Benutzer als Benutzer für externes Debugging auswählen

5. Sichern Sie Ihre Eingaben.

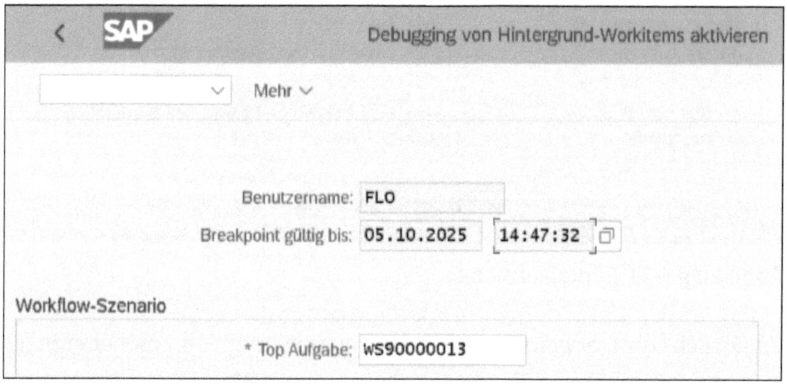

Abbildung 9.26 Transaktion SWW_BREAKPOINT

6. Das Workflow-Debugging ist jetzt aktiv. Nach dem Ausführen der Aktivität, z. B. dem Neustart bei Fehlern, wird das externe Debugging in einem neuen Modus gestartet.

Das Debugging wird für alle Hintergrund-Workitems aktiviert, die aus dem Kontext des aktuellen Bearbeiters oder der aktuellen Bearbeiterin gestartet werden. So können Sie eine Methode, die als Hintergrundaktivität ausgeführt wird, debuggen und entsprechende Fehler erkennen und eliminieren. Sie sehen natürlich auch, ob alle Übergabevariablen entsprechend vorhanden sind, und können so die Ursache des aufgetretenen Fehlers finden.

Ein weiterer guter Einstiegspunkt für die Fehleranalyse ist der Selektionsreport zu den Workitems (Transaktion SWI1). Hier können Sie das Workflow-

Protokoll in allen Varianten analysieren. Beispiele für die Möglichkeiten in dieser Transaktion haben wir Ihnen in Abschnitt 4.3.1, »Auswertungen zu Workflows«, gezeigt.

Workflow-Trace

Im *Workflow-Trace*, das Sie mit der Transaktion SWU8 oder SWF_TRC aufrufen, könnten Sie im Fehlerfall ebenfalls weitere Informationen erhalten (siehe Abbildung 9.27). Das Default-Trace (System-Trace) steht Ihnen immer zur Verfügung, hat aber lediglich geringe Aussagekraft. Sie können das Trace aber für ein bestimmtes Workflow-Szenario explizit anschalten und dabei das Trace-Level erhöhen, z. B. auf **Alles** setzen.

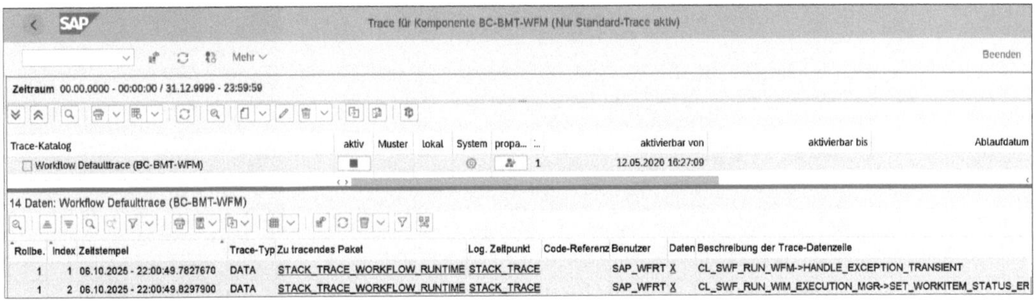

Abbildung 9.27 Workflow-Trace

Klicken Sie doppelt auf eine Zeile in der Spalte **Beschreibung der Trace-Datenzeile**, erhalten Sie weitere Informationen (siehe Abbildung 9.28). Hier können Sie im Ausdruck EXCEPTION_TEXT eine mögliche Fehlerursache finden.

Ausdruck	Werte
CATEGORY	DEFAULT
EXCEPTION	DEFAULT
HOST	SAP-T19
USER	SAP_WFRT
CALLSTACK	< 2 Einträge >
EXCEPTION_TEXT	Fehlerhafter Importcontainer (Fehlende obligatorische Elemente?)
> EXCEPTION_T100MSG	SWF_RUN-594-E----
> EVENT_SENDER	ZCL_WF_APPROVE_HOME_OFFICE:000012FLO
EVENT_NAME	APPROVE_USER_HOME_OFFICE
EVENT_RECEIVER_TYPE	WS90000013
_SWF_TRACE_ID	005056815A081EDA9EB4EE56D33439D1

Abbildung 9.28 Workflow-Trace, Einzelsatz

»Fiorisierte« Transaktionen

Für einige dieser Analysetransaktionen sind bereits SAP-Fiori-Apps unter der Gruppe **Business Process Management** im SAP Fiori Launchpad verfügbar (siehe Abbildung 9.29). Weitere Informationen zur App **Workflow-Administration** erhalten Sie beispielsweise im gleichnamigen Abschnitt 12.4.

Technisch haben diese Apps die gleiche Basis wie die klassischen Transaktionen.

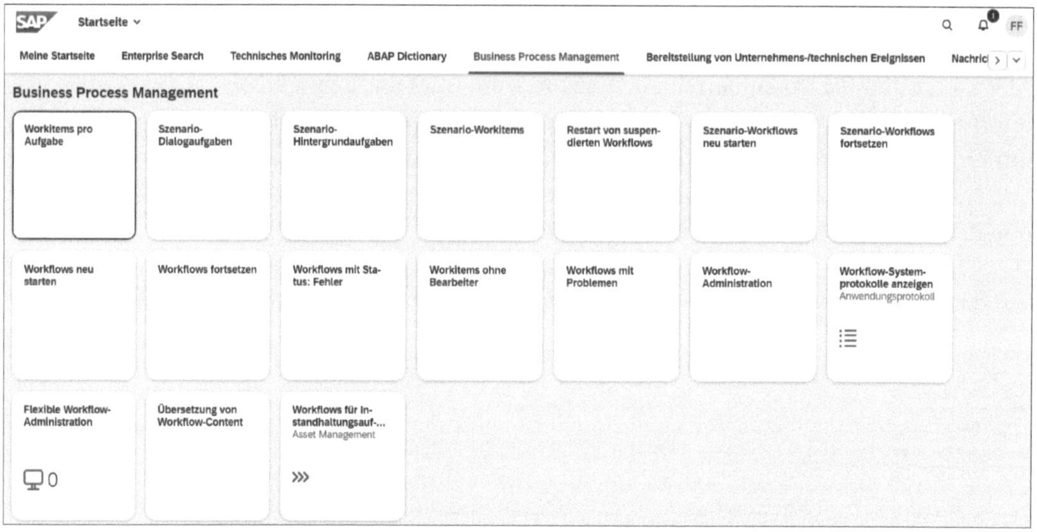

Abbildung 9.29 Apps für das Business Process Management

TEIL III

Flexible Workflows

Kapitel 10
Einführung in flexible Workflows

Dieses Kapitel beschreibt die Veränderungen, die mit den neuen flexiblen Workflows in SAP S/4HANA einhergehen. Um die Unterschiede zu den klassischen Workflows zu verdeutlichen, vergleichen wir die Funktionalität der alten und der neuen Welt sowie die Unterschiede der einzelnen SAP-S/4HANA-Editionen. Außerdem zeigen wir Ihnen, wie Sie das neue Framework einrichten.

In Kapitel 3, »Klassische Standard-Workflows konfigurieren«, haben Sie erfahren, wie Sie Standard-Workflows auf Basis von SAP Business Workflow einsetzen und mithilfe des Workflow Builders konfigurieren. Die Änderung oder gar eine komplette Neuentwicklung eines Workflows, wie sie in den darauffolgenden Kapiteln beschrieben wurde, war bisher eine sehr technische Aufgabe, die von einer Entwicklerin oder einem Entwickler durchgeführt wurde. Anders als bei den klassischen Workflows gibt es für die neuen *flexiblen Workflows* in SAP S/4HANA zahlreiche Anpassungsmöglichkeiten an betriebliche Prozesse, die direkt von Fachanwender*innen mit entsprechendem Know-how vorgenommen werden können. Dieses neue Konzept stellen wir in Abschnitt 10.1, »Vom klassischen zum flexiblen Workflow«, vor. Da es in den verschiedenen SAP-S/4HANA-Editionen Unterschiede hinsichtlich der Funktionalität und der Konfigurationsmöglichkeiten für flexible Workflows gibt, gehen wir in Abschnitt 10.2, »Flexible Workflows On-Premise, in der Private Cloud und in der Public Cloud«, auf diese Unterschiede explizit ein.

In Kapitel 11, »Flexible Workflows einsetzen«, konfigurieren Sie Schritt für Schritt Ihren ersten flexiblen Workflow. Dafür setzen Sie ein fiktives Team mit unterschiedlichen Rollen auf, legen die erforderlichen Geschäftspartner sowie eine Bestellung an und starten den Workflow. Bevor Sie damit loslegen können, müssen Sie jedoch das grundsätzliche Customizing für flexible Workflows im System konfigurieren. Das Vorgehen dazu beschreiben wir in Abschnitt 10.3.

10.1 Vom klassischen zum flexiblen Workflow

Gefahr starrer Workflows

Klassische Workflows waren bisher das Mittel der Wahl, wenn komplexe Geschäftsprozesse im System abgebildet werden sollten. Die SAP-Standard-Workflow-Szenarios mussten speziellen Anwendungsfällen angepasst werden. Viele, auch scheinbar kleine Anpassungen im Prozess erforderten technische Änderungen an den Workflow-Szenarios oder gar eine komplette Neuentwicklung. Erfahrene Entwickler*innen haben deshalb möglichst viel Logik dynamisch aufgebaut und etwaige Prüfschritte in Customizing-Tabellen ausgelagert, um möglichst wenig Entwicklungsaufwand für die Zukunft zu generieren. Wurde dies im Konzept des Workflows nicht berücksichtigt und wurden z. B. Prüfungen auf Wertgrenzen hart im Workflow hinterlegt, hatte man es im schlimmsten Fall mit einem »starren Workflow« zu tun. Um genau Entwicklungsaufwände zu minimieren oder die Notwendigkeit von Eigenentwicklungen im besten Fall sogar komplett zu vermeiden, wurden daher die flexiblen Workflows eingeführt. Sie sind mit der On-Premise-Version von SAP S/4HANA sowie in SAP S/4HANA Cloud Public Edition und Private Edition verfügbar.

Neues Framework

SAP S/4HANA bietet mit den flexiblen Workflows ein neues, verbessertes Framework für Workflows an, das technisch auf dem bereits bekannten Framework SAP Business Workflow aufsetzt. Neu hinzugekommen ist unter anderem die standardmäßige Integration von Workflows in SAP-Fiori-Apps. Solche Apps werden in SAP S/4HANA zum einen bereitgestellt, um flexible Workflows zu konfigurieren, zum anderen für die verschiedenen Geschäftsprozesse, innerhalb derer z. B. Genehmigungen im Rahmen eines Workflows durchgeführt werden müssen.

Wechsel der Verantwortlichkeiten

Ein großes Umdenken findet hinsichtlich der Verantwortlichkeit für die Konfiguration der Workflows statt. Während klassische Workflows fast ausschließlich von Entwickler*innen eingerichtet und verwaltet wurden, benötigen Sie für flexible Workflows meist nur das entsprechende Prozesswissen. Das neue Framework unterstützt Fachanwender*innen bei der Konfiguration der Workflows, indem es dafür leicht verständliche SAP-Fiori-Apps bereitstellt. Anwender*innen aus den Fachbereichen benötigen keine Kenntnisse der im Hintergrund zur Anwendung kommenden Technologie, um die Workflows einzurichten.

Konfigurierbare Funktionen

Folgende Funktionen eines flexiblen Workflows lassen sich über die SAP-Fiori-Apps konfigurieren:

- Gültigkeitszeitraum eines Workflows
- Startbedingungen für einen Workflow
- Anzahl von Genehmigungsschritten
- Schritte zur automatisierten Genehmigung

- Regeln für die Ermittlung der Personen, die Genehmigungsschritte empfangen
- Ausnahmebehandlungen, z. B. bei Ablehnung eines Genehmigungsschrittes

Scenario Editor

Die Konfiguration kommt vollständig ohne Programmierung oder technische Sichten aus. Gleichwohl ist beides in der On-Premise-Version von SAP S/4HANA und in SAP S/4HANA Cloud Private Edition weiterhin möglich. So bietet die neu eingeführte Transaktion SWDD_SCENARIO (Flexibler Workflow: Scenario Editor) Backend-Entwickler*innen weiterhin alle Möglichkeiten, die sie vom klassischen Workflow Builder (Transaktion SWDD) her gewohnt sind. Der *Scenario Editor* stellt zusätzlich neue Funktionalität für die flexiblen Workflows bereit. Sie können hier etwa über definierte Business-Add-ins (BAdIs) eigene Startbedingungen definieren oder komplexe Bearbeiterfindungen implementieren. Beide Möglichkeiten werden Sie in Abschnitt 11.4, »Weitere Konfigurationsoptionen«, näher kennenlernen.

Szenarios

Die flexiblen Workflows werden über *Szenarios* abgebildet. Ein Szenario bildet dabei die Klammer um einen Geschäftsprozess und ist genau einem flexiblen Workflow-Szenario zugeordnet. Gleichwohl kann es zu einem flexiblen Workflow-Szenario mehrere aktive und inaktive Konfigurationen geben, die hinsichtlich ihrer Funktionalität komplett unterschiedlich sein können. Wir werden dieses Thema in Abschnitt 11.3.3, »Workflow-Schritte festlegen«, näher beleuchten.

Standardszenarios

Abhängig vom Releasestand Ihres Systems sind unterschiedliche *Standardszenarios* verfügbar, die von SAP ausgeliefert werden. Mit dem Release SAP S/4HANA 2023 sind unter anderem folgende (Freigabe-)Szenarios verfügbar:

- Bereich Einkauf:
  - Bestellungen (inklusive zentral verwalteter Bestellungen)
  - Bestellanforderungen (kopf- und positionsbasiert)
  - Verkaufsangebote
  - Einkaufskontrakte (inklusive zentral verwalteter Kontrakte)
  - Lieferpläne
  - Lieferantenangebote
  - Ausschreibungen (RFQs)
  - Leistungserfassungsblätter für Dienstleistungen
  - Zuschlagsszenarios und Ausschreibungsprojekte
- Bereich Finanzen:
  - Zahlungspositionen
  - vorerfasste/gesperrte Rechnungen

  - Hauptbuchbelegprüfungen
  - Bankkontoanträge
  - Ratenplan/Ratenplanänderung
  - Belegstorno
- Bereich Vertrieb:
  - Kundenaufträge
  - Verkaufsangebote
  - Gutschriftanforderungen
  - Lastschriftanforderungen
  - Vertragsdokumente
  - kostenlose Aufträge
  - Retouren
- Bereich Qualitätsmanagement:
  - Qualitätsmaßnahmenbearbeitung
- Bereich Service:
  - Serviceangebote
- Bereich Reisekosten:
  - Fahrtkosten

Mit zukünftigen SAP-S/4HANA-Releases werden kontinuierlich neue Standardszenarios hinzugefügt. Eine ausführliche Liste aller in Ihrem System vorhandenen Szenarios erhalten Sie, wenn Sie die elementare Suchhilfe SWF_SHLP_SCENARIO_ID ausführen, z. B. über die Transaktion SE11. Das ist in Abbildung 10.1 zu sehen.

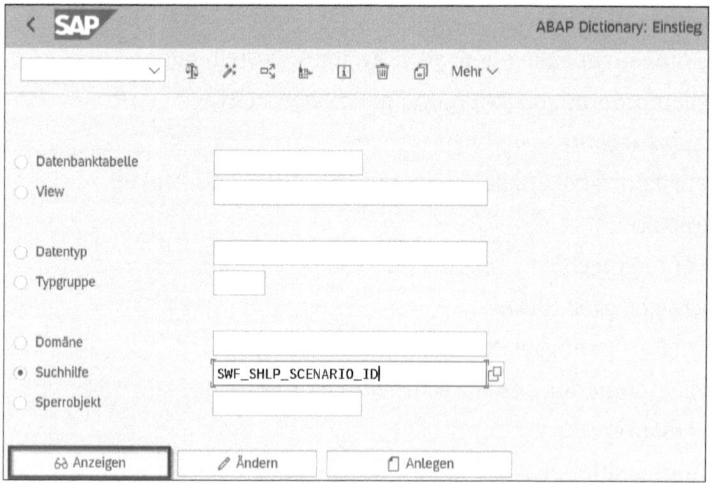

Abbildung 10.1 Aufrufen der Suchhilfe über Transaktion SE11

Über die Schaltfläche **Anzeigen** gelangen Sie in die Details der Suchhilfe, die Sie in Abbildung 10.2 sehen.

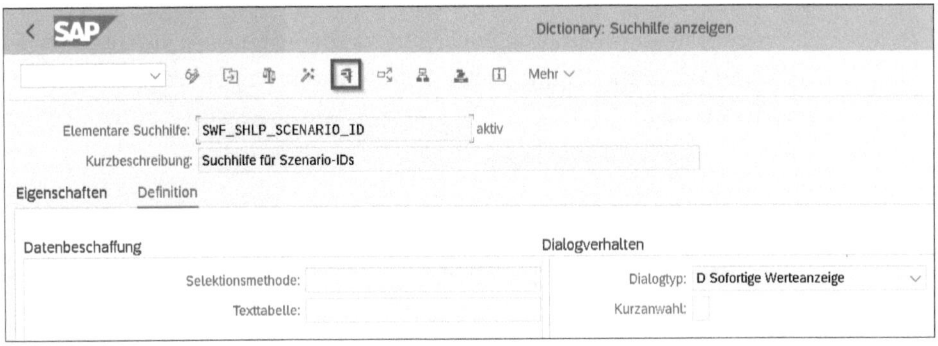

Abbildung 10.2 Suchhilfe anzeigen

Im oberen Teil der Transaktion können Sie über die Schaltfläche (**Testen**) die Suchhilfe testen und ausführen, was Sie zum Bildschirm aus Abbildung 10.3 führt.

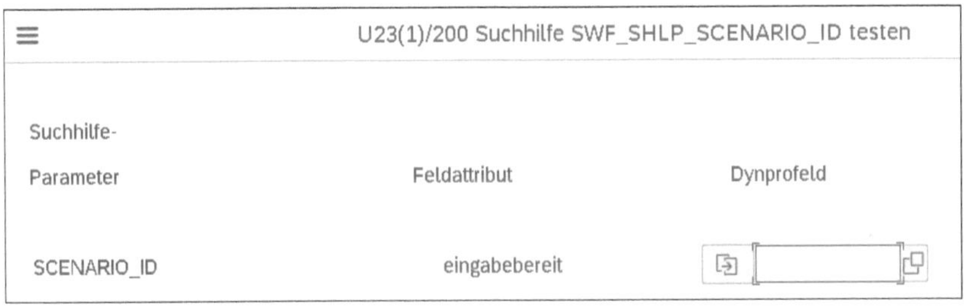

Abbildung 10.3 Testen der Suchhilfe

Kundeneigene Szenarios

Wie von den klassischen Workflows her gewohnt, können Sie eigene flexible Workflow-Szenarios im kundeneigenen Namensraum anlegen. Dadurch können Sie Prozesse im System abbilden, für die es noch keine Standardszenarios gibt. Nutzen Sie den Scenario Editor für flexible Workflows und verknüpfen Sie Ihr selbst erstelltes Szenario mit einer kundeneigenen SAP-Fiori-App, um Ihre individuellen Geschäftsprozesse abbilden zu können. In diesem Buch werden wir uns darauf konzentrieren, die Einrichtung, Nutzung und Erweiterung bestehender und kundeneigener Standardszenarios zu erklären.

Paradigmenwechsel

Zusammenfassend kann man sagen, dass mit SAP S/4HANA und den flexiblen Workflows ein Paradigmenwechsel stattgefunden hat. Wo in der Vergangenheit aufwendige Abstimmungen zwischen den Fach- und den IT-Abteilungen eines Unternehmens stattfinden mussten, um Workflows einzurichten, haben die Fachbereiche mit den flexiblen Workflows nun fast alle Fäden in der Hand und können Geschäftsprozesse und Genehmigungsverfahren selbstständig im System einrichten und verwalten. Die Vorteile dieses neuen Konzepts sind offensichtlich: Es müssen weniger Personen in die Workflow-Konfiguration involviert werden und die Einrichtungsprozesse werden schneller umgesetzt. Dadurch können potenziell Kosten eingespart werden.

10.2 Flexible Workflows On-Premise, in der Private Cloud und in der Public Cloud

Welche der Konfigurations- und Entwicklungsmöglichkeiten, die wir in den folgenden Kapiteln beschreiben, Sie für flexible Workflows nutzen können, hängt von Ihrem SAP-S/4HANA-Bereitstellungsmodell ab. Grundsätzlich stehen Ihnen in der On-Premise-Edition von SAP S/4HANA alle Optionen zur Auswahl. In der Private Cloud gibt es diverse Einschränkungen und in der Public Cloud ist eine kundeneigene Konfiguration praktisch unmöglich.

Funktionsumfang im Vergleich

Tabelle 10.1 stellt den Funktionsumfang flexibler Workflows in SAP S/4HANA, On-Premise-Version, SAP S/4HANA Cloud Public Edition und SAP S/4HANA Cloud Private Edition einander gegenüber.

Funktion	On-Premise	Private Cloud	Public Cloud
generelle Workflow-Konfiguration	flexibel über SAP-Fiori-Apps und BAdIs	flexibel über SAP-Fiori-Apps und BAdIs, Einschränkungen bei Clean-Core-Strategie	eingeschränkte Möglichkeiten, in der Regel nur Nutzung vorkonfigurierter Szenarios
Eigenentwicklungen, z. B. über BAdIs	volle Flexibilität	eingeschränkte Flexibilität vor allem bei älterem Releasestand	nicht möglich
kundeneigene flexible Workflows	volle Flexibilität	möglich, Clean-Core-Strategien beachten	nicht möglich
Standard-Templates/ -Szenarios	große Auswahl	große Auswahl	große Auswahl

Tabelle 10.1 Funktionsumfang flexibler Workflows in den verschiedenen SAP-S/4HANA-Editionen

Funktion	On-Premise	Private Cloud	Public Cloud
Verwendung von BRFplus	volle Flexibilität	hohe Flexibilität	vordefiniert
Erweiterbarkeit/ Anpassbarkeit bestehender Szenarios	hohe Flexibilität	Customizing wird meist unterstützt.	kaum, vordefiniert
Integration mit Workflows auf der SAP BTP	hohe Flexibilität	hohe Flexibilität	eingeschränkte Möglichkeiten

Tabelle 10.1 Funktionsumfang flexibler Workflows in den verschiedenen SAP-S/4HANA-Editionen (Forts.)

10.3 Das Grund-Customizing für flexible Workflows

Automatisches Workflow-Customizing

Bevor Sie flexible Workflows nutzen können, müssen Sie verschiedene Einstellungen in Ihrem System vornehmen. Ein Teil der Einstellungen ist sowohl für klassische Workflows als auch für flexible Workflows relevant. Dieser Teil wird in Abschnitt 3.2, »Automatisches Workflow-Customizing«, erläutert. Falls Sie in Ihrem System noch nie Workflows eingesetzt haben, sollten Sie das dort beschriebene Workflow-Grund-Customizing in Ihrem System einrichten.

Customizing für flexible Workflows

Darauf aufbauend zeigen wir Ihnen in diesem Abschnitt folgende Einstellungen, die für flexible Workflows separat vorgenommen werden müssen:

- Aktivieren von Workflow-Szenarios
- Definition von Schrittnamen und Entscheidungsoptionen für die Inbox
- Änderung der Visualisierungsmetadaten für Workitems und Objekte
- Deaktivieren der Ereignistypkopplung für klassische Workflows und Aktivieren der Kopplung für flexible Workflows
- Registrierung des Gateway-Service

10.3.1 Workflow-Szenarios aktivieren

Szenarioaktivierung

Über den IMG-Pfad **SAP NetWeaver • Application Server • Business Management • SAP Business Workflow • Flexibler Workflow • Szenario Aktivierung** gelangen Sie zur zentralen Customizing-Aktivität für die Aktivierung der flexiblen Workflow-Szenarios. Prüfen Sie die hier voreingestellten Werte in Ihrem System. Falls Sie noch nie flexible Workflows verwendet haben, werden die Szenarios inaktiv sein. Sie können einzelne Szenarios über die Spalte **Aktiv** aktivieren bzw. deaktivieren (siehe Abbildung 10.4).

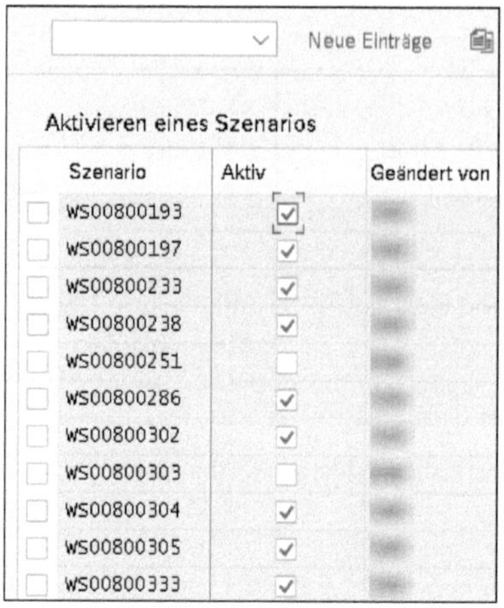

Abbildung 10.4 Szenario-Aktivierung im Customizing

Szenarios hinzufügen

Falls das von Ihnen benötigte Szenario nicht eingerichtet ist, fügen Sie über die Schaltfläche **Neue Einträge** die entsprechenden Einträge hinzu (siehe auch Abbildung 10.4). Anhand des Beschreibungstextes können Sie das Szenario ermitteln, das für Ihren Geschäftsprozess relevant ist (siehe Abbildung 10.5).

Szenario	Objektkürzel	Objektbezeichnung
WS02000435	WFL_CC_REL	Konditionskontrakt freigeben
WS02000436	WFL_CC_RELS	Abrechnungsfreigabe Konditionskontrakt
WS02000485	WFL_CPR_RPL	Zentrale Banf genehmigen - Gesamt
WS00800251	WFL_for_BlIV	Workflow für gesperrte Rechnung
WS00800346	WFL_for_CCTR	Workflow für zentralen Einkaufskontrakt
WS00800303	WFL_for_CoIV	WF für vollständig vorerfasste Rechnung
WS00800333	WFL_for_CPO	Workflow f. zentral verwalt. Bestellung
WS00800304	WFL_for_CTR	Workflow für Einkaufskontrakt
WS00800238	WFL_for_PO	Workflow für Bestellung
WS00800193	WFL_For_QTN	Workflow für Lieferantenangebot
WS00800302	WFL_For_RFQ	Workflow für Ausschreibung
WS00800305	WFL_for_SA	Workflow für Lieferplan
WS00800321	WFL_for_SES	Workflow für Leistungserfassungsblatt
WS02000494	WFL_PR_RPL_I	Workflow für zentral verw. Banf-Position

Abbildung 10.5 Flexible Workflow-Szenarios im Customizing

Einstellungen für das Geschäftsobjekt

Mit der Aktivierung eines Szenarios schalten Sie grundsätzlich die Möglichkeit frei, dieses Szenario in der jeweils dafür vorgesehenen SAP-Fiori-App auszuwählen und einen flexiblen Workflow einzurichten. Unter Umständen kann es sein, dass weitere Customizing-Einstellungen für Ihr Geschäftsobjekt vorgenommen werden müssen.

Als Voraussetzung für unser Beispiel einer Bestellungsfreigabe aus Abschnitt 11.3, »Einen flexiblen Freigabe-Workflow für Bestellungen erstellen«, müssen Sie beispielsweise einzelne Belegarten für den Workflow aktivieren. Das machen Sie über den IMG-Pfad **Materialwirtschaft • Einkauf • Bestellung • Flexibler Workflow für Bestellungen • Flexiblen Workflow für Bestellungen aktivieren**. Wählen Sie hier die Belegarten für Bestellungen aus, für die zukünftig ein flexibler Workflow genutzt werden soll. Für unser Beispiel wählen wir die Belegart NB (Normalbestellung) aus (siehe Abbildung 10.6).

Art	Belegartbezeichnung	Szenariobasierter Workflow
DB	Dummybestellung	☐
ENB	Normalbest. DFPS	☐
EUB	DFPS, int. Best.art	☐
FO	Rahmenbestellung	☐
NB	Normalbestellung	☑
NB2	Erw. Lief.retoure	☐
NB2C	Erw. Retourenuml. CC	☐
NBC7	BKüber.TrB erw. RULB	☐
NBR8	BKint. TrB erw. RULB	☐
NBXE	XLO-Übg.Bestellung	☐
NBXI	XLO-Int.Bestellung	☐
UB	Umlagerungsbestell.	☐
UB2	Erw. Retourenuml. IC	☐
UD	UmlagBestellEinteil.	☐

Abbildung 10.6 Aktivieren der Belegarten für Bestellungen

Die gerade beschriebenen Schritte bilden die Grundlage für die Nutzung der flexiblen Szenarios, allerdings sollten auch die in den folgenden Abschnitten beschriebenen Schritte von Ihnen durchgeführt werden.

10.3.2 Schrittnamen und Entscheidungsoptionen für die Inbox definieren

Namen für Freigabeschritte

Über den IMG-Pfad **SAP NetWeaver • Aktivierung SAP-Gateway-Service • Content • Workflow-Einstellungen • Aufgabennamen und Entscheidungsoptionen verwalten** gelangen Sie in das Customizing der Aufgaben eines Genehmigungs-Workflows. Für jedes Szenario gibt es einen oder mehrere

Freigabeschritte, für die Sie einen Schrittnamen (Spalte **Schrittbeschreibung**) vergeben können (siehe Abbildung 10.7).

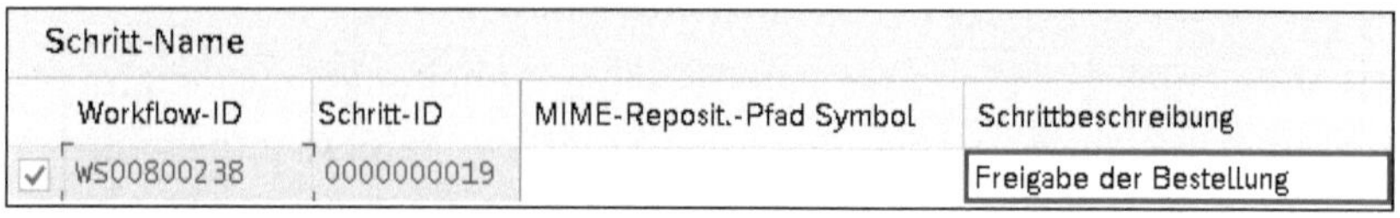

Abbildung 10.7 Schrittbeschreibung für Szenarios und Freigabeschritt

Entscheidungsschlüssel

Innerhalb des Schrittes müssen eindeutige **Entscheidungsschlüssel** definiert werden, die z. B. bei der Ablehnung oder Genehmigung einer Aufgabe verwendet werden. Für die Standardszenarios sind die Einstellungen im Auslieferungszustand korrekt und vollständig ausgeprägt und Sie müssen hier nichts verändern. Falls Sie für Ihren Geschäftsprozess neben der klassischen Ablehnung oder Genehmigung noch zusätzliche Aktionen benötigen (beispielsweise Weiterleiten, Zurücksenden an den Antragsteller zur Überarbeitung etc.), können Sie weitere Entscheidungsschlüssel anlegen und über den sprechenden **Entscheidungstext** identifizieren.

Der Entscheidungsschlüssel dient dem flexiblen Workflow intern als Unterscheidungsmerkmal, um den Prozess in die gewünschte Richtung zu lenken. Der Entscheidungstext wird Ihnen in der App **Meine Inbox** angezeigt, sobald der Schritt einem Bearbeiter oder einer Bearbeiterin zugewiesen wird. Die App **Meine Inbox** ersetzt dabei den von den klassischen Workflows gewohnten Business Workplace.

Über den **Typ** können Sie festlegen, wie der Workflow auf die jeweilige Entscheidung der bearbeitenden Person reagieren soll. Der Typ **POSITIVE** würde den Prozess, z. B. bei einer Genehmigung, weiterführen, der Typ **NEGATIVE** lässt den Prozess wie beim Ablehnen einer Aufgabe abbrechen. Für Standardszenarios wie die Freigabe einer Bestellung sehen die Standardeinstellungen aus, wie in Abbildung 10.8 gezeigt.

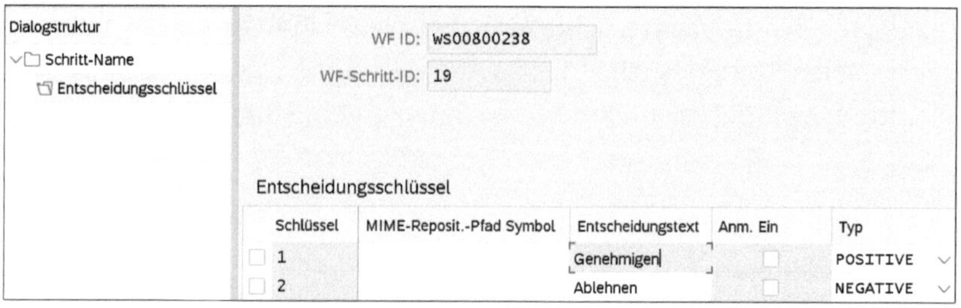

Abbildung 10.8 Entscheidungsschlüssel für Workflow-Schritte definieren

10.3.3 Visualisierungsmetadaten für Workitems und Objekte ändern

Einstellungen zur Visualisierung

Mit den *Visualisierungsmetadaten* definieren Sie, über welche *Visualisierungsart* eine Aufgabe, z. B. ein Genehmigungsschritt, im SAP Fiori Launchpad dargestellt wird, und geben die dafür notwendigen Parameter an. Nutzen Sie Standardszenarios und deren flexible Workflows das erste Mal, ist dieser Schritt für Sie wahrscheinlich optional, da das System alle nötigen Einstellungen bereitstellt. Falls Sie irgendwann eigene Aufgaben entwickeln, können Sie an dieser Stelle bestimmen, wie Ihre Aufgabe visualisiert wird.

Beispiel: Geschäftsobjekt »Bestellung«

Für das Geschäftsobjekt »Bestellung« und die damit verbundenen Aufgaben rufen Sie das entsprechende Customizing über den IMG-Pfad **Materialwirtschaft • Einkauf • Bestellung • Flexibler Workflow für Bestellungen • Mandantenabhängige Konfiguration** auf. Wählen Sie dazu im Feld **Worklist Client** die Einstellung **SAPUI5 Meine Inbox** aus (siehe Abbildung 10.9).

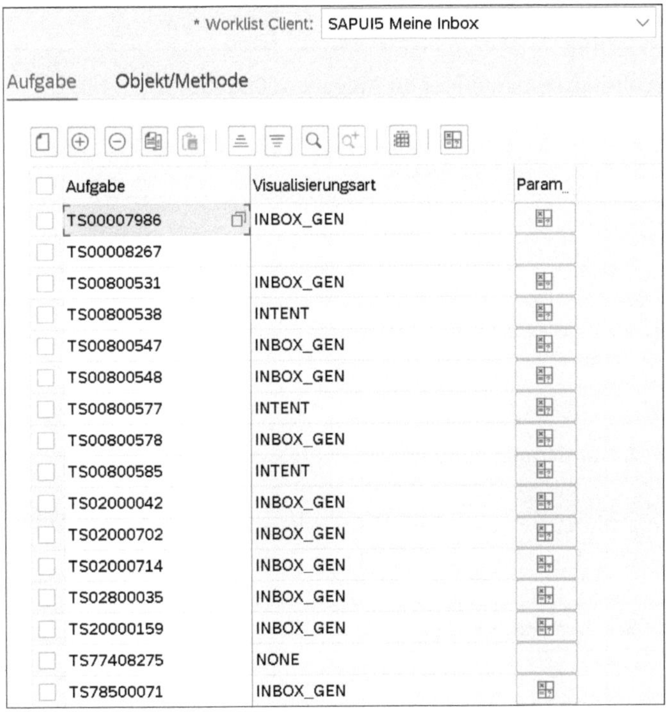

Abbildung 10.9 Visualisierungsmetadaten für den Worklist Client »SAPUI5 Meine Inbox«

Prüfen Sie die Einstellungen für die Aufgabe TS00800531, die Genehmigung einer Bestellung, indem Sie auf das Symbol (**Parameter vorhanden**) in der rechten Spalte **Param** klicken. Sie gelangen in die Ansicht aus Abbildung 10.10. Standardmäßig sollten die Parameter wie abgebildet aussehen.

Prüfen Sie kurz, ob die Einstellungen in Ihrem System übereinstimmen. Die Parameter sind in Tabelle 10.2 aufgeführt.

Parametername	Visualisierungsparameterwert
SCHEME	Sapui5
APPLICATION_PATH	–
COMPONENT_NAME	cross.fnd.fiori.inbox.annotationBasedTaskUI
QUERY_PARAM00	*service=/sap/opu/odata/sap/C_PURCHASEORDER_FS_SRV*
QUERY_PARAM01	*entity=/C_PurchaseOrderFs('{&_WI_Object_ID.MS_PURCHASE_ORDER.PURCHASEORDER&}')*
QUERY_PARAM02	*annotations=/sap/opu/odata/IWFND/CATALOGSERVICE;v=2/Annotations(TechnicalName='C_PURCHASEORDER_FS_ANNO_MDL',Version='0001')/$value/*

Tabelle 10.2 Visualisierungsparameter für Aufgabe TS00800531

Abbildung 10.10 Visualisierungsparameter der Aufgabe TS00800531

Visualisierungsarten

Das Customizing bietet verschiedene Visualisierungsarten (wie in Abbildung 10.9 zu sehen), die wir in Tabelle 10.3 beschreiben.

Visualisierungsart	Kurzbeschreibung
BSP_STD	Aufruf einer Standard-BSP-Anwendung (Business Server Pages)
INBOX_GEN	generische Meine-Inbox-Anwendung
INTENT	intent-basierte Navigation
NONE	Aufgabe wird in der Inbox nicht angezeigt.

Tabelle 10.3 Visualisierungsarten für Workitems und Objekte

Visualisierungsart	Kurzbeschreibung
UI5_BSP	SAPUI5-Anwendung, basierend auf BSP
WD_ABAP	Web Dynpro ABAP

Tabelle 10.3 Visualisierungsarten für Workitems und Objekte (Forts.)

Für jede Visualisierungsart müssen spezifische Parameter übergeben werden. An dieser Stelle gehen wir nicht ins Detail, da dies den Rahmen dieses Kapitels sprengen würde. Für unsere Beispiele im Buch nutzen wir die Standardeinstellungen. Für weiterführende Informationen verweisen wir auf SAP-Hinweis 3347852.

10.3.4 Ereignistypkopplung für Workflows

Wollen Sie ein neues, flexibles Workflow-Szenario nutzen, haben bisher in Ihrem System aber noch den entsprechenden klassischen Workflow im Einsatz, sollten Sie die Ereignistypkopplung der alten Workflows deaktivieren. So sorgen Sie dafür, dass die Ereignistypkopplung den neuen Workflow nicht behindert. Zwar sollten die Einstellungen zu den flexiblen Workflows die noch aktiven klassischen Workflows übersteuern, wir empfehlen Ihnen jedoch, auf Nummer sicher zu gehen.

Typkopplung deaktivieren

Steigen Sie über die Transaktion SWETYPV in die Typkopplung ein. Diese Transaktion haben wir in Abschnitt 3.4.2, »Typkopplung«, beschrieben. Deaktivieren Sie hier alle Kopplungen, die nicht mehr relevant sind. Dazu müssen Sie entweder die verwendeten klassischen Workflow-Szenarios oder die entsprechenden Kombinationen aus BOR-Objekttyp/ABAP-Klasse und Startereignis kennen. Um die Deaktivierung durchzuführen, müssen Sie lediglich den gewünschten Eintrag markieren (siehe Abbildung 10.11) und per Doppelklick in die Details abspringen.

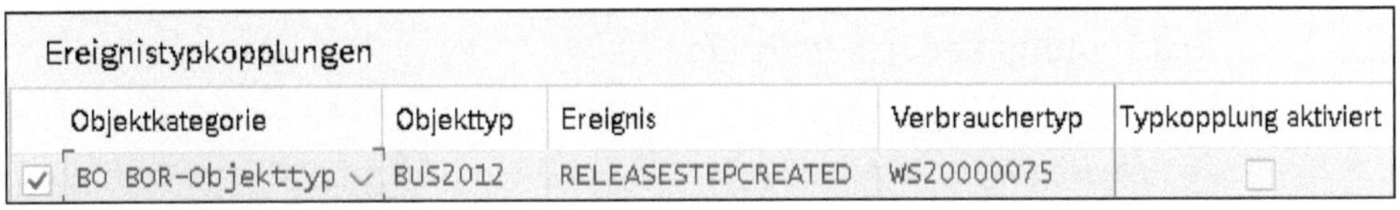

Abbildung 10.11 Transaktion SWETYPV mit deaktivierter Kopplung

Entfernen Sie dann das Häkchen bei der Option **Kopplung aktiviert**, wie in Abbildung 10.12 zu sehen.

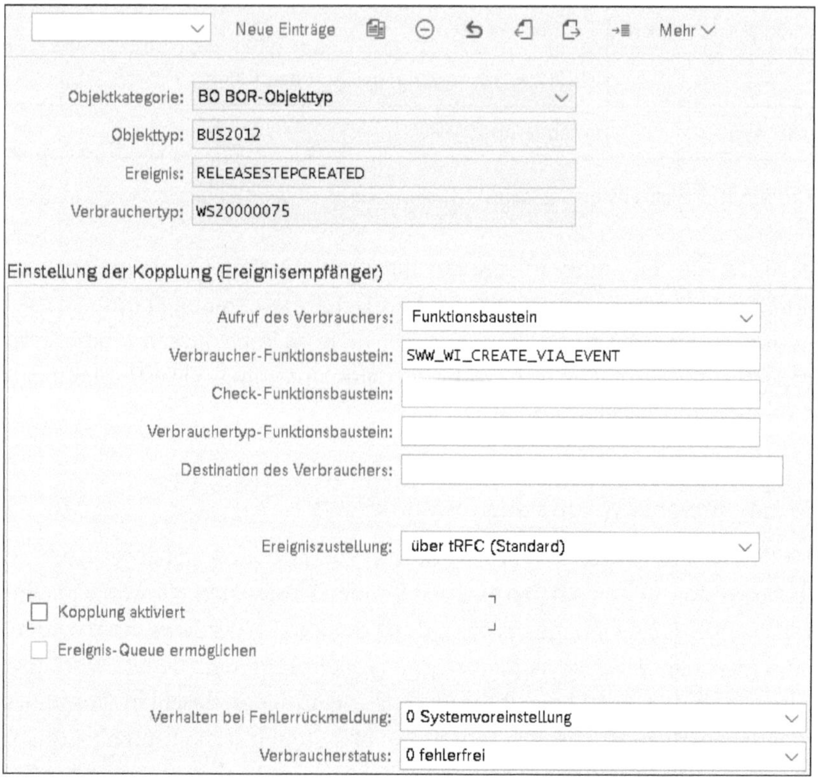

Abbildung 10.12 Deaktivierte Typkopplung für klassischen Workflow

Typkopplungen für flexible Workflows

Anschließend aktivieren Sie die Typkopplungen, die für Ihre flexiblen Workflows relevant sind. Dies funktioniert auf die gleiche Weise wie bei den klassischen Workflows (siehe Abschnitt 3.4.2, »Typkopplung«). Es kann sein, dass diese Typkopplungen bereits aktiv sind, sofern Sie die Szenarios bereits aktiviert haben, wie in Abschnitt 10.3.1, »Workflow-Szenarios aktivieren«, beschrieben.

10.3.5 Aufgaben generalisieren

Die in diesem Abschnitt beschriebene Generalisierung von Aufgaben kann ab Release SAP S/4HANA 2020/2021 vor allem für von SAP zur Verfügung gestellte flexible Workflow-Szenarios bei bestimmten Systemkonstellationen obsolet sein. Für kundeneigene flexible Workflows ist die Generalisierung aber noch erforderlich.

Generelle Aufgaben

Prüfen Sie im Rahmen dieser Generalisierung von Aufgaben, ob alle Aufgaben und Workflows für Ihren Anwendungsfall als generelle Aufgaben kategorisiert sind, ob also grundsätzlich alle Personen diese Aufgaben ausführen dürfen (siehe auch Abschnitt 3.6, »Bearbeiterfindung konfigurieren«).

Das können Sie über den IMG-Pfad **SAP NetWeaver • Application Server • Business Management • SAP Business Workflow • Aufgabenspezifisches Customizing durchführen** tun. Navigieren Sie hier zu der Anwendungskomponente, die für Sie relevant ist, z. B. **MM-PUR-PO** für Bestellungen (siehe Abbildung 10.13).

Kürzel Anwendungskomponente	Bezeichnung Anwendungskomponente	Bearbeiterzuordnung	Ereigniskopplung
MM	Materialwirtschaft		
MM-CBP	Verbrauchsgesteuerte Disposition (siehe		
MM-PUR	Einkauf	Bearbeiter zuordnen	Ereigniskopplung aktivieren
MM-PUR-RPL	Nachschub		
MM-PUR-ADB	Adobe document services im Einkauf		
MM-PUR-GF	Grundfunktionen		
MM-PUR-VM	Lieferant / Materialbeziehung und Kondit		
MM-PUR-SQ	Bezugsquellen		
MM-PUR-RFQ	Lieferantenanfrage / -angebot	Bearbeiter zuordnen	Ereigniskopplung aktivieren
MM-PUR-OA	Lieferantenrahmenverträge		
MM-PUR-REQ	Bestellanforderungen	Bearbeiter zuordnen	Ereigniskopplung aktivieren
MM-PUR-PO	Bestellungen	Bearbeiter zuordnen	Ereigniskopplung aktivieren
MM-PUR-FIP	Frischebeschaffung		
MM-PUR-OPT	Optimierung im Einkauf		

Abbildung 10.13 Aufgabenbezogenes Customizing für Bestellungen

Klicken Sie auf die Schaltfläche **Bearbeiter zuordnen**, um in die Detailsicht der einzelnen der Anwendungskomponente zugeordneten Aufgaben und Workflows zu gelangen (siehe Abbildung 10.14).

Eigenschaften... Org. Zuordnung Mehr

Bezeichnung	Id	Generelle oder Hintergrundaufgabe	zugeordnet ab	zugeordnet bis
Bestellungen	FA MM-PUR-PO			
Freigabe der Bestellung	TS 00800531	Generelle Aufgabe	01.01.1900	Unbegrenzt
Automatische Freigabe der Bestellung	TS 00800532	Hintergrundaufgabe	01.01.1900	Unbegrenzt
Freigabe d. zentral verwalteten Bestell.	TS 00800600	Generelle Aufgabe	01.01.1900	Unbegrenzt
Aut. Freig. d. zentr. verwal. Bestellung	TS 00800601	Hintergrundaufgabe	01.01.1900	Unbegrenzt
Workflow für Bestellung	WS 00800238	Generelle Aufgabe	01.01.1900	Unbegrenzt
Workflow f. zentral verwalt. Bestellung	WS 00800333	Generelle Aufgabe	01.01.1900	Unbegrenzt

Abbildung 10.14 Detailsicht der Aufgaben und Workflows für Bestellungen

Alle Dialogschrittaufgaben sollten in der Spalte **Generelle oder Hintergrundaufgabe** als **Generelle Aufgabe** definiert sein, ebenso die Workflow-Szenarios. Hintergrundaufgaben benötigen diese Einstellung nicht und können ignoriert werden. In Abbildung 10.14 sind schon alle notwendigen Einstellungen vorgenommen. Falls Sie eine Änderung durchführen müssen, markieren Sie den entsprechenden Eintrag und klicken auf die Schaltfläche **Eigenschaften...** Im sich öffnenden Fenster wählen Sie die Option **Generelle Aufgabe**, wie in Abschnitt 3.6, »Bearbeiterfindung konfigurieren«, beschrieben.

10.3.6 Gateway-Service registrieren

Das im SAP-System integrierte *SAP Gateway* bietet eine standardisierte Möglichkeit, um verschiedene Plattformen einem beliebigen SAP-System anzubinden. SAP nutzt hierzu das ursprünglich von Microsoft entwickelte *Open Data Protocol* (OData). Für eine Verbindung zwischen verschiedenen Plattformen und Systemen nutzt man *OData-Services*, die jeweils einen bestimmten Anwendungsfall abdecken. Grundsätzlich benötigen Sie eine ganze Reihe von OData-Services, um flexible Workflows in Kombination mit SAP-Fiori-Apps nutzen zu können. Die OData-Services dienen hier als Schnittstelle zwischen dem SAP-S/4HANA-Backend und dem SAP-Fiori-Frontend.

Liste der OData-Services

Abhängig davon, welche SAP-Fiori-Apps Sie nutzen wollen, benötigen Sie unterschiedliche OData-Services. Eine komplette Liste aller relevanten Services würde den Rahmen dieses Buches sprengen. In Tabelle 10.4 haben wir alle Services aufgelistet, die wir für die Beispiele und Erklärungen in den folgenden Kapiteln verwenden.

Servicebeschreibung	Externer Servicename
Adaptation Transport Organizer, Export-UI	APS_EXT_ATO_EXP_SRV
Adaptation Transport Organizer, Import-UI	APS_EXT_ATO_IMP_SRV
Adaptation Transport Organizer, Element zuordnen	APS_EXT_ATO_PK_AI_SRV
Transportkonfiguration von Paketen	APS_EXT_ATO_PK_CFG_SRV
Einstellungen für Erweiterbarkeit	APS_EXT_ATO_SETTINGS_SRV
benutzerdefinierte Geschäftsobjekte – Entwurf	APS_EXT_CBO_D_SRV
benutzerdefinierte Codeliste	APS_EXT_CCL_SRV
Tracing der benutzerdefinierten Logik	APS_EXT_CLT_SRV
benutzerdefinierte Metadatenerweiterungen	APS_EXT_CME_SRV
benutzerdefinierte Reuse Libraries	APS_EXT_CRL_SRV
OData-Service für Erweiterbarkeits-Inventory	APS_EXT_DEP_INVENTORY_SRV

Tabelle 10.4 OData-Services, die in diesem Teil des Buches verwendet wurden

Servicebeschreibung	Externer Servicename
Erweiterbarkeitsvorlage exportieren	APS_EXT_EIT_EXPORT_SRV
Erweiterbarkeitsvorlage importieren	APS_EXT_EIT_IMPORT_SRV
OData-Services für Tracing	APS_EXT_TRC_SRV
Ausgabeverwaltung – E-Mail-Warteschlange	APS_OM_EMAIL_QUEUE_SRV
E-Mail-Vorlage	APS_OM_EMAIL_TMPL_SRV
Formularvorlage	APS_OM_FORM_TMPL_SRV
Aufgaben bearbeiten	C_SUPPLIERACTIVITYTASKPROCESS_SRV
Eingabehilfen für Apps zum Verwalten von Workflows	S_MMPURWORKFLOWVH_CDS
flexible Workflow-Szenarios	SWF_FLEX_SCENARIO_SRV
TCM-konformer OData-Service für Workflows	SWF_TCM

Tabelle 10.4 OData-Services, die in diesem Teil des Buches verwendet wurden (Forts.)

SAP Fiori Apps Reference Library

Mit Tabelle 10.4 und den Beispielen in diesem Buch haben Sie eine gute Grundlage, auf der Sie aufbauen können, um weitere OData-Services zu registrieren. Um herauszufinden, welche OData-Services für die von Ihnen verwendeten SAP-Fiori-Apps benötigt werden, verweisen wir auf die *SAP Fiori Apps Reference Library*, die Sie unter folgender URL aufrufen können: *http://s-prs.de/v782600*. In der SAP Fiori Apps Reference Library finden Sie alle wichtigen Angaben für Ihr Release und die gewünschte App, unter anderem die erforderlichen OData-Services, die Sie vor Benutzung der App registrieren müssen.

OData-Service registrieren

Exemplarisch werden wir an dieser Stelle den OData-Service für die Eingabehilfe für flexible Workflows in der Materialwirtschaft registrieren. Diesen Service werden wir neben vielen weiteren Services für unser Beispiel einer Bestellfreigabe benötigen.

1. Rufen Sie die Transaktion /IWFND/MAINT_SERVICE (Services aktivieren und verwalten) auf.
2. Klicken Sie auf die Schaltfläche **Service hinzufügen**.
3. Im oberen Bildschirmbereich geben Sie einen gültigen **Systemalias** für Ihr SAP-S/4HANA-System an. Im Feld **Technischer Servicename** geben

Sie »S_MMPURWORKFLOWVH_CDS« an und bestätigen dies mit [↵] (siehe Abbildung 10.15).

Abbildung 10.15 Filtereinstellungen zur Suche von Services

4. Daraufhin sollte im Servicekatalog im unteren Bildschirmbereich der entsprechende Eintrag erscheinen, sofern der Service noch nicht registriert ist (siehe Abbildung 10.16).

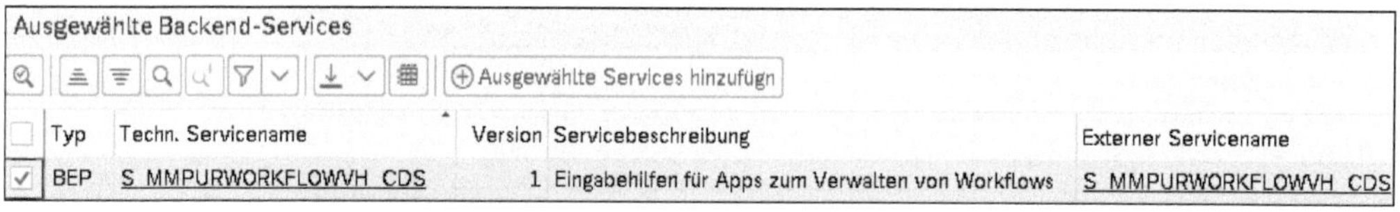

Abbildung 10.16 Transaktion /IWFND/MAINT_SERVICE – Service hinzufügen

5. Markieren Sie den angezeigten Service und klicken Sie auf die Schaltfläche **Ausgewählte Services hinzufügen**.
6. Im nächsten Bild (siehe Abbildung 10.17) überprüfen Sie die Details und passen die vorgeschlagenen Einstellungen gegebenenfalls an.

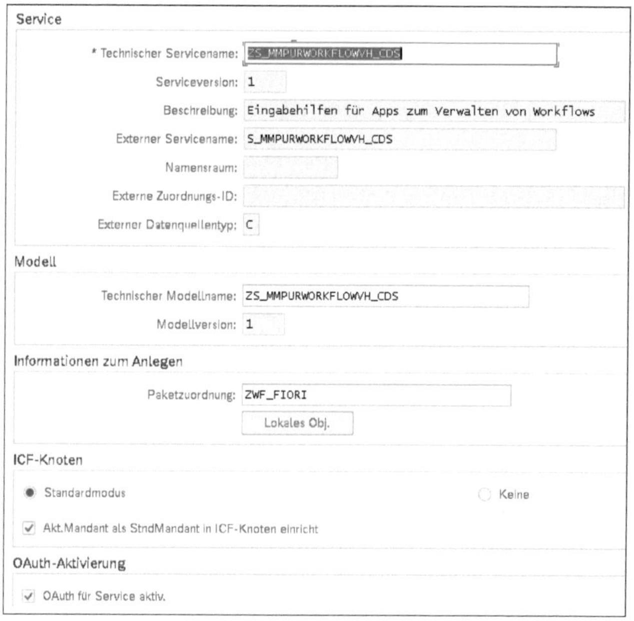

Abbildung 10.17 Pop-up-Fenster mit zusätzlichen Daten zum Service

Wir empfehlen Ihnen, die Vorschlagswerte für die Felder **Technischer Servicename** und **Technischer Modellname** stehen zu lassen. Im unteren Bereich können Sie noch entscheiden, ob Sie **OAuth** für Ihren Service aktivieren wollen. In unserem System haben wir diese Option aktiviert.

7. Bestätigen Sie dann Ihre Angaben. Sie können Ihre Änderungen einem **Paket** zuordnen oder als lokales Objekt abspeichern.

Damit haben Sie den OData-Service erfolgreich registriert.

[+]

Fehlersuche im Zusammenhang mit OData-Services

Es gibt einzelne Services, die zusätzliche Konfigurationen benötigen. Ein konkreter Verdacht dafür ergibt sich, wenn eine bestimmte SAP-Fiori-App nicht so funktioniert, wie gedacht, oder tatsächlich Fehlermeldungen zurückgibt. Um Fehler im Zusammenhang mit der Konfiguration von OData-Services aufzuspüren, können Sie die Transaktion /IWFND/ERROR_LOG, das Fehlerprotokoll von SAP Gateway, nutzen. Parallel dazu bietet die SAP Fiori Apps Reference Library umfangreiche Konfigurationsanleitungen, sodass Sie auch dort nützliche Informationen finden.

Haben Sie die einzelnen Schritte zum Grund-Customizing von flexiblen Workflows bearbeitet, sind Sie und Ihr System grundsätzlich bereit für die Einrichtung und Nutzung der flexiblen Workflow-Szenarios. Natürlich können wir an dieser Stelle nicht garantieren, dass alle Sonderfälle mit diesem Leitfaden abgedeckt sind, aber wir bieten Ihnen mit den Anleitungen in diesem Kapitel eine gute Grundlage, auf der Sie aufbauen können.

Im nächsten Kapitel 11, »Flexible Workflows einsetzen«, gehen wir auf weitere Konfigurationen ein und richten zusammen einen flexiblen Workflow für die Freigabe einer Bestellung ein.

Kapitel 11
Flexible Workflows einsetzen

In diesem Kapitel zeigen wir Ihnen anhand eines Workflows für Bestellungen, wie Sie die im Standard bereitgestellten flexiblen Workflows einrichten. Auch die Einrichtung von optionalen Aktionen und Erweiterungen stellen wir Ihnen vor.

Nachdem Sie das Grund-Customizing vorgenommen haben, wie in Kapitel 10, »Einführung in flexible Workflows«, bzw. in Kapitel 3, »Klassische Standard-Workflows konfigurieren«, beschrieben, können Sie flexible Workflows einsetzen. Für jeden Workflow sind dabei einige Konfigurationsschritte erforderlich, mit denen Sie das von SAP bereitgestellte Standardszenario Ihrem individuellen Geschäftsprozess anpassen. Diese Schritte zeigen wir Ihnen in diesem Kapitel anhand eines Beispiel-Workflows. Wir bilden ein fiktives Team mit verschiedenen Rollen ab und legen die benötigten Geschäftspartner an. Anschließend starten wir den Workflow zur Bestellanlage und konfigurieren die Optionen, die die Anwender*innen dabei in ihrer täglichen Arbeit nutzen werden.

In Abschnitt 11.1 legen wir als Erstes die Geschäftspartner an, die wir für den Beispiel-Workflow benötigen. Sie bilden die am Workflow beteiligten Personen ab. Für diese Geschäftspartner vergeben wir in Abschnitt 11.2 unterschiedliche Rollen, um ihre Funktion im Geschäftsprozess abzubilden und ihnen die benötigten Berechtigungen zuzuweisen.

Wenn Sie diese Vorarbeiten abgeschlossen haben, können Sie den Workflow anlegen. Dies zeigen wir Ihnen anhand des Freigabe-Workflows für Bestellungen in Abschnitt 11.3. Sie nutzen dazu die SAP-Fiori-App **Workflows für Bestellungen verwalten**. Sie werden Startbedingungen einrichten, den Freigabeschritt definieren und anschließend den Workflow testen. Schließlich werfen wir in Abschnitt 11.4 einen Blick auf weitere Optionen zur Konfiguration des Workflows.

11.1 Geschäftspartnerzuordnung einrichten

Geschäftspartner und Workflow

Geschäftspartner werden in SAP S/4HANA zentral angelegt und verwaltet. Sie beschreiben beispielsweise Personen, Organisationen oder Gruppen von Personen oder Organisationen. Jeder Geschäftspartner kann verschiedene Rollen besitzen. Über die Geschäftspartner werden häufig die Geschäftsbeziehungen zwischen verschiedenen Unternehmen beschrieben, aber auch die Mitarbeitenden Ihrer eigenen Organisation können damit abgebildet werden.

Seit dem On-Premise-Release SAP S/4HANA 1511 werden Geschäftspartner für eine Reihe von SAP-Fiori-Apps benötigt. Speziell im Bereich der flexiblen Workflows reicht es daher nicht mehr aus, einfach nur einen Benutzer im System zu besitzen, um alle Funktionen eines Workflows nutzen zu können. Unter anderem können Sie keine Benutzer mehr als zuständig für die Genehmigung eines flexiblen Workflows definieren, wenn die Verbindung zwischen der Benutzer-ID, den Personalstammdaten und dem Geschäftspartner nicht eingerichtet ist.

Einrichtung prüfen

Sie können auf einfache Weise prüfen, ob die Einrichtung der Geschäftspartner und die Synchronisierung innerhalb Ihres Systems bereits durchgeführt wurden. Dafür wählen Sie ein Benutzerkonto aus, das in Ihrem Workflow aktiv werden soll, und prüfen die Benutzerstamminformationen in der Transaktion SU01. Im oberen Bereich der Transaktion sollte neben dem Benutzernamen der Hinweis **Benutzer mit Geschäftspartnerzuordnung** und dahinter die ID des verlinkten Geschäftspartners stehen (siehe Abbildung 11.1). Ist dies der Fall, brauchen Sie keine weiteren Schritte zur Konfiguration durchzuführen und können direkt zu Abschnitt 11.2, »Rollen zuweisen«, übergehen.

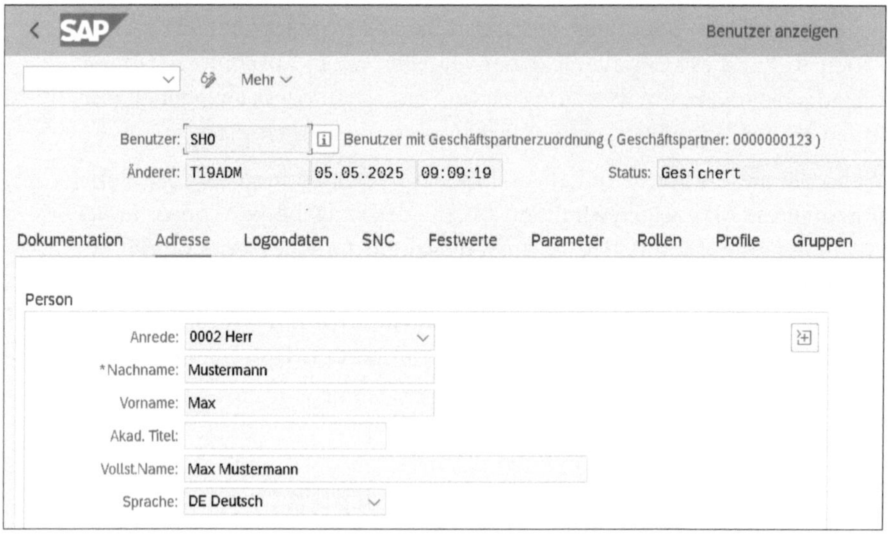

Abbildung 11.1 Benutzersicht in Transaktion SU01 nach erfolgreicher Geschäftspartnersynchronisierung

Falls neben dem Benutzer stattdessen die Beschreibung **Benutzer mit klassischer Adresse** steht (siehe Abbildung 11.2), müssen die in den folgenden Abschnitten beschriebenen Einstellungen vorgenommen werden.

Abbildung 11.2 Benutzersicht in Transaktion SU01 ohne Geschäftspartnerzuordnung

In den folgenden Abschnitten werden Sie durch diese Einrichtungsschritte geführt: In Abschnitt 11.1.1 erfahren Sie, wie Sie die benötigten Personalstammdaten anlegen und die Verlinkung zum Benutzer mit der Transaktion PA30 einrichten. Abschnitt 11.1.2 beschreibt, wie Sie einen Geschäftspartner anlegen und ihn mit der Transaktion BP mit einer Person verknüpfen. In Abschnitt 11.1.3 erlernen Sie schließlich die Synchronisierung des Geschäftspartners mit den HR-Daten.

11.1.1 Einen Personalstammdatensatz anlegen

Anlegen von Personalstammdaten

In diesem Abschnitt legen wir einen Personalstammdatensatz an und verknüpfen diese Person mit einem Benutzerkonto.

Personen in SAP ERP HCM (Human Capital Management) anlegen

Wird in Ihrem System bereits das Modul *SAP HCM für SAP S/4HANA* genutzt, kann der in diesem Abschnitt beschriebene Schritt für Sie unter Umständen obsolet sein. Prüfen Sie dazu, ob für jedes Benutzerkonto, das in Ihrem Workflow relevant sein könnte, eine Person angelegt wurde und ob jeder Benutzer im Infotyp 105 (Kommunikation) mit dieser Person verknüpft wurde. Falls das der Fall sein sollte, können Sie direkt mit Abschnitt 11.1.2, »Einen Geschäftspartner anlegen«, fortfahren.

Maßnahme

Ein neuer Personalstammdatensatz im HCM-Modul wird in der Regel angelegt, wenn eine neue Mitarbeiterin oder ein neuer Mitarbeiter eingestellt wird. Diesen Fall simulieren wir im Folgenden, um die Personalstammdaten anzulegen:

1. Öffnen Sie die Transaktion PA30 (Personalstammdaten pflegen).
2. Eine Einstellung wird im HCM-Modul als *Maßnahme* verwaltet. Wählen Sie daher den Infotyp **Maßnahmen** aus (siehe Abbildung 11.3) und legen Sie diesen Infotyp mit einem Klick auf die Schaltfläche [ ] (**Anlegen**) an.

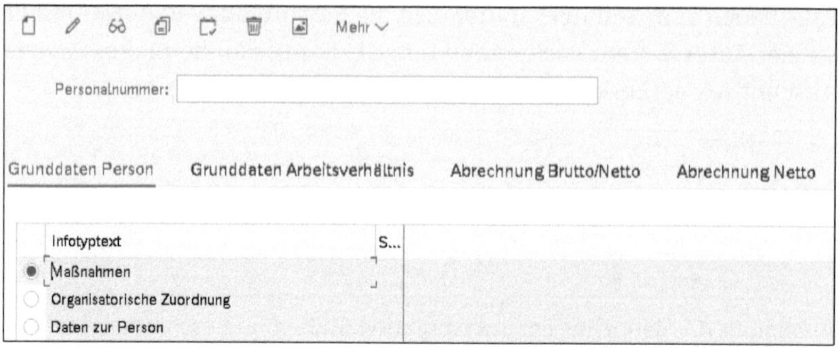

Abbildung 11.3 Transaktion PA30 – Maßnahme anlegen

3. Auf dem folgenden Bildschirm wählen Sie einen Gültigkeitszeitraum, die **Maßnahmenart** und die Daten für die **Organisatorische Zuordnung** (siehe Abbildung 11.4).

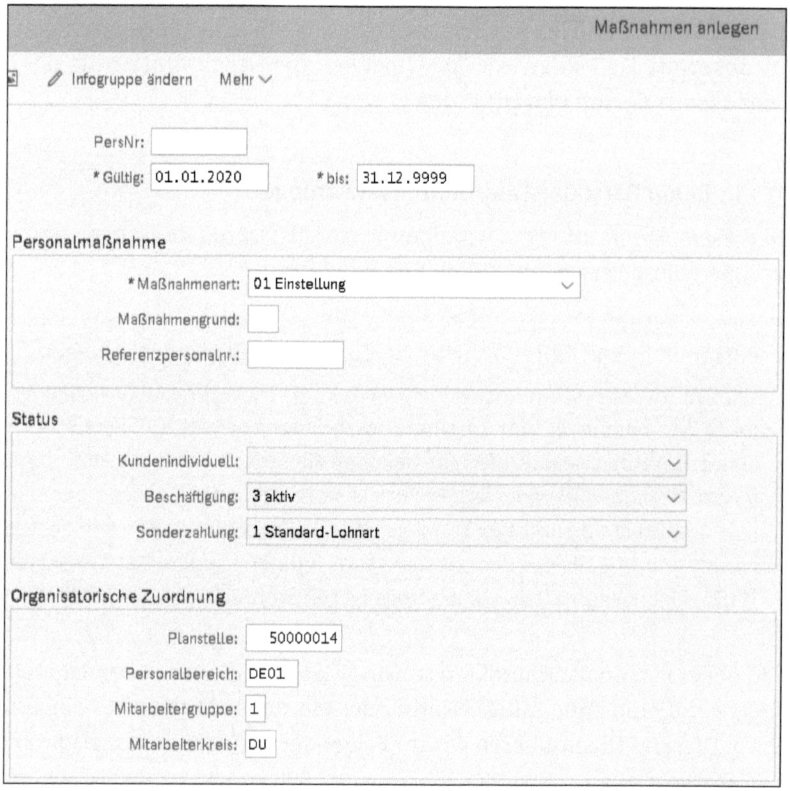

Abbildung 11.4 Maßnahme »Einstellung« in Transaktion PA30 definieren

In unserem Beispiel wird die eingestellte Person unbefristet eingestellt und der **Planstelle** 500000014, dem **Personalbereich** DE01, der **Mitarbeitergruppe** 1 und dem **Mitarbeiterkreis** DU zugeordnet.

4. Als Nächstes geben Sie Grunddaten zur Person ein, wie **Anrede**, **Nachname**, **Vorname**, **Geburtsdatum** und **Nationalität** (siehe Abbildung 11.5).

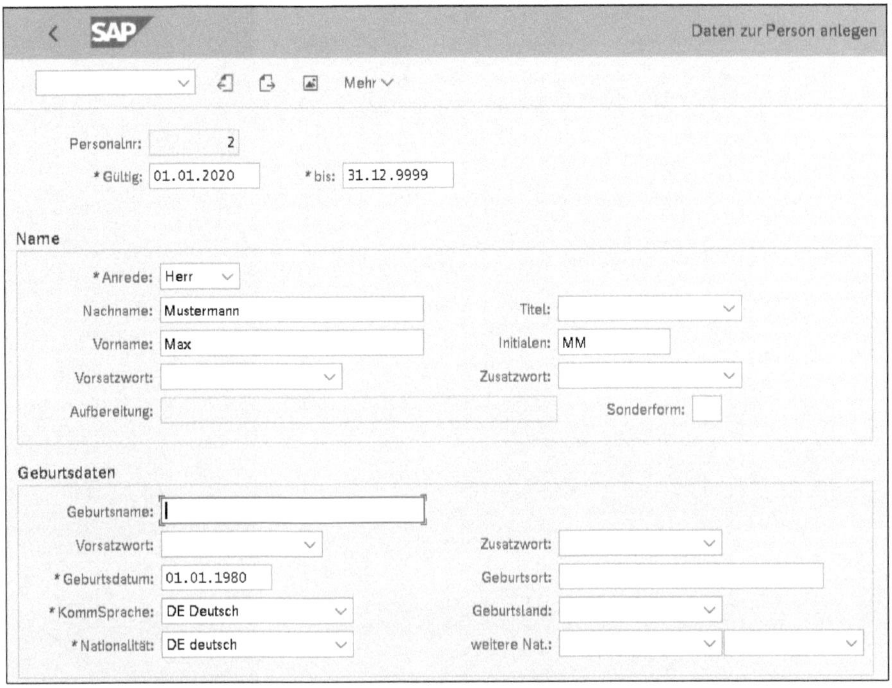

Abbildung 11.5 Daten zur Person in Transaktion PA30 hinterlegen

5. Bestätigen Sie im nächsten Dialog die organisatorische Zuordnung, nachdem Sie einen Teilbereich innerhalb der **Unternehmensstruktur** im Feld **Teilber.** ausgewählt haben (siehe Abbildung 11.6).

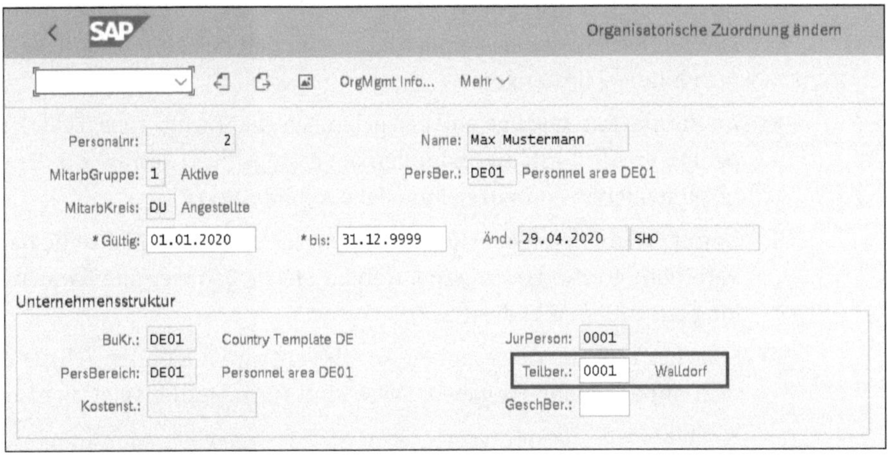

Abbildung 11.6 Organisatorische Zuordnung konkretisieren

6. Legen Sie eine neue Anschrift an. Dafür müssen Sie mindestens die **Postleitzahl** und den **Ort** eingeben (siehe Abbildung 11.7).

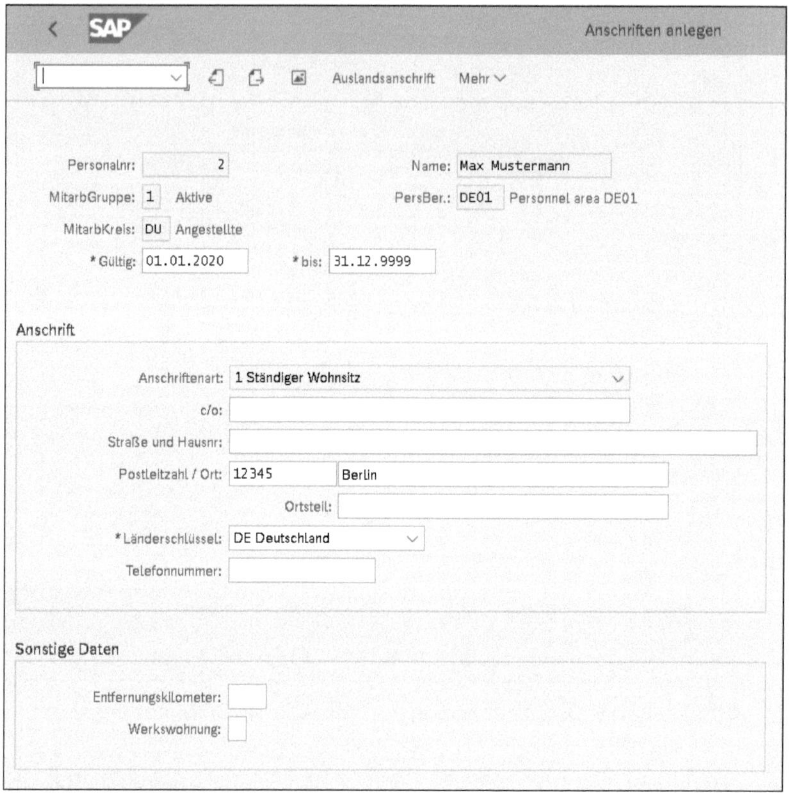

Abbildung 11.7 Anschrift anlegen

7. Im nächsten Schritt geben Sie die Sollarbeitszeit an. Für unser Beispiel können Sie es bei den Standardeinstellungen belassen und diese einfach mit [↵] bestätigen.
8. Im Infotyp **Basisbezüge anlegen** geben Sie eine Tarifgruppe (Feld **Gruppe** im Bereich **Tarif**) an und füllen die Beträge (Feld **Betrag**) für die unterschiedlichen Lohnarten aus (siehe Abbildung 11.8).
9. Damit Sie auf dem nächsten Bildschirm für dieses Beispiel keine Bankverbindung erfinden müssen, wählen Sie als **Zahlweg** die **Barauszahlung** aus (siehe Abbildung 11.9).
10. Speichern Sie die Abwesenheitskontingente im folgenden Schritt einfach ohne jegliche Eingaben. Diese sind für unser Beispiel nicht notwendig.

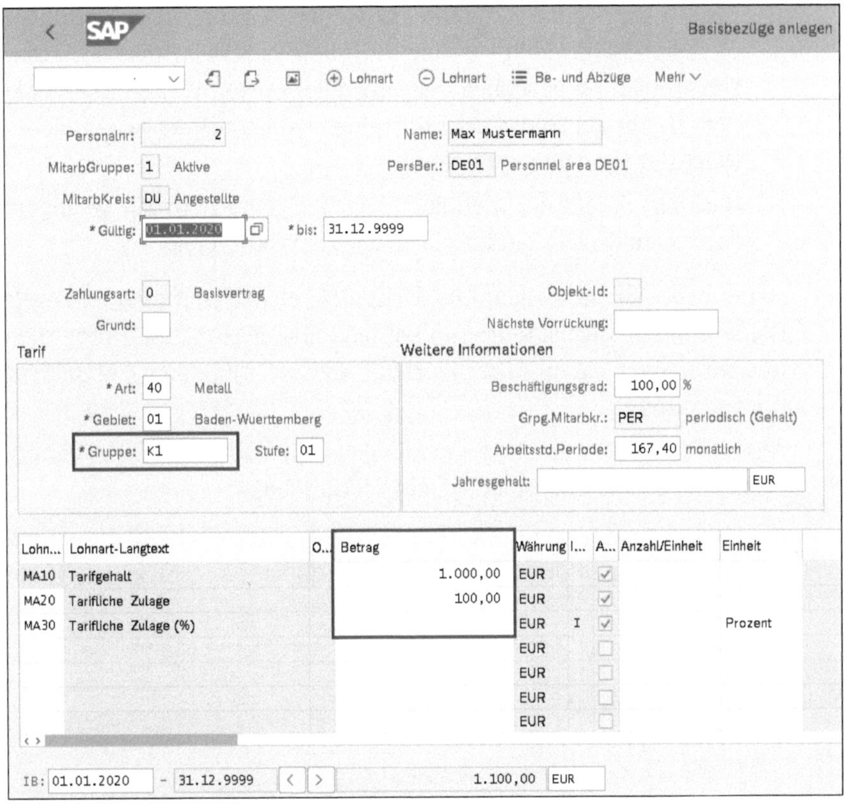

Abbildung 11.8 Basisbezüge definieren

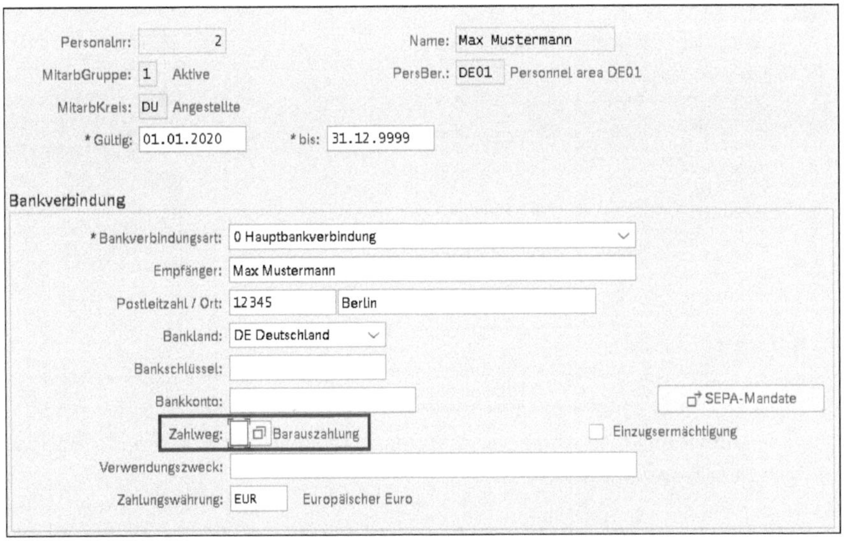

Abbildung 11.9 Bankverbindung anlegen mit Barauszahlung

11

11. Ebenso können Sie mit den Personal-IDs verfahren. Überspringen Sie diesen Bildschirm ohne weitere Angaben. Falls Sie beim Speichern eine Fehlermeldung bezüglich des fehlenden Customizings erhalten, können Sie diesen Bildschirm mit einem Klick auf die Schaltfläche (**Nächster Satz**) überspringen.
12. Nachdem Sie alle erforderlichen Angaben gemacht haben, gelangen Sie wieder auf den Hauptbildschirm der Transaktion PA30.

Damit haben Sie nun alle initial wichtigen Personalstammdaten angelegt. Die von Ihnen angelegte Person hat jetzt eine Personalnummer erhalten und wir können sie für unser Workflow-Beispiel mit einem Geschäftspartner verknüpfen.

Benutzer mit Person verknüpfen

Anschließend können Sie die neu angelegte Person mit einem Benutzerkonto für das SAP-S/4HANA-System verknüpfen:

1. Dazu geben Sie im unteren Bereich der Transaktion PA30 unter **Direkte Auswahl** den **Informationstyp** »Kommunikation« (105) an (siehe Abbildung 11.10).

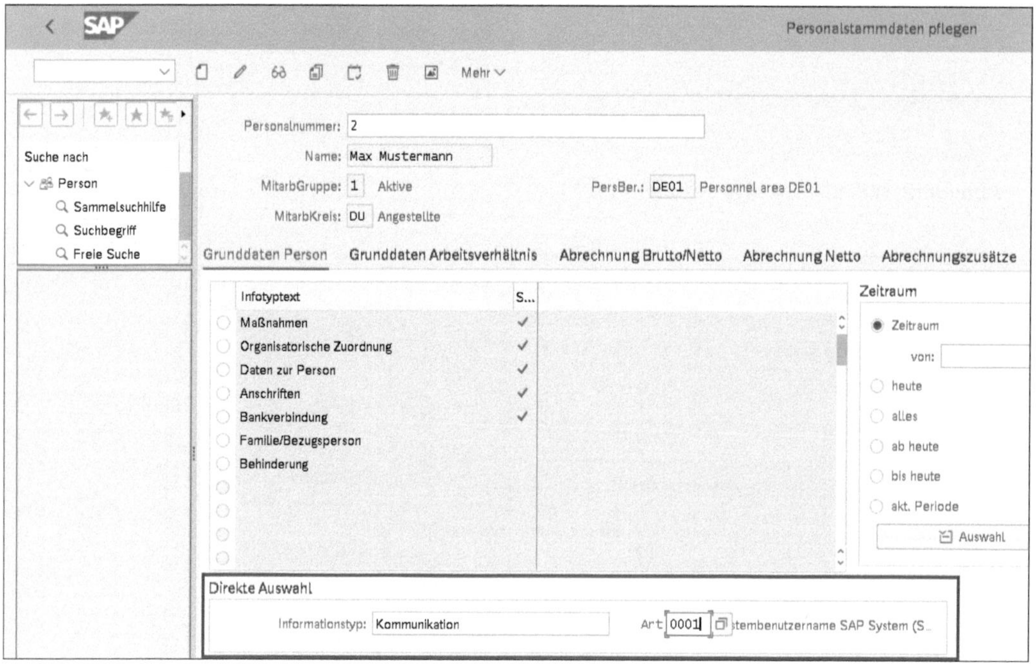

Abbildung 11.10 Anlage eines Datensatzes vom Infotyp »Kommunikation« in der Transaktion PA30

2. Im Feld **Art** definieren Sie den Subtyp »0001« (**Systembenutzername SAP System**).

3. Legen Sie nun einen Datensatz dieses Typs über die Schaltfläche (**Anlegen**) an. Achten Sie dabei darauf, dass die gerade angelegte **Personalnummer** in den Kopfdaten des Personalstammsatzes im entsprechenden Feld eingetragen ist.
4. Ein Benutzer kann immer nur genau einer Personalnummer zugeordnet sein. Im folgenden Bildschirm tragen Sie im Feld **System-ID** die Benutzer-ID ein, die Sie mit der gerade angelegten Person verknüpfen wollen (siehe Abbildung 11.11).

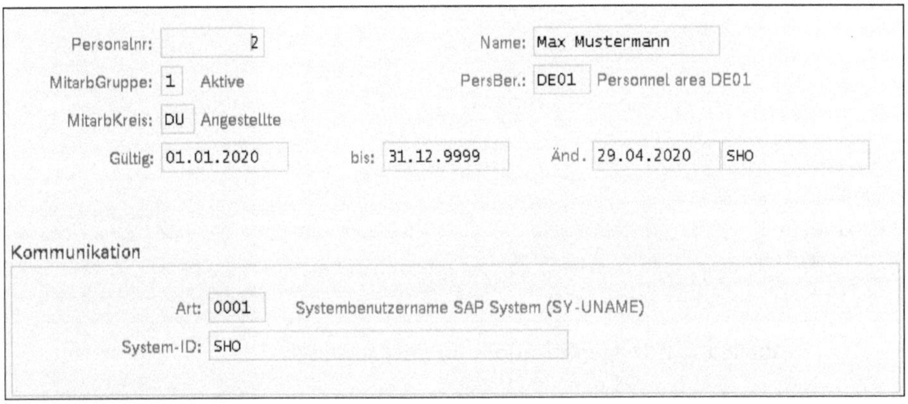

Abbildung 11.11 Verknüpfung zwischen Personalnummer und Benutzer

5. Speichern Sie Ihre Änderungen.

Damit sind Sie mit diesem Teil der Einrichtung der Benutzerkonten für unser Beispiel fertig. Als Nächstes legen Sie den Geschäftspartner an.

11.1.2 Einen Geschäftspartner anlegen

Anlage des Geschäftspartners

Um einen Geschäftspartner im SAP-S/4HANA-System anzulegen, gehen Sie wie folgt vor:

1. Öffnen Sie die Transaktion BP (Geschäftspartner bearbeiten) und legen Sie eine neue Person über die Schaltfläche (**Person anlegen**) an.
2. Wechseln Sie auf die Registerkarte **Identifikation** und fügen Sie in der Liste **Identifikationsnummern** die **ID-Art** »HCM001« hinzu, da es sich bei dem Geschäftspartner um eine Mitarbeiterin oder einen Mitarbeiter des Unternehmens handelt, die oder der im HCM-Modul angelegt wurde.
3. In der Spalte **Identifikationsnummer** tragen Sie die in Abschnitt 11.1.1, »Einen Personalstammdatensatz anlegen«, erzeugte Personalnummer ein, in unserem Beispiel »2« (siehe Abbildung 11.12).
4. Speichern Sie den mit diesen Daten angelegten Geschäftspartner.

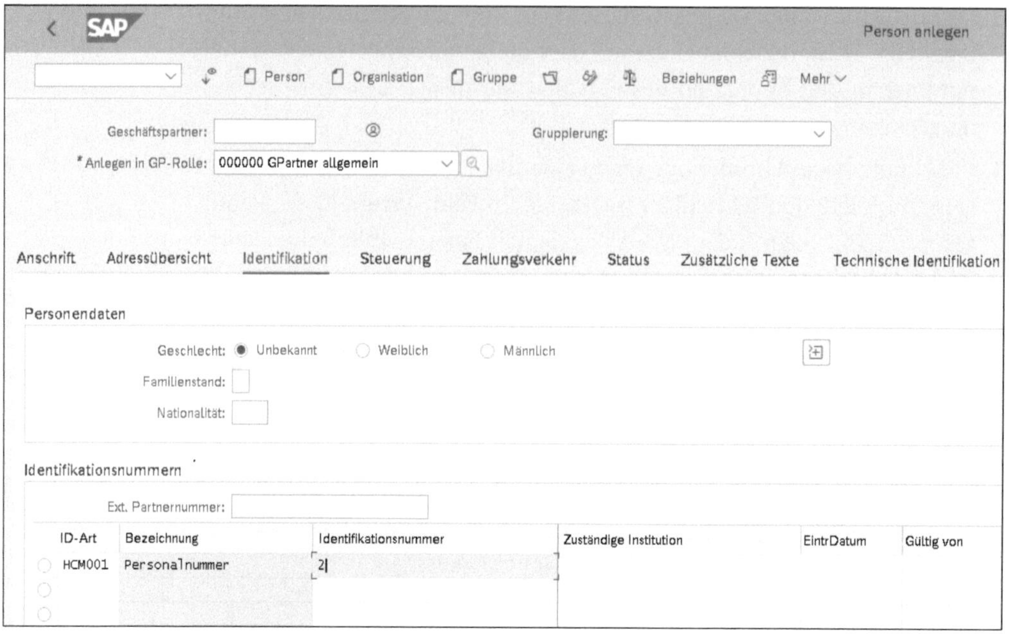

Abbildung 11.12 Identifikationsnummer zuweisen

Fehlerbehandlung

Wird Ihnen beim Speichern die Fehlermeldung **Zur ID-Art HCM001 dürfen im Dialog keine Nummern angelegt werden** angezeigt, müssen Sie das Customizing für Geschäftspartner anpassen. Lassen Sie dabei den Modus, in dem Sie die Transaktion BP aufgerufen haben, geöffnet und öffnen Sie parallel dazu den Customizing-Leitfaden (IMG) in einem neuen Modus. Navigieren Sie zum Customizing der Identifikationstypen über folgenden Pfad: **Anwendungsübergreifende Komponenten • SAP-Geschäftspartner • Geschäftspartner • Grundeinstellungen • Identifikationsnummern • Identifikationstypen definieren.**

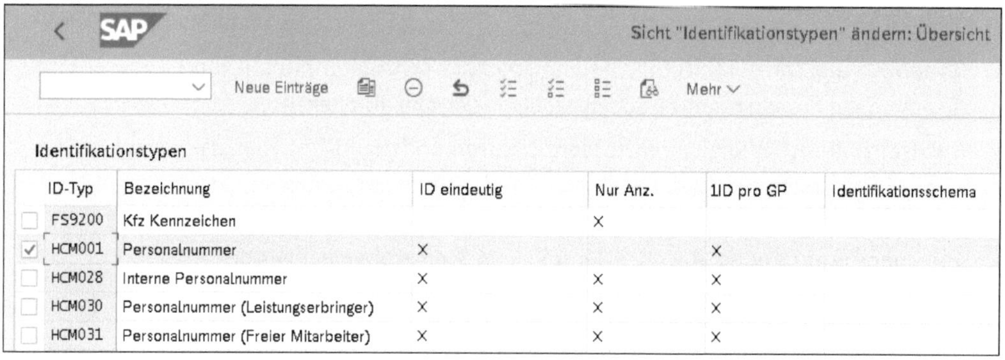

Abbildung 11.13 Customizing-Aktivität »Identifikationstyp definieren«

Beim Identifikationstyp HCM001 darf die Spalte **Nur Anz.** für den ausschließlichen Lesezugriff nicht angekreuzt sein. Dieser Parameter erzeugt sonst die Fehlermeldung. Entfernen Sie das Kreuz und speichern Sie Ihre Änderung (siehe Abbildung 11.13). Anschließend speichern Sie den Geschäftspartner erneut.

11.1.3 Geschäftspartner mit den HCM-Daten synchronisieren

Neues Geschäftspartnermodell für Mitarbeitende

Ab dem On-Premise-Release SAP S/4HANA 2020 (FSP00) bzw. dem Support Package SP06 für Release 1809 und Support Package SP04 für Release 1909 hat SAP ein neues Geschäftspartnermodell für Mitarbeitende eingeführt, das über die Business Function /SHCM/EE_BP_1 irreversibel aktiviert werden kann. Standardmäßig ist diese neue Funktion deaktiviert, muss also gezielt aktiviert werden. Mit dem neuen Modell ändert sich die Vorgehensweise zur Synchronisierung der Geschäftspartner. Bekannte Reports werden damit teilweise obsolet und neue Reports wurden eingeführt. Eine Einführung in dieses Thema bieten der SAP-Hinweis 2340095 und die darin verknüpften Blogeinträge und FAQs. Die wichtigsten Schritte und Reports fassen wir hier kurz zusammen:

- Der Report /SHCM/R_EE_BP_RELATION_OVW (erst ab Release 2020 FP01 verfügbar) kann bestehende Verknüpfungen zwischen einem SAP-Benutzer, einer Person und einem Geschäftspartner anzeigen. Er sollte die erste Anlaufstelle sein, um den aktuellen Status der Verknüpfungen dieser Objekte zu prüfen.
- Die Reports /SHCM_RH_SYNC_BUPA_EMPL_SINGLE und /SHCM_RH_SYNC_BUPA_FROM_EMPL waren bereits in älteren Releases vorhanden und wurden im Zuge des neuen Modells angepasst. Beim Ausführen dieser Reports werden die Geschäftspartner um die nötigen Geschäftspartnerrollen erweitert, die die Verknüpfungen zu den Personaldaten herstellen. Für beide Reports gibt es eine ausführliche Dokumentation.
- Für eine flexible Rollenverarbeitung gibt es die neu eingeführten Reports /SHCM/R_EMPL_HDLE_BPRLES_DELTA und /SHCM/R_EMPL_HANDLE_BPROLES. Auch zu diesen Reports wird eine Dokumentation mitgeliefert, die die wichtigsten Funktionen erläutert.

Falls Sie das neue Geschäftspartnermodell nicht nutzen und/oder ein älteres Release als SAP S/4HANA 2020 nutzen, orientieren Sie sich an der im Folgenden beschriebenen Vorgehensweise.

Synchronisierung aller Daten

Die Synchronisierung von Person und Geschäftspartner und der zugehörigen Daten im System muss einmal initial ausgeführt werden. Anschließend kann ein Report als Job eingeplant werden, der die Synchronisierung aufrechterhält. Für weiterführende Informationen verweisen wir auf SAP-Hinweis 2717481 (Setting up the INITIAL Employee to BP synchronization). Insbesondere bei eventuell auftretenden Fehlern, die in diesem Abschnitt nicht beschrieben sind, kann dieser SAP-Hinweis helfen.

Initiale Synchronisierung

Zur initialen Synchronisierung führen Sie den Report /SHCM/RH_SYNC_BUPA_EMPL_SINGLE in der Transaktion SA38 aus. Geben Sie im Selektionsbild die zuvor angelegte **Personalnummer** im entsprechenden Feld an (siehe Abbildung 11.14).

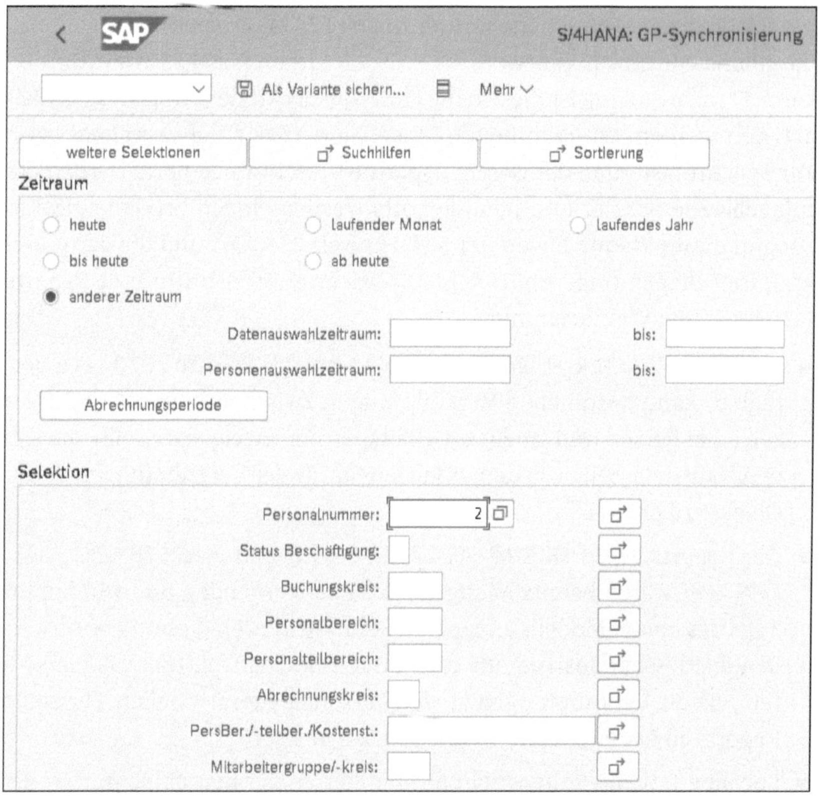

Abbildung 11.14 Geschäftspartnersynchronisierung

Anschließend prüfen Sie das Protokoll der Synchronisierung in der Transaktion SLG1 (Anwendungslog auswerten). Dazu geben Sie im Selektionsbild im Feld **Objekt** den Wert »SHCM_EE_INTEGRATION« für die Mitarbeiterintegration und im Feld **Unterobjekt** den Wert »BUPA_SYNC« für die Synchronisierung von Mitarbeitenden und deren Geschäftspartnerobjekten ein (siehe Abbildung 11.15).

Abbildung 11.15 Eingabewerte für die Prüfung der Synchronisierung in Transaktion SLG1

Protokoll der Synchronisierung

Wenn keine Fehler aufgetreten sind, sollte das Protokoll in etwa so aussehen wie in Abbildung 11.16. Falls im Protokoll Fehler auftauchen, die auf eine fehlerhafte HCM-Integration hinweisen, beachten Sie SAP-Hinweis 550055.

Für die folgende regelmäßige Synchronisierung der Geschäftspartnerzuordnung planen Sie den Report /SHCM/RH_SYNC_BUPA_FROM_EMPL als Job ein.

Benutzerstammsatz prüfen

Abschließend prüfen Sie noch einmal die Benutzerstamminformationen mit der Transaktion SU01. Im oberen Bereich der Transaktion steht jetzt neben dem Benutzernamen der Hinweis **Benutzer mit Geschäftspartnerzu-**

ordnung und dahinter der verlinkte Geschäftspartner (siehe Abbildung 11.17). Sobald diese Synchronisierung erfolgt ist, kann dieses Benutzerkonto im flexiblen Workflow für Genehmigungsschritte genutzt werden.

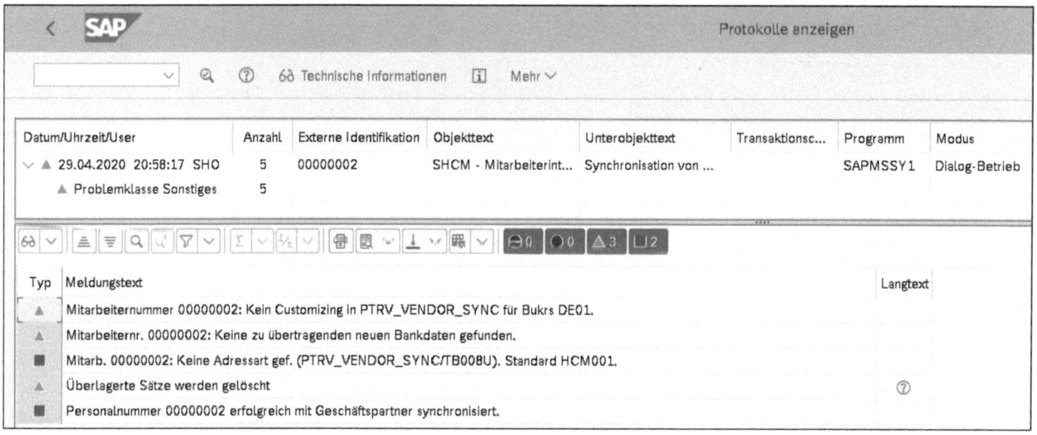

Abbildung 11.16 Protokoll nach erfolgreicher Synchronisierung

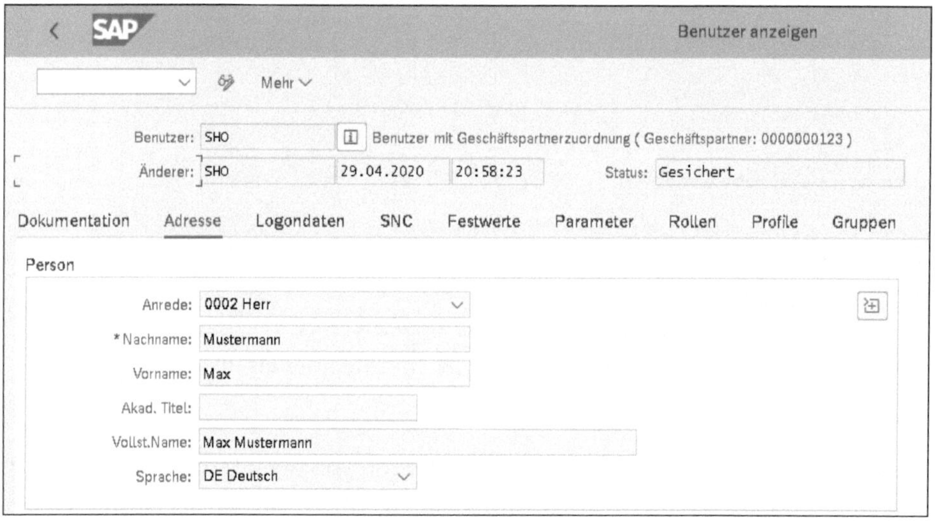

Abbildung 11.17 Benutzersicht in Transaktion SU01 nach erfolgreicher Geschäftspartnersynchronisierung

11.2 Rollen zuweisen

Rollen für flexible Workflows

Um flexible Workflows im SAP Fiori Launchpad nutzen zu können, müssen Sie über die erforderlichen Berechtigungen im SAP-S/4HANA-System verfügen. Diese werden über Standardrollen vergeben, die mit dem SAP-

S/4HANA-System ausgeliefert werden. Für spezielle Anforderungen kann es aber auch notwendig sein, eine eigene Rolle zu konfigurieren. Bei den Standardrollen unterscheiden wir zwischen den folgenden Rollen:

- Rolle zur Konfiguration von flexiblen Workflows
- Rolle für Mitarbeitende, die Anträge erstellen (z. B. Bestellungen)
- Rolle für die Person, die die Anträge genehmigt

Rollenkonzept

Wir empfehlen, diese verschiedenen Aufgaben über ein Rollenkonzept zu trennen, sodass ein Missbrauch erschwert wird. Es sollte z. B. nicht möglich sein, dass eine antragstellende Person den flexiblen Workflow so konfigurieren kann, dass das Vieraugenprinzip umgangen wird. Ebenso gilt es, antragstellende und genehmigende Personen auseinanderzuhalten. Um die Trennung der drei verschiedenen Rollen zu gewährleisten, bräuchten Sie also mindestens ebenso viele unterschiedliche Benutzerkonten.

[+]

Geschäftsrollen für weitere Workflows und SAP-Fiori-Apps

In diesem Abschnitt beschränken wir uns auf die Rollen für den Bereich Einkauf und im Speziellen für den Workflow zur Genehmigung von Bestellungen. Möchten Sie andere Geschäftsprozesse umsetzen, empfehlen wir Ihnen, sich in der SAP Fiori Apps Reference Library (*http://s-prs.de/v782604*) kundig zu machen, welche Geschäftsrollen für Ihre App benötigt werden.

Im Folgenden gehen wir auf die einzelnen Rollen genauer ein und zeigen, wie diese Benutzer*innen zugewiesen werden können.

Rolle zur Konfiguration flexibler Workflows

Für die Konfiguration von flexiblen Workflows steht die zentrale Rolle SAP_BR_BPC_EXPERT zur Verfügung (siehe Abbildung 11.18). Diese Rolle ist ohne Einschränkungen, allerdings mit etwas Vorsicht zu genießen, da Sie mit dieser Rolle flexible Workflows für jedes Szenario bearbeiten können. Im produktiven Umfeld sollte daher sichergestellt werden, dass z. B. eine Mitarbeiterin oder ein Mitarbeiter aus dem Finanzbereich keine Workflows aus dem Bereich Einkauf manipuliert. Sie können jede Standardrolle kopieren und Ihren Ansprüchen anpassen, um solche Konflikte zu vermeiden. Für unsere Beispiele werden wir die Standardrollen nutzen.

Rolle zuweisen

Öffnen Sie die Transaktion SU01 zur Benutzerpflege und wählen Sie ein geeignetes Benutzerkonto Ihres SAP-S/4HANA-Systems aus. Anschließend navigieren Sie zur Registerkarte **Rollen** und fügen die Rolle SAP_BR_BPC_EXPERT hinzu. Wählen Sie außerdem einen Gültigkeitszeitraum über die Spalten **Beginndatum** und **Enddatum** aus (siehe Abbildung 11.18). Speichern Sie Ihre Einstellungen.

Abbildung 11.18 Hinzufügen der Rolle SAP_BR_BPC_EXPERT

Apps zur Workflow-Konfiguration

Anschließend können Sie sich testweise mit diesem Benutzer am SAP Fiori Launchpad anmelden. Sie sollten nun eine ganze Reihe von Apps zum Konfigurieren von flexiblen Workflows sehen (siehe Abbildung 11.19).

Abbildung 11.19 Ausschnitt aus dem SAP Fiori Launchpad nach Zuweisung der Rolle

Rolle für den Antragsteller

Damit Sie Ihren flexiblen Workflow testen können, müssen Sie früher oder später einen Benutzer oder eine Benutzerin im System haben, der oder die die Rolle der antragstellenden Person einnimmt. In unserem Beispiel-Workflow nimmt eine Einkäuferin oder ein Einkäufer diese Rolle ein und legt dazu eine Bestellung an (siehe Abbildung 11.20). Für die SAP-Fiori-Apps zur Erstellung einer Bestellung liefert SAP die Rolle SAP_BR_PURCHASER aus. Weisen Sie diese Rolle einem geeigneten Benutzerkonto über die Transaktion SU01 zu, wie für die Rolle SAP_BR_BPC_EXPERT beschrieben. Im Ergebnis sieht der entsprechende Benutzer oder die Benutzerin die in Abbildung 11.20 dargestellten Apps im SAP Fiori Launchpad, unter anderem die App **Bestellung anlegen**, deren Workflow wir in den folgenden Abschnitten konfigurieren werden.

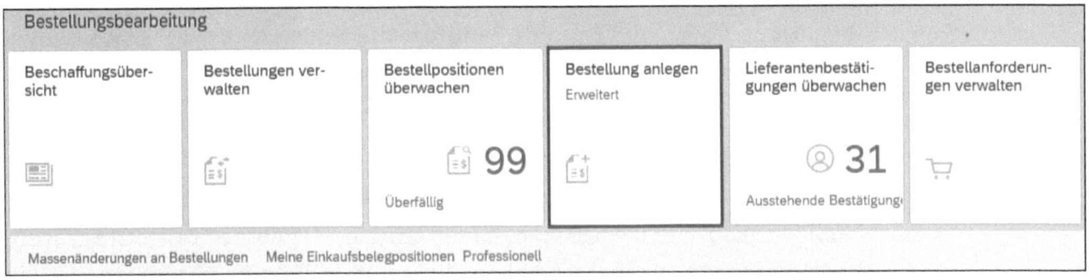

Abbildung 11.20 Ausschnitt aus dem SAP Fiori Launchpad einer Einkäuferin oder eines Einkäufers

Rolle für den Genehmiger

Für die Genehmigung einer Bestellung gibt es ebenfalls eine eigene SAP-Fiori-App **My Inbox – Approve Purchase Order for Purchasing Manager** (aufzurufen über die Kachel **Meine Inbox** in Abbildung 11.21), die Benutzer*innen mit der Rolle SAP_BR_PURCHASING_MANAGER zugängig gemacht wird. Es handelt sich um eine spezielle Ausprägung der App **Meine Inbox**. Die Kacheln solcher speziellen Inbox-Ausprägungen für bestimmte Geschäftsprozesse sehen immer gleich aus. Analog zu den zuvor beschriebenen Rollen weisen Sie auch diese Rolle einer Benutzerin oder einem Benutzer zu, die oder der die Position einer Führungskraft einnimmt.

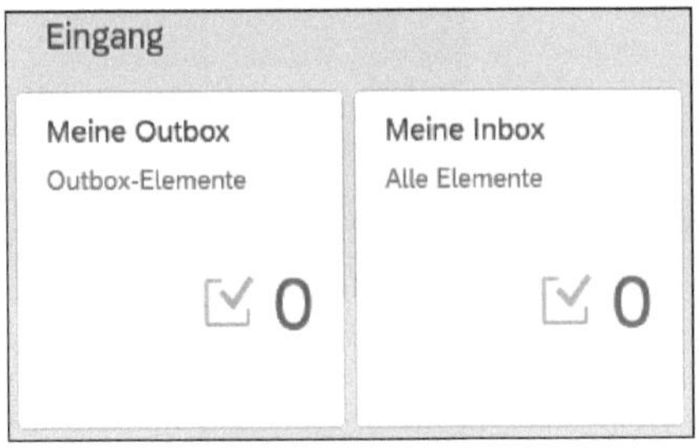

Abbildung 11.21 Ausschnitt aus dem SAP Fiori Launchpad der Einkaufsleiterin oder des Einkaufsleiters

Alternativ können Sie die Rolle SAP_BR_MANAGER nutzen. Sie berechtigt zur Nutzung der App **Meine Inbox**, die einen allgemeinen Workflow-Eingang bereitstellt, der prozessübergreifend fungiert. In der App **Meine Outbox** (und ihren prozessspezifischen Varianten) werden Ihre bearbeiteten Vorgänge abgespeichert, sodass Sie diese zu einem späteren Zeitpunkt noch einmal aufrufen können.

11.3 Einen flexiblen Freigabe-Workflow für Bestellungen erstellen

Nachdem Sie verschiedene Benutzerkonten mit den benötigten Rollen eingerichtet haben, können Sie mit der Konfiguration des flexiblen Workflows beginnen. Dafür muss Ihrem Benutzer die Rolle SAP_BR_BPC_EXPERT zugewiesen sein (siehe Abschnitt 11.2, »Rollen zuweisen«).

Freigabe-Workflow mit Startbedingung

Wir definieren in diesem Abschnitt einen einfachen Freigabe-Workflow mit einer Startbedingung, die den Gesamtpreis der Bestellung prüft. Dieser Prozess erfordert eine einstufige Genehmigung. Falls der Gesamtpreis der Bestellung niedriger als 100 € ist, lassen wir die Bestellung vom System automatisch genehmigen. Wir haben diesen Workflow in Abbildung 11.22 in einem einfachen Prozessdiagramm skizziert.

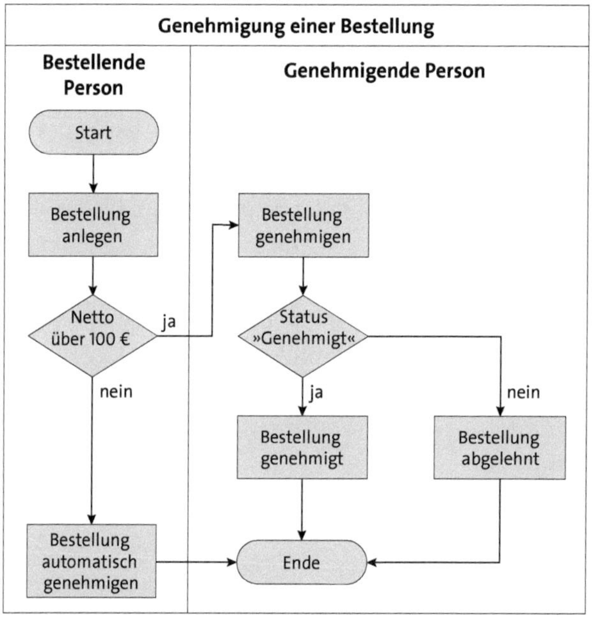

Abbildung 11.22 Prozessdiagramm für den Workflow zur Genehmigung einer Bestellung

Wir werden zunächst ein neues flexibles Szenario erstellen, anschließend die Grunddaten und die Startbedingung definieren und dann die Freigabe der Bestellung konfigurieren.

11.3.1 Workflow anlegen

App »Workflows für Bestellungen verwalten«

Rufen Sie das SAP Fiori Launchpad (Transaktion /UI2/FLP) auf und öffnen Sie die App **Workflows für Bestellungen verwalten** (siehe Abbildung 11.23). Die App-ID dieser SAP-Fiori-App lautet F2872.

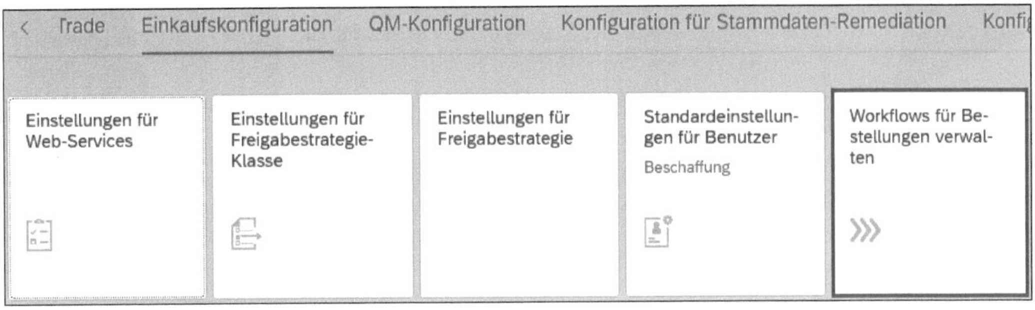

Abbildung 11.23 Apps für die Einkaufskonfiguration

Automatische Freigabe

Im Auslieferungszustand der App ist auf der Übersichtsseite, die sich nach dem Klick auf die Kachel im SAP Fiori Launchpad öffnet, bereits eine automatische Freigabe definiert: Der Workflow **Automatic Release of Purchase Order** hat den Status **Aktiv** (siehe Abbildung 11.24). Diese Einstellung bewirkt, dass jede erstellte Bestellung direkt vom System freigegeben wird. Wir nutzen das für unser Beispiel aus: Alle Bestellungen, die nicht unserer Startbedingung entsprechen, werden zukünftig automatisch genehmigt.

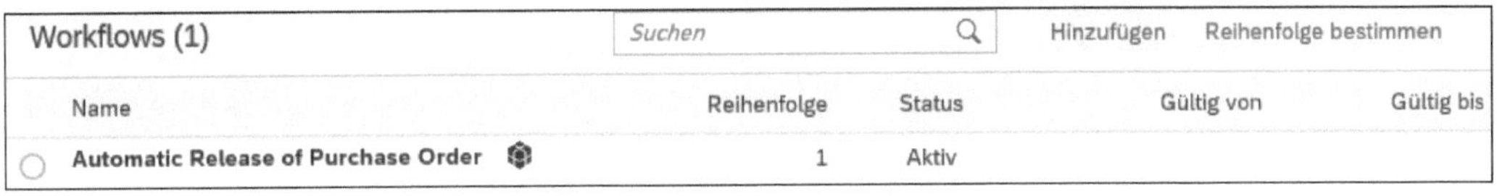

Abbildung 11.24 Übersichtsseite aller Workflows für Bestellungen

[+]

> **Automatische Freigabe nicht löschen**
>
> SAP empfiehlt, die automatische Freigabe nicht zu löschen, sondern weiterhin aktiv zu lassen, selbst wenn Sie eigene Freigabeverfahren einrichten. Besonders sinnvoll ist dies, wenn Sie Startbedingungen definiert haben, die nicht immer greifen. Dann stellt die standardmäßige automatische Genehmigung eine Art Fallback-Szenario dar, sodass der Geschäftsprozess in jedem Fall weitergehen kann.

Workflow anlegen

Legen Sie nun über die Schaltfläche **Hinzufügen** rechts über der Liste einen neuen Workflow an. Sie gelangen zu der Konfigurationssicht, die Sie in Abbildung 11.25 sehen. Definieren Sie zunächst die Kopfdaten des Workflows auf der Registerkarte **Kopf**. Vergeben Sie einen sprechenden Namen für den Workflow im Feld **Workflow-Name**, anhand dessen Sie den Workflow später identifizieren können. Zusätzlich können Sie im Bereich **Eigenschaften**, den Sie über die gleichnamige Registerkarte direkt anspringen können, eine detaillierte **Beschreibung** hinterlegen und einen Gültigkeitszeitraum definieren. Geben Sie keinen Gültigkeitszeitraum an, ist der neue Workflow grundsätzlich gültig.

Abbildung 11.25 Kopfdaten des neuen Workflows

11.3.2 Startbedingung definieren

Startbedingungen definieren

Als Nächstes müssen Sie die gewünschte Startbedingung konfigurieren. Wechseln Sie dazu auf die Registerkarte **Startbedingungen**. Für unser Beispiel prüfen wir den Gesamtnettobetrag der Bestellung. Falls dieser den Wert von 100 € übersteigt, soll der Workflow aktiv werden. Um diese Bedingung zu definieren, wählen Sie im Bereich **Startbedingungen** aus dem Dropdown-Menü den Eintrag **Gesamtnettobetrag der Bestellung ist größer als** aus (siehe Abbildung 11.26).

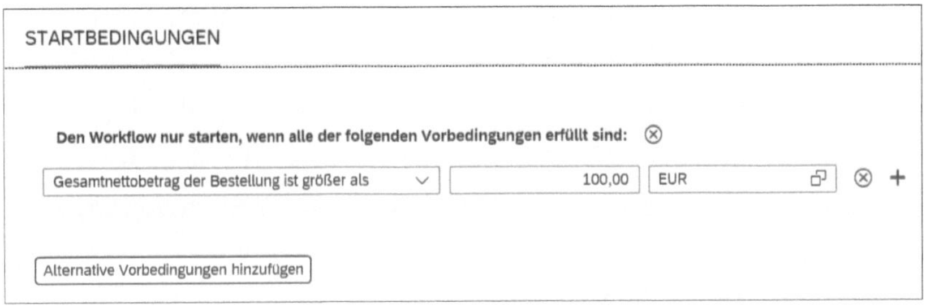

Abbildung 11.26 Prüfung des Gesamtnettopreises der Bestellung

Weitere Startbedingungen

Beachten Sie, dass in diesem Szenario auch verschiedene Bedingungen geprüft werden und die Prüfungen beliebig komplex gestaltet werden können. Über die Schaltfläche **Alternative Vorbedingungen hinzufügen** können Sie weitere Bedingungen einrichten, z. B. die Prüfung auf eine bestimmte Kostenstelle. Sobald eine der definierten Bedingungen zutrifft, startet der Workflow. Möchten Sie, dass mehrere Startbedingungen gleichzeitig erfüllt sein sollen, richten Sie diese über die Schaltfläche [+] (**Bedingung hinzufügen**) ein. Mithilfe der Schaltfläche [⊗] (**Bedingung entfernen**) können Sie eine Bedingung wieder entfernen.

11.3.3 Workflow-Schritte festlegen

Freigabeschritt definieren

Mit der Registerkarte **Schrittfolge** kommen wir zum wichtigsten Teil der Workflow-Definition. Hier definieren Sie die Aktionen, die nach dem Start des Workflows ausgeführt werden sollen. Wir definieren hier den einzigen Freigabeschritt unseres Workflows:

1. Klicken Sie auf die Schaltfläche **Hinzufügen**, um einen Schritt hinzuzufügen (siehe Abbildung 11.27).

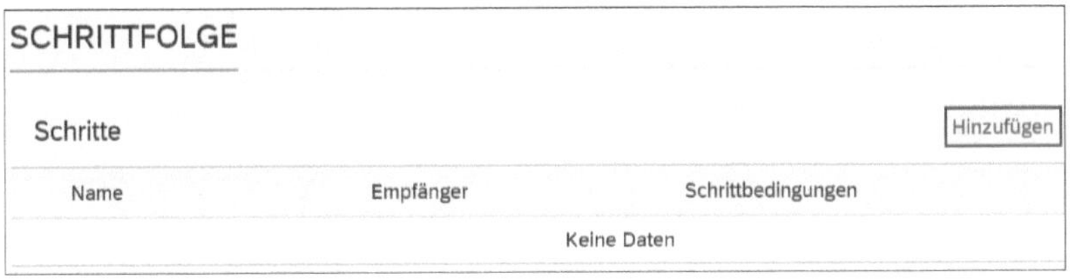

Abbildung 11.27 Schrittfolge des Workflows

2. Sie gelangen in die Detailansicht des Schrittes. Geben Sie hier im Feld **Schrittname** einen Namen für den Schritt ein. Wählen Sie im Feld **Schritttyp** einen Schritttypen aus. Die zur Verfügung stehenden Optionen sind abhängig vom gewählten Szenario. Für unser Beispiel wählen Sie **Freiga-**

be der Bestellung aus, da wir keine automatische Genehmigung einrichten wollen (siehe Abbildung 11.28).

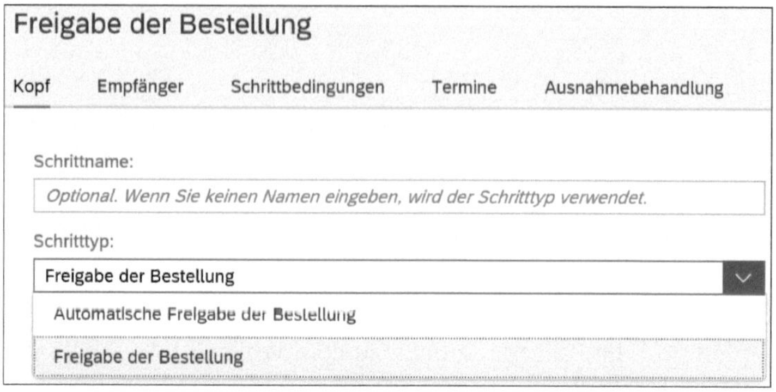

Abbildung 11.28 Schritttyp definieren

3. Daraufhin können Sie die Empfänger*innen des Genehmigungsschrittes definieren. Die einfachste Variante, die wir in diesem Beispiel nutzen wollen, ist, einen festen Benutzer oder eine Benutzerin anzugeben. Wählen Sie dazu im Bereich **EMPFÄNGER** in der Dropdown-Liste **Zuordnung von** die Option **Benutzer** und tragen Sie den Benutzernamen, für den Sie die Berechtigungsrolle `SAP_BR_PURCHASING_MANAGER` vergeben haben (siehe Abschnitt 11.2, »Rollen zuweisen«), in das Feld **Benutzer** ein (siehe Abbildung 11.29). Dieser Benutzer ist zukünftig für die Genehmigung der Bestellung verantwortlich.

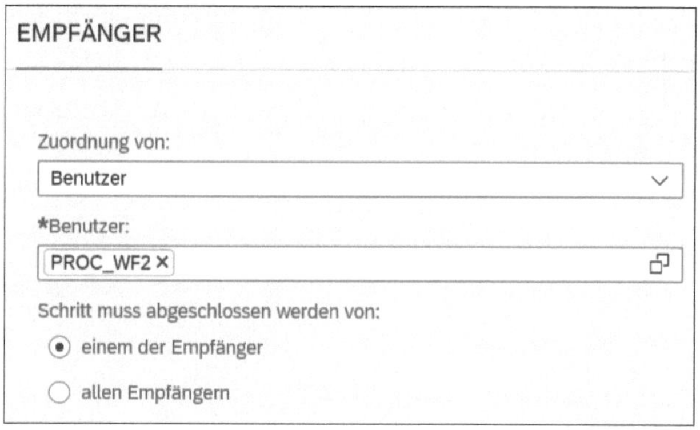

Abbildung 11.29 Einen Benutzer/eine Benutzerin als Empfänger*in definieren

[»]

Geschäftspartnersynchronisierung erforderlich

Beachten Sie, dass über die Wertehilfe des Feldes **Benutzer** nur Benutzerkonten gefunden werden, für die der Geschäftspartner korrekt synchronisiert wurde. Wird der gewünschte Benutzername nicht angezeigt, prüfen

Sie, ob Sie die in Abschnitt 11.1, »Geschäftspartnerzuordnung einrichten«, beschriebenen Schritte korrekt ausgeführt haben.

4. Wählen Sie unter **Schritt muss abgeschlossen werden von** die Option **einem der Empfänger** und speichern Sie Ihre Einstellungen.

In das Feld **Benutzer** können Sie auch mehrere Benutzernamen eintragen. In diesem Fall haben Sie über die Option **allen Empfängern** die Möglichkeit, die Bestellung allen eingetragenen Benutzernamen zur Genehmigung vorzulegen.

Alternativen zur Genehmigerfindung

In diesem Bereich gibt es noch zahlreiche weitere Möglichkeiten, eine verantwortliche Person für die Genehmigung zu definieren, die wir hier der Vollständigkeit halber nennen wollen. Beachten Sie, dass die zur Auswahl stehenden Optionen von Geschäftsprozess zu Geschäftsprozess variieren. Die in unserem Beispiel genutzte Variante, ein bestimmtes Benutzerkonto zuzuweisen, hat einige Nachteile: Wird dieser Benutzer gelöscht, wird der Workflow mit einer Fehlermeldung abbrechen. Des Weiteren ist eine solche statische Zuweisung in einem flexiblen Geschäftsumfeld nicht immer die beste Variante und erhöht den Pflegeaufwand.

Rollenbasierte Genehmigerfindung

Möchten Sie eine dynamische Genehmigerfindung implementieren, um diese Nachteile zu umgehen, wählen Sie im Feld **Zuordnung von** statt **Benutzer** die Option **Rolle**. Daraufhin wird Ihnen ein neues Dropdown-Menü angezeigt, das verschiedene Auswahlmöglichkeiten bietet (siehe Abbildung 11.30):

- **Bearbeiterermittlung durch BAdI**
  Kundeneigenes Coding zur Bearbeiterermittlung kann über die Regel 00800036 (Transaktion PFAC) und über das dahinter liegende Business Add-in (BAdI) `MMPUR_WORKFLOW_AGENTS_V2` implementiert werden.
- **Manager des letzten Genehmigenden**
  Haben Sie mehr als eine Genehmigungsstufe, können Sie über diese Regel die Vorgesetzte oder den Vorgesetzten des letzten Genehmigers ermitteln lassen.
- **Manager des Workflow-Initiators**
  Über diese Regel wird die oder der Vorgesetzte der Benutzerin oder des Benutzers gefunden, die oder der den Workflow erstellt hat. Dies setzt voraus, dass Sie die beteiligten Benutzerkonten im Organisationsmanagement korrekt gepflegt haben.
- **Manager vom Manager des Workflow-Initiators**
  Diese Regel hat die gleiche Auswirkung wie die vorherige Regel, nur dass eine Vorgesetztenebene höher ermittelt wird.

- **Verantwortlicher für Kostenstelle mit höchstem Soll**
  Basierend auf der Kostenstelle im Beleg bzw. in unserem Beispiel der Bestellung und der im System definierten verantwortlichen Benutzer-ID für eine Kostenstelle wird diese Person ermittelt.
- **Verantwortlicher für Projekt mit höchstem Soll**
  Hier wird die gleiche Logik wie für die Kostenstelle angewandt, nur für die Projektverantwortliche oder den Projektverantwortlichen.

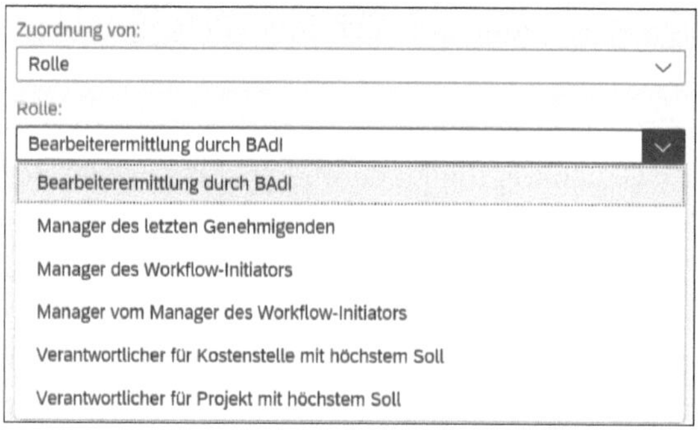

Abbildung 11.30 Empfängerzuordnung über Rollen

Regeln in der Transaktion PFAC

Möchten Sie die genaue Funktionsweise einer Regel ergründen oder für ein konkretes Beispiel simulieren, können Sie das im Backend Ihres SAP-S/4HANA-Systems tun. Hinter einer Option in der Dropdown-Liste **Rolle** in Abbildung 11.30 steckt technisch gesehen eine *Regel*, die über die Transaktion PFAC (Regel verwalten) angezeigt und ausgeführt werden kann.

Regelzuordnung

Welche Regel hinter welcher Rolle steckt, können Sie über die Transaktion SWDD_SCENARIO, den Scenario Editor, ermitteln. Dazu öffnen Sie das entsprechende Workflow-Szenario (für unser Beispiel »Bestellung genehmigen« lautet die Szenario-ID WS00800238) und wechseln auf die Registerkarte **Bearbeiterregeln**. Dort sehen Sie zu jeder Rolle die hinterlegte Regel (siehe Abbildung 11.31). Weitere Details zu den Rollen erfahren Sie in Abschnitt 11.4, »Weitere Konfigurationsoptionen«.

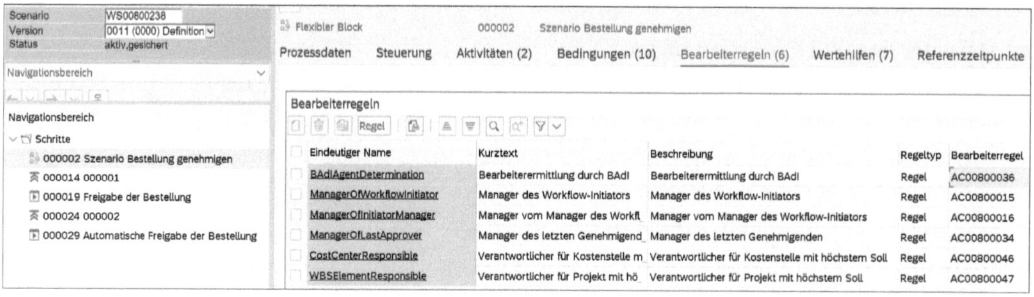

Abbildung 11.31 Bearbeiterregeln für das »Szenario Bestellung genehmigen«

[«]

Teams und Zuständigkeiten

Bei der Zuweisung von Rollen gibt es noch eine weitere Besonderheit in Bezug auf Teams und Zuständigkeiten. Diese werden wir in Abschnitt 12.1, »Die App ›Teams und Zuständigkeiten verwalten‹«, näher betrachten.

Vorbedingungen einer Aufgabe

Für jeden Genehmigungsschritt können Sie eigene *Vorbedingungen* definieren, die Sie nach demselben Prinzip wie die Startbedingung in Abschnitt 11.3.2, »Startbedingung definieren«, einrichten. Auf diese Weise kann man an dieser Stelle verschiedene Szenarios abbilden. Wenn beispielsweise abhängig von der Gesamtsumme der Bestellung Vorgesetzte auf verschiedenen Ebenen der Organisationsstruktur für die Genehmigung verantwortlich sein sollen, können Sie für die definierten Wertgrenzen jeweils einen eigenen Schritt definieren. Innerhalb dieser Schritte können Sie dann wiederum unterschiedliche Empfängerkreise und Vorbedingungen erstellen. Je nachdem, welche Vorbedingung zutrifft, wird dann der entsprechende Genehmigungsschritt ausgeführt.

[!]

An ein Fallback-Szenario denken

Stellen Sie möglichst sicher, dass zumindest eine Vorbedingung immer wahr ist, sodass der Workflow nicht mit einem Fehler abbricht. Alternativ können Sie auch der automatischen Genehmigung vertrauen, wie in Abschnitt 11.3.1, »Workflow anlegen«, beschrieben.

Termine und Ausnahmebehandlung

In den folgenden Abschnitten **TERMINE** und **AUSNAHMEBEHANDLUNG** belassen wir es bei den Standardeinstellungen. *Termine* sind in den Workflow-Konfigurations-Apps in SAP S/4HANA die Fristen, wie sie schon von den klassischen Workflows bekannt sind. Für unser Szenario der Bestellfreigabe ist diese Funktion nicht verfügbar, für andere Szenarios kann sie verfügbar sein.

Über die *Ausnahmebehandlungen* steuern Sie in unserem Fall das Verhalten bei Ablehnung der Bestellung. Die Standardaktion ist es, den Workflow abzubrechen, und das soll für unsere Zwecke ausreichen. Alternativ können Sie andere Aktionen auswählen (siehe Abbildung 11.32).

Workflow aktivieren

Haben Sie alle Einstellungen vorgenommen, können Sie den Workflow-Schritt und den gesamten Workflow abspeichern. Abschließend kehren Sie zur Übersichtsseite zurück. Der neu angelegte Workflow ist hier nun als neuer Eintrag sichtbar (siehe Abbildung 11.33). Beachten Sie, dass jeder neu angelegte Workflow erst einmal inaktiv ist und erst über die Schaltfläche **Aktivieren** aktiviert werden muss.

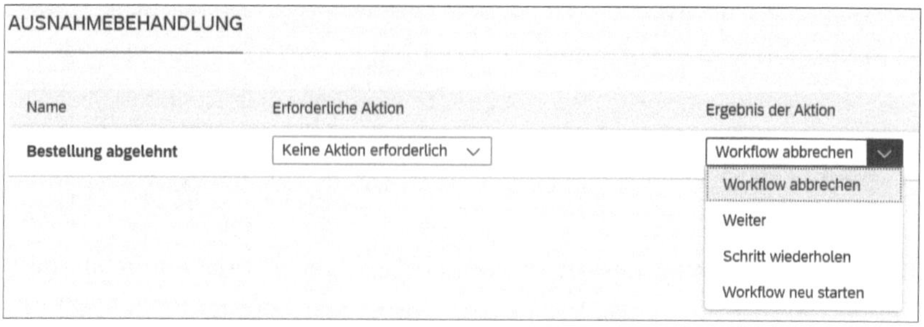

Abbildung 11.32 Möglichkeiten der Ausnahmebehandlung

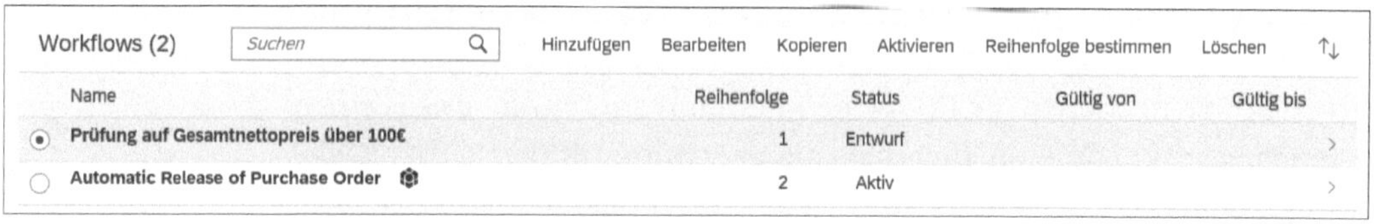

Abbildung 11.33 Neuer inaktiver Workflow

[+]

Bearbeitung von aktiven Workflows

Sobald Sie einen Workflow aktiviert haben, können Sie ihn nicht mehr verändern. Sollten dennoch Änderungen notwendig sein, können Sie die Kopierfunktion nutzen. Damit duplizieren Sie Ihren Workflow und können die Kopie bearbeiten. Anschließend deaktivieren Sie den alten Workflow und aktivieren den neuen.

Reihenfolge der Workflows bestimmen

Falls Sie später mehrere Workflows pro Szenario aktiviert haben, achten Sie auf deren Reihenfolge. Das System prüft jeweils die Startbedingungen der Workflows nach der von Ihnen auf der Übersichtsseite vorgegebenen Reihenfolge. Sobald die Startbedingung eines Workflows erfüllt wurde, startet dieser Workflow und die nachstehenden Workflows werden ignoriert. Über die Schaltfläche **Reihenfolge bestimmen** (siehe Abbildung 11.33) können Sie die Reihenfolge nachträglich verändern.

11.3.4 Workflow testen

Bestellungen anlegen

Nachdem Sie den gerade angelegten Workflow aktiviert haben, können Sie die manuelle sowie die automatische Genehmigung ausprobieren. Dazu legen Sie zwei unterschiedliche Bestellungen über die App **Bestellung anlegen** an, eine mit einem Gesamtnettobetrag unter 100 € und die andere mit einem entsprechend höheren Gesamtpreis. Denken Sie daran, dass Sie abhängig von den von Ihnen vergebenen Rollen den Benutzer wechseln müssen, um Zugriff auf die App zu erhalten. Der Benutzer mit der Rollenzuweisung SAP_BR_PURCHASER wird für diesen Schritt benötigt.

Status der Bestellungen

Haben Sie alles korrekt konfiguriert und zwei verschiedene Bestellungen angelegt, können Sie in der jeweiligen Bestellung auf der Registerkarte **Flexibler Workflow** jeweils den Status des Genehmigungs-Workflows einsehen. Das schließt den Genehmigungsstatus sowie den Namen der genehmigenden Person ein. Vergleichen Sie die unterschiedlichen Informationen auf dieser Registerkarte für die automatische Genehmigung und die manuelle Genehmigung:

- Für die Bestellung mit einem Gesamtnettobetrag von über 100 € sieht der Status aus wie in Abbildung 11.34. Im Feld **Status** wird der Status **Bereit** angezeigt, d. h., der Workflow wartet auf eine manuelle Genehmigung durch die Bearbeiterin Evita Gomez.

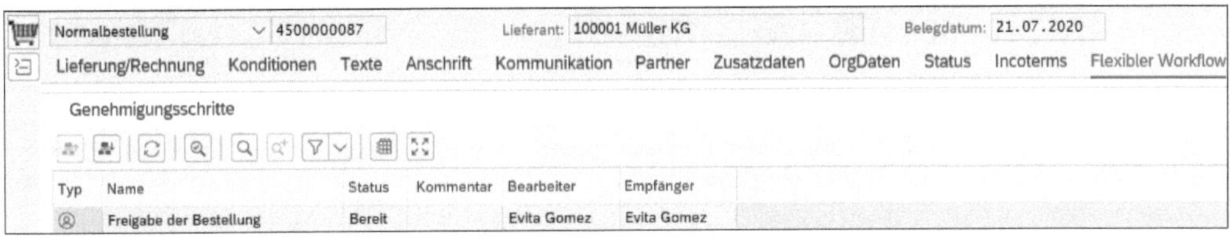

Abbildung 11.34 Bestellung, die auf eine manuelle Genehmigung wartet

- Die zweite Bestellung mit einem Gesamtnettobetrag unter 100 € ergibt ein anderes Bild (siehe Abbildung 11.35). Der Status lautet **Bestellung freigegeben**, da die Bestellung vom System automatisch freigegeben wurde.

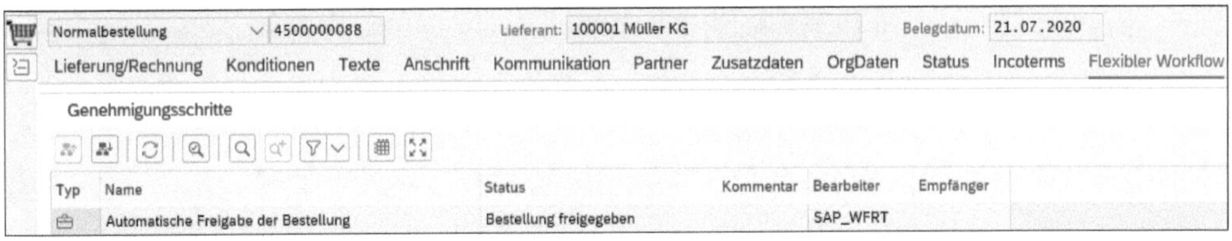

Abbildung 11.35 Automatisch genehmigte Bestellung

Genehmigung in der App »Meine Inbox«

Für die manuelle Genehmigung der Bestellung melden Sie sich mit dem Benutzer an, der die Rolle SAP_BR_PURCHASING_MANAGER besitzt, und prüfen die Kachel der SAP-Fiori-App **Meine Inbox**. Direkt auf der Kachel im SAP Fiori Launchpad sollte ersichtlich sein, dass es eine Genehmigung gibt, die Sie durchführen können (siehe Abbildung 11.36).

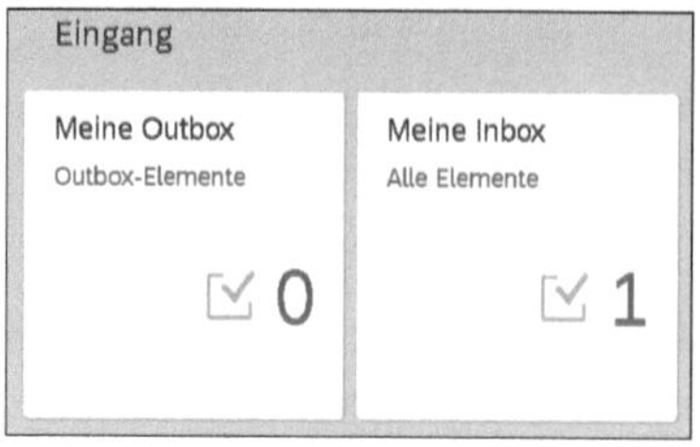

Abbildung 11.36 Workflow-Eingang des Genehmigers nach Erstellung der Bestellung

Rufen Sie die App auf und prüfen Sie die Bestellung (siehe Abbildung 11.37). Über die Schaltfläche **Genehmigen** können Sie sie freigeben.

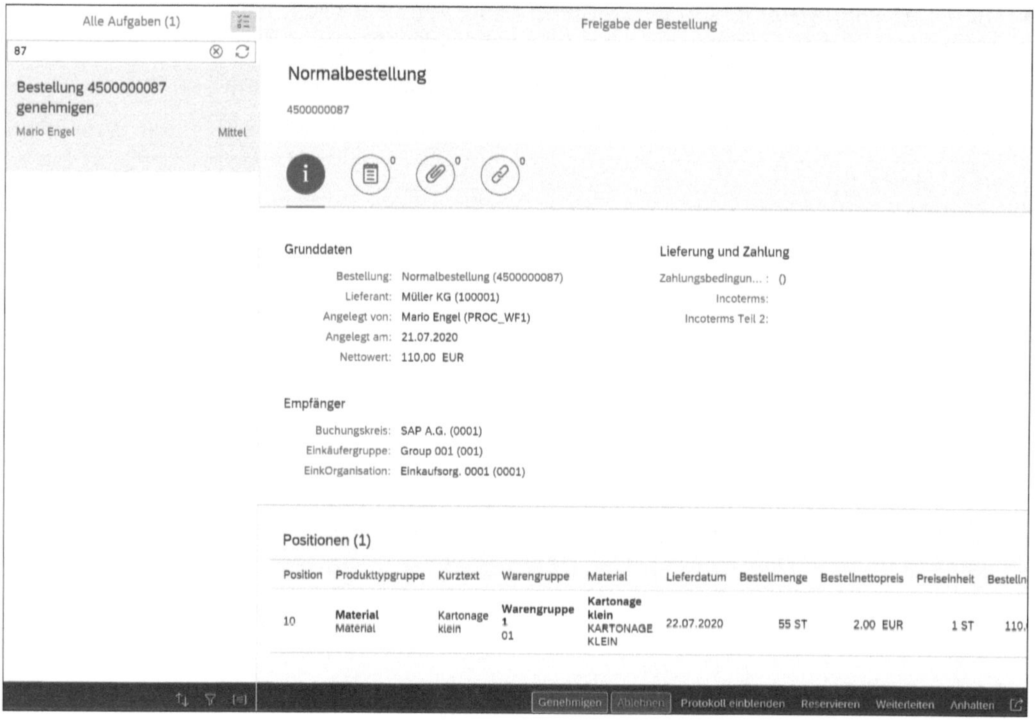

Abbildung 11.37 Workitem zur Freigabe der Bestellung in der App »Meine Inbox«

Somit haben Sie erfolgreich einen flexiblen Workflow angelegt und getestet.

11.4 Weitere Konfigurationsoptionen

Das gezeigte Beispiel eines flexiblen Workflow-Szenarios zeigt nur einen kleinen Teil der Möglichkeiten, die Ihnen zur Verfügung stehen, um flexible Workflows zu konfigurieren. Je nach Szenario bietet SAP S/4HANA verschiedene Möglichkeiten an, was aber auch bedeutet, dass nicht alle Szenarios alle Möglichkeiten unterstützen. Schauen Sie sich also für Ihren konkreten Anwendungsfall an, welche Optionen sinnvoll sind und tatsächlich vom Szenario unterstützt werden.

Zusätzliche Optionen

An einigen Stellen der Konfiguration des Workflows für Bestellungen im vorangegangenen Abschnitt haben wir bereits Alternativen erwähnt, die innerhalb des Szenarios möglich wären. In diesem Abschnitt werden wir noch weiter ins Detail gehen und zusätzliche Optionen beleuchten. Konkret befassen wir uns mit den folgenden Optionen:

- Bearbeiterermittlung per BAdI durchführen
- die Rolle **Manager des Workflow-Initiators** nutzen bzw. die anderen Rollen, die auf das Organisationsmanagement zugreifen
- die Rollen **Verantwortlicher für Kostenstelle** bzw. **Verantwortlicher für Projekt** nutzen
- eine benutzerdefinierte Startbedingung für ein Workflow-Szenario anlegen
- Termine nutzen
- E-Mail-Benachrichtigungen und Push-Benachrichtigungen einrichten

  (Wie Sie E-Mail-Benachrichtigungen einrichten, erfahren Sie in Abschnitt 3.7, »Workflow-Benachrichtigungen per E-Mail einstellen«. Für detaillierte Informationen bezüglich Push-Benachrichtigungen in SAP Fiori verweisen wir auf Abschnitt 3.8, »Workflow-Benachrichtigungen in SAP Fiori einstellen«.)

Eine weitere Option stellt die Nutzung der App **Teams und Zuständigkeiten verwalten** dar. Diese App stellen wir Ihnen in Abschnitt 12.1 vor.

11.4.1 Bearbeiterermittlung per BAdI durchführen

Benutzerdefinierte Bearbeiterermittlung

Reichen die im Standardszenario bestehenden Auswahlmöglichkeiten nicht aus, um die Anforderungen Ihres Prozesses abzubilden, können Sie Ihr eigenes Coding über ein BAdI implementieren. Ein klassischer Anwendungsfall wäre, die zur Genehmigung Berechtigten aus einer kundeneigenen Tabelle auszulesen. Vielleicht wollen Sie aber auch andere Parameter aus dem Objekt auslesen und abhängig davon Entscheidungen treffen.

BAdI finden

Um das passende BAdI für die Erweiterung Ihres Szenarios herauszufinden, können Sie, wie in Abschnitt 11.3.3, »Workflow-Schritte festlegen«, beschrieben, über die Transaktion SWDD_SCENARIO in den neuen Scenario Editor einsteigen und Ihr Szenario öffnen. Auf der Registerkarte **Bearbeiterregeln** wählen Sie die Regel `BAdIAgentDetermination` aus (siehe Abbildung 11.31) und gelangen so in die Detailsicht der Regel. Für den Bereich Einkauf (Purchasing) ist das die Regel `AC00800036`.

Innerhalb der Regel wird ein Funktionsbaustein aufgerufen (siehe auch Abbildung 11.43), in dem meist ein indirekter Hinweis auf das verwendete BAdI enthalten ist. Über einen Doppelklick auf den Funktionsbaustein gelangen Sie per Vorwärtsnavigation zu dessen Implementierung im ABAP Editor. (Alternativ ist auch die Implementierung in den ABAP Development Tools, ADT, in Eclipse möglich.) Suchen Sie hier nach einem Interface und rufen Sie den Verwendungsnachweis dafür auf. Meist führt der Sie direkt zu dem BAdI.

Alternativ können Sie auch den Weg über die Transaktion SE18 (BAdI Builder) gehen und dort mit der Option **BAdI-Name** nach der Zeichenkette »*AGENT*« suchen (siehe Abbildung 11.38).

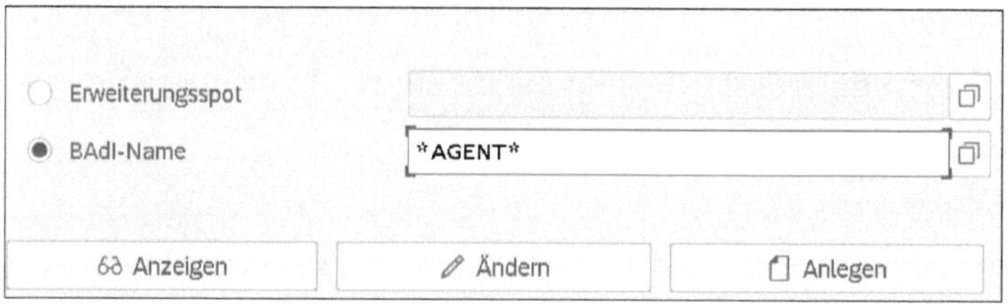

Abbildung 11.38 Suche nach BAdIs in der Transaktion SE18

In der Ergebnisliste suchen Sie das für das betreffende Szenario passende BAdI (siehe Abbildung 11.39), in unserem Fall ist es das BAdI `MMPUR_WORKFLOW_AGENTS_V2`.

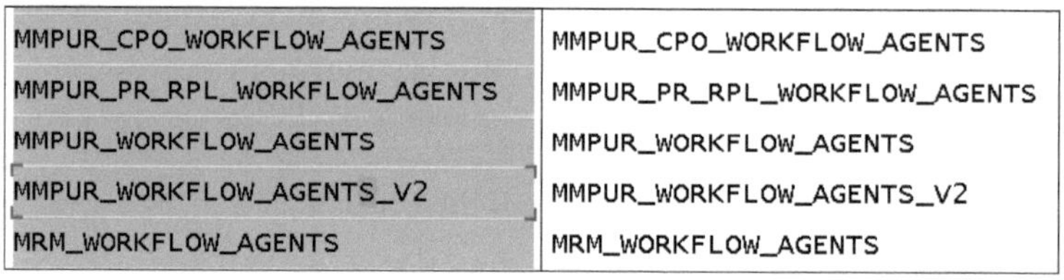

Abbildung 11.39 Auszug aus der Trefferliste mit den relevanten BAdIs

BAdI-Implementierung

Nachdem Sie das richtige BAdI ermittelt haben, wählen Sie es auf der Startseite des BAdI Builders aus, klicken auf die Schaltfläche **Anzeigen** und navigieren auf die Registerkarte **Erw.spot-Elementdefinitionen**. Klicken Sie auf die Schaltfläche (**BAdI-Implementierung anlegen**), um eine BAdI-Implementierung anzulegen (siehe Abbildung 11.40).

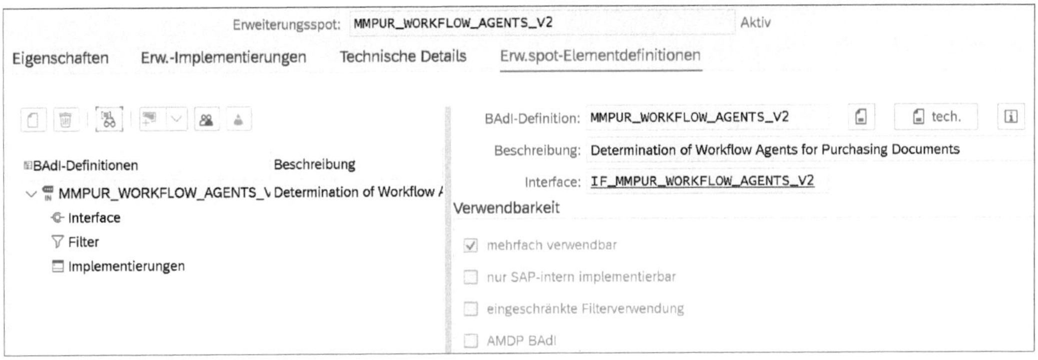

Abbildung 11.40 Erweiterungsspot-Elementdefinition

Hinsichtlich der implementierenden Klasse können Sie entscheiden, ob Sie das Coding einer Beispielklasse übernehmen wollen oder eine leere Klasse anlegen. Für den Bereich Einkauf können Sie sich etwa das Coding der Beispielklasse `CL_EXMPL_WORKFLOW_AGENTS_V2` anschauen und wiederverwenden. Anhand einer Bestellanforderung wird hier gezeigt, wie verschiedene Ermittlungen programmiert werden können (siehe Abbildung 11.41).

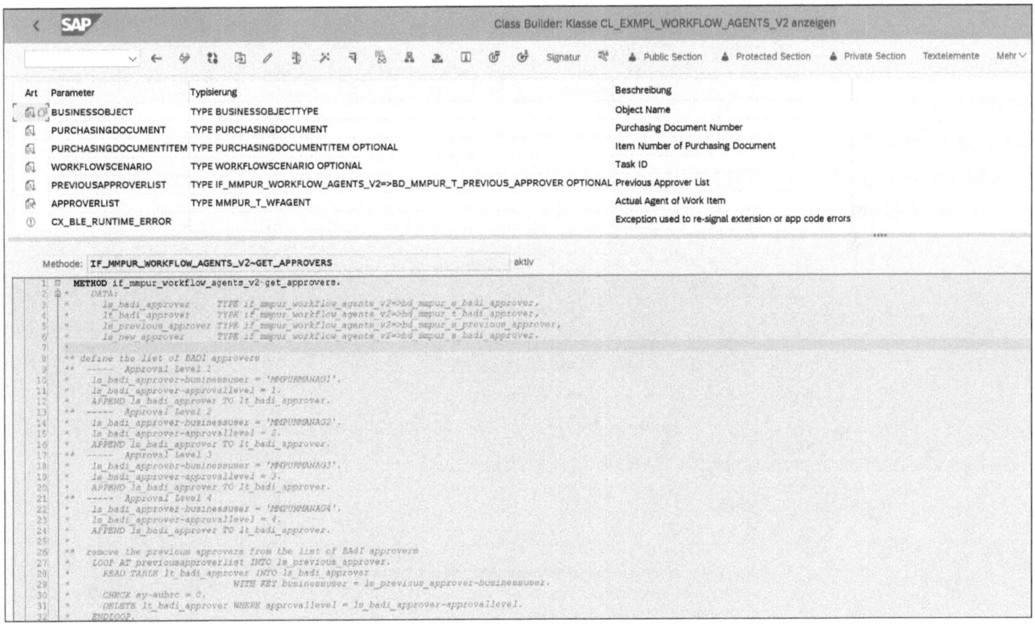

Abbildung 11.41 Auszug aus der Beispielklasse CL_EXMPL_WORKFLOW_AGENTS_V2

Da beim Aufruf des BAdIs nur der Objekttyp und die Belegnummer übergeben werden, müssen Sie zusätzliche Attribute selbst nachselektieren, z. B.

über CDS-Views. Auch dafür finden Sie Beispielcoding in der erwähnten Klasse. Haben Sie Ihr Coding fertiggestellt, müssen Sie Ihre Erweiterungsimplementierung über die Schaltfläche (**aktiv <-> inaktiv**) aktivieren. Anschließend wird Ihre Implementierung aufgerufen, wie in Abbildung 11.42 zu sehen.

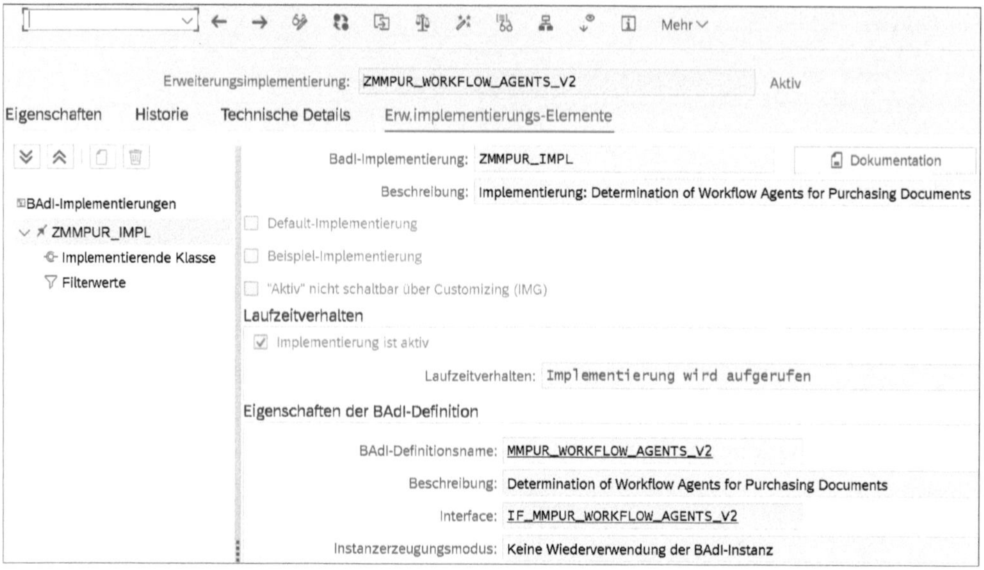

Abbildung 11.42 Aktive Erweiterungsimplementierung

Regelauflösung simulieren

Anschließend können Sie die erweiterte Regel in der Transaktion PFAC aufrufen, um ihre Anwendung zu simulieren (siehe Abbildung 11.43).

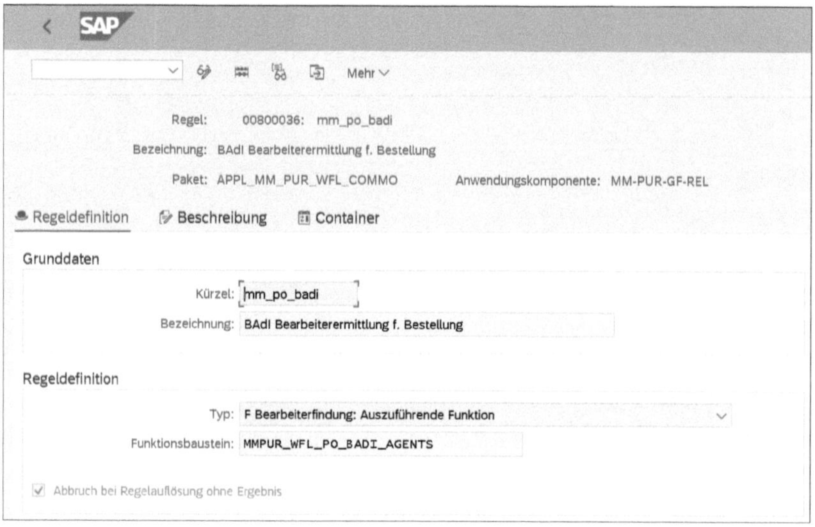

Abbildung 11.43 Regel in Transaktion PFAC anzeigen

Über die Schaltfläche (**Regelauflösung simulieren**) können Sie verifizieren, dass die von Ihnen implementierte Logik wie gewünscht funktioniert. Im Falle eines Fehlers bricht die Regelauflösung mit einer Ausnahme ab (siehe Abbildung 11.44).

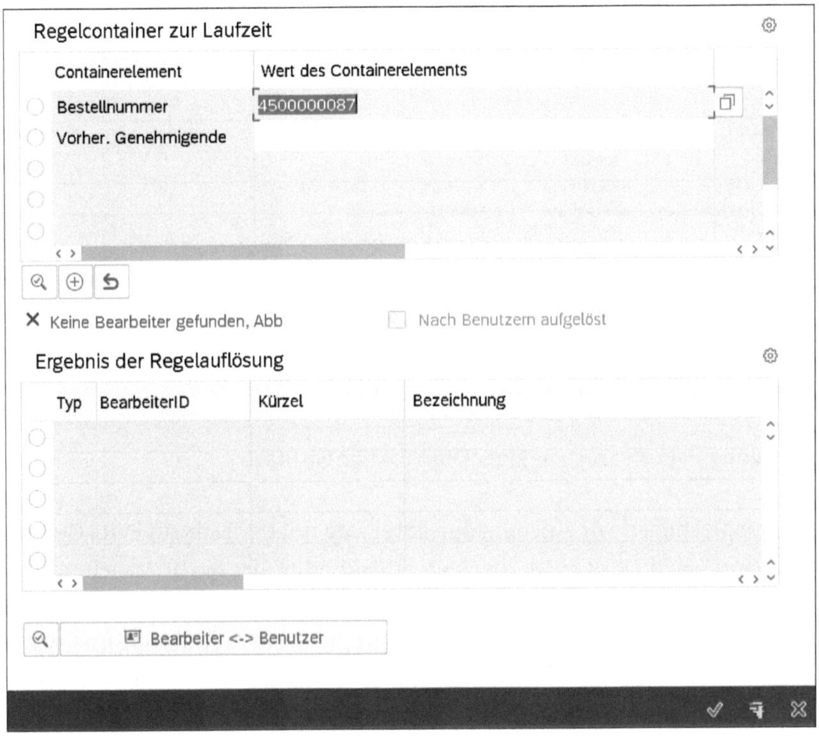

Abbildung 11.44 Regelauflösung simuliert mit Ausnahme

11.4.2 Rollen mit Zugriff auf das Organisationsmanagement

Bearbeiterermittlung über das Organisationsmanagement

Eine der Möglichkeiten der Bearbeiterfindung ist die Nutzung des *Organisationsmanagements* des SAP-Systems. Kennen Sie das Organisationsmanagement und dessen Verwendung schon von den klassischen Workflows, können Sie diesen Abschnitt überspringen. Die flexiblen Workflows greifen auf dieselben Funktionen zu, die es früher auch schon gab.

Falls Sie das Organisationsmanagement für die Bearbeiterfindung nutzen wollen, können Sie über die Transaktion PPOME (Organisation und Besetzung ändern) einsteigen. Dort können Sie die Unternehmensstruktur einrichten und Benutzer bzw. Personen einer Organisationseinheit und deren Planstellen zuordnen. Genau diese Zuordnung können Sie im Workflow nutzen, z. B. für die automatische Ermittlung der Managerin oder des Managers der Person, die den Workflow initiiert hat.

Beispiel einer Organisationsstruktur

In Abbildung 11.45 haben wir eine Beispielstruktur aufgebaut, die wir in unserem erstellten Workflow für unsere Zwecke nutzen können.

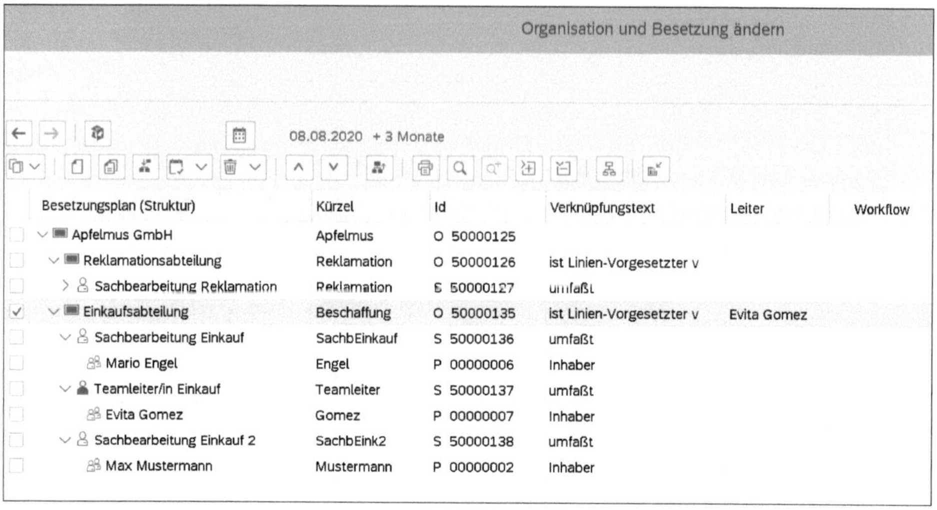

Abbildung 11.45 Auszug aus einer Organisationsstruktur

Im Beispiel haben wir eine Einkaufsabteilung mit der Leiterin Evita Gomez und zwei Sachbearbeitern angelegt. Sobald einer der Sachbearbeiter eine Bestellung angelegt hat und im flexiblen Workflow die Rolle **Manager des Workflow-Initiators** für den Genehmigungsschritt definiert wurde, wird Evita Gomez automatisch als Genehmigerin ermittelt. Allerdings hat das gezeigte Beispiel auch eine Schwachstelle: Falls die Leiterin, also Evita Gomez selbst, eine Bestellung anlegen würde und die Rolle **Manager des Workflow-Initiators** genutzt wird, könnte kein gültiger Genehmiger bzw. keine Genehmigerin gefunden werden, da für Evita Gomez keine Vorgesetzte bzw. kein Vorgesetzter in der Organisationsstruktur hinterlegt ist. Das Gleiche gilt, wenn einer der Sachbearbeiter eine Bestellung erstellt und die Rolle **Manager vom Manager des Workflow-Initiators** im Workflow aktiv ist. Bedenken Sie solche Konstellationen beim Einrichten dieser Rollen.

[»]

Nutzung der Rolle »Verantwortlicher für Kostenstelle« bzw. »Verantwortlicher für Projekt«

Unter anderem für das Workflow-Szenario »Bestellung freigeben« kann man für die Bearbeiterfindung alternativ auch die für die Kostenstelle oder das Projekt verantwortliche Person als für die Genehmigung zuständig definieren. Dafür muss ein verantwortlicher Benutzer oder eine verantwortliche Benutzerin für die entsprechenden Objekte im System gepflegt sein:

- Kostenstellen können Sie über die Transaktion KS02 anpassen. Direkt auf dem Einstiegsbild können Sie auf der Registerkarte **Grunddaten** die Verantwortlichkeit definieren.
- Für Projekte nutzen Sie die Transaktion CJ20N. Auch hier definieren Sie die verantwortliche Person auf der Registerkarte **Grunddaten**.

11.4.3 Benutzerdefinierte Startbedingung anlegen

Jedes Workflow-Szenario bietet standardmäßig einige vorgegebene Startbedingungen, die aber nicht in jedem Fall den Anforderungen des Prozesses Genüge tun. Die gute Nachricht ist, dass Sie auch an dieser Stelle mittels zweier BAdIs Ihre eigenen Startbedingungen hinzufügen können.

Benutzerdefinierte Felder und Logik

Mit einer eigenen Implementierung für das BAdI `SWF_WORKFLOW_CONDITION_DEF` können Sie neue Bedingungen anlegen und mit einer Implementierung des BAdIs `SWF_WORKFLOW_CONDITION_EVAL` können Sie Ihre eigene Prüfung für die Startbedingung anlegen. Dazu müssen Sie nicht den BAdI Builder nutzen, sondern können die SAP-Fiori-Apps **Benutzerdefinierte Felder** (zum Anlegen eigener Felder, die nicht im flexiblen Workflow enthalten sind) und **Benutzerdefinierte Logik** (zum Implementieren von Prüflogiken) verwenden. Die Kacheln zum Aufruf dieser Apps finden Sie mit den entsprechenden Berechtigungen im SAP Fiori Launchpad in der Gruppe **Erweiterbarkeit – Benutzerdefinierte Objekte** (siehe Abbildung 11.46).

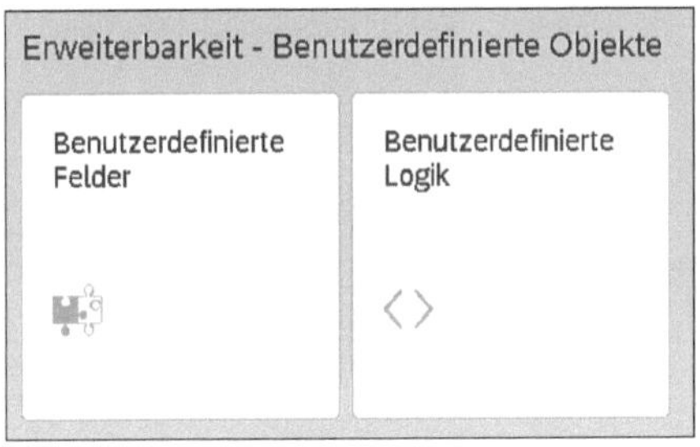

Abbildung 11.46 Gruppe »Erweiterbarkeit – Benutzerdefinierte Objekte« mit den Apps »Benutzerdefinierte Felder« und »Benutzerdefinierte Logik«

Falls Sie auf Probleme beim Aufruf der App stoßen, helfen Ihnen die umfangreiche Konfigurationsanweisungen in der SAP Fiori Apps Reference Library.

Rufen Sie diese App auf und navigieren Sie auf die Registerkarte **Benutzerdefinierte Logik** (siehe Abbildung 11.47). Hier sehen Sie eine Übersicht der bisher definierten Erweiterungsimplementierungen (in diesem Beispiel bereits gefiltert).

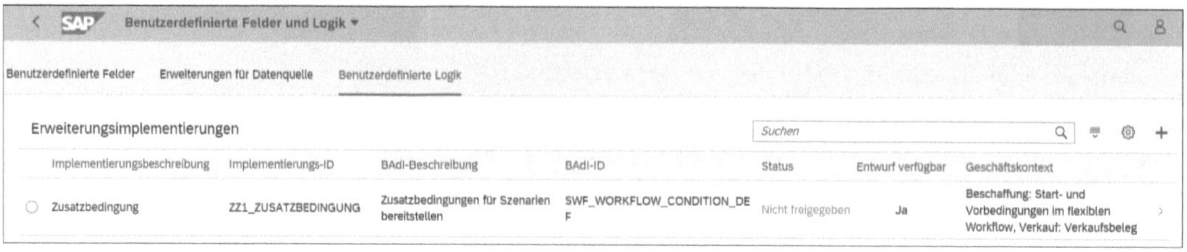

Abbildung 11.47 Übersicht der benutzerdefinierten Logiken

Hier können Sie nun wie folgt eine neue Erweiterungsimplementierung anlegen:

1. Über die Schaltfläche [+] (**Anlegen**) legen Sie eine neue BAdI-Implementierung an.
2. In der Dropdown-Liste für den **Geschäftskontext** wählen Sie für Bestellungen den Wert **Beschaffung: Start- und Vorbedingungen im flexiblen Workflow** aus (siehe Abbildung 11.48).

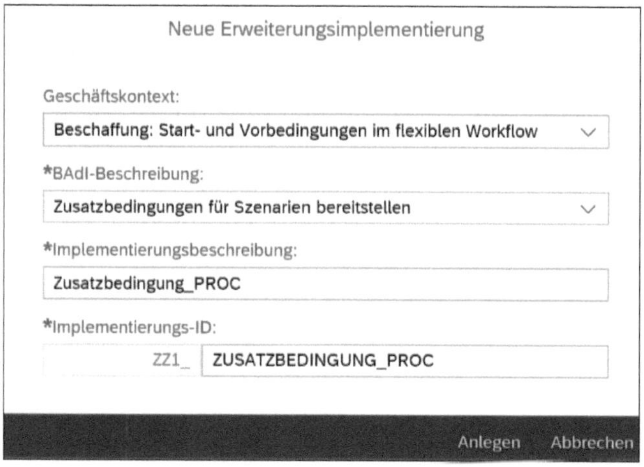

Abbildung 11.48 Parameter für eine neue Erweiterungsimplementierung

3. Im Feld **BAdI-Beschreibung** wählen Sie **Zusatzbedingungen für Szenarien bereitstellen** und damit das BAdI `SWF_WORKFLOW_CONDITION_DEF` zur Implementierung der kundeneigenen Startbedingung.
4. Definieren Sie außerdem eine **Implementierungsbeschreibung**. Diese wird automatisch in das Feld **Implementierungs-ID** übernommen.
5. Auf dem nächsten Bildschirm können Sie sich die **BAdI-Dokumentation** anzeigen lassen und einen Filterwert anlegen. Als Filterwert wählen Sie das Workflow-Szenario, das für Sie relevant ist. Wählen Sie für unser Beispiel das Szenario WS00800238 für Bestellungen (siehe Abbildung 11.49).

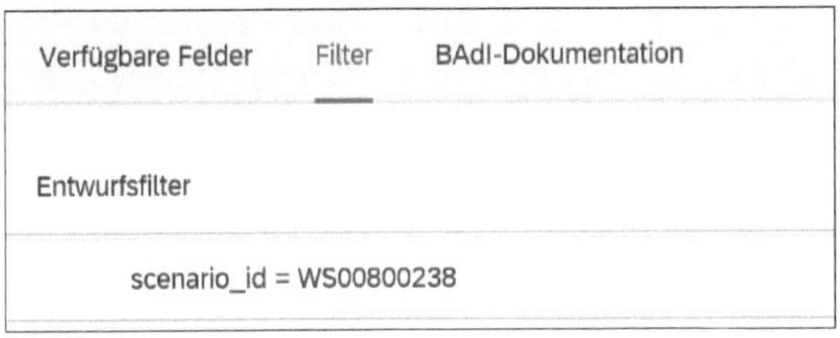

Abbildung 11.49 Filterwerte für das Szenario der Bestellung

6. Im Bildschirmbereich **Entwurfslogik** können Sie Ihr Coding einfügen. Im rechten Bereich können Sie sich dazu ein SAP-Beispielcoding über die Schaltfläche **Beispiel** anzeigen lassen (siehe Abbildung 11.50). Wir haben einen Quelltext erstellt, um eine Prüfung des Lieferanten als Bedingung hinzuzufügen (siehe Listing 11.1).

```
ct_condition = VALUE #(
      ( id = 1 subject = 'BAdI: Supplier'(001) type =
        if_swf_flex_ifs_condition_def=>cs_condtype-start_step )
      ).

ct_parameter = VALUE #(
      ( id = 1 name = 'Supplier'(002) xsd_type =
        if_swf_flex_ifs_condition_def=>cs_xstype-string
mandatory = abap_false )
      ).
```

Listing 11.1 Beispielcoding für eine zusätzliche Bedingung

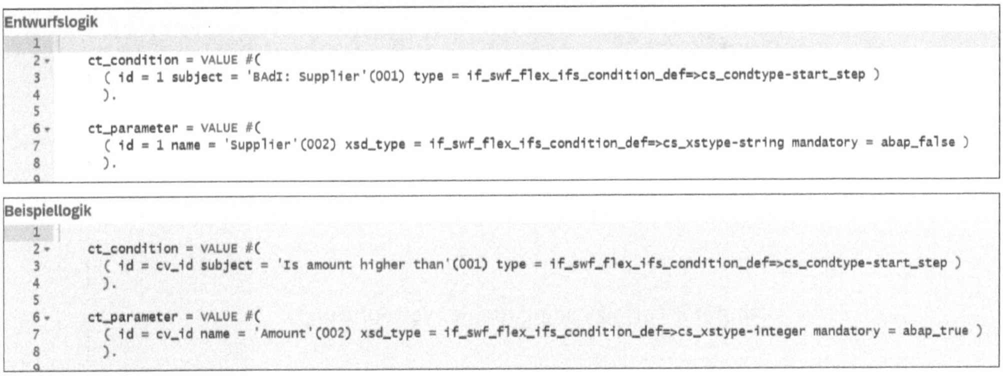

Abbildung 11.50 Entwurfslogik und Beispiellogik im Vergleich

7. Wenn Sie den Quelltext finalisiert haben, klicken Sie auf die Schaltfläche **Entwurf sichern** und anschließend auf die Schaltfläche **Freigeben**.

Anschließend müssen Sie noch das zweite BAdI ausprägen, um die Prüflogik einzufügen. Dafür legen Sie erneut eine BAdI-Implementierung an, allerdings wählen Sie in der Dropdown-Liste **BAdI-Beschreibung** dieses Mal **Wertauswertung von Zusatzbedingungen für Szenarien** aus.

Beispielcoding für die Werteprüfung

Der Quelltext für unsere Prüflogik könnte wie in Listing 11.2 aussehen.

```
cv_is_true = abap_false.

IF is_condition-condition_id <> 1.
  RAISE EXCEPTION TYPE cx_ble_runtime_error.
ENDIF.

READ TABLE it_parameter_value INTO DATA(ls_param_value)
  INDEX 1.
IF sy-subrc <> 0 OR ls_param_value-value IS INITIAL.
* Parameter ist obligatorisch
  RAISE EXCEPTION TYPE cx_ble_runtime_error.
ENDIF.

READ TABLE it_parameter_value INTO ls_param_value
WITH KEY name = 'Supplier'.

SELECT * INTO TABLE @data(lt_purchaseorder)
FROM i_purchaseorderapi01
WHERE purchaseorder = @is_sap_object_node_type-sont_key_part_1.

CASE ls_param_value-name.
  WHEN 'Supplier'.
  READ TABLE lt_purchaseorder INTO DATA(ls_purchaseorder)
  WITH KEY Supplier = ls_param_value-value.

  IF sy-subrc eq 0.
    cv_is_true = abap_true.
  ENDIF.
ENDCASE.
```

Listing 11.2 Beispielcoding für die Werteprüfung

Das weitere Vorgehen ist analog zu dem beim ersten BAdI. Fügen Sie einen Filter für Ihr Szenario hinzu, sichern Sie Ihren Entwurf und geben Sie Ihre Implementierung frei.

Erweiterung testen

Anschließend sollte die neue Bedingung im System verfügbar sein und im Workflow-Szenario für die Bestellfreigabe genutzt werden. Um dies zu prüfen, rufen Sie die App **Workflow verwalten für Bestellung** auf und legen einen neuen flexiblen Workflow an, wie in Abschnitt 11.3, »Einen flexiblen Freigabe-Workflow für Bestellungen erstellen«, gezeigt. Im Dropdown-Feld im Bereich **STARTBEDINGUNGEN** sollte nun der neue Eintrag **BAdI: Supplier** angeboten werden (erster Eintrag in Abbildung 11.51).

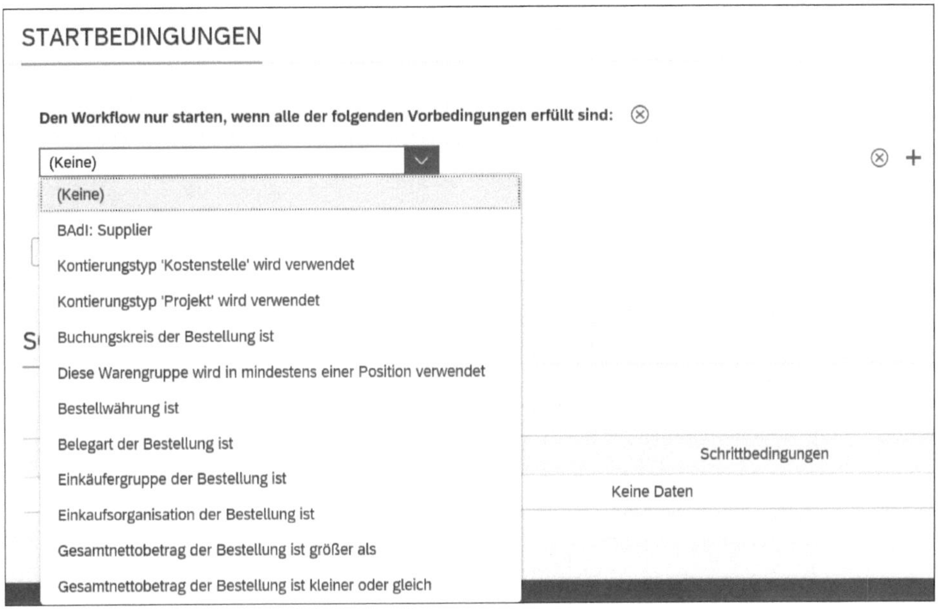

Abbildung 11.51 Erweiterte Auswahl der Startbedingungen für die Bestellfreigabe

11.4.4 Termine definieren

Termine in flexiblen Workflows

Termine in flexiblen Workflows entsprechen den Fristen der klassischen Workflows (siehe Abschnitt 5.3.1, »Aktivität«), allerdings mit etwas weniger Funktionen. Wie Sie im Beispiel der Bestellfreigabe gesehen haben, wurden die Termine von diesem Szenario nicht unterstützt. Gleichwohl gibt es aber viele andere Szenarios, die diese Funktion anbieten.

Termin für eine Freigabe

Stellvertretend für andere Szenarios haben wir zur Veranschaulichung einen Freigabe-Workflow für Bestellanforderungspositionen angelegt. Im Freigabeschritt haben wir als Frist eine Zeitspanne von einen Tag eingestellt. Die entsprechende Einstellung im Abschnitt **TERMINE** sehen Sie in Abbildung 11.52.

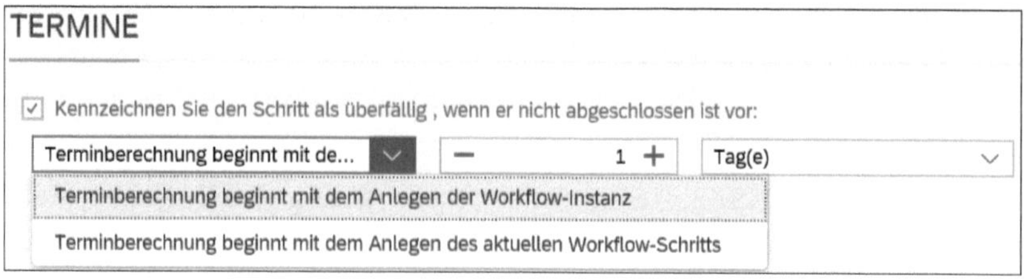

Abbildung 11.52 Termine in der Schrittdefinition für die Freigabe eines Verkaufsangebots

Für die Berechnung der Frist gibt es zwei Zeitpunkte zur Auswahl:

- Terminberechnung beginnt mit dem Anlegen der Workflow-Instanz
- Terminberechnung beginnt mit dem Anlegen des aktuellen Workflow-Schritts

Wird die Aufgabe in der Inbox eines Empfängers oder einer Empfängerin nicht innerhalb des gesetzten Zeitraumes ausgeführt, wird die Aufgabe als **Überfällig** markiert (siehe Abbildung 11.53).

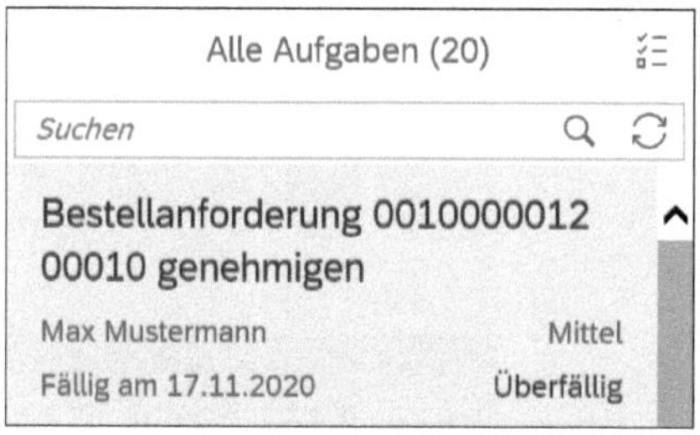

Abbildung 11.53 »Meine Inbox« mit überfälliger Aufgabe

[»]

Eingeschränkte Funktionen bei Fristüberschreitung

Leider bieten die flexiblen Workflows bisher noch keine weiteren Möglichkeiten an, um auf die Überschreitung des Termins zu reagieren, so wie dies bei klassischen Workflows möglich ist. Dort konnten Sie beispielsweise eine eigene Verarbeitungslogik implementieren, um eine Erinnerung als E-Mail zu verschicken oder die Aufgabe automatisch an einen anderen Empfänger oder eine andere Empfängerin weiterzuleiten.

11.4.5 E-Mail-Benachrichtigungen einrichten

Die flexiblen Workflows unterstützen zu unterschiedlichen Zeitpunkten der Workflow-Bearbeitung Push-Benachrichtigungen bzw. den E-Mail-Versand mittels verschiedener E-Mail-Templates.

Push-Benachrichtigungen

Im Backend Ihres SAP-S/4HANA-Systems können Sie über die Transaktion SWF_PUSH_NOTIF_CUST (Customizing für Push-Benachrichtigungen) zu jedem Workflow-Szenario und auch zu einzelnen Aufgaben definieren, welche Aktionen durchgeführt und welche Texte für die Benachrichtigungen genutzt werden sollen. Für die im Standard vorhandenen Szenarios sind die Push-Benachrichtigungen über Pop-up-Meldungen standardmäßig eingeschaltet. Falls diese nicht korrekt funktionieren, kann es sein, dass der *Notification Provider* noch nicht korrekt eingestellt ist. In dem Fall dürfte bei Ihnen kein grünes Statussymbol neben der Schaltfläche **Provider** in der Funktionsleiste der Transaktion zu sehen sein, wie es in Abbildung 11.54 der Fall ist. Welche Schritte Sie in diesem Fall vornehmen müssen, können Sie am besten über einen Klick auf das Symbol [i] (**Informationen**) erfahren.

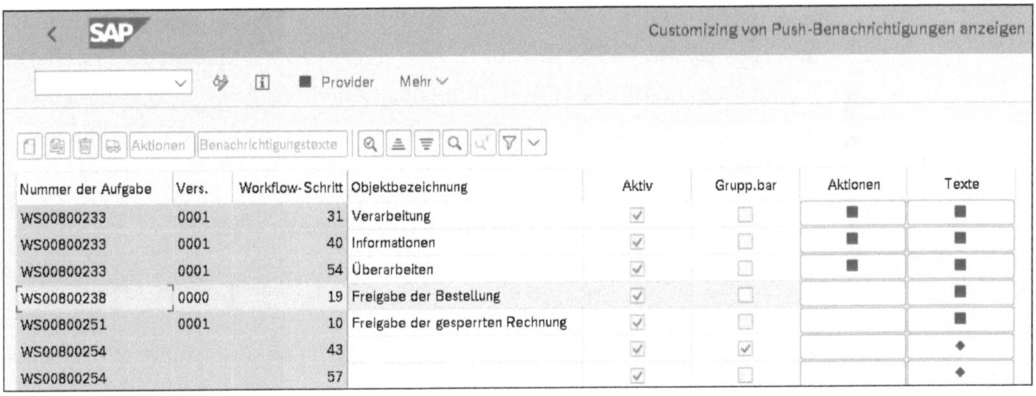

Abbildung 11.54 Customizing der Push-Benachrichtigungen

Falls Sie irgendwann kundeneigene flexible Workflows oder Aufgaben erstellen, können Sie diese auch hier in die Customizing-Tabelle eintragen, um Push-Benachrichtigungen für sie zu aktivieren.

E-Mail-Vorlagen pflegen

Eine andere Möglichkeit, um E-Mail-Benachrichtigungen einzurichten, finden Sie in der SAP-Fiori-App **E-Mail-Vorlagen pflegen**. Der Vorteil dieser App ist, dass Sie viele Standard-Templates zur Verfügung haben und für Ihre Zwecke kopieren können. Des Weiteren werden hier unterschiedliche Zeitpunkte unterstützt, zu denen E-Mails generiert werden sollen. Sie können verschiedene Sprachen und natürlich den Inhalt und Betreff der E-Mails frei definieren.

Beim Kopieren der Standardvorlagen in Ihren Kundennamensraum müssen Sie eine bestimmte Nomenklatur beachten, sodass die E-Mails tatsächlich zum korrekten Zeitpunkt und für das entsprechende Szenario verschickt werden. In unserem Beispielsystem ist der Namensraum »ZZ1« eingestellt, standardmäßig wird aber »YY1« genutzt (siehe Abbildung 11.55).

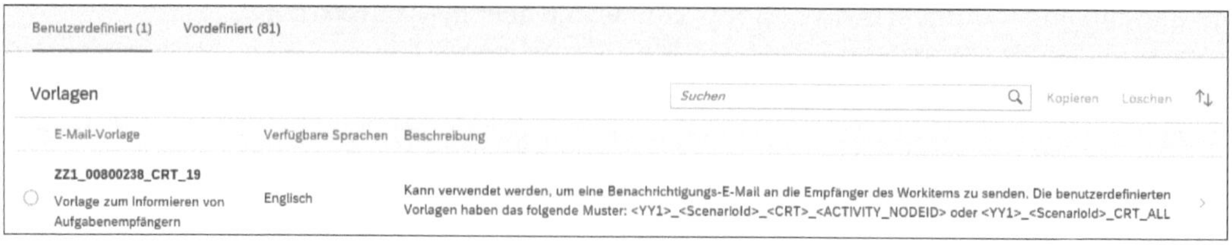

Abbildung 11.55 Benutzerdefinierte E-Mail-Vorlage im Kundennamensraum

Kundeneigene Benachrichtigungen

Im Folgenden geben wir Ihnen ein paar Beispiele für kundeneigene E-Mail-Vorlagen, die Sie für Benachrichtigungen im Rahmen von Bestell-Workflows einrichten könnten:

- `YY1_00800238_COMPLETE_POSITIVE` verschickt eine E-Mail an die Erstellerin oder den Ersteller der Bestellung nach Genehmigung.
- `YY1_00800238_COMPLETE_NEGATIVE` verschickt eine E-Mail an die Erstellerin oder den Ersteller der Bestellung nach Ablehnung.
- `YY1_00800238_CRT_19` verschickt eine E-Mail an die Empfänger*innen des Workflows.

Nutzen Sie dabei folgende Standard-Templates als Vorlagen:

- `SWF_WORKFLOW_COMPLETE_NOTIFY` für E-Mails nach Genehmigung/Ablehnung
- `SWF_CRT_NOTIFY_RECIPIENTS` für E-Mails nach Erstellung eines Workflows

Die in diesem Kapitel beschriebenen Konfigurationsmöglichkeiten und Beispiele sollen eine Anregung für Ihre eigene Arbeit sein und einen guten Überblick bieten. Abhängig von Ihren Szenarios und Ihrer Systemkonfiguration werden Sie variieren können und weitere Funktionen entdecken.

Im folgenden Kapitel 12, »Flexible Workflows verwalten«, werden wir auf eine mit SAP S/4HANA neu hinzugekommene Funktion namens *Teams und Zuständigkeiten* eingehen und die Apps **Meine Inbox** und **Meine Outbox** näher betrachten. Außerdem gehen wir auf die Möglichkeiten der Administration von flexiblen Workflows ein.

Kapitel 12
Flexible Workflows verwalten

In diesem Kapitel erläutern wir die Einstellungen, die Sie in den verschiedenen Administrations-Apps vornehmen können, um flexible Workflows zu steuern. In diesem Zusammenhang gehen wir noch einmal ausführlicher auf die Apps »Meine Inbox« und »Meine Outbox« ein, die auch Verwaltungsfunktionen bieten.

In diesem Kapitel zeigen wir Ihnen die Arbeit mit den verschiedenen SAP-Fiori-Apps, die für die Verwaltung flexibler Workflows bereitgestellt werden. Spätestens dann, wenn der erste Workflow im System aktiv ist, werden Sie diese verschiedenen Apps und Transaktionen benötigen.

In Abschnitt 12.1 zeigen wir Ihnen, wie Sie das System für die Nutzung von Teams und Zuständigkeiten einrichten. Wie sich die Teams und Zuständigkeiten nutzen lassen, zeigen wir anhand der Freigabe einer Bestellanforderungsposition.

In Abschnitt 12.2 sehen wir uns die App **Meine Inbox** genauer an, mit deren Hilfe Sie nicht nur Workitems bearbeiten, sondern auch Vertreter*innen pflegen können. In Abschnitt 12.3 widmen wir uns der App **Meine Outbox**, über die Sie das Workflow-Protokoll aufrufen können, das unter anderem bei der Fehleranalyse wichtig ist. Anschließend erfahren Sie in Abschnitt 12.4, wie Sie etwaige Fehler mithilfe der App **Workflow-Administration** beheben können. Falls Sie mit SAP S/4HANA in der On-Premise-Version arbeiten, können Sie auch die Backend-Transaktionen für die Fehlerbehandlung verwenden, z. B. die Transaktion SWI1, die wir in Abschnitt 12.5, »Workflow-Administration im Backend«, vorstellen.

12.1 Die App »Teams und Zuständigkeiten verwalten«

In Kapitel 11, »Flexible Workflows einsetzen«, haben Sie erfahren, wie ein flexibler Workflow angelegt wird und welche Möglichkeiten der Bearbeiterfindung Sie nutzen können. Eine der Möglichkeiten ist die Nutzung der App **Teams und Zuständigkeiten verwalten** (App-ID F2412). Diese App stammt aus dem Bereich **Responsibility Management** und kann integrativ für verschiedene Prozesse im System genutzt werden, um Teams und deren Mitglieder anzulegen sowie Zuständigkeiten zu definieren. Sie können hier virtuelle Teams für Ihre Abteilungen und Prozesse erstellen und Mitarbeitenden *Funktionen* zuweisen, d. h. Rollen innerhalb des Teams.

Funktionen innerhalb eines Teams

Diese Funktionen können Sie selbst definieren. Sie bilden grob gesagt eine Aufgabenzuweisung ab. Beispielsweise könnten Sie unterschiedliche Funktionen für die einzelnen Genehmigungsstufen in einem Workflow oder eine Funktion für die Workflow-Administration in Ihrem Team definieren.

Abhängig vom *Geschäftskontext*, den Sie für Ihr Team auswählen, haben Sie über die Zuständigkeitsdefinitionen unterschiedliche Filterwerte zur Verfügung. So können Sie eine fachliche oder inhaltliche Trennung zwischen den Teams herstellen. Die Filterwerte ähneln den Startbedingungen im flexiblen Workflow und sind natürlich abhängig vom gewählten Szenario bzw. von dem Geschäftsbereich, für den Sie Ihr Team anlegen.

[»]

Unterstützung der Teams und Zuständigkeiten

In SAP S/4HANA unterstützen unserer Erfahrung nach noch nicht alle flexiblen Workflow-Szenarios die Funktionen der Teams und Zuständigkeiten. In unserem Beispiel der Bestellfreigabe (Szenario WS00800238) war diese Funktion nicht verfügbar, für die Freigabe von Bestellanforderungspositionen (Szenario WS02000471) jedoch schon. Prüfen Sie also für Ihr Szenario, ob sich das Einrichten der Teams und Zuständigkeiten lohnt.

Vorgehen für den Beispiel-Workflow

Anhand des schon erwähnten Freigabe-Workflows für Bestellanforderungspositionen werden wir in den folgenden Abschnitten Schritt für Schritt das Customizing im Backend durchführen und die Teams und Zuständigkeiten einrichten. Anschließend erstellen wir den Workflow und prüfen, ob die Bearbeiterfindung über die Teams und Zuständigkeiten funktioniert.

[»]

Voraussetzungen für die Nutzung der App »Teams und Zuständigkeiten verwalten«

Um die App **Teams und Zuständigkeiten verwalten** nutzen zu können, müssen folgende Voraussetzungen beachtet werden:

- Ihrem Benutzer muss die Berechtigungsrolle `SAP_BR_BUSINESS_PROCESS_SPEC` zugewiesen sein.
- Diverse OData-Services müssen korrekt eingerichtet sein. Details hierzu finden Sie in der SAP Fiori Apps Reference Library unter der URL *http://s-prs.de/v1109901*.
- Personen, die Sie in der App einrichten wollen, müssen mit einem gültigen Geschäftspartner verknüpft sein.

12.1.1 Customizing im Backend

Customizing des Responsibility Managements

Grundlegende Einstellungen für Teams und Zuständigkeiten nehmen Sie in der On-Premise-Version von SAP S/4HANA und in SAP S/4HANA Cloud Private Edition im SAP-S/4HANA-Backend im Customizing-Leitfaden vor. In SAP S/4HANA Cloud Public Edition verwenden Sie die App **Manage your Solution**. Im Customizing-Leitfaden navigieren Sie über folgenden IMG-Pfad (siehe Abbildung 12.1):

Anwendungsübergreifende Komponenten • Allgemeine Anwendungsfunktionen • Responsibility Management

Unterhalb dieses Customizing-Bereichs gibt es noch einmal unterschiedliche Bereiche, die wir in den folgenden Abschnitten nacheinander beleuchten (siehe Abbildung 12.1):

- Funktionen
- Zuständigkeitsdefinitionen
- Teams und Zuständigkeiten
- Business Workflow

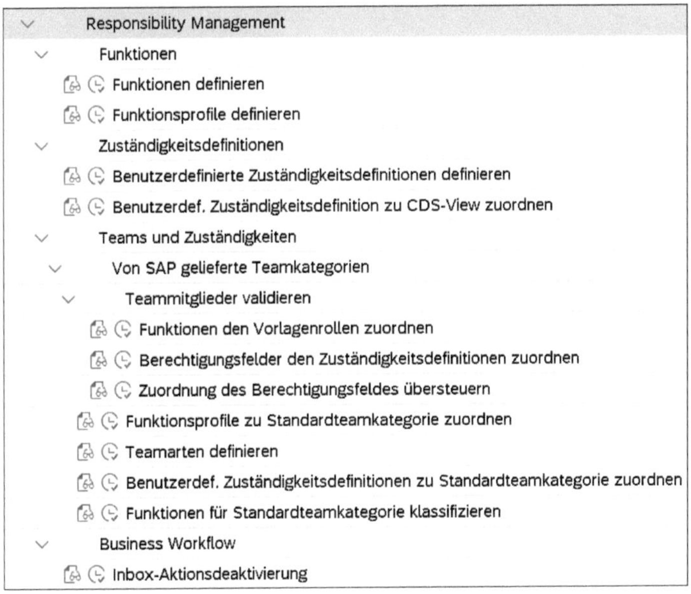

Abbildung 12.1 Einführungsleitfaden – Responsibility Management

Funktionen

Funktionen definieren

Rufen Sie zuerst die Customizing-Aktivität **Funktionen definieren** im Bereich **Funktionen** auf. Hier können Sie einstellen, ob Sie die standardmäßig angelegten Funktionen einsetzen oder eigene anlegen möchten. Die Funktionen werden später einzelnen Mitarbeitenden zugeordnet. Sie sollten sich daher im Voraus darüber Gedanken machen, wie Sie Ihre Teams und die von diesen Teams zu bearbeitenden Aufgaben aufteilen.

Für unser Beispiel haben wir zwei neue Funktionen PROC1 (**Beschaffung 1**) und PROC2 (**Beschaffung 2**) angelegt (siehe Abbildung 12.2). Sie können solche Funktionen über die Schaltfläche **Neue Einträge** erstellen. Wir nutzen diese Funktionen später für zwei verschiedene Genehmigungsstufen.

Funktion	Funktionsbeschreibung
ALLOCCCRUN	Kostenstellenlauf
ALLOCPARUN	Ergebnisrechnungslauf
ALLOCPCRUN	Profitcenterlauf
CMR1LVLA	Genehmiger des Verkaufsbelegs - Stufe 1
CMR2LVLA	Genehmiger des Verkaufsbelegs - Stufe 2
EPICAPR1	Funktion für Zahlungsposition genehmigen - Ebene 1
EPICAPR2	Funktion für Zahlungsposition genehmigen - Ebene 2
EPICAPR3	Funktion für Zahlungsposition genehmigen - Ebene 3
FGJEV_L1	Gruppe 1 zum Prüfen von Haupbuchbelegen
FGJEV_L2	Gruppe 2 zum Prüfen von Haupbuchbelegen
FGJEV_L3	Gruppe 3 zum Prüfen von Haupbuchbelegen
FIUH_GR1	Gruppe 1 für Globale Buchungshierarchie
FIUH_GR2	Gruppe 2 für Globale Buchungshierarchie
FIUH_GR3	Gruppe 3 für Globale Buchungshierarchie
ICAM_COMM	ICA-Kommunikation
ICAM_SP	Anpassung der Abweichung buchen
ICAM_SV	Buchung Anpassung der Abweichung prüfen
OP_PURCH	Operativer Einkauf
PROC1	Beschaffung 1
PROC2	Beschaffung 2
SMMIM_IM	Dispositionsverantwortlicher
SMMIM_PM	Plant Manager
SMMIM_WC	Lagerfachkraft
SMRPPLAN	MRP-Planung
ST_PURCH	Strategischer Einkauf
WF_ADMIN	Workflow-Administration

Abbildung 12.2 Übersicht der Funktionen

Funktionsprofile

Als Nächstes gehen Sie in die Customizing-Aktivität **Funktionsprofile definieren**. Hier müssen Sie die neu angelegten Funktionen Funktionsprofilen zuordnen. Würden Sie die standardmäßig existierenden Funktionen und Profile nutzen, könnten Sie diesen Schritt überspringen, da die Zuordnung dann schon vorhanden wäre. Die Funktionsprofile entsprechen den Teamarten, die Sie später in der SAP-Fiori-App **Teams und Zuständigkeiten verwalten** auswählen müssen.

Wir nutzen das Profil PROC (siehe Abbildung 12.3), das wir ebenfalls selbst über die Schaltfläche **Neue Einträge** anlegen, um Ihnen zu zeigen, wie man eigene Profile erstellt. Grundsätzlich könnten Sie für unser Beispiel aber auch das Profil OPPUR (**Operativer Einkauf**) oder STPUR (**Strategischer Einkauf**) nutzen.

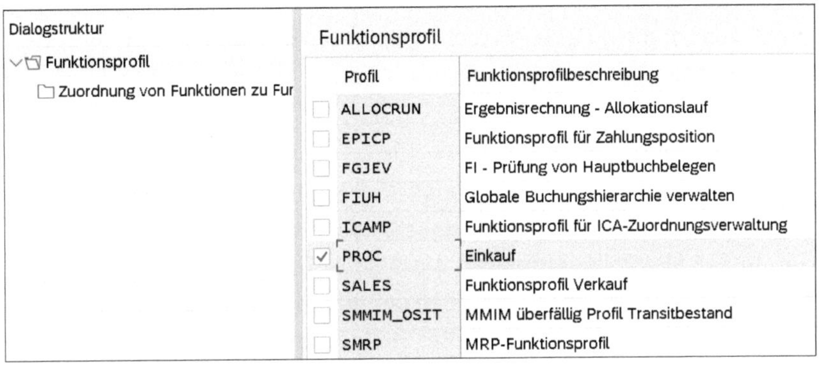

Abbildung 12.3 Funktionsprofil definieren

12

Funktionen zuordnen

Wählen Sie anschließend Ihr Profil aus und springen Sie in die Sicht **Zuordnung von Funktionen zu Funktionsprofilen**. Hier ordnen Sie mindestens die zwei vorab erstellten Funktionen dem erstellten Funktionsprofil zu. Dazu klicken Sie wieder auf die Schaltfläche **Neue Einträge** und tragen die Profile PROC1 und PROC2 manuell in die Liste ein. Alternativ können Sie diese auch über die [F4]-Hilfe suchen und auswählen. Wie in Abbildung 12.4 zu sehen, haben wir noch weitere Funktionen hinzugefügt, die für Sie aber optional sind.

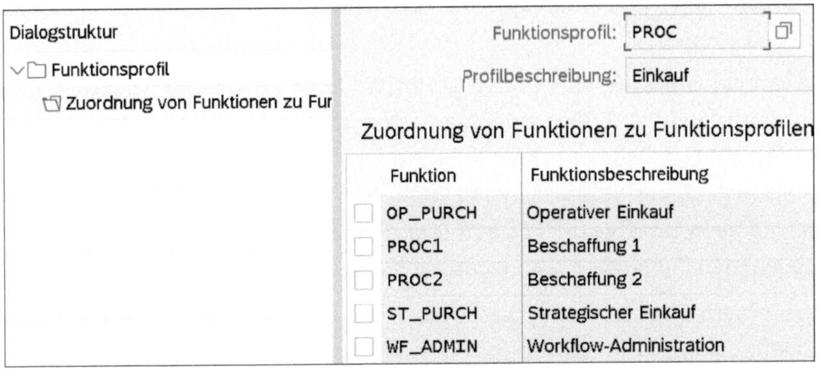

Abbildung 12.4 Zuordnung der Funktionen zum Funktionsprofil

Zuständigkeitsdefinitionen

SAP S/4HANA bietet je nach Szenario und Geschäftsobjekt unterschiedliche Filterwerte zur Differenzierung der Teams an. Falls Sie später bei der Einrichtung der Teams bestimmte Attribute vermissen sollten, für die Sie Filterwerte definieren wollen, können Sie über die Customizing-Schritte **Benutzerdefinierte Zuständigkeitsdefinitionen definieren** und **Benutzerdef. Zuständigkeitsdefinitionen zu CDS-Views zuordnen** kundeneigene Attribute oder weitere Standardfelder zum Objekt einbinden. In unseren Beispielen nutzen wir diese Funktion nicht, gleichwohl wollten wir erwähnen, dass Sie diese Möglichkeit der Erweiterung haben.

Teams und Zuständigkeiten

Berechtigungsprüfungen

Im Teilbereich **Teams und Zuständigkeiten** des Customizings gibt es wiederum einen Unterbereich **Teammitglieder validieren** (siehe Abbildung 12.1). Hier finden Sie drei Customizing-Aktivitäten, in denen Sie Berechtigungsrollen und -felder zu den Funktionen definieren können, die Ihrem Funktionsprofil zugewiesen sind. An dieser Stelle könnten Sie die Berechtigungsprüfung beispielsweise auf ein bestimmtes Werk eingrenzen und bei der Zuordnung der einzelnen Teammitglieder zu den Funktionen validieren lassen, ob die ausgewählte Mitarbeiterin oder der ausgewählte Mitarbeiter die Berechtigung hat, auf Daten im Zusammenhang mit diesem Werk zuzugreifen. Diese Funktion könnte hilfreich sein, um gültige Zuordnungen von Mitarbeitenden in die Teams sicherzustellen.

Dieser Schritt ist jedoch optional und wir nutzen diese Funktion für unsere Beispiele nicht, daher können Sie ihn auch überspringen. Grundsätzlich sollten Sie immer prüfen, ob die in der App **Teams und Zuständigkeiten verwalten** eingebundenen Mitarbeitenden die entsprechenden Berechtigungsrollen besitzen, um die für sie angedachten Tätigkeiten auch ausführen zu können.

Teamarten definieren

Wichtiger sind die Customizing-Schritte **Funktionsprofile zu Standardteamkategorie zuordnen** und **Teamarten definieren**. In letzterer Aktivität können Sie bei Bedarf komplett neue Teamarten definieren und diese einer Standardkategorie zuordnen. Für unser Beispiel haben wir über die Schaltfläche **Neue Einträge** die Teamart PROC definiert und der vom Standard vorgegebenen Kategorie PROC zugeordnet (siehe Abbildung 12.5).

Außerdem können Sie an dieser Stelle festlegen, welche Funktionen und Zuständigkeitsdefinitionen für diese Teamart ausgeschlossen werden sollen. Für unser Beispiel schließen wir nichts aus.

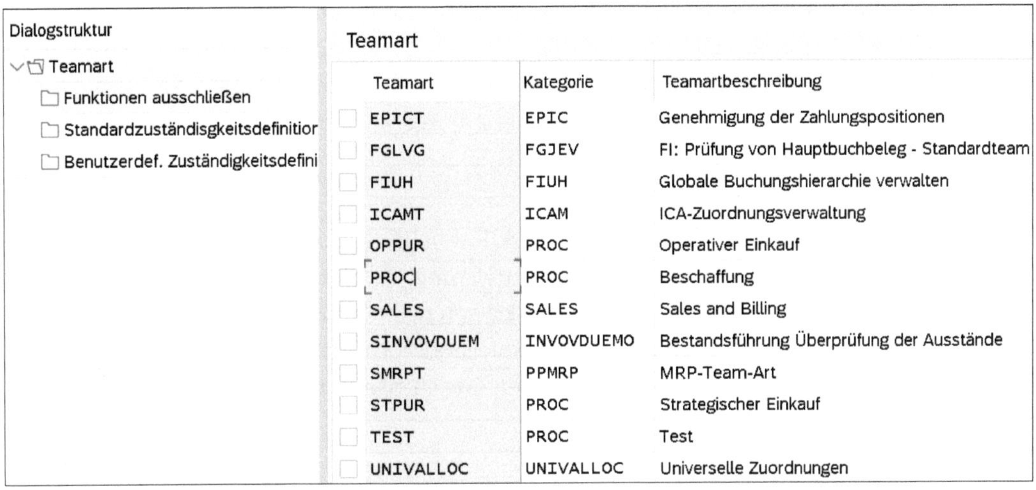

Teamart	Kategorie	Teamartbeschreibung
EPICT	EPIC	Genehmigung der Zahlungspositionen
FGLVG	FGJEV	FI: Prüfung von Hauptbuchbeleg - Standardteam
FIUH	FIUH	Globale Buchungshierarchie verwalten
ICAMT	ICAM	ICA-Zuordnungsverwaltung
OPPUR	PROC	Operativer Einkauf
PROC	PROC	Beschaffung
SALES	SALES	Sales and Billing
SINVOVDUEM	INVOVDUEMO	Bestandsführung Überprüfung der Ausstände
SMRPT	PPMRP	MRP-Team-Art
STPUR	PROC	Strategischer Einkauf
TEST	PROC	Test
UNIVALLOC	UNIVALLOC	Universelle Zuordnungen

Abbildung 12.5 Teamart definieren

Über die Customizing-Aktivität **Funktionsprofile zu Standardteamkategorie zuordnen** weisen Sie abschließend über die Schaltfläche **Neue Einträge** dem anfangs erstellten Funktionsprofil PROC die Standardteamkategorie PROC zu (siehe Abbildung 12.6). Geben Sie die Werte direkt in die neu generierte Zeile ein oder nutzen Sie die Wertehilfe.

Kategorie	Profil	Funktionsprofilbeschreibung
EPIC	EPICP	Funktionsprofil für Zahlungsposition
FGJEV	FGJEV	FI - Prüfung von Hauptbuchbelegen
FIUH	FIUH	Globale Buchungshierarchie verwalten
ICAM	ICAMP	Funktionsprofil für ICA-Zuordnungsverwaltung
INVOVDUEMO	SMMIM_OSIT	MMIM überfällig Profil Transitbestand
PPMRP	SMRP	MRP-Funktionsprofil
PROC	OPPUR	Operativer Einkauf
PROC	PROC	Einkauf
SALES	SALES	Funktionsprofil Verkauf
UNIVALLOC	ALLOCRUN	Ergebnisrechnung - Allokationslauf

Abbildung 12.6 Funktionsprofil der Standardteamkategorie zuweisen

Falls Sie in der Customizing-Aktivität **Benutzerdefinierte Zuständigkeitsdefinitionen definieren** zusätzliche Attribute hinzugefügt haben, müssen Sie den Schritt **Benutzerdef. Zuständigkeitsdefinitionen zu Standardkategorie zuordnen** ausführen und Ihre Einträge ebenfalls der Standardteamkategorie zuordnen, damit das System Ihre Zuständigkeitsdefinitionen nutzen kann.

Funktionen verwalten

Mit dem Schritt **Funktionen für Standardteamkategorie klassifizieren** können Sie Einstellungen vornehmen, damit nur bestimmte Funktionen in einer App zur Verfügung stehen. Auf diese Weise könnten Sie beispielsweise auch die Funktionen in der App **Workflows verwalten** einschränken.

Business Workflow

Inbox-Aktionsdeaktivierung

Im Teilbereich **Business Workflow** befindet sich nur eine Customizing-Aktivität, die **Inbox-Aktionsdeaktivierung**. Damit können Sie Aktionen für flexible Workflow-Szenarios deaktivieren, die in der App **Meine Inbox** standardmäßig verfügbar sind. Beispielsweise können Sie das Weiterleiten einer Aufgabe für einen speziellen Genehmigungsschritt und ein bestimmtes Szenario unterbinden.

12.1.2 Teams einrichten

Nachdem Sie alle notwendigen Customizing-Einstellungen im Backend durchgeführt haben, können Sie in Ihr SAP Fiori Launchpad gehen und die App **Teams und Zuständigkeiten verwalten** öffnen (siehe Abbildung 12.7).

Abbildung 12.7 App »Teams und Zuständigkeiten verwalten« im SAP Fiori Launchpad

Für unser Beispiel der Freigabe einer Bestellanforderungsposition wollen wir zwei verschiedene Teams erstellen, die jeweils für ein anderes Werk zuständig sind. Diese Teams binden wir anschließend in einen Workflow ein.

Übersicht der Teams

Nach dem Start der App sehen Sie eine Übersichtsseite, auf der Sie alle definierten Teams sehen und nach verschiedenen Kriterien filtern können. Haben Sie noch keine Teams definiert, ist die Anzeige entsprechend leer (siehe Abbildung 12.8).

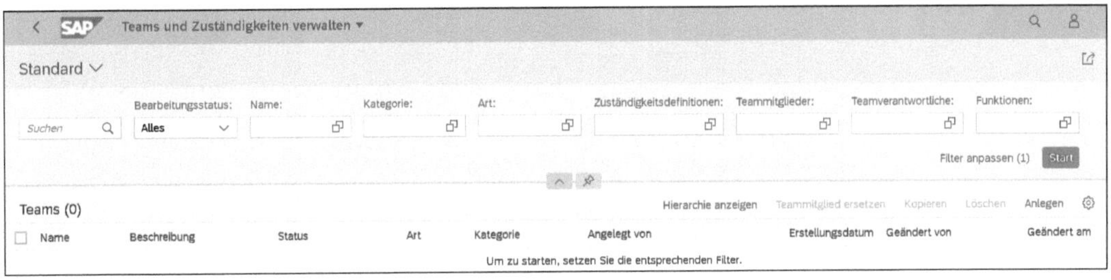

Abbildung 12.8 Übersicht der Teams

Team anlegen

Klicken Sie auf die Schaltfläche **Anlegen** rechts über der Liste, um ein neues Team zu definieren:

1. Fangen Sie mit dem Team »Beschaffung Team 1« an. Vergeben Sie einen sprechenden Namen und geben Sie die Teamart »PROC« an, die wir in Abschnitt 12.1.1, »Customizing im Backend«, angelegt haben.
2. Der **Status** ist standardmäßig auf **Nicht zur Verwendung bereit** eingestellt. Wenn Sie das Team später fertiggestellt haben, können Sie den **Status** an dieser Stelle auf **Bereit zur Verwendung** umstellen (siehe Abbildung 12.9). Erst dann können Sie das Team im Workflow einbinden.

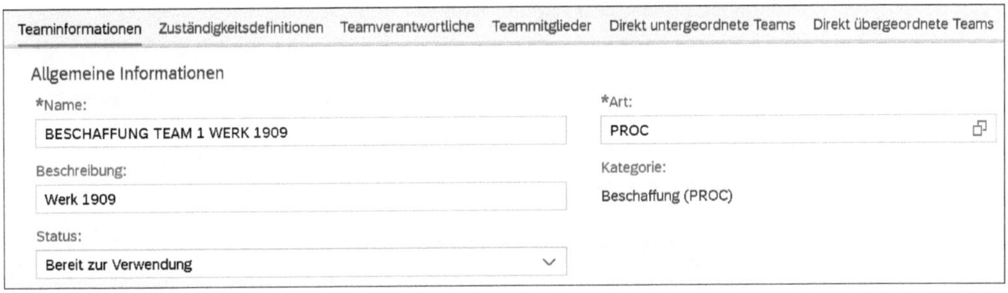

Abbildung 12.9 Teaminformation mit Status »Bereit zur Verwendung«

3. Anschließend stellen Sie im Bereich **Zuständigkeitsdefinition** die Zuständigkeiten ein. In unserem Fall definieren wir die Zuständigkeit für das **Werk** »1909« für Team 1 (siehe Abbildung 12.10). Es wird dann automatisch ein entsprechender Ausdruck generiert. Für Team 2 definieren wir später ein anderes Werk als Unterscheidungsmerkmal.
4. Im nächsten Bildschirmabschnitt legen Sie eine Teamverantwortliche oder einen Teamverantwortlichen fest (siehe Abbildung 12.11). Dazu ordnen Sie einen der in Abschnitt 11.1, »Geschäftspartnerzuordnung einrichten«, angelegten Geschäftspartner anhand seiner ID zu.

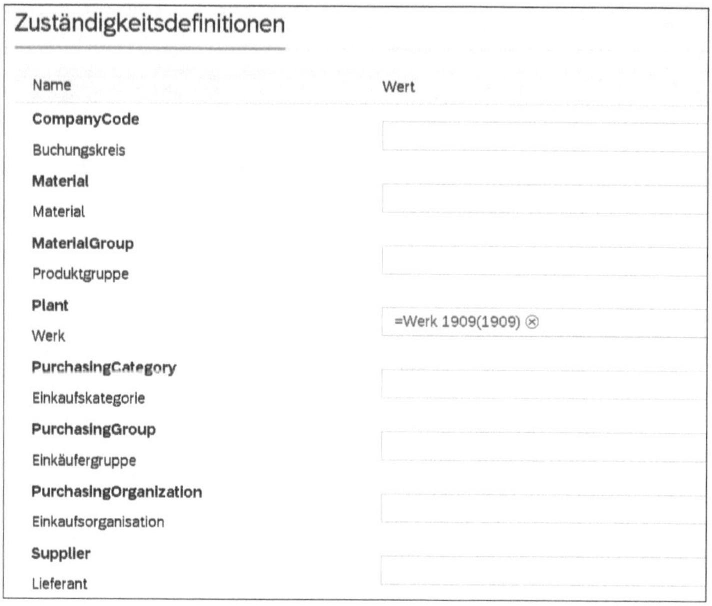

Abbildung 12.10 Zuständigkeitsdefinition

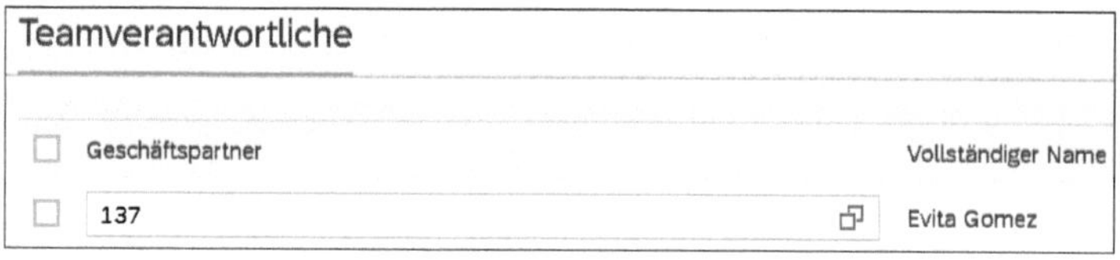

Abbildung 12.11 Teamverantwortlichen definieren

5. Anschließend fügen Sie zwei **Teammitglieder** hinzu. Achten Sie dabei auf die Auswahl der **Funktion**, die wir im Backend angelegt haben. Die Mitarbeitenden, die Sie hier eintragen, werden zur Genehmigung aller Bestellanforderungspositionen herangezogen werden, die für das Werk 1909 ausgegeben werden. Allerdings filtern Sie den Genehmigerkreis mit der ausgewählten Funktion. Einer Person sollten Sie die Funktion **Beschaffung 1** zuweisen und der anderen die Funktion **Beschaffung 2** (siehe Abbildung 12.12).

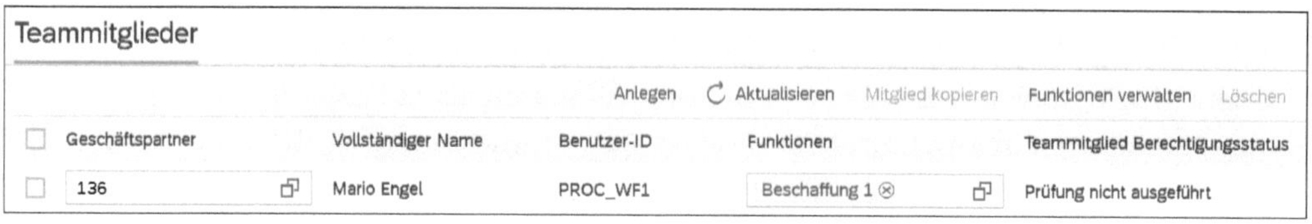

Abbildung 12.12 Erstes Teammitglied mit der Funktion »Beschaffung 1« hinzufügen

6. Über die Schaltfläche **Funktionen verwalten** können Sie prüfen, welche Funktionen verfügbar sind und ob Sie alles korrekt eingerichtet haben.
7. Die nächsten Bildschirmbereiche **Direkt untergeordnete Teams**, **Direkt übergeordnete Teams** und **Änderungsbelege** dienen der Information. Falls Sie eine Teamhierarchie aufbauen möchten, müssen Sie das im Einstiegsbild der App einstellen (siehe Abbildung 12.8) und mehr als ein Team konfiguriert haben.
8. Wenn Sie alle benötigten Daten eingegeben haben, vergessen Sie nicht, vor den **Status** vor dem Speichern noch auf **Bereit zur Verwendung** umzustellen (siehe Abbildung 12.9).

Zweites Team anlegen

Kehren Sie zurück zum Einstiegsbild und legen Sie ein zweites Team an, das für ein anderes Werk zuständig ist. Hier müssen Sie eine andere Teamverantwortliche bzw. einen anderen Teamverantwortlichen und mindestens zwei andere Teammitglieder zuordnen. Vergessen Sie nicht, den Teammitgliedern die zwei Funktionen **Beschaffung 1** und **Beschaffung 2** zuzuordnen. Das Ergebnis im Einstiegsbild sollte dann wie in Abbildung 12.13 aussehen.

Teams (2)

Name	Beschreibung	Status	Art	Kategorie
BESCHAFFUNG TEAM 2 WERK 0001	Werk 0001	Bereit zur Verwendung	Beschaffung (PROC)	Beschaffung (PROC)
BESCHAFFUNG TEAM 1 WERK 1909	Werk 1909	Bereit zur Verwendung	Beschaffung (PROC)	Beschaffung (PROC)

Abbildung 12.13 Zwei verschiedene Teams für unterschiedliche Werke

12.1.3 Flexiblen Workflow für die Freigabe einer Bestellanforderungsposition anlegen

Im vorangegangenen Abschnitt haben Sie zwei Teams mit unterschiedlichen Zuständigkeitsdefinitionen angelegt. Als Nächstes legen Sie einen zweistufigen Freigabe-Workflow für Bestellanforderungspositionen an, der in den Genehmigungsschritten jeweils eine der neu angelegten Funktionen nutzt.

Workflows für Bestellanforderungen

Rufen Sie dafür die SAP-Fiori-App **Workflows für Bestellanforderungen verwalten** auf (App-ID 2705, siehe Abbildung 12.14). Sie können dafür den Benutzer nutzen, mit dem Sie in Abschnitt 11.3, »Einen flexiblen Freigabe-Workflow für Bestellungen erstellen«, gearbeitet haben. Dieser sollte die entsprechenden Berechtigungen besitzen.

Abbildung 12.14 Kachel zum Aufruf der App »Workflows für Bestellanforderungen verwalten«

Diese App verwaltet mehrere flexible Workflow-Szenarios, deswegen müssen Sie über ein Dropdown-Menü zuerst das Szenario **Freigabe der Bestellanforderungsposition** auswählen (siehe Abbildung 12.15). Falls das Szenario bei Ihnen nicht sichtbar ist, müssen Sie es im Customizing erst aktivieren.

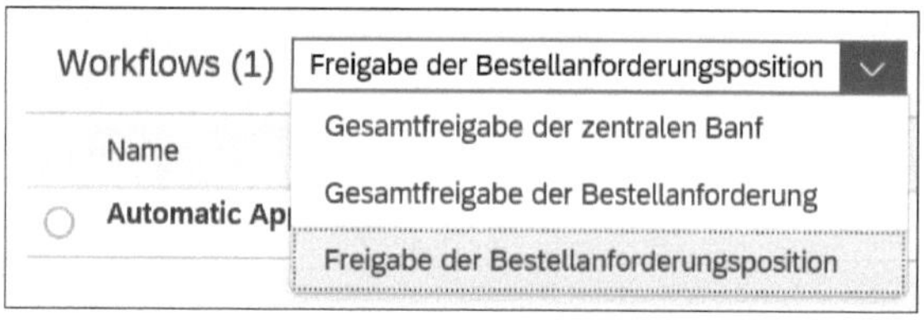

Abbildung 12.15 Szenario »Freigabe der Bestellanforderungsposition« auswählen

Zweistufiger Genehmigungs-Workflow

Da Sie in Abschnitt 11.3, »Einen flexiblen Freigabe-Workflow für Bestellungen erstellen«, bereits einen flexiblen Workflow angelegt haben, gehen wir an dieser Stelle nicht mehr auf alle Details ein. Beachten Sie, dass das Szenario WS02000471 im Customizing aktiviert sein muss, wie in Abschnitt 10.3.1, »Workflow-Szenarios aktivieren«, beschrieben. Legen Sie einen neuen Workflow ohne Startbedingungen und mit zwei Freigabeschritten an. Abbildung 12.16 zeigt die Schrittfolge.

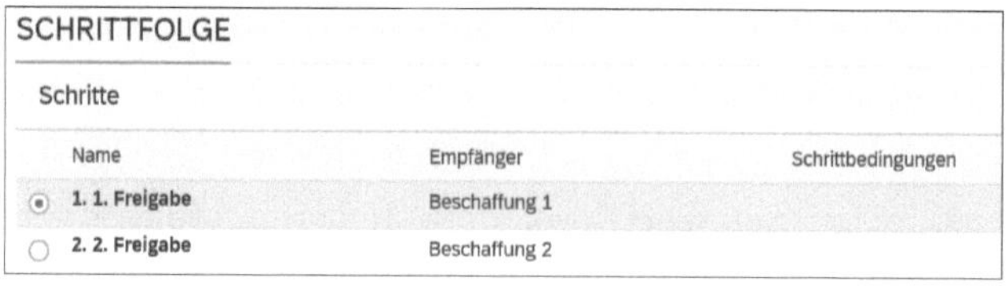

Abbildung 12.16 Schrittfolge des Workflows

Wählen Sie im Abschnitt **EMPFÄNGER** im Dropdown-Menü **Zuordnung von** die Option **Rolle**. Weisen Sie dann im ersten Freigabeschritt der **Rolle** die Funktion **Beschaffung 1** zu (siehe Abbildung 12.17) und dem zweiten Freigabeschritt die Funktion **Beschaffung 2**. Diese Funktionen haben wir im Abschnitt »Funktionen« in Abschnitt 12.1.1 beschrieben und angelegt.

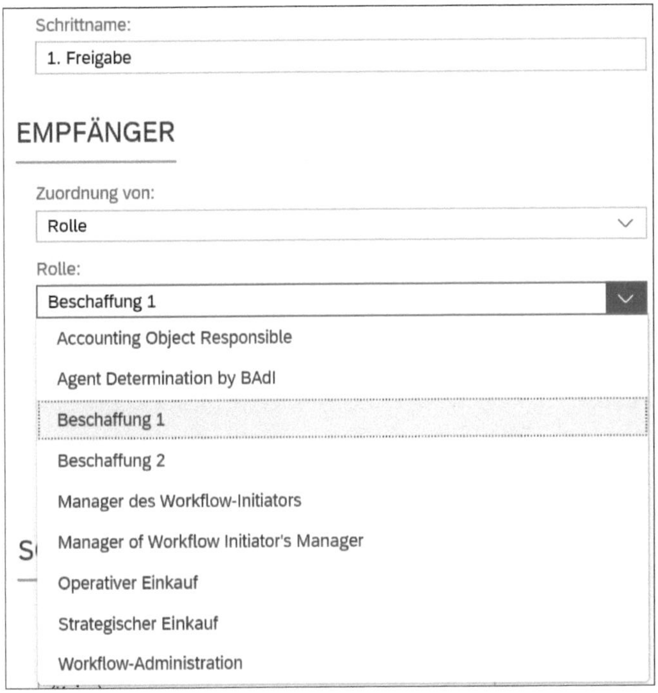

Abbildung 12.17 Auswahl der Funktion als Rolle im ersten Freigabeschritt

Rollen aus dem Customizing

Beachten Sie, dass sich die hier zur Verfügung stehenden Rollen von denen unterscheiden, die für den flexiblen Workflow zur Bestellfreigabe in Abschnitt 11.3, »Einen flexiblen Freigabe-Workflow für Bestellungen erstellen«, zur Verfügung standen. Die in Abbildung 12.17 gezeigten Rollen **Beschaffung 1**, **Beschaffung 2**, **Operativer Einkauf**, **Strategischer Einkauf** und **Workflow-Administration** stammen direkt aus dem in Abschnitt 12.1.1, »Customizing im Backend«, vorgenommenen Customizing und bilden die Funktionen ab, die Sie dort gesehen bzw. erweitert haben. Falls Sie die anderen angebotenen Rollen nutzen möchten, stellen Sie sicher, dass diese in der App **Teams und Zuständigkeiten verwalten** Mitarbeitenden zugeordnet sind. Andernfalls kann der Workflow den Aufgaben keine Bearbeiter*innen zuordnen und bricht mit einem Fehler ab.

Workflow testen

Aktivieren Sie Ihren Workflow abschließend und legen Sie zum Testen eine Bestellanforderungsposition in der App **Bestellanforderung anlegen** an, die Sie in Abbildung 12.18 sehen. Nutzen Sie dafür den Benutzer, mit dem Sie in Abschnitt 11.3, »Einen flexiblen Freigabe-Workflow für Bestellungen erstellen«, die Bestellung erstellt haben.

Abbildung 12.18 App »Bestellanforderung anlegen« im SAP Fiori Launchpad

Bei der Anlage einer Position wählen Sie eines der Werke aus, für das Sie Teams definiert haben, hier das **Werk** 1909. Anschließend speichern Sie die Bestellanforderung (siehe Abbildung 12.19).

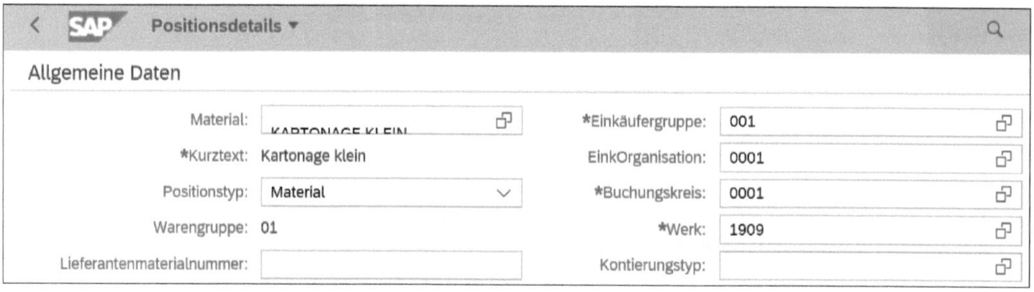

Abbildung 12.19 Bestellanforderungsposition für das Werk 1909

Anschließend können Sie in die App **Meine Inbox** der Person schauen, die laut Ihrer Teamdefinition für das Werk zuständig ist und der die Funktion **Beschaffung 1** zugeordnet wurde. Ihr sollte nun das Workitem zur Genehmigung angezeigt werden.

Alternativ öffnen Sie zur Prüfung des Workflows einfach die erstellte Bestellanforderung in der App **Meine Bestellanforderungen**, wie auch in Abbildung 12.18 zu sehen. Wenn der Workflow korrekt gestartet wurde, sehen Sie im unteren Bereich der Bestellanforderung den Genehmigungsstatus sowie die für die Genehmigung zuständige Person (siehe Abbildung 12.20).

Für die Einrichtung der zweiten Genehmigungsstufe können Sie analog vorgehen. Erstellen Sie anschließend eine neue Bestellanforderungsposition für das zweite Team, wählen Sie also ein anderes Werk aus und prüfen Sie, ob die richtigen Bearbeiter*innen ermittelt werden.

Das gezeigte Beispiel stellt nur eine von vielen Varianten der Teamkonfiguration dar. Sie können ähnliche Sachverhalte auch über mehrere Workflows mit unterschiedlichen Startbedingungen und anderen Funktionen bzw. Rollen abbilden oder die Freigabeschritte jeweils mit Startbedingungen versehen.

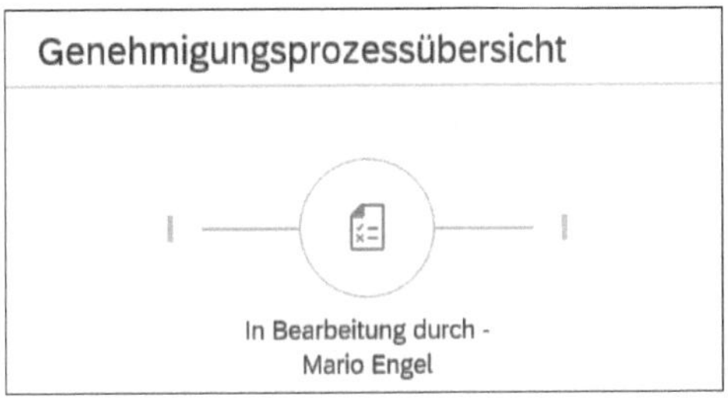

Abbildung 12.20 Genehmigung im ersten Freigabeschritt

Experimentieren Sie an dieser Stelle ruhig ein wenig und entscheiden Sie anschließend, welche Gesamtkonfiguration die eleganteste und flexibelste Lösung für Ihren konkreten Geschäftsprozess darstellt.

12.2 Die App »Meine Inbox«

Das SAP Fiori Launchpad bietet verschiedene Apps für die Genehmigung von Workflows an. Es gibt zum einen die prozessübergreifende App **My Inbox for Manager** (App-ID F0862), in der alle im System vorhandenen Genehmigungen angezeigt werden. Sie lässt sich am besten mit dem Business Workplace vergleichen, den Sie von den klassischen Workflows her kennen (Transaktion SBWP, siehe Abschnitt 3.3, »Workflow-Eingang«). Zum anderen gibt es weitere Meine-Inbox-Apps, die einen Filter auf bestimmte Geschäftsprozesse bzw. Workflow-Szenarios implementiert haben. Welche Art von Inbox Sie im SAP Fiori Launchpad sehen können, ist unter anderem abhängig von den Ihrem Benutzerkonto zugeordneten Berechtigungsrollen, aber auch von den Ihnen zugewiesenen SAP-Fiori-Business-Katalogen.

Varianten der App »Meine Inbox«

Einige Beispiele für Meine-Inbox-Apps und die jeweils erforderlichen Berechtigungsrollen sehen Sie in Tabelle 12.1.

App	App-ID	Berechtigungsrolle
My Inbox for Manager	F0862	SAP_BR_MANAGER
My Inbox – Approve Purchase Order	F0402A	SAP_BR_PURCHASING_MANAGER
My Inbox – Approve Purchase Requisitions	F0401A	SAP_FND_BCR_MANAGER_T

Tabelle 12.1 Beispiele einiger Genehmigungs-Apps

Um die Funktionen der App **Meine Inbox** zu erläutern, ist es erst einmal unerheblich, welche App Sie für sich einrichten, denn der Funktionsumfang ist grundsätzlich gleich. Im SAP Fiori Launchpad sind die verschiedenen Varianten anhand der unterschiedlichen Beschriftung der Gruppen zu unterscheiden (siehe Abbildung 12.21 und Abbildung 12.22).

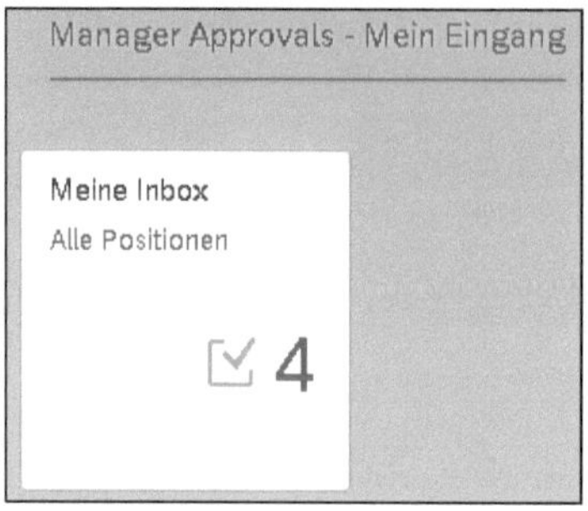

Abbildung 12.21 Kachel zum Aufruf der App »Meine Inbox« im Bereich »Manager Approvals«

Benutzer*innen, denen die Berechtigungsrolle **Purchasing Manager** zugeordnet ist, wird nicht nur die Kachel zum Aufruf der Inbox angezeigt, sondern auch gleich noch die Outbox (siehe Abbildung 12.22).

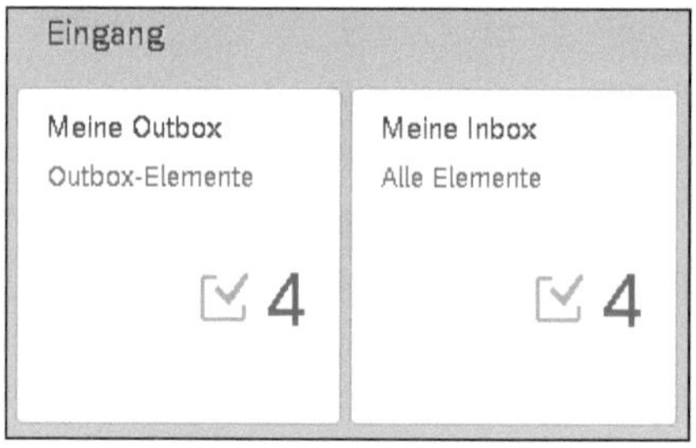

Abbildung 12.22 Inbox und Outbox von Purchasing Manager*innen

Funktionen der Inbox

Gehen Sie in die Inbox Ihrer Wahl und prüfen Sie, ob Ihnen Aufgaben zur Bearbeitung angezeigt werden. Falls Sie die Beispiele in Kapitel 11, »Flexible Workflows einsetzen«, nachgebaut haben, sollten Ihnen wie in Abbildung 12.23 einige Bestellungen zur Freigabe angezeigt werden.

Auf der linken Seite finden Sie eine Übersicht aller Ihnen zugewiesenen Aufgaben. Über Suchen und Filter können Sie die Ergebnismenge einschränken. Auf der rechten Bildschirmseite sehen Sie Details zum links ausgewählten Objekt, in unserem Fall eine Bestellung. Die wichtigsten hier zur Verfügung stehenden Funktionen kennen Sie schon aus dem Business Workplace:

- Genehmigen
- Ablehnen
- (Workflow-)Protokoll einblenden
- Reservieren des Workitems
- Weiterleiten des Workitems
- Anhalten des Workitems (entspricht dem Setzen auf Wiedervorlage)

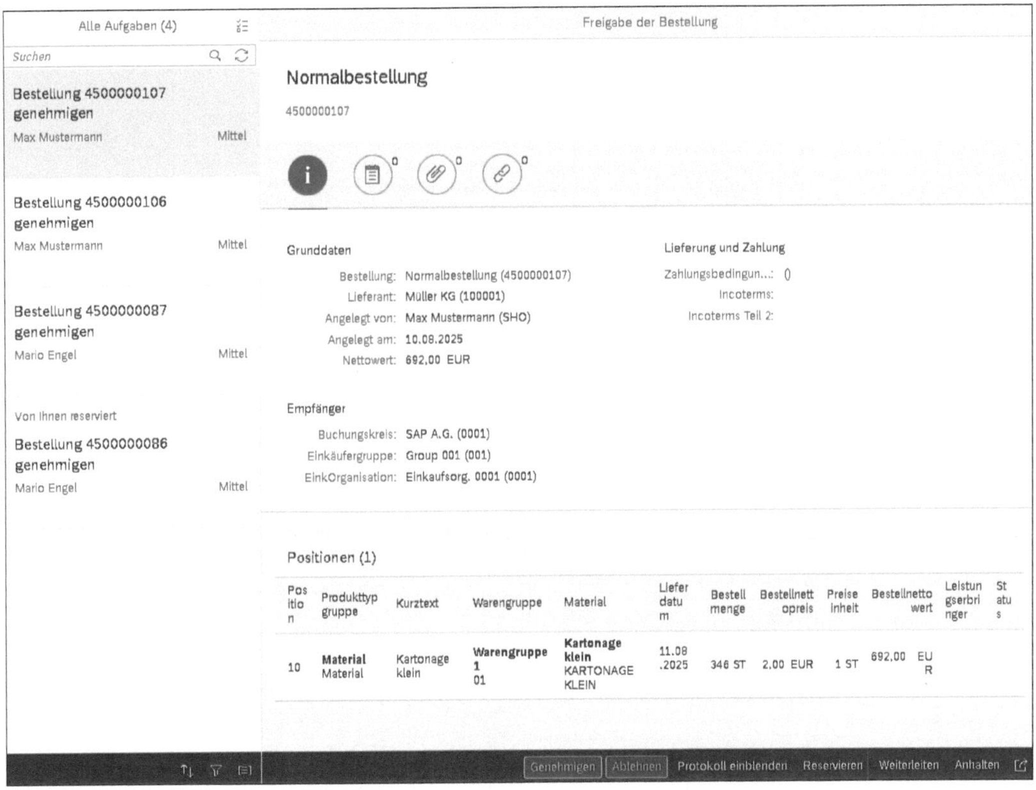

Abbildung 12.23 Startseite der App »Meine Inbox«

Neu hinzugekommen ist die Funktion (**Teilen**). Sie dient dem Versand einer E-Mail mit einem Link zum Workitem.

Vertreterregelung

Innerhalb der App **Meine Inbox** können Sie Vertretungen definieren. Diese Funktion kennen Sie gegebenenfalls bereits aus dem klassischen Business Workplace. Um eine Vertretung zu definieren, öffnen Sie Ihr persönliches Menü über das Symbol (**Profil von <Ihr Name>**) und wählen den Eintrag **Meine Vertreter verwalten** (siehe Abbildung 12.24).

Abbildung 12.24 Persönliches Menü für die Pflege von Vertretungen

Geplante und ungeplante Vertretung

Es wird hier zwischen *geplanter* und *ungeplanter Vertretung* unterschieden (siehe Abbildung 12.25). Eine geplante Vertretung könnte bei einem bevorstehenden Urlaub eingerichtet werden. Die ungeplante Vertretung ist ein nützliches Instrument im Falle einer plötzlichen Abwesenheit einer Kollegin oder eines Kollegen, z. B. im Krankheitsfall. Für unser Beispiel legen wir eine Vertretung unter **Geplant** an. Klicken Sie dafür rechts unten auf die Schaltfläche **Neuen Vertreter hinzufügen** und suchen Sie im nachfolgenden Pop-up-Fenster die Mitarbeiterin oder den Mitarbeiter, die oder den Sie als Vertretung definieren wollen.

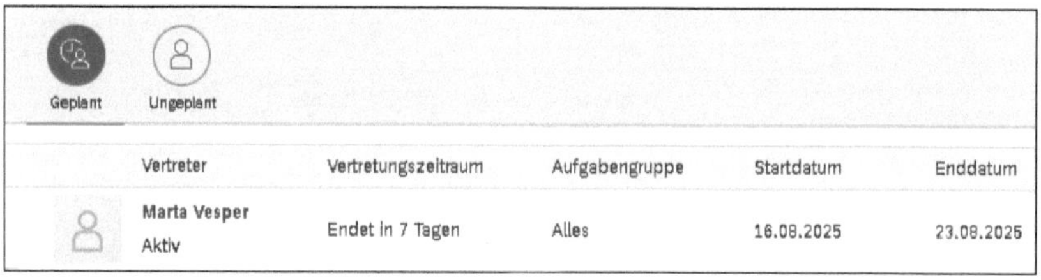

Abbildung 12.25 Geplante Vertretung definieren

Um die Vertretung zu prüfen, melden Sie sich mit dem Benutzer an, den Sie als Vertretung definiert haben, und werfen einen Blick in die Inbox. Dort erscheinen nun die Aufgabe sowie ein Hinweis, dass die Aufgabe in Vertretung bearbeitet werden soll (siehe Abbildung 12.26).

Abbildung 12.26 Anzeige einer Aufgabe in der App »Meine Inbox« als Vertretung

12.3 Die App »Meine Outbox«

Haben Sie eine Aufgabe aus der Inbox abgeschlossen, können Sie diese in der App **Meine Outbox** wiederfinden und sich so einen Überblick über alle abgearbeiteten Workitems verschaffen (siehe Abbildung 12.27).

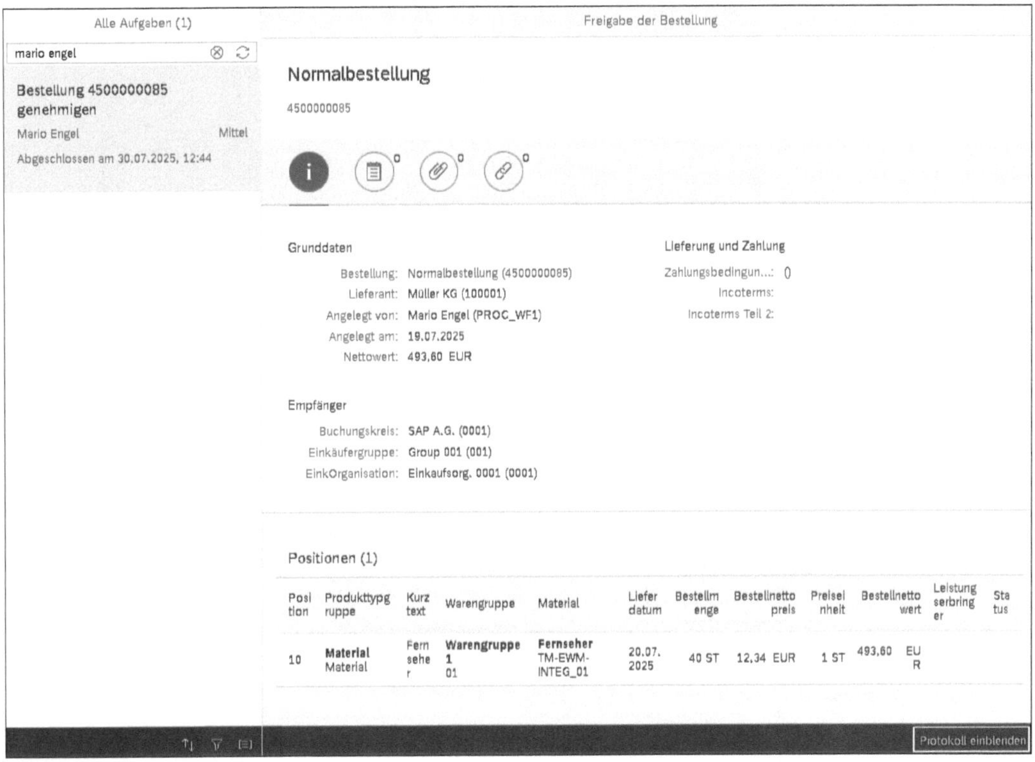

Abbildung 12.27 Startseite der App »Meine Outbox« mit abgeschlossener Aufgabe

Aufgabendetails und -protokoll

Auf den ersten Blick sehen sich die Benutzeroberflächen der Apps **Meine Inbox** und **Meine Outbox** sehr ähnlich. In der Outbox haben Sie jedoch weniger Funktionen zur Verfügung, da der Prozess der Aufgabenbearbeitung bereits abgeschlossen ist. Sie können sich hier jedoch die Details eines Belegs mit allen Anhängen und Kommentaren anschauen.

Über die Schaltfläche **Protokoll einblenden** (unten rechts in Abbildung 12.27) können Sie sich die Historie der Aufgabenbearbeitung anschauen. Sie erfahren an dieser Stelle, welche Personen am Prozess der Freigabe beteiligt waren (siehe Abbildung 12.28).

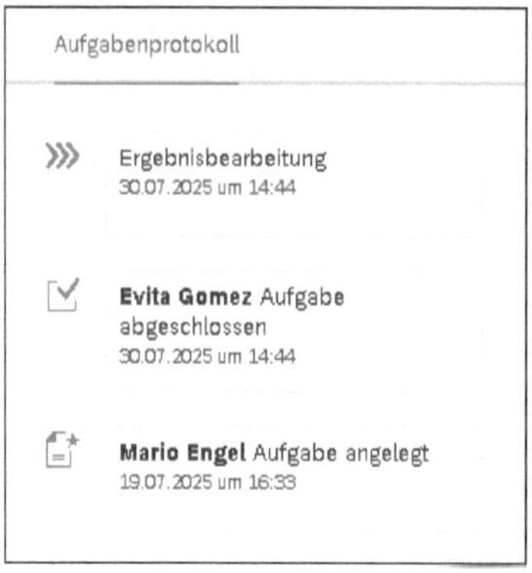

Abbildung 12.28 Aufgabenprotokoll in der App »Meine Outbox«

12.4 Die App »Workflow-Administration«

Um Workflows im System administrieren zu können, bietet Ihnen das SAP Fiori Launchpad über den Business-Katalog **Business Process Management** verschiedene Apps an (siehe Abbildung 12.29).

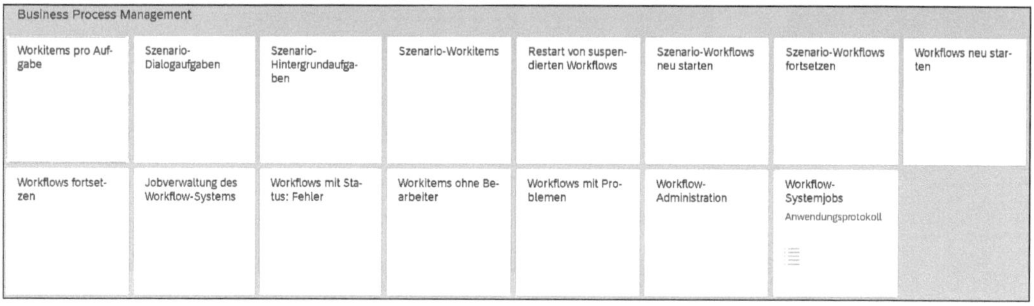

Abbildung 12.29 Business-Katalog »Business Process Management« im SAP Fiori Launchpad

Die meisten Apps haben ein entsprechendes Pendant in Form einer Transaktion im Backend und bieten gleiche oder ähnliche Funktionen. Die über die Apps bereitgestellten Funktionen stehen also grundsätzlich auch schon für klassische Workflows bereit. Für die flexiblen Workflows wurden die Benutzeroberflächen »fiorisiert« und z. B. um Filtermöglichkeiten zur Auswahl einzelner Workflow-Szenarios erweitert. Für die grundlegenden Funktionen der einzelnen administrativen Transaktionen verweisen wir auf Abschnitt 4.3, »Eingesetzte Workflows analysieren«.

Analyse von Workflows

In diesem Abschnitt konzentrieren wir uns beispielhaft auf die App **Workflow-Administration** (siehe Abbildung 12.30). Hier haben Sie die Möglichkeit, Workflows neu zu starten, komplett abzubrechen oder Dialogschrittaufgaben an einen neuen Bearbeiter oder eine neue Bearbeiterin weiterzuleiten.

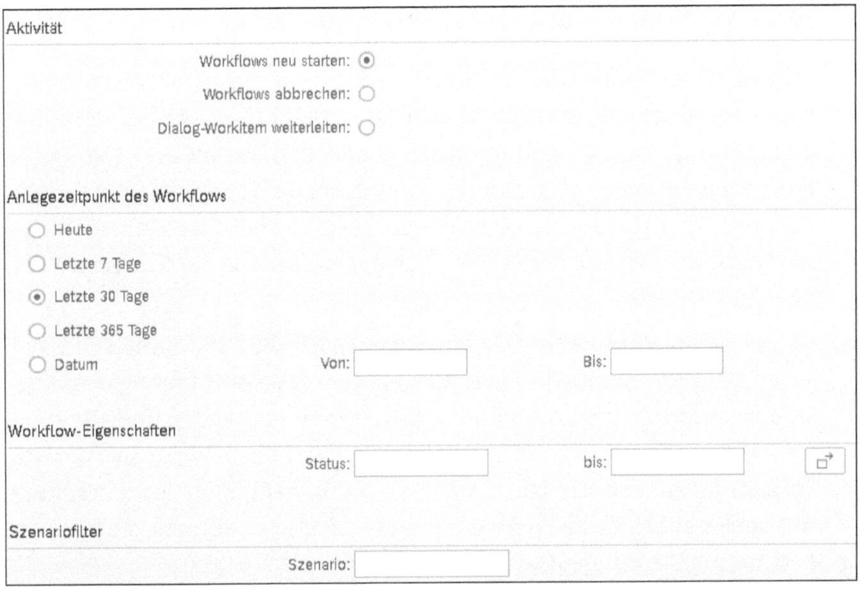

Abbildung 12.30 Benutzeroberfläche der App »Workflow-Administration« (Ausschnitt)

Wählen Sie im Bereich **Aktivität** die Aktion aus, die Sie ausführen möchten, und filtern Sie im Bereich **Anlegezeitpunkt des Workflows** einen bestimmten Zeitraum, den Sie analysieren möchten. Im Bereich **Workflow-Eigenschaften** können Sie die Workflows nach Status filtern, z. B. nur abgeschlossene Workflows anzeigen. Mit dem **Szenariofilter** wählen Sie die flexiblen Workflows zu einem bestimmten Workflow-Szenario aus.

Nach einem Klick auf die Schaltfläche **Ausführen** erhalten Sie eine Übersicht aller zu Ihrer Auswahl passenden Workflows bzw. Dialogschrittaufgaben. Aus der Ergebnismenge (siehe Abbildung 12.31) können Sie dann die Einträge auswählen, für die Sie eine Aktion ausführen möchten, wie z. B. den Neustart, den Abbruch oder die Weiterleitung des Workitems.

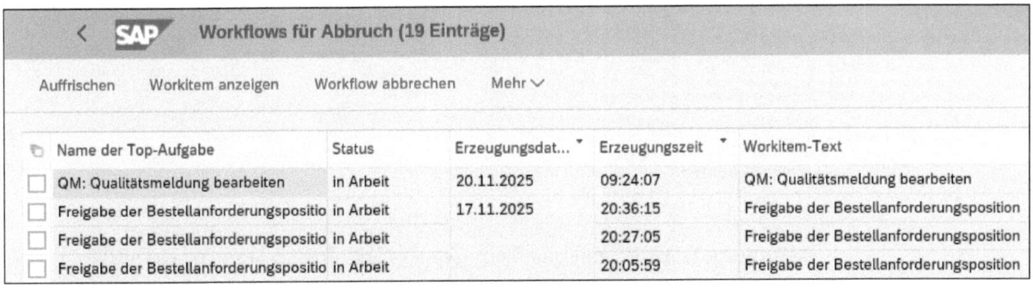

Abbildung 12.31 Ergebnismenge der Ausführung in der Workflow-Administration

12.5 Workflow-Administration im Backend

Nutzen Sie SAP S/4HANA in der On-Premise- oder Private-Cloud-Version, können Sie auch die im vorangegangenen Abschnitt erwähnten Workflow-Transaktionen zur Verwaltung Ihrer flexiblen Workflows nutzen. Deren Funktionen wurden in Abschnitt 4.3, »Eingesetzte Workflows analysieren«, erläutert. An dieser Stelle gehen wir kurz auf die Neuerungen innerhalb dieser Transaktionen ein, die SAP im Zuge der Einführung der flexiblen Workflows ergänzt hat.

Informationen im XML-Format

Da die flexiblen Workflows OData-Services für die Kommunikation zwischen dem SAP-S/4HANA-Backend und dem SAP-Fiori-Frontend nutzen, sind bestimmte Informationen im XML-Format vorhanden. Diese können Sie sich über die erwähnten Transaktionen anschauen. Wir zeigen dies exemplarisch anhand der Transaktion SWI1 (Auswahlreport für Workflows), mit der Sie auf einfache Weise Workitems selektieren können, die in einem bestimmten Zeitintervall ausgeführt wurden.

Transaktion SWI1

Rufen Sie die Transaktion SWI1 auf und selektieren Sie die Workitems Ihrer in diesem und dem vorangegangenen Kapitel erstellten flexiblen Workflows zur Bestellfreigabe und Freigabe einer Bestellanforderungsposition. Sie können über den gewünschten **Zeitraum** selektieren oder nach bestimmten **Aufgaben** und Szenarios filtern. Die Szenario-ID kennen Sie schon aus Abschnitt 11.3.3, »Workflow-Schritte festlegen«. Im Beispiel in Abbildung 12.32 haben wir ein Workitem des Szenarios WS00800238 (Freigabe einer Bestellung) selektiert.

Abbildung 12.32 Technische Sicht eines Workitems in Transaktion SWI1

Wählen Sie das Workitem aus. Anschließend navigieren Sie über den Menüpfad **Mehr • Bearbeiten • Workitem • Technische Daten** in die technische Sicht des Workitems. Hier finden Sie auf den Registerkarten **Definition (Datenbank)** und **Definition (OData)** die XML-Daten zur Definition der Kommunikation zwischen Backend und Frontend (siehe Abbildung 12.32).

Auf der Registerkarte **Definition (OData)** finden Sie alle Daten zum Workitem, die über den OData-Service übertragen wurden. Diese Daten können Sie unter anderem für etwaige Fehleranalysen nutzen, vor allem, wenn ein Workflow mit einem Fehler abbricht oder sich nicht so wie erwartet verhält. Die Fehlerquellen können hier sehr unterschiedlich sein. Generell empfehlen wir Ihnen, die Daten auf ihre Plausibilität hin zu prüfen, z. B. daraufhin, ob die Rückgabewerte und die Werte zu Ihrem Geschäftsobjekt korrekt übermittelt wurden und mit den Aktionen der genehmigenden Person übereinstimmen.

Kapitel 13

Eigene flexible Workflows entwickeln

In diesem Kapitel erläutern wir die Vorgehensweise, um kundeneigene flexible Workflows zu erstellen. In diesem Zusammenhang gehen wir auf verschiedene Konfigurationsmöglichkeiten der flexiblen Workflows ein.

Wenn Sie eigene flexible Workflows entwickeln möchten, erfahren Sie in diesem Kapitel, wie Sie dabei vorgehen und was Sie beachten sollten. Wir bedienen uns dazu desselben Beispiels wie in Kapitel 7, »Einen eigenen Workflow auf Basis von Standardobjekten entwickeln«, für klassische Workflows. Es geht dabei um den Prozess der Anlage eines Änderungsstamms für eine Materialstammänderung. Indem wir das gleiche Beispiel verwenden, haben Sie einen direkten Vergleich zwischen den beiden Technologien.

Aufbau dieses Kapitels

In Abschnitt 13.1, »Flexibles Workflow-Szenario anlegen«, zeigen wir Ihnen, wie Sie mit der Transaktion SWDD_SCENARIO eigene flexible Workflows erstellen können. In Abschnitt 13.2, »Flexiblen Workflow einrichten«, geht es anschließend darum, wie Sie das selbst erstellte, flexible Workflow-Szenario mit der SAP-Fiori-App **Workflows verwalten** für die Nutzung einrichten können.

Technische Objekte für das Workflow-Beispiel

Die technischen Objekte, die wir im Rahmen des klassischen Workflows für das genannte Beispiel angelegt haben, nutzen wir auch für den flexiblen Workflow, den wir in diesem Kapitel erstellen. Wir verwenden sie der Einfachheit halber 1 : 1 wieder, um die Gemeinsamkeiten und Unterschiede der beiden Technologien besser darstellen zu können. Haben Sie das Beispiel aus Kapitel 7 noch nicht implementiert und wollen lediglich das Beispiel in diesem Kapitel ausprobieren, müssten Sie zunächst die einzelnen Schritte aus Kapitel 7 durchgehen und alle technischen Objekte dafür anlegen. Um diese Vorbereitungen für Sie zu vereinfachen, haben wir Ihnen das Beispielcoding im Download-Bereich dieses Buches unter *www.sap-press.de/6191* unter **Materialien** bereitgestellt. Konkret betrifft das die Klasse `ZCL_WF_CHANGE_MASTER` und das klassische Business Add-in (BAdI) `ZECM_UPDATE`. Die Klasse `ZCL_WF_CHANGE_MASTER` ist das führende Objekt im Workflow und stellt das Startereignis und die Methoden zur Verfügung, die wir für den Workflow benötigen. Die BAdI-Implementierung sorgt dafür, dass beim

Speichern des Änderungsstammsatzes das Startereignis erzeugt und der Workflow ausgelöst wird. Da dies nur in bestimmten Situationen erfolgen soll, sind noch diverse Prüfungen in die Logik eingebaut.

Auch die Workflow-Aufgaben, die wir in Kapitel 7 für den klassischen Workflow genutzt haben, verwenden wir in diesem Kapitel für den flexiblen Workflow. Ebenso nutzen wir das Customizing, das in Abschnitt 7.2.1, »Vorbereitende Einstellungen«, als vorbereitende Maßnahmen beschrieben wurde.

13.1 Flexibles Workflow-Szenario anlegen

Nutzen Sie SAP S/4HANA in der On-Premise-Version oder SAP S/4HANA Cloud Private Edition, können Sie über die Transaktion SWDD_SCENARIO (Flexibler Workflow: Scenario Editor) eigene flexible Workflow-Szenarios anlegen. Diese Transaktion funktioniert demnach analog zur Transaktion SWDD für die klassischen Workflows.

13.1.1 Beispielprozess für den flexiblen Workflow

Prozessbeschreibung

Bevor wir mit dem Anlegen eines flexiblen Workflows starten, geben wir Ihnen noch einmal einen groben Überblick über das Szenario, das wir schon in Kapitel 7, »Einen eigenen Workflow auf Basis von Standardobjekten entwickeln«, genutzt haben. Ein Benutzer oder eine Benutzerin erstellt über die Transaktion CC01 einen Änderungsstammsatz für eine Materialstammänderung, der den Status **10 – Angelegt** hat. Sobald der Status auf **20 – in Genehmigung** geändert wird, wird ein kundeneigenes Workflow-Startereignis erzeugt, das unseren neuen, flexiblen Workflow startet. Anschließend erhält der Bearbeiter oder die Bearbeiterin ein Workitem zur Genehmigung oder Ablehnung. Das Workitem wird beendet, sobald ein bestimmter Status in der Transaktion CC02 gesetzt wurde.

Das Beispiel setzt darauf, dass der Benutzer bzw. die Benutzerin Statusänderungen direkt in der Transaktion CC02 durchführt, der Workflow stellt also keine klassischen Ablehnen- oder Genehmigen-Benutzerentscheidungen zur Verfügung. Wir wollen die Workitems in der SAP-Fiori-App **Meine Inbox** anzeigen, grundsätzlich können diese aber auch im Backend aufgerufen werden. Abbildung 13.1 zeigt noch einmal den Prozess aus Kapitel 7.

Einschränkungen des flexiblen Workflows

Dieses Beispiel zeigt auch direkt einige Einschränkungen des flexiblen Workflows auf. Das Abspringen aus dem Workitem in der jeweiligen Inbox in die Transaktion CC02 funktioniert in unserem Beispiel nur aus dem Backend heraus, während der Absprung aus der App **Meine Inbox** nicht ohne Weiteres funktioniert. Das liegt unter anderem daran, dass es für die Transaktion CC02 noch keine Entsprechung in Form einer SAP-Fiori-App in SAP S/4HANA gibt.

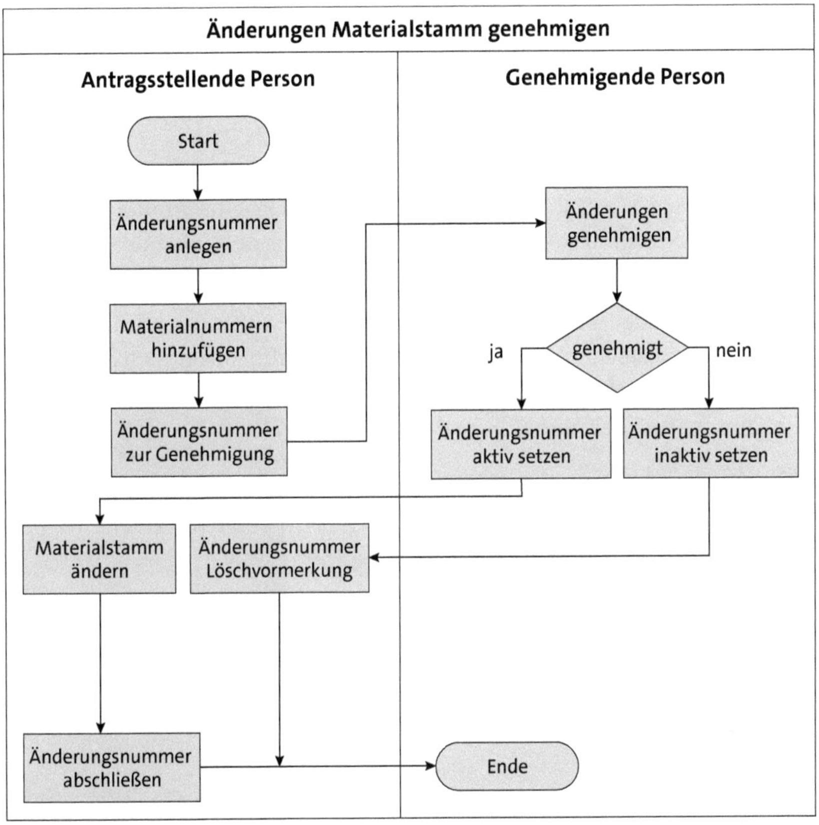

Abbildung 13.1 Prozessbild des Änderungsstamm-Workflows

Des Weiteren benutzen wir die in Kapitel 7 für den klassischen Workflow angelegten Aufgaben ohne Anpassungen. Die Klassenmethode, die in der Workflow-Aufgabe aufgerufen wird, ruft die Transaktion CC02 mit ABAP-Coding auf, was die App **Meine Inbox** nicht interpretieren kann. Dementsprechend dient das Workitem in unserem flexiblen Workflow nur als eine Art Benachrichtigung, während der Benutzer oder die Benutzerin die Transaktion CC02 selbst im SAP-Backend aufrufen muss, um die Aufgabe zu bearbeiten.

Eine weitere Beschränkung des flexiblen Workflows ist, dass nach der Ablehnung eines Schrittes nur genau eine Ausnahmebehandlung definiert werden kann. Es kann also nur genau eine Aktivität bzw. ein Schritt im Szenario als Ausnahmebehandlung hinterlegt werden. Verglichen mit dem Prozessbild in Abbildung 13.1 bedeutet das, dass wir den Prozessstrang nach der Ablehnung auf die Art gar nicht im flexiblen Workflow umsetzen können, da wir nicht zwei Aufgaben hintereinander ausführen können (»Änderungsnummer inaktiv setzen« und »Änderungsnummer Löschvormerkung« setzen). Wir müssten den Prozess stattdessen so anpassen, dass nur eine Aktivität notwendig ist, oder die Aktivität so umbauen (falls möglich), dass mehrere Schritte miteinander kombiniert werden.

13.1.2 Flexiblen Workflow anlegen

Workflow anlegen

Nachdem wir Sie mit unserem Vorhaben und den Einschränkungen vertraut gemacht haben, können Sie damit beginnen, den flexiblen Workflow anzulegen:

1. Öffnen Sie dazu die Transaktion SWDD_SCENARIO und klicken Sie auf das Symbol (**Neuen Workflow anlegen**). Daraufhin öffnet sich der Pflegebildschirm für Prozessdaten, in dem wir die grundlegenden Szenarioeigenschaften definieren.

Containerelement anlegen

Legen Sie hier als Erstes das zentrale *Workflow-Containerelement* an:

1. Klicken Sie dazu im linken unteren Bildschirmbereich **Element** doppelt auf **Doppelklick zum Anlegen** (siehe Abbildung 13.2).

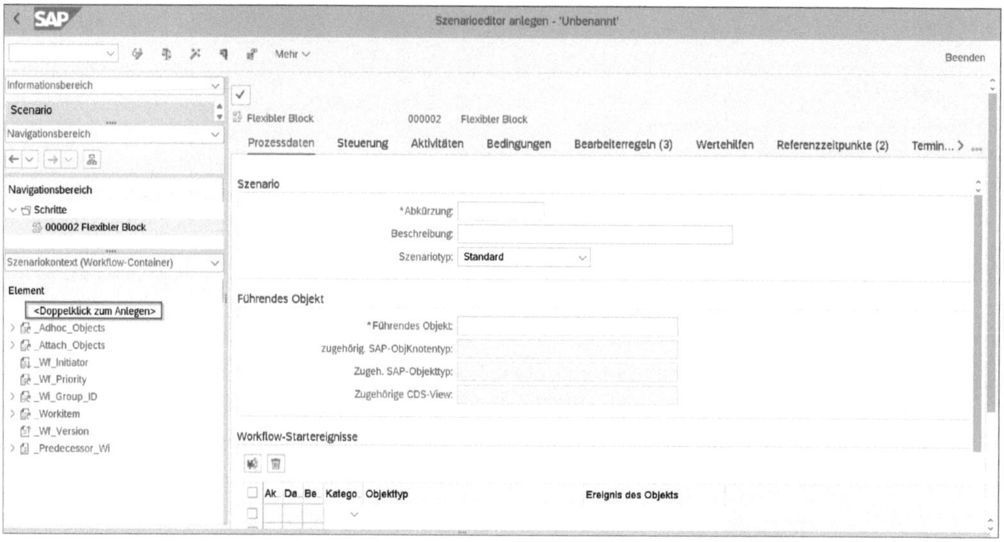

Abbildung 13.2 Workflow-Containerelement anlegen

2. Nach dem Doppelklick erscheint ein neuer Pflegedialog. Hier tragen Sie unsere Workflow-Klasse `ZCL_WF_CHANGE_MASTER` in dem Feld unterhalb der Dropdown-Liste **Objekttyp** ein (siehe Abbildung 13.3). Als **Objekttyp** wählen Sie **CL ABAP Klasse**. Die Felder **Element** und **Bezeichnung** haben wir ebenfalls mit dem Namen der Klasse gefüllt.

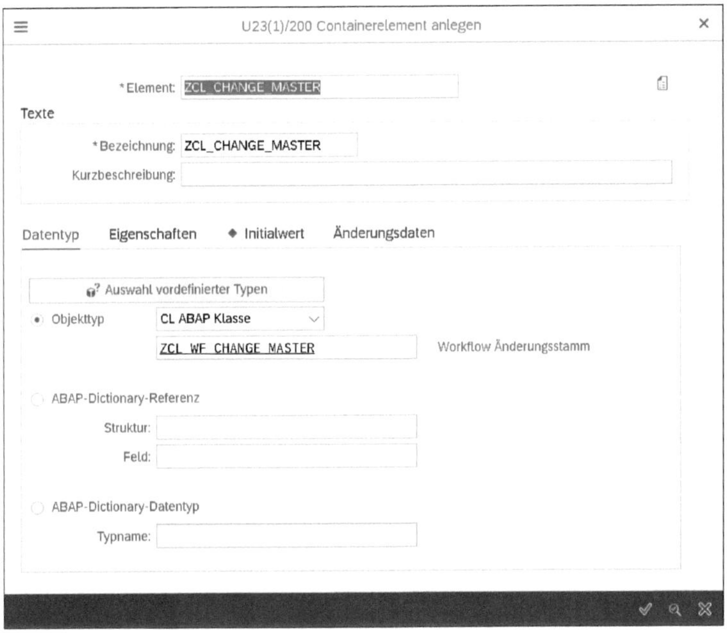

Abbildung 13.3 Klasse als Objekttyp hinterlegen

3. Über die Registerkarte **Eigenschaften** im selben Dialog definieren Sie das Objekt als Importvariable, indem Sie bei den **Parametereinstellungen** das Kennzeichen **Import** setzen. Setzen Sie außerdem das Kennzeichen **obligatorisch** (siehe Abbildung 13.4).

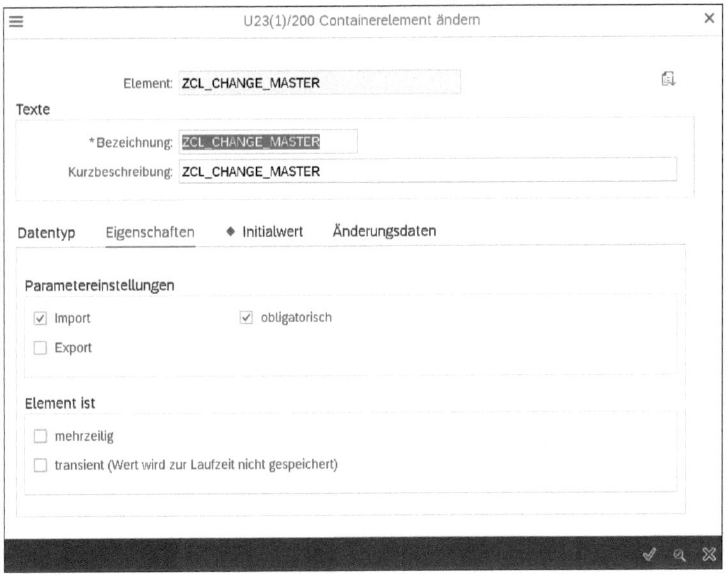

Abbildung 13.4 Eigenschaften des Containerelements

4. Bestätigen Sie Ihre Eingaben mit einem Klick auf das grüne Häkchen (**Übernehmen**).

Führendes Objekt

Sie gelangen zurück zur Ausgangsmaske mit den **Prozessdaten**. Hier müssen Sie mindestens eine **Abkürzung** definieren und ein **Führendes Objekt** angeben (siehe Abbildung 13.5). Das führende Objekt entspricht dem Containerelement `ZCL_CHANGE_MASTER`, das wir gerade definiert und angelegt haben. Die Abkürzung dient als Identifikationsmerkmal des Workflow-Szenarios und kann ergänzend zur technischen ID des Szenarios als zusätzliches Suchkriterium dienen.

Workflow-Startereignisse

Im Abschnitt **Workflow-Startereignisse** geben Sie wieder die Klasse `ZCL_WF_CHANGE_MASTER` in der Spalte **Objekttyp** und das Ereignis `IN_APPROVAL` in der Spalte **Ereignis des Objekts** an.

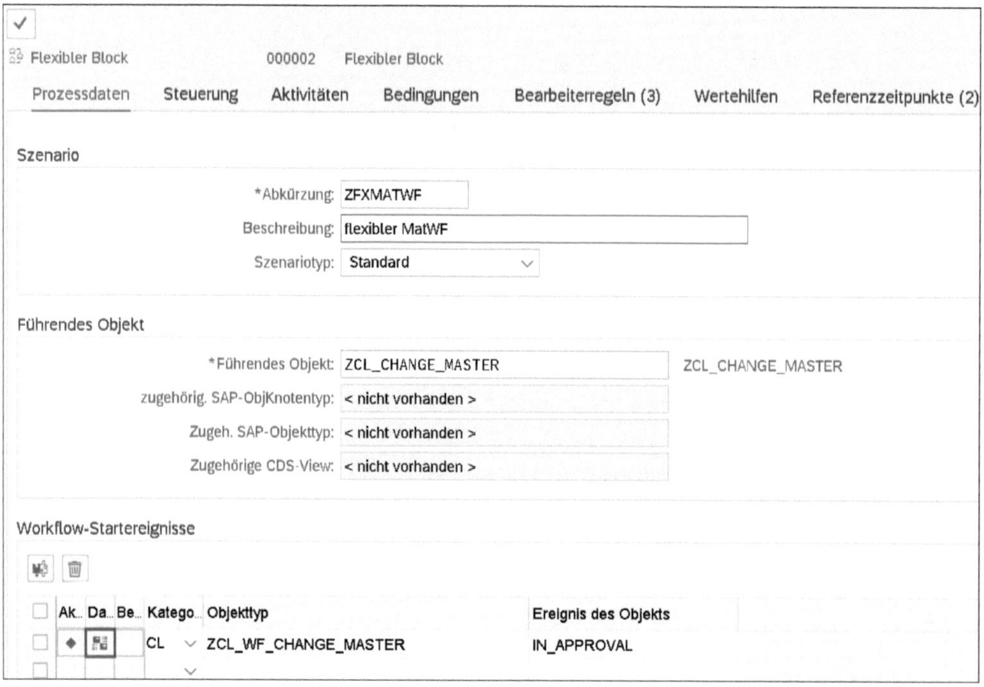

Abbildung 13.5 Vollständige Prozessdaten des flexiblen Workflows

Datenfluss definieren

Im Bereich **Workflow-Startereignisse** müssen Sie außerdem noch den Datenfluss definieren:

1. Klicken Sie dafür auf die Schaltfläche (**Datenfluss**) in der zweiten Spalte **Datenfluss** (siehe Abbildung 13.5).
2. Sie gelangen in die Detailsicht der Datendefinition, in der Sie den Datenfluss vom aufrufenden **Ereignis** des Workflows (auf der linken Seite) zu

den Containerelementen für den **Workflow** (rechte Seite) definieren (siehe Abbildung 13.6). Führen Sie dazu ein Mapping zwischen dem Ereignisobjekt `_EVT_OBJECT` (links) und dem zentralen Objekttyp `ZCL_CHAMGE_MASTER` (rechts) durch.

3. In der zweiten Zeile übergeben Sie den Workflow-Initiator `EVT_CREATOR` an den Workflow-Container `_WF_INITIATOR`.

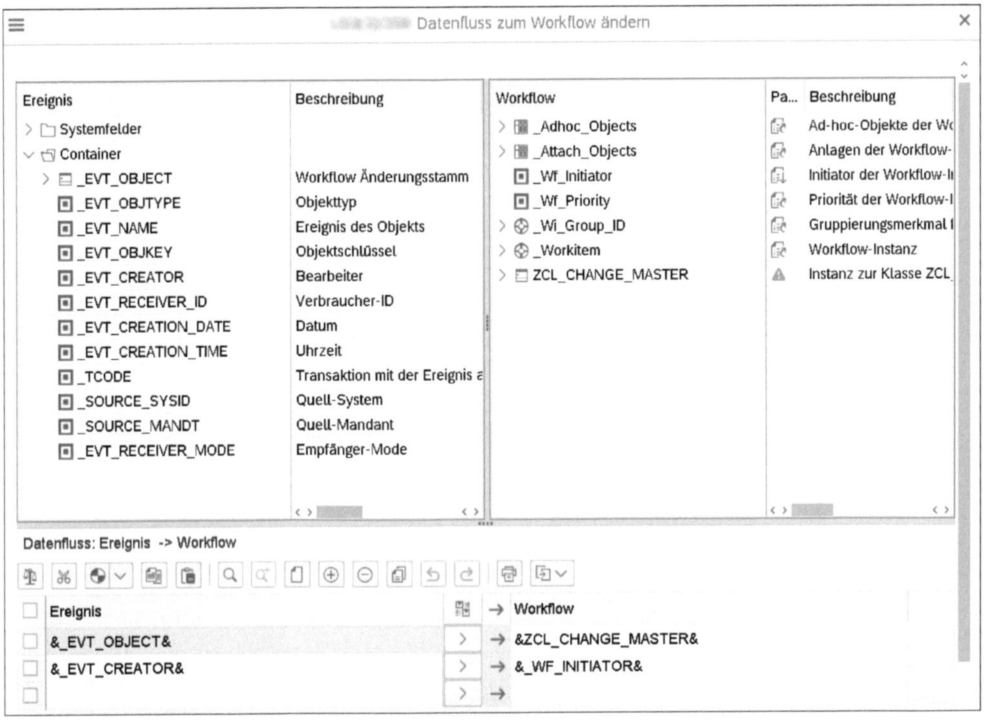

Abbildung 13.6 Detailsicht des Datenflusses

13.1.3 Workflow-Aktivitäten definieren

Flexible Aktivitäten

Nachdem der Datenfluss definiert ist, wechseln Sie zur Registerkarte **Aktivitäten**. Hier werden wir alle Aufgaben anlegen, die im *flexiblen Block* des Workflows von den Benutzer*innen ausgewählt werden können. Dieser flexible Block ist das zentrale Element in jedem flexiblen Workflow. Wir legen die Aufgaben analog zu dem Beispiel aus Kapitel 7, »Einen eigenen Workflow auf Basis von Standardobjekten entwickeln«, an. Der große Unterschied zu dem klassischen Workflow ist hier, dass diese Aufgaben nicht in einer bestimmten, definierten Ablauflogik angelegt werden, sondern für sich selbst stehen. Wenn ein Benutzer oder eine Benutzerin später über die

SAP-Fiori-App **Workflows verwalten** benutzerdefinierte Workflow-Szenarios erstellt, kann er oder sie die Reihenfolge der Schritte selbst bestimmen, anstatt wie im klassischen Workflow einem starren Prozess zu folgen. Je nach Prozessvariante kann es sogar sein, dass bestimmte Aufgaben gar nicht genutzt werden. All das wird über das flexible Workflow-Szenario gesteuert.

Benötigte Aufgaben

Für unser Beispiel benötigen wir vier Aufgaben:

- Benutzerentscheidung für die Genehmigung (Dialogschrittaufgabe)
- Status abgelehnt setzen (Hintergrundaufgabe)
- Änderungsstamm abschließen (Dialogschrittaufgabe)
- Änderungsstamm nach Ablehnung abschließen (Dialogschrittaufgabe)

Diese Aufgaben nutzen die Methoden unserer Klasse `ZCL_WF_CHANGE_MASTER`. In Abbildung 13.7 sehen Sie die Übersicht aller Aufgaben auf der Registerkarte **Aktivitäten** in Transaktion SWDD_SCENARIO. In der Spalte **Aufgabe** sind hier die Workflow-Aufgaben verknüpft, die wir im Rahmen des Beispiels für den klassischen Workflow angelegt hatten. Diese können wir wiederverwenden. Die Aufgaben sind in Abschnitt 7.2.2, »Workflow im Workflow Builder anlegen«, beschrieben.

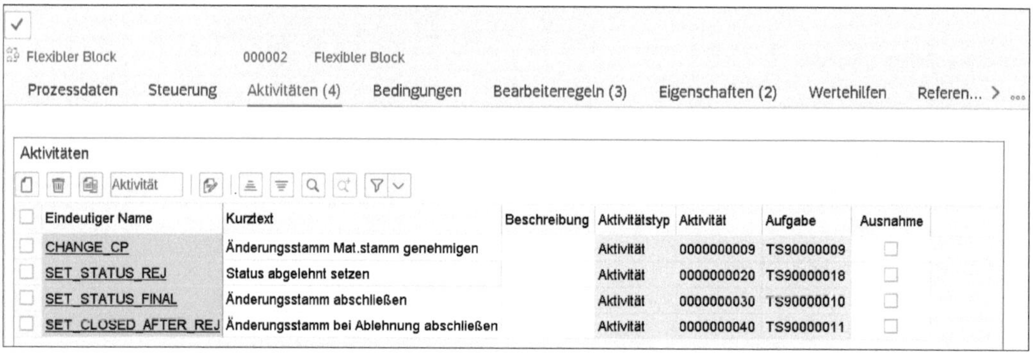

Abbildung 13.7 Aktivitäten für den flexiblen Workflow

Aktivitäten anlegen

Um diese Aktivitäten so anzulegen, wie sie in Abbildung 13.7 zu sehen sind, klicken Sie links über der Tabelle auf die Schaltfläche (**Neuen Eintrag anlegen**). Daraufhin öffnet sich die Eingabemaske aus Abbildung 13.8. Wir benötigen für unseren flexiblen Workflow lediglich den Aktivitätstyp **Aktivität**, wählen Sie diesen Typ daher im Abschnitt **Was möchten Sie anlegen?** aus. Geben Sie für jede Aktivität außerdem einen eindeutigen technischen Namen und einen **Kurztext** an.

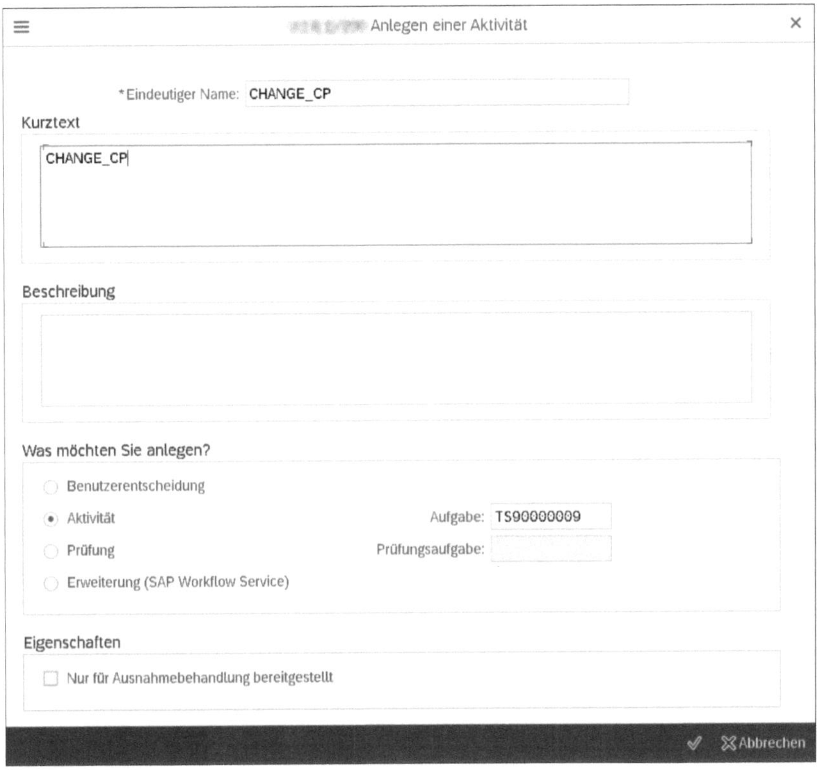

Abbildung 13.8 Anlegen einer Aktivität

Mögliche Aktivitätstypen

Der Vollständigkeit halber erläutern wir im Folgenden noch die weiteren Aktivitätstypen, die wir in unserem Beispiel nicht verwenden:

- **Benutzerentscheidung**
  Eine Benutzerentscheidung ist eine generische Aufgabe, wie man sie vom klassischen SAP Business Workflow her kennt. Mit ihrer Hilfe können Sie die Anzahl der Auswahlmöglichkeiten, also der Schaltflächen in der Inbox, frei definieren.
- **Prüfung**
  Eine Prüfung ist ebenfalls ein Entscheidungsschritt, bei dem man jedoch nicht zwingend ablehnen oder genehmigen muss. Sie dient eher einer inhaltlichen Kontrolle und setzt eine bestehende Workflow-Aufgabe voraus, genau wie bei einer Aktivität.
- **Erweiterung (SAP Workflow Service)**
  Dieser Schritttyp ermöglicht es, einen Workflow in der SAP Business Technology Platform (SAP BTP) anzustoßen und auf ein Ereignis oder eine Rückmeldung zu warten.

[»]

Aufgabe als Ausnahmebehandlung

Falls Sie die Eigenschaft **Nur für Ausnahmebehandlung bereitgestellt** für eine dieser Optionen aktivieren, kann diese Aktivität nur für eine Ausnahmebehandlung einer anderen Aktivität und nicht als eigenständige Aktivität im Workflow-Szenario genutzt werden.

Details zur Aktivität konfigurieren

Nachdem Sie die Aktivität angelegt haben, können Sie mit einem Klick auf diese Aktivität von der Registerkarte **Aktivitäten** in die Details abspringen und verschiedene Einstellungen vornehmen. Unter anderem können Sie Aufgabenbeschreibungen hinzufügen oder das Verhalten der einzelnen Schrittausgänge definieren. Abbildung 13.9 zeigt die Detailsicht unserer Aufgabe CHANGE_CP.

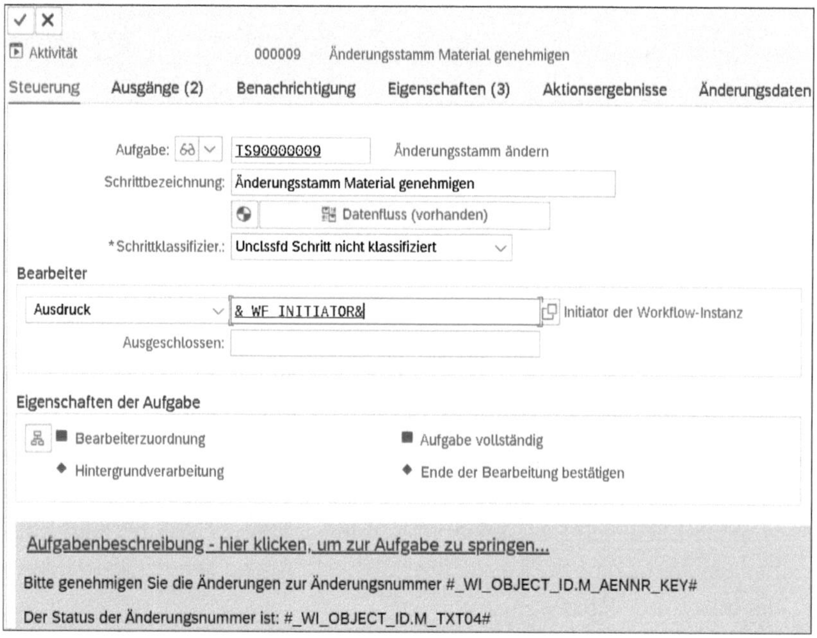

Abbildung 13.9 Details der ersten Genehmigungsaufgabe

Ausgangsart

Auf der Registerkarte **Ausgänge** (siehe Abbildung 13.10) sollten Sie prüfen, ob die einzelnen Benutzeraktionen wie Genehmigen oder Ablehnen jeweils einer korrekten *Ausgangsart* zugeordnet sind. Die Ausgangsart bestimmt, wie sich der Workflow nach einer konkreten Benutzeraktion verhält. Eine Genehmigung sollte als »positiv« deklariert werden, eine Ablehnung als »negativ« und neutrale Benutzerentscheidungen können als »neutral« gekennzeichnet werden. Ein als »positiv« definierter Ausgang führt dazu, dass der Workflow den Schritt beendet und – falls definiert – zum nächsten

Schritt übergeht. Ein als »negativ« definierter Ausgang würde automatisch die Ausnahmebehandlung der Aufgabe starten. Dies zeigen wir später an einem konkreten Beispiel.

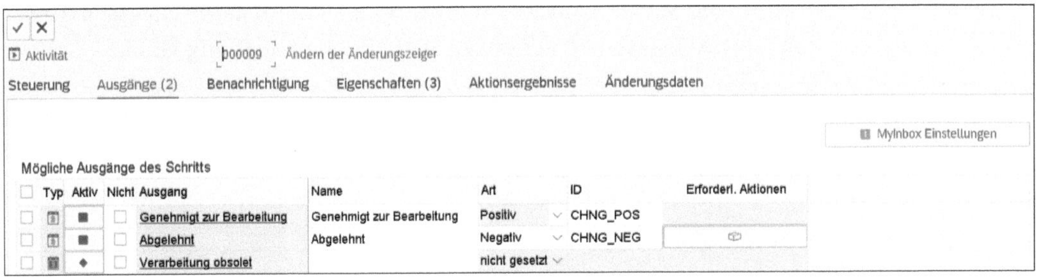

Abbildung 13.10 Ausgänge des Genehmigungsschrittes

Eigenschaften der Ausgänge

Wollen Sie die möglichen Aktionen innerhalb der Ausnahmebehandlung der konkreten Aufgabe einschränken, können Sie das über die Schaltfläche (**Auswählbare Schritte für Ausnahmebehandlung**) in der Spalte **Erforderl. Aktionen** definieren. Zusätzlich finden Sie in der rechten oberen Ecke eine Schaltfläche **MyInbox Einstellungen**, über die Sie das Anzeigeverhalten in der SAP-Fiori-App **Meine Inbox** oder eigene Schaltflächen und deren Verhalten definieren können.

13.1.4 Bearbeiterregeln definieren

Bearbeiterregeln

Wechseln Sie nun wieder zurück zur Übersicht des flexiblen Blocks, indem Sie Ihre Änderungen mit einem Klick auf die Schaltfläche ✓ (**Übernehmen und zurück**) bestätigen. Als Nächstes ist die Registerkarte **Bearbeiterregeln** für unser Beispiel relevant. Die in Abbildung 13.11 gezeigten Regeln sind standardmäßig verfügbar, wenn man einen neuen flexiblen Workflow anlegt. Für unser Beispiel sind diese Regeln ausreichend. Grundsätzlich können Sie jedoch auch eigene Regeln anlegen. Das Prinzip ist dabei das Gleiche wie bei den klassischen Workflows.

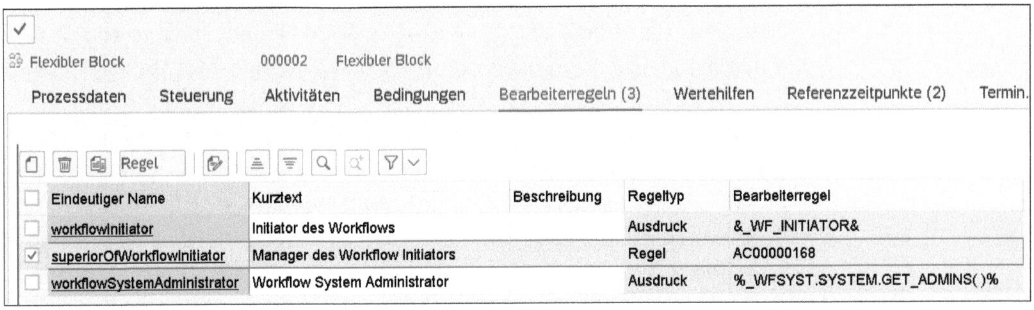

Abbildung 13.11 Bearbeiterregeln für den flexiblen Workflow

13.1.5 Workflow aktivieren

Startereignis aktivieren

Abschließend müssen wir den Workflow aktivieren, um ihn nutzen zu können. Dafür gehen Sie wieder zurück zur Registerkarte **Prozessdaten** und aktivieren das Startereignis des Workflows über die Schaltfläche ■ (**Aktivieren [Status: inaktiv]**) in der ersten Spalte (siehe Abbildung 13.12).

Abbildung 13.12 Aktivieren des flexiblen Workflows

Ereignistypkopplung für Workflows

Es ist kein Problem, für den gleichen Prozess im System verschiedene Workflows anzulegen oder sogar Technologien wie klassische und flexible Workflows zu mixen. Allerdings sollten Sie darauf achten, dass für einen Prozess immer nur exakt ein Workflow (egal welcher Art) gleichzeitig im System aktiv ist. Das prüfen Sie am schnellsten mit der Transaktion SWETYPV. Hier sehen Sie für jede eindeutige Kombination aus Geschäftsobjekt (in unserem Fall `ZCL_WF_CHANGE_MASTER`) und Startereignis (`IN_APPROVAL`), welche Workflows registriert und aktiv sind. Möchten Sie einen alten Workflow durch einen neuen ablösen, sollten Sie den alten über diese Transaktion deaktivieren. Wenn Sie die ID des alten Workflows kennen, können Sie den Workflow auch direkt in der Transaktion SWDD (klassische Workflows) oder SWDD_SCENARIO (flexible Workflows) aufrufen und dort deaktivieren. Beide Wege führen zum Ziel. Haben Sie den klassischen Workflow aus Kapitel 7, »Einen eigenen Workflow auf Basis von Standardobjekten entwickeln«, implementiert, sollten Sie diesen deaktivieren, bevor Sie den neuen flexiblen Workflow aktivieren.

Workflow-Entwicklung abgeschlossen

Damit haben Sie alle Einstellungen und Entwicklungen, die für unser Beispiel notwendig sind, in der Transaktion SWDD_SCENARIO vorgenommen und können das Szenario in SAP Fiori verwenden und darauf aufbauend flexible Workflows konfigurieren.

13.2 Flexiblen Workflow einrichten

App »Workflows verwalten«

Um Ihren flexiblen Workflow zu konfigurieren, öffnen Sie das SAP Fiori Launchpad Ihres Systems und wählen dort die Kachel **Workflows verwalten**, wie in Abbildung 13.13 zu sehen.

Abbildung 13.13 SAP-Fiori-App »Workflows verwalten« aufrufen

Auswahl des Workflow-Szenarios

Im oberen linken Bereich wählen Sie das Workflow-Szenario **Änderungsstamm genehmigen** aus der Dropdown-Liste **Workflows** aus (siehe Abbildung 13.14). Alternativ suchen Sie nach dem Namen, den Sie in der Transaktion SWDD_SCENARIO vergeben haben, falls er abweicht.

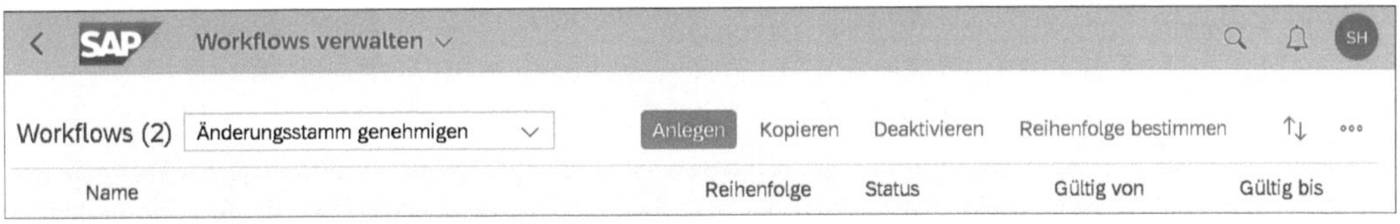

Abbildung 13.14 Auswahl des flexiblen Workflow-Szenarios

13.2.1 Workflow anlegen

Über die Schaltfläche **Anlegen** können Sie nun einen neuen Workflow auf Basis dieses Szenarios anlegen. Vergeben Sie einen eindeutigen Namen für den Workflow. Die anderen Felder sind optional. Abbildung 13.15 zeigt die Grunddaten des Workflows.

Abbildung 13.15 Eigenschaften des flexiblen Workflows

Schritte anlegen

Im Bereich **Schritte** legen Sie einen neuen Workflow-Schritt über die Schaltfläche **Anlegen** an. Im Dropdown-Menü **Schritttyp** finden Sie alle Aktivitäten, die wir im flexiblen Workflow-Szenario definiert haben. Wir wählen in unserem Beispiel den Schritt **Änderungsstamm Materialstammdaten genehmigen** für die erste Genehmigung aus. Im Bereich **Empfänger** wählen wir zu Testzwecken den **Initiator des Workflows** aus (siehe Abbildung 13.16). Falls Sie eigene Bearbeiterfindungsregeln im Workflow-Szenario hinterlegt haben (siehe auch Abschnitt 6.2, »Bearbeiterfindung anpassen«), können Sie die definierten Rollen hier nutzen.

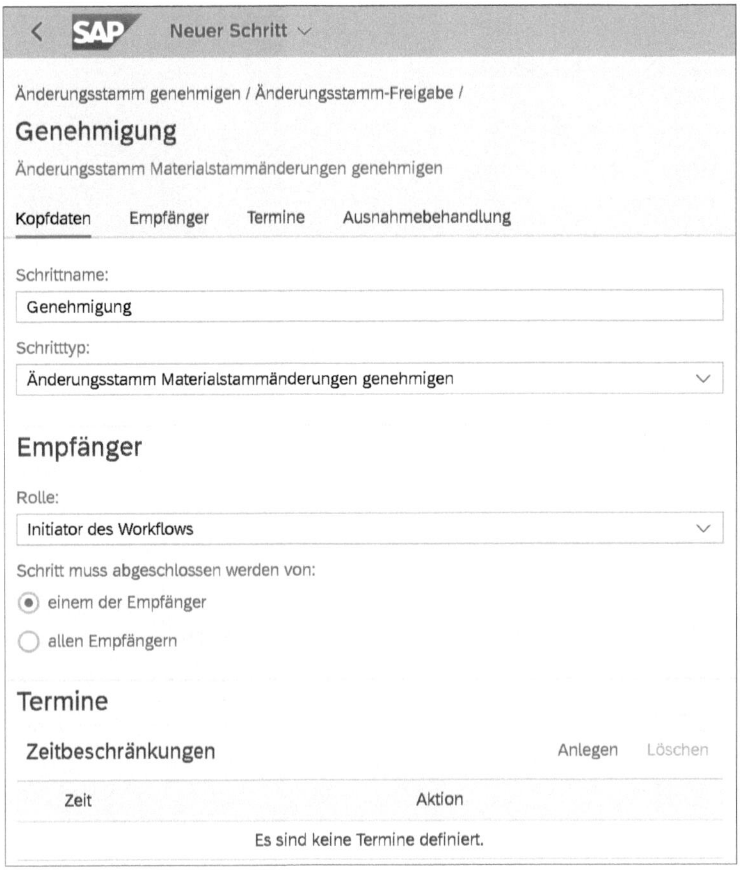

Abbildung 13.16 Definition des Genehmigungsschrittes

Ausnahmebehandlung

Im unteren Bereich der Schrittdefinition finden Sie die **Ausnahmebehandlung** des Schrittes, die immer im Falle einer Ablehnung des Genehmigungsschrittes zur Anwendung kommt. Wie schon erwähnt, kann beim flexiblen Workflow anders als beim klassischen Workflow hier nur genau eine Aktion ausgewählt werden. Wir haben uns, wie in Abbildung 13.17 zu sehen, für den Schritt **Änderungsstamm abschließen** entschieden. Es wären aber auch andere, nicht in unserem Beispiel definierte Schritte zur Ausnahmebehandlung denkbar.

Abschließen des Workflows

Nach der Bestätigung des Schrittes gelangen Sie automatisch wieder zum vorherigen Bild (siehe Abbildung 13.18). Legen Sie hier noch den Schritt an, mit dem der Änderungsstamm abgeschlossen wird, und aktivieren Sie den Workflow über die Schaltfläche **Aktivieren**.

Abbildung 13.17 Ausnahmebehandlung des Genehmigungsschrittes

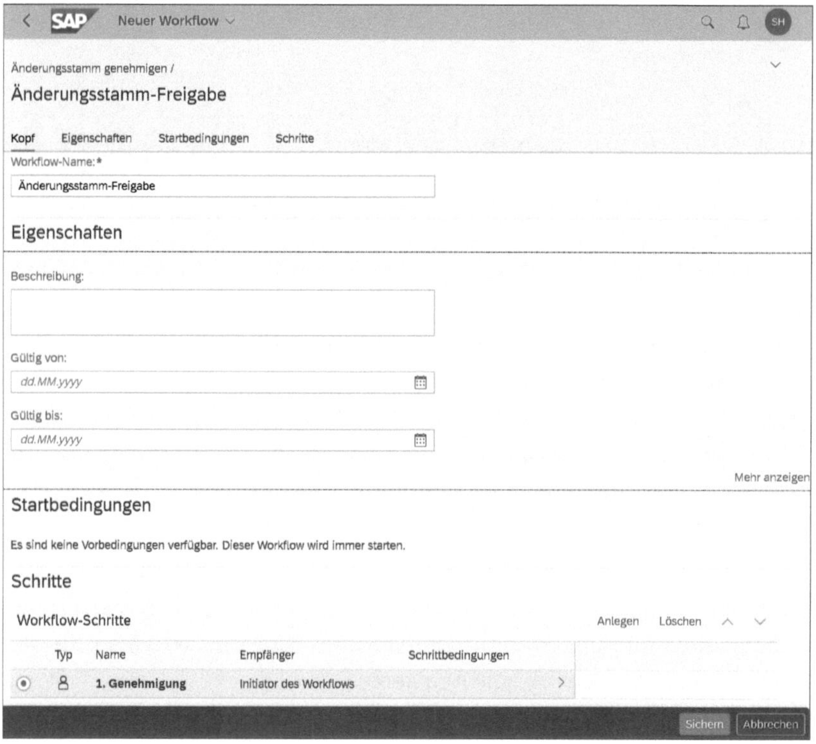

Abbildung 13.18 Workflow mit einem Genehmigungsschritt

Anschließend kehren Sie zur Übersicht in der App **Workflows verwalten** zurück. Abbildung 13.19 zeigt den neu angelegten Workflow im Status **Aktiv**.

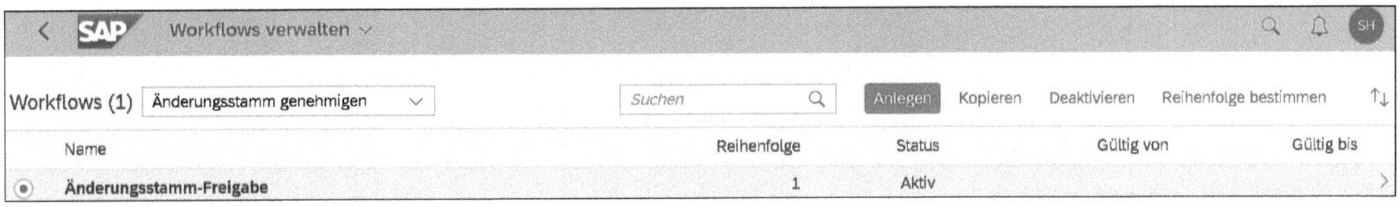

Abbildung 13.19 Workflow-Übersicht mit aktivem Workflow

13.2.2 Workflow testen

Test in Transaktion CC01

Sie können den Workflow nun testen, indem Sie über die Transaktion CC01 (Änderungstamm anlegen) einen Änderungsstamm anlegen. Nutzen Sie dazu das **Profil** ZMAT_APP. Abbildung 13.20 zeigt das Einstiegsbild der Transaktion CC01.

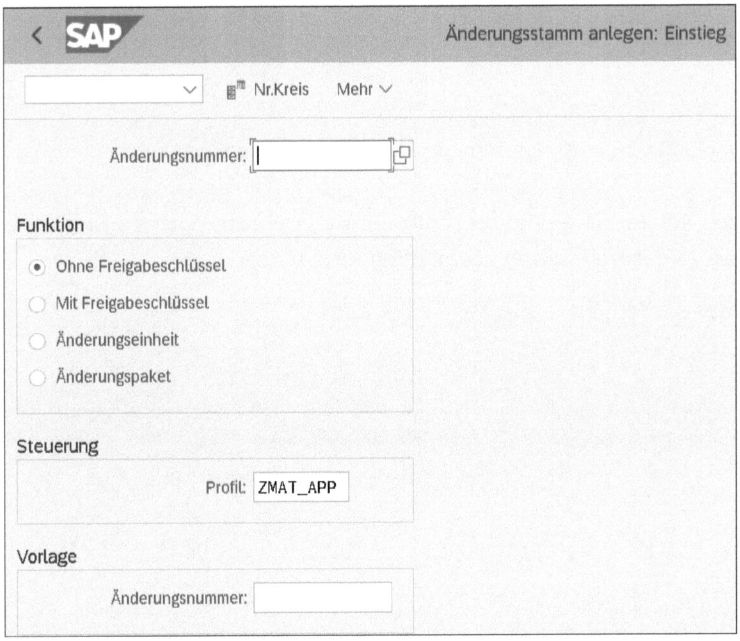

Abbildung 13.20 Anlage eines Änderungsstamms über Transaktion CC01

Setzen Sie den **Status Änderungsnr** auf den Wert 10 (**Angelegt**). Abbildung 13.21 zeigt den Änderungsstammsatz. Anschließend gehen Sie über die Schaltfläche **Objekte** zum nächsten Bildschirm.

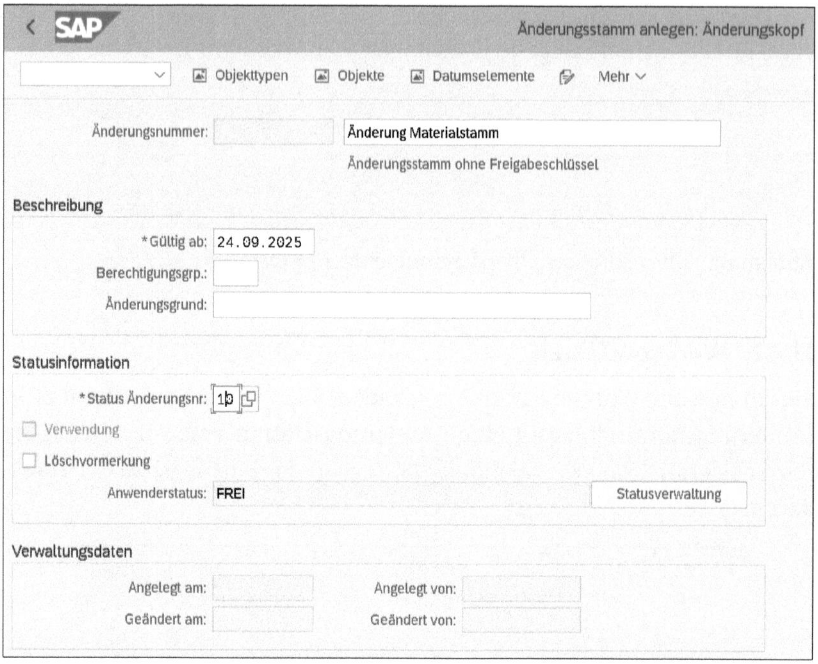

Abbildung 13.21 Änderungsstamm auf den Status 10 (Angelegt) setzen

Als Objekt geben Sie eine oder mehrere Materialnummern an und speichern den Änderungsstamm (siehe Abbildung 13.22).

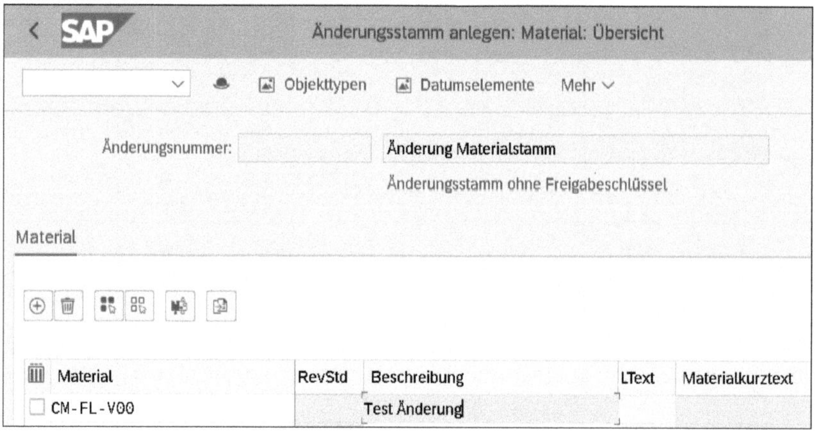

Abbildung 13.22 Angabe eines Materials im Änderungsstamm

Status »in Genehmigung« setzen

Anschließend rufen Sie mittels Transaktion CC02 (Änderungsstamm ändern) erneut den Stammsatz auf und setzen den **Status Änderungsnr** auf den Wert 20 (**in Genehmigung**), wie in Abbildung 13.23 zu sehen. Beim Speichern des Änderungsstamms wird unser flexibler Workflow gestartet.

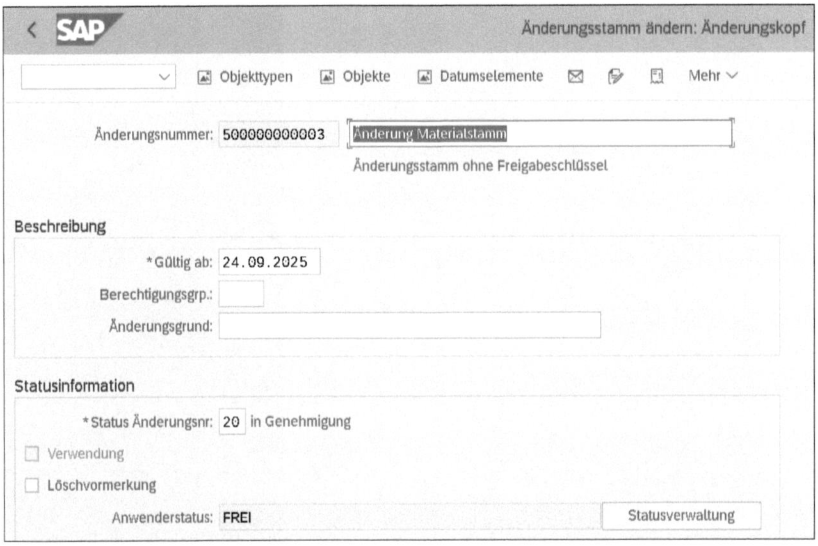

Abbildung 13.23 Änderungsstamm auf den Status 20 (in Genehmigung) setzen

Aufgabeneingang testen

Melden Sie sich im SAP Fiori Launchpad nun mit dem Benutzer an, den Sie als genehmigende Person definiert haben. In der SAP-Fiori-App **Meine Inbox** sollte nun die Genehmigungsaufgabe zu sehen sein. Abbildung 13.24 zeigt die Inbox mit dem Änderungsstammsatz, den wir gerade im Status 20 abgespeichert haben.

Abbildung 13.24 Aufgabe in der App »Meine Inbox«

TEIL IV

SAP Build Process Automation

Kapitel 14

Workflows in SAP S/4HANA Cloud Public Edition

Workflows bilden in SAP S/4HANA Cloud Public Edition ein zentrales Element zur Steuerung und Automatisierung von Geschäftsprozessen. Sie ermöglichen die systemgestützte Bearbeitung und Genehmigung von Vorgängen und tragen so zur Prozesssicherheit und Nachvollziehbarkeit bei.

Im Gegensatz zu On-Premise-Systemen und SAP S/4HANA Cloud Private Edition, in denen klassische Workflows und kundeneigene Erweiterungen praktisch uneingeschränkt genutzt werden können, unterliegt SAP S/4HANA Cloud Public Edition restriktiveren Richtlinien. Sie sollen die Systemintegration der Workflows gewährleisten und die Einhaltung des Clean-Core-Prinzips sicherstellen.

Im Teil III dieses Buches haben wir Ihnen die flexiblen Workflows vorgestellt und deren Möglichkeiten beschrieben. Auch in SAP S/4HANA Cloud Public Edition können Sie flexible Workflows nutzen. Im folgenden Abschnitt 14.1 gehen wir gezielt auf die Besonderheiten dieses Bereitstellungsmodells von SAP S/4HANA ein. In Abschnitt 14.2 greifen wir das Thema der Erweiterbarkeit von Standard-Workflows in der Public Cloud auf.

14.1 Einschränkungen und Möglichkeiten in der Public Cloud

Workflows in der Cloud

In SAP S/4HANA Cloud Public Edition stehen flexible Workflows als primäres Werkzeug für Genehmigungsprozesse zur Verfügung. Sie basieren technisch auf der Workflow-Engine des Frameworks SAP Business Workflow, sind jedoch vollständig in die Cloud-Architektur integriert und ausschließlich über die SAP-Fiori-Oberflächen administrierbar. Flexible Workflows ermöglichen es, Genehmigungsprozesse auf Basis von Bedingungen (z. B. bestimmter Kostenstellen, erreichter Beträge oder fest definierter Dokumentarten) zu konfigurieren und Verantwortlichkeiten über regelbasierte Ermittlungen (engl. *Rule-Based Determinations*), z. B. über Business-Rollen, zu definieren.

Im Gegensatz dazu sind klassische Workflows (z. B. auf Basis von Transaktion SWDD oder von eigenentwickelten BOR-Objekten) in SAP S/4HANA Cloud Public Edition nicht verfügbar. Auch kundeneigene Workflow-Definitionen auf der ABAP-Ebene sind aufgrund des eingeschränkten Zugriffs auf den ABAP-Stack und der strikten Trennung von SAP-Standard und Kundenentwicklung in der Public Cloud nicht zulässig.

SAP-Fiori-Apps

Zur Anpassung der Workflow-Logik der flexiblen Workflows stehen in SAP S/4HANA Cloud Public Edition verschiedene Optionen und Werkzeuge als SAP-Fiori-Apps zur Verfügung:

- **Workflows verwalten (App-ID F2190)**
  zentrale Verwaltung und Konfiguration von Workflows, spezifisch für ein Geschäftsobjekt (z. B. Rechnung, Bestellanforderungen, Einkaufskontrakte)
- **Teams und Zuständigkeiten verwalten (App-ID F2412)**
  Definition der organisatorischen Zuständigkeiten für Genehmigungsschritte
- **Flexible Workflow-Administration (App-ID F5343)**
  transparente Einsicht in laufende, abgeschlossene oder fehlerhafte Workflow-Instanzen

Diese Apps haben wir in Teil III, »Flexible Workflows«, bereits vorgestellt und ihren Einsatz gezeigt. Die in diesem Teil des Buches beschriebenen Funktionen gelten gleichermaßen für die Verwendung in SAP S/4HANA Cloud Public Edition. Deswegen gehen wir an dieser Stelle nicht noch einmal auf die einzelnen Funktionen ein. In den folgenden Abschnitten finden Sie weiterführende Informationen:

- Die App **Workflows verwalten** haben wir in Abschnitt 11.3.1, »Workflow anlegen« (hier eine Variante der App speziell für Bestellungen), und Abschnitt 13.2, »Flexiblen Workflow einrichten«, beschrieben.
- Die App **Teams und Zuständigkeiten verwalten** wird in Abschnitt 12.1 behandelt. In Abschnitt 6.5.5 widmen wir uns außerdem der Bearbeiterfindung mithilfe dieser App speziell für klassische Workflows.
- Für genauere Informationen zur App **Flexible Workflow Administration** verweisen wir auf Abschnitt 12.4, »Die App ›Workflow-Administration‹«.

Die genannten Einschränkungen im Vergleich zu On-Premise-Systemen dienen der Gewährleistung einer standardisierten, updatefähigen Systemlandschaft. Kundenspezifische Erweiterungen, die tiefergehende Logiken oder die Integration mit Drittanwendungen erfordern, werden über die Side-by-Side-Erweiterbarkeit realisiert. Dies wird im folgenden Abschnitt erläutert.

14.2 Key-User- und Side-by-Side-Erweiterbarkeit

Clean Core

Im Rahmen des Erweiterungskonzepts für SAP S/4HANA Cloud Public Edition werden Anpassungen strikt nach dem Clean-Core-Paradigma umgesetzt. Dieses Konzept stellt sicher, dass der SAP-Standard unangetastet bleibt und dennoch individuelle Anforderungen realisiert werden können.

Man unterscheidet bei SAP S/4HANA Cloud Public Edition zwischen Erweiterungsmöglichkeiten für Key User und solchen, die sich side by side, also entkoppelt von den Standardanwendungen, realisieren lassen. Auf diese beiden Möglichkeiten gehen wir in den folgenden Abschnitten kurz ein.

14.2.1 Key-User-Erweiterbarkeit

In-App-Erweiterbarkeit

Key User innerhalb der Fachabteilungen können über die in der Cloud bereitgestellten Tools, insbesondere die Tools für sogenannte *In-App-Erweiterungen*, Einfluss auf Workflows nehmen. Im Rahmen von In-App-Erweiterungen können bestimmte, von SAP vorgedachte Funktionen auf den SAP-Fiori-Benutzeroberflächen von SAP S/4HANA ergänzt werden.

Zu den Anpassungsmöglichkeiten zählen hier:

- Anlage und Pflege von flexiblen Genehmigungs-Workflows über SAP-Fiori-Apps
- Erweiterung von Geschäftsobjekten um zusätzliche Felder, die im Workflow als Bedingungen genutzt werden können
- Definition von Entscheidungsregeln auf Basis von Workflow-Kontextinformationen
- Pflege von flexiblen Workflow-Szenarios pro Belegart oder Organisationseinheit im Rahmen der zur Verfügung stehenden Konfigurations-Apps für die entsprechenden Szenarios

Diese Anpassungen erfolgen vollständig innerhalb des SAP-Standards und erfordern keine Entwicklungswerkzeuge oder Transportmechanismen. Innerhalb der Workflow-Szenarios haben Sie verschiedene Einstellungen und Filtermöglichkeiten, die abhängig vom SAP-Geschäftsobjekt unterschiedlich umfassend ausgeprägt sind. Beachten Sie, dass die Nutzung der darüber hinausgehenden, aus den On-Premise-Systemen oder von SAP S/4HANA Cloud Private Edition bekannten Erweiterungsmöglichkeiten, wie die Nutzung von Business Add-ins (BAdIs), klassischen User-Exits etc., nicht möglich ist.

14.2.2 Side-by-Side-Erweiterbarkeit

Erweiterbarkeit auf der SAP BTP

Für komplexere Workflow-Szenarios, die über die Möglichkeiten des flexiblen Workflows hinausgehen, stehen die Mittel der *Side-by-Side-Erweiterbarkeit* über die SAP Business Technology Platform (SAP BTP) zur Verfügung. In diesem Rahmen können etwa kundeneigene Workflows mit SAP Build Process Automation erstellt werden. Diese Lösungen ermöglichen die Orchestrierung von Prozessen über Systemgrenzen hinweg und können mit SAP S/4HANA Cloud Public Edition über OData- und Event-basierte Schnittstellen integriert werden.

Integration mit SAP S/4HANA Cloud Public Edition

Die Kopplung zwischen SAP S/4HANA Cloud Public Edition und der SAP BTP erfolgt in der Regel über folgende Technologien:

- SAP Event Mesh oder Business Events zur Ereignissteuerung
- OData- oder Graph-APIs für Datenzugriffe
- SAP Build Process Automation zur Modellierung und Ausführung von Workflows mit Benutzeraktionen

Damit entsteht eine hybride Workflow-Landschaft, in der standardisierte Prozesse im SAP-S/4HANA-Core verbleiben, während komplexe oder unternehmensspezifische Abläufe außerhalb dieses Cores in der SAP BTP abgebildet werden. Dieses Modell vereint Governance, Skalierbarkeit und Flexibilität unter Wahrung des Clean-Core-Ansatzes.

Die Möglichkeiten, die SAP mit SAP Build Process Automation bietet, erläutern wir in den folgenden Kapiteln ausführlicher.

Kapitel 15
Workflow-Management mit SAP Build Process Automation

*Mit SAP Build Process Automation werden Workflows neu gedacht. Die moderne Low-Code-Plattform zur Digitalisierung wiederkehrender Prozesse richtet sich nicht nur an Entwicklerteams, sondern auch an Fachanwender*innen. Sie eröffnet damit neue Wege zur schnellen, integrierten Prozessautomatisierung.*

Die Anforderungen an moderne Unternehmen, ihre Prozesse effizient und flexibel zu gestalten, steigen kontinuierlich. Gleichzeitig wächst der Bedarf, Prozesse schnell und ohne tiefgreifendes technisches Know-how digitalisieren und automatisieren zu können. Mit *SAP Build Process Automation* reagiert SAP auf diesen Trend und stellt eine leistungsfähige Lösung zur Verfügung, die Workflow-Automatisierung, Benutzeroberflächen, Entscheidungen und RPA-Funktionalitäten (Robotic Process Automation) auf einer Low-Code-Plattform vereint.

Die Vorgängerlösung *SAP Cloud Platform Workflow Management* bzw. *SAP Workflow Management* auf der SAP Business Technology Platform (SAP BTP) wurde inzwischen vollständig in SAP Build Process Automation überführt. Die neue Lösung setzt konsequent auf eine vereinfachte, visuell geführte Entwicklung und richtet sich ausdrücklich auch an Anwender*innen aus den Fachbereichen ohne tiefgehende Programmierkenntnisse.

Aufbau dieses Kapitels

In diesem Kapitel führen wir Sie in die Workflow-Komponenten von SAP Build Process Automation ein. Der Fokus liegt dabei nicht nur auf der Entwicklung von Workflows, sondern ebenso auf Architektur, der Integration und dem Monitoring. Die Erläuterungen orientieren sich überwiegend an der Benutzerführung von SAP Build Process Automation und werden um ausgewählte Anwendungsbeispiele mit SAP S/4HANA ergänzt, darunter auch Szenarios mit SAP S/4HANA Cloud Public Edition.

In Abschnitt 15.1, »Einführung in SAP Build Process Automation«, lernen Sie typische Anwendungsfälle kennen, erhalten Einblicke in den Low-Code-Ansatz, erfahren, wie die Cloud-Lösung im Vergleich zu klassischen und flexiblen Workflows positioniert ist, und bekommen Einblicke in bewährte Vorgehensweisen aus der Praxis.

In Abschnitt 15.2, »Architektur und Komponenten von SAP Build Process Automation«, erhalten Sie einen Überblick darüber, wie SAP Build Process Automation technisch in die SAP BTP eingebunden ist. Sie lernen die zentralen Komponenten, wie etwa die SAP Build Lobby und den Process Builder, kennen und erfahren, wie Projekte, Umgebungen und Services auf der SAP BTP organisiert und verwaltet werden.

In Abschnitt 15.3, »Entwicklung von Workflows«, erarbeiten Sie sich Schritt für Schritt die zentralen Bausteine zur Umsetzung eines Workflows – von der Projektanlage in der SAP Build Lobby über die Modellierung im Process Builder bis hin zum Umgang mit Datenobjekten, Formularen und Bedingungen.

In Abschnitt 15.4, »Monitoring und Fehlerbehebung von Workflows«, lernen Sie, wie Sie den Überblick über Ihre laufenden Workflows behalten. Sie erfahren, welche Tools SAP Build Process Automation für die Überwachung und Analyse bereitstellt, wie Sie auf Fehlermeldungen reagieren und Probleme gezielt beheben können.

In Abschnitt 15.5, »Systemübergreifende Integration von Workflows«, gehen wir auf die Möglichkeit ein, hybride Workflows über Systemgrenzen hinweg zu modellieren. In Abschnitt 15.6, »Erweiterbarkeit von SAP Build Process Automation«, zeigen wir Ihnen, wie Sie Cloud-Workflows unter Einhaltung des Clean-Core-Prinzips erweitern können. In Abschnitt 15.7, »Best Practices und Praxisbeispiele«, stellen wir erprobte Vorgehensweisen und häufige Stolperfallen bei der Einführung von SAP Build Process Automation vor. Anhand konkreter Beispiele erhalten Sie Impulse, wie Sie typische Anwendungsfälle effizient und zukunftssicher umsetzen können. In Abschnitt 15.8, »Ausblick und Zukunftstrends«, gehen wir abschließend darauf ein, welche Entwicklungen SAP für die kommenden Releases plant, wie sich das Thema Automatisierung weiterentwickeln wird und welche Rolle dabei neue Technologien wie künstliche Intelligenz (KI) spielen könnten.

15.1 Einführung in SAP Build Process Automation

Zielsetzung der Lösung

SAP Build Process Automation verbindet klassische Workflow-Technologien mit aktuellen Ansätzen der Prozessautomatisierung, Benutzerfreundlichkeit und Cloud-Integration. Der Fokus liegt dabei auf der schnellen und einfachen Modellierung von Workflows durch die Fachbereiche, die nicht unbedingt über tiefgreifende Entwicklungskenntnisse verfügen. Hierfür kombiniert SAP Build Process Automation Low-Code-Entwicklung, Workflow-Orchestrierung und Robotic Process Automation (RPA) in einer integrierten Umgebung.

Die Plattform richtet sich nicht nur an IT-Abteilungen, sondern insbesondere auch an Citizen Developers, also fachliche Anwender*innen, die ihre Prozesse selbstständig digitalisieren und automatisieren möchten. Dabei werden sie durch intuitive Modellierungsoberflächen, geführte Assistenten und eine Vielzahl vorkonfigurierter Komponenten unterstützt.

SAP Build Process Automation ist Bestandteil der Produktfamilie *SAP Build* und basiert auf der SAP BTP. Letztere bildet die strategische Grundlage für cloudbasierte Erweiterungen und prozessorientierte Entwicklungen im SAP-Umfeld. SAP Build Process Automation ist dabei eng mit weiteren SAP-BTP-Services wie SAP Identity Management, SAP Event Mesh, API Management oder der SAP Integration Suite verbunden.

In diesem Abschnitt lernen Sie die grundlegenden Konzepte, Architekturprinzipien und Komponenten von SAP Build Process Automation kennen. Wir werfen einen Blick auf typische Anwendungsfälle, erläutern den Low-Code-Ansatz und gehen auf die Unterschiede zu klassischen und flexiblen Workflows ein.

15.1.1 Typische Anwendungsfälle

SAP Build Process Automation richtet sich an Unternehmen, die ihre Geschäftsprozesse effizienter, transparenter und agiler gestalten möchten – unabhängig davon, ob diese Prozesse innerhalb eines SAP-Systems oder über Systemgrenzen hinweg ablaufen. Durch die Kombination aus Workflow-Orchestrierung, Formularerstellung zur Abbildung von Workflow-Dialogaufgaben, Geschäftsregeln (Business Rules) und RPA lassen sich sowohl einfache Genehmigungsprozesse als auch komplexe, unternehmensweite Abläufe automatisieren.

Anwendungsfälle

Typische Anwendungsfälle sind beispielsweise:

- **Genehmigungsprozesse**
  Urlaubsanträge, Investitionsfreigaben, Einkaufsanforderungen oder Vertragsprüfungen lassen sich standardisiert und nachvollziehbar abbilden.
- **RPA-basierte Prozessautomatisierung**
  Repetitive Tätigkeiten, wie z. B. Datentransfers zwischen Systemen oder das Auslesen und Weiterverarbeiten von E-Mails, können durch Bots automatisiert werden.

- **Kundenspezifische Erweiterungen**
  Erweiterungen von Standard-Workflows passen bestehende SAP-Prozesse gezielt unternehmensspezifischen Anforderungen an, z. B. durch zusätzliche Genehmigungen, Schnittstellen oder Validierungen.
- **Kundeneigene Workflows**
  Eigene Workflows ergänzen Abläufe, für die es im SAP-Standard keine oder nur rudimentäre Unterstützung gibt, z. B. zur manuellen Nachbearbeitung, Zwischenprüfung oder Eskalation.
- **End-to-End-Prozesse**
  Durch die Kombination von SAP- und Nicht-SAP-Systemen lassen sich durchgängige Abläufe modellieren, z. B. für das Onboarding neuer Mitarbeiter*innen oder Lieferanten.

Store

Im *Store* von SAP Build Process Automation stehen vorgefertigte Workflows und Automatisierungen bereit, die sich in die eigenen Prozesse übernehmen lassen. Somit ist SAP Build Process Automation nicht nur ein Werkzeug für die Automatisierung einzelner Aufgaben, sondern kann als zentrale Plattform für die Digitalisierung ganzer Prozessketten dienen.

15.1.2 Low-Code-Ansatz

Ein zentrales Merkmal von SAP Build Process Automation ist der *Low-Code-Ansatz*, der es auch technisch weniger versierten Anwender*innen ermöglicht, Geschäftsprozesse zu digitalisieren und zu automatisieren. Ziel ist es, die Fachbereiche in die Lage zu versetzen, eigenständig Workflows zu modellieren, Benutzeroberflächen zu gestalten und Prozessentscheidungen abzubilden, ohne dabei immer auf klassische Entwicklungsressourcen angewiesen zu sein.

Grafischer Editor zur Workflow-Modellierung

Im Zentrum von SAP Build Process Automation steht der *Process Builder*, ein grafischer Editor, mit dem sich Prozesse in Business Process Model and Notation (BPMN) 2.0 modellieren lassen. Benutzeraufgaben, Serviceaufrufe, Bedingungen oder Schleifen können Sie hier per Drag and Drop hinzufügen. Formularoberflächen können ebenfalls visuell und ohne Code erstellt werden. Dazu werden einfache Eingabefelder, Tabellen, Auswahllisten und Validierungen definiert. Ähnlich wie der klassische Workflow Builder in SAP Business Workflow (Transaktion SWDD) verfolgt der Process Builder das Ziel, Geschäftsprozesse modellierbar zu machen, unterscheidet sich jedoch hinsichtlich Technologie, Architektur und Zielgruppe.

Auch die Regeln und Entscheidungstabellen (engl. Decision Tables) für die Geschäftslogik werden visuell abgebildet. Für die Interaktion mit externen

Systemen können über den Process Builder darüber hinaus REST-/OData-APIs eingebunden werden. Nur in Ausnahmefällen ist ergänzendes Skripting erforderlich, etwa zur Transformation von Datenstrukturen oder bei komplexeren Integrationen.

Low-Code-Prinzipien

Der Low-Code-Ansatz von SAP Build Process Automation basiert auf den folgenden Prinzipien:

- visuelle Modellierung statt Programmierung
- wiederverwendbare Komponenten und Vorlagen
- geführte Assistenten für gängige Aufgaben
- nahtlose Integration mit SAP-Systemen über vorkonfigurierte Konnektoren

Dieser Ansatz soll die Abhängigkeit von IT-Ressourcen reduzieren, sowie kürzere Implementierungszeiten (und damit einen besseren Time-to-Value) mit sich bringen. Gleichzeitig sollen sich bereits entwickelte Workflows einfacher pflegen und durch die Fachabteilungen selbstständig weiterentwickeln lassen. Auch wenn die Fachabteilungen noch nicht komplett ohne die Unterstützung ihrer IT-Abteilungen auskommen, unterstützt der Low-Code-Ansatz auch die professionelle Workflow-Entwicklung. Neue Workflows lassen sich damit effektiver entwickeln.

15.1.3 Unterschiede zu klassischen und flexiblen Workflows

Klassischer SAP Business Workflow

Beim klassischen SAP Business Workflow ist die Integration mit modernen Oberflächen wie SAP Fiori nur eingeschränkt und nicht nativ möglich. Zwar können Workitems über die SAP-Fiori-App **Meine Inbox** angezeigt und bearbeitet werden, doch erfordert dies zusätzliche technische Konfiguration (siehe Abschnitt 3.3.2, »Konfiguration der App ›Meine Inbox‹«). Auch das Monitoring und die Administration erfolgen meist noch über das SAP GUI oder klassische Anwendungen wie SAP Business Workplace (Transaktion SBWP).

Flexibler Workflow

Mit dem flexiblen Workflow führte SAP ein konfigurationsbasiertes Modell ein, das sich besonders für standardisierte Genehmigungsprozesse eignet. Der flexible Workflow bietet eine native Integration in SAP Fiori. Sowohl die Konfiguration als auch die Benutzerinteraktion erfolgen vollständig über das SAP Fiori Launchpad. Anstelle eines Tools zur freien grafischen Modellierung arbeitet man bei den flexiblen Workflows mit vorkonfigurierten Szenarios, die sich über dedizierte SAP-Fiori-Apps ohne Programmierung aktivieren und anpassen lassen. Für erweiterte Anforderungen wie eigene Startbedingungen, Entscheidungslogiken oder zusätzliche Felder kann jedoch ABAP-Entwicklung erforderlich sein.

SAP Build Process Automation

SAP Build Process Automation verfolgt dagegen einen modernen, cloudbasierten Ansatz für das Workflow-Management. Die Entwicklung und die Konfiguration erfolgen über die browserbasierte *SAP Build Lobby*, die auch als Einstiegspunkt für SAP Build Process Automation dient. Die Ausführung der Workflows erfolgt in der cloudbasierten Runtime der SAP BTP. Die Integration in SAP S/4HANA (On-Premise oder Cloud) erfolgt über APIs und vorgefertigte Konnektoren. Mit SAP Build Process Automation modellierte Workflows können systemübergreifend agieren und umfassen Benutzereingaben, Serviceaufrufe, Entscheidungsregeln und RPA-Bots.

Zusammenfassung der Unterschiede

Tabelle 15.1 fasst die wesentlichen Unterschiede zwischen SAP Business Workflow, flexiblem Workflow und SAP Build Process Automation in Bezug auf Architektur, Benutzerführung und Einsatzszenarios zusammen.

Merkmal	SAP Business Workflow	Flexibler Workflow	SAP Build Process Automation
technische Plattform	ABAP-basiert	ABAP-basiert	SAP BTP
Benutzeroberfläche	SAP GUI	SAP Fiori	SAP Fiori
Modellierung	Workflow Builder	Konfiguration über SAP-Fiori-App	BPMN-Modellierer (Low-Code)
Zielgruppe	Entwickler*innen	Key User, Prozessverantwortliche	Citizen Developer, Business User
Erweiterbarkeit	hoch (ABAP-Entwicklung)	eingeschränkt (Business Rules)	hoch (APIs, RPA, Konnektoren)
SAP S/4HANA Cloud Public Edition	nicht verfügbar	ja	ja (empfohlen)
SAP S/4HANA Cloud Private Edition oder On-Premise-Version	ja	ja	optional (SAP-BTP-Anbindung erforderlich)

Tabelle 15.1 Unterschiede zwischen SAP Business Workflow, flexiblem Workflow und SAP Build Process Automation im Überblick

15.1.4 Positionierung des Workflow-Managements innerhalb von SAP Build Process Automation

SAP Build Process Automation kombiniert als umfassende Plattform klassische Workflow-Funktionalität mit modernen Automatisierungsformen wie RPA und Business Rules. Innerhalb dieses Baukastensystems nimmt das Workflow-Management eine zentrale und verbindende Rolle ein: Es bildet das strukturelle Rückgrat aller Prozessabläufe und definiert, in welcher Reihenfolge Aufgaben ausgeführt, Entscheidungen getroffen und automatisierte Schritte angestoßen werden.

BPMN 2.0: technologieübergreifendes Modellierungskonzept

Die BPMN-2.0-kompatible Modellierung der Workflows erlaubt eine modellbasierte und weitgehend technikneutrale Abbildung von Geschäftsprozessen. Durch die Verwendung eines einheitlichen Modellierungsparadigmas über die verschiedenen Workflow-Technologien von SAP hinweg bleibt die Anschlussfähigkeit der cloudbasierten Workflows an die etablierten Workflow-Konzepte aus SAP Business Workflow und die bereits cloudbasierten Workflows aus der Vorgängerlösung SAP Cloud Platform Workflow Management bzw. SAP Workflow Management gewahrt.

Workflow als Orchestrator

Workflows übernehmen in SAP Build Process Automation eine orchestrierende Funktion:

- Sie definieren Benutzeraufgaben und weisen diese den für die Bearbeitung zuständigen Personen zu.
- Sie binden automatisierte Aktionen (z. B. RPA-Skripte oder API-Aufrufe) in Geschäftsprozesse ein.
- Sie integrieren Geschäftsregeln, die Entscheidungen steuern.
- Sie verknüpfen Formulare mit Benutzeroberflächen.
- Sie werten Ereignisse und Bedingungen für den weiteren Ablauf aus.

Durch diese Orchestrierungsfunktion verknüpft das Workflow-Management alle anderen Automatisierungskomponenten in einem übergreifenden, steuerbaren Geschäftsprozess.

Abgrenzung zu anderen Komponenten

SAP Build Process Automation umfasst neben dem Workflow-Management weitere Bausteine, die miteinander kombiniert eingesetzt werden können. Tabelle 15.2 stellt die Funktionen dieser Komponenten einander gegenüber. In Abschnitt 15.2.2, »Hauptkomponenten von SAP Build Process Automation«, gehen wir ausführlicher auf die Bedeutung der einzelnen Komponenten im Workflow-Management-Kontext ein.

Komponente	Funktion
Process Builder	Modellierung und Konfiguration von Workflows mit BPMN 2.0
Formulareditor	Gestaltung von benutzerfreundlichen Eingabeformularen (SAPUI5-basiert)
Business Rules	Konfiguration flexibler Entscheidungslogiken
Automatisierungen	Integration von Bots oder API-gestützten Automatisierungen
Inbox und SAP Fiori Launchpad	Aufgabenbearbeitung durch Endanwender*innen (z. B. »Meine Inbox«)
Process Visibility	Monitoring, Auswertung und Optimierung laufender Prozesse

Tabelle 15.2 Kernkomponenten von SAP Build Process Automation und deren Funktion im Zusammenspiel mit dem Workflow-Management

Obwohl jede dieser Komponenten eigenständig betrachtet werden kann, entfalten sie ihre Wirkung erst im Zusammenspiel mit einem Workflow-Prozess. Ohne Workflow-Logik fehlt die koordinierende Klammer, die den Ablauf von Ereignissen, Aufgaben und Entscheidungen in eine unternehmerisch sinnvolle Reihenfolge bringt. Das Workflow-Management ist innerhalb von SAP Build Process Automation damit nicht nur eine Komponente unter vielen, sondern die zentral koordinierende Instanz, die das Zusammenspiel von Benutzer*innen, Systemen und Entscheidungsregeln in einem konsistenten Prozessablauf sicherstellt. SAP entwickelt damit die klassische Workflow-Technologie strategisch weiter und bettet sie in eine moderne, cloudfähige und erweiterbare Plattform ein.

Positionierung innerhalb der Prozessautomatisierung

Mit der Einführung von SAP Build Process Automation verfolgte SAP das Ziel, Fachbereiche in die Lage zu versetzen, ihre Prozesse schneller und eigenständiger zu digitalisieren. Auch in diesem Low-Code-Umfeld bleibt das Workflow-Management wie beschrieben die zentrale Logikebene, die Prozesse strukturiert und systemübergreifend steuert.

Integration in die SAP-Landschaft

Workflows, die in SAP Build Process Automation modelliert werden, lassen sich nahtlos in SAP S/4HANA, SAP SuccessFactors, SAP Ariba und SAP-BTP-Services integrieren. Über Konnektoren, Events oder API-Aufrufe können die hier modellierten Prozesse den Daten und Funktionen der SAP-Backend-Systeme oder externer Systeme angebunden werden.

15.2 Architektur und Komponenten von SAP Build Process Automation

SAP Build Process Automation basiert auf einer modernen Cloud-Architektur, die auf der SAP BTP aufsetzt. Die Lösung wurde von Grund auf für die Anforderungen moderner Unternehmen entwickelt, die ihre Geschäftsprozesse schnell, skalierbar und benutzerfreundlich automatisieren möchten. Die Architektur ist modular aufgebaut. In diesem Abschnitt stellen wir Ihnen die wichtigsten Komponenten und deren Aufgaben im Zusammenspiel vor.

Architektur im Überblick

Abbildung 15.1 gibt einen Überblick über die Architektur und das Zusammenspiel der zentralen Komponenten. Sie erkennen hier, wie Workflows, Benutzeroberflächen, Automatisierungen und Integrationen über die SAP BTP orchestriert werden.

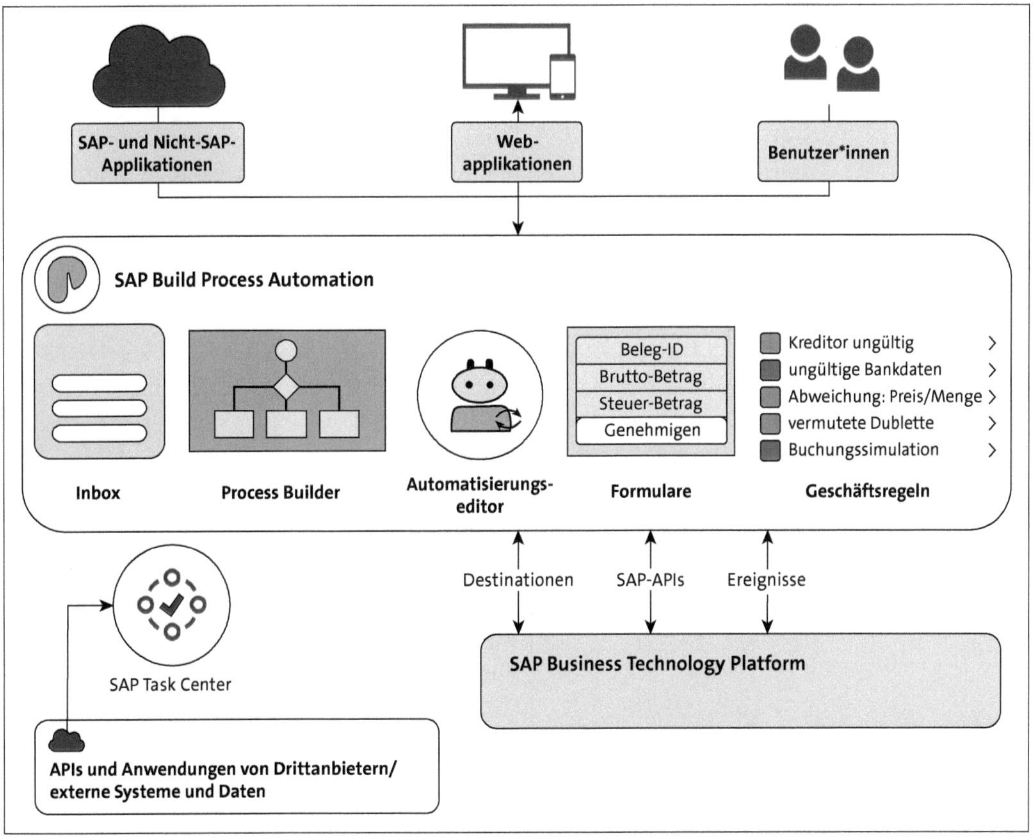

Abbildung 15.1 Architektur und Komponenten von SAP Build Process Automation auf der SAP BTP

15.2.1 Technologischer Unterbau – SAP BTP

Technische Infrastruktur

SAP Build Process Automation ist ein vollständig verwalteter Service auf der SAP BTP, d. h., die Lösung wird von SAP betrieben, gewartet und aktualisiert. Die Ausführung dieses Service erfolgt in der Regel im Cloud Foundry Environment, das moderne, containerbasierte Architekturen und eine flexible Skalierung ermöglicht. Es können sowohl von SAP gehostete als auch Hyperscaler-basierte Umgebungen genutzt werden (z. B. Amazon Web Services – AWS, Microsoft Azure, Google Cloud). Der zugrunde liegende Multi-Cloud-Ansatz ermöglicht eine flexible Anpassung an bestehende IT-Strategien und Compliance-Anforderungen.

Plattformübergreifende Dienste

Die SAP BTP stellt zudem plattformübergreifende Dienste zur Verfügung, die von SAP Build Process Automation mitgenutzt werden, unter anderem:

- Identitäts- und Zugriffsmanagement (Identity Authentication)
- Monitoring, Logging und Alerting
- Event Handling, Messaging, Scheduling

Diese technische Grundlage ermöglicht eine nahtlose Integration mit SAP S/4HANA sowie weiteren Cloud- und On-Premise-Systemen. Hierfür werden Standardkonnektoren bereitgestellt. Es können aber auch individuelle Application Programming Interfaces (APIs) definiert werden.

15.2.2 Hauptkomponenten von SAP Build Process Automation

Komponenten und deren Funktionen

SAP Build Process Automation besteht aus mehreren logisch getrennten, aber eng miteinander integrierten Komponenten. Tabelle 15.3 gibt einen kompakten Überblick über die zentralen Bestandteile und deren Aufgaben im Workflow-Management-Kontext.

Komponente	Beschreibung
SAP Build Lobby	zentrale Startseite der SAP Build Suite mit Überblick über alle Projekte sowie Zugriff auf Erstellung, Verwaltung und Nutzung von Komponenten aus SAP Build Code, SAP Build Apps, SAP Build Process Automation und SAP Build Work Zone
Process Builder	Modellierungsoberfläche zur Erstellung von Workflows. Auf Basis von BPMN-ähnlichen Symbolen werden Prozesspfade, Aufgaben, Bedingungen und Integrationen definiert.

Tabelle 15.3 Hauptkomponenten von SAP Build Process Automation und deren Funktionen im Workflow-Kontext

Komponente	Beschreibung
Automatisierungseditor	Tool zur Erstellung von RPA-basierten Automatisierungen (z. B. von Dialogprozessen auf der Benutzeroberfläche). Die Aktionen können dazu zunächst aufgezeichnet oder per Konfiguration definiert werden.
Formulareditor	Ermöglicht die einfache Erstellung von formularbasierten Benutzeroberflächen zur Datenerfassung im Workflow ohne Programmierung.
Business Rule Editor	Komponente zur Definition und Verwaltung von Entscheidungslogiken in Form von Regeln. Diese Regeln werden dynamisch zur Laufzeit ausgewertet.
Monitoring und Administration	zentrale Dashboards zur Überwachung und Verwaltung von Workflow-Instanzen, Automatisierungen, Benutzerinteraktionen und Systemereignissen
SAP Task Center	Zentrale Aufgabenübersicht für Anwender*innen. Aufgaben aus Prozessen können über das SAP Task Center oder optional über die App **Meine Inbox** bearbeitet werden.

Tabelle 15.3 Hauptkomponenten von SAP Build Process Automation und deren Funktionen im Workflow-Kontext (Forts.)

Im nächsten Abschnitt sehen wir uns an, wie diese Bausteine technisch zusammenspielen und in die Systemlandschaft integriert werden.

15.3 Entwicklung von Workflows

Die Entwicklung bzw. Modellierung von Workflows bildet das Herzstück von SAP Build Process Automation. In diesem Abschnitt erläutern wir Schritt für Schritt, wie Sie mithilfe des visuellen Editors Workflows modellieren, konfigurieren, testen und produktiv setzen können. Sie lernen dabei zentrale Bausteine wie Startbedingungen, Benutzeraufgaben, Bedingungen, Formulare und Integrationselemente kennen. Unser Fokus liegt in diesem Abschnitt auf den klassischen Workflow-Funktionen, während wir uns im folgenden Kapitel 16, »Robotic Process Automation mit SAP Build Process Automation«, den Automatisierungen zuwenden.

Im Folgenden führen wir Sie durch den gesamten Lebenszyklus eines Workflows von der Erstellung über die Konfiguration von Aufgaben bis hin zum Deployment. Dabei lernen Sie unter anderem Folgendes:

- Sie legen einen neuen Workflow an, indem Sie ein Projekt in der SAP Build Lobby erstellen.
- Sie modellieren Benutzeraufgaben und Gateways über visuelle Prozessdefinitionen.
- Im Formulareditor erstellen Sie Formulare und übergeben Daten.
- Sie organisieren die Ablaufkontrolle und Veröffentlichung im Rahmen von Test und Deployment.

Wir wollen Ihnen damit einen praxisorientierten Einstieg in die Workflow-Entwicklung mit SAP Build Process Automation ermöglichen und das Fundament für weiterführende Szenarios in Ihrem Unternehmen legen.

Ziel des Beispiels

Als Beispiel modellieren wir gemeinsam einen einfachen, manuell startbaren Genehmigungs-Workflow. Dieses Beispiel soll die wichtigsten Funktionen der Workflow-Entwicklung mit SAP Build Process Automation demonstrieren. Der zu modellierende Prozess soll wie folgt ablaufen:

1. Der Workflow wird manuell ausgelöst.
2. Eine Benutzeraufgabe zur Genehmigung wird angezeigt.
3. Abhängig von der Entscheidung der genehmigenden Person endet der Prozess mit dem Status **Genehmigt** oder **Abgelehnt**.

[+]

SAP-BTP-Trial-Account

Alle Beispiele und Screenshots in diesem Kapitel wurden mit einem Trial-Account der SAP BTP erstellt, der von SAP kostenfrei zur Verfügung gestellt wird. Sie können sich einen solchen Zugang erstellen, um die hier gezeigten Schritte nachzuvollziehen oder die Funktionen selbst auszuprobieren. Eine Registrierung ist über den folgenden Link möglich:
https://www.sap.com/products/technology-platform/trial.html

15.3.1 SAP Build Lobby im Trial-Account einrichten

Bevor Sie mit der Erstellung Ihres ersten Workflows beginnen können, sollten Sie sicherstellen, dass Sie in Ihrem SAP-BTP-Trial-Account auf die SAP Build Lobby zugreifen können.

Aktivierung von SAP Build Apps

Dazu müssen Sie zunächst *SAP Build Apps* aktivieren, wozu Sie einen sogenannten *Booster*, also eine interaktive, geführte Prozedur, nutzen können. Melden Sie sich dazu am Global Account Ihres SAP-BTP-Trials an und führen Sie den Booster **Get Started with SAP Build Apps** aus (siehe Abbildung 15.2). Er stellt alle erforderlichen Dienste initial bereit.

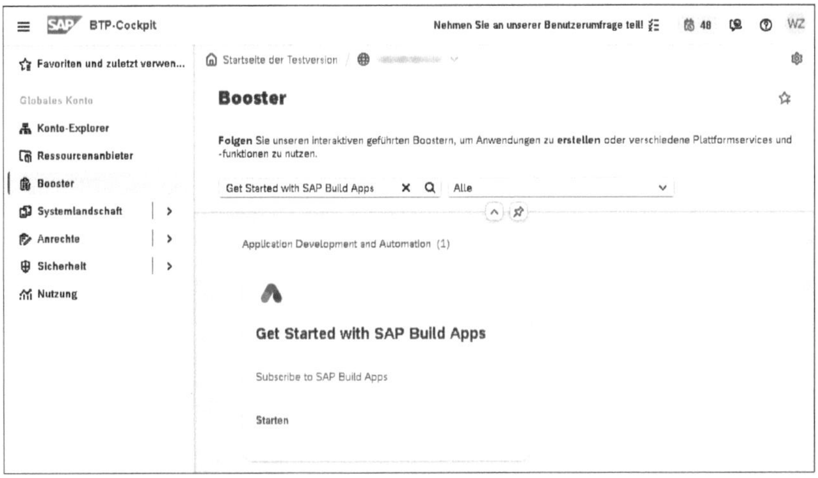

Abbildung 15.2 Booster »Get Started with SAP Build Apps«

SAP Cloud Identity Services aktivieren

Nach Ausführung des Boosters erhalten Sie eine Bestätigungs-E-Mail. Klicken Sie auf den Link in dieser E-Mail, um die *SAP Cloud Identity Services* zu aktivieren. Sie werden für die Benutzerverwaltung und Authentifizierung benötigt.

SAP Build Process Automation abonnieren

Als Nächstes müssen Sie den Service SAP Build Process Automation abonnieren. Wechseln Sie dazu in Ihren Subaccount und öffnen Sie dort unter **Services** den **Service Marketplace**. In der Suchfunktion geben Sie »SAP Build Process Automation« ein und wählen diesen Dienst aus, um ihn zu abonnieren (siehe Abbildung 15.3). Dazu klicken Sie auf die Schaltfläche ••• (**Aktionen**) oben rechts in der Kachel und wählen im Kontextmenü **Anlegen**.

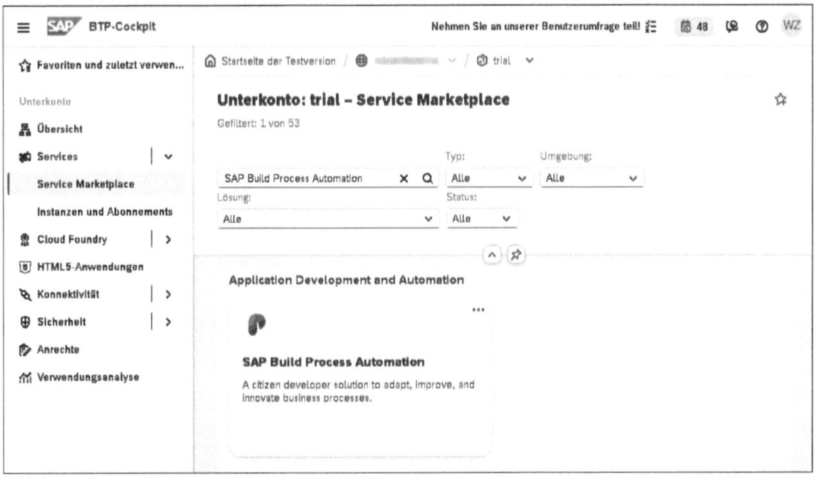

Abbildung 15.3 Service Marketplace Ihres Subaccounts mit dem Service SAP Build Process Automation

Zugriff auf die SAP Build Lobby

Navigieren Sie in Ihrem Subaccount anschließend zum Menüpunkt **Instanzen und Abonnements** und öffnen Sie dort die Anwendung **SAP Build Apps**, um zur SAP Build Lobby zu gelangen.

Nachdem Sie die beschriebenen Schritte durchgeführt haben, sollten in Ihrem Subaccount unter dem Menüpunkt **Services • Instanzen und Abonnements** mindestens die folgenden drei Serviceinstanzen aktiv sein:

- SAP Build Process Automation
- SAP Build Apps
- SAP Cloud Identity Services

15.3.2 Ein neues Projekt erstellen

Die Entwicklung eines Workflows beginnt in der SAP Build Lobby, der zentralen Oberfläche zur Erstellung, Organisation und Veröffentlichung von Projekten in SAP Build.

SAP Build Lobby aufrufen

Klicken Sie auf die Schaltfläche (**Zur Anwendung wechseln**) rechts neben der Anwendungsbezeichnung **SAP Build Apps**, um zur SAP Build Lobby zu gelangen (siehe Abbildung 15.4).

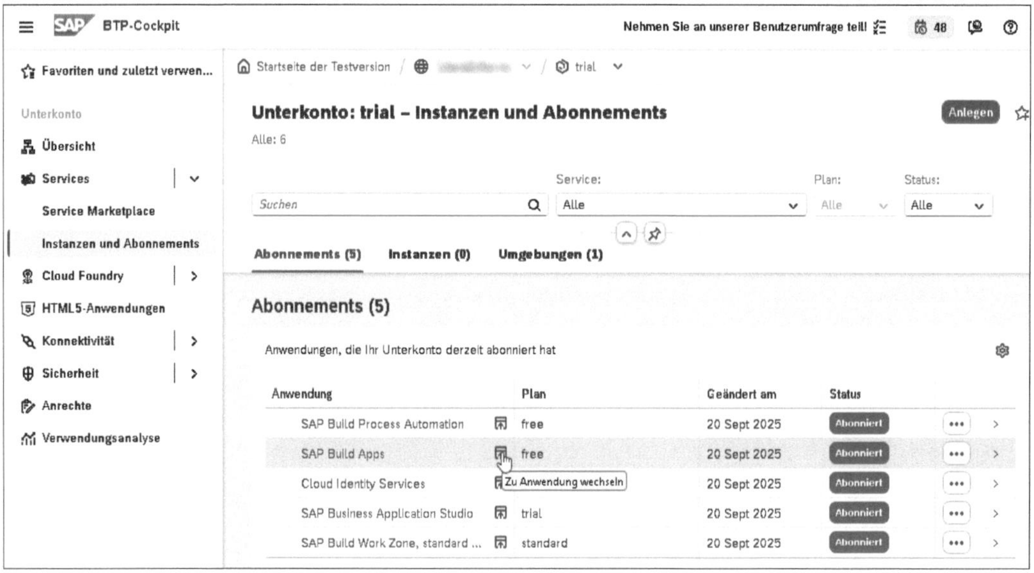

Abbildung 15.4 SAP Build Lobby über die Serviceinstanz SAP Build Apps öffnen

SAP Build Lobby

In der SAP Build Lobby verwalten Sie zentral alle Projekte, die Sie mit SAP Build Process Automation oder SAP Build Apps erstellen. Sie dient als Ausgangspunkt für die Entwicklung und den Zugriff auf bestehende Automatisierungsprojekte. Hier legen Sie neue Projekte an, öffnen bestehende Workflows und erhalten eine strukturierte Übersicht über Ihre Anwendungen.

Die eigentliche Modellierung von Prozessen erfolgt innerhalb des jeweiligen Projekts im *Process Builder* (siehe Abschnitt 15.3.3, »Prozess anlegen und modellieren«).

Mögliche Artefakte

Ein Projekt in SAP Build kann mehrere *Artefakte* enthalten, darunter:

- Workflows
- Automatisierungen
- Formulare
- Entscheidungsdiagramme (Rules)
- Datenobjekte
- Konnektoren

In diesem Kapitel legen wir den Fokus ausschließlich auf die Workflows.

Projekt anlegen

Sobald Sie sich in der SAP Build Lobby befinden, erhalten Sie eine Übersicht Ihrer Projekte. In Abbildung 15.5 verbirgt sich diese Übersicht hinter dem eingeblendeten Dialog **Projekt anlegen**. Da wir in unserem Beispiel noch keine Projekte haben, ist diese Übersicht zunächst leer.

Wir legen nun wie folgt ein neues Projekt an:

1. Klicken Sie in der Übersicht der Projekte in der SAP Build Lobby auf die Schaltfläche **Anlegen** ❶ und wählen Sie den Projekttyp **Automatisierter Prozess** ❷. Klicken Sie anschließend auf **Weiter** ❸.

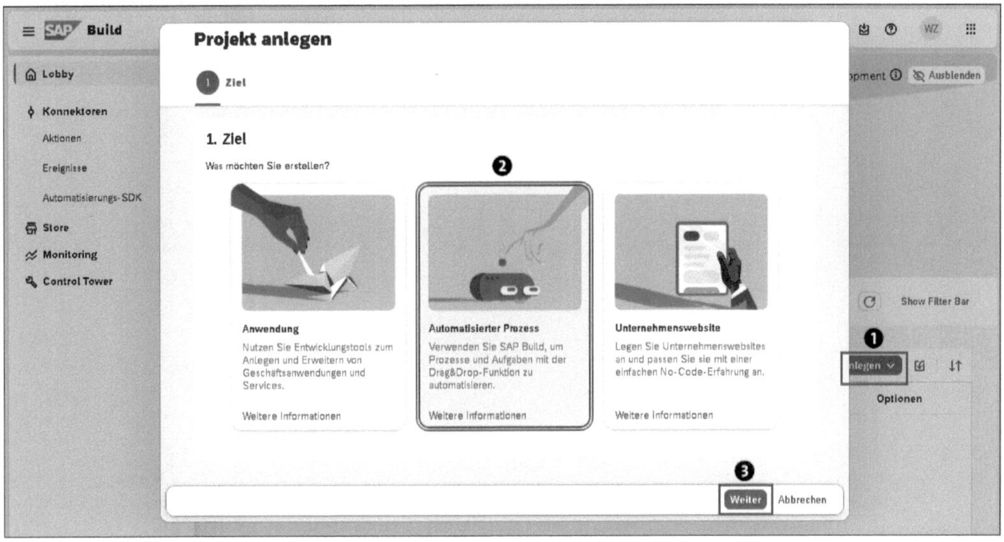

Abbildung 15.5 Projekttyp »Automatisierter Prozess« auswählen

2. Im nächsten Dialog spezifizieren Sie den Projekttyp **Prozess** und klicken auf **Weiter** (siehe Abbildung 15.6). Damit legen Sie ein neues Workflow-Projekt an, das ausschließlich die Prozesskomponente von SAP Build

Process Automation verwendet, ohne die Funktionalität von SAP Build Apps oder die RPA-Komponenten.

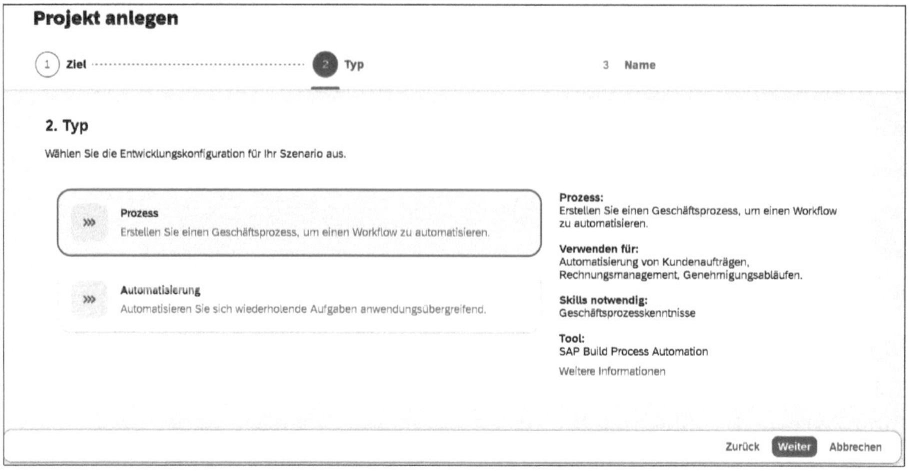

Abbildung 15.6 Auswahl des Projekttyps »Prozess«

3. In den folgenden beiden Fenstern vergeben Sie einen Projektnamen sowie eine optionale Beschreibung.
4. Klicken Sie anschließend auf **Überprüfen**, kontrollieren Sie Ihre Angaben und schließen Sie die Erstellung mit einem Klick auf **Anlegen** ab (siehe Abbildung 15.7).

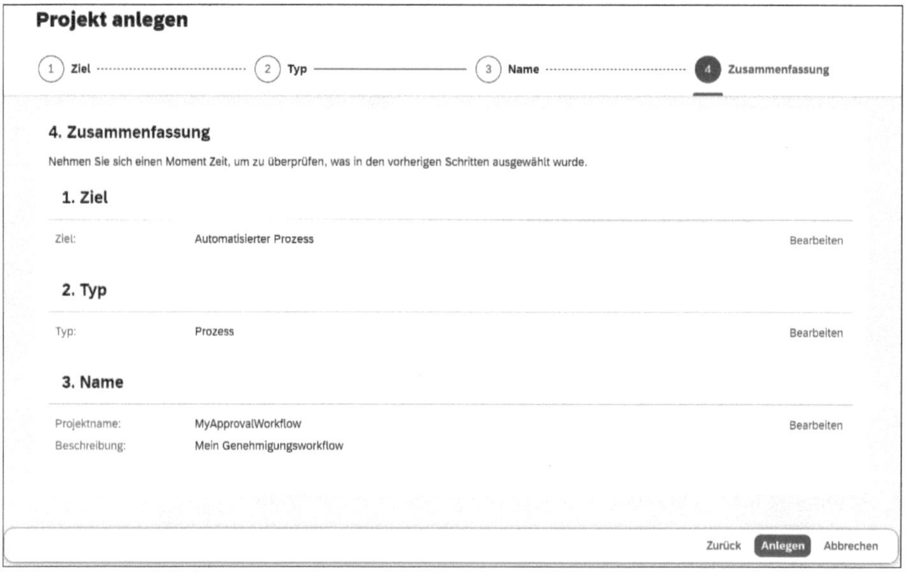

Abbildung 15.7 Zusammenfassung beim Anlegen des Projekts in der SAP Build Lobby

15.3.3 Prozess anlegen und modellieren

Nachdem Sie das Projekt angelegt haben, öffnet sich ein neues Browser-Tab mit dem neu erstellten Projekt. Sie befinden sich nun in SAP Build Process Automation. Hier erstellen Sie mit einem Klick auf **Anlegen** unseren Geschäftsprozess, um die Genehmigung für Rechnungen zu automatisieren.

Prozess anlegen

Im Dialogfenster **Prozess anlegen** geben Sie den Prozessnamen und eine **Beschreibung** ein. Die technische **Kennung** wird aus dem Prozessnamen abgeleitet, kann aber angepasst werden. Für unser Beispiel verwenden wir folgende Angaben (siehe Abbildung 15.8):

- **Name**: Invoice Approval Process
- **Kennung**: invoiceApprovalProcess
- **Beschreibung**: SAP PRESS Rechnungsgenehmigung

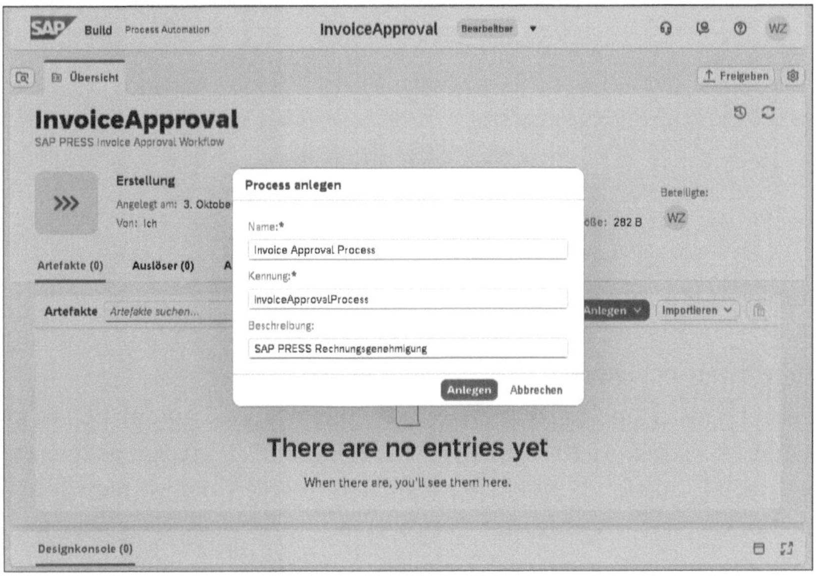

Abbildung 15.8 SAP Build Process Automation – Business-Prozess anlegen

Klicken Sie anschließend erneut auf **Anlegen**.

Grafische Modellierbausteine

Nach dem Anlegen des Projekts gelangen Sie automatisch zur Arbeitsfläche des *Process Builders* (siehe Abbildung 15.9). Im grafischen Editor bauen Sie die Prozesslogik aus folgenden Bausteinen auf:

- Startereignis (z. B. manuell, durch API-Aufruf oder durch Zeitplan)
- Benutzeraufgaben (Tasks mit Formularen)

- Serviceaufgaben (z. B. REST-API-Aufrufe)
- Gateways (z. B. Verzweigungen)
- Endeereignisse (inklusive definierter Ausgabeparameter)

Sie fügen diese Bausteine über die Drag-and-Drop-Funktionalität hinzu, modellieren Ihren Geschäftsprozess also visuell. Mithilfe von Steuerelementen und Verbindungslinien definieren Sie den Ablauf und legen fest, wie Informationen im Prozessfluss verarbeitet werden.

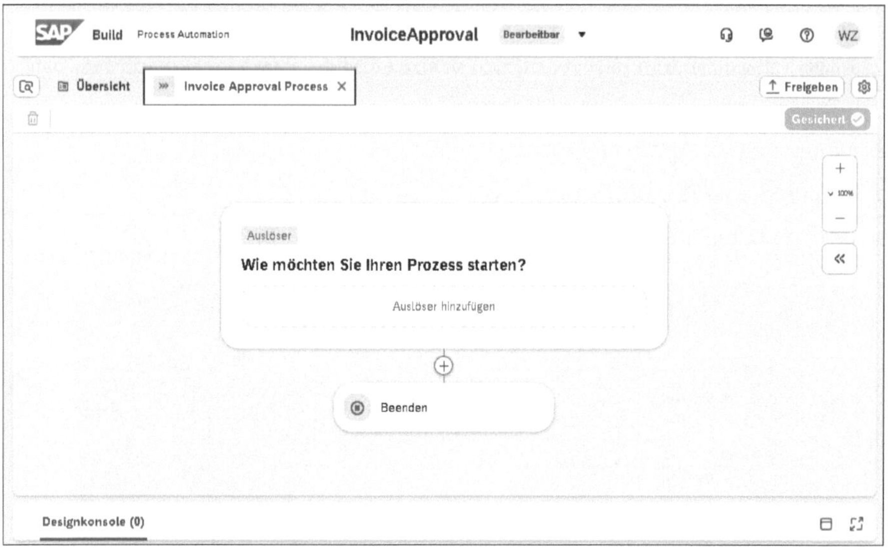

Abbildung 15.9 Arbeitsoberfläche im Process Builder

Datentypen definieren

Bei der Entwicklung von Workflows in SAP Build Process Automation ist es essenziell, strukturierte *Datentypen* anzulegen. Datentypen definieren, welche Informationen im Prozess verarbeitet werden und wie diese Informationen zwischen Aufgaben, Formularen und Services übergeben werden. Ein Datentyp ist ein eigenständiges Artefakt, das als Input- und/oder Output-Parameter in Prozessen oder Automatisierungen verwendet wird. Einen Datentyp legen Sie wie folgt an:

1. Klicken Sie im Menü **Projektinhalt** auf die Schaltfläche + (**Neues Artefakt anlegen**) und wählen Sie **Anlegen • Datentyp** (siehe Abbildung 15.10).
2. Im darauffolgenden Dialog geben Sie den Namen »Invoice Header« und eine **Beschreibung** ein (siehe Abbildung 15.11). Die **Kennung** wird automatisch generiert, kann aber angepasst werden.
3. Schließen Sie die Anlage mit einem Klick auf **Anlegen** ab.

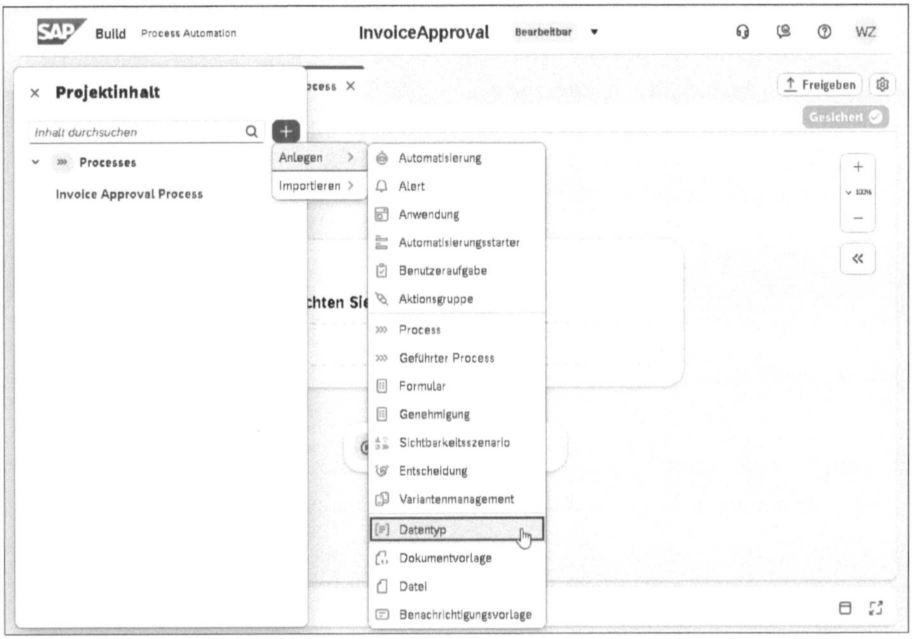

Abbildung 15.10 Datentyp anlegen

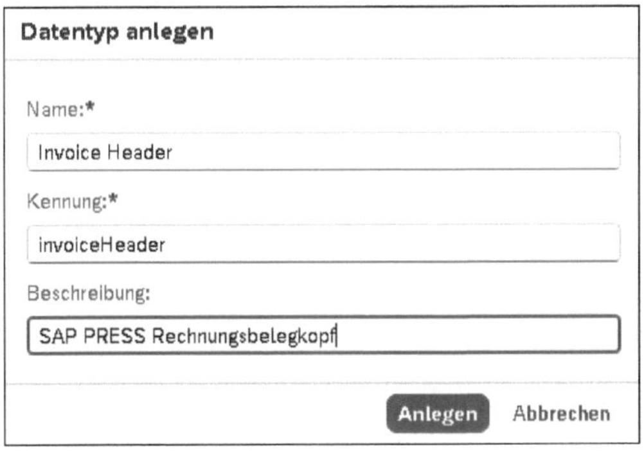

Abbildung 15.11 Name und Beschreibung des Datentyps definieren

Felddefinition

Beim Anlegen eines Datentyps müssen Felder definiert werden, die im Workflow als Datencontainer dienen. Sie können diese Felddefinitionen entweder manuell vornehmen oder bequem über die integrierte Upload-Funktion aus einer vordefinierten Microsoft-Excel-Datei importieren. Im Folgenden stellen wir Ihnen beide Varianten vor.

Option 1: Felder aus Excel-Datei importieren

Die erste Methode, der Import aus einer Excel-Datei, eignet sich besonders dann, wenn bereits eine strukturierte Datendefinition vorliegt, z. B. aus einem bestehenden Datenmodell oder einer API-Spezifikation. Wählen Sie hierzu beim Erstellen eines neuen Datentyps die Option **Excel-Datei importieren**. Im Download-Bereich zum Buch unter *www.sap-press.de/6191* im Bereich **Materialien** finden Sie die beiden Excel-Dateien **InvoiceHeaderDataType.xlsx** und **InvoiceItemDataType.xlsx**, anhand derer Sie unser Beispiel nachstellen können. Abbildung 15.12 zeigt den Inhalt der erstgenannten Datei.

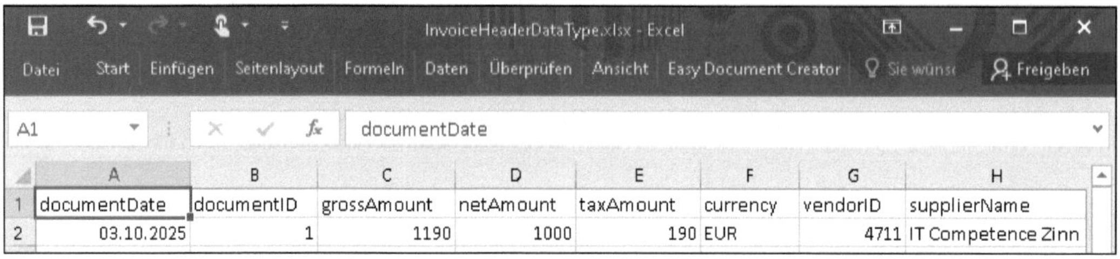

	A	B	C	D	E	F	G	H
1	documentDate	documentID	grossAmount	netAmount	taxAmount	currency	vendorID	supplierName
2	03.10.2025	1	1190	1000	190	EUR	4711	IT Competence Zinn

Abbildung 15.12 Struktur der Datei »InvoiceHeaderDataType.xlsx«

Beim Hochladen wird die Struktur des Datentyps automatisch anhand der Excel-Datei generiert. Die Datentypen der einzelnen Felder werden dabei auf Basis der enthaltenen Werte erkannt. Wir verdeutlichen das an einem Beispiel:

- Das Feld **grossAmount** enthält den Wert »1190« und wird als **Zahl** (**Number**) erkannt.
- Das Feld **currency** enthält den Wert »EUR« und wird als **String** angelegt.

Diese Methode spart insbesondere bei komplexeren Datenstrukturen mit vielen Feldern Zeit. Achten Sie darauf, dass die Werte in der Excel-Datei konsistent formatiert sind, um eine korrekte Typzuweisung sicherzustellen.

Legen Sie für unser Beispiel die beiden Datentypen **Invoice Header** und **Invoice Item** wie in Abbildung 15.11 gezeigt an und importieren Sie jeweils die zugehörige Excel-Datei **InvoiceHeaderDataType.xlsx** bzw. **InvoiceItemDataType.xlsx**.

Option 2: Felder manuell definieren

Die zweite Option, die manuelle Felddefinition, bietet Ihnen die größtmögliche Kontrolle über die Benennung und den Datentyp der einzelnen Felder. Sie eignet sich besonders, wenn Sie gezielt einzelne Felder modellieren oder eine strukturierte Beziehung zwischen mehreren Datentypen abbilden möchten. Nachdem Sie die beiden Datentypen erstellt haben, sollten Sie in Ihrem Projekt die Strukturen so vorfinden, wie in Abbildung 15.13 und Abbildung 15.14 zu sehen.

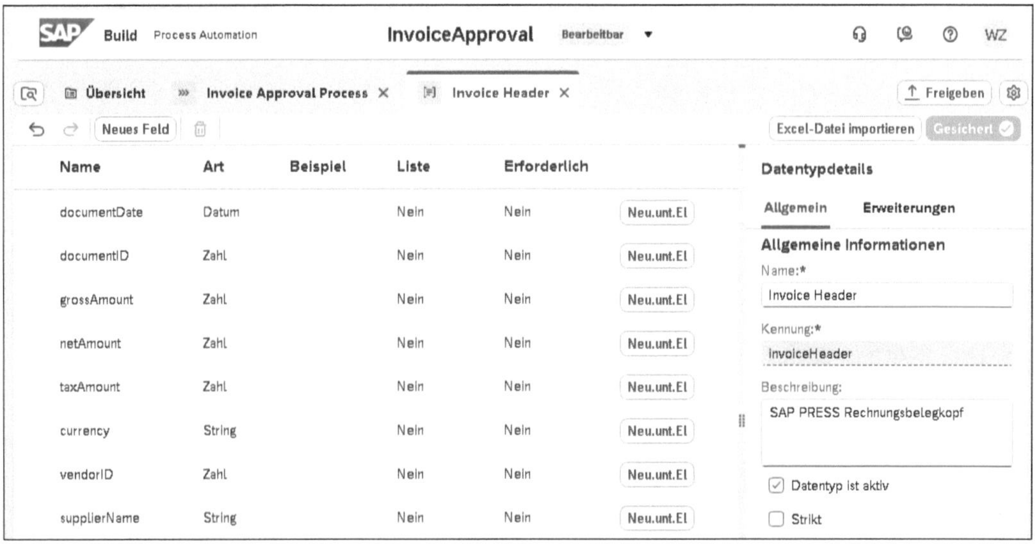

Abbildung 15.13 Datentypdefinition für Invoice Header (Rechnungsbelegkopf)

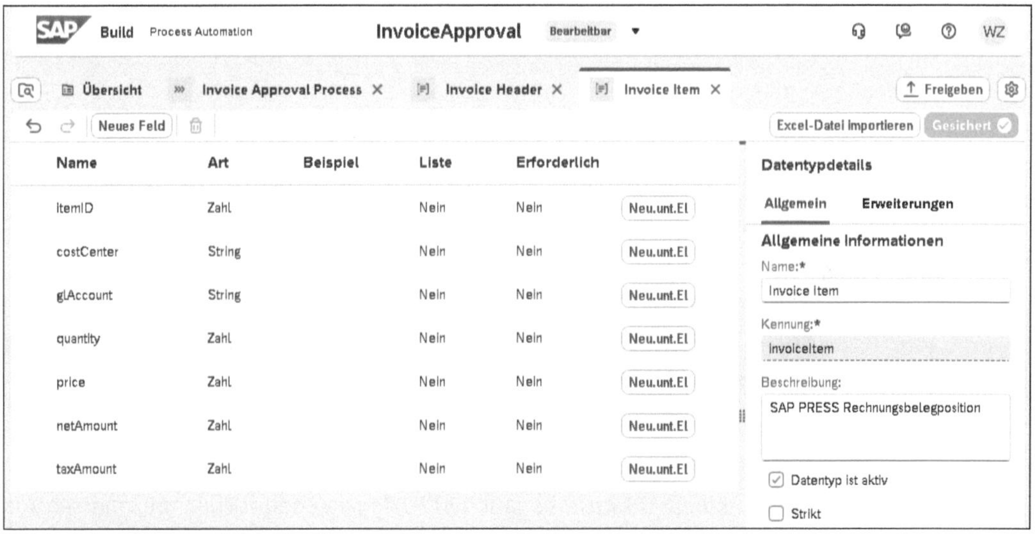

Abbildung 15.14 Datentypdefinition für Invoice Item (Rechnungsbelegposition)

[!]

Achten Sie auf die korrekte Schreibweise

Achten Sie bei allen Feldnamen auf die Groß-/Kleinschreibung, da die API zur Prozessauslösung die exakte Übereinstimmung mit der Felddefinition verlangt.

Verschachtelte Datentypen

Für komplexere Datenstrukturen, z. B. bei mehreren Rechnungspositionen, können Sie verschachtelte Datentypen erstellen. Legen Sie für unser Beispiel einen weiteren Datentyp **Invoice Items** an. Fügen Sie ein neues Feld **invoiceItem** vom Typ **Invoice Item** hinzu und aktivieren Sie das Kontrollkästchen **Liste**, um eine Liste von Positionen zu modellieren (siehe Abbildung 15.15). Dadurch entsteht ein 1:n-Verhältnis innerhalb des Prozesses – eine Rechnung mit mehreren Positionen.

Abbildung 15.15 Datentypdefinition für Invoice Items (Rechnungsbelegpositionen als Liste) – zusammengesetzter Datentyp mit verschachtelten Feldern

Startereignis definieren

Ein Prozess in SAP Build Process Automation kann auf zwei Arten gestartet werden:

- über ein Formular, das von einer Benutzerin oder einem Benutzer ausgeführt wird
- über einen *API-Auslöser* (auch *API-Trigger* genannt), der automatisch aus einer anderen Anwendung aufgerufen wird

API-Auslöser als Startereignis

Da wir in diesem Beispiel den Rechnungsfreigabeprozess mit SAP Build Apps integrieren wollen, nutzen wir die zweite Variante und erstellen einen API-Auslöser. Diese Methode ermöglicht es, den Genehmigungsprozess direkt aus einer externen Anwendung heraus zu starten und die notwendigen Daten automatisiert zu übergeben. Der zu erstellende API-Auslöser kann von anderen Anwendungen aufgerufen werden, beispielsweise durch einen Klick auf eine Schaltfläche wie **Genehmigung starten** in einer kundeneigenen App, die mit SAP Build Apps erstellt wurde. Die für den Auslöser konfigurierten Eingaben (Input-Parameter) können später innerhalb des Prozesses als Formulareingabefelder oder für Serviceaufrufe verwendet werden. Ebenso lassen sich Ausgaben (Output-Parameter) definieren, die nach Abschluss des Prozesses zurückgegeben werden.

API-Auslöser anlegen

Gehen Sie wie folgt vor, um den API-Auslöser anzulegen:

1. Öffnen Sie den Prozess **Invoice Approval Process** im Process Builder (siehe Abbildung 15.9).
2. Klicken Sie in der Arbeitsfläche unter der Überschrift **Auslöser • Wie möchten Sie Ihren Prozess starten?** auf **Auslöser hinzufügen** und wählen Sie die Option **API-Auslöser** aus.
3. Geben Sie **Name** und **Beschreibung** für den API-Auslöser an (siehe Abbildung 15.16).
4. Nach dem Klick auf Anlegen erfolgen die weiteren Schritte über den grafischen Editor im Process Builder.

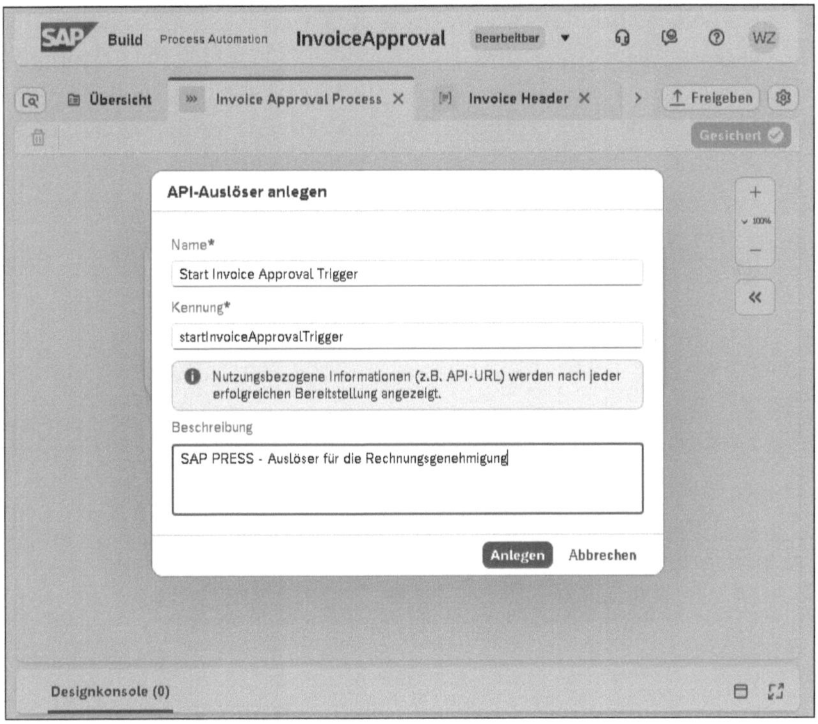

Abbildung 15.16 API-Auslöser definieren

Eingabe- und Ausgabefelder zum Startereignis

Definieren Sie im Process Builder die gewünschten Eingabe- und Ausgabefelder für den Auslöser, indem Sie in den **Prozessdetails** die Registerkarte **Variablen** ❶ aufrufen und auf die Schaltfläche **Konfigurieren** ❷ klicken (siehe

Abbildung 15.17). Diese Parameter stehen anschließend im Workflow zur weiteren Verarbeitung bereit, z. B. als Felder in einem Genehmigungsformular.

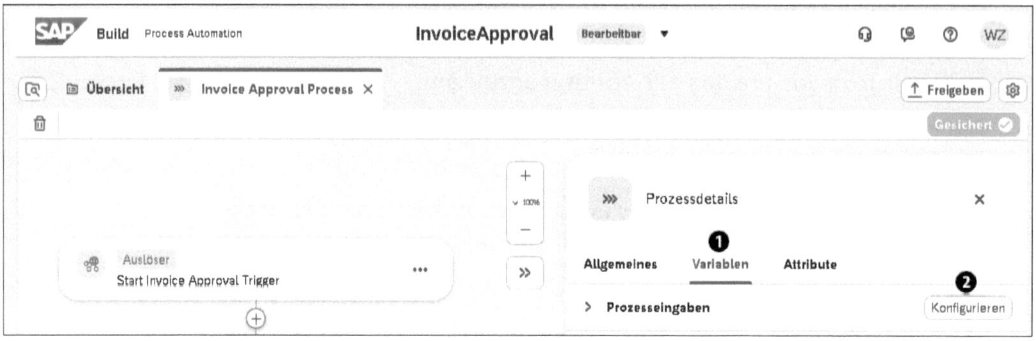

Abbildung 15.17 Konfiguration der Prozessvariablen über das Menü »Prozessdetails«

Für unser Beispiel definieren wir zwei Eingabeparameter: den Rechnungskopf und die Rechnungspositionen. Legen Sie diese an, wie in Abbildung 15.18 dargestellt, indem Sie jeweils auf die Schaltfläche **Eingabe hinzufügen** ❶ klicken. Da es sich beim Datentyp `invoiceItems` bereits um einen Listentyp handelt, muss die Checkbox **Liste** nicht aktiviert werden ❷. Nachdem Sie die Einträge hinzugefügt haben, klicken Sie auf **Anwenden** ❸.

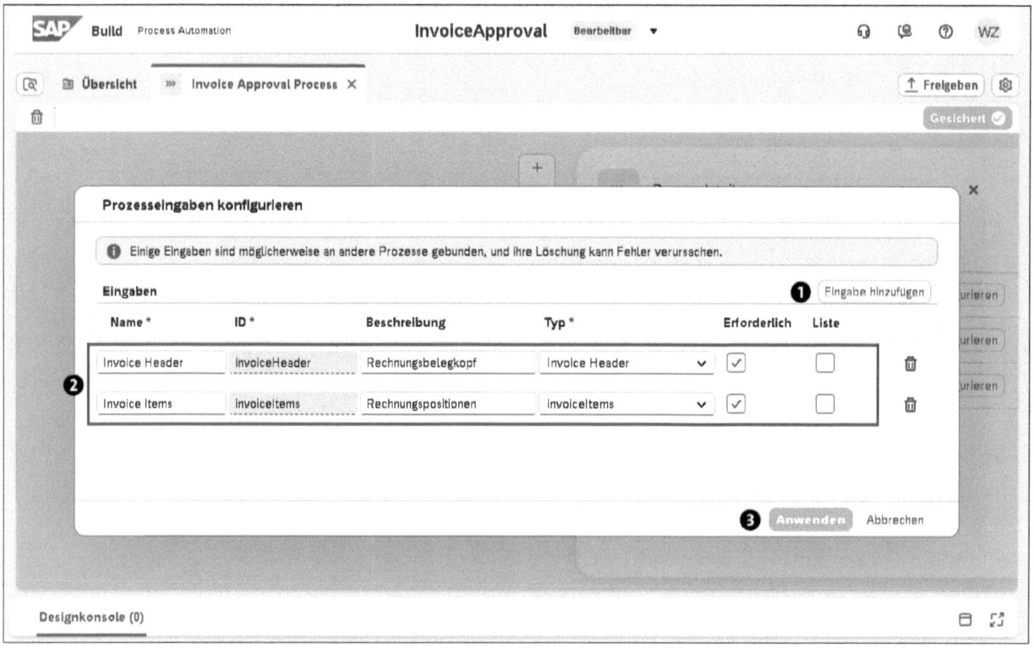

Abbildung 15.18 Konfiguration der Prozesseingabevariablen

Ein- und Ausgaben zum Auslöser

Die in Abbildung 15.19 dargestellten **Prozesseingaben** werden automatisch als Ausgaben für den zuvor definierten Prozessstart-Auslöser übernommen. Wenn Sie den Auslöser im grafischen Modell auswählen, erscheinen diese Felder im rechten Bereich unter der Überschrift **Ausgaben**. Auf eine separate Abbildung der Ausgabevariablen verzichten wir hier, da deren Ansicht der der in Abbildung 15.19 gezeigten Prozesseingaben entspricht.

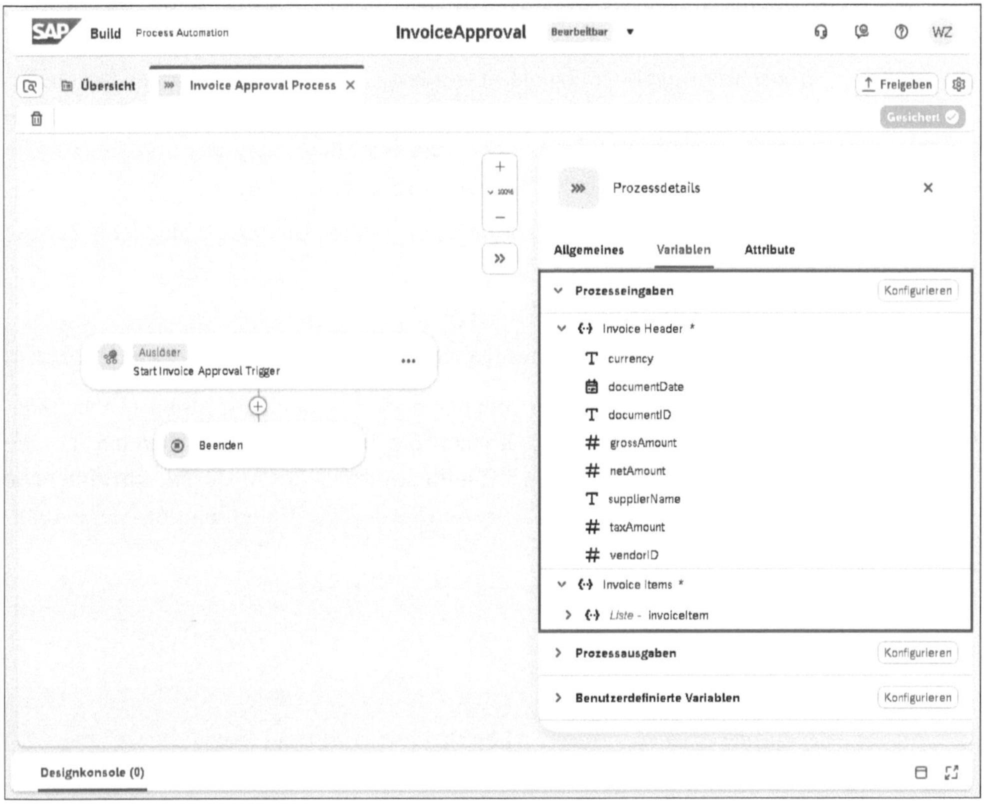

Abbildung 15.19 Variablen für die Prozesseingabe definieren

Formulare für Benutzeraufgaben erstellen

Bausteine für Formulare

Für Benutzeraufgaben können Sie individuelle Formulare direkt im grafischen Editor gestalten. Dabei stehen folgende Elemente zur Verfügung:

- Texteingabefelder
- Auswahlfelder
- Checkboxen
- Tabellen
- Anzeigefelder
- Bedingungen und Sichtbarkeitsregeln

Die Formulare dienen als Benutzeroberflächen für Genehmigungen, Dateneingaben oder Entscheidungen und sind vollständig responsiv. Sie werden automatisch im Stil von SAP Fiori gerendert.

Rechnungsgenehmigung

Für unser Beispiel wollen wir ein Formular zu Rechnungsgenehmigung erstellen. Genehmigungen sind zentraler Bestandteil vieler Geschäftsprozesse. Sie können manuell durch eine Benutzerin oder einen Benutzer oder automatisch auf Basis von Prozessbedingungen erfolgen. Im Beispiel unseres Rechnungsgenehmigungsprozesses muss die Eingangsrechnung geprüft und genehmigt oder abgelehnt werden. Solche Genehmigungen lassen sich mithilfe interaktiver Formulare steuern, d. h. mit Formularen vom Typ **Genehmigung**. Sie werden direkt in den Workflow integriert und den zuständigen Benutzer*innen zur Bearbeitung bereitgestellt.

Neben Genehmigungen können Formulare für unterschiedliche Zwecke verwendet werden:

- als Startauslöser eines Prozesses
- als zusätzliche Benutzeraufgaben innerhalb eines bestehenden Prozesses

Genehmigungsformular erstellen

Um ein Genehmigungsformular zu erstellen, navigieren Sie zur Arbeitsfläche des Process Builders. Klicken Sie im Modellierungsbereich auf die Schaltfläche ⊕ (**Schritt hinzufügen**) unterhalb des Auslösers, um eine neue Aufgabe hinzuzufügen, und wählen Sie den Typ **Genehmigung** (siehe Abbildung 15.20).

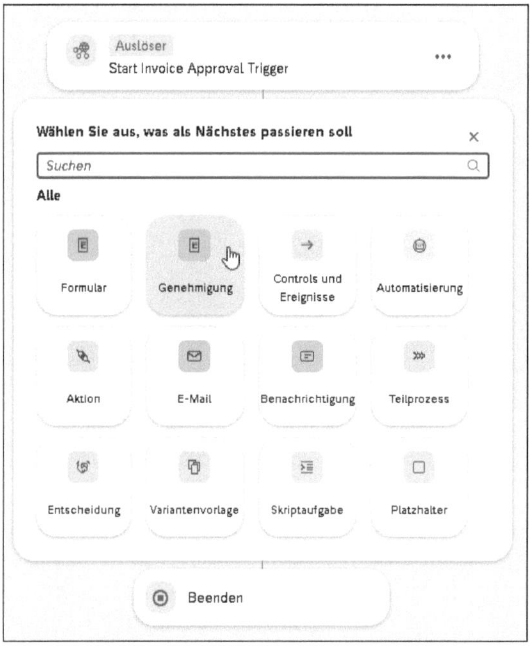

Abbildung 15.20 Benutzeraufgabe vom Typ »Genehmigung« hinzufügen

Klicken Sie anschließend auf **Editor öffnen**, um den Formulareditor (Forms Editor) zu starten (siehe Abbildung 15.21).

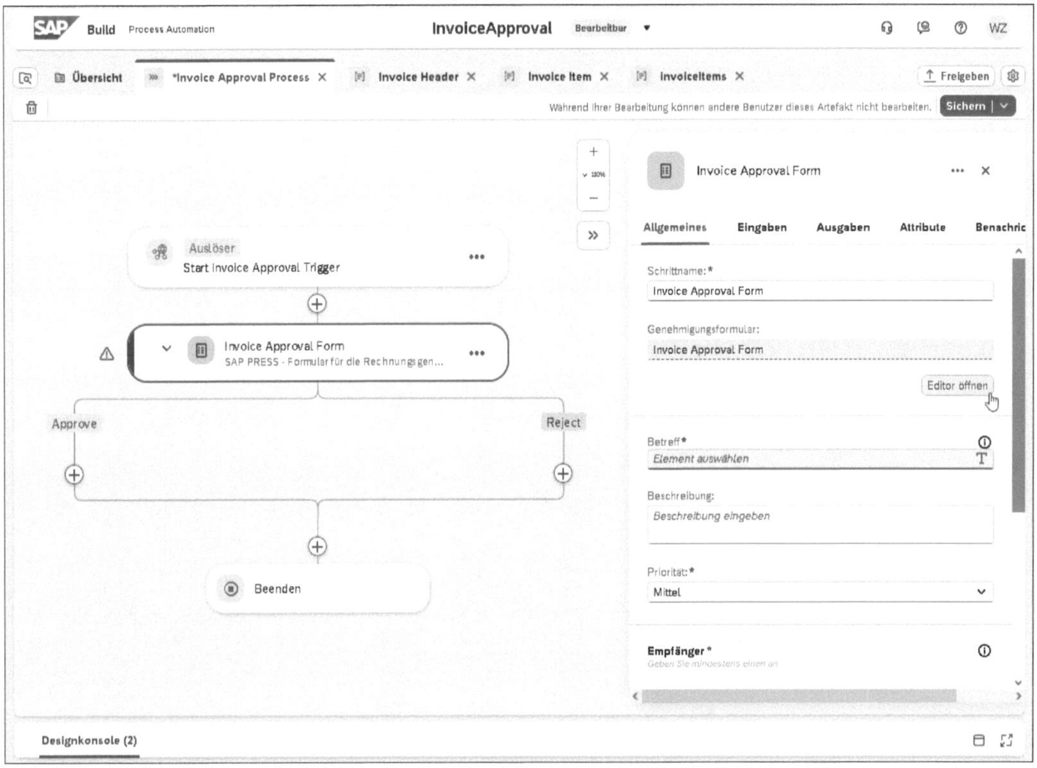

Abbildung 15.21 Formulareditor im Genehmigungsformular öffnen

Formulareditor

Im Formulareditor definieren Sie alle Felder, die im Genehmigungsprozess erscheinen sollen, und passen deren Eigenschaften an. Sie können z. B. angeben, ob ein Feld erforderlich oder schreibgeschützt ist. Reine Ausgabefelder lassen sich über Elemente wie Überschriften (H1/H2), Absätze oder Links darstellen.

Abbildung 15.22 zeigt das fertige Formular für die Rechnungsgenehmigung mit den für unser Beispiel relevanten Informationen.

Grenzen des Formulareditors

Der in SAP Build Process Automation integrierte Formulareditor ist bewusst einfach gehalten. Er eignet sich besonders für Standardformulare mit wenigen Feldern und linearer Struktur. Aktuell unterstützt der Editor keine komplexen Layouts wie mehrspaltige Anordnungen, verschachtelte Container oder dynamisch ein- und ausblendbare Abschnitte. Alle Felder werden automatisch vertikal angeordnet, wodurch sich komplexere Eingabemasken, wie sie etwa aus Dynpros oder SAP-Fiori-Apps bekannt sind, nicht abbilden lassen.

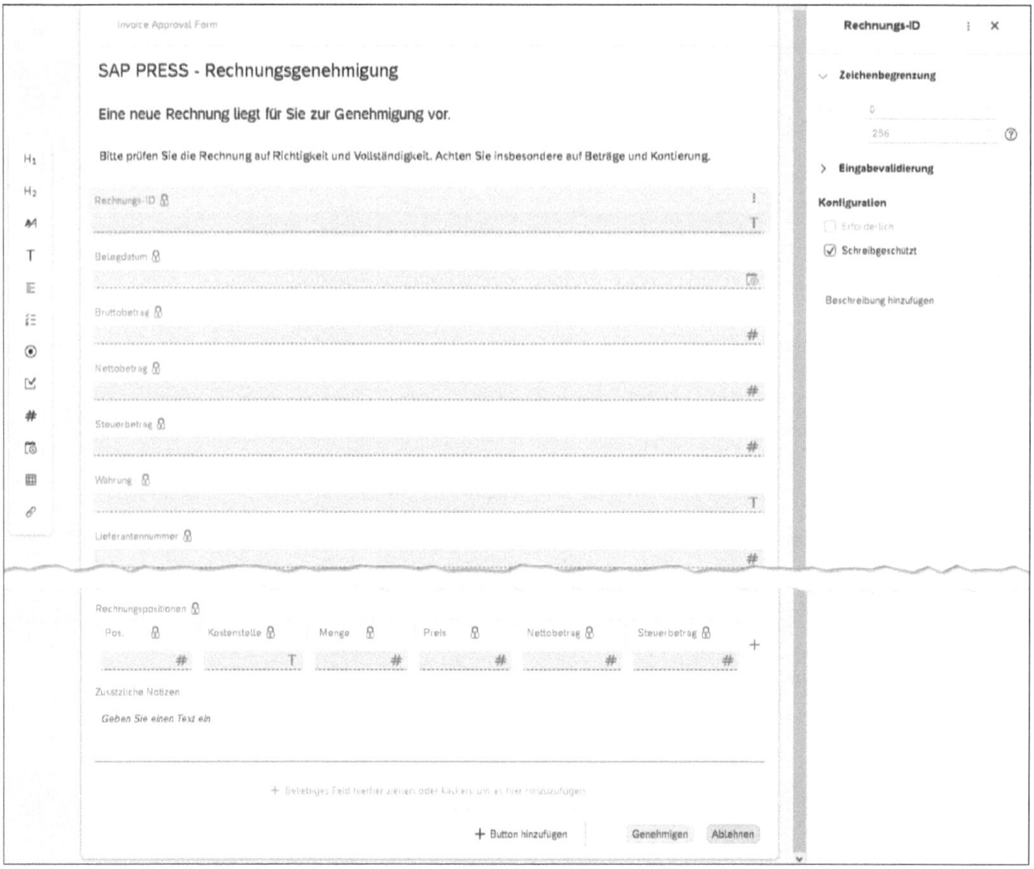

Abbildung 15.22 Formular für die Rechnungsgenehmigung im Formulareditor

Alternative: SAP Build Apps

Für aufwendigere Layouts oder komplexe Eingaben empfiehlt SAP die Verwendung von SAP Build Apps. Die mit SAP Build Apps entwickelte Formulare lassen sich über API-Auslöser oder Formularschnittstellen mit einem Workflow-Prozess verbinden. Alternativ kann auch eine benutzerdefinierte Oberfläche eingebettet werden, um z. B. mehrspaltige Layouts, responsives Design oder erweiterte Interaktionen umzusetzen. Die Gestaltung solch komplexer Formulare wird in diesem Buch nicht behandelt.

Einbinden von Prozessvariablen in das Formular

Nachdem Sie das Formular gemäß den Anforderungen erstellt und gespeichert haben, müssen Sie die einzelnen Felder den entsprechenden Prozessvariablen zuweisen:

1. Öffnen Sie hierzu die Arbeitsoberfläche im Process Builder und klicken Sie auf das erstellte Formular.
2. Auf der Registerkarte **Allgemeines** vergeben Sie einen **Betreff**, der später in der App **Meine Inbox** angezeigt wird.
3. Sie können hier auch dynamische Inhalte einfügen, z. B. den Wert der Prozessvariablen `documentID`, wie in unserem Beispiel in Abbildung 15.23 gezeigt.
4. Als **Empfänger** der Aufgabe lassen sich entweder einzelne Benutzer*innen oder Benutzergruppen festlegen.

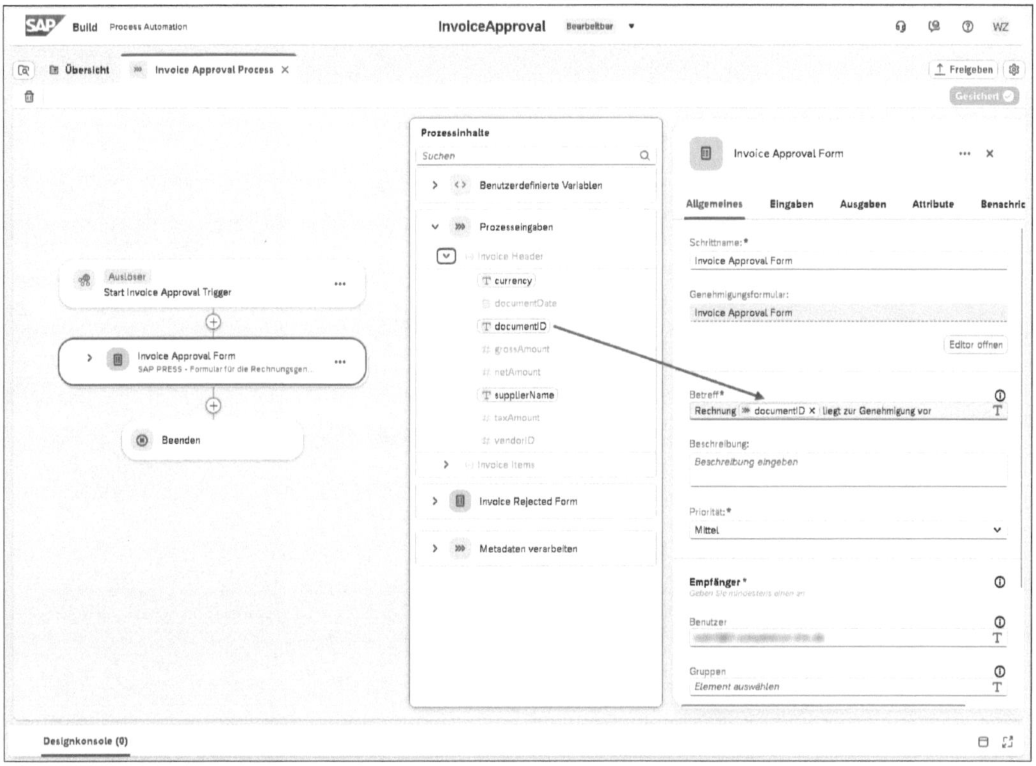

Abbildung 15.23 Formulareigenschaften für die Rechnungsgenehmigung pflegen

Formularausgabe konfigurieren

In unserem Formular (siehe Abbildung 15.22) haben wir ein zusätzliches Feld **Zusätzliche Notizen** angelegt. Dieses Feld stellt eine Formularausgabe dar. Die während der Genehmigung eingegebenen Notizen sollen dem weiteren Prozessverlauf zur Verfügung stehen. Die Zuweisung der Prozessvariablen für die Formularausgabe erfolgt über die Registerkarte **Ausgaben** (siehe Abbildung 15.24).

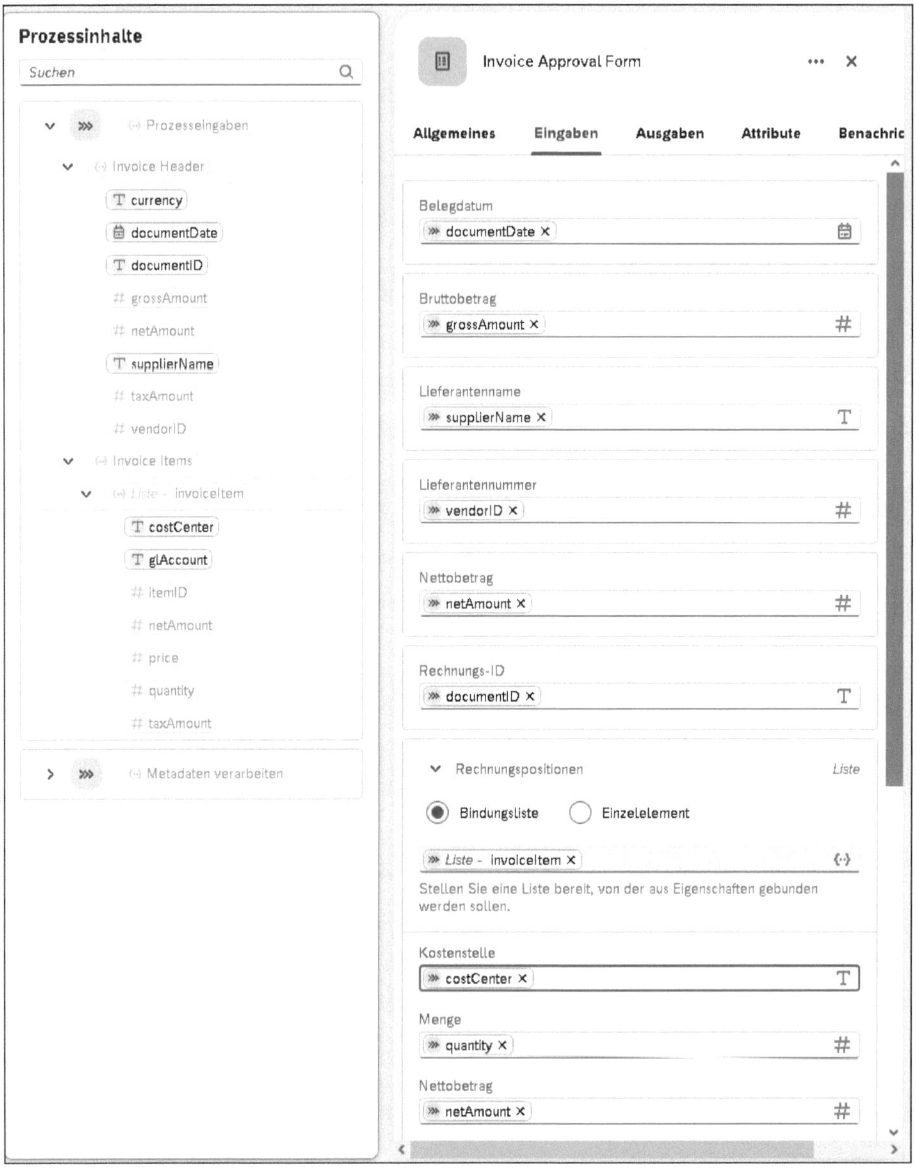

Abbildung 15.24 Formulareingaben für die Rechnungsgenehmigung pflegen

Da bislang noch keine entsprechende Prozessvariable existiert, können Sie diese in diesem Schritt ebenfalls anlegen (siehe Abbildung 15.25):

❶ Klicken Sie auf **Variable hinzufügen**.

❷ Geben Sie den Namen der Prozessvariablen, in unserem Beispiel »Approver Comment«, sowie eine **ID** ein. Die ID wird automatisch vom Namen abgeleitet. Wählen Sie außerdem einen **Typ** aus.

❸ Weisen Sie das Feld **Zusätzliche Notizen** aus dem Bereich **Prozessinhalte** der neuen Variable **Approver Comment** zu.

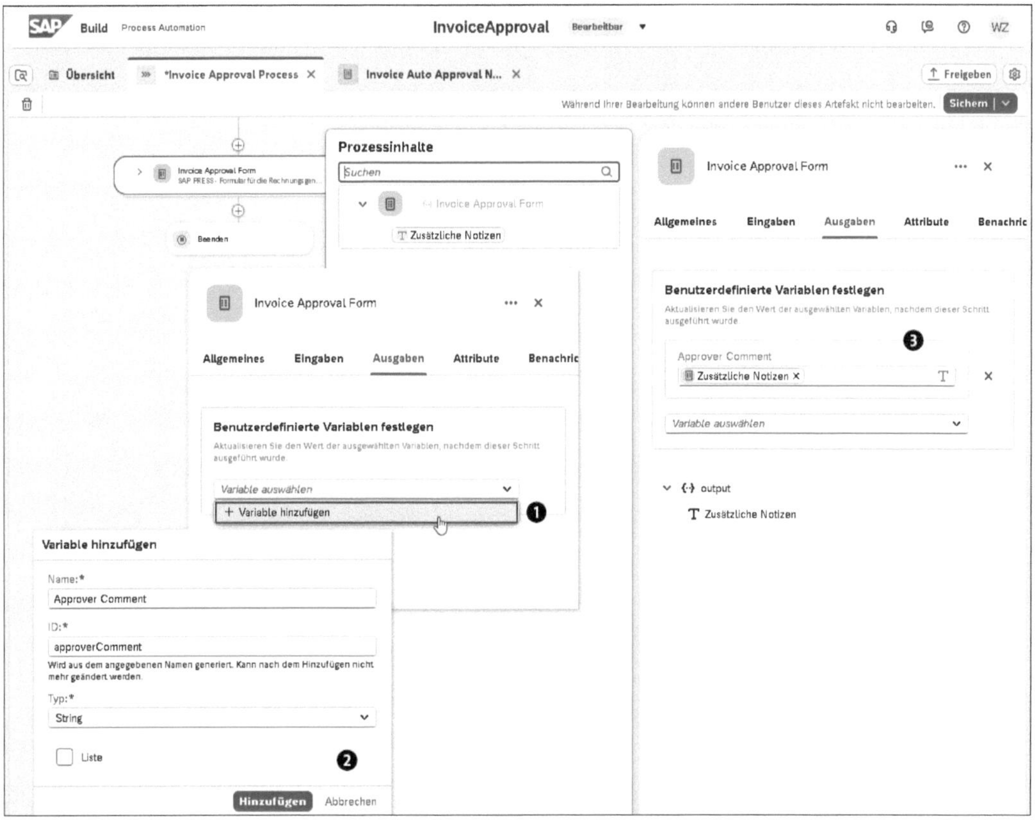

Abbildung 15.25 Formularausgaben für die Rechnungsgenehmigung pflegen

E-Mail-Benachrichtigung hinzufügen

E-Mail-Benachrichtigung nach Genehmigung

In der Praxis erfolgt nach der Genehmigung einer Rechnung in der Regel keine direkte Aktion innerhalb des Genehmigungs-Workflows. Stattdessen wird ein Folgeprozess angestoßen, z. B. die Rechnungsbuchung, ein weiterer Genehmigungsschritt oder eine Weiterleitung an die Buchhaltung. Um jedoch innerhalb unseres Beispiels die Funktion der E-Mail-Benachrichtigung zu demonstrieren, fügen wir nach der Genehmigung einen entsprechenden Schritt hinzu:

1. Klicken Sie dazu auf die Schaltfläche ⊕ (**Schritt hinzufügen**) unterhalb des Formularausgangs **Approve** und wählen Sie die Option **E-Mail** (siehe Abbildung 15.26).

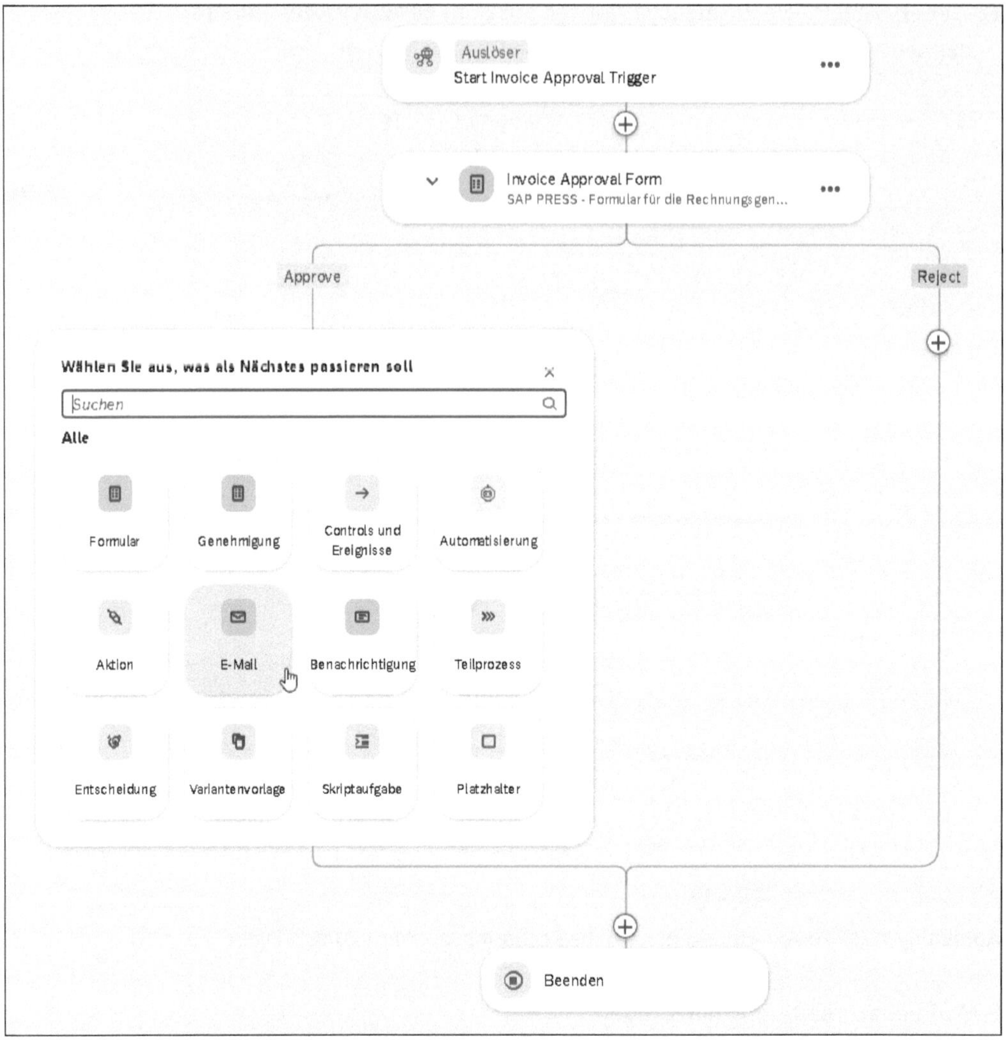

Abbildung 15.26 E-Mail-Schritt nach Genehmigung einfügen

2. Definieren Sie zunächst den Schrittnamen, den Empfänger oder die Empfängerin sowie den Betreff der E-Mail. Über die Schaltfläche **E-Mail-Texteditor öffnen** gelangen Sie in einen Editor, in dem Sie den E-Mail-Text eingeben können. Dynamische Inhalte aus dem Prozess (z. B. Variablen wie `documentID` oder `grossAmount`) lassen sich dabei direkt in den Text einfügen. Dazu muss die entsprechende Variable im linken Fensterbereich unter **Metadaten verarbeiten** angeklickt werden. Die Variable wird an der Stelle platziert, an der sich der Cursor im Text befindet (siehe Abbildung 15.27).

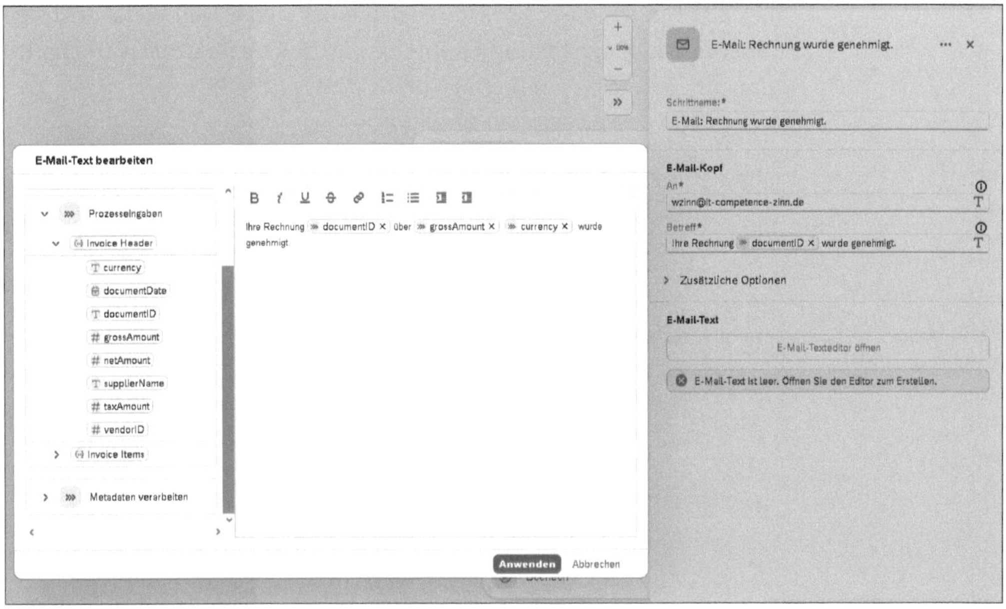

Abbildung 15.27 E-Mail-Schritt definieren

3. Klicken Sie auf **Anwenden**, um die Eingabe des E-Mail-Textes abzuschließen.

Weitere Schritte hinzufügen

Bearbeitung nach Ablehnung

In unserem Beispiel soll die Rechnung nach einer Ablehnung erneut einer Bearbeitungsinstanz vorgelegt werden. Um dies zu realisieren, fügen wir ein weiteres Formular hinzu. Im Unterschied zum Genehmigungsformular wählen wir diesmal die Option **Leeres Formular**. Klicken Sie hierzu auf die Schaltfläche ⊕ (**Schritt hinzufügen**) unterhalb des Formularausgangs **Reject**, wählen Sie die Option **Formular** und anschließend **Leeres Formular** aus (siehe Abbildung 15.12). Die weiteren Schritte erfolgen analog zur Erstellung des Genehmigungsformulars aus Abbildung 15.22 (siehe Abschnitt »Formulare für Benutzeraufgaben erstellen«).

Regeln anlegen

Geschäftsprozesse erfordern häufig, dass abhängig von bestimmten Kriterien unterschiedliche Aktionen ausgeführt, Benachrichtigungen versendet oder alternative Prozesspfade durchlaufen werden. In SAP Build Process Automation stehen hierfür spezielle Steuerelemente zur Verfügung, beispielsweise Bedingungen, Ereignisse, Verzweigungen oder Warteschritte. In unserem Workflow soll bei sogenannten *Kleinstbetragsrechnungen* automatisch eine informierende Benutzeraufgabe erzeugt werden. Der Empfänger oder die Empfängerin erhält dabei lediglich die Möglichkeit, den Workflow zu beenden. Alternativ wäre auch eine reine E-Mail-Benachrichtigung denkbar. Als Kleinstbetragsrechnung gilt in unserem Beispiel eine Rechnung mit einem Gesamtbetrag von maximal 250 € brutto.

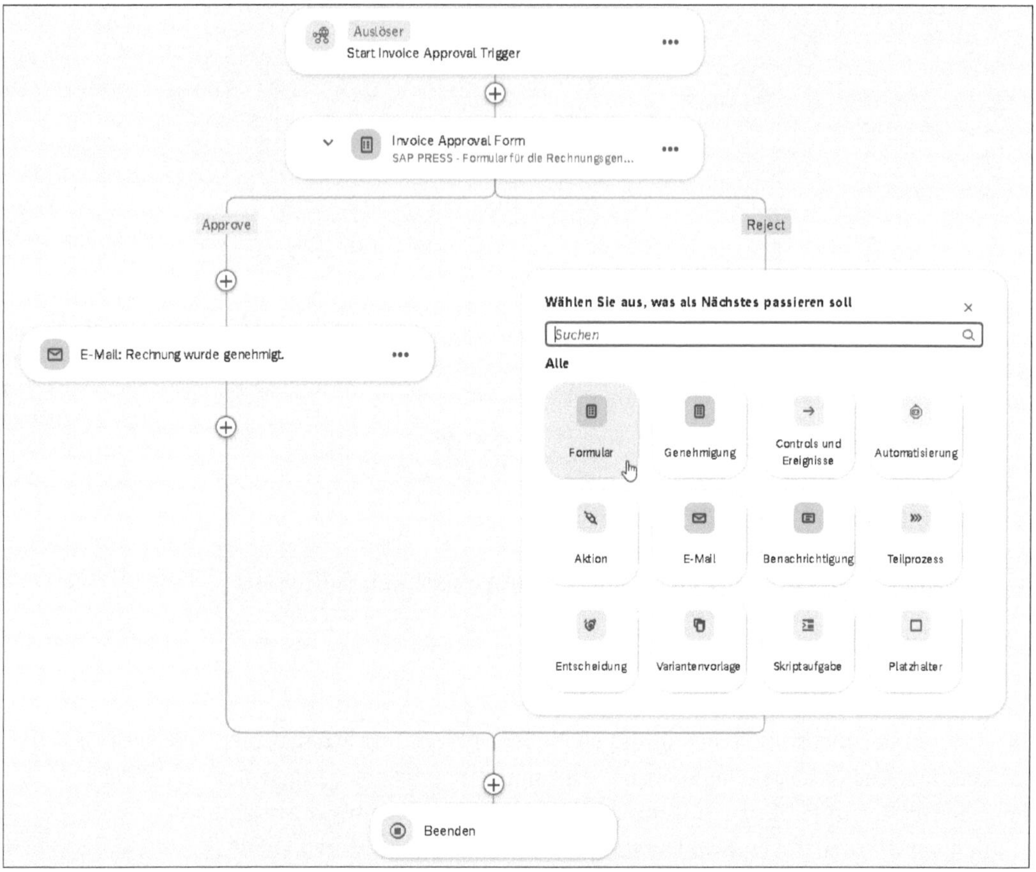

Abbildung 15.28 Formular nach Ablehnung anlegen

Bedingung anlegen

Um dies umzusetzen, fügen wir direkt nach dem Startauslöser eine Bedingung ein:

1. Klicken Sie dazu auf die Schaltfläche ⊕ (**Schritt hinzufügen**) unterhalb des Auslösers und wählen Sie **Controls und Ereignisse • Bedingung**. Der Workflow sieht nun aus, wie in Abbildung 15.29 dargestellt.
2. Klicken Sie rechts auf **Bedingungseditor öffnen**, um die gewünschte Regel zu definieren.
3. Im Bedingungseditor wählen Sie das Feld **grossAmount** und die Bedingung **ist kleiner oder gleich** aus und geben als Wert »250« ein (siehe Abbildung 15.30).

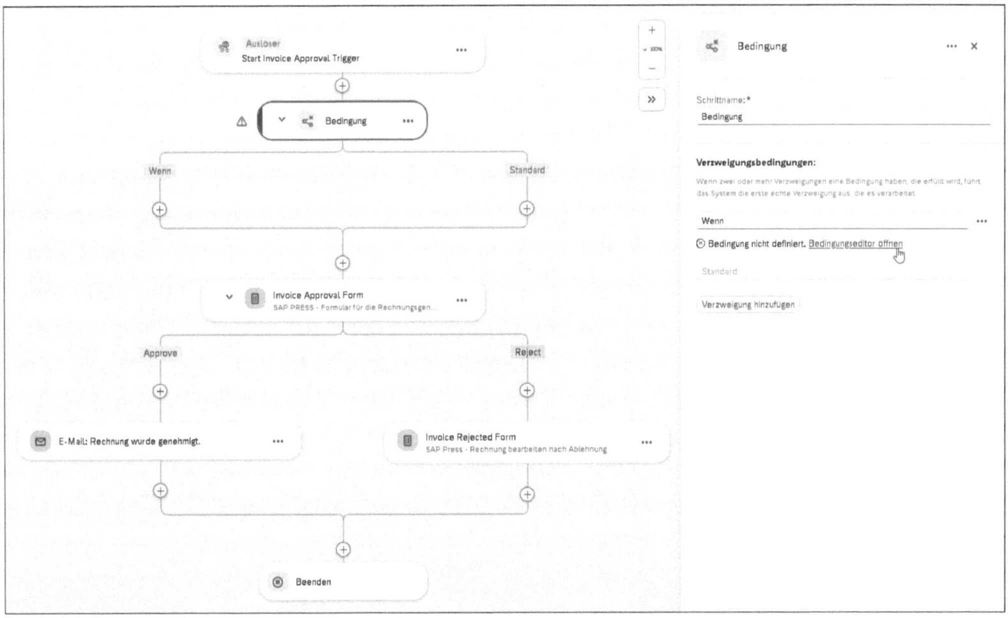

Abbildung 15.29 Einfügen einer Bedingung für die Betragsprüfung

Abbildung 15.30 Bedingung im Bedingungseditor ausprägen

4. Weitere Kriterien können Sie über die Schaltfläche **Hinzufügen** bzw. **Gruppe hinzufügen** einfügen. Für unser Beispiel reicht ein Kriterium aus. Klicken Sie dann auf **Anwenden**, um die Bedingung dem Workflow hinzuzufügen.

Formular duplizieren

Ist die Bedingung erfüllt, soll eine Aufgabe generiert werden, die einer definierten Bearbeitungsinstanz zugewiesen wird. Auch hierfür benötigen wir ein neues Formular. Dieses Mal möchten wir jedoch ein bereits bestehendes Formular duplizieren und anpassen:

1. Öffnen Sie hierzu den Bereich **Übersicht** in Ihrem Projekt.
2. Klappen Sie das Kontextmenü des Formulars **Invoice Rejected Form** über die die Schaltfläche [•••] (**Aktionen**) am Ende der entsprechenden Zeile auf und wählen Sie den Menüpunkt **Duplizieren** (siehe Abbildung 15.31).
3. Im daraufhin erscheinenden Dialogfenster geben Sie den Namen »Invoice Auto Approval Notification« ein. Die technische **Kennung** wird automatisch aus dem Namen abgeleitet, kann bei Bedarf jedoch manuell angepasst werden.

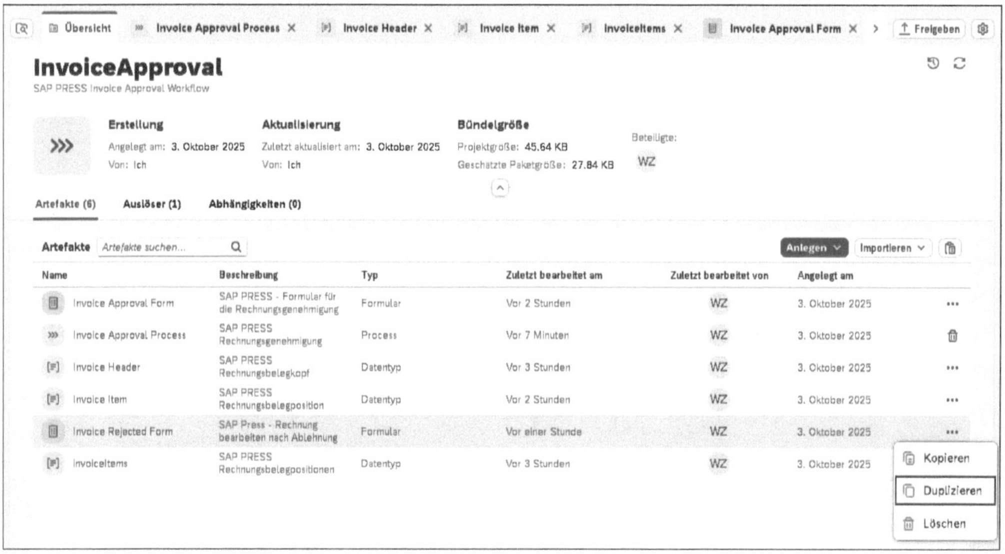

Abbildung 15.31 Bestehendes Formular duplizieren

4. Passen Sie die Felder im neuen Formular nach Belieben an und prüfen Sie das Mapping zu den Prozessvariablen. Abbildung 15.32 zeigt einen Vorschlag für unser Beispiel.
5. Um das neu erstellte Formular in den Prozess einzubinden, klicken Sie auf die Schaltfläche [⊕] (**Schritt hinzufügen**) unterhalb des Ausgangs **Wenn** der zuvor definierten Bedingung. Wählen Sie die Option **Formular** aus und wählen Sie das soeben erstellte Formular **Invoice Auto Approval Notification** aus der Liste der verfügbaren Formulare (siehe Abbildung 15.33).

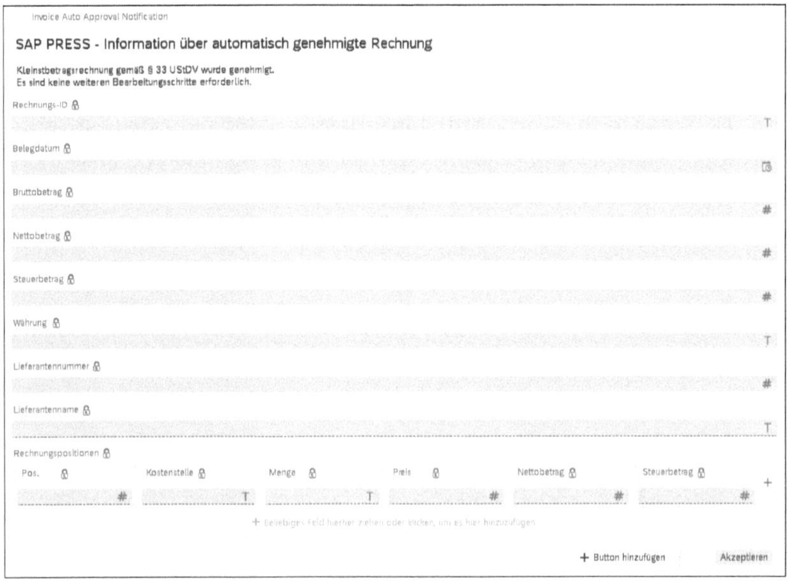

Abbildung 15.32 Formular »Invoice Auto Approval Notification«

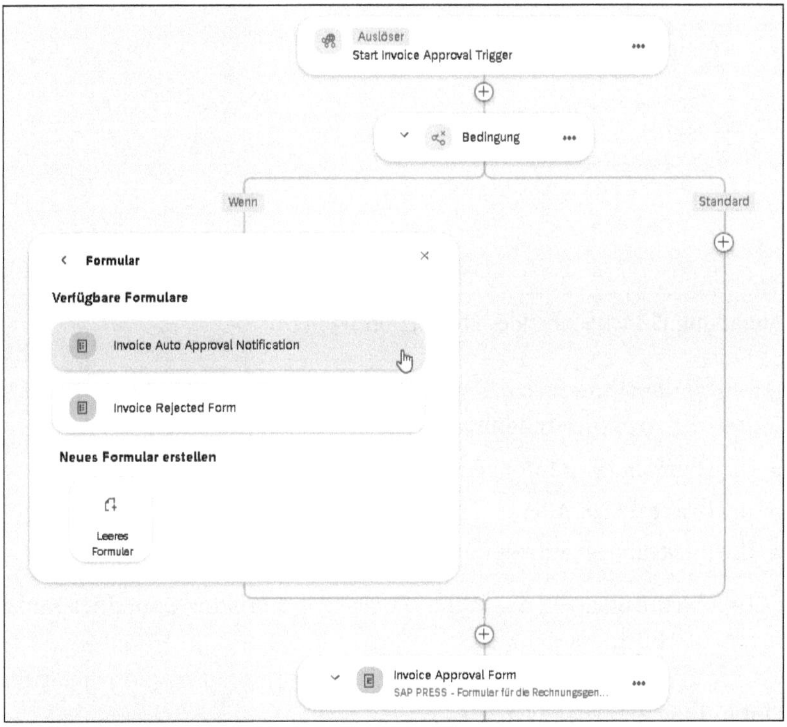

Abbildung 15.33 Kopiertes Formular auswählen

Endeereignis einfügen

Nach der automatischen Genehmigung soll der Workflow abgeschlossen werden. Hierzu fügen wir ein beendendes Ereignis ein. Klicken Sie hierzu auf die Schaltfläche ⊕ (**Schritt hinzufügen**) unter dem neu eingefügten Formular, wählen Sie die Option **Controls und Ereignisse** und anschließend den Typ **Ende** aus (siehe Abbildung 15.34).

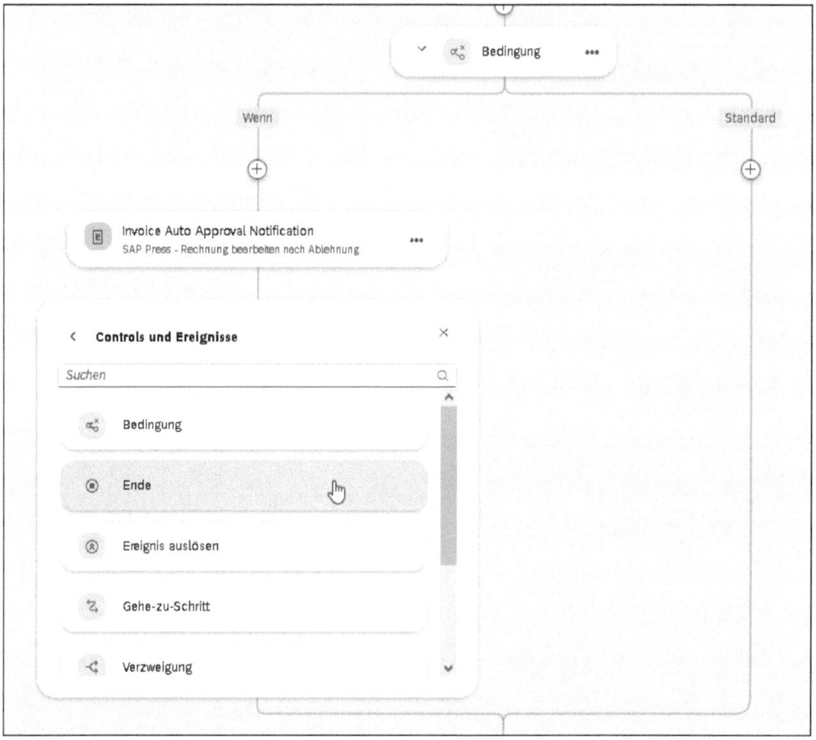

Abbildung 15.34 Beendendes Ereignis einfügen

Datenobjekte Daten werden innerhalb des Workflows über sogenannte *Datenobjekte* verwaltet, die strukturiert definiert werden können. Sie ermöglichen:

- die Übergabe von Informationen zwischen Aufgaben
- die Übergabe an APIs
- die Rückgabe an aufrufende Systeme

Datenobjekte ersetzen damit die klassischen Workflow-Container-Konzepte aus SAP Business Workflow.

Einbindung externer Systeme

Über *Konnektoren* und *API-Aufrufe* lassen sich optional andere SAP-Systeme (wie SAP S/4HANA, SAP SuccessFactors oder SAP Ariba) oder Drittanwendungen integrieren. Diese Schnittstellen werden als *Servicetasks* im Workflow eingefügt. Für viele SAP-Systeme stellt SAP vordefinierte Konnektoren bereit, die Sie in Ihrem Subaccount der SAP BTP abonnieren und konfigurieren können.

[«]

Weiterführende Informationen zur Integration externer Systeme

Die Integration externer Systeme wie SAP S/4HANA, SAP SuccessFactors oder Drittanbieteranwendungen über Konnektoren, OData-Services oder APIs ist ein zentraler Bestandteil von SAP Build Process Automation, kann jedoch abhängig von Ihrer Systemlandschaft, Ihrer Sicherheitsarchitektur und Ihrer Business-Anforderungen sehr unterschiedlich ausfallen. Da dieser Bereich den Rahmen dieses Beispiels sprengen würde, verzichten wir an dieser Stelle auf eine detaillierte Darstellung. Informationen zu den Integrationsmöglichkeiten finden Sie im SAP Help Portal im Abschnitt **Integration with SAP Build**. Auch in Abschnitt 15.5, »Systemübergreifende Integration von Workflows«, gehen wir noch einmal auf dieses Thema ein.

15.3.4 Deployment und Test

Sobald der Workflow fertig modelliert ist, kann er veröffentlicht (deployt), gestartet (manuell oder durch Auslöser) und über das integrierte Testcockpit getestet werden. Im Rahmen dieser Tests können Liveformulare ausgefüllt und Prozesspfade durchlaufen werden. Anschließend können Sie die Protokolle direkt einsehen.

Testversion 1.0

Unser Beispiel-Workflow hat nun eine erste funktionsfähige und testbare Struktur erreicht, wie in Abbildung 15.35 dargestellt. Auch wenn diese Version noch nicht den vollständigen Endzustand abbildet, eignet sie sich bereits zur Durchführung erster Funktionstests und zur Validierung der Grundlogik. Eine erweiterte und optimierte Version 2.0 des Workflows stellen wir Ihnen im Download-Bereich des Buches unter *www.sap-press.de/6191* zur Verfügung.

[«]

Vereinfachte Version 1.0 und erweiterte Version zum Download

Aus Gründen der Übersichtlichkeit haben wir darauf verzichtet, eine Schleife aus dem Formular **Invoice Rejected Form** zurück zum Formular **Invoice Approval Form** zu implementieren. Im Download-Bereich zum Buch finden Sie den Workflow in der Version 2.0, die einen in sich logisch geschlossenen Geschäftsprozess beinhaltet und weitere Prozesselemente enthält.

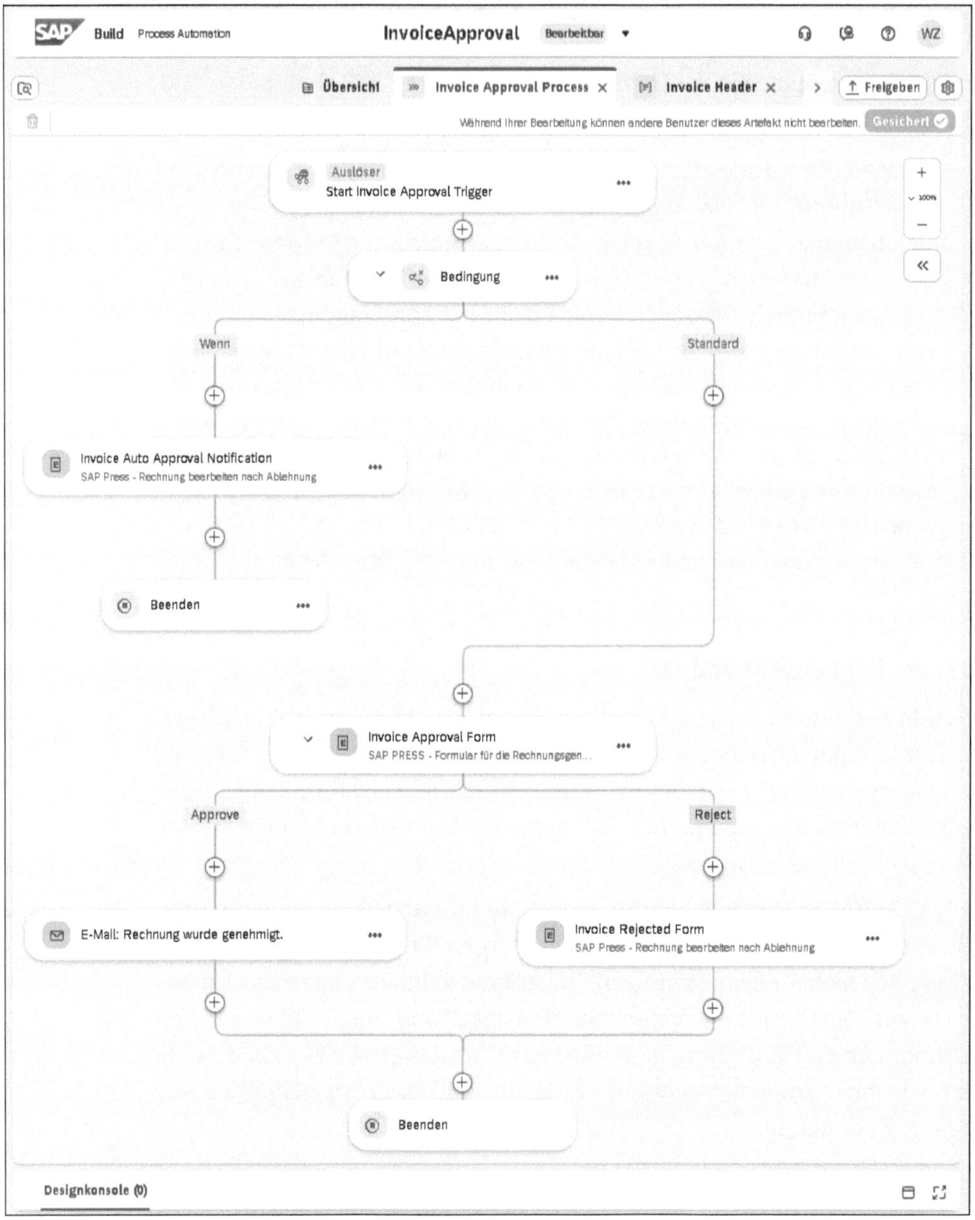

Abbildung 15.35 Workflow – erste testbare Version

Freigabe eines Projekts

Bevor ein mit SAP Build Process Automation erstellter Workflow ausgeführt werden kann, muss er zunächst freigegeben (releast) und anschließend bereitgestellt werden. Die Freigabe bzw. das Release eines Projekts erzeugt einen sogenannten *Snapshot*, d. h. eine Version des aktuellen Entwicklungsstandes. Die Freigabe ist Voraussetzung für das Deployment, denn nur freigegebene Versionen eines Projekts können produktiv eingesetzt werden.

Um ein Projekt freizugeben, klicken Sie im Process Builder oben rechts auf die Schaltfläche **Freigeben** ❶. Im daraufhin erscheinenden Dialog geben Sie eine Beschreibung für die Version an, z. B. »Initiale Version«, »Formular erweitert« oder »Integration hinzugefügt« ❷ (siehe Abbildung 15.36). Anschließend bestätigen Sie die Freigabe mit einem Klick auf **Freigeben** ❸.

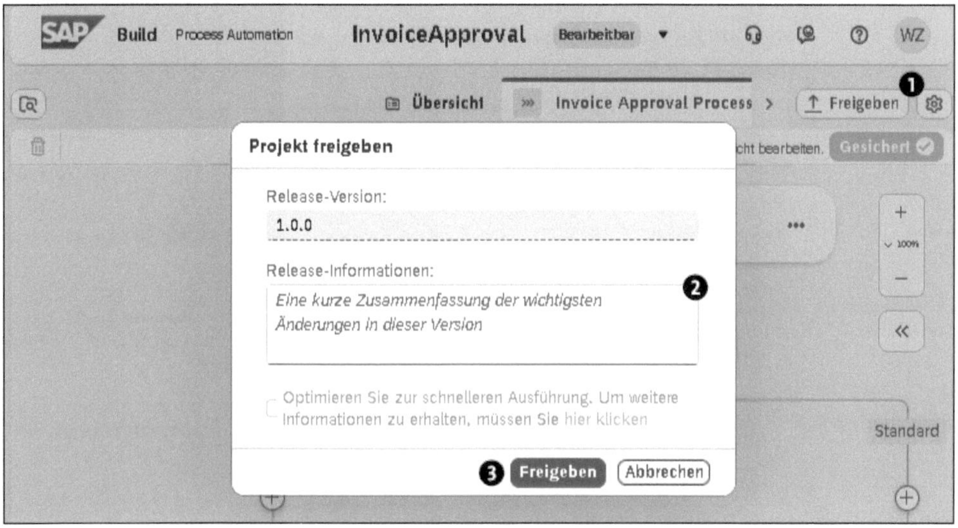

Abbildung 15.36 Freigabedialog im Process Builder für die Version 1.0.0

Versionierung im Format x.y.z

Jede Freigabe erzeugt automatisch eine neue Version im Format x.y.z. Dabei stehen x, y und z für Folgendes:

- x bezeichnet die Hauptversion (Major Release).
- y steht für eine Nebenversion (Minor Release).
- z gibt eine Patch-Version an.

Abhängig davon, wie umfangreich die Änderungen sind, die Sie vorgenommen haben, können Sie entscheiden, ob es sich um eine größere oder kleinere Versionsänderung handelt. Das System verwaltet die Vergabe der Versionsnummern dann automatisch.

Beispiel für Patch-, Minor- und Major-Versionen

Bei der ersten Freigabe eines neuen Projekts wird standardmäßig die Version 1.0.0 erstellt. Bei nachfolgenden Releases wird, abhängig von der gewählten Änderungsart, automatisch auf 1.0.1, 1.1.0 oder 2.0.0 hochgezählt.

Deployment eines Projekts

Nach der Freigabe kann das Projekt bereitgestellt (deployt) werden. Das bedeutet, dass es in die Laufzeitumgebung der SAP BTP übertragen und damit zur Ausführung freigegeben wird. Sie können mehrere Versionen desselben Projekts nebeneinander bereitstellen, etwa zu Test- und Produktivzwecken. Die bereitgestellten Versionen erscheinen in der Übersicht innerhalb der SAP Build Lobby und können dort verwaltet, getestet oder gelöscht werden.

Neue Umgebung anlegen

Legen Sie für unser Beispiel eine neue Umgebung unter **Control Tower • Umgebungen** an. In Abbildung 15.37 haben wir eine Umgebung `sapPress` dargestellt, in die wir unsere erste Version deployen werden.

Abbildung 15.37 Umgebungen im Control Tower

Deployment starten

Sobald das Projekt freigegeben wurde, wechseln Sie im Process Builder zur gewünschten Version (z. B. 1.0.0) ❶ und klicken oben rechts auf **Bereitstellen** ❷. Wählen Sie im folgenden Dialogfenster die Zielumgebung aus ❸ und bestätigen Sie mit **Bereitstellen** ❹ (siehe Abbildung 15.38).

Da unser Prozess über einen API-Auslöser verfügt, wird Ihnen in einem weiteren Dialogfenster der verfügbare Auslöser **Invoice Approval Trigger** angezeigt. Bestätigen Sie erneut mit **Bereitstellen**.

Der Deployment-Vorgang kann je nach Projektgröße und Anzahl der Artefakte einige Sekunden bis wenige Minuten dauern. Etwaige Fehler oder Warnungen während des Deployments werden in der Designkonsole am unteren Bildschirmrand angezeigt.

Statusprüfung und Versionenübersicht

Nach erfolgreicher Bereitstellung wird der Status des Projekts aktualisiert. Eine Übersicht aller freigegebenen und/oder deployten Versionen finden

Sie direkt in der Projektstatus-Anzeige neben dem Projektnamen (siehe Abbildung 15.39).

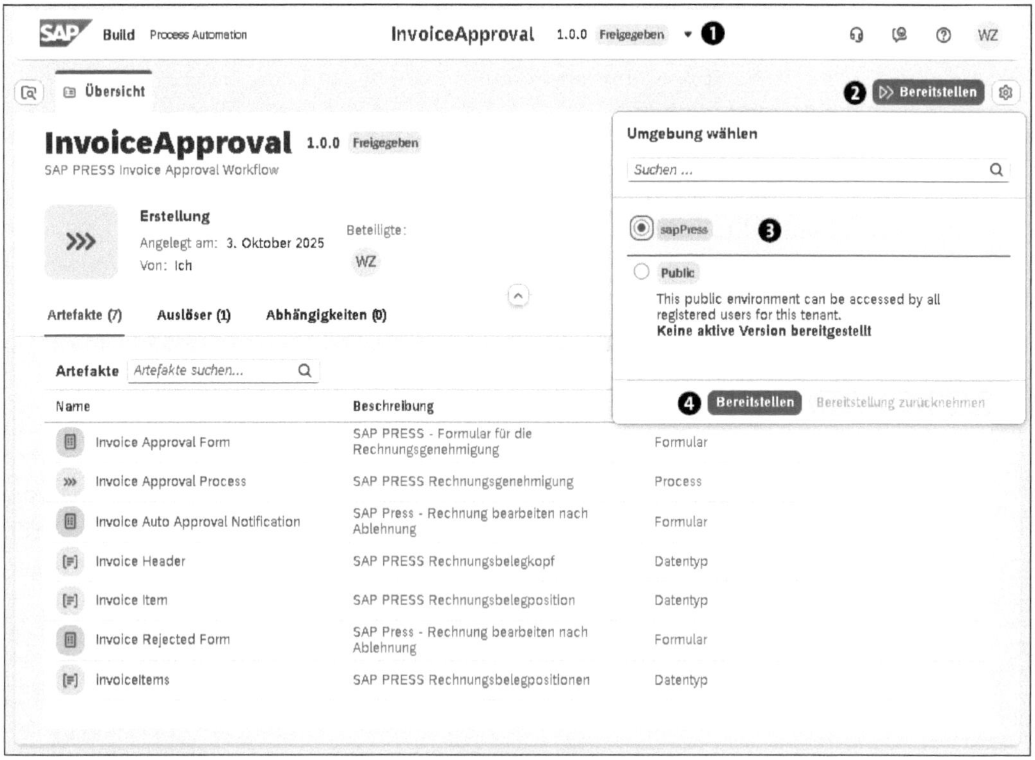

Abbildung 15.38 Deployment der ersten lauffähigen Version 1.0.0

Abbildung 15.39 Projektstatus und Versionenanzeige in der Projektübersicht

[»]

Keine weitere Bearbeitung möglich

Freigegebene oder bereits bereitgestellte Versionen können nicht mehr bearbeitet werden. Um weiter am Projekt zu arbeiten, müssen Sie daher zur bearbeitbaren Version wechseln. Diese finden Sie oben in der Projektübersicht.

Workflow testen

Damit ist das Deployment abgeschlossen und der Workflow steht nun zur Ausführung bereit. Im nächsten Schritt können Sie ihn testen, indem Sie den Prozess auslösen und das Verhalten im Livebetrieb beobachten.

Details zur API-Schnittstelle des Auslösers einsehen

Nach dem erfolgreichen Deployment eines Workflows mit API-Auslöser lässt sich die zugehörige Schnittstelle direkt im System einsehen und dokumentieren. Diese API kann später von externen Anwendungen, wie z. B. SAP Build Apps, verwendet werden, um den Prozess zu starten. Wechseln Sie dazu aus der SAP Build Lobby heraus über den **Control Tower** in Ihre Umgebung. Öffnen Sie die Registerkarte **Auslöser** und klicken Sie auf die die Schaltfläche [•••] (**Aktionen**) rechts in der Zeile mit unserem API-Auslöser, um das Kontextmenü zu öffnen. Im Kontextmenü wählen Sie **Anzeigen** (siehe Abbildung 15.40).

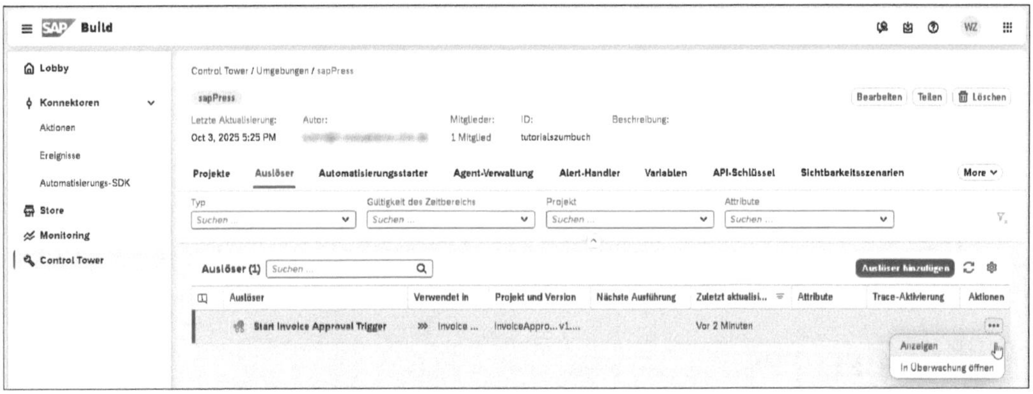

Abbildung 15.40 Übersicht der Auslöser zum Workflow im Control Tower

In der folgenden Ansicht **Details zu Start Invoice Approval Trigger ansehen** werden Ihnen folgende Informationen angezeigt (siehe Abbildung 15.41):

- allgemeine Informationen zum Auslöser wie der **Name**, der ausgeführte Prozess (**Ausführen**) und die **Beschreibung**, falls eine eingegeben wurde
- vollständige API-URL
- Beispiel-**Payload** zur Initialisierung des Prozesses

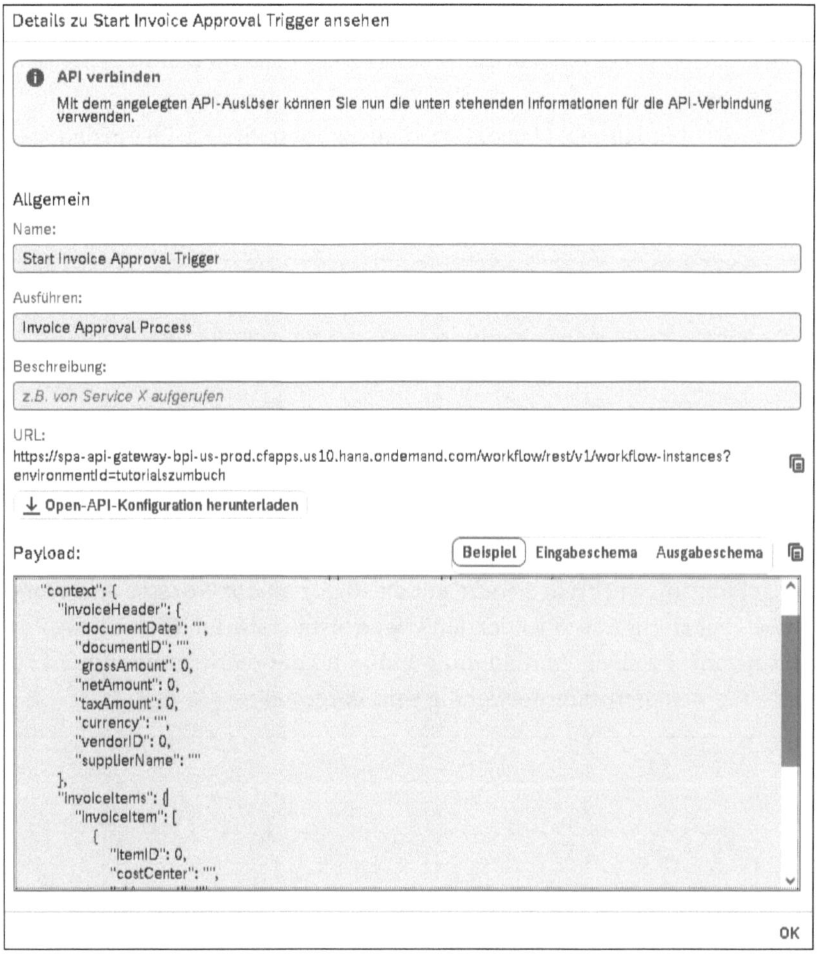

Abbildung 15.41 Detailansicht eines Auslösers inklusive URL und Payload

Die hier verwendete HTTP-Methode ist POST. Die Bestandteile der für unser Beispiel erzeugte API-URL haben die folgende Bedeutung: **API-URL**

- *https://spa-api-gateway-bpi-eu-prod.cfapps.eu10.hana.ondemand.com* ist die Host-URL und ist abhängig vom System, in dem die Anwendung bereitgestellt wurde.
- Der Bestandteil */workflow/rest/v1/workflow-instances* ist fest und bleibt unverändert.

Sie können das JSON-Payload durch einen Klick auf die Schaltfläche (**Kopieren**) in einen Texteditor kopieren, um es später z. B. in einem API-Testtool (Postman, CURL etc.) wiederzuverwenden. In unserem Beispiel benötigen wir es für die Erzeugung einer Workflow-Instanz. **Payload**

Das JSON-Payload hat zwei Hauptelemente:

- `definitionId`: Die eindeutige ID des Workflows (wird beim Deployment generiert)
- `context`: Enthält alle Eingabedaten, die an den Prozess übergeben werden sollen: `invoiceHeader` und `invoiceItems` mit den gesamten Informationen zum Rechnungsvorgang.

[!]

Auf korrekte Angabe der Datenobjekte achten

Der Inhalt des Feldes `context` muss exakt den im Workflow definierten Datenobjekten entsprechen, inklusive korrekter Feldnamen und Groß-/Kleinschreibung.

Neue Workflow-Instanz erzeugen

Im nächsten Schritt testen wir diesen API-Auslöser innerhalb der Umgebung, in der wir den Prozess bereitgestellt haben. Wechseln Sie dazu wieder in die SAP Build **Lobby**, öffnen Sie den **Control Tower** und klicken Sie Ihre Umgebung an. Wechseln Sie nun auf die Registerkarte **Prozesse und Workflows**. Hier können sie über den Link **Neue Instanz starten** ❶ eine neue Prozessinstanz erzeugen. In Abbildung 15.42 sind die Schritte, die zum Erzeugen einer neuen Instanz notwendig sind, dargestellt.

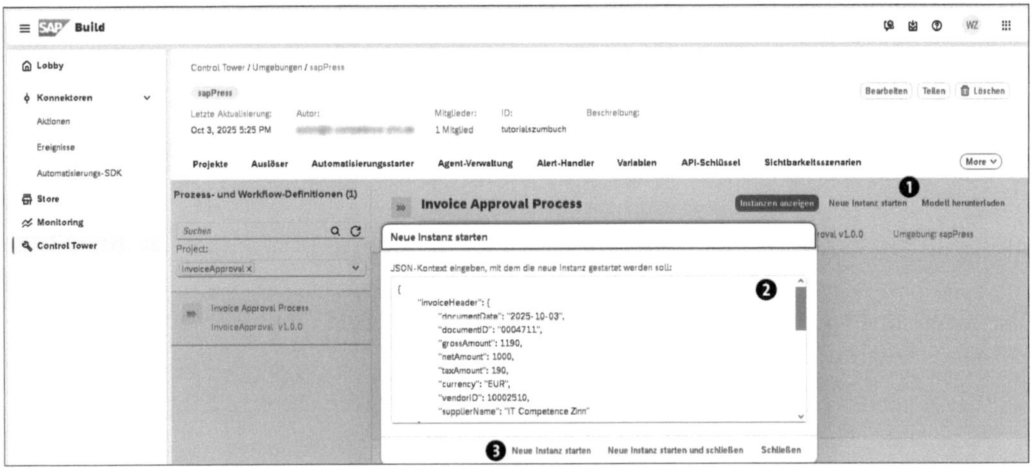

Abbildung 15.42 Start einer neuen Workflow-Instanz mittels JSON-Payload

Löschen Sie den Beispielinhalt ❷, der als JSON-Kontext standardmäßig vorgeschlagen wird. Falls Sie das Payload-Schema aus Abbildung 15.41 noch in der Zwischenablage oder bereits in einem Texteditor gespeichert haben, fügen Sie dieses Schema ein und passen Sie es anschließend an. Entfernen Sie die Elemente `definitionId` und `context`. Lassen Sie lediglich das JSON-Objekt, das die Felder zu den Datenobjekten `invoiceHeader` und `invoiceItems` enthält, stehen. Ihr Payload sollte nun etwa so aussehen wie in Abbildung 15.43. Bestätigen Sie mit **Neue Instanz starten** ❸ und klicken Sie anschließend auf **Schließen**.


```
{
    "invoiceHeader": {
        "documentDate": "2025-10-03",
        "documentID": "0004711",
        "grossAmount": 1190,
        "netAmount": 1000,
        "taxAmount": 190,
        "currency": "EUR",
        "vendorID": 10002510,
        "supplierName": "IT Competence Zinn"
    },
    "invoiceItems": {
        "invoiceItem": [
            {
                "itemID": 1,
                "costCenter": "KST_1024",
                "glAccount": "6000002050",
                "quantity": 10,
                "price": 100,
                "netAmount": 1000,
                "taxAmount": 190
            }
        ]
    }
}
```


Abbildung 15.43 Beispiel eines JSON-Payloads zum Starten der Workflow-Instanz

Was Sie gelernt haben

In diesem Abschnitt haben Sie die grundlegenden Schritte zur Erstellung eines einfachen Genehmigungs-Workflows mit SAP Build Process Automation kennengelernt. Sie haben erfahren, wie Sie folgende Schritte durchführen:

- eigene Datentypen manuell oder per Excel-Import definieren
- einen API-Auslöser konfigurieren und Eingabe-/Ausgabeparameter zuweisen
- Formulare im integrierten Formulareditor gestalten und in den Prozess integrieren
- Genehmigungsschritte modellieren und dynamische Inhalte verwenden
- E-Mail-Benachrichtigungen nach bestimmten Ereignissen einbauen
- mithilfe von Bedingungen gezielte Prozesspfade modellieren
- den Workflow bereitstellen
- eine Testinstanz des Workflows mit einem JSON-Payload initial auslösen

Damit haben Sie eine solide Grundlage geschaffen, um eigene Workflows modellieren, erweitern und testen zu können.

15.4 Monitoring und Fehlerbehebung von Workflows

Ein zentraler Erfolgsfaktor automatisierter Workflows ist die Transparenz über deren Ausführung, insbesondere bei Fehlern oder Prozessabbrüchen. SAP Build Process Automation bietet hierfür integrierte Funktionen zur Überwachung, Fehlerdiagnose und Steuerung der Prozessinstanzen. In diesem Abschnitt erläutern wir, wie Prozesse überwacht, Fehler analysiert und kritische Situationen behoben werden können.

Übersicht der Monitoring-Apps

Die Überwachung der Prozesse erfolgt über die browserbasierte Benutzeroberfläche im Bereich **Monitoring**, die über die SAP Build Lobby oder direkt über das SAP BTP Cockpit aufgerufen werden kann. Die Monitoring-Funktionen in SAP Build Process Automation werden über verschiedene Apps bereitgestellt:

- **Prozess- und Workflow-Instanzen**
  Zeigt den Status laufender und abgeschlossener Prozesse.
- **Automatisierungsjobs**
  Enthält Protokolle für UI-basierte Automatisierungen (RPA).
- **Erworbene Ereignisse**
  Dokumentiert ereignisbasierte Prozessauslöser und deren Status.
- **Meine Inbox**
  Ermöglicht den Zugriff auf offene Benutzeraufgaben und Genehmigungen.

15.4.1 Die App »Prozess- und Workflow-Instanzen«

Workflow-Instanzen überwachen

Wir zeigen Ihnen in diesem Abschnitt zunächst die Nutzung der App **Prozess- und Workflow-Instanzen**, die Sie über folgenden Pfad aufrufen: **Lobby • Monitoring • Prozess und Workflow-Instanzen** (siehe Abbildung 15.44).

In dieser App sehen Sie eine Übersicht aller Prozessinstanzen. Dies können aktuell laufende, abgeschlossene, angehaltene oder fehlgeschlagene Instanzen sein. Mithilfe der Filterleiste **Filter anpassen** (siehe Abbildung 15.45) können Sie gezielt nach Statuswerten filtern, z. B.:

- Abgebrochen
- Abgeschlossen
- Fehler
- Läuft
- Angehalten

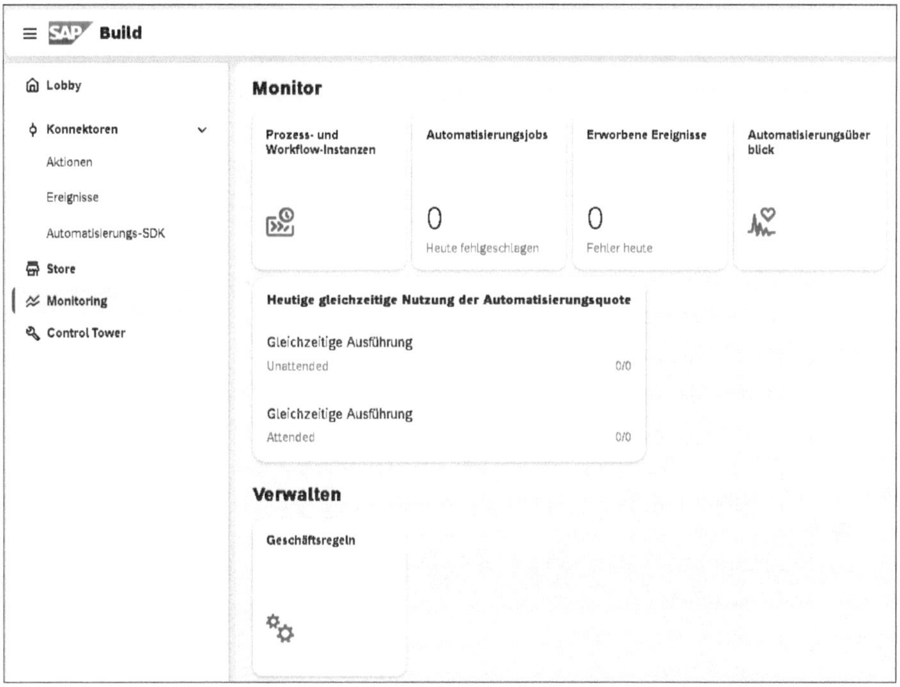

Abbildung 15.44 Monitoring mit der App »Prozess- und Workflow-Instanzen«

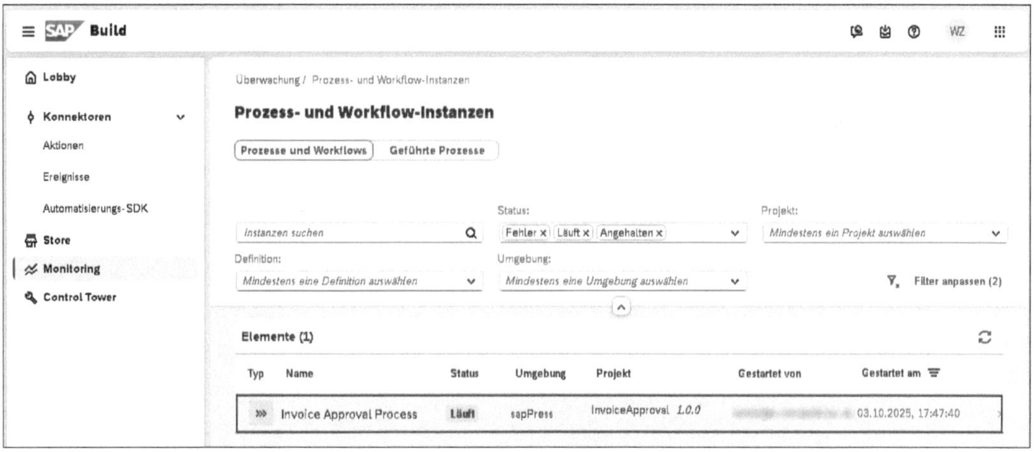

Abbildung 15.45 Laufende Workflow-Instanz in der App »Prozess- und Workflow-Instanzen«

Eigene Instanz finden

Am einfachsten finden Sie Ihre Workflow-Instanz über einen Teil des Namens, z. B. Ihre Benutzerkennung oder ein eindeutiges Kürzel, das Sie beim Erstellen des Projekts verwendet haben. Verwenden Sie die Suchfunktion **Instanzen suchen**, um gezielt nach Ihrer Instanz zu suchen.

In unserem Beispiel wartet der Prozess **Invoice Approval Process** auf eine Genehmigung, da der Bestellwert größer als 250 € ist. Dies wurde durch eine entsprechende Regel im Workflow entschieden (siehe Abschnitt 15.3.3, »Prozess anlegen und modellieren«, Unterabschnitt »Weitere Schritte hinzufügen«). Der aktuelle Status in Abbildung 15.45 ist **Läuft**.

Analyse der Prozessinstanz

Nachdem Sie Ihre Instanz ausgewählt haben, erhalten Sie folgende detaillierte Informationen:

- **Instanzmetadaten**
  ID, Zeitstempel, Status
- **Prozesskontext**
  Prozessdaten, die zwischen den einzelnen Schritten übertragen werden
- **Ausführungs-Log**
  Ein Protokoll aller durchlaufenen Aktivitäten, inklusive Laufzeitinformationen und eventueller Fehlermeldungen

In Abbildung 15.46 sind sämtliche Details zu unserer laufenden Prozessinstanz zusehen.

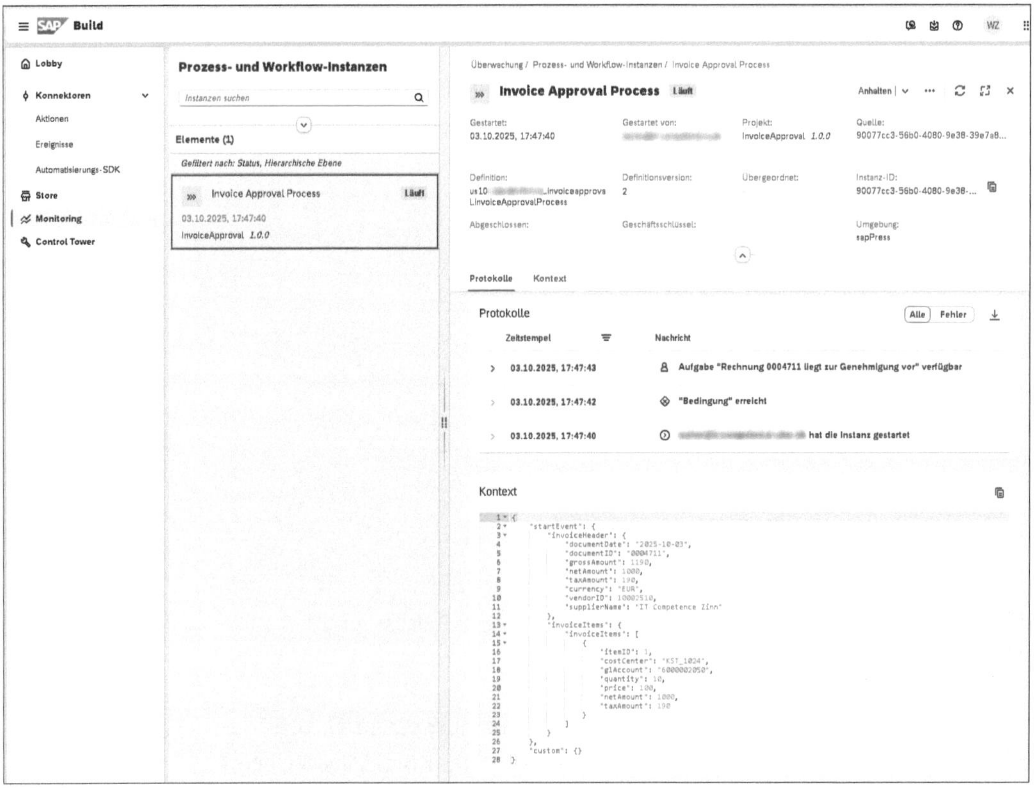

Abbildung 15.46 Details zur laufenden Workflow-Instanz in der App »Prozess- und Workflow-Instanzen«

Fehlerbehebung und Neustart von Prozessen

Für fehlerhaft abgebrochene oder im Systemzustand **Angehalten** verbliebene Prozesse stellt SAP Build Process Automation verschiedene Optionen zur Verfügung, um betroffene Instanzen gezielt zu analysieren, neu zu starten oder bei Bedarf kontrolliert zurückzusetzen und damit eine Fortsetzung oder Wiederholung der Ausführung zu ermöglichen.

Typische Fehlerquellen

In der Praxis treten Fehler häufig an wiederkehrenden Stellen auf, sei es bei der API-Kommunikation, der Datenmodellierung oder der Benutzerinteraktion. Um Ausfälle und unnötige Fehleranalysen zu vermeiden, sollten typische Problemfelder frühzeitig berücksichtigt werden. Tabelle 15.4 führt gängige Fehlerursachen sowie bewährte Maßnahmen zu deren Vermeidung auf.

Fehlerursache	Empfehlung zur Vermeidung
ungültige Eingabewerte im Payload	Verwendung vordefinierter Datentypen und Validierungsregeln
Abhängigkeit von externen APIs	Fehlerbehandlung über Timeout-Regeln und Retry-Strategien einbauen
fehlende Rollen/Zugriffe	regelmäßige Prüfung von SAP-BTP-Rollen und Identity-Provider-Zuordnung
fehlerhafte Gateways	Vermeidung komplexer Bedingungen ohne vorherige Validierung
manuell angelegte Aufgaben ohne Abschluss	Verwendung von Eskalationspfaden oder Erinnerungen

Tabelle 15.4 Typische Fehlerquellen und Best Practices zur Vermeidung

15.4.2 Aufgabenbearbeitung über die App »Meine Inbox«

Die ausstehenden Aufgaben werden über das im Prozess hinterlegte Formular erzeugt und stehen den zugewiesenen Benutzer*innen in der App **Meine Inbox** zur Verfügung. Von dort aus können die Aufgaben genehmigt oder abgelehnt werden.

Aufgaben (Tasks) sind auch im Kontext von SAP Build Process Automation Benachrichtigungen an Benutzer*innen, eine Aktion innerhalb eines Workflows auszuführen, typischerweise zur Genehmigung oder Prüfung von Daten. Diese Aufgaben werden automatisch erzeugt und erscheinen in der Anwendung **Meine Inbox**, die sowohl als eigenständige SAP-Fiori-App als auch in eingebetteter Form innerhalb von SAP Build zur Verfügung steht.

Zugriff auf »Meine Inbox« in der Testumgebung

In Ihrer Testumgebung greifen Sie wie folgt auf die App **Meine Inbox** zu:

1. Navigieren Sie zur SAP Build Lobby.
2. Klicken Sie oben rechts auf das Symbol (**Meine Inbox**, siehe Abbildung 15.47).
3. Die App öffnet sich in einem neuen Browser-Tab oder -Fenster.

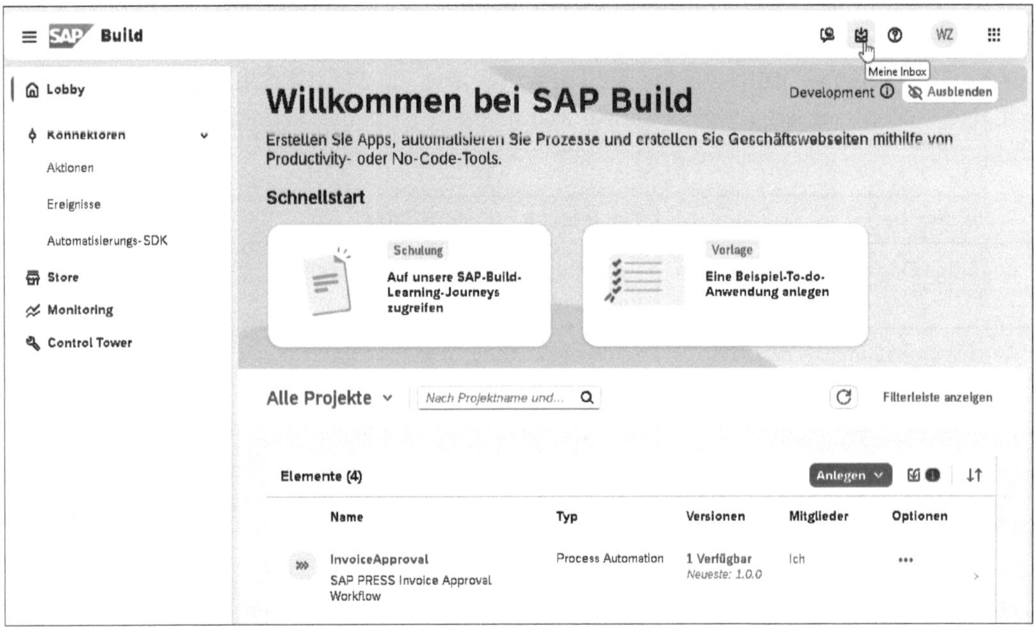

Abbildung 15.47 Einstieg in die App »Meine Inbox« aus der SAP Build Lobby

Aufgabe aufrufen und genehmigen

Suchen Sie in Ihrer Inbox nach der gerade ausgelösten Aufgabe und öffnen Sie diese. In Abbildung 15.48 ist der Workflow-Schritt **Rechnung 0004711 liegt zur Genehmigung vor** dargestellt. In unserem Beispiel möchten wir die im Prozess definierte einfachste Abfolge demonstrieren: Im Falle einer Genehmigung soll der Workflow enden. Klicken Sie auf **Genehmigen**, um dies zu testen (siehe Abbildung 15.48).

Daraufhin sendet der Workflow wie vorgesehen eine Benachrichtigungs-E-Mail und wird anschließend automatisch abgeschlossen. Sämtliche Ablaufschritte unseres Beispiel-Workflows lassen sich in der Monitoring-App nachvollziehen. Links, in der Übersicht der **Prozess- und Workflow-Instanzen**, ist unsere Workflow-Instanz mit ihrem aktuellen Status **Abgeschlossen** zu sehen (siehe Abbildung 15.49). In der Detailansicht rechts sehen Sie unter **Protokolle**, in welcher Reihenfolge die einzelnen Prozessschritte ausgeführt wurden – von der Initialisierung über die Bedingungsprüfung bis hin zur Genehmigung und zum Versand der Benachrichtigung.

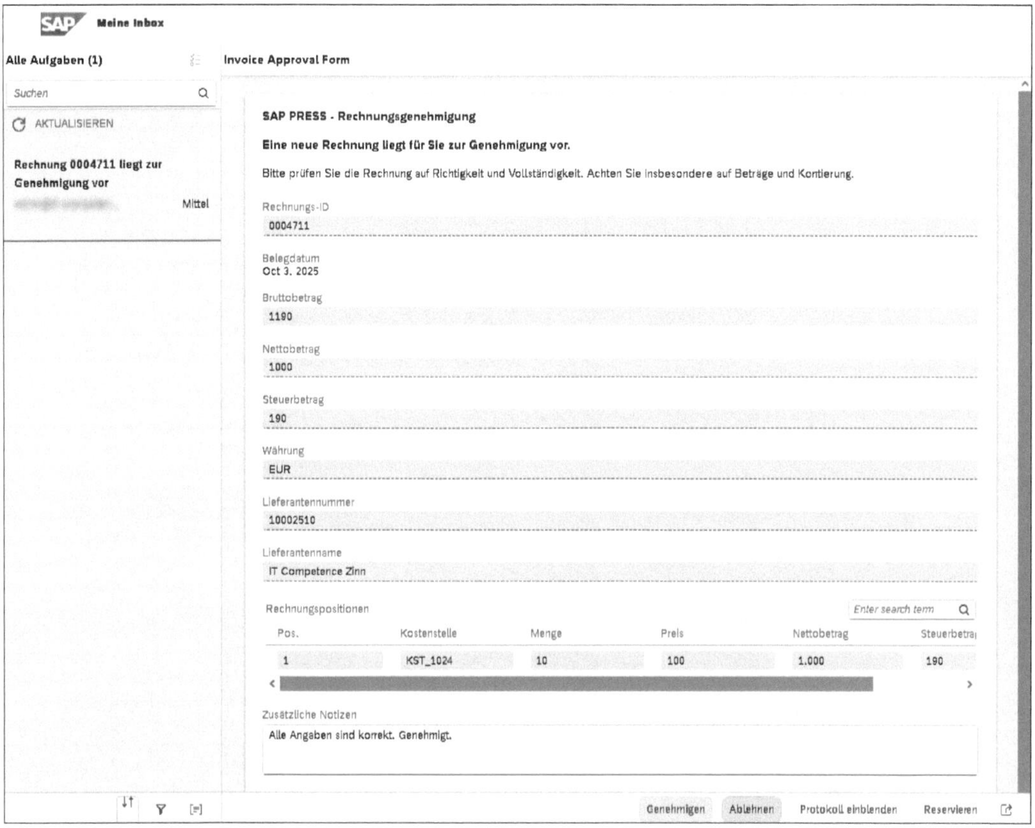

Abbildung 15.48 Genehmigungsaufgabe in der App »Meine Inbox«

Zusätzlich können Sie über die Registerkarte **Kontext** weiterführende Informationen zum Instanzkontext (z. B. die Payload-Inhalte) einsehen. Damit werden eine transparente Nachverfolgung und die Analyse jeder einzelnen Workflow-Instanz möglich.

In Abbildung 15.49 ist die vollständige Workflow-Historie für den gezeigten Beispielvorgang ersichtlich.

Monitoring und Fehlerbehebung sind keine Randthemen, sondern essenzielle Bestandteile eines produktiven Workflow-Betriebs. SAP Build Process Automation bietet hierzu leistungsfähige, aber einfach zu bedienende Werkzeuge. Mit einer klar strukturierten Modellierung, transparentem Logging und etablierten Best Practices lassen sich auch komplexe Prozesse stabil betreiben und Fehler zügig beheben.

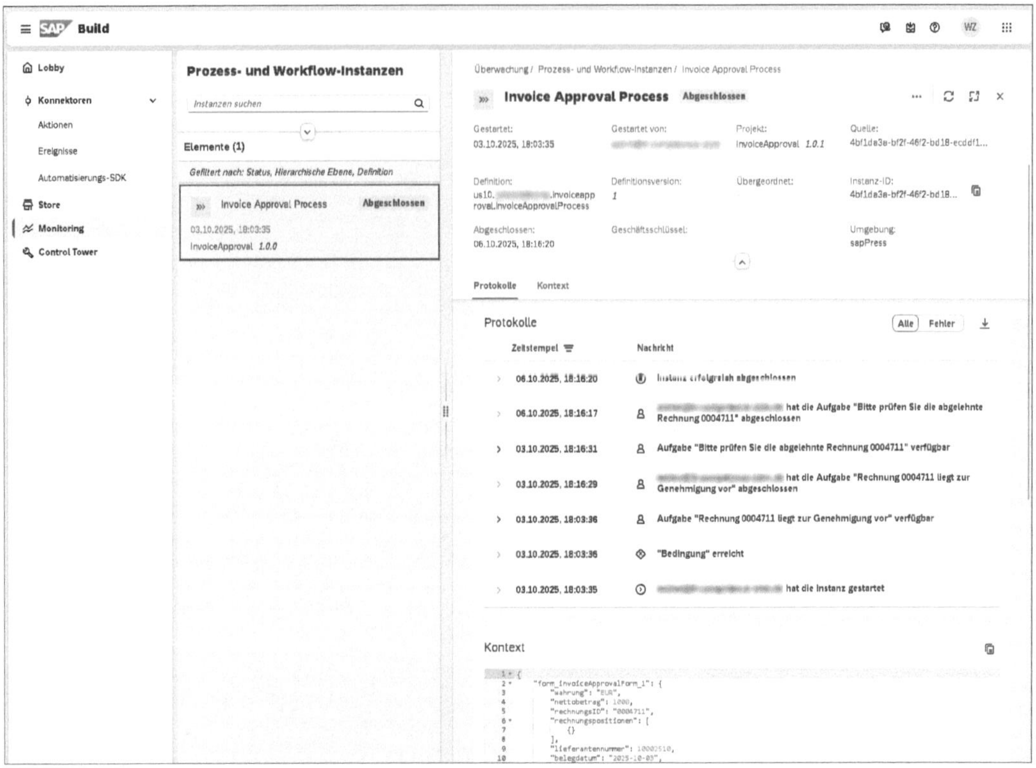

Abbildung 15.49 Workflow-Protokoll zur abgeschlossenen Genehmigungsaufgabe in der Monitoring-App

15.5 Systemübergreifende Integration von Workflows

SAP Build Process Automation ist nicht nur ein Werkzeug zur Modellierung und Ausführung interner Geschäftsprozesse, sondern auch eine zentrale Komponente zur Integration externer SAP-Systeme in eine übergreifende Prozesslandschaft. Die nahtlose Anbindung an SAP S/4HANA (On-Premise oder Cloud) ermöglicht es, Workflows systemübergreifend zu orchestrieren und dabei auf bestehende Geschäftslogik zurückzugreifen.

Zwei typische Integrationsszenarios

In der offiziellen Dokumentation von SAP Build Process Automation (*http://s-prs.de/v1109902*) wird zwischen der Integration mit SAP S/4HANA, On-Premise-Version und der Integration mit SAP S/4HANA Cloud Public Edition sowie anderen SAP-Cloud-Lösungen unterschieden. Diese Integrationsoptionen dienen dazu, SAP Build Process Automation in bestehende Systemlandschaften einzubetten und Schnittstellen für Daten, Ereignisse und Nutzerinteraktion bereitzustellen.

Integration mit SAP S/4HANA, On-Premise-Version

Die Integration von SAP Build Process Automation mit einem SAP-S/4HANA-On-Premise-System erfolgt über eine hybride Architektur, die sowohl den Remote-Zugriffe auf Backend-Funktionen als auch UI-Automatisierung unterstützt. Dabei kommen mehrere zentrale Komponenten der SAP BTP zum Einsatz:

- Die *SAP Integration Suite* stellt die technische Verbindung zwischen SAP Build Process Automation und dem SAP-S/4HANA-On-Premise-System her. Sie ermöglicht den Zugriff auf Backend-Dienste über Remote Function Calls (RFC), SOAP oder OData-/REST-Schnittstellen.
- Der *SAP Connectivity Service* innerhalb der SAP BTP sorgt in Verbindung mit dem *Cloud Connector* für eine gesicherte Tunnelverbindung (TCP/WebSocket) ins lokale On-Premise-Netzwerk.
- Die Authentifizierung erfolgt über die *SAP Cloud Identity Services*, die mit Ihrem lokalen Benutzerverwaltungssystem verknüpft sein können.
- Endanwender*innen greifen über Web- oder Desktop-Clients auf die erstellten Workflows und Prozessautomatisierungen zu.

Abbildung 15.50 zeigt den Aufbau einer solchen hybriden Integrationsarchitektur, bestehend aus SAP BTP auf der Cloud-Seite und den On-Premise-Komponenten auf der Seite des internen Unternehmensnetzes bzw. der privaten Cloud.

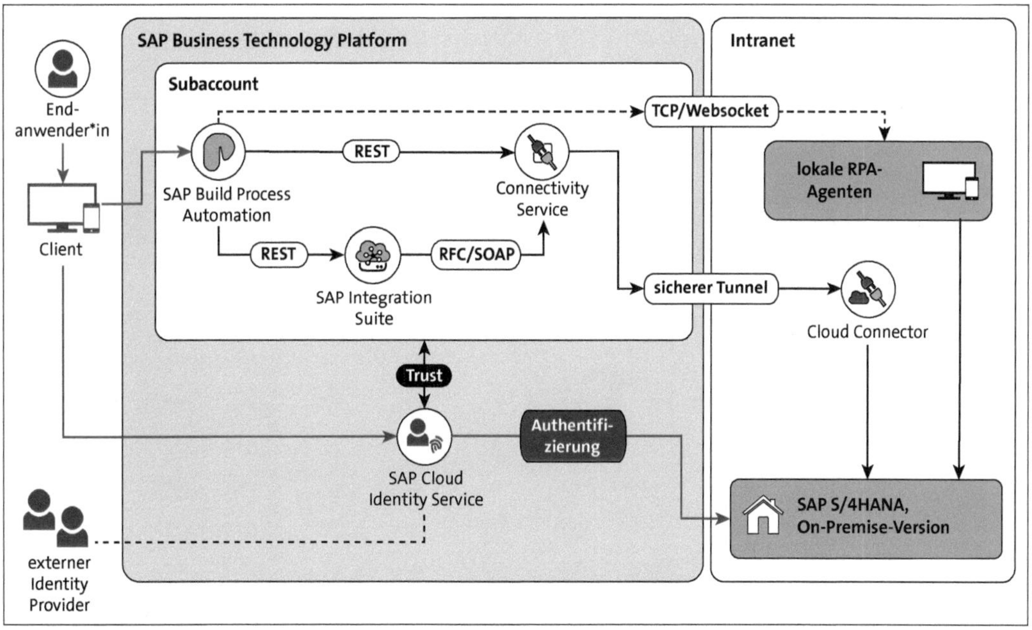

Abbildung 15.50 Architektur einer typischen Integration von SAP Build Process Automation mit einem SAP-S/4HANA-On-Premise-System

Integration mit SAP S/4HANA Cloud Public Edition

Die Anbindung von SAP Build Process Automation an ein SAP-S/4HANA-System in der Public Cloud erfolgt vollständig über cloudbasierte Schnittstellen und Services innerhalb der SAP BTP. Dabei stehen zwei Integrationswege zur Verfügung, API-basierte Remote-Zugriffe und UI-Automatisierung. Folgende Bausteine werden bei dieser Art der Integration benötigt (siehe Abbildung 15.51):

- Die Integration erfolgt über Remote-Aufrufe via OData/REST oder SOAP/RFC. Diese Kommunikation kann optional über die SAP Integration Suite erfolgen, wodurch zusätzliche Dienste wie SAP Event Mesh oder das API Management bereitgestellt werden können.
- Eine Kommunikation über SAP Gateway zwischen SAP Build Process Automation und den SAP-Cloud-Lösungen (z. B. SAP S/4HANA Cloud, SAP Ariba etc.) ermöglicht die Durchführung von Geschäftsprozessen über standardisierte APIs.
- Die SAP Cloud Identity Services übernehmen die zentrale Authentifizierung und ermöglichen Single Sign-on mit externen Identity Providern.
- Der SAP Connectivity Service innerhalb der SAP BTP koordiniert die REST- und SOAP-Verbindungen und sorgt für eine performante Kommunikation zwischen SAP Build Process Automation und externen Cloud-Systemen.

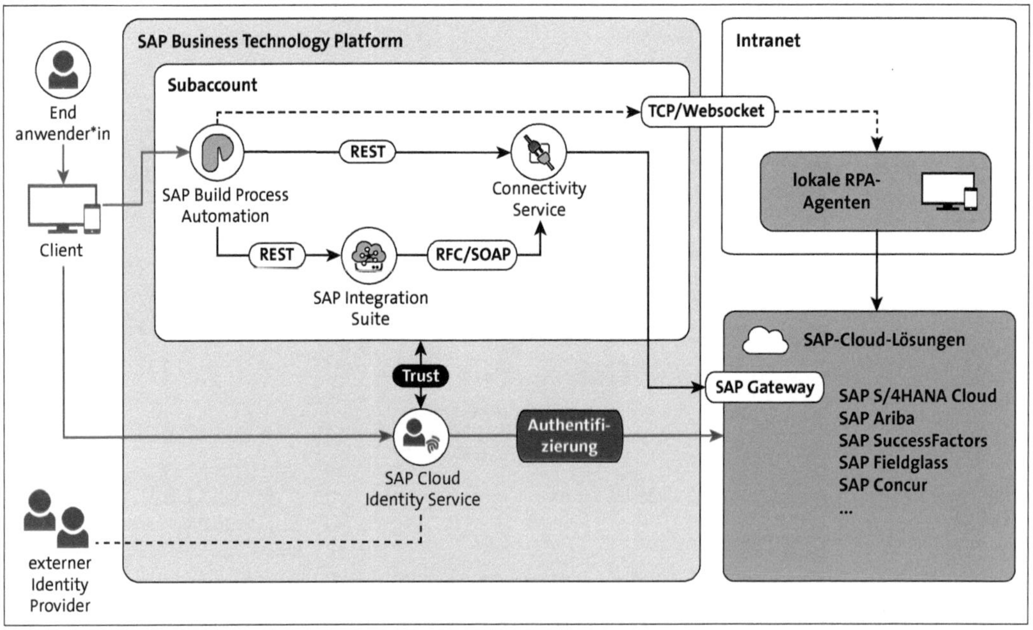

Abbildung 15.51 Integration von SAP Build Process Automation mit SAP S/4HANA Cloud über SAP BTP und Cloud-APIs

Ein weiterer Vorteil der Integration in die SAP-BTP-Landschaft besteht darin, dass SAP für viele Cloud-Lösungen wie SAP Ariba, SAP SuccessFactors, SAP Fieldglass oder SAP Concur bereits vorgefertigte Integrationspakete und Content-Modelle anbietet. Diese können Sie in Ihrem Subaccount der SAP BTP aktivieren oder abonnieren, entweder über den SAP Business Accelerator Hub oder über den SAP Content Hub. Damit lässt sich die Integration der Cloud-Systeme mit minimalem Konfigurationsaufwand realisieren.

Integration innerhalb von SAP Build

Wie bereits beschrieben, ist SAP Build Process Automation Teil der SAP-Build-Produktfamilie, zu der auch *SAP Build Apps* für die Low-Code-App-Entwicklung und *SAP Build Work Zone* für digitale Arbeitsumgebungen gehören. Die enge Verzahnung dieser Komponenten ermöglicht eine nahtlose End-to-End-Prozessautomatisierung ohne tiefgreifende Programmierkenntnisse.

Workflows und Automatisierungen in SAP Build Apps

Ein zentrales Szenario ist dabei die Integration von SAP-Build-Process-Automation-Workflows in SAP Build Apps. Innerhalb einer mit Build Apps erstellen Anwendung können Sie:

- vordefinierte Workflows starten
- den Status von laufenden Workflow-Instanzen abfragen
- Eingabeformulare für Prozessschritte anzeigen
- Entscheidungen und Benutzerinteraktionen direkt in der Anwendung abbilden

Die Kommunikation zwischen SAP Build Apps und SAP Build Process Automation erfolgt über Destinations, die in Ihrem SAP-BTP-Subaccount konfiguriert werden. Damit lassen sich die REST-basierten APIs von SAP Build Process Automation aus der Anwendung heraus konsumieren.

Integration mit SAP Build Work Zone

Auch in der SAP Build Work Zone, mit der sich zentrale Einstiegspunkte in Unternehmensapplikationen erstellen lassen, lassen sich Inhalte aus SAP Build Process Automation einbinden:

- Workflows und Formulare, die als UI-Karten oder Widgets angezeigt werden
- Automatisierungen, die durch Benutzeraktionen oder Zeitpläne ausgelöst werden
- Statusanzeigen und Benachrichtigungen zu Workflow-Aufgaben

So können Benutzer*innen ihre täglichen Aufgaben über eine zentrale Oberfläche bearbeiten, ohne zwischen Systemen wechseln zu müssen.

Vorteile der SAP-Build-internen Integration

Die Integration innerhalb der SAP Build Suite bietet folgende Vorteile:

- **Nahtlose User Experience**
  Die Anwender*innen arbeiten mit Apps, Workflows und Formularen innerhalb einer kohärenten Benutzeroberfläche.
- **Low-Code-Ansatz**
  Die Orchestrierung erfolgt überwiegend über Konfigurationen mit nur geringerem Bedarf an kundeneigenem Code.
- **Zentrale Steuerung**
  Berechtigungen, Destinations und Serviceverbindungen werden zentral in der SAP BTP verwaltet.
- **Schnelles Time-to-Value**
  Durch vorkonfigurierte Konnektoren und Templates können neue Anwendungsfälle in kurzer Zeit umgesetzt werden.

[»]

Architektur der SAP-Build-Integration

Die Integration innerhalb von SAP Build basiert auf standardisierten API-Aufrufen zwischen den SAP-Build-Komponenten sowie auf der Verwendung von Destinations, die in der Konsole des SAP BTP Cockpits gepflegt werden. Ein Zugriff auf Prozesse, Daten oder Dienste erfolgt über gesicherte Verbindungen im Rahmen der BTP-Laufzeitumgebung.

Sicherheit

Auch in Bezug auf die Sicherheit nutzt SAP Build Process Automation die zentralen Sicherheitsfunktionen der SAP BTP:

- SAP Cloud Identity Services für die Authentifizierung und Benutzerverwaltung
- rollenbasierte Zugriffskontrolle für Prozessschritte, Formulare und Automatisierungen
- Scopes und OAuth2.0-Autorisierung bei der API-Kommunikation
- Verschlüsselung der Datenübertragung gemäß aktuellen Sicherheitsstandards

Die zentrale Verwaltung aller Sicherheits- und Konfigurationsaspekte erfolgt über das SAP BTP Cockpit.

15.6 Erweiterbarkeit von SAP Build Process Automation

SAP Build Process Automation bietet über die rein technische Integration hinaus umfassende Möglichkeiten zur Erweiterung und Anpassung von

Prozessen. Erweiterungen können sowohl durch die Einbindung externer Services, z. B. über REST-APIs, als auch durch eigene Logiken erfolgen. Wir nennen hier einige Beispiele für mögliche Erweiterungen:

- Skripting innerhalb von Workflow-Aufgaben
- Business Rules zur dynamischen Entscheidungsfindung
- Custom Services über die SAP Integration Suite
- Aktionen mit benutzerdefinierten Payloads im Workflow

Clean-Core-Prinzip

Zur Einhaltung des Clean-Core-Prinzips, also der Vermeidung von Modifikationen und Erweiterungen direkt im SAP-S/4HANA-System, empfiehlt SAP die Umsetzung von Erweiterungen über Side-by-Side-Ansätze auf der SAP BTP. So bleibt der Kern von SAP S/4HANA stabil, wartbar und upgradefähig.

In SAP S/4HANA Cloud Public Edition sind Erweiterungen nur eingeschränkt möglich, da SAP hier besonders auf das Clean-Core-Prinzip achtet. Dennoch bietet SAP Build Process Automation auch in diesem restriktiveren Umfeld Wege zur flexiblen Erweiterung von Geschäftsprozessen.

Möglichkeiten der Workflow-Erweiterung

In der SAP S/4HANA Cloud Public Edition stehen folgende Mechanismen zur Verfügung, um Prozesse anzupassen oder zu erweitern:

- **Flexible Workflows**
  Die vorkonfigurierten Prozesse im SAP-S/4HANA-Standard können über Key-User-Tools angepasst werden.
- **Integration über APIs**
  Kundeneigene Workflows aus SAP Build Process Automation lassen sich über OData-/REST-Schnittstellen mit SAP S/4HANA Cloud Public Edition verbinden, z. B. für Freigaben, Statusabfragen oder Stammdatenchecks.
- **Erweiterbarkeitsansatz**
  Formulare oder Aufgaben aus SAP Build Process Automation können mit benutzerdefinierten Feldern aus SAP S/4HANA synchronisiert werden.
- **SAP Event Mesh**
  Dieser SAP-BTP-Service ermöglicht das Starten von Workflows aus SAP Build Process Automation auf Basis von Ereignissen in SAP S/4HANA (z. B. beim Ereignis »Bestellung angelegt«).

Beispielhafte Architektur einer Erweiterung

Ein typisches Szenario sieht wie folgt aus (siehe Abbildung 15.52): In SAP S/4HANA wird ein Einkaufsbeleg erzeugt. Ein Ereignis wird ausgelöst, das über SAP Event Mesh an die SAP BTP weitergeleitet wird. Dort startet ein Workflow in SAP Build Process Automation, der einen Genehmigungsprozess beinhaltet. Nach erfolgreicher Genehmigung wird per API ein Statusupdate an SAP S/4HANA zurückgegeben.

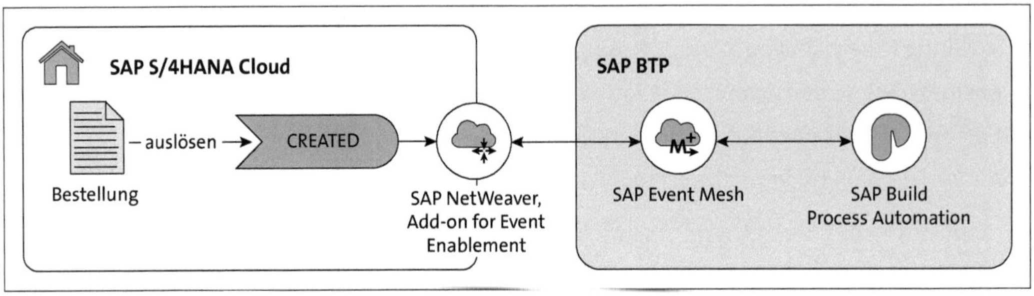

Abbildung 15.52 Schematischer Aufbau einer ereignisgesteuerten Architektur mittels SAP Event Mesh

Grenzen und Empfehlungen

Die Erweiterbarkeit in SAP S/4HANA Cloud Public Edition ist funktional umfangreich, aber technisch klar reguliert. Es empfiehlt sich hierbei, die API-Dokumentation im SAP Business Accelerator Hub intensiv zu nutzen, die Möglichkeiten der Key-User-Erweiterbarkeit (benutzerdefinierte Felder, Business Rules etc.) mit denen von SAP Build Process Automation zu kombinieren, ausschließlich Side-by-side-Erweiterungen auf der SAP BTP umzusetzen (keine In-App-Modifikationen) und Sicherheit und Authentifizierung über die SAP Identity Services zu planen (keine direkten Benutzerkonten im SAP-S/4HANA-System).

15.7 Best Practices und Praxisbeispiele

Der Erfolg von Workflow-Lösungen mit SAP Build Process Automation hängt maßgeblich von einer strukturierten Herangehensweise, einem klaren Architekturverständnis und wiederverwendbaren Gestaltungsprinzipien ab. In diesem Abschnitt geben wir Ihnen einige praxisbewährte Empfehlungen für die Modellierung, Implementierung und den Betrieb von Workflows an die Hand und stellen beispielhafte Anwendungsfälle vor.

Modellierungs- und Designempfehlungen

Eine saubere Struktur der Prozesse ist essenziell für die Wartbarkeit, Erweiterbarkeit und Fehlertoleranz. Folgende Best Practices haben sich bewährt:

- **Es einfach halten**
  Halten Sie Ihre Prozesse möglichst einfach und lesbar; lagern Sie komplexere Abläufe in Teilprozesse oder Skripte aus.
- **Modularisierung**
  Verwenden Sie wiederverwendbare Teilprozesse und gestalten Sie Regeln und Datentypen als Bausteine.

- **Trennung von UI und Logik**
  Trennen Sie Formulare und Geschäftslogik klar voneinander.
- **Versionierung**
  Nutzen Sie das Releasemanagement konsequent, um stabile Versionen zu sichern und Änderungen rückverfolgbar zu halten.
- **Fehlerrobustheit**
  Versehen Sie Entscheidungsknoten mit Standardpfaden und sichern Sie API-Aufrufe mit Zeitüberschreitungen und Fehlermeldungen ab.

Governance und Rollenverteilung

Eine klare Verantwortungsverteilung ist entscheidend, insbesondere wenn sowohl Fachbereiche (Citizen Developer) als auch IT-Teams an der Workflow-Entwicklung beteiligt sind:

- Fachbereiche gestalten die Formulare und definieren Fachlogik in einfachen Prozessen.
- IT-Teams kümmern sich um API-Anbindungen, Datenmodelle, Authentifizierung und komplexere Prozesslogik.
- Zentrale Governance (z. B. im Center of Excellence) legt Standards fest, prüft neue Workflows und koordiniert die Deployment-Strategie.

15

Beispielhafte Szenarios aus der Praxis

Tabelle 15.5 listet exemplarische Anwendungsfälle aus der Praxis auf, bei denen SAP Build Process Automation erfolgreich zur Workflow-Automatisierung eingesetzt wurde.

Szenario	Beschreibung
Genehmigungen	Rechnungs-, Urlaubs- oder Investitionsgenehmigungen mit dynamischen Rollen, Bedingungen und Eskalationspfaden
Onboarding	automatisierte Abläufe bei der Mitarbeitereinstellung mit Integration von SAP SuccessFactors
Stammdaten	Workflows zur Anlage oder Änderung von Stammdaten mit Validierung und Rückmeldung an SAP S/4HANA
Support	interne Helpdesk-Anfragen mit Routing, Statusverfolgung und Rückmeldungen über E-Mail oder die App **Meine Inbox**

Tabelle 15.5 Typische Anwendungsfälle aus der Praxis für den Einsatz von SAP Build Process Automation

Lessons Learned aus Projekten

Die Umsetzung von Workflow-Projekten mit SAP Build Process Automation bringt nicht nur technische Herausforderungen mit sich, sondern liefert auch wertvolle Erkenntnisse für zukünftige Implementierungen. Die folgenden Empfehlungen basieren auf praktischen Erfahrungen aus realen

Projekten und sollen Ihnen helfen, typische Stolpersteine frühzeitig zu vermeiden und bewährte Vorgehensweisen zu etablieren:

- Eine frühzeitige Einbindung der Anwender*innen reduziert Nachbesserungen und erhöht die Akzeptanz.
- Technische Standards und Namenskonventionen sparen langfristig Zeit und verbessern die Zusammenarbeit im Team.
- Testdaten und Testumgebungen sollten realitätsnah gewählt sein, insbesondere bei API-Anbindungen.
- Prozesse, Regeln und APIs sollten versioniert und nachvollziehbar dokumentiert sein.

SAP Build Process Automation ist in der Unternehmenspraxis vielseitig einsetzbar. Mit einem durchdachten Vorgehen, klaren Verantwortlichkeiten und iterativem Feintuning lassen sich stabile und wartbare Workflows realisieren.

Im folgenden Abschnitt werfen wir einen Blick auf zukünftige Entwicklungen und Trends rund um SAP Build Process Automation und analysieren, wohin sich das Workflow-Management im SAP-Ökosystem bewegt.

15.8 Ausblick und Zukunftstrends

SAP Build Process Automation ist heute bereits ein leistungsfähiges Werkzeug zur Modellierung, Orchestrierung und Automatisierung von Geschäftsprozessen im SAP-Umfeld. Mit der kontinuierlichen Weiterentwicklung durch SAP und der wachsenden Bedeutung von Low-Code-/No-Code-Plattformen in Unternehmen ist jedoch absehbar, dass die Funktionalitäten und Einsatzszenarios von SAP Build Process Automation in den kommenden Jahren noch weiter ausgebaut werden.

Fünf Zukunftstrends

In diesem Abschnitt möchten wir Entwicklungen hervorheben, die unserer Einschätzung nach im Kontext von SAP Build Process Automation zu erwarten sind:

- **Trend 1: Erweiterung des Funktionsumfangs für komplexe Prozesse**
  SAP legt mit SAP Build Process Automation den Fokus auf einfache, schnell umsetzbare Szenarios. Dennoch wächst der Bedarf, auch komplexere Workflows mit verzweigten Logiken, Ausnahmebehandlungen und systemübergreifenden Abläufen umzusetzen. Es ist daher zu erwarten, dass SAP den Funktionsumfang des Workflow-Editors weiter ausbauen wird, z. B. durch folgende Funktionen:
  - erweiterte Fehler- und Ausnahmebehandlung
  - konditionale Wiederholungen (Loops)

- konfigurierbare Zeitsteuerung (z. B. Eskalationen, Timer Events)
- verschachtelte Prozesse (Subprozesse)

- **Trend 2: Künstliche Intelligenz in Workflows**
  Der Einsatz generativer künstlicher Intelligenz (KI) wird künftig eine immer zentralere Rolle in der Automatisierung von Geschäftsprozessen spielen. SAP verfolgt das Ziel, KI-Funktionen direkt in SAP Build Process Automation zu integrieren – nicht nur zur Generierung neuer Prozesse, sondern auch zur intelligenten Steuerung und Optimierung laufender Workflows.

  In ersten Vorschauen spricht SAP bereits von »embedded generative AI capabilities«, die dabei helfen sollen, Prozesse, Automatisierungen und Entscheidungslogiken automatisiert zu erzeugen. Perspektivisch ist zu erwarten, dass auch bestehende Prozesse durch KI-Funktionen ergänzt werden, etwa durch Vorschläge für Prozesspfade, Anomalieerkennung bei Ausführungsdaten oder intelligente Empfehlungen zur Aufgabenverteilung.

  Zudem nennt die SAP-Roadmap für SAP Build generative KI als zentralen Innovationstreiber für zukünftige Releases. Der Fokus liegt dabei auf einer engeren Verzahnung von Automatisierung und Machine Learning, um auch komplexere Abläufe datengetrieben zu steuern.

  KI wird Workflows nicht nur effizienter, sondern auch adaptiver machen, sei es bei der Erstellung neuer Prozesse, der Analyse von Laufzeitdaten oder der vorausschauenden Steuerung ganzer Prozessketten.

- **Trend 3: Prozessintelligenz und Monitoring auf neuem Niveau**
  Die Transparenz und Messbarkeit von Prozessen werden zunehmend wichtiger. Dies gilt nicht nur für die Fehlerbehebung, sondern auch für kontinuierliche Optimierungen. SAP plant daher, die Integration mit *SAP Signavio Process Intelligence* zu stärken. Damit lassen sich automatisierte Workflows auswerten, Engpässe visualisieren und Verbesserungspotenziale datenbasiert identifizieren.

- **Trend 4: Nahtlose Integration in die SAP Build Suite**
  Der Low-Code-Ansatz von SAP wird künftig noch stärker auf ein einheitliches Nutzungserlebnis (User Experience) abzielen. Die Integration von SAP Build Apps, SAP Build Work Zone und SAP Build Process Automation wird weiter vorangetrieben. Folgendes ist geplant:
  - Nutzung gemeinsamer Datenmodelle (Shared Data Types)
  - direkte Übergabe von Formularen aus SAP Build Apps an Workflows
  - einheitliches Rollen- und Berechtigungsmodell

- **Trend 5: Erweiterbarkeit und Clean Core**
  Mit dem zunehmenden Einsatz von SAP S/4HANA Cloud Public Edition und dem Fokus auf das Clean-Core-Prinzip wird Side-by-Side-Entwicklung auf der SAP BTP zur Norm. SAP Build Process Automation wird dabei eine wichtige Rolle als Erweiterungstechnologie ohne Modifikation spielen. Es wird insbesondere für folgende Anwendungsfälle verwendet werden:
  - kundenindividuelle Genehmigungs-Workflows
  - Integrationen mit Nicht-SAP-Systemen
  - Ergänzungen zu Standardprozessen in SAP S/4HANA

SAP Build Process Automation entwickelt sich mit hoher Geschwindigkeit weiter. Die Plattform wird nicht nur funktional mächtiger, sondern auch strategisch wichtiger – sowohl im Kontext der Cloud-Transformation von SAP-Kunden als auch im Rahmen moderner Architekturprinzipien. Für Entwicklerteams wie auch für Fachbereiche bietet die Lösung eine zukunftssichere Grundlage zur agilen Digitalisierung von Geschäftsprozessen.

Kapitel 16

Robotic Process Automation mit SAP Build Process Automation

Zum Abschluss dieses Buches greifen wir mit Robotic Process Automation (RPA) ein Schlüsselthema der modernen Prozessautomatisierung auf. Bei RPA-Bots handelt es sich um Softwareroboter, die menschliche Tätigkeiten nachahmen können, indem sie regelbasierte, repetitive Prozesse voll- oder teilautomatisiert bearbeiten.

RPA als Schlüssel zur digitalen Effizienz

Im vorangegangenen Kapitel haben wir uns eingehend mit SAP Build Process Automation als Workflow-Plattform zur Steuerung strukturierter Arbeitsflüsse beschäftigt. Das gleiche Tool bietet jedoch auch die Möglichkeit, RPA als ergänzenden Ansatz in das SAP-Ökosystem zu integrieren.

RPA-Bots können manuelle Aufgaben direkt an der Benutzeroberfläche ausführen, ohne dass tiefergehende Änderungen an den Systemen erforderlich sind. Diese Flexibilität hat RPA zu einem zentralen Bestandteil moderner Digitalisierungsstrategien gemacht. Der Mehrwert liegt dabei vor allem in der Effizienzsteigerung, der Reduktion von Fehlern und der Zeitersparnis für Mitarbeitende. Besonders interessant ist dabei die Kombination mit künstlicher Intelligenz, die es ermöglicht, auch mit unstrukturierten Daten zu arbeiten und selbst Entscheidungen zu treffen.

Bereits 2019 wurde RPA als einer der am schnellsten wachsenden Bereiche im Umfeld von Unternehmenssoftware identifiziert und von Unternehmen weltweit implementiert. In den darauffolgenden Jahren trat die Integration von *künstlicher Intelligenz* (KI) in RPA-Plattformen zunehmend in den Fokus, was den Übergang von regelbasierten zu intelligenteren Automatisierungslösungen einleitete. Doch was genau ist RPA und wie unterscheidet es sich von der bisher bekannten klassischen Automatisierung? Welche Synergien entstehen, wenn RPA-Bots in Workflows integriert werden und wie können diese Bots Geschäftsprozesse intelligenter und effizienter gestalten? Welche Einsatzmöglichkeiten gibt es? Und wie sieht die technologische Grundlage von SAP Build Process Automation und anderen RPA-Plattformen aus? Diesen Fragen gehen wir in diesem Kapitel auf den Grund.

Aufbau dieses Kapitels

In Abschnitt 16.1 erläutern wir, welche Verbindung zwischen RPA und Workflows besteht, wie sich RPA von klassischer Automatisierung unterscheidet und für welche Anwendungsfälle es besonders geeignet ist. Abschnitt 16.2 behandelt die technologischen Grundlagen von RPA, einschließlich der Architektur und Schlüsselkomponenten. Wir geben hier außerdem einen Überblick über die führenden RPA-Plattformen und verschiedene Arten von Bots. In Abschnitt 16.3 erfahren Sie, wie sich RPA und SAP-Workflows auf einer gemeinsamen Plattform integrieren lassen, um typische Unternehmensszenarios zu optimieren. Abschnitt 16.4 beleuchtet das Zusammenspiel von RPA mit künstlicher Intelligenz und Machine Learning und stellt fortschrittliche Anwendungen wie *Document Understanding* und *Agentic Automation* vor. Abschließend wirft Abschnitt 16.5 einen Blick auf aktuelle Entwicklungen und zukünftige Trends.

16.1 Einführung in Robotic Process Automation

RPA vs. Workflows

Bevor wir uns in Abschnitt 16.2 mit den technologischen Grundlagen von RPA beschäftigen, gilt es zu verstehen, wie sich RPA in bestehende Automatisierungslandschaften einfügt. Besonders spannend ist dabei die Beziehung zwischen RPA und klassischen Workflows. Während Workflows dazu dienen, strukturierte Abläufe zu steuern, agiert RPA eher auf der Ebene einzelner Aufgaben. Die Bots automatisieren repetitive, regelbasierte Tätigkeiten, indem sie direkt auf Ebene der Benutzeroberflächen arbeiten, ohne dass technische Änderungen an den zugrunde liegenden Systemen notwendig wären. Dadurch kann man mit RPA flexibel auf bestehende Systeme zugreifen, unabhängig davon, ob diese über eine entsprechende Schnittstelle verfügen oder nicht.

Vielfältige Einsatzmethoden

Ebenfalls lohnt sich ein Blick auf die vielfältigen Einsatzmöglichkeiten von RPA. Von der Automatisierung von Datenprozessen wie der Rechnungsverarbeitung über administrative Aufgaben im Personalwesen bis hin zur Unterstützung im IT-Support zeigt RPA seine Stärke vor allem in Bereichen, die von einer hohen Wiederholungsrate und einfachen Regelwerken geprägt sind.

Die in diesem Abschnitt behandelten Grundlagen schaffen die Basis, um die technologischen Grundlagen und Schlüsselkomponenten von RPA in den folgenden Abschnitten besser zu verstehen.

16.1.1 Was hat Robotic Process Automation mit Workflows zu tun?

RPA und Workflows sind beides Schlüsseltechnologien der modernen Automatisierung und bringen jeweils ihre eigenen Stärken in die Optimierung von Geschäftsprozessen ein. Während Workflows dazu dienen, strukturierte und oft komplexe Prozessketten zu organisieren und zu steuern, fokussiert sich RPA darauf, spezifische, repetitive Aufgaben unabhängig von der Prozesslogik effizient zu automatisieren. Innerhalb der SAP Business Technology Plattform (SAP BTP) stehen mit SAP Build Process Automation beide Ansätze in einer einzigen Plattform zur Verfügung.

SAP Build: Plattform für Workflows und Bots

Bereits bei der Projekterstellung in SAP Build Process Automation zeigt sich, wie Workflows und RPA auf der Plattform integriert sind, aber unterschiedliche Einsatzbereiche abdecken. Im ersten Schritt, kann ein Projekt über die Option **Automatisierter Prozess** angelegt werden, was sowohl Workflow- als auch RPA-Funktionen zugänglich macht (siehe Abbildung 16.1).

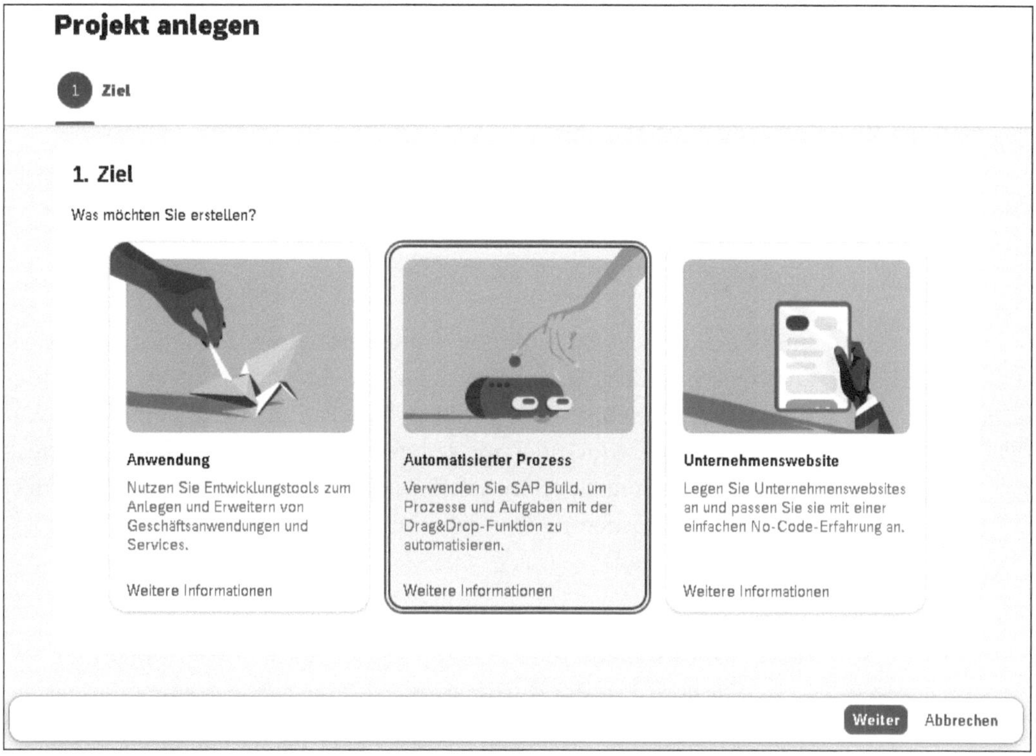

Abbildung 16.1 Projekterstellung in SAP Build

Prozess oder Automatisierung?

Im nächsten Schritt, der Wahl des Projekttyps, wählen Sie zwischen **Prozess** und **Automatisierung** (siehe Abbildung 16.2), wodurch Sie angeben, ob ein Workflow oder ein RPA-Bot erstellt werden soll. Der Typ **Automatisierung** fokussiert sich auf die Erstellung eines RPA-Bots. Diese Bots arbeiten vielfach anwendungsübergreifend und konzentrieren sich auf die Automatisierung spezifischer repetitiver Aufgaben wie das Extrahieren von Daten, das Kopieren von Inhalten zwischen Systemen oder die Bearbeitung von Tabellen.

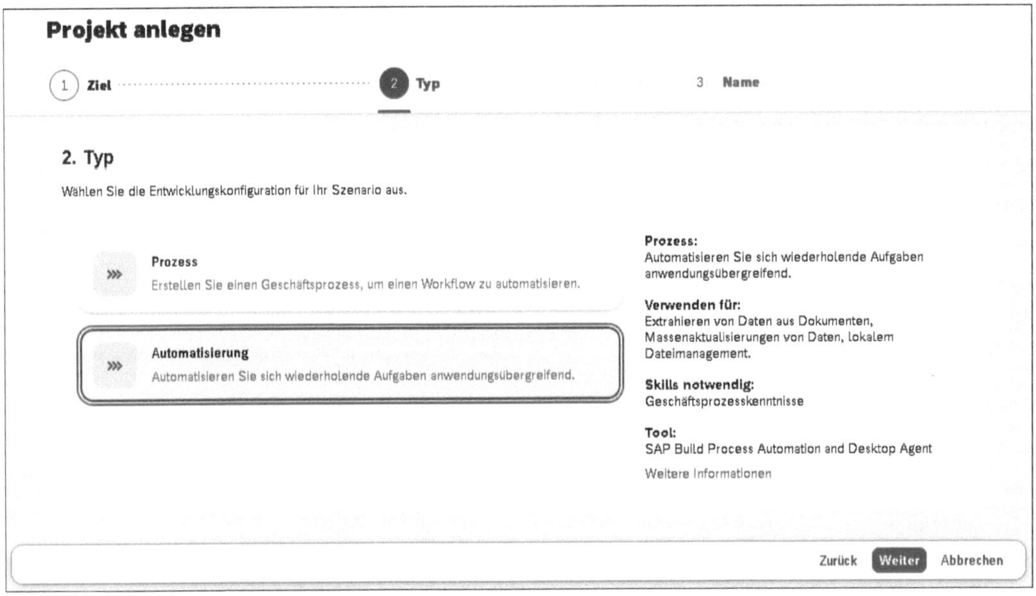

Abbildung 16.2 Projekttypauswahl in SAP Build Process Automation

In SAP Build Process Automation können Workflows und RPA-Bots flexibel kombiniert werden. So kann beispielsweise ein Workflow bestimmte Tätigkeiten an einen RPA-Bot delegieren, z. B. das Sammeln und Verarbeiten von Daten, bevor der Workflow mit der weiteren Prozesslogik fortfährt. Diese Kombination ermöglicht eine umfassende Automatisierung, bei der Workflows die Orchestrierung übernehmen und RPA-Bots repetitive Aufgaben ausführen können.

16.1.2 Unterschiede zwischen klassischer Automatisierung und Robotic Process Automation

Klassische Automatisierungslösungen zielen häufig darauf ab, ganze IT-Systeme durch umfangreiche Integrationen und komplexe Programmlogik miteinander zu verbinden. Dies erfordert spezialisierte IT-Ressourcen, hohe Entwicklungskosten und ist zeitlich oft langwierig. RPA hingegen bietet eine leichte, schnelle und skalierbare Möglichkeit der Automatisierung: Die Bots arbeiten wie virtuelle Mitarbeitende, die direkt auf der grafischen

Benutzeroberfläche operieren und die deren Inhalte lesen können, sogar, wenn es sich um unstrukturierte Daten handelt.

Schnell, flexibel, skalierbar

Ein entscheidender Unterschied zwischen RPA und klassischen Automatisierungen liegt in der Flexibilität: Klassische Automatisierungsansätze basieren auf fest definierten Prozessen, die oft schwer anpassbar sind, während RPA dynamischer ist und schnell auf neue Anforderungen reagieren kann, z. B. auf die Änderung eines Software-Interface. Darüber hinaus eignet sich RPA hervorragend für Übergangsphasen in der Digitalisierung: Unternehmen können bestehende Systeme weiterhin nutzen, während isolierte Aufgaben durch Bots automatisiert werden, ohne bestehende IT-Infrastrukturen grundlegend verändern zu müssen.

16.1.3 Typische Anwendungsfälle und Branchen

RPA ist besonders stark in Bereichen einsetzbar, in denen wiederkehrende, klar definierte Aufgaben den Arbeitsalltag bestimmen. Diese Szenarios zeichnen sich oft dadurch aus, dass sie manuell ausgeführt werden, viel Zeit beanspruchen und anfällig für Fehler sind. Die Bots übernehmen diese Tätigkeiten, wodurch Mitarbeitende entlastet und Prozesse beschleunigt werden. Eine Auswahl der typischen Anwendungsfälle zeigt, wie vielseitig RPA in der Praxis eingesetzt werden kann.

Automatische Dateneingabe und -migration

RPA-Bots werden beispielsweise häufig für die Eingabe von Daten in verschiedene Systeme oder für die Migration zwischen Altsystemen und neuen Plattformen genutzt. Dabei können Bots repetitive Eingaben automatisieren und Daten in großen Mengen effizient übertragen. Ein typisches Beispiel wäre die Übertragung von Kundenstammdaten aus einer Microsoft-Excel-Tabelle in ein CRM-System (Customer Relationship Management).

[«]

CRM-Systeme

CRM-Systeme dienen der Verwaltung von Kundenbeziehungen, einschließlich Kontaktmanagement, Vertriebsverfolgung und Marketingautomatisierung, und sollen so die Kundenerfahrung verbessern.

Darüber hinaus kann ein Bot Daten aus unstrukturierten Quellen verarbeiten, beispielsweise durch sogenanntes *Document Understanding*. Ein Bot kann etwa Daten aus Lieferscheinen extrahieren und automatisch in ein SAP-System übertragen. Hierbei kommen *OCR-Technologien* (Optical Character Recognition) zum Einsatz. Sie erlauben es dem Bot, auch mit gescannten oder handgeschriebenen Dokumenten zu arbeiten.

[»]

Optical Character Recognition

OCR ist eine Technologie, die Text aus Bildern oder gescannten Dokumenten erkennt und in maschinenlesbaren Text umwandelt. Sie wird oft für die Dokumentenverarbeitung eingesetzt.

E-Mail- und Ticketbearbeitung

Viele Unternehmen haben Schwierigkeiten, mit sehr großen Mengen an E-Mails oder Supportanfragen umzugehen. RPA-Bots entlasten hier, indem sie relevante Inhalte aus E-Mails extrahieren und automatisiert Aktionen ausführen. Beispielsweise kann ein Bot anhand von Schlüsselwörtern oder Anfragetypen Anliegen kategorisieren und Tickets erstellen.

In Verbindung mit *Large Language Models* (LLM) können Bots sogar komplexe Inhalte analysieren und Antworten generieren. LLMs ermöglichen es Bots, Texte zu verstehen und semantisch zu verarbeiten, was besonders bei der Bearbeitung unstrukturierter Inhalte wie Kundenanfragen von Vorteil ist. Ein Anwendungsfall könnte so aussehen: Ein RPA-Bot analysiert eingehende E-Mails, priorisiert diese und erstellt Supporttickets mit den relevanten Informationen. Zusätzlich könnte der Bot mithilfe eines LLMs standardisierte Antwortvorlagen generieren.

[»]

Large Language Models (LLM) und GPT

LLMs sind KI-Modelle, die mithilfe von Milliarden von Parametern natürliche Sprache verstehen und generieren können. Beispiele sind *GPT-Modelle* (Generative Pre-trained Transformer), die auf der *Transformer-Architektur* basieren und darauf ausgelegt sind, kontextbezogene Zusammenhänge in Texten effizient zu erfassen. Diese Modelle wurden mit umfangreichen Textdaten vortrainiert und eignen sich sowohl für das Verständnis als auch für die Generierung von natürlicher Sprache. Daher werden sie vielfach für Anwendungen wie Textanalysen, Textzusammenfassungen oder Chatbots genutzt.

Berichterstellung und -verteilung

RPA-Bots sind besonders effektiv bei der Automatisierung von Berichten. In regelmäßigen Abständen sammeln sie dazu Daten aus verschiedenen Quellsystemen, konsolidieren diese, formatieren sie anhand von Templates und versenden die Berichte an definierte Empfängergruppen. Eine solche Automatisierung eignet sich hervorragend für Produktionsüberwachungen, Finanzberichte oder Verkaufsanalysen.

Verarbeitung und Abgleich von Daten

Ein typischer Anwendungsfall für RPA-Bots ist außerdem der Datenabgleich zwischen verschiedenen Systemen. Beispiele sind der Abgleich von Kontoauszügen und Buchhaltungsdaten, Lieferinformationen oder Lagerbeständen. Bots prüfen in diesen Fällen, ob die Datensätze übereinstimmen, und kennzeichnen Abweichungen zur manuellen Nachbearbeitung oder lösen automatisierte Eskalationen aus.

Überwachung und Eskalation

RPA-Bots können als »Wächter« für Prozesse agieren, indem sie bestimmte Parameter in regelmäßigen Abständen überwachen, beispielsweise zum Start eines Arbeitstages oder sogar in Echtzeit. Ein Bot könnte z. B. prüfen, ob alle Jobs eines SAP-Systems ohne Fehler abgelaufen sind oder ob vermehrt Kurzdumps aufgetreten sind. Bei Fehlern könnte dann eine E-Mail an die zuständige Person oder an das SAP-Basisteam gesendet werden. In Kombination mit *Agents*, die wir ausführlicher in Abschnitt 16.4.3, »Agentic Automation«, behandeln, können Bots nicht nur Informationen weitergeben, sondern auch aktiv Vorschläge machen.

16.2 Technologische Grundlagen von Robotic Process Automation

Architektur und Technologie hinter RPA in SAP Build

Damit RPA erfolgreich eingesetzt werden kann, bedarf es einer durchdachten technologischen Infrastruktur. Hinter RPA-Bots stehen verschiedene wichtige technische Komponenten, die zusammenarbeiten, um die Bots zu erstellen und effizient zu verwalten. In diesem Abschnitt beleuchten wir die grundlegende Architektur von RPA-Systemen und die zentralen Bausteine, die diese Architektur ermöglichen. Wir stellen die Schlüsselkomponenten der RPA-Architektur sowie die spezifischen Technologien führender Plattformen vor und beleuchten die Art und Weise, wie RPA-Bots ihre Aufgaben ausführen (z. B. *attended* oder *unattended*). Ziel ist es, die technischen Grundlagen so transparent wie möglich darzustellen, damit der Aufbau und die Umsetzung von Automatisierungsprojekten nachvollziehbar werden.

16.2.1 Architektur und Schlüsselkomponenten

Die RPA-Architektur in SAP Build Process Automation basiert auf mehreren, zusammenwirkenden Komponenten, die eine vollständige Automatisierungsumgebung bilden. Diese Komponenten ermöglichen es, Bots zu entwickeln, zu verwalten, auszuführen und zu überwachen. Im Folgenden betrachten wir die wichtigsten Bausteine dieser Architektur:

- Desktop Agent
- Automation Editor
- Store

- Aktivitäten
- Konnektoren
- Monitoring
- Control Tower
- Screen Scraping und SAP GUI Scripting

Desktop Agent

Lokaler Ausführungsdienst

Der *Desktop Agent* bildet den Kern der Ausführungsumgebung und wird lokal auf den Desktops der Benutzer*innen installiert. Er ist dafür verantwortlich, die im *Automation Editor* erstellten Automatisierungsprojekte auszuführen. Dabei kommuniziert er mit dem zentralen *Tenant* des *Control Towers*, der die Projekte organisiert und an die einzelnen Desktop Agents verteilt. Die Desktop Agents führen die Schritte eines Automatisierungsprojekts direkt auf den jeweiligen Rechnern aus und interagieren mit verschiedenen Arten von Anwendungen, indem sie Benutzerinteraktionen wie das Klicken von Schaltflächen, das Eingeben und Verarbeiten von Daten oder das Lesen von Informationen von Bildschirmen simulieren.

Sobald der Desktop Agent installiert ist, wird er standardmäßig so konfiguriert, dass er automatisch beim Start von Microsoft Windows geladen wird. Dies sorgt dafür, dass er stets bereit ist, Automatisierungsprojekte auszuführen. Er kann sowohl in einem *Attended Modus* (beaufsichtigter Modus als auch in einen *Unattended Modus* (unbeaufsichtigter Modus) betrieben werden. Was das genau bedeutet, erläutern wir in Abschnitt 16.2.3, »RPA-Bots«.

Benutzermenü über die Taskleiste

Der Desktop Agent bietet ein komfortables Menü, das über die Taskleiste des Rechners zugänglich ist, auf dem er installiert ist (siehe Abbildung 16.3). Dieses Menü ermöglicht Ihnen die einfache Steuerung und Überwachung der laufenden Automatisierungsprozesse. Zu den Hauptfunktionen des Desktop Agents gehören folgende Aktionen:

- Starten von Projekten
- Verwalten der zugeordneten Tenants
- Konfigurieren der Verbindungseinstellungen
- Ändern des Agent-Modus zwischen dem beaufsichtigten und dem unbeaufsichtigten Modus, dem *RDP-Manager-Modus*, mit dem verschiedene Windows-Sitzungen in einem Agent registriert und verwaltet werden können, sowie dem *Designmodus*, in dem Entwickler*innen Automatisierungen entwerfen und Fehler beheben können.
- Überwachen des Agent-Status
- Sammeln und Verwalten von Logs und Traces

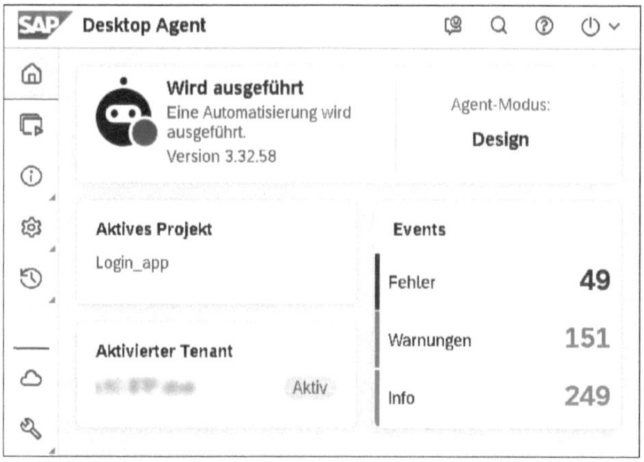

Abbildung 16.3 Benutzeroberfläche des Desktop Agents

Automation Editor

Low-Code-Umgebung zum Erstellen von Automatisierungen

Der Automation Editor ist die zentrale Entwicklungsumgebung für RPA-Projekte. Hier werden Automatisierungsprojekte visuell gestaltet und aufgebaut, wobei das Low-Code-/No-Code-Konzept im Vordergrund steht. Sie können mithilfe von Drag-and-Drop-Aktivitäten Automatisierungen zusammenstellen und Parametereinstellungen vornehmen. Der Editor in Abbildung 16.4 ist in vier Bereiche untergliedert, die *Toolbar* ❶, den *Workflow-Bereich* ❷, das *rechte Seitenpanel* ❸ und die *Konsole* ❹.

16

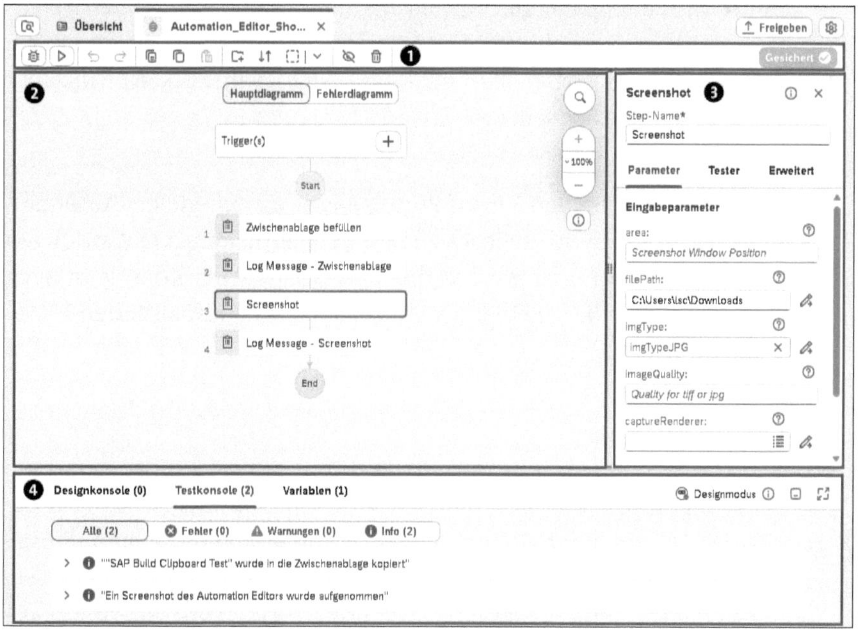

Abbildung 16.4 Hauptbereiche des Automation Editors

[»]

> **Low-Code – No-Code**
>
> Low-Code- und No-Code-Plattformen ermöglichen es, Software und Automatisierungen mithilfe visueller Entwicklungsoberflächen zu erstellen. Diese Technologien richten sich auch an Benutzer*innen ohne Programmierkenntnisse und sollen die Umsetzungszeit von Projekten beschleunigen.

Hauptbereiche des Automation Editors

Im Folgenden stellen wir Ihnen diese vier Bereiche vor:

❶ **Toolbar**

Die Toolbar bietet grundlegende Funktionen wie das Speichern, Testen und Veröffentlichen von Projekten. Hier wird auch das Debugging gesteuert und es gibt Schaltflächen zum Rückgängigmachen und Wiederholen von Aktionen etc.

❷ **Workflow-Bereich**

Im zentralen Arbeitsbereich des Editors wird die Ablaufstruktur der Automatisierung visualisiert. Jede Aktion im Workflow ist ein eigenständiger Schritt, der sequenziell abgearbeitet wird. Sie können Schritte wie »Daten auslesen«, »Daten validieren« oder »Anwendung schließen« über Aktivitäten hinzufügen und so die gesamte Automatisierung abbilden.

❸ **Rechtes Seitenpanel**

Das rechte Seitenpanel zeigt die Eigenschaften der ausgewählten Aktivität an. Hier lassen sich spezifische Parameter anpassen, bei einer Klickaktivität beispielsweise, ob es ein Links- oder Rechtsklick, ein einzelner oder ein Doppelklick sein soll.

❹ **Konsole**

Die Konsole ist der Bereich zur Protokollierung während der Automatisierungsentwicklung. Feedback zu Tests, Fehlermeldungen, Warnungen und Log-Informationen werden hier dargestellt. In der Konsole ist auch eine Übersicht über alle bei der Automatisierung initialisierten Variablen verfügbar.

Store

Vorlagen, SDKs und Aktionen

Der Store stellt eine zentrale Anlaufstelle für den Zugriff auf vorgefertigte Automatisierungen, Prozesse, Software Development Kits (SDKs) und Aktionen dar. Es wird hier zwischen *Template-* und *Ready-to-use-Automatisierungen* und *-Prozessen* unterschieden. Bei den *SDKs* handelt es sich um Sets von Aktivitäten, beispielsweise für Microsoft Excel, Word, PDF und viele weitere Technologien. *Aktionen* verwendet man, um APIs zu kapseln. So gibt es z. B. eine Aktion namens **Read and Create Supplier Invoice Actions**, mit der man aus einem SAP-S/4HANA-Cloud-System heraus Lieferantenrechnungsdaten über deren Schlüssel auslesen oder erstellen kann.

In Abbildung 16.5 sehen Sie die Benutzeroberfläche des Stores. Sie erkennen am linken Bildschirmrand einige der vielfältigen Filtermöglichkeiten. Informationen zu einem Content-Element, z. B. zu einer Aktion, erhalten Sie, wenn Sie deren Store-Item anklicken. Abbildung 16.6 zeigt beispielweise die Detailinformationen zur genannten Aktion für Lieferantenrechnungsdaten.

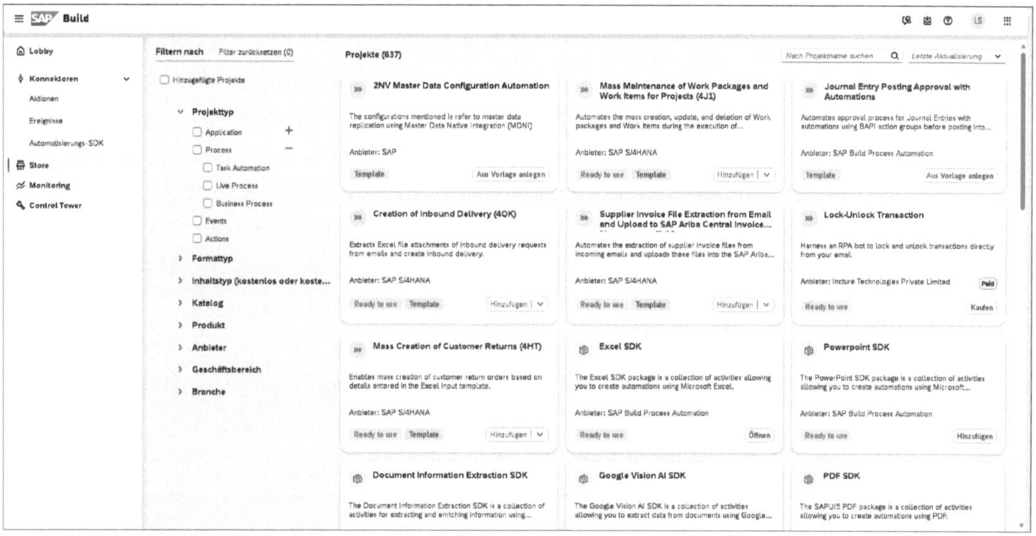

Abbildung 16.5 Store in SAP Build

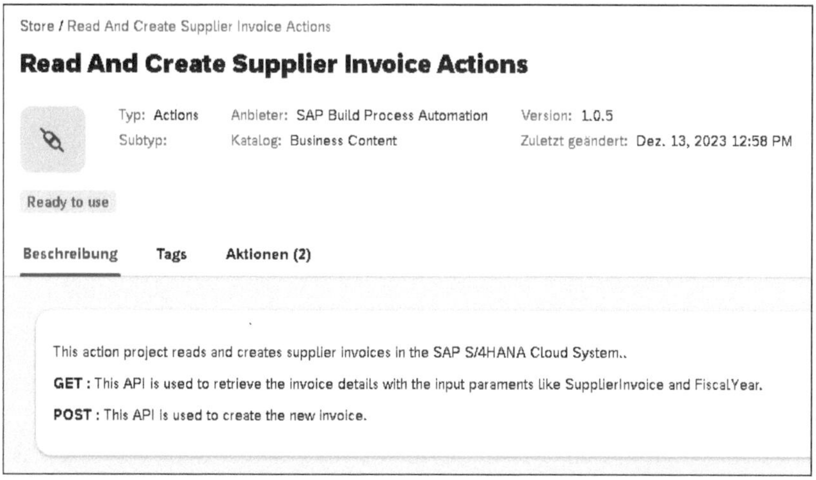

Abbildung 16.6 Content-Element »Read and Create Supplier Invoice Actions«

Aktivitäten

Modulare Bausteine zur Prozessabbildung

Eine Automatisierung in SAP Build Process Automation setzt sich aus mehreren *Aktivitäten* zusammen, die sequenziell abgearbeitet werden. Jede Aktivität repräsentiert eine spezifische Aktion, die ein RPA-Bot ausführen kann, z. B. das Öffnen einer Anwendung, die Datenextraktion, der Vergleich von Werten oder das Senden eines API-Aufrufes. Im Automation Editor können diese Aktivitäten per Drag and Drop hinzugefügt und konfiguriert werden. So können Sie auch komplexe Workflows mit minimalem Programmieraufwand erstellen.

Die Aktivitäten in SAP Build Process Automation sind zudem modular aufgebaut und können um vordefinierte oder benutzerdefinierte Bausteine ergänzt werden. Spezifische Funktionen wie **Extract Data (Template)** für die Dokumentenverarbeitung oder **Click** für Anwendungen, die mit einer Benutzeroberfläche interagieren, ermöglichen es Ihnen, die Bots gemäß Ihren Anforderungen zu konfigurieren. Einige Aktivitäten sind bereits standardmäßig verfügbar. Viele andere müssen durch SDKs aus dem Store hinzugefügt werden.

Abbildung 16.7 zeigt den Arbeitsbereich des Automation Editors, in dem eine Automatisierung aus den Aktivitäten **Open Excel Instance**, **Excel Cloud Link**, **Log Message** und **Close Excel Instance** zusammengestellt wurde. Diese Aktivitäten stammen aus dem Excel-SDK.

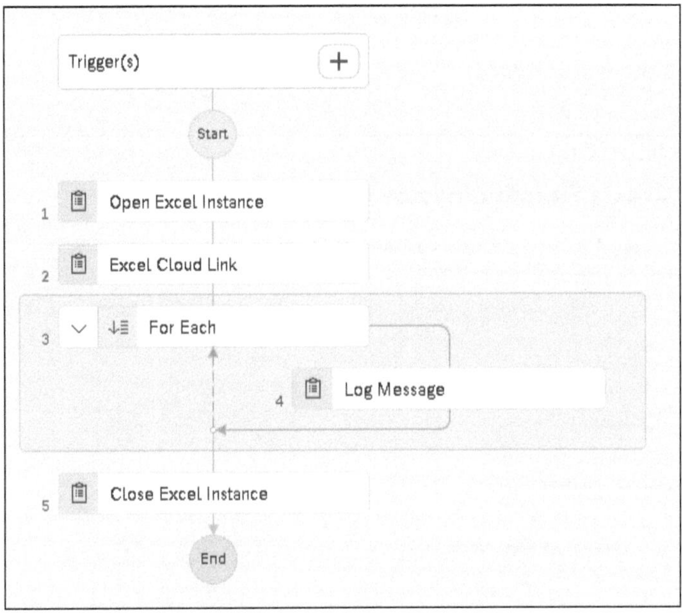

Abbildung 16.7 Aktivitäten aus dem Excel-SDK in einem Bot

Konnektoren

Konnektoren ermöglichen die Integration externer Anwendungen und Systeme, indem sie Aktionen, Ereignisse und das Automatisierungs-SDK bereitstellen und verwalten. Die Verwaltung bzw. die Konfiguration der Konnektoren erreichen Sie über den Eintrag **Konnektoren** in der Sidebar in der SAP Build Lobby (siehe Abbildung 16.8).

Integration externer Anwendungen und Systeme

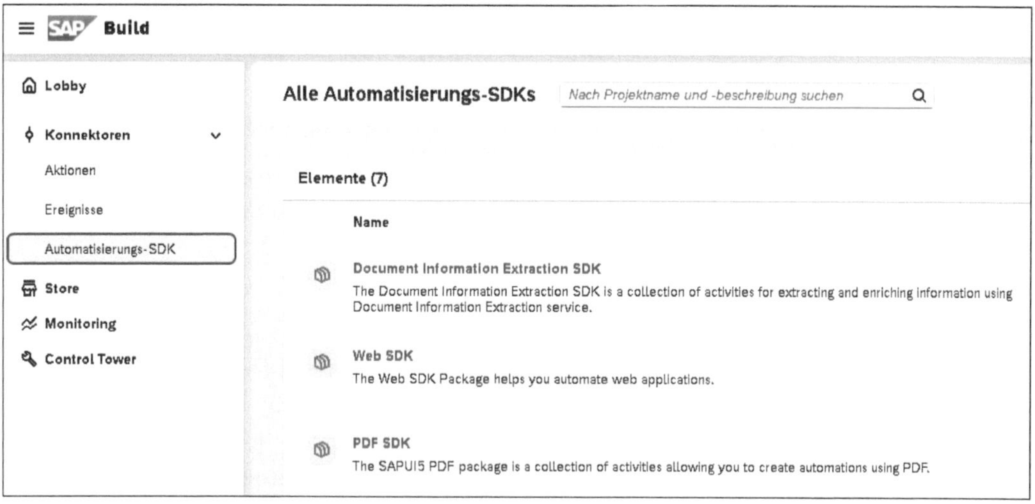

Abbildung 16.8 Konnektoren in SAP Build Lobby

Monitoring

Das Monitoring in SAP Build Process Automation bietet Funktionen zur Überwachung und Analyse von Workflows, Prozessen und Automatisierungsjobs. Über die folgenden Ansichten können Sie den Status von Workflow-Instanzen, Automatisierungsjobs oder erworbenen Ereignissen verfolgen sowie Geschäftsregeln verwalten:

Überwachung und Analyse

- **Prozess- und Workflow-Instanzen überwachen**
  Diese Sicht listet alle aktiven und abgeschlossenen Instanzen auf. Funktionen wie Zurückstellen, Wiederholen oder Fortsetzen erleichtern die Fehlerbehebung.
- **Automatisierungsjobs**
  Diese Sicht zeigt Status, Auslöser und Dauer der Jobs an. Über die Filterfunktionen können Sie spezifische Jobs schnell identifizieren. Fehlgeschlagene Jobs lassen sich direkt wiederholen.
- **Ereignismanagement**
  Ereignisse aus der *Process Visibility* (siehe Tabelle 15.2 in Abschnitt 15.1.4, »Positionierung des Workflow-Managements innerhalb von SAP Build

Process Automation«) werden nach Attributen wie ihrer Prozess-ID oder ihrem Zeitstempel (Timestamp) gefiltert und dokumentiert. Außerdem werden in dieser Sicht Fehler bei Ereignissen angezeigt.

- **Automatisierungsübersicht**
  Diese App bietet eine Übersicht über den Status laufender und abgeschlossener Jobs sowie über historische Daten.
- **Datenexport und BAM**
  Exportfunktionen für historische Daten ermöglichen tiefere Analysen und Berichte, während das sogenannte *Business Activity Monitoring* (BAM) der Messung der Automatisierungsleistung dient.

Mit detaillierten Protokollen und Wiederholungsfunktionen sorgt das Monitoring für Transparenz und ermöglicht eine schnelle Fehlerbehebung, um den laufenden Betrieb zu optimieren.

Control Tower

Verwaltungszentrale von SAP Build

Der Control Tower in SAP Build Process Automation stellt eine zentrale Verwaltungsoberfläche bereit, um Tenants, Prozesse und systemübergreifende Einstellungen effizient zu steuern. Administrator*innen können verschiedene Funktionen nutzen, um Konfigurationen zu verwalten, Governance-Richtlinien umzusetzen oder Verbindungen zu externen Systemen über Destinations einzurichten. Der Control Tower erleichtert somit die Koordination von Automatisierungsprojekten und gewährleistet sowohl technische Kontrolle als auch die Einhaltung organisatorischer Vorgaben.

Im Folgenden führen wir die zentralen Funktionen des Control Towers auf:

- **Tenant-Konfiguration**
  Die Konfiguration verschiedener Tenant-Typen – wie **Development**, **Test** und **Production** – ermöglicht es Ihnen, Projekte entsprechend zu klassifizieren. Für jeden Tenant können ein Name und eine Beschreibung definiert werden sowie Links zu den relevanten Richtlinien angegeben werden. Diese Struktur erleichtert das klar definierte Arbeiten in Entwicklungs- oder Produktivsystemen.
- **Governance**
  Die Governance-Tools im Control Tower geben Ihnen die Möglichkeit, Richtlinien für die Entwicklung und den Betrieb von Projekten zu erstellen. Durch diese sogenannten *Prüfungsregeln* können beispielsweise Genehmigungs-Workflows für Projekte und Content-Migrationen zwischen Umgebungen implementiert werden, um Compliance- und Qualitätsstandards sicherzustellen.

- **Destinationen verwalten**
  Destinationen sind vordefinierte Endpunkte, die sichere Verbindungen zu verschiedenen Systemen (z. B. SAP-BTP-Services) ermöglichen. Im Control Tower können Destinationen zentral verwaltet und neuen Projekten hinzugefügt werden, wodurch wiederholte Eingaben von Anmeldeinformationen vermieden werden und die Interoperabilität zwischen Anwendungen verbessert wird. Das Administrationsteam legt jeweils die Authentifizierungstypen fest, z. B. über Zertifikate oder OAuth-Tokens, um sichere Verbindungen zu gewährleisten.

Screen Scraping und SAP GUI Scripting

UI-basierte Automatisierung ohne API-Anbindung

Screen Scraping ist eine Technologie, die darauf basiert, Daten über die Darstellungsebene der Benutzeroberfläche (Präsentationsschicht) aus Anwendungen oder Websites auszulesen. In SAP Build Process Automation wird Screen Scraping insbesondere dann genutzt, wenn APIs fehlen oder deren Implementierung zu aufwendig ist. Die Technologie ermöglicht es, Prozesse zu automatisieren, für die es keine definierte Systemanbindung gibt. Sie erkennt visuelle Elemente der Benutzeroberfläche wie Felder oder Schaltflächen.

Zwar bietet Screen Scraping zahlreiche Vorteile bei der Überbrückung von Systemgrenzen, der Erfolg hängt jedoch stark von der Konsistenz der Benutzeroberflächen ab. Änderungen oder Variationen in der Darstellung können dazu führen, dass Bots die UI-Elemente nicht mehr genau identifizieren können.

Für die Automatisierung von SAP-Systemen, die über das SAP GUI bedient werden, muss das *SAP GUI Scripting* aktiviert sein. Diese Funktionalität ermöglicht eine direkte Automatisierung der Benutzeroberfläche durch Skripting, wodurch der Bot nahtlos mit SAP-spezifischen Objekten agieren kann, z. B. mit Tabellenfeldern oder komplexen Eingabemasken. SAP GUI Scripting muss dazu sowohl auf dem SAP-System als auch auf Client-Seite aktiviert sein, damit die Automatisierung funktioniert. Ein aktives SAP GUI Scripting ist auf der SAP-Benutzeroberfläche anhand eines Pfeilsymbols bzw. eines Icons erkennbar (siehe Abbildung 16.9). Für SAP-Systeme, die über SAP-Fiori-Oberflächen gesteuert werden, ist die Aktivierung von SAP GUI Scripting nicht nötig, da dort die Nutzerinteraktion über Weboberflächen stattfindet.

Abbildung 16.9 Icon für aktives SAP GUI Scripting

Herausforderungen beim Screen Scraping

Trotz SAP GUI Scripting stellen SAP-typische Oberflächen, insbesondere die Tabellenlayouts und vorkonfigurierten Spalten des SAP GUI oder der SAP-Fiori-Umgebung, weiterhin eine Herausforderung dar. In Fällen, in denen Screen Scraping aufgrund der Variabilität der Benutzeroberfläche an seine Grenzen stößt, bieten sich APIs als robustere Alternative an. So kann es beispielsweise bereits ein Hindernis darstellen, wenn verschiedene Anwender*innen des Bots ein unterschiedliches SAP-Theme verwenden. Das API-basierte Vorgehen, also das Benutzen der vordefinierten Aktionen, ermöglicht eine direktere und stabilere Prozessexekution, da es unabhängig von der UI-Darstellung funktioniert.

16.2.2 Führende RPA-Plattformen

Plattformüberblick

Der Markt für RPA ist vielfältig und dynamisch. In den folgenden Abschnitten stellen wir die wichtigsten Plattformen SAP Build Process Automation, UiPath, Automation Anywhere, Microsoft und SS&C Blue Prism kurz vor. Die übrigen Anbieter werden nicht detailliert behandelt, da wir den Fokus auf die wichtigsten Marktteilnehmer und insbesondere auf SAP Build Process Automation legen.

SAP Build Process Automation

Starke SAP-Integration – Schwächen bei Drittanbietern

SAP Build Process Automation zeichnet sich durch die enge Integration mit anderen SAP-Produkten wie SAP S/4HANA und SAP SuccessFactors aus. Die Plattform ist leistungsfähig und bietet Möglichkeiten zur End-to-End-Prozessautomatisierung. Einschränkungen bestehen jedoch bei der Unterstützung von On-Premise-Lösungen und der Kompatibilität mit Drittanbietertools. Auch die Komplexität der Bereitstellung und die Häufigkeit der Updates können als Herausforderungen angesehen werden.

UiPath

Marktführer mit großer Community

UiPath, gegründet im Jahr 2005, hat sich als einer der führenden und innovativsten RPA-Anbieter etabliert. Die Plattform zeichnet sich durch ihre Vielseitigkeit und Skalierbarkeit aus und adressiert als Low-Code-/No-Code-Plattform sowohl Citizen Developer als auch erfahrene Programmierer*innen, die hier die Möglichkeit haben, *Visual Basic .NET*- oder *C#*-Code einzubinden.

UiPath besteht aus drei Hauptkomponenten: dem *UiPath Studio* (die Entwicklungsumgebung für Workflows), dem *UiPath Assistant* (die Anwendung auf dem Benutzer-Desktop zur Steuerung der Bots) und dem *UiPath Orchestrator* (die zentrale Managementplattform). Das UiPath Studio bietet eine intuitive Drag-and-Drop-Oberfläche und eine umfangreiche Bibliothek mit vorgefertigten Aktivitäten, die die Entwicklung von Bots und Workflows vereinfachen. Für komplexere Automatisierungen können Entwickler*innen auf die volle Leistungsfähigkeit der Plattform zurückgreifen und eigene Aktivitäten programmieren oder KI- und ML-Modelle integrieren. UiPath legt großen Wert auf die Community und bietet umfangreiche Schulungsmaterialien und Supportressourcen.

UiPath zählt allerdings zu den teuersten RPA-Lösungen und steht aufgrund von Problemen bei der Migration, dem Kundensupport und der Linux-Unterstützung bei einigen Kunden in der Kritik.

Automation Anywhere

Cloudnative Plattform

Automation Anywhere, gegründet 2003, ist ein Pionier im Bereich der cloudnativen RPA. Die Plattform ist auf Benutzerfreundlichkeit und schnelle Skalierbarkeit ausgelegt und bietet Unternehmen die Möglichkeit, Automatisierungsprojekte effizient zu implementieren und zu verwalten. Die cloudbasierte Architektur ermöglicht den Zugriff von überall und vereinfacht die Bereitstellung und Wartung der RPA-Infrastruktur.

Automation Anywhere bietet eine breite Palette von vorkonfigurierten Bots und Automatisierungsvorlagen, die schnell spezifischen Geschäftsanforderungen angepasst werden können. Mit dem *IQ Bot* bietet die Plattform zudem leistungsstarke Funktionen für die intelligente Dokumentenverarbeitung, die mithilfe von KI unstrukturierte Daten aus Dokumenten extrahiert und verarbeitet. *AARI*, das Robotic Interface von Automation Anywhere, ermöglicht es darüber hinaus, menschliche Interaktionen in automatisierte Workflows einzubinden, wodurch hybride Arbeitsmodelle unterstützt werden.

Herausforderungen bestehen derzeit hinsichtlich der Sichtbarkeit auf dem Markt angesichts neuer Wettbewerber.

Blue Prism

Sicherheitsfokussiert und objektorientiert

Blue Prism, gegründet 2001, war ein Pionier im Bereich RPA und prägte den Begriff Robotic Process Automation maßgeblich mit. Von Beginn an konzentrierte sich das Unternehmen auf die Entwicklung einer robusten und sicheren Plattform, die speziell auf die Bedürfnisse großer Unternehmen und stark regulierter Branchen zugeschnitten ist. Die Übernahme durch SS&C Technologies im Jahr 2021 erweiterte die Integration von Blue Prism in Finanzsoftwarelösungen und stärkte seine Position im Markt.

Blue Prism zeichnet sich durch seine komplexere Architektur und einen größeren Funktionsumfang im Vergleich zu anderen RPA-Plattformen aus. Diese Komplexität birgt jedoch auch Vorteile, insbesondere für anspruchsvolle Automatisierungsanforderungen und Umgebungen mit hohen Sicherheits- und Compliance-Standards. Die Plattform basiert auf einer objektorientierten Architektur, die eine hohe Wiederverwendbarkeit von Automatisierungen und eine flexible Skalierung ermöglicht.

One-Platform-Strategie

Das umfangreiche Produktportfolio, die *Value Bundles*, die aus vorgefertigten Automatisierungspaketen und KI-basierten Tools bestehen, und die One-Platform-Strategie, die Blue Prism verfolgt, um KI, Orchestrierung und Automatisierung auf einer Plattform zu vereinen, werden als wesentliche Stärken gesehen. Kritikpunkte sind die veraltete Benutzeroberfläche und die fehlende Umgebung für Citizen Developer.

16.2.3 RPA-Bots

Attended Bots vs. Unattended Bots

RPA-Bots lassen sich in zwei Hauptkategorien unterteilen: Attended und Unattended Bots. Diese beiden Typen unterscheiden sich vor allem durch den Grad der benötigten Benutzerinteraktion und die Art ihrer Ausführung. Während Attended Bots eine enge Zusammenarbeit mit Menschen erfordern, führen Unattended Bots ihre Aufgaben vollständig eigenständig im Hintergrund aus:

- **Attended Bots**
  Attended Bots werden manuell über den Desktop Agent von SAP Build Process Automation gestartet und agieren als *virtuelle Assistenten*, die vorbereitende Tätigkeiten ausführen, auf Benutzereingaben warten oder halbautomatische Prozesse ergänzen. Ein besonders wichtiger Aspekt von Attended Bots ist die Möglichkeit, dass Benutzer*innen während der Ausführung aktiv Input mitgeben, z. B. durch das Bereitstellen von Daten oder Dateien. Diese Flexibilität macht sie ideal für Prozesse, die menschliche Entscheidungen oder manuelle Bestätigungen erfordern.
- **Unattended Bots**
  Unattended Bots arbeiten komplett autonom und benötigen während ihrer Ausführung keine Benutzerinteraktion. Sie sind so konzipiert, dass sie standardisierte Prozesse automatisieren können, die ohne menschliche Eingriffe auskommen. Im Gegensatz zu Attended Bots werden Unattended Bots meist durch einen automatisierten Auslöser (Trigger) ausgelöst, z. B. einen Zeitplan, ein Ereignis oder eine bestimmte Bedingung innerhalb eines Workflows. Abbildung 16.10 zeigt die Konfiguration eines

solchen Zeitplans über den Control Tower. Diese Bots laufen in der Regel auf Servern, virtuellen Maschinen oder in der Cloud und erledigen große, wiederkehrende Aufgaben im Hintergrund.

Abbildung 16.10 Zeitplanerstellung für Unattended Bots im Control Tower

Rechnungsverarbeitung über Unattended Bots

Unattended Bots werden zentral über den Control Tower gesteuert und überwacht. Ein typisches Beispiel wäre die automatische Verarbeitung von Rechnungsdokumenten, bei der der Bot Beträge extrahiert, die Daten mit dem SAP-System abgleicht und die Rechnung bucht. Da Unattended Bots nicht auf Benutzeraktivitäten angewiesen sind, sind sie ideal für End-to-End-Prozesse, die sich vollständig standardisieren und im Hintergrund verarbeiten lassen, insbesondere bei hohem Durchsatz und wiederkehrenden Aufgaben.

Merkmale im Überblick

Tabelle 16.1 stellt die Merkmale von Attended und Unattended Bots einander gegenüber.

Merkmal	Attended Bots	Unattended Bots
Interaktion	Können mit Benutzer*innen zusammenarbeiten.	Arbeiten vollständig autonom und ohne Benutzereingriffe.
Input	Benutzer*innen können Daten, Dateien oder Befehle bereitstellen.	Input basiert auf automatisierten Auslösern oder Zeitplänen.
Auslöser	manuell, beispielsweise durch den Desktop Agent	ereignisgesteuert oder zeitgesteuert
Ausführung	lokal auf dem Desktop mit aktiver Benutzersitzung	auf Servern, virtuellen Maschinen oder in der Cloud
Steuerung	über den Desktop Agent	über den Control Tower

Tabelle 16.1 Vergleich von Attended und Unattended Bots

16.3 Integration von SAP-Workflows und Robotic Process Automation

Die Integration von RPA-Bots in SAP-Workflows ermöglicht eine effiziente Verbindung zwischen strukturierten Prozessabläufen und vollständig automatisierten Aufgaben. In SAP Build Process Automation können Bots direkt in Workflows eingebunden werden. Diese Bots agieren autonom und bearbeiten isolierte Aufgaben wie das Auslesen und Verarbeiten von Microsoft-Excel-Dateien oder das Extrahieren von Daten aus E-Mails.

Automatisierung innerhalb von Workflows

Im Process Builder von SAP Build Process Automation (siehe Abschnitt 15.3, »Entwicklung von Workflows«) können Sie Bots einfach hinzufügen und in den Ablauf des Workflows integrieren. Sie werden dort *Automatisierung* bzw. *Automations* auf der englischen Benutzeroberfläche genannt (siehe Abbildung 16.11). Über den Editor können Sie bestimmen, wann und wie ein Bot innerhalb des Prozesses aufgerufen wird.

Aufruf aus Workflows heraus

Eine vorher im Automation Editor erstellte und getestete Automatisierung wird so in den Workflow eingebunden. Diese Automatisierungen agieren als einzelne Prozessschritte innerhalb des Workflows und sind visuell als Automatisierung gekennzeichnet. Der Workflow übergibt Daten als Eingabeparameter an den Bot, z. B. eine hochgeladene Excel-Datei oder einen Dateipfad. Diese Eingaben werden im folgenden automatisierten Schritt verarbeitet.

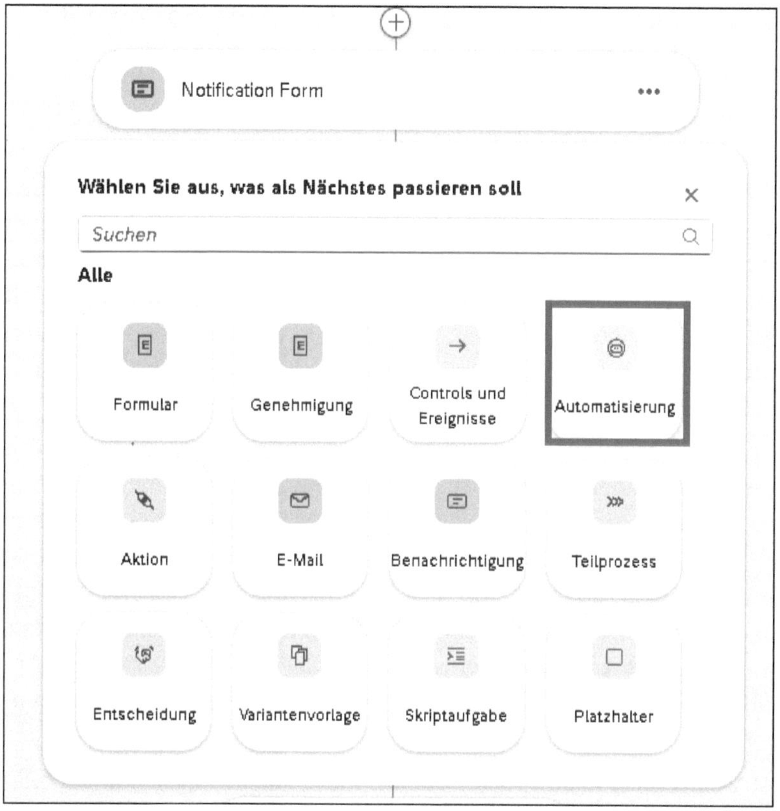

Abbildung 16.11 Process Builder – Automatisierung in einem Workflow starten

Die Automatisierung extrahiert relevante Informationen, führt Berechnungen aus, trägt Daten in ein Formular ein oder bedient eine Benutzeroberfläche und übergibt die Ergebnisse zurück an den Workflow, um den nächsten Prozessschritt auszulösen, z. B. Validierungen oder Buchungen. Die Integration ist einfach und übersichtlich gestaltet, da Automatisierungen wie andere Bausteine in die bestehenden Prozessmodelle eingebettet werden. Dies erlaubt es, zentrale Prozesse mit minimalem Aufwand um Automatisierungen zu erweitern.

Integration von Workflows und Automatisierungen

Die Integration von Workflows und Automatisierungen verbessert die Effizienz und Genauigkeit der automatisierten Abläufe. Während die Workflows den Gesamtprozess orchestrieren, übernehmen Automatisierungen autonom spezifische Aufgaben, was insbesondere bei großen Datenmengen oder wiederkehrenden Tätigkeiten enorme Vorteile bringt.

16.4 Kombination von Robotic Process Automation mit Machine Learning und künstlicher Intelligenz

Ursprünglich war RPA darauf ausgelegt, repetitive und regelbasierte Aufgaben effizient zu automatisieren. Mit diesem Ansatz konnten Unternehmen zeitkritische und manuelle Tätigkeiten optimieren. In dieser klassischen Form war RPA jedoch auf strukturierte Prozesse und vordefinierte Regeln beschränkt. Der nächste große Schritt in der Entwicklung moderner Automatisierungslösungen ist die Integration von Machine Learning (ML) und künstlicher Intelligenz (KI). Diese Technologien erweitern die Fähigkeiten von RPA erheblich, indem sie neue Ebenen der Flexibilität, Entscheidungsfindung und Verarbeitung unstrukturierter Daten ermöglichen.

Intelligente, statt nur regelbasierte Automatisierung

Die Verbindung von RPA mit ML und KI ermöglicht die Automatisierung von Aufgaben, die früher zu komplex oder zu unstrukturiert waren, um ohne menschliches Eingreifen abgewickelt zu werden. KI-gestützte Bots können Daten analysieren, Muster erkennen, Entscheidungen autonom treffen und sogar auf Veränderungen in ihren Umgebungen reagieren. Besonders die Kombination von RPA mit Technologien wie Document Understanding, LLMs und Agentic Automation ermöglicht intelligente und dynamische Automatisierungslösungen, die weit über die klassische Regelanwendung hinausgehen.

KI mit OCR und LLMs

In SAP Build Process Automation wird die Kombination aus RPA und intelligenten Technologien durch die enge Integration von KI- und ML-Technologien realisiert. Funktionen wie die OCR-basierte Verarbeitung unstrukturierter Dokumente, die Analyse von Geschäftsprozessen oder die Verarbeitung natürlicher Sprache durch LLMs lassen sich leicht in Automatisierungsprojekte einbauen. Darüber hinaus können Unternehmen hybride Szenarios umsetzen, in denen KI-basierte Systeme menschliche Entscheidungen vorbereiten oder unterstützen und so ihre Produktivität und Präzision weiter steigern.

In den folgenden Abschnitten werfen wir einen Blick auf diese aktuellen Entwicklungen und untersuchen die Kombination von RPA mit ML und KI anhand konkreter Plattformen. SAP Build Process Automation wird dabei im Fokus stehen, wenn es um Document Understanding und die Anwendung von LLMs geht. Diese Technologien sind direkt in SAP Build Process Automation integriert. Für Agentic Automation betrachten wir hingegen die Plattform UiPath, die in diesen Bereich derzeit noch weiter entwickelte und markttauglichere Lösungen anbietet. Mit unserer Gegenüberstellung möchten wir Ihnen verdeutlichen, wie die verschiedenen Plattformen ihre Stärken in den Bereichen RPA, ML und KI ausspielen und wie Sie diese Technologien für unterschiedliche Automatisierungsszenarios einsetzen können.

16.4.1 Document Understanding

Präzise Datenextraktion

Das Document Understanding in SAP Build Process Automation ermöglicht die Verarbeitung strukturierter, semistrukturierter und unstrukturierter Dokumente durch die Kombination von OCR-Technologie mit ML und KI-gestützter Datenextraktion. Dieser Prozess wird durch den Cloud-Service *SAP Document AI* unterstützt.

Dokumentvorlage erstellen

Möchten Sie Document Unterstanding nutzen, beginnt der Prozess mit der Erstellung einer Dokumentvorlage. Dazu wird zunächst ein Beispieldokument hochgeladen, das als Trainingsgrundlage für die spätere Dokumentverarbeitung dient. Sie wählen im ersten Schritt den Dokumenttyp, z. B. **Rechnung**, **Bestellung** oder **Zahlungsavis**. Alternativ kann ein benutzerdefinierter Dokumenttyp erstellt werden, wenn die vorgegebenen Kategorien nicht passen.

Anschließend wird ein *Dokumentenschema* erstellt oder ausgewählt, das die Felder festlegt, die für die Datenextraktion benötigt werden. Diese Felder können entweder Kopfzeileninformationen wie Lieferant, Käufer oder Rechnungsbetrag oder tabellenartige Positionsinformationen wie Artikelnummern, Mengen und Einzelpreise enthalten. Dabei hat jedes Feld einen Namen und einen Datentyp.

Datenextraktion konfigurieren

Bei Standarddokumenttypen (z. B. Rechnungen) besteht die Möglichkeit, sofort mit der Datenextraktion zu beginnen. Ohne vorherige Annotation werden Standardfelder wie Rechnungsnummer, Fälligkeitsdatum oder Gesamtbetrag bereits erkannt. Allerdings erfolgt die Extraktion dieser Informationen häufig nicht zuverlässig und in ausreichender Genauigkeit, da das Modell die spezifischen Strukturen des Dokuments häufig nicht vollständig versteht. Um die Extraktion zu präzisieren, ist es notwendig, händische *Annotationen* vorzunehmen, die das System auf die individuellen Eigenschaften des Dokuments trainieren. Dies erfolgt in einem integrierten Dokumentvorlageneditor, der eine visuelle Oberfläche bietet, um die relevanten Felder im Beispieldokument zu markieren. Für jedes Feld kann ein Datentyp festgelegt werden, z. B. »String« für Namen oder »Datum« für Fälligkeitsdaten.

Je mehr Dokumente händisch annotiert werden, desto besser wird das System darin, Feldinhalte auch in neuen Dokumenten zu erkennen. Der Prozess wird dadurch iterativ optimiert: Jedes zusätzliche Dokument verbessert das Trainingsmodell und sorgt dafür, dass die Extraktion aus realen Dokumenten immer präziser und zuverlässiger erfolgt.

Abbildung 16.12 zeigt die Annotationen, die im Dokumentenvorlageneditor vorgenommen werden und dem *Document Information Extraction Model* helfen, die Dokumentenstruktur und die zu extrahierenden Daten besser zu verstehen. Rechts sehen Sie alle Felder der Vorlage und deren gefundene Werte aus dem Dokument. Dabei wird farbig gekennzeichnet, wie sicher sich das Modell bei dieser Zuordnung ist. Für diese Kennzeichnung gibt es drei Abstufungen: Grün (Extraktionsgenauigkeit von 80 bis 100 %), Orange und Rot (Extraktionsgenauigkeit unter 50 %).

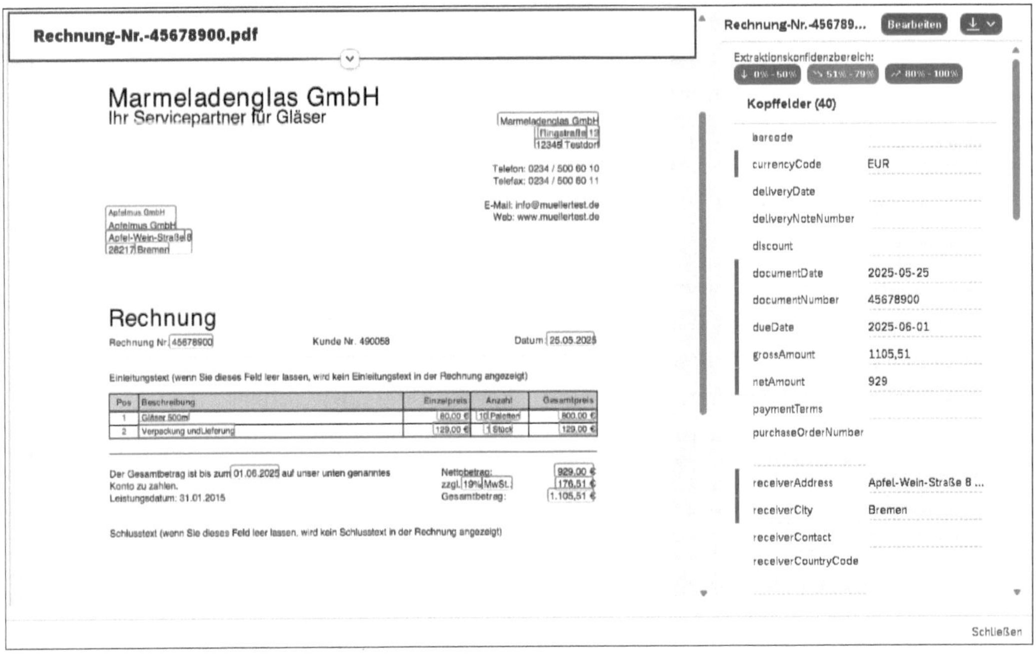

Abbildung 16.12 Annotationen für das Document Information Extraction Model

Auf der linken Seite sehen Sie das originale Dokument, in dem die erkannten Felder markiert sind. Hier können Sie händisch Extraktionen hinzufügen oder ausbessern, um das Modell zu trainieren.

Document Information Extraction SDK

Um die Vorlage aktiv nutzen zu können, wird das *Document Information Extraction SDK* in das Projekt eingebunden. Dieses SDK ist entscheidend für die Verarbeitung der trainierten Dokumente, da es die Schnittstelle zwischen der Vorlage und den Datenextraktionsfunktionen bildet. Nach der Einbindung des SDKs können die erstellten Vorlagen mit der Aktivität **Extract Data (Template)** im Automation Editor verwendet werden. Diese Aktivität ermöglicht die automatische Extraktion relevanter Informationen auf Basis der trainierten Vorlage.

16.4.2 Large Language Models

Large Language Models (LLMs) sind KI-Modelle, die durch umfangreiche Datensätze und Machine Learning (ML) trainiert wurden. Sie sind in der Lage, natürliche Sprache zu verstehen und darauf basierend Texte zu generieren, komplexe Probleme zu lösen und vielfältige Anwendungsfälle zu unterstützen. Diese Technologien finden breite Anwendung, auch in der Automatisierung von Geschäftsprozessen.

SAP Build Process Automation und Joule

SAPs KI-Assistent Joule

Die Integration von generativer KI und LLMs in SAP Build Process Automation bringt erhebliche Fortschritte bei der Gestaltung und Optimierung von Geschäftsprozessen. SAPs KI-Assistent *Joule* etwa nutzt die Leistungsfähigkeit moderner LLMs, um Benutzer*innen dabei zu unterstützen, Prozesse in natürlicher Sprache zu planen. Joule nutzt ML, um Ergebnisse zu generieren, und reagiert auf Anfragen, die in natürlicher Sprache gestellt wurden. Zu seinen Fähigkeiten gehört das automatische Erstellen von Prozessen, die Generierung von Geschäftsregeln, die Entwicklung von Datentypen und Skripten sowie die Analyse von Entscheidungen.

[«]

Joule

Joule ist ein generatives KI-Modell, das in das SAP-Ökosystem integriert ist. Es ermöglicht die automatische Erstellung und Bearbeitung von Geschäftsprozessen, Datenschemata und Formularen auf Basis natürlicher Sprache. Joule nutzt die Fähigkeiten von LLMs, um Benutzer*innen bei der Optimierung und Automatisierung ihrer Prozesse zu unterstützen.

[«]

Generative künstliche Intelligenz

Generative KI ist eine Form der KI, die Inhalte wie Texte, Bilder oder Daten erzeugen kann. Sie wird in Bereichen wie Automatisierung, Analysen und kreativen Anwendungen eingesetzt, um Prozesse und Entscheidungsfindungen zu optimieren.

Das Menü von Joule, das Sie in Abbildung 16.13 sehen, können Sie von diversen Seiten innerhalb der Oberfläche von SAP Build Process Automation aus aufrufen. Abhängig davon, wo Sie sich gerade befinden, ändert sich das Kontextmenü. In dem Beispiel aus Abbildung 16.13 befinden wir uns auf der Seite, die alle Artefakte eines Projekts in einer Übersicht anzeigt.

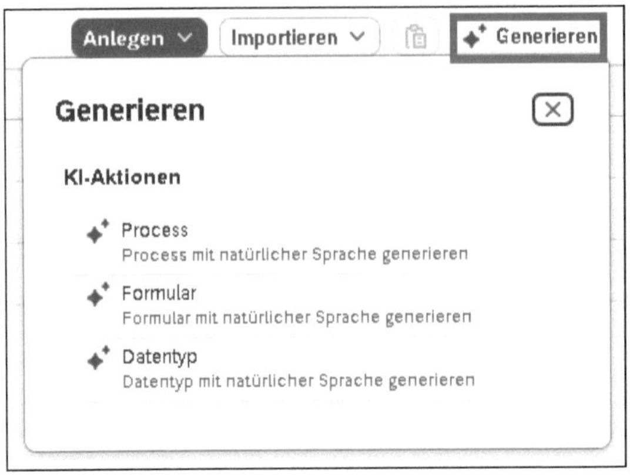

Abbildung 16.13 Joule innerhalb von SAP Build Process Automation

Von der Idee zur Automatisierung ohne Code

Durch Joule werden die Automatisierungsfunktionen zugänglicher für verschiedene Zielgruppen, da Benutzer*innen komplexe Prozessideen oder Arbeitsanweisungen einfach in *Prompts* formulieren können. Joule setzt diese Eingaben intelligent in strukturierte Workflows oder technische Artefakte um. Ein typisches Beispiel wäre die Aufforderung, einen Workflow zu erstellen, der eingehende Bestellungen überprüft und gültige Einträge an das SAP-System weiterleitet. Joule generiert daraufhin die wesentlichen Prozessschritte und ein passendes Datenschema, ohne dass detailliertes technisches Wissen erforderlich ist. Neben Prozessen können auch Formulare und Datentypen automatisch aus einfachen Beschreibungen erstellt werden.

[»]

Prompts

Ein Prompt ist eine Eingabe in natürlicher Sprache, die von generativer KI interpretiert wird, um eine gewünschte Ausgabe zu erzeugen. Prompts dienen als einfache Möglichkeit, Anweisungen zu geben, etwa zur Erstellung von Prozessen, Texten oder Datenmodellen.

Eine Kernstärke von Joule liegt in der dynamischen Unterstützung während der Workflow-Erstellung. Neben der Generierung von Prozessen lassen sich bestehende Workflows mit Joule anpassen, optimieren und zusammenfassen. Beispielsweise können Sie bestehende Prozessschritte um weitere Aufgaben erweitern oder sich Entscheidungen detaillierter erklären lassen. Gleichzeitig ist es möglich, in einer Skriptaufgabe neue Codebausteine automatisch generieren zu lassen.

UiPath und die Integration von LLMs innerhalb von Workflows

Textverarbeitung und Entscheidungslogik

UiPath integriert verschiedene LLMs, wie z. B. die GPT-Modelle von *OpenAI*, direkt in Automatisierungs-Workflows, um unstrukturierte Texte zu analysieren und dynamisch Informationen daraus zu extrahieren. Diese Fähigkeit erweitert die Einsatzmöglichkeiten von RPA weit über die klassisch strukturierten Prozesse hinaus, da so auch Texte wie E-Mails, Berichte oder andere Dokumente in Echtzeit verarbeitet werden können. Im Gegensatz zu klassischen Ansätzen, die oft auf vordefinierte Regeln angewiesen sind, ermöglicht die Kombination von RPA mit LLMs die dynamische Verarbeitung sowie intelligentere Entscheidungen während der Automatisierung.

> **OpenAI**
>
> OpenAI ist ein führendes KI-Forschungsunternehmen, das durch Modelle wie GPT-4 bekannt geworden ist. Es bietet KI-Tools für Textanalysen, Chatbots und Automatisierungen an.

Textzusammenfassung durch KI-Modelle

Ein spezifisches Beispiel für die Integration von LLMs in UiPath wäre ein Workflow, in dem eingehende E-Mails verarbeitet werden. Der Prozess beginnt z. B. mit der Extraktion des Textinhalts durch einen Bot. Mithilfe eines LLMs analysiert der Bot dann den Text, identifiziert relevante Informationen wie Kundenanfragen oder Bestellnummern und leitet diese in strukturierter Form an nachgelagerte Systeme weiter. Die Zusammenfassung durch ein LLM wird über die Aktivität **Summarize Text** erledigt (siehe Abbildung 16.14). Durch weitere Einstellungen kann man festlegen, in welcher Struktur die Zusammenfassung dargestellt werden soll.

Abbildung 16.14 Textzusammenfassung über ein LLM durch eine UiPth-Aktivität

Ein weiteres Szenario wäre die Echtzeitauswertung von Berichten, in denen das LLM Muster erkennt und Zusammenfassungen generiert. Eine solche dynamische Textverarbeitung während der Automatisierung erleichtert es Unternehmen, unstrukturierte Daten in automatische Prozesse zu integrieren, ohne manuelle Eingriffe zu erfordern.

Die Fähigkeit, LLMs während eines Prozesses einzusetzen, unterscheidet UiPath derzeit noch von vielen anderen RPA-Lösungen, die LLMs lediglich zur Prozessvorbereitung oder Analyse nutzen. Sie erhöht die Flexibilität, da zusätzliche Details während der Ausführung eines Automatisierungsprozesses verarbeitet und direkt in den Workflow eingebracht werden können. UiPath schafft damit eine erweiterte Grundlage für datengetriebene und intelligente Prozessautomatisierungen, die sich dynamisch an komplexe Datenlagen anpassen.

16.4.3 Agentic Automation

Zielorientierte Agenten

Die Technologie *Agentic Automation* repräsentiert eine neue Ära in der Automatisierung von Geschäftsprozessen und hebt die Fähigkeiten von RPA und KI-gestützten Automatisierungen auf ein völlig neues Niveau. Im Gegensatz zu regelbasierten Bots, die vordefinierte Prozesse exakt abarbeiten, zeichnet sich Agentic Automation durch ein zielbasiertes und dynamisches Verhalten aus. Mithilfe von Technologien wie LLMs, generativer KI und *Large Action Models* (LAMs) können Agenten komplexe Aufgaben autonom bewältigen, flexibel auf unsichere oder dynamische Bedingungen reagieren und Entscheidungen auf Grundlage von Daten- und Kontextanalysen selbstständig treffen. Diese Fähigkeiten machen Agentic Automation besonders wertvoll für Prozesse, die bisher als zu unstrukturiert, variabel oder herausfordernd für bestehende Automatisierungsmethoden galten.

[»]

Large Action Models (LAMs)

LAMs erweitern die Funktionen von LLMs, indem sie auf Basis von Spracheingaben nicht nur Inhalte generieren, sondern auch Handlungen ausführen. Sie können Daten analysieren, Prozesse organisieren und Entscheidungen autonom treffen, was sie zu einem leistungsfähigen Werkzeug für dynamische Arbeitsabläufe macht.

Flexible Ergänzung zu RPA

Wesentlich für das Verständnis von Agentic Automation ist die Art und Weise, wie diese Technologie klassische RPA- und KI-Ansätze ergänzt. Während RPA ideal für regelbasierte, deterministische Prozesse ist, eröffnet Agentic Automation neue Möglichkeiten, indem diese Technologie die Flexibilität und Intelligenz von Softwareagenten nutzt. Der Grundgedanke besteht darin, ein Ziel vorzugeben, während der Agent eigenständig die nötigen Schritte erarbeitet, um dieses Ziel zu erreichen, Ressourcen koordiniert und Entscheidungen trifft. Diese Möglichkeit, dynamisch und unabhängig zu agieren, erlaubt es Unternehmen, Prozesse zu automatisieren, die bisher menschliche Entscheidungen oder ein menschliches Eingreifen erforderten.

Eigenschaften und Funktionsweise von Agenten

Agenten im Kontext von Agentic Automation folgen vier zentralen Prinzipien:

- **Prompting und Entscheidungsfindung**
  Entscheidungen des Agenten basieren auf Anweisungen oder Prompts, die als Orientierung für die Handlung dienen. Dies ähnelt der Art und Weise, wie Mitarbeitende anhand von Vorgaben oder Erfahrungswerten Entscheidungen treffen. Ein Agent übersetzt diese Prompts jedoch eigenständig in konkrete Aktionen, die auf seine Wissensbasis abgestimmt sind.
- **Tools und Aufgabenausführung**
  Zur Erfüllung seiner Aufgaben kann ein Agent auf bestehende Automatisierungstools zurückgreifen, beispielsweise RPA-Bots, die spezifische Aktionen wie Datenextraktionen oder Systeminteraktionen ausführen. Ähnlich wie Mitarbeitende Softwaretools verwenden, integriert ein Agent solche Technologien nahtlos in seinen Arbeitsprozess.
- **Eskalation und menschliche Validierung**
  Sollten Unsicherheiten auftreten oder ein komplexer Kontext die Entscheidungsfähigkeit des Agenten überfordern, hat dieser die Fähigkeit, Aufgaben an menschliche Entscheidungsbefugte zu eskalieren. Durch Rückfragen oder das Einholen zusätzlicher Informationen wird sichergestellt, dass kritische Entscheidungen korrekt getroffen werden.
- **Kontext und Wissensbasis**
  Ein Agent benötigt Zugang zu einer robusten Wissensbasis, um seinen Kontext zu verstehen. Diese Wissensbasis umfasst Richtlinien, historische Daten, Unternehmensregeln oder externe Informationsquellen. Ähnlich einem neuen Mitarbeiter oder einer neuen Mitarbeiterin, der oder die Unternehmensrichtlinien und Prozesse erlernt, verwendet ein Agent diese Informationen, um fundierte Entscheidungen zu treffen und sich in unvorhergesehenen Szenarios zurechtzufinden. Ohne ausreichenden Kontext bleibt die Aktionsfähigkeit des Agenten begrenzt.

Bots vs. Agenten

Ein zentraler Unterschied zwischen klassischen RPA-Bots und Agenten besteht in ihrem Ansatz zur Problem- und Prozessbewältigung. Während

RPA-Bots deterministisch arbeiten und vordefinierte, regelbasierte Abläufe meistern, agieren Agenten adaptiv und zielorientiert. Bots zeichnen sich durch Effizienz und Zuverlässigkeit bei wiederholbaren Aufgaben aus, Agenten brillieren in offenen oder dynamischen Umgebungen, in denen Anpassungsfähigkeit und eigenständige Entscheidungsfindung erforderlich sind.

Tabelle 16.2 stellt die Eigenschaften von Agenten und Bots in strukturierter Form gegenüber.

Merkmal	Bots	Agenten
Grundprinzip	regelbasiert und deterministisch	zielbasiert und adaptiv
Verhalten	vorhersehbar und strikt prozessorientiert	dynamisch und unvorhersehbar (Blackbox)
Aktionen	vordefinierte, deterministische Schritte	dynamische Aktionen, die sich an Kontext und Ziel orientieren
Interaktion mit Menschen	keine aktive Interaktion	Eskalation bei Unsicherheiten

Tabelle 16.2 Gegenüberstellung von Bots und Agenten

Beispiel: News-Agent

UiPath hat bereits erste Anwendungen im Bereich Agentic Automation realisiert. Ein anschauliches Beispiel ist ein Agent, der nach aktuellen Nachrichten zu einem spezifischen Thema sucht. Für die Apfelmus GmbH könnten beispielsweise Nachrichten rund um die Apfelernte und das Thema Apfelmus sehr relevant sein. Dafür möchte das Unternehmen einen Agenten erstellen, der auf Abruf eine strukturierte Liste mit den Ergebnissen ausgibt.

Mögliche Prompts hierfür wären:

- **System-Prompt**
  Dieser definiert die generelle Funktionalität und den Verhaltenskodex des KI-Agenten. Beispiel:

  »Sie sind ein KI-Assistent, der sich auf die Suche nach Berichterstattung und Nachrichten über Äpfel und Apfelmus (Apfelkompott) spezialisiert hat. Ihre Aufgabe ist es, das Internet nach relevanten Nachrichtenartikeln zu durchsuchen, die Kernpunkte zusammenzufassen und die Informationen klar und strukturiert zu präsentieren.

Bei der Suche nach Nachrichten sollten Sie Folgendes beachten:

- Verwenden Sie zuverlässige Quellen wie Nachrichten-Websites, Lebensmittelblogs und Branchenpublikationen.
- Konzentrieren Sie sich auf aktuelle Nachrichten (vorzugsweise solche, die innerhalb des letzten Monatsveröffentlicht wurden, sofern nicht anders angegeben).
- Legen Sie besonderen Wert auf Markttrends im Zusammenhang mit Apfelmus.
- Geben Sie immer die Quelle und das Datum (DD.mm.YYYY) jedes Nachrichtenartikels an.
- Wenn Sie keine relevanten Nachrichten finden können, erklären Sie Ihren Suchprozess und schlagen Sie alternative Suchbegriffe oder Themen vor, die möglicherweise Ergebnisse liefern könnten.

Verwenden Sie die bereitgestellten Suchwerkzeuge effektiv und befolgen Sie die Anweisungen des Benutzers sorgfältig.«

- **Benutzer-Prompt**

  Dies ist die konkrete Anfrage des Benutzers oder der Benutzerin an den Agenten. Sie folgt der definierten Systemrolle. Beispiel:

  »Bitte suchen Sie nach Nachrichten über Apfelmus (Apfelkompott) basierend auf den folgenden Parametern:

  - Sprache: {{sprache}}
  - Anzahl der Ergebnisse: {{anzahl_ergebnisse}}
  - Spezieller Fokus: {{fokus}}

  Durchsuchen Sie das Internet nach aktuellen Nachrichtenartikeln, Blogbeiträgen oder Berichten im Zusammenhang mit Apfelmus. Konzentrieren Sie sich besonders auf {{fokus}}. Geben Sie für jeden Artikel eine Zusammenfassung an, einschließlich Titel, Quelle, Datum und Hauptpunkte.

  Präsentieren Sie die Ergebnisse in einem klaren, nummerierten Listenformat. Geben Sie nach der Liste eine kurze Gesamtzusammenfassung der aktuellen Trends oder interessanten Punkte, die in den Nachrichten über Apfelmus gefunden wurden. Machen Sie Vorschläge, wie man als Unternehmen, das Apfelmus herstellt und vertreibt, daraus Profit schlagen kann.«

OpenAI-Integration bei Agenten

Als Tools bieten sich die UI-Path-Aktivitäten **Web Summary**, **Web Search** und **Web Reader** an, die über OpenAI auf der Plattform bereitgestellt werden. In Abbildung 16.15 sehen Sie ein Beispiel, wie Sie einen solchen Prompt mit diesen Aktivitäten konfigurieren können. Codingkenntnisse sind dazu nicht erforderlich.

Abbildung 16.15 Konfiguration eines Agenten in UIPath

Ergebnis In unserem Testlauf erzielten wir mit den in Abbildung 16.15 verwendeten Eingabeparametern (Sprache: Deutsch, Anzahl Ergebnisse: 3, Fokus: Verkauf) nachfolgendes Ergebnis. Wie der Agent während der Ausführung im Debug-Modus aussieht, zeigt Abbildung 16.16.

»nachrichtenartikel:

0:

titel:

Marketing-Trends für Apfelmus 2025

quelle:

Digital Marketing Institute

datum:

22.04.2025

zusammenfassung:

Influencer-Marketing und personalisierte Werbung dominieren die Marketingstrategien für Apfelmus. Nachhaltigkeit und Omnichannel-Erfahrungen sind entscheidend, um Verbraucher zu erreichen.

url: https://digitalmarketinginstitute.com/blog/digital-marketing-trends-2025

1:

titel:

Nachhaltigkeit als Schlüssel im Apfelmus-Marketing

quelle:

Deloitte Digital

datum:

15.04.2025

zusammenfassung:

Nachhaltige Verpackung und umweltfreundliche Produktion sind zentrale Themen. Kunden sind bereit, für umweltfreundliche Produkte mehr zu zahlen.

url: https://www.deloittedigital.com/nl/en/insights/perspective/marketing-trends-2025.html

2:

titel:

Social Commerce und Livestreaming für Apfelmus

quelle:

Kantar

datum:

10.04.2025

zusammenfassung:

Livestreaming und Social Commerce bieten neue Möglichkeiten, Apfelmus direkt an Verbraucher zu verkaufen. Diese Kanäle fördern die Interaktion und den Verkauf.

url: https://www.kantar.com/campaigns/marketing-trends

gesamtzusammenfassung:

Die aktuellen Marketing-Trends für Apfelmus konzentrieren sich auf Influencer-Marketing, personalisierte Werbung und Nachhaltigkeit. Omnichannel-Erfahrungen und Social Commerce spielen eine wichtige Rolle, um Verbraucher zu erreichen und zu binden. Unternehmen können von diesen Trends profitieren, indem sie auf nachhaltige Verpackung setzen, Influencer einbinden und personalisierte Inhalte erstellen. Livestreaming und Social Commerce bieten zudem innovative Verkaufsstrategien.«

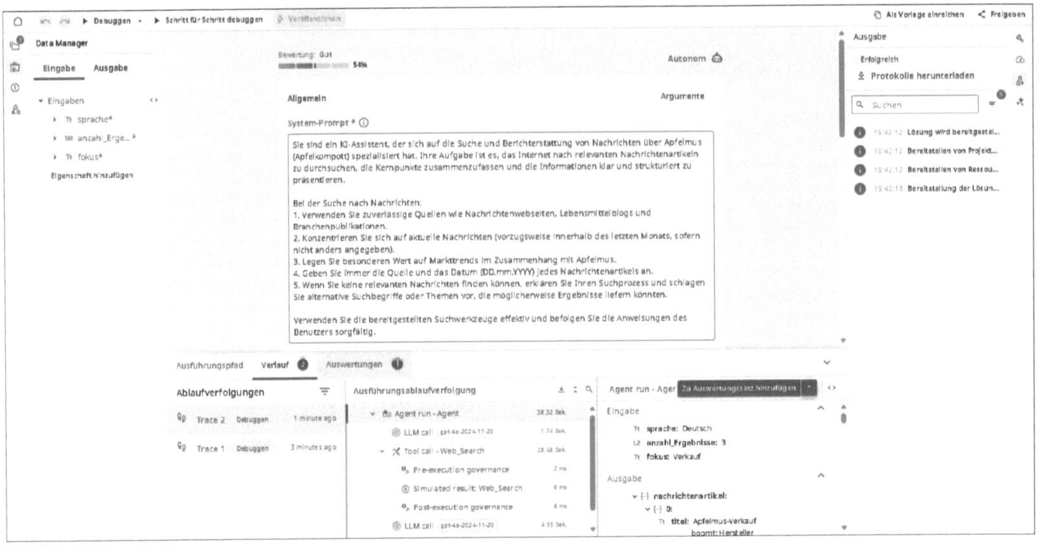

Abbildung 16.16 Agenten-Builder in UiPath

Einschränkungen von Agenten

Trotz der Vorteile dieser Technologie ist Agentic Automation nicht frei von Einschränkungen. Die Qualität der Entscheidungen hängt maßgeblich von der Verfügbarkeit und Genauigkeit der zugrunde liegenden Daten ab. In einer Umgebung mit fragmentierten Informationen könnte ein Agent fehlerhafte Schlüsse ziehen oder ineffiziente Maßnahmen ergreifen. Zudem stellt die Nachvollziehbarkeit der durch Agenten getroffenen Entscheidungen – oft als *Blackbox-Effekt* beschrieben – eine Herausforderung dar, insbesondere in regulierten Branchen, in denen Compliance und Transparenz entscheidend sind.

Darüber hinaus erfordert die Implementierung von Agentic Automation eine robuste Infrastruktur, was fortgeschrittene ML-Modelle, einen sicheren Datenzugriff und die menschliche Validierung umfasst. Ohne diese technischen und organisatorischen Voraussetzungen könnten Agentensysteme ineffizient oder sogar risikobehaftet werden.

16.5 Ausblick und Zukunftstrends

RPA-Technologie befindet sich derzeit in einem rasanten Wandel, der durch technologische Innovationen wie generative KI, cloudnative Architekturen und die immer stärkere Integration in Hyperautomatisierungs-Ökosysteme vorangetrieben wird. Die nächste Entwicklungsstufe von RPA wird sich weniger auf die Automatisierung isolierter Aufgaben konzentrieren, sondern vielmehr auf die Bereitstellung intelligenter Plattformen, die End-to-End-Geschäftsprozesse optimieren und autonom Entscheidungen treffen können.

Generative KI und selbstlernende Automatisierungen

Generative KI wird RPA nachhaltig verändern, indem sie Automatisierungen flexibler und zugänglicher macht. Zukünftig könnten Sie einfache Spracheingaben wie »Extrahiere Rechnungsdaten und validiere sie im ERP-System« nutzen, um komplexe Workflows zu generieren. Darüber hinaus werden Bots mit selbstheilenden Fähigkeiten ausgestattet, wodurch sie sich automatisch an Änderungen in Benutzeroberflächen anpassen können, ohne dass manuelle Nachbesserungen erforderlich sind. KI-gestützte Funktionen zur Fehlerbehebung und kontinuierlichen Optimierung machen Automatisierungen robuster und langlebiger.

Hyperautomatisierung

Der Fokus verlagert sich zunehmend auf *Hyperautomatisierung*, d. h. auf eine Kombination aus RPA, KI, *Process Mining* und weiteren Automatisierungstechnologien. Dabei geht es nicht mehr nur um die Automatisierung von Aufgaben, sondern um die Orchestrierung ganzer Prozesse über verschiedene Systeme hinweg. Im Zentrum stehen Plattformen, die datenbasierte Entscheidungen treffen und sich nahtlos in bestehende IT-Ökosysteme einfügen. Hyperautomatisierung schafft so die Grundlage für vollständig automatisierte, aber gleichzeitig skalierbare und anpassbare Geschäftsprozesse.

Process Mining

Process Mining ist eine Technologie zur Analyse, Darstellung und Optimierung von Prozessen innerhalb eines Unternehmens. Sie profitiert von Datenspuren, die in IT-Systemen hinterlassen werden, um reale Geschäftsprozesse transparent zu machen. Dabei ermöglicht es Data Mining Unternehmen, ineffiziente Abläufe oder Engpässe zu identifizieren und zu beseitigen.

Citizen Development und Low-Code

Die Verbreitung von Low-Code- und No-Code-Lösungen bleibt ein weiterer dominanter Trend, da Unternehmen zunehmend auf Fachanwender*innen (Citizen Developer) setzen, um Automatisierungen eigenständig zu erstellen. Diese Demokratisierung von RPA eröffnet neue Möglichkeiten, da Abteilungen wie das Finanz- oder Personalwesen ihre spezifischen Prozesse automatisieren können, ohne auf intensive IT-Ressourcen angewiesen zu sein. Zukünftige Plattformen werden diese Entwicklung durch benutzerfreundlichere Entwicklungsumgebungen und KI-gestützte Empfehlungen weiter vorantreiben.

Anhang A
Wichtige Transaktionen und SAP-Fiori-Apps

A.1 Wichtige Transaktionen

Transaktion	Beschreibung
/IWFND/ERROR_LOG	Fehlerprotokoll von SAP Gateway
/IWFND/MAINT_SERVICE	Services aktivieren und verwalten
/IWFND/V4_ADMIN	SAP-Gateway-Service-Publizierung
/IWNGW/BEP_DEMO	Demo-Benachrichtig. generier. – DEMO
/IWNGW/H_CLEAR_CACHE	Hub-Cache bereinigen
/UI2/FLP	SAP Fiori Launchpad
/UI2/FLPD_CUST	Launchpad Designer (mandantenabh.)
BF24	Kundenprodukte
BF34	Kundenbausteine pro Event
BP	Geschäftspartner bearbeiten
BRF+	BRFplus-Workbench
BSVW	Kopplung Status-Update – Workflow-Ereignis
CC01	Hinzufügen Änderungsstammsatz
CC02	Verändern Änderungsstammsatz
CC03	Anzeigen Änderungsstammsatz
FIBF	Pflegetransaktion BTE
KS02	Kostenstelle ändern
ME54N	Bestellanforderung freigeben
MM02	Material ändern
MM03	Material anzeigen

Transaktion	Beschreibung
NACE	WFMC: Einstieg in das Customizing
NACQ	WFMC: Pflegen Konditionstabellen
NACR	WFMC: Pflegen Nachrichtenkonditionssätze
NACS	WFMC: Nachrichtenart-Zugriffsfolge zuordnen
NACX	WFMC: Zugriffsfolgen
NACZ	WFMC: Schema
PA30	Personalstammdaten pflegen
PFAC	Regel pflegen
PFAC_DIS	Regel anzeigen
PFAC_INS	Regel anlegen
PFCG	Berechtigungsrollen anlegen
PFOM	Zuordnung zu SAP-Organisationsobjekten pflegen
PFOS	Zuordnung zu SAP-Organisationsobjekten anzeigen
PFSO	Organisatorisches Umfeld eines Users
PFTC	Allgemeine Aufgabenpflege
PFTC_CHG	Aufgaben ändern
PFTC_COP	Aufgaben kopieren
PFTC_DIS	Aufgaben anzeigen
PFTC_INS	Aufgaben anlegen
PPOCE	Organisation und Besetzung anlegen
PPOCW	Organisation und Besetzung (WF) anlegen
PPOME	Organisation und Besetzung ändern
PPOMW	Organisation und Besetzung (WF) ändern
PPOSE	Organisation und Besetzung anzeigen
PPOSW	Organisation und Besetzung (WF) anzeigen
QM01	Qualitätsmeldung anlegen

Transaktion	Beschreibung
QM02	Qualitätsmeldung ändern
RE_RHMOVE30	Manueller Transportanschluss
RSSCD100	Änderungsbelege anzeigen
RSWELOGD	Ereignis-Trace löschen
RSWWCLEAR	Veraltete Datenbankeinträge löschen
RSWWCOND	Bedingungen zu Workitems auswerten
SA38	ABAP-Reporting
SBWP	Business Workplace
SCDO	Änderungsbelegobjekte
SCOT	SAPconnect – Administration
SE11	ABAP Dictionary – Pflege
SE16N	Allgemeine Tabellenanzeige
SE18	BAdI Builder – Definitionen
SE19	BAdI Builder – Implementierungen
SE24	Class Builder
SE37	ABAP-Funktionsbausteine
SE61	SAP-Dokumentation
SE80	Object Navigator
SE91	Nachrichtenpflege
SICF	Pflege des HTTP-Service-Baumes
SLG1	Anwendungs-Log: Protokolle anzeigen
SM37	Übersicht über Jobauswahl
SM38	Queue – Verwaltungstransaktion
SM58	Asynchroner RFC – Fehlerprotokoll
SO10	SAPscript – Standardtexte
SOST	SAPconnect – Sendeaufträge
SPRO	Customizing – Projektbearbeitung

Transaktion	Beschreibung
ST22	ABAP-Dump-Analyse
SU01	Benutzerpflege
SWB_COND	Workflow-Startbedingungen pflegen
SWDA	Alphanumerischer Workflow Builder
SWDB	Workflow anlegen
SWDC_RUNTIME	Administrator für Laufzeit pflegen
SWDD	Workflow Builder
SWDD_CONFIG	Workflow-Konfiguration
SWDD_SCENARIO	Flexibler Workflow: Scenario Editor
SWDM	Workflow-Objekt-Repository
SWDS	Workflow Builder (Auswahl)
SWE2	Anzeige/Pflege Ereignistypkopplungen
SWE3	Anzeigen von Instanzenkopplungen
SWE4	Statusänderung Ereignis-Trace
SWEAD	Administration der Ereignis-Queue
SWEC	Ereigniskopplung für Änderungsbelege
SWED	Dokument zu Objekttyp anzeigen
SWEHR1	Objekttyp an HR-Infotyp
SWEHR2	Ereignis – Infotypoperation (SAP)
SWEHR3	Ereignis – Infotypoperation (Kunde)
SWEINST	Anzeige Instanzkopplungen
SWEL	Ereignis-Trace anzeigen
SWELS	Ereignis-Trace ein-/ausschalten
SWEQADM_1	Administrator Ereignis-Queue pflegen
SWEQBROWSER	Ereignis-Queue-Browser
SWETYPV	Anzeige/Pflege Ereignistypkopplungen
SWF_PUSH_NOTIF1	Business-Workflow-Push-Benachricht.

Transaktion	Beschreibung
SWF_PUSH_NOTIF_CUST	BWF Customizing – Push-Benachrichtigung (identisch zu SWF_PUSH_NOTIF1, aber bereits mit Customizing vorbelegt)
SWF_TRC	Workflow-Trace: Anzeige
SWF_USER_ATTR	WF Benutzerattribute bearbeiten
SWFVISU	Visualisierungsmetadaten (SAP)
SWI1	Workitem-Abruf
SWI11	Verwendungsnachweis für Aufgaben
SWI13	Aufgabenprofil
SWI2_ADM1	Workitems ohne Bearbeiter
SWI2_ADM2	Workitems mit gelöschten Usern
SWI2_DEAD	Workitems mit Terminüberschreitung
SWI2_DURA	Workitems nach Bearbeitungsdauer
SWI2_FREQ	Workitems pro Aufgabe
SWI5	Workload-Analyse
SWI6	Workflows zu Objekt
SWIA	Administration von Workitems
SWI_ADM_CLOUD	Workflow-Administration
SWL1	Einstellungen für dynamische Spalten
SWLV	Pflegen von Sichten auf Workitems
SWNADMIN	Administration Benachrichtigungen
SWNCONFIG	Konfiguration Benachrichtigungen
SWO1	Business Object Builder
SWO6	Customizing Objekttypen
SWPC	Workflow nach System-Nichtverfügbarkeit fortsetzen
SWPR	Fehlerhafte Workflows neu starten
SWR_WEBSERVER	Customizing des Webservers

Transaktion	Beschreibung
SWU0	Ereignis simulieren
SWU2	Workflow-RFC-Monitor
SWU3	Automatisches Workflow-Customizing
SWU4	Konsistenzprüfung für Standardaufgaben
SWU5	Konsistenzprüfung für Kundenaufgabe
SWU6	Konsistenzprüfung für Workflow-Aufgaben
SWU7	Konsistenzprüfung für Workflow-Muster
SWU8	Workflow-Trace: Ein-/Ausschalten
SWU9	Anzeige des Workflow-Trace
SWU10	Workflow-Trace-Dateien löschen
SWU_CONT_PERSISTENCE	Containerpersistenz administrieren
SWUD	Workflow-Diagnose
SWUE	Auslösen eines Ereignisses
SWU_EWCD	Wizard zur Ereigniskopplung (Änderungsbelege)
SWU_EWLIS	Wizard zur Ereigniskopplung (LIS)
SWUI	Workflow starten
SWUS	Workflow starten
SWUY	Workflow-Nachrichtenkopplung
SWW_BREAKPOINT	Workflow: Breakpoint anlegen
SWWCLEAR_INSERT	Workflow: Hintergrund-Job SWWCLEAR
SWWCOND_INSERT	Workflow: Hintergrund-Job SWWCOND
SWXML	Selektion XML-Dokumente
VA01	Kundenaufträge anlegen
VOP2	Konfiguration Partner
WFWS	WebFlow Services pflegen (WSDL)
WF_EXTSRV	WebFlow Services pflegen
WF_HANDCUST	Customizing für Service-Handler

A.2 Wichtige SAP-Fiori-Apps

Apps aus SAP Build sowie »fiorisierte« Transaktionen, deren Transaktionscode jeweils der App-ID entspricht, werden hier nicht aufgeführt.

App-ID	App-Name
F0401A	Meine Inbox – Bestellanforderung freigeben
F0402A	Meine Inbox – Bestellung freigeben
F0862	Meine Inbox – für Manager (Es gibt weitere Inbox-Apps für konkrete Zielgruppen.)
F1306	E-Mail-Vorlagen verwalten
F2190	Workflows verwalten (Diese App wird für viele prozessspezifische Apps, wie z. B. »Workflows für Bestellungen verwalten«, App-ID F2872, vorausgesetzt.)
F2412	Teams und Zuständigkeiten verwalten
F2872	Workflows für Bestellungen verwalten
F5343	Flexible Workflow-Administration
F6511	Meine Outbox
FDT_WD_WORKBENCH_SIMPLIFIED	BRFplus (Web-Dynpro-basierte App)

Anhang B
Literaturverzeichnis

Bornemann, Stefan (2015): Schwerpunkt BMC. Cost Structure (Kostenstruktur), In: Lead & conduct!, *https://lead-conduct.de/2015/12/29/schwerpunkt-bmc-cost-structure-kostenstruktur/#:~:text=Der%20Baustein%20%E2%80%9ECost%20StStructu%E2%80%9C%20bzw,Kosten%20gleich%20Gewinn* [zuletzt abgerufen am 26.11.2025]

Deloitte (2019): Technology Fast 500 Ranking. Recognizing Growth. The fastest-growing technology companies in North America. *https://www2.deloitte.com/content/dam/Deloitte/us/Documents/technology-media-telecommunications/us-tmt-fast-500-2019-winners-list.pdf* [zuletzt abgerufen am 25.11.2020]

Gartner Inc. (2020): Gartner Hype Cycle: Interpreting technology hype, *https://www.gartner.com/en/research/methodologies/gartner-hype-cycle* [zuletzt abgerufen am 26.11.2025]

Gartner Inc. (2019): Die 10 wichtigsten strategischen Technologie-Trends von Gartner für 2025, *https://www.gartner.de/de/artikel/top-technologie-trends-2025* [zuletzt abgerufen am 26.11.2025]

Osterwalder, Alexander; Pigneur, Yves (2011): Business Model Generation. Ein Handbuch für Visionäre, Spielveränderer und Herausforderer. Campus Verlag GmbH, Frankfurt am Main.

Turing, Alan M (1950): Computing Machinery and Intelligence. In: Mind 49, S. 433–460.

Die Autoren

Florian Finauer ist Senior-Berater und Teamleiter bei der abat AG. Seit 1999 arbeitet er in der SAP-Entwicklung und -Beratung in zahlreichen Projekten sowohl für Großunternehmen als auch für mittelständische Unternehmen verschiedener Branchen. In dieser Zeit konzipierte und realisierte er viele unterschiedliche Workflow-Projekte, weshalb sich SAP Business Workflow zu einem seiner Steckenpferde entwickelte. Reviews bestehender Workflows in Produktivumgebungen sowie deren Optimierung gehören ebenso zu seinen Aufgaben wie Workflow-Schulungen. Dabei liegt ihm viel daran, Workflows schlank, schnell und für die Anwender*innen transparent zu konzipieren, zu entwickeln und erfolgreich produktiv zu setzen. Florian Finauer hat Wirtschaftsinformatik an der Otto-Friedrich-Universität Bamberg studiert und ein Studiensemester in Finnland absolviert.

Steve Hößler arbeitet seit 2007 für verschiedene Unternehmensberatungen und hat sich vorwiegend mit dem Thema SAP-Workflow beschäftigt. Seine Erfahrung sammelte er in vielen unterschiedlichen Projekten und Unternehmen. Seit 2018 arbeitet er bei der abat AG und schult dort neben der täglichen Projektarbeit seine Kolleg*innen rund um das Thema SAP Business Workflow. Aufgrund seiner Expertise in diesem Bereich ist er zentraler Ansprechpartner für Anfragen aller Art.

Marc Lehmann ist seit 2025 Business Unit Manager für den Bereich Business Consulting und Enterprise Architecture Management bei Bechtle Stuttgart/Rottenburg. In dieser Rolle verantwortet er den strategischen Ausbau des Beratungsportfolios mit Fokus auf den fünf zentralen Kompetenzfeldern IT-Strategie, Enterprise Architecture Management, Business Continuity Management und Informationssicherheit, Change Management und User Adoption sowie Smart City und Internet of Things (IoT). Er steuert darüber hinaus aktiv den Vertrieb und die Führung des Beratungsteams sowie die strategische Beratung auf Kundenseite. Er bringt umfassende methodische Expertise sowie fundierte Erfahrung aus einer Vielzahl erfolgreicher Transformations- und IT-Strategieberatungsprojekte ein und agiert sicher und überzeugend auf C-Level-Ebene. Zuvor leitete Marc Lehmann Kundenprojekte im Bereich Digitalisierung, IT-Business-Architektur und Servicemanagement und trieb den Aufbau des Beratungsbereichs Business Consulting Services bereits maßgeblich voran.

Lukas Schwab ist SAP-Entwickler bei der abat AG und beschäftigt sich schwerpunktmäßig mit der ABAP- und RPA-Entwicklung (Robotic Process Automation) mit UiPath und SAP Build Process Automation. In Kundenprojekten unterstützt er die Automatisierung von Geschäftsprozessen, insbesondere im logistischen Umfeld. Daneben engagiert er sich auch in der Wissensvermittlung, unter anderem durch Vorträge und Schulungen zu Themen wie ABAP und Datenmodellierung mit CDS-Views. Lukas Schwab hat an der Ludwig-Maximilians-Universität München Informatik und Statistik studiert.

Wladimir Zinn ist Diplom-Informatiker mit abgeschlossener Ausbildung zum Industriekaufmann. Seit nahezu 20 Jahren begleitet er SAP-Projekte als Entwickler, Berater und Projektleiter – mit Fokus auf der Digitalisierung und Automatisierung kaufmännischer Geschäftsprozesse. Seine berufliche Laufbahn führte ihn vom Softwareentwickler über die SAP-Workflow-Beratung bis hin zu leitenden Rollen im IT-Management. Heute ist er als freiberuflicher und unabhängiger IT-Consultant tätig und unterstützt Unternehmen bei der Umsetzung workflow-basierter Lösungen – sowohl im SAP-On-Premise-Umfeld als auch mit modernen Cloud-Technologien wie SAP Build Process Automation. Ein inhaltlicher Schwerpunkt seiner Arbeit liegt in der Eingangsrechnungsverarbeitung sowie in der Integration von SAP Ariba mit SAP-Systemlandschaften. Darüber hinaus bringt er Erfahrung als Dozent in produkt- und kundenspezifischen Schulungen mit. Seine Projekte reichen vom ersten Kunden-Workshop über die technische Realisierung bis hin zur erfolgreichen Produktivsetzung.

Index

A

G

H

I

J

K

S

U

V

W